2019 敦煌學國際聯絡委員會通訊

2019 Newsletter of International Liaison Committee for Dunhuang Studies

策劃
高田時雄　柴劍虹

主編
郝春文

副主編
陳大為

主辦
敦煌學國際聯絡委員會
中國敦煌吐魯番學會
首都師範大學敦煌學研究中心

上海古籍出版社
2019.9．上海

新编汉籍国际珍本丛书编审委员会：

中 國：樓宇烈　裘錫圭　李學勤　裘劍江　葛兆光
　　　　顧問（臺灣）　王　靖（臺灣）
日 本：高田時雄　荒見泰史　岩本一　中
　　　　兼國：輝仁
　　　　英國：吳芳思　高奕
　　　　俄羅斯：波波娃
　　　　美國：梅維恒　艾朗文
　　　　德國：柯若樸
英國：柯浩德　史瑞格・柯非克提

新编汉籍国际珍本丛书总编：

http://www.zinbun.kyoto-u.ac.jp/~takata/ILCDS/

新编汉籍国际珍本丛书编审委员会联系地址：

日本國　京都市　左京區北白川東小倉町 47
京都大學人文科學研究所
高田時雄教授　Tel: 075－753－6993
INSTITUTE FOR RESEARCH IN HUMANITIES
KYOTO UNIVERSITY KYOTO 606－8265, JAPAN

敦煌吐魯番研究第十八卷

目　錄

研究綜述

2018年敦煌學研究綜述 …………………………………… 楊寶玉（1）
2018年吐魯番學研究綜述 …………………………… 張重艷　白俊瑩（38）
敦煌學在美研究綜述 ………………………………………… 劉屹贇（80）
粟特佛教信仰研究綜述 ……………………………………… 魏迎春（91）
中國摩尼教敦煌文獻校録 …………………………………… 劉　屹（103）
絲綢之路博物與跨境貿易概述 ……………………………… 荣新江（134）

會議介紹

光照寰宇　開拓敦煌學
——"第六届國際敦煌項目IDP中國國際敦煌吐魯番學 2018 年
理事會"會議綜述 ……………………………………… 張存良（144）
敦煌與絲綢之路多元宗教學術研討會綜述 … 劉拔茹 毛雨婕 黄麗蓉（160）
2018年浙江紹興之路展覽及文化國際學術研討會綜述 … 張力倩 唐曉慧（170）
《敦煌學大辭典》修訂項目首次主編工作會議紀要 …… 陳大爲（174）
敦煌學人傳薪火　新之力護絶學
——《敦煌學大辭典》（第二版）編纂工作啟動
側記 …………………………………… 楊　寶　王雯雯　屠萍修（177）

纪念文

敬缅谢生保护研究及学术研究的贡献 ………………………… 郑炳林 (182)

出版信息

《敦煌古代工艺研究》出版 ………………………………………… 杨明明 (190)
《经信经研究论》"文化圈论" 出版 ……………………………… 黄青木 (191)

书评

雁塞发挥，今人深思
——重读林世涵先生著《吐鲁番访古记》《中国5—10世纪的寺院经济》
………………………………………………………………………… 钊国强 (192)
《伯希和敦煌石窟笔记》有感 …………………………………… 钊国强 (192)
《三阶教史研究》评介 …………………………………………… 新 疆 (197)

编著目录

2018年敦煌学研究论著目录 …………………………………… 杨晓彤 (202)
2018年敦煌学研究论著目录 …………… 以佐同 雒青雀 (232)
2018年日本敦煌学研究论著目录 ……………………………… 林生海 (259)
2014—2018年藏文化图敦煌学研究论著目录 ……………… 张延清 (273)
近十年来敦煌汉藏研究论著目录 ……………… 雒青雀 沈光耀 (292)
敦煌根本文化研究论著目录 ……………………………………… 刘钊杰 (331)
新中国成立以来佛教美术研究论著目录 ………………………… 朱生云 (337)
2018年度敦煌吐鲁番艺术敦煌美术文论目录 …………………… 胡耀池 (353)

学会信息

中国敦煌吐鲁番学会新入会会员名单 …………………………… (378)

《敦煌吐鲁番国际联络委员会通讯》编后 ……………………… (380)

2018年敦煌學研究綜述

楊敬蘭（敦煌研究院）

據不完全統計，2018年度中國大陸地區出版的與敦煌學相關的學術專著和論文集40餘部，公開發表研究論文500餘篇。兹分概説、歷史地理、社會與文化、宗教、語言文字、文學、藝術、考古與文物保護、少數民族歷史與語言、古籍、科技、書評與學術動態等十二個專題，擇要介紹如下。

一、概　　説

本年度敦煌學研究概括性的論著主要涉及敦煌文獻刊佈與整理、敦煌壁畫高清圖版的影印、敦煌學數字化、敦煌文化翻譯、敦煌學人等方面的内容。

敦煌文獻刊佈與整理方面，甘肅省文物局、敦煌研究院編，馬德、勘措吉主編《甘肅藏敦煌藏文文獻》第②③⑤⑥敦煌市博物館卷（上海古籍出版社2018年7—11月）出版，本書計畫將甘肅省内13家單位收藏的敦煌莫高窟藏經洞出土的約6700件（號）敦煌藏文文獻整理刊佈。郝春文等編著《英藏敦煌社會歷史文獻釋録》第一卷（修訂版）（社會科學文獻出版社）於2018年6月出版，釋録S.10—S.323號文書，並對每一件文書的定名、定年、定性和寫本形態、研究狀況等給予介紹和説明。此次修訂，增加了一些漏收的文書、補充了一些可以綴合的文書、吸收了近二十年學術界的研究成果，所有文書都按最新的細則重新整理。所以，這個修訂版，其實等於重做，篇幅也增加了三分之一左右。朱鳳玉《臺灣地區散藏敦煌文獻題跋輯録與研究》（《敦煌學輯刊》2期），就散藏臺灣敦煌寫卷之題跋進行輯録校釋。

敦煌壁畫高清圖版的影印方面，江蘇鳳凰美術出版社編《十二生肖守護佛·敦煌壁畫高清大圖》出版。全書一套共八册；封套爲16開，内部高清大圖爲2開；八册分別爲《十二生肖守護佛·敦煌壁畫高清大圖·莫高窟第14窟·千手千眼觀世音菩薩·鼠》《十二生肖守護佛·敦煌壁畫高清大圖·莫高窟第217窟·虚空藏菩薩·牛虎》《十二生肖守護佛·敦煌壁畫高清大圖·莫高窟第61窟·文殊菩薩·兔》《十二生肖守護佛·敦煌壁畫高清大圖·莫高窟第14窟·普賢菩薩·龍蛇》《十二生肖守護佛·敦煌壁畫高清大圖·莫高窟第57窟·大勢至菩薩·馬》《十二生肖守護佛·敦煌壁畫高清大圖·榆林窟第25窟·大日如來·羊猴》《十二生肖守護佛·敦煌壁畫高清大圖·莫高窟第14窟·護法明王·雞》《十二生肖守護佛·敦煌壁畫高清大圖·莫高窟第 14 窟·阿彌陀佛·狗豬》；其中八位菩薩對應十二個生肖，每位菩薩的圖片都選自敦煌壁畫（虛空藏菩薩選自《敦煌壁畫復原圖》，江蘇美術出版社，2013 年 7 月）。此外該社還有《中國石窟藝術經典高清大圖系列——敦煌莫高窟第 14 窟·阿閦佛》《中國石窟藝術經典高清大圖系列——敦煌莫高窟第 156 窟·窟頂藻井》出版。

敦煌學數字化建設方面，韓春平、馬德、許端清《關於敦煌遺書數據庫》（《敦煌學輯刊》4 期）指出，"敦煌遺書數據庫"是輔助進行敦煌遺書保護、整理和研究等各項工作的數字化技術平臺的通稱，相關數據庫的建設以往曾多有開展，並已有多項成果。此文旨在介紹在建國家社會科學基金重大項目"敦煌遺書數據庫建設"的基本情況，重點展示數據庫的內容與功能，並分析其優點與不足。柴勃隆等《莫高窟壁畫顏料多光譜數字化識別系統的研發與應用》（《敦煌研究》3 期）採用多光譜攝影系統，以"顏料多光譜圖像色彩標準數據庫"爲基礎，開發顏料多光譜圖像數字化識別系統，利用軟件演算法對壁畫多光譜圖像中的目標顏料實現自動查詢，匹配顏料多光譜圖像數據庫中不同顏料 HSV 色彩數值的最近相似度，提高鑒別的精度和效率。郭精衛、宋寧遠、王曉光《用戶視角下的敦煌壁畫數字圖像語義描述方法評價》（《圖書情報知識》3 期）指出，"數字敦煌"等大型的數字化項目興起後，積累了大量的壁畫數字圖像資源，爲了有效地存儲、檢索、利用這類數字資源，同時利用主題詞表和圖像元數據，共同實現對圖像的高層語義表達，開發了一套敦煌數字圖像標注系統，進行了實驗性的壁畫標注工作。文章通過比較基於 SDFDI 標注系統的標注和傳統數字博物館標注材料的標注效果，評價了 SDFDI 對敦煌壁畫數字圖像的標注效果。李萍《莫高窟旅遊開放新模式的構建與實踐》（《敦煌研究》2 期）認爲莫高窟日益增多的遊客和客流的不均衡，不僅打破了洞窟微環境的穩定性，給洞窟保護帶來了巨大的壓力和安全隱患，還導致遊客參觀品質和滿意度的下降等問題，作者提出建設具有綜合功能的莫高窟數字展示中心，讓遊客在虛擬漫遊廳身臨其境地觀賞典型洞窟，從而構建了莫高窟旅遊開放新模式。

敦煌文化翻譯方面，姜秋霞《敦煌文化翻譯：策略與方法》（《中國翻譯》4 期）指出敦煌文化內容涵蓋面廣，專業性強，具有較大的翻譯難度，作者通過對敦煌文化翻譯宏觀策略與微觀技巧的探討，研究了敦煌文化翻譯的基本原理，旨在爲敦煌文化的對外交流與傳播以及中國文化外譯的策略與方法提供一定的參考。姜奕杉《翻譯目的論指導下的漢代敦煌地區官名英譯初探》（《外語教育與翻譯發展創新研究》第七卷）指出，爲了更好地傳播敦煌學及敦煌文化，在翻譯敦煌相關文獻時如何處理這些古代官名成了一大難題，作者從翻譯目的論的視角,採用借鑒意譯和音譯加注釋的翻譯方法,對漢代敦煌地區官名英譯進行了初步探索。姜欣彤、劉佳《目的論視角下莫高窟佛教旅遊内容的英譯策略研究》(《海外英語》4期)從旅遊文本相關的翻譯目的特徵出發,結合莫高窟景點翻譯本體的宗教文化特性,並依照莫高窟相關的現存使用翻譯文本,試圖歸納總結並補充一部分合理實用的翻譯策略,使得國外遊客能夠更加完整準確地瞭解這座東方宗教藝術寶庫的魅力,同時也希望能夠起到規範莫高窟旅遊文本翻譯的作用。劉佳《歸化異化指導下佛教内容英譯方法探究——以莫高窟佛教景點英譯爲例》(《海外英語》1期)著力於如何讓世界更快、更準確深入地瞭解莫高窟的佛教文化,從歸化和異化兩種翻譯策略入手,結合文化因素在翻譯當中的影響,探討莫高窟佛教旅遊文本翻譯的現狀。

敦煌學人方面,秦川、安秋的《敦煌畫派》(甘肅教育出版社)從美術學角度解讀敦煌壁畫歷史淵源及其傳承發展,用大量史料和現場採訪,真實展現了20世紀中國美術波瀾壯闊的歷史畫卷,揭示了張大千、常書鴻、董希文、常沙娜、何鄂等中國美術家朝聖敦煌、傳承創新的心路歷程。王慧慧《敦煌研究院新入藏李浴敦煌遺稿的内容及其價值》(《敦煌研究》6期)記述了敦煌學人李浴先生生平及事迹:1944—1946年李浴先生供職於國立敦煌藝術研究所,在職期間他對石窟進行過系統調查研究,撰寫了《莫高窟藝術志》《敦煌石窟内容之考察》《安西榆林窟》《天水麥積山石窟》等多份調查報告。2015年9月,李浴先生後人向敦煌研究院捐贈了部分先生收藏的有關敦煌未出版的文獻資料及個人著述。張玉丹、劉振宇《新發現張大千榆林窟考察筆記初探》(《中國國家博物館館刊》2期)揭示,四川博物院新發現的張大千榆林窟考察筆記,是研究20世紀中國藝術史的珍貴史料,内有洞窟編號、存世雕塑、壁畫内容、保存狀況、價值評定等珍貴記録,從中可以瞭解20世紀40年代榆林窟的保存狀況和張大千對敦煌壁畫藝術的認識,填補了張大千研究在這方面的空白。

二、歷 史 地 理

敦煌歷史地理的研究主要集中在政治史、家族史、經濟史、軍事史、法律史和西北史地等方面。

政治史方面,杜海《敦煌曹氏歸義軍時期的"瓜、沙之争"》(《敦煌學輯刊》2期)認爲曹氏歸義軍時期,敦煌政權的勢力範圍僅限於瓜、沙二州;歸義軍節度使府衙位於沙州(上州),瓜州刺史慕容歸盈、曹延恭先後在瓜州長期執政;沙州府衙試圖限制瓜州派系勢力,曹元忠在瓜州增設會稽、新鄉二鎮就是相應的舉措,以曹延恭爲代表的瓜州派系獲得了瓜州慕容家族等的支持;最終,曹宗壽利用瓜州軍隊發動了政變,推翻了歸義軍節度使曹延祿的統治,"瓜、沙之爭"是曹氏歸義軍衰亡的重要原因。楊寶玉《唐代宗時期的河西與伊西北庭節度使——以 P.2942 卷末所存三牒狀爲中心》(《敦煌學輯刊》3期)以 P.2942 卷末三件牒狀中的多個官稱爲綫索,探討了唐代宗時期的河西與伊西北庭節度使問題,並歸納了唐代宗時期河西與伊西北庭節度使任職簡況。李楠《西漢王朝西域都護的行政管理》(《内蒙古社會科學》4 期)論述了自宣帝於西域始設都護,至王莽末年版圖廣袤,傳統的邊政體制已不能滿足當時邊疆控制的需要,爲適應新形勢下西域邊疆的發展狀況,漢朝在西域地區逐漸建立起了一套以都護爲核心、"土流"結合的管理模式,特設以西域都護爲核心的"流官"管理機構與西域原有並得到漢廷承認的"土官"系統兩套子系統,以實現對西域管理體制的運轉。鍾書林《敦煌遺書 S.4654〈贈悟真等法師詩抄〉探賾——兼論光復後的敦煌與大唐中央政權的微妙關係》(《中國典籍與文化》3 期)討論了唐宣宗大中五年(851)敦煌脱離吐蕃統治重回大唐懷抱後,敦煌高僧悟真等奉命入京奏事,在京都長安與"兩街大德及諸朝官"詩歌酬唱贈答(S.4654《贈悟真等法師詩抄》),以往研究爭議分歧較多,其詩歌文本爲傳世文獻所未見,成爲敦煌與中原文學交流的重要史料,同時折射出光復後的敦煌與大唐中央政權的微妙關係。温佳祺《論唐德宗建中初揀練僧道事——以敦煌文書〈諷諫今上破鮮于叔明令狐峘等請試僧尼及不許交易書〉爲中心》(《咸陽師範學院學報》1 期)論述了敦煌文書 P.3620《諷諫今上破鮮于叔明令狐峘等請試僧尼及不許交易書》,反映了唐德宗欲對佛教實施嚴格控制和佛教徒對此事的態度,佛教勢力在唐中後期不斷擴大,佔據著大量土地、財富和人口,唐德宗欲通過"揀練僧道"使財政得到緩解,此次"揀練僧道"的緣起、經過和廢止在該文書中得到很好的反映。

家族史方面,鄭炳林《晚唐五代敦煌康氏家族與歸義軍瓜州刺史康秀華考》(《敦煌研究》3 期)考證了晚唐五代敦煌康氏家族的歷史,認爲其是敦煌粟特人中勢力很强的胡人,是唐敦煌從化鄉的主體,從事商業手工業經營,同時還在吐蕃及歸義軍政權中擔任各種官職,亦官亦商是他們從政的基本特點,敦煌文書中留下了他們豐富的記載,特別指出康秀華就是他們中的代表。康氏吐蕃統治時期出任吐蕃部落使,並經營胡粉等高級奢侈品生意,歸義軍時期出任歸義軍使衙判官,最後陞遷爲瓜州刺史。楊富學《新見唐瓜州刺史魏遠望墓誌考屑》(《敦煌研究》5 期)考察了洛陽出土的魏遠望墓誌,其內容涉及魏氏郡望、唐代邊疆問題等諸多史事,文章結合甘肅合水新出魏哲墓誌及傳世文獻、魏哲神道碑等材料,考察出魏遠望的生平,指出其主要活動於唐代的東北邊疆和西北地區,最後以瓜州刺史致仕,填補了存世文獻的某些空白。關尾史郎、田衛衛《"五胡"時期西北地區漢人族群之傳播與遷徙——以出土資料爲中心》(《絲綢之路研究集刊》第 2 輯)根據鎮墓瓶、隨葬衣物疏、墓志、柩銘乃至磚畫、壁畫等各類出土喪葬文物,對"五胡十六國"時期西北地區喪葬文化傳播與媒介的漢人家族群體之遷徙做了考論。陳菊霞、曾俊琴《莫高窟第 217 窟東壁供養人洪認生平考》(《敦煌研究》4 期)指出,莫高窟第 217 窟主室東壁門北有一身高大的供養人畫像,由題名可知是都僧政洪認,作者通過檢索敦煌文獻,對洪認的生平進行了考察,得知他出生於劉氏家族,在戊寅年(918)前後擔任永安寺法律,之後又升任永安寺僧政,在貞明九年(923)繼閻會恩出任都僧政,爲了表示慶賀,以洪認爲代表的劉氏家族重修了莫高窟第 217 窟。

經濟史方面,阮海峰《從壁畫墓看魏晉時期敦煌農業》(《農業考古》4 期),敦煌擁有衆多的魏晉時期壁畫墓,這些壁畫墓中的農業圖像,直觀展示了魏晉時期敦煌農業發展狀況,包括已經在使用較爲先進的農具,農業單產也獲得了提高;同時,通過部分農業圖像的細節,可以看出當時胡漢之間存在交流和融合,其中女性是重要的農業勞動力,在某些農業生產環節中具有超越男性的地位。陳麗萍《四件散見敦煌契約文書》(《敦煌研究》3 期)公佈了四件散見的敦煌契約文書,其中兩件爲借貸契,一件爲土地交易契,一件爲雇傭契。文章介紹了四件文書的收藏背景,對文書的物質形態和內容做了詳細的描述和過錄,並就同類契約涉及的問題做了一些探討,對敦煌契約文書的收藏狀態和研究路徑也有所展望。徐秀玲《吐蕃統治敦煌西域時期雇傭契約研究》(《敦煌研究》6 期)指明吐蕃統治時期的雇傭契約已經廣泛出現在農業、手工業、建築業、家務勞動以及運輸、貢賦、勞役等領域,契約內容完備、條款齊全,雙方的責任權利清晰明確,已經發展到比較完善的程度,從雇傭雙方的利益看,受雇者可通過雇價償還債務或改善生活條件,而雇主可藉此有更充裕的時間從事宗教藝術文化等活動,對於統治者來講,雇人代役有效地解決了人員不足問題,有利於吐蕃王朝的統治。

軍事史方面,孟憲實《論唐代府兵制下的"六駄"問題》(《中國史研究》3 期)指出,六駄馬是唐朝府兵制下的一種輜重運載體制,按照傳統理解,府兵一火十人要配備六匹馬驢,由於駄馬是府兵衛士自備,這便涉及衛士經濟負擔問題。本文提出新看法,認爲六駄馬驢的設置單位不是火而是隊,而唐朝每隊士兵是五十人。如此,則相關研究皆需要重新審視。楊寶玉《河西軍移鎮沙州史事鈎沉》(《敦煌研究》2 期)主要論證了涼州失陷後率領河西軍移鎮沙州的人爲楊休明,亦討論了河西軍移至沙州的時間,認爲以前學界之所以流行率軍移鎮者爲楊志烈的説法，是因爲將 P.2942 中"玉門過尚書"一語誤解爲尚書經過玉門關，將原句的主語和賓語倒置了，其文意與傳世史籍有關楊志烈在涼州陷落之前即被害於甘州的記載亦相符。馬智全《説"僵落"》（《敦煌研究》1 期）指出，居延漢簡關於僵落的記載，證明《漢書·匈奴傳》記載的"木柴僵落"並不是顔師古所注解"樹木枯死墜落"之意。作者認爲僵落是用薪材修治的一種漢塞形式，漢簡記載的僵落，底部寬近 3 米，頂部寬近 2 米，高近 3 米，長度可達數千米，是連接烽燧之間的塞防建築形式。僵落也不是史書記載的天田，與虎落、羊馬牆也有所不同。作者還認爲僵落的修治與《墨子》記載的"薄"有相似之處，今日居延邊塞應該還有僵落的遺存。

　　法律史方面，鄭顯文《從敦煌吐魯番判文看唐代司法審判的效率和品質》（《西南大學學報》6 期）對敦煌、吐魯番等地新發現的唐代判例判文進行全面調查，根據唐代判例判文的性質，將其分爲真實審判文書和虛擬判文兩種模式，並結合傳世文獻的記述，從動態的視角對唐代司法審判的效率和品質等問題略作分析。趙晶《敦煌吐魯番文獻與唐代法典研究》（《中國社會科學報》5 月 21 日）對敦煌、吐魯番所出法制相關文獻，包括唐代律、令、格、式等法典類殘卷，契約、告身、過所等公私文書以及部分案卷、判集進行了研究。韓樹偉《吐蕃契約文書之習慣法研究——以敦煌出土文書爲中心》（《西藏大學學報》2 期）從法律社會史的角度出發，在前人研究的基礎上，利用吐蕃契約文書，對吐蕃時期的習慣法做了探析，對進一步瞭解認識吐蕃時期的社會面貌具有重要學術意義。齊繼偉《西北漢簡所見吏及家屬出入符比對研究》（《敦煌研究》6 期）表明，西北漢簡中保留了一批與出入符相關的符券類文書，據統計其中較爲完整的吏及家屬出入符共 39 枚，文中就簡的形制、屬性及內容三個方面進行討論，對於居延漢簡、肩水金關漢簡中所見幾類符作一比對研究，其中特別對該類簡的刻齒、長短、文書歸類等問題做細緻的探討，並通過對其內容的研讀，試圖窺探出漢代邊境出入制度的梗概。

　　西北史地研究，葉舒憲《玉門、玉門關名義再思考——第十二次玉帛之路考察札記》（《民族藝術》2 期）記載，2017 年 6 月，作者第十二次玉帛之路（玉門道）考察時在玉門花海漢長城遺址採集到馬鬃山玉礦的玉料，這表明馬鬃山玉是在新疆和田玉之外很早就輸送中原的戰略物資，其路綫有北道（草原戈壁道）和南道（河西走廊道）。目前可知馬鬃山玉進入河西走廊的路綫有三條支綫，即音凹峽—橋灣綫、玉門花海綫和小馬鬃山—金塔綫。這三條支綫中的前兩條路綫都必經漢代玉門縣，可知最早的玉門關應在漢代玉門縣，最初的玉門和玉門關二名可兼指新疆玉、敦煌玉和馬鬃山玉的入關門戶。楊富学《玉門"西域城"即"下苦峪"考》(《第二届絲綢之路彩陶與嘉峪關歷史文化研討會論文集》)指出,傳統説法將瓜州鎖陽城和苦峪城劃等號,其實,苦峪城不在瓜州,而在玉門鎮,元代稱作曲尤,2016年發現的玉門鎮古城即其所在,清代靖逆衛城就建於元明時代的曲尤/苦峪城内。明代在嘉峪關以西設"關西七衛",以蒙古豳王(安定王)家族後裔爲酋,後來由於哈密、沙州等衛常受到土魯番國的侵擾,二衛首領與部民被迫東徙。明政府遂在苦峪城東側7公里處另建輔城以安置流寓,被稱作下苦峪,因流民主要來自哈密,故又被稱作西域城。穆文晨《兩漢至五代肅州與絲綢之路研究》(陝西師範大學碩士學位論文)指出,酒泉(肅州)作爲西漢"河西四郡"之一、絲綢之路沿綫城鎮,承擔著聯結絲路中西交通、安定西北邊防重要使命。論文探討了兩漢魏晋南北朝時期酒泉郡與絲綢之路交通、隋唐五代時期肅州與河西經營開發、民族關係之間的關聯等問題,並對肅州在絲綢之路上的歷史地位變遷及其緣由進行了分析。

三、社會與文化

本年度敦煌學社會與文化研究涉及禮制、教育、民俗文化等方面。

禮制方面,趙大瑩《敦煌吐魯番文書深化唐代禮制研究》(《中國社會科學報》7月2日)指出,自南北朝起我國出現了大量書儀,至唐代書儀融入了更多的日常生活禮儀,成爲結合書札體式與典禮儀注的載體,即"書翰儀體",在滿足日常處世、規範寫作、禮儀教化等方面發揮了重要作用。吴麗娱《關於唐五代書儀傳播的一些思考——以中原書儀的西行及傳播爲中心》(《敦煌學輯刊》2期)從信息傳播的角度研討敦煌書儀的製作與傳入問題,分開元天寶、中晚唐和五代明宗的不同時段,選擇具有典型意義的書儀進行討論。作者發現這些書儀的傳入並非帶有隨意性,而是有著特殊的背景和需要,除了必須的道路交通條件之外,其傳入乃至製作都受到西北政局及地方政權與中央關係的影響。對書儀傳播原因和來源的考察,不僅可以瞭解書儀傳入的途徑和方式,也能夠瞭解書儀作爲中原文化的組成向西部傳遞的特殊價值與時代意義。

教育方面,馬佳立《敦煌文獻蒙學資料的三個特點探究》(《産業與科技論壇》3期)發現在敦煌石窟文獻中,有關蒙童教育的文獻具有三個突出特點:爲現今僅存隋唐五代蒙學文獻,教育内容極其豐富,地域色彩非常顯著。對敦煌蒙學文獻特點的發掘可以使人們進一步認識傳統蒙學教育的共性和個性。費習寬《從敦煌吐魯番史籍殘卷看唐代科舉史學考試》(《甘肅廣播電視大學學報》3期)從敦煌吐魯番正史寫本及著録情况入手,著重論述唐代科舉史學考試對正史抄本流傳的影響,並對史書存佚差異的原因予以深入分析。

文章指出，科舉考試作爲一種官方行爲，其引領作用不容忽視。敦煌吐魯番正史文書及其存佚差異，與當時的史學風氣、朝廷試史政策互爲因果。據統計，敦煌吐魯番文書中有《史記》1件、《漢書》12件、《三國志》6件、《晋書》3件等四部正史殘卷。而《史》《漢》數量差異，無《東觀漢記》《後漢書》的原因，當與隋唐時期抑馬揚班的史學風氣、朝廷重史傳統、"三史"的演變及唐代政治形勢密切相關。

民俗文化方面，王方晗《敦煌寫本中的人神禁忌》(《民俗研究》3期)認爲敦煌寫本中的人神加入了隸屬於民俗範疇的禁忌方式，在禁忌體系、文本載體兩個層面帶有陰陽術數等濃重的民間色彩，這也與唐宋之際民間信仰蓬勃發展及敦煌本地陰陽家的推行有關。劉傳啓《敦煌十王齋的營辦》(《樂山師範學院學報》1期)認爲敦煌莫高窟保存的大量請僧追念疏、亡齋文、建福疏、逆修文以及傳統儒家祭文書儀、道家亡齋文等文獻資料，真實揭露了晚唐五代宋初敦煌營辦十王齋的活動情形，對瞭解十王齋活動的規模、營辦者的身份、營辦的流程以及儒釋道三家在十王齋活動中扮演的角色等都具有重要的文獻價值。邵小龍《敦煌寫本所見拜月祈長生風俗及其文學表現》(《歷史文獻研究》1期)討論了先秦時期敦煌與域外的文化交流諸問題，敦煌寫本中的《望月婆羅門曲子》，極有可能源自古印度，其内容與魏晋以後出現的望月祈長生風俗正好對應。此外，其他一些敦煌曲子詞的内容也與中古節日的風俗儀式密切相關，結合這些作品，不僅可以考察風俗、儀式與文學的共生及融合，也能夠探尋唐五代中印文化交流的痕迹。葛承雍《天馬與駱駝——漢代絲綢之路識别字號的新釋》(《故宫博物院院刊》1期)分析了敦煌懸泉漢簡的記載和河西出土文物重視天馬、輕視駱駝的原因，駱駝作爲外來"奇畜"不爲人知與熟悉，也缺少相應精湛造型的藝術品，與唐代出現的大量駱駝文物相比，漢代駱駝文物寥寥無幾，因而漢代人們夢幻的天馬成爲真實的外來引進物種，代替真實的駱駝成爲了充滿想象的神奇動物，作者認爲絲綢之路真正的識别符號應是天馬而不是駱駝。李碩《唐代煎餅新探》(《農業考古》4期)根據傳世史籍和敦煌文獻，指出唐代煎餅主要以麥和粟爲食材，烹飪用油以植物油爲主，動物油使用較少，其烹調器具則是一種稱爲"鐺"的三足兩耳平底鍋。煎餅受中西文化交流影響部分開始向點心糕點轉變，這是唐代飲食"胡化"現象的具體體現。此外煎餅還是唐宋時期傳統節日——"人日"的主要食品之一。

四、宗　　教

本年度敦煌宗教研究主要包括佛教、道教、祆教、摩尼教、景教、伊斯蘭教和苯教等方面。

佛教方面的研究成果主要集中在佛教經典、禪宗文獻、佛教信仰以及僧尼生活等方面。佛教經典研究，孟彥弘《旅順博物館所藏"佛説救護身命經"考》(《文獻》5期)指出，"佛説護身命經"有多種異稱或簡稱，敦煌發現的寫本，以往被學界視作同一種經的兩個系統，《大正藏》分別以No.2865和No.2866爲編號，收入第85卷，在旅順博物館所藏新疆出土文獻中，又發現至少17件殘片，屬前一系統的有11片，後一系統的有6片。同時通過對兩個系統的寫本的比對，以及對相關經録著録的考察，作者認爲應該是兩部經，甲本(No.2865)系統是大乘疑僞經，乙本(No.2866)系統是小乘真經。劉屹《法滅思想及法滅盡經類佛經在中國流行的時代》(《敦煌研究》1期)指出，《法滅盡經》是5世紀末至6世紀初成書的一部中國撰述佛經，體現的是來自印度佛教的法滅思想，以此經爲代表，還有一批主要見於《出三藏記集》著録的佛經，可稱之爲法滅盡經類佛經。這批佛經在僧祐看來没有疑問，但從隋代開始，大都成了疑僞經。論文探討了《法滅盡經》成書所依憑的印度法滅思想來源問題，以及法滅盡經類佛經流行的特定年代，强調印度佛教法滅思想不能簡單等同於中國佛教的末法思想。趙世金《敦煌本〈楞伽經疏〉再考》(《敦煌學輯刊》4期)認爲，《楞伽經》内容偏重於義理研究與哲學思辨，文辭晦澀，甚難理解，故其注疏之學就變得較爲重要；敦煌文獻中兩件武周時期圓暉法師所著《楞伽阿跋多羅寶經疏》即P.2198與S.5603，其中P.2198保存了唐代仕宦齊澣爲《楞伽阿跋多羅寶經疏》所作的序文以及圓暉法師自述，作者對其進行考論，彌補了該方面研究的不足。馬德《試論敦煌遺書佛經初譯本的價值》(《敦煌學輯刊》2期)認爲敦煌莫高窟藏經洞出土的唐代寫經中，有一部分是當時的初譯本，如貞觀廿二年玄奘所譯《能斷金剛般若波羅蜜多經》，日照譯《大乘密嚴經》，義净譯《佛説寶雨經》《金光明最勝王經》，寶思惟譯《佛説校量數珠功德經》，室利末多譯《佛説示所犯者瑜伽法鏡經》等，較好地保存了佛經初譯時各個方面的原始狀況，對佛教經典的校勘和研究佛教大藏經傳播過程中的演變有重要的價值。楊明璋《Φ223〈十吉祥〉與〈佛説阿彌陀經〉講經文》(《敦煌學輯刊》3期)，Φ223學界名之爲《文殊十德贊》或《十吉祥》，本文發現其是以唐代窺基撰《阿彌陀經疏》《阿彌陀經通贊疏》爲基礎敷演而成，而P.2955《佛説阿彌陀經講經文》也是以窺基撰《阿彌陀經疏》爲基礎，二文應是相互關聯的《佛説阿彌陀經》講經文，均以闡釋佛國浄土的奇珍異寶、珍禽異獸爲要，或來自佛典，或引述當時文人詩作，且有唐土的人、事、物，講經者將佛教與中土本有的祥瑞融合爲一，是當時唐土祥瑞文化具體而微的展現。

禪宗文獻整理與研究,李申校譯、方廣錩簡注《敦煌壇經合校譯注》(中華書局)對現存六種主要的敦煌《壇經》寫本進行了合校,以旅順博物館藏本為主要依據,另以敦博本、英藏斯坦因本、國圖本兩種及西夏文寫本殘片對校,又吸收了鈴木貞太郎、郭朋、楊曾文、鄧文寬、周紹良等學者的校勘成果,力求恢復敦煌本之原貌。除對經文進行全面校勘外,還做了今譯和簡要的注釋,並有任繼愈、杜繼文先生所撰前言及多位學者的相關研究成果附錄,對深入研讀《壇經》頗有助益。侯沖《契嵩本〈壇經〉新發現》(《世界宗教研究 4 期》)指出,契嵩本《壇經》是契嵩在舊本《壇經》的基礎上,綜合了《景德傳燈錄》等非《壇經》文獻編纂而成,並全面開啓了在經文正文中加注的模式。契嵩本《壇經》的新發現,不僅讓我們知道了何為契嵩本《壇經》,還幫助我們明確了不同本《壇經》的具體內容,以及《壇經》由敦煌本、存中本、惠昕本、契嵩本、過渡本、德異本、宗寶本和德清本這一不斷被改編的歷程。習罡華、王曉雲《敦煌文獻 S.2165 號〈思大和尚坐禪銘〉論衡》(《世界宗教文化》4 期)指出,關於敦煌文獻 S.2165 號中的思大和尚,傳統觀點或認為是南朝南岳慧思和尚,或認為是唐代青原行思禪師。本文通過對敦煌文獻 S.2165 號文本的宗派屬性分析,認為它是南宗頓悟禪青原系的鈔本,通過對具體內容進行研究,認為其主旨與慧思和尚的精神不相吻合,卻恰好反映六朝至唐初南宗頓悟禪修行理念記載的自然過渡,因此,作者認為敦煌文獻 S.2165 號中的思大和尚,指的是唐代禪宗七祖青原行思,而不是南朝天台宗二祖南岳慧思。韓傳強《敦煌寫本〈導凡趣聖心決〉錄校與研究》(《敦煌研究》5 期)指出,學界對《導凡趣聖心決》的歸屬問題一直都存在著爭議,文章以《導凡趣聖心決》錄文和校勘為基礎,通過對《導凡趣聖心決》思想及其所特有的傳承譜系進行分析,認為《導凡趣聖心決》歸於法如系,其作者可能為《傳法寶紀》的撰者杜朏,關於《導凡趣聖心決》的內容,則可分為"構建禪宗譜系""論觀法""論修心"三個主要部分。侯成成《唐宋時期釋玄覺〈證道歌〉的版本與傳播——以敦煌文獻、碑刻資料為中心》(《中國典籍與文化》1 期)一文,作者論述了敦煌文獻《證道歌碑》,完整呈現了其以手寫紙本形態傳播的狀態。指出廣州六榕寺也有宋刻碑,是現存唯一《證道歌》石刻史料,所據底本應是兩宋時期在寺院民間傳播的另一版本。唐宋時期《證道歌》至少有三個版本系統傳播,作者題署、文本內容彼此互有異同,傳播範圍西達敦煌、南到廣州、東至韓國和日本。

佛教信仰方面,楊富學、張田芳《從粟特僧侶到中土至尊——僧伽大師信仰形成內在原因探析》(《世界宗教研究》3 期)探討了僧伽大師信仰形成之原因,指出僧伽大師為唐初入華的粟特高僧,入華後始稱觀音化身、泗州大聖,後被稱為泗州文佛,其實僧伽之所以成為至尊,根本原因在於僧伽大師之本行,他既擅長粟特祈雨術,又精通西域幻術,還善用西域醫藥及卜兆,四者各不相同,但又相互聯繫,而將四者有機聯繫在一起的即僧伽大師的"靈異感通"。僧伽長期活動於民間,憑藉自己的神通治病救人,利益衆生,故而贏得了信徒(甚至摩尼教徒衆)的愛戴與敬信。王晶波《論佛教對中國傳統相術的影響》(《歷史文獻研究》1期)認爲佛教對古代民衆生活與觀念的影響是多方面的,對相術的影響只是其中的一個側面,以往學者關注不多,文章結合傳世文獻與出土文獻的記載,對佛教影響中國相術的内容、過程、階段性特點等方面進行了細緻考察,對全面認識佛教影響中國文化的歷史事實及其中國化過程有一定意義。南煜峰《淺析北石窟寺彌勒信仰與彌勒造像的演變——以第165、222窟的彌勒造像爲例》(《文物鑒定與鑒賞》1期)以甘肅北石窟寺第165、222窟的彌勒造像爲例,探討北魏至唐時期北石窟寺的彌勒净土信仰,以及彌勒造像從上生兜率天的彌勒菩薩形象演變成爲下生閻浮地的彌勒佛的造像式樣,這樣的演變形式不僅是彌勒信仰變化的産物,也是時代背景下的工藝美術表現方式。余欣《中古中國佛教儀禮與藝術中的琉璃》(《復旦學報》6期)綜合運用佛教典籍、史志詩文、敦煌文獻、圖像資料、考古遺存中的相關史料,從琉璃在佛教"七寶"觀念中的意義和儀禮中的實際使用狀況入手,分析琉璃與其他寶物的整體關係,從佛教供養與法器的信仰實踐揭示其宗教功能與象徵含義,進而追溯其觀念源流以及在文本和圖像中的表現。

僧尼生活方面,沙武田、李玭玭《敦煌石窟彌勒經變剃度圖所見出家儀式復原研究》(《中國美術研究》1期)描述了留存於唐、五代、宋初敦煌壁畫彌勒經變中的剃度圖,認爲這些畫面生動地刻畫了由世俗男女到沙彌、沙彌尼的出家過程,並將此類畫面與唐代道宣《四分律删繁補闕行事鈔》和道世《法苑珠林》等佛教律典中記載的僧尼出家時所歷經的"摩羯告衆""發心請師""莊嚴道場""辭親易服""灌頂皈依""剃髮""受袈裟""受三歸五戒"等環節儀式進行對照分析,認爲敦煌壁畫中的剃度圖像是現存較爲完整的有關唐、五代、宋佛教出家剃度儀式和過程的圖像資料,結合相關佛典,從形象史學的角度,復原了中古時期佛教出家剃度等相關問題。武紹衛《從社會經濟角度看唐後期五代宋初敦煌寺衆居家原因——兼論唐後期寺衆居家現象出現原因》(《中國社會經濟史研究》3期)指出,敦煌僧衆"居家過活"被視爲敦煌佛教世俗化的重要表現,關於爲何會出現如此現象,李正宇等先生認爲源於吐蕃佛教等原因。而作者認爲這實際上是過於突出敦煌的獨特性了。當將整個唐帝國後期的佛教發展納入考慮範圍,便會發現居家並非敦煌一地獨有的現象,諸如山東等地亦是如此。多地出現僧人居家現象,實際上是僧團嚴重膨脹、寺院經濟衰退,以及地方僧人與世俗家庭關係不曾分割等多種因素合力的結果。

　　道教方面,劉永明、路旻《敦煌清信弟子經戒傳授與北周至唐代的國家道教》(《世界宗教研究》3期)指出,敦煌道教文獻中關於清信弟子的《道德經》與《十戒經》傳授文獻是認識唐代及中古道教歷史和相關問題的重要資料,作者在進一步確認敦煌清信弟子傳授儀軌出自《無上秘要》的基礎上,重點考察了《道德經》的宗教特徵及其演變爲清信弟子受持經典的緣由,《道德經》與《十戒經》組合傳授的意義,其在北周武帝的重要舉措國家道教的構建中所佔有的地位以及對唐代道教的影響。吳國富《敦煌〈通門論〉實爲〈玄門大論〉之考證》(《宗教學研究》4期)指出,敦煌P.2861和P.2256號文書被認爲是梁朝道士宋文明的《通門論》,作者通過比較,認爲該文書與《道藏》中的《洞玄靈寶玄門大義》出自同一部書,即隋朝編撰的20卷本《玄門大論》(又名《玄門論》《道門大論》),並非兩卷本的《通門論》,北宋以後,20卷本《玄門大論》亡佚,作者認爲敦煌文書及《洞玄靈寶玄門大義》均係其節本而不是全本。王承文《敦煌古靈寶經〈洞玄本行經〉版本結構論考》(《敦煌學輯刊》2期)指出,近年有學者提出該經絕大部分經文並非古靈寶經原有的內容,而是由南朝中後期道教中人續寫而成的。文章考察了該經的版本結構及其流傳,認爲歷史上不存在"晋宋時代舊本"和"南朝中後期本子"的分別,至於敦煌寫本以及南北朝至唐宋時期多種典籍所作的徵引,均應看成是該經在東晉末年創作之初就有的內容。

　　祆教、摩尼教、景教方面,龐曉林《入華祆教聖火崇拜叢考》(暨南大學碩士學位論文)指出,源自古代波斯的瑣羅亞斯德教,以聖火崇拜著稱,其拜火儀式非常複雜。瑣羅亞斯德教傳入中亞粟特地區後發生變異,漢籍稱爲火祆教;在中古時期,祆教隨粟特移民入華,在中國傳統文明影響之下逐步華化,展現出具有漢式文化特徵的現象。本文即以三地所見該教火廟、火壇等爲研究對象,考察瑣羅亞斯德教從西向東傳播過程中的變異情況。楊富學、蓋佳擇《絲路宗教交融:入華景教對摩尼教的吸取與借鑒》(《新絲路學刊》2期),闡明了摩尼教和景教其傳播時間大體相當,區域基本一致,二者長期水乳交融,互相容攝。《聖經》所涉船隻、船主皆爲實指,而八篇敦煌景教文獻之中凡涉舟船,皆爲譬喻,船主耶穌形象頗近摩尼教之光明耶穌,聖母瑪利亞在敦煌景教文獻中寫作"瑹艷"或"末艷",而霞浦本《摩尼光佛》和屏南本《貞明開正文科》則稱摩尼母爲"末艷",敦煌本《摩尼光佛法儀略》又做"滿艷",借自佛教"摩耶夫人",景教當又轉借自摩尼稱呼。松井太、王平先《榆林窟第16窟敘利亞字回鶻文景教徒題記》(《敦煌研究》2期)介紹了榆林窟第16窟牆壁上的一份景教徒突厥文獻題記,認爲是由來自瓜州的回鶻景教徒朝聖者於元代書寫的,題記清楚地表明,在元代統治時期敦煌周邊存在有回鶻景教徒,也證明了回鶻景教徒與佛教徒有部分共同的文化傳統。包兆會《中國基督教圖像歷史進程之四:唐代敦煌景教絹畫》(《天風》4期)指出,傳世的唐代景教絹畫現存只有一幅,該景教絹畫現保存在大英博物館中,係1907年英國探險家斯坦因在敦煌千佛洞考察時獲得。該畫原存於敦煌莫高窟藏經洞,時間在公元9世紀左右,與該絹畫在同一藏經洞一同被發現的還包括粟特文基督教文獻。敦煌景教絹畫體現了波斯藝術、佛教藝術和基督教藝術的融合,是絲綢之路上中西文化交流的結晶。

伊斯蘭教方面,楊富學《元代敦煌伊斯蘭文化覓蹤》(《敦煌研究》2期)指出,學術界認爲敦煌文化與伊斯蘭教無關,馬可波羅所言敦煌少量穆斯林的記載也被視爲不實之辭。作者論述了敦煌之《莫高窟六字真言碣》和《重修皇慶寺記》就是原本信奉伊斯蘭教的蒙古豳王家族於元朝晚期勒立的,功德主速來蠻、速丹沙等明顯帶有伊斯蘭文化色彩,《肅鎮華夷志》言其回回出身,二者相合;莫高窟北區出土回鶻文佛教詩歌中竟有稱頌穆斯林和阿拉伯帝國的內容;瓜州鎖陽城、玉門西域城、赤金城西北角都爲圓形角臺,具有明顯伊斯蘭建築特點,意在表示對麥加克爾白天房的敬奉。由此作者認爲元代晚期伊斯蘭文化在敦煌一帶是真實存在的。

苯教研究,阿旺嘉措《從敦煌藏文寫卷看苯教徒的宗教功能》(《中國藏學》2期)研究敦煌藏文苯教文獻表明,苯教徒的宗教功能主要是打卦解惑、主持垛術及治療、招福、主持殯葬儀軌等,辛饒米吾的名字在敦煌文獻中記載了12次,他是作爲一個重要祭司身份出現的,作者認爲苯教徒在古代藏族社會扮演著宗教儀軌主持者的角色。

五、語言文字

本年度有關敦煌學語言文字校釋方面,項楚《顯學中的敦煌學:項楚敦煌學論集》(生活·讀書·新知三聯書店)收錄項楚教授有關敦煌學的論文十篇,從中可以領略其運用佛教文獻對中古漢語辭彙進行研究,對古文獻的校勘和整理的深厚的學術功底和修養。龔澤軍、張嘉楠《敦煌文獻注譯與闡釋中的語言學問題——以〈敦煌邈真贊釋譯〉爲例》(《社科縱橫》3期)認爲《敦煌邈真贊釋譯》將敦煌所出邈真贊注釋並翻譯爲現代漢語,這對推廣普及邈真贊有極大的意義,但因其未很好核對原卷,未參考較好的整理文本以及現有關於邈真贊的相關研究成果,導致其在字詞校勘、詞語訓釋等方面存在一些問題。王陽《敦煌"放妻書"校釋考辨》(《中國文字研究》1期)指出,敦煌"放妻書"是指敦煌卷子中的漢文離婚契約文書,是保存下來的重要寫本文獻,未經後人改動,語料比較真實,對研究當時的語言頗有價值,文章對敦煌"放妻書"中尚未確釋之處及有待補正的字詞進行考辨,以期有益於敦煌"放妻書"的閱讀和研究工作。吳盼《敦煌寫本相書文獻校讀札記》(《古籍整理研究學刊》1期)指出,敦煌相書對於研究中古時期的社會生活、歷史文化、意識形態、區域民俗等均有特殊意義,因相書殘卷存在字迹漫漶不清、多用俗體、字形難辨,及多雜占相學專業術語等問題,故作者結合文字學、訓詁學的方法對其進行深入考辨,以求錄文及釋讀的準確性。鄧文寬《歸義軍時代〈戊戌年洪潤鄉百姓令狐安定請地狀〉釋文訂補》(《敦煌研究》5期)認爲典籍類文獻相對容易釋錄,而社會生活文書難度較大,尤其是由文化水平很低的民間書手所寫者,墨色淺淡,字迹潦草,釋讀難度大。王藝菲《敦煌〈碁經〉與〈棋經十三篇〉中的指示代詞》(《文教資料》12期)指出,敦煌《碁經》與《棋經十三篇》是我國圍棋史上佔有重要地位的著作,但後世對兩本著作的研究局限於圍棋本身,本文通過統計兩本專著中指示代詞出現的頻率和用法,瞭解當時指示代詞的使用情況。趙靜蓮《敦煌文獻之所見"悉羅"考》(《敦煌研究》3期)結合傳世文獻,梳理了敦煌文獻中"悉羅"的諸種異名,並結合出土實物考證了悉羅的命名緣由、材質、功用等。聶志軍、向紅艷《敦煌遺書S.1815V再研究》(《敦煌研究》1期)通過查閱S.1815V原件,在《英藏敦煌社會歷史文獻釋錄》第8卷的基礎上,重新校訂了"密(蜜)""之(諸)""少壯""新婦""努穆(目)""送舌""鈎(牽)"等字詞;通過對第三部分文字的檢索和書寫順序的摸排,定名爲《〈一切經音義〉抄字》;利用第四部分內容中的"丁未"年,結合第二、三部分內容,認爲此件文書的抄寫時代可能是公元887年或947年。王洋河、譚偉《敦煌歌辭疑難詞"掇頭"等校釋》(《寧夏大學學報》6期)指出,《敦煌歌辭總編》中仍有部分詞語至今尚未校正,影響了其文獻、文學價值,本文結合敦煌曲的研究成果,借助敦煌原卷數據庫,對"掇頭""四方"和"六賊"等部分詞句做補校。王洋河《〈敦煌歌辭總編〉補校札記》(《漢語史研究集刊》1期)對《敦煌歌辭總編》中的"迢停""續所貴"等詞語略作校釋。孫幼莉《敦煌雜字書疑難字詞輯釋》(《漢語史學報》2期)在覈對原卷、考辨字形的基礎上,對敦煌雜字書中出現的"褐襖""膃肭臍""苟薑"等疑難語詞進行分析辨讀,以期對雜字書文獻的研究整理工作有所助益。趙靜蓮《敦煌疑難名物詞語考釋四則》(《中國典籍與文化》2期)結合出土資料考釋了敦煌文獻中"朱履椀、朱履柒壘子""銅溝橋""白去、夾纈綺""綻、顏"等幾個疑難名物詞語;通過考證認爲"朱履椀"和"朱履柒壘子"中的"履"是"裏"的通假字,"朱裏椀"和"朱裏柒壘子"都是外黑裏紅的古代常見漆器;"銅溝(沟)橋"錄爲"銅講(讲)橋"是誤錄,"銅溝橋"即"銅鈎橋",是古代器物中起連接作用的銅銱子;"白去"中"去"是"綺"的通假字,"白綺"爲古代常見絲織品,"夾纈綺"當爲在原有的織好的花紋的基礎上又印染出其他花紋的絲織品;"綖(顏)"即爲佛經中常見的"綩綖",是一種外來的高檔絲織品。張小艷、馮豆《敦煌變文疑難字詞辨釋》(《敦煌學輯刊》3期)借助國際敦煌項目網站公佈的彩色照片,對敦煌變文中的"汝""何碓無靖、孤碓無靖""初來花下""博""沿寮""複製""懸沙""械"等八則疑難字詞,從形、音、義三方面作了細緻深入的辨釋。鄭波《敦煌變文〈燕子賦〉詞語詮釋五則》(《漢字文化》16期)將吐魯番文獻與敦煌變文相互觀照,實現文史互證,並從這一角度對敦煌變文名篇《燕子賦》進行再研究,更好地理解其文句的具體含義。謝坤《〈肩水金關漢簡(肆)〉綴合十一則》(《敦煌研究》1期)指出,《肩水金關漢簡(肆)》中公佈了2 000餘枚簡牘,可惜多殘斷,論文在結合簡牘紋路、茬口、寬度、字體等特徵的基礎上,對該批材料進一步綴合復原,並提出十一則綴合意見,希望能對該批材料的整理研究有所裨益。

佛經中語言文字的研究,吳波、景盛軒《國圖所定歸義軍時期〈大般涅槃經〉寫卷叙錄辨考》(《浙江師範大學學報》1期)通過對國圖所定歸義軍時期的21號《大般涅槃經》寫卷的綴接、集合等考辨,在補白符號、硬筆書法、武周新字以及抄寫年代等方面補充和修正了《中國國家圖書館藏敦煌遺書總目錄·館藏目錄卷》的相關著錄。黃沚青、胡方方《敦煌本〈四分律比丘戒本〉殘卷綴合研究》(《古漢語研究》4期)介紹,《四分律比丘戒本》是《四分律》比丘戒法的集本,由唐代懷素據《四分律》漢譯本編集而成。通過對敦煌文獻的全面普查,現已發現敦煌本《四分律比丘戒本》寫卷206號,其中不乏原爲同一寫卷而被撕裂爲數號者。文章從內容、行款、書風書跡、殘字契合等方面進行比較分析,將《四分律比丘戒本》寫卷中的27號綴合爲12組。張涌泉、劉丹《敦煌本〈摩訶僧祇律〉殘卷綴合研究》(《敦煌學輯刊》2期)通過對已公佈的敦煌文獻圖版的普查,共發現《摩訶僧祇律》寫卷87號、《摩訶僧祇大比丘戒本》寫卷3號、《摩訶僧祇比丘尼戒本》寫卷4號,其中不少殘片本出自同一寫卷。本文通過對前人綴合工作的總結及對現有寫卷內容、斷痕、書風、行款的比定,將其中的54號(片)綴合爲14組。

敦煌醫藥文獻中語言文字的考釋,袁開惠、劉慶宇《敦煌〈字寶〉"馬啌嗓"義辨及其醫學闡釋》(《中醫藥文化》2期)對敦煌《字寶》中醫學詞語"馬啌嗓"中"啌嗓"病名詳加考辨,並作醫學闡釋,認同張鉉言"音仲"標的是與啌病有關的"蚰䪼"之蚰音與繆啓愉所言"啌嗓"爲呼吸道、鼻咽部疾病兩種觀點。然而,䪼非嗓的借字,而是嗓的本字。啌、嗓爲兩種疾病,二者也未必同時發作。王杏林《敦煌本〈備急單驗藥方並序〉考釋》(《敦煌學輯刊》4期)指出,敦煌本《備急單驗藥方並序》由 S.9987B2V、S.3395、S.9987A、S.3347A、S.3347B 五個殘卷組成,保留了大量的古醫方,且與洛陽龍門藥方關係密切,綴合後的寫卷仍然殘缺嚴重,此文將寫卷與傳世醫書及龍門石窟藥方和敦煌其他寫卷進行了比對研究,對部分殘泐處進行輯補,並詳加考證。沈澍農《S.202:〈金匱玉函經〉的古傳本》(《敦煌研究》4期)指出,與敦煌醫藥卷子 S.202 相對應的源文獻,日本學者主張是《金匱玉函經》,中國學者多主張是《傷寒論》,本文從內容的有無、避諱的異同、文本的出入三方面作詳細考察,確認 S.202 應屬《金匱玉函經》古傳本,另外首次確定了 S.202 應抄於南朝陳代。湯偉《敦煌本與今本〈三部九候論〉比較研究》(《敦煌研究》3期)綜合利用語言文字學、校勘學的相關知識,對敦煌本與今本《三部九候論》進行了比較研究,分析了異文產生的原因,爲中醫藥文獻的整理與研究提供了參考。沈澍農《文本誤讀與學術淆亂——以敦煌醫藥文獻解讀爲中心》(《中醫藥文化》2期)指出,中醫學術的傳承主要依賴書籍的記載與相關閱讀,對中醫古籍未能作正確校勘或正確解讀,所傳知識就會出現偏差甚至完全走樣,文章列舉敦煌醫藥文獻因現代人誤讀而致人們對所載文獻中用藥、組方、治法、主治知識的認知錯誤,並對此予以考釋糾正。沈澍農《敦煌西域出土漢文醫藥文獻綜合研究》(《南京中醫藥大學學報》2期)指出,敦煌西域百年來出土了大量珍貴文獻,其中的醫藥文獻具有珍貴的價值,爲了進一步深化這些醫藥文獻的研究,作者認爲需要整合不同地域的歷史文獻,運用文獻學、歷史學、醫藥學、文化學、語言文字學等多學科研究方法,作多方位的綜合研究,發掘出這些文獻中豐富的蘊涵和價值。

六、文　學

本年度敦煌文學研究主要涉及敦煌文學通論、敦煌詩詞、敦煌俗文學和僧傳文學等方面。

敦煌文學通論方面,鍾書林《五至十一世紀敦煌文學研究》(中國社會科學出版社)以敦煌本土作家作品爲研究對象,從若干專題入手,系統考察了公元五至十一世紀這五六百年間敦煌作家生平創作情況,並對李暠西涼文學與中原文脉、P.2555 陷蕃組詩研究與唐代開元盛世的邊疆格局、從《爲肅州刺史劉臣璧答南蕃書》看唐代中期的唐蕃關係、《李陵變文》與中晚唐內外政局、《王昭君變文》與唐蕃長慶會盟的政治關係、中晚唐敦煌政治風雲與悟真詩文集原貌探微、悟真與京城兩街諸寺高僧及諸朝官的詩歌酬唱,以及敦煌遺書 P.3963、P.3259 悟真紀念文集與張承奉、曹議金政權關係等多方面做了深入探討,充分彰顯出五至十一世紀敦煌文學的總體風貌和獨特氣質。王志鵬

《敦煌文學與佛教文化研究》(甘肅文化出版社)彙集了作者二十餘年來研究敦煌文學及其與佛教文化關係的 23 篇學術論文。冷江山《敦煌文學文獻同卷內容的相互關聯》(《甘肅社會科學》1 期)從寫本學的角度,深入探究同抄內容之間的關聯,認爲是進一步深入發掘敦煌文獻價值的有效方法之一;作者通過仔細觀察原卷,同時多方考證,還原寫本的歷史文化背景,進一步理解敦煌文學文獻是如何在民衆生活中被具體應用的;通過研究一些涉及佛教或世俗儀式的寫本還可推證出其他寫本,揭開一個生動的儀式過程。鍾書林《敦煌文學的特質新議》(《中國文學研究》1 期)論述了自漢代以後,敦煌文學長期發展中形成獨特的文人作家群體、異域文體的獨特風貌,嶄新文體不斷湧現,作品文體界限模糊,文體種類豐富繁多。敦煌本土文學在與中原文學的互動交流中,與時俯仰,彰顯本色,既不完全同步追隨中原政治與文學的發展步伐,也不緊隨中原政治與文學的繁盛、衰枯,它有著自身的獨立性和完整性。伏俊璉《寫本時期文學作品的結集——以敦煌寫本 Дх.3871+P.2555 爲例》(《文學評論》6 期)指出,Дх.3871+P.2555 寫本是敦煌歸義軍下層官員毛押牙陷蕃歸來後編集而成的,其中有毛押牙創作的記錄其痛苦經歷的 60 首陷蕃詩,從其結集構成的 8 個板塊,可以感受到結集者思想情感的變化,尤其是不同板塊之間的過渡,編者借用不同的作品表達毛押牙不同時期的思想和情緒,更體現出文學寫本包含的生命情懷。

敦煌詩詞方面,任中敏《敦煌歌辭總編》(鳳凰出版社),係舊作重印,全面輯錄了保存在敦煌遺書中的歌辭作品 1 300 餘首,並羅列此前多種錄文,對每首歌辭作了校訂,涉及詞律、文字、時代背景、內容等諸多方面,是至今爲止有關敦煌歌辭的集大成之作。朱鳳玉《敦煌詩歌寫本原生態及文本功能析論》(《敦煌學輯刊》2 期)對敦煌詩歌文本抄寫的原生態進行考察,透過抄寫者、使用者等信息,析論敦煌詩歌寫本原生態呈現的文本功能,希望提供敦煌詩歌寫本學研究的另一面向,並有助於敦煌詩歌文本多層次現象的解讀。胡秋妍、陶然《敦煌寫本李白詩集殘卷考論》(《陝西師範大學學報》1 期)考證了敦煌寫本李白詩集殘卷是現存李白詩的最早抄本,指出其校勘學、版本學和文獻學價值極高。作者通過集中分析殘卷中異文產生的原因,對比異文的正誤優劣,認爲我們可以以異文考訂爲契機推定詩作產生的年代和真僞情況,這有助於李白詩歌文本研究的推進。許超雄《敦煌寫本〈無名歌〉的歷史學考察》(《敦煌研究》6 期)指出,《無名歌》描繪了百姓難以應對沉重的稅賦負擔、拋棄桑榆產業、倉皇逃向南方的場景,詩歌反映了安史之亂後唐朝政府財政危機下的社會狀況。文章認爲從詩歌內容看,作者很有可能在南方親眼見到了從北方逃來的百姓,並由此寫下此詩,這正與釋無名的經歷相吻合,該詩作者爲釋無名更具有説服力。

敦煌俗文學方面,陳曉紅《敦煌願文的類型研究》(九州出版社)對敦煌願文中比較突出的兩大特點——豐富性與世俗化,進行初步歸類劃分,在討論敦煌佛教願文的文學性時,既不過分拔高其文學上的價值,也不輕視或忽略其在民間文學方面不可替代的價值;在這些願文中約95%的內容是關於佛教的,其中又以佛教徒的發願文和非佛徒向佛菩薩祈求護佑的發願文爲多,都具有誠懇情切的特點,因而其語言的運用多具有較強的文學性。本書從釐清敦煌遺書中的佛教願文類型入手,結合願文產生的社會歷史背景,對敦煌佛教願文的文學藝術色彩作了較爲詳盡的分析,並對其文學因素進行探討,對其在文學史上的地位提出了一些看法。喻忠傑《敦煌俗賦寫本:古劇形成中的一類特殊媒介》(《歷史文獻研究》1期)指出,敦煌寫本中的俗賦作品以其敍事體和故事性、對話體和詼諧性、説唱體和表演性,在形式體制與藝術表現方面對中國古代戲劇產生了諸多影響;敦煌俗賦不僅爲後世説唱兼備的劇本提供了雛形,也爲戲劇情節的敍述與角色的演出創造了條件;作者認爲敦煌俗賦寫本作爲客觀存在的實體説唱文本,進一步印證了唐五代存有用於表演的"實體劇本"的史實。李貴生《敦煌變文與河西寶卷説唱結構的形成及其演變機制》(《民族文學研究》6期)指出,敦煌變文説唱結構的形成是中印文化交流融合的結果,認爲佛教寶卷以教儀的形式對俗衆講經説法,其説唱結構直接源於《銷釋金剛科儀》。民間教派借寶卷的形式宣揚教理,在佛教寶卷的基礎上加唱時興小曲,且主唱段採用流行的十字句韻文以吸引信衆,使宣揚更加通俗化。清朝康熙年間開始,民間教派遭到打壓,教派寶卷衰微,民間寶卷盛行,隨著寶卷宗教信仰功能的弱化與教化、娛樂功能的增強,民間寶卷的説唱結構開始簡化,小曲和長短句因時人不會演唱而消失,五七言詩贊也因此變得可有可無。邵文實《論敦煌文獻中的醜婦形象與醜婦觀》(《西南民族大學學報》3期)將敦煌文獻中描寫醜婦的作品分爲佛教故事類和民間世俗類,並分別對這兩類作品中的醜婦形象進行了分析。陳強《敦煌寫本〈吃餛蜜〉故事在絲綢之路上的流變》(《北方民族大學學報》1期)指出,敦煌寫本《吃餛蜜》故事及其變體在中國民間流傳久遠而廣泛,作爲有中國特色的民間故事類型之一,它對其他民族的民間故事影響深遠。作者通過對比發現,敦煌本《吃餛蜜》故事曾沿絲綢之路向西流傳,對現存於我國新疆和烏兹別克斯坦、伊朗、土耳其等地的"阿凡提家族故事"影響明顯。作者認爲,"阿凡提家族故事"應是敦煌寫本《吃餛蜜》故事的不同變體,釐清敦煌寫本《吃餛蜜》故事在絲綢之路上的流變,對重新認識新疆阿凡提故事的來源具有重要意義。

僧傳文學方面,鄭阿財《寫本原生態及文本視野下的敦煌高僧贊》(《敦煌學輯刊》2期)針對敦煌文獻中的高僧贊寫本原生態進行考察,從中國傳統文學與中國佛教文學贊體的流變,探究贊在唐代的多元發展,進而析論敦煌寫本高僧贊的性質與功能,並從文本視角將其納入僧傳文學系統,與高僧傳、高僧因緣等進行比較研究,希望能拓展佛教傳記文學研究的方向,並有助於敦煌贊體文學與僧傳文學寫本多層次文本解讀。鍾書林《敦煌遺書P.4660邈真贊專集與悟真的都僧統之路》(《蘭州學刊》5期)、《敦煌遺書P.3770悟真文集與悟真早期成長》(《三峽大學學報》1期)兩篇文章,記述了敦煌高僧悟真擔任敦煌佛教界最高領導職位"都僧統"一職長達近30年,認爲敦煌遺書P.4660是一件與悟真密切相關的邈真贊作品專集,P.3770也是一件悟真作品文書,其爲我們清晰呈現了悟真早期創作及成長經歷,同時集中展現了他從都法師到都僧錄,再到副僧統,尤其是都僧統任期內的邈真贊作品創作,具有重要的文學價值和史學價值。

七、藝　　術

本年度有關敦煌藝術的成果較爲豐碩,涉及敦煌藝術通論、造像藝術、石窟壁畫、敦煌書法等方面。

敦煌藝術通論方面,楊琪的《敦煌藝術入門十講》(香港中和出版社)分門別類地向讀者介紹了有關敦煌的歷史概況和欣賞塑像、壁畫時會遇到的一些基本知識,例如如何辨識佛國世界裏的諸佛、弟子、力士、菩薩的形象,如何理解本生、佛傳、經變故事畫的內容,以及關於佛教石窟藝術的理論性認識。作者採用明白曉暢的語言,配上有代表性的圖畫,希望讓大衆,尤其是年輕讀者,讀懂、喜歡、理解敦煌藝術。趙曉星《莫高窟之外的敦煌石窟》(甘肅人民美術出版社)重點介紹敦煌的西千佛洞,瓜州的榆林窟、東千佛洞、旱峽石窟,肅北的五個廟石窟和一個廟石窟,玉門的昌馬石窟等。作者從這些石窟不同時代的藝術風格入手,針對其藝術風格的演變,從歷史、藝術、人文角度加以分析,以圖文的形式叙述莫高窟之外的壁畫與造像藝術。何如珍《穿越敦煌——美麗的粉本》(西泠印社出版社)披露了一批20世紀40年代敦煌莫高窟原大壁畫粉本,每一粉本上的人物各部位均用漢字標明顏色,且有張大千編號,這也是區別於目前所見張大千各類粉本的不同地方,粉本綫條流暢自然,貼近原作,在諸多壁畫毀壞的情況下,該批粉本有十分珍貴的文獻價值和繪畫藝術價值。張惠明《中古中國文殊五臺山圖像學:根據公元7至10世紀的敦煌資料的研究》(上海古籍出版社)是作者對文殊菩薩和五臺山圖像的研究,該著嘗試把不同風格樣式的圖像作品放回到其產生的宗教與文化藝術的具體環境背景中去進行考察,根據圖像細部的不同樣式特點判別其樣式風格的藝術源流,還引用了大量的佛教和世俗的文本資料,對五臺山文殊圖像的產生與發展演變歷史加以闡釋。

石窟造像藝術方面,孫曉峰《關於麥積山第 127 窟宋代造像的幾點思考》(《敦煌學輯刊》4 期)通過考證麥積山第 127 窟宋代造像,認爲這些造像並非完成於同一時間,其塑作技法與理念見證了麥積山宋代造像藝術的形成和發展過程,這幾組造像和窟内宋代題記集中體現和反映了兩宋之際麥積山石窟營造和修繕歷史,且營建工作主要集中在北宋階段,這得益於當地政治穩定和社會經濟的恢復與發展,以及寺院僧侶與朝廷之間的良好關係,而世居秦州的吐蕃信衆的參與對於探討麥積山石窟佛教密宗造像來源提供了新的綫索和思路。張善慶《甘肅金塔寺石窟西窟彌勒佛與四大聲聞造像研究》(《敦煌學輯刊》4 期)認爲,甘肅張掖馬蹄寺石窟群金塔寺西窟中心塔柱造像佈局嚴密規整,按照右繞的順序,中欄安設思惟菩薩、交脚佛和倚坐佛,其身份爲彌勒菩薩或彌勒佛。富有特色的是,交脚彌勒像的兩側原存四身比丘像,據考證,其身份蓋爲釋迦牟尼佛涅槃之後留形住世的四大聲聞弟子,作者認爲這個造像組合反映了十六國南北朝初期河西地區濃郁的末法思想和彌勒信仰。趙聲良《敦煌石窟早期佛像樣式及源流》(《佛學研究》1 期)論述了十六國北朝時代,敦煌的藝術家們經過吸收西域傳來的藝術風格,並結合漢晋以來的傳統藝術,創造出了具有敦煌本地特點的佛像藝術,又在北朝後期受中原文化的衝擊,形成了新的時代特點。本文在對莫高窟早期佛像作全面調查的基礎上,分析佛像的類型,從而探討不同類型的來源等問題。

敦煌壁畫方面,經變畫依然是本年度研究的熱點。趙聲良《敦煌隋朝經變畫藝術》(《敦煌研究》3 期)基於對隋朝敦煌壁畫中經變畫的全面調查,試圖對隋朝經變畫在表現技法的發展等方面進行闡釋,認爲隋朝的經變畫從表現形式上可分爲四類:長卷式構圖;單幅結構;對稱構圖;以説法場面爲中心的中軸對稱構圖。其中第四類成爲唐代以後最流行的構圖形式,這一形式在隋朝的最終形成源於六朝以來山水畫、建築畫的發展而帶來的空間表現技法的成就,而經變畫的發展也推動了後來大型經變畫中空間表現的日益成熟。陳菊霞、汪悦進《敦煌石窟首例〈大般若經變〉——榆林窟第 19 窟前甬道南壁圖像新解》(《故宫博物院院刊》4 期)在核查榆林窟第 19 窟前甬道南壁圖像"六道輪回圖"的榜書題記時發現,這鋪壁畫應是依據玄奘翻譯的《大般若波羅蜜多經》而繪製,表現的主要内容有三十七菩提分、有爲空、五眼、六神通、六波羅蜜多等;壁畫中部的"三界輪回圖"應是根據《大般若經》之《初分轉生品》的内容而繪製,重點表現四惑、六道、十二緣和生死輪轉等内容。張景峰《敦煌莫高窟第 138 窟兩鋪報恩經變及其成因試析》(《敦煌學輯刊》4 期)指出,莫高窟第138窟繪製了兩鋪内容不同的報恩經變,認爲這既是吐蕃期陰家窟報恩思想的延續,也是晚唐特殊政治背景下的產物,進一步體現了敦煌佛教的世俗化。趙曉星《榆林窟第2窟正壁文殊圖像解析——西夏石窟考古與藝術研究之三》(《敦煌研究》5期)介紹,榆林窟第2窟正壁中間繪文殊變,其上方爲涅槃圖,兩側爲救八難圖,關於這些圖像的組合關係,一直没有合理的解釋。本文在實地考察的基礎上,對圖像的細節進行了一一解讀,認爲這些圖像應是以五臺山文殊爲中心,將《文殊師利般涅槃經》和《文殊真實名經》的相關内容組合到一起,反映出當時文殊信仰與社會現實密切結合的歷史事實。金絲燕、李國《文化轉場:敦煌普賢變與佛經漢譯》(《佛學研究》1期)關注的研究論題是文本與藝術的轉場,藝術的特點與文本的特點,時間上和内容上的相異性。作者結合佛經典籍漢譯史中普賢的出現,對敦煌石窟151幅普賢圖像作了調查梳理。郭静《榆林窟第3窟五十一面千手觀音經變中的西夏物質文化影像》(《寧夏師範學院學報》2期)指出,榆林窟第3窟東壁南側五十一面千手觀音經變包羅萬象,雜糅佛教繪畫題材和世俗物質文化圖像。作者通過對比盛唐至西夏的千手觀音壁畫,發現該幅經變在構圖佈局方式、圖像對應組合關係、與經典吻合程度及千手持物的世俗性特徵等方面均非傳統圖式,尤其以畫面中出現衆多日常生產、生活物品和場景最爲特殊,圖像選擇的獨創性可見一斑,壁畫中的大量世俗器物和場面包括農、工、商、樂、雜技百戲、建築6類,這些物質生活影像,對於西夏物質文化的研究有重要的史料價值。張元林《營造畫面語境——關於敦煌法華經變"靈山會+虛空會"場景定名之再思考》(《敦煌研究》3期)在對敦煌法華經變中"靈山會+虛空會"場景的幾種表現形式及形成過程進行歸納、整理的基礎上,對其定名進行了重新思考,認爲這一場景的構圖目的是爲了營造經變畫面敘事的整體語境,不應單純地將其定名爲某一品。趙燕林《莫高窟第220窟維摩詰經變帝王像研究》(《敦煌研究》6期)指出,莫高窟初唐第220窟維摩詰經變中的帝王圖像對研究中國古代帝王冕服制度及人物畫史具有重要的價值。本文將此帝王像與唐閻立本的《歷代帝王圖》相關帝王形象進行對比研究,並參照《周禮》等相關文獻記述,對該帝王像進行新的解讀。王惠民《敦煌莫高窟第320窟大方等陀羅尼經變考釋》(《敦煌研究》1期)指出,敦煌莫高窟第320窟南壁壁畫題材不見於其他洞窟,一直未能定名,認爲這是依據北涼法衆譯《大方等陀羅尼經》繪製的一鋪經變,宣傳釋迦説陀羅尼時幻現出的景觀,在中國南北朝時期就十分流行,對中國佛教影響較大。

敦煌壁畫樂舞的研究,陳大公、張愛莉《敦煌壁畫音樂圖像中的樂器形制創造和音藴表現——以琵琶圖像爲例》(《藝術設計研究》3期)擇取敦煌壁畫與音樂相關的圖像中的琵琶圖像進行解析,從歷代壁畫中琵琶的演變軌迹和圖形表現入手,通過經典範例探尋民藝造物和民族繪畫共構融合的理念、方法和精粹元素,從與音樂相關的圖像在借物生韻的表現方式和效應上,探究音樂和繪畫在美學形式上的共通性。程依銘、李婷婷《敦煌樂舞脅侍菩薩形象考究》(《舞蹈》4 期)指出,現今敦煌舞蹈的發展仍處於一個零散狀態,主要原因是缺乏整體化的原型設計。作者從舞蹈形象的考究出發,借由内容豐富而風格迥異的敦煌壁畫,通過解構敦煌壁畫上的脅侍菩薩造型,在豐富敦煌舞蹈語彙的同時,明確敦煌舞蹈背後的文化背景。羅雪婷《論敦煌壁畫樂舞的佛法意藴》(北京舞蹈學院碩士學位論文)從敦煌壁畫對佛教樂舞觀的表現爲起點,以唐代西方净土變畫中的樂舞爲研究重點,一方面從舞蹈史、舞蹈美學的角度分析了壁畫樂舞形象對於佛教義理的審美闡發;另一方面從佛法精神和義理的角度,對壁畫中具有舞蹈感的人物形象的風度韻致進行了探討,並分析了其對壁畫樂舞研究的意義。郭志山《從敦煌壁畫看西域樂舞"中原化"的兩個階段》(《藝術評鑒》3 期)一文通過研究大量飛天伎樂的形態、使用的樂器、佈局站位等,認爲可以很明顯地看出西域樂舞進入中原樂舞系統的兩個時段:魏晉南北朝時期,以廣泛吸收和模仿爲主,爲隋唐的樂舞做了先導性示範;唐朝時期,以縱深交流和鋭意創新爲主,並最終實現了西域音樂的"中原化",同時也開創了多元並存的樂舞融合局面。賈榮建、趙參《從敦煌壁畫中的琵琶圖像看古琵琶樂器的演化印迹》(《北方音樂》22 期)認爲,敦煌壁畫中最重要的樂器要數弦樂器,其中以琵琶數量獨佔鰲頭,僅琵琶一物就有 689 件之多,這些形制豐富、形態各異的琵琶圖像,見證了從北涼到元這十個朝代對琵琶的改良與發展,爲我們研究、傳承、復興傳統樂器文化提供了寶貴的可視化資源,通過對敦煌琵琶圖像的歸納和解析,對中國傳統琵琶的形制、内涵、元素和演化進行了探尋。劉文榮《敦煌壁畫中所見韜鼓與雞婁鼓兼奏圖論考》(《星海音樂學院學報》4 期)指出,韜鼓本中原之器,雞婁鼓源出西域;在莫高窟中,韜鼓的繪製始出於北周石窟,雞婁鼓始出於初唐石窟,二鼓的兼奏始於初唐,興於盛唐,盛於中唐,終於晚唐,共繪製五十餘幅。本文以圖證史,對莫高窟中出現的韜鼓與雞婁鼓兼奏圖,從其演奏形態、莫高窟各時期的表現情況,以及與克孜爾石窟兼奏情形的比較出發,結合相關文獻進行考論。此外,莊永平《例解〈敦煌樂譜〉樂曲調式》(《星海音樂學院學報》4 期)通過對《敦煌樂譜》中兩首《伊州》曲的對照,將現在樂曲譜面的宮調式轉回商調式,通過對日本《三五要録譜》中"壹越調[上]"、沙陁調(正宮)的固定調"重樂音階"譜面,以及將越調曲商調式誤判爲宮調式現象的發現,認爲唐時對黃鐘宮與後來的正宮這兩個相差大二度的樂調(調性、調式)存在有一定的概念障礙,文章對此進行了解釋。

敦煌壁畫中的山水畫研究,趙聲良《從敦煌壁畫看唐代青緑山水》(《故宫博物院院刊》5期)以敦煌壁畫中的山水畫爲例,分析了唐代山水畫流行的四種構成方式:三山構成、金字塔形構成、左右對比構成、闕型構成。作者同時對唐代風景圖像中樹木、水的表現方法,以及色彩應用等加以分析,闡述了唐代青緑山水畫的基本特點。卓民《圖形"間"的排列、秩序——莫高窟第217窟經變青緑山水解析》(《敦煌研究》1期)指出,青緑山水的出現,使中國繪畫的空間構造得以完成。文章試圖對莫高窟第217窟經變故事畫背景中山水畫進行解析,求證借佛教經變故事而產生的中國繪畫空間原創期形態樣式,講述一個由"間",即"留空"意識所產生的東方繪畫"平面繪畫中的空間構成"。張建宇《敦煌隋至盛唐壁畫中的"山水之變"》(《南京藝術學院學報(美術與設計)》1期)發現,隋至盛唐,敦煌壁畫中出現大量山水圖像,雖不是獨立意義的"山水畫",却與張彦遠所記述的唐代"山水之變"頗多契合,本文從母題畫法與空間創造兩個方面,對敦煌壁畫中的山水畫法與畫史文獻進行綜合考察,旨在深化對唐代繪畫"形似再現"成就的理解。

敦煌壁畫中的長安研究,沙武田《敦煌壁畫漢唐長安城相關問題申論》(《敦煌研究》3期)介紹,敦煌壁畫中有關漢唐長安城的圖像,分別出現在莫高窟初唐第323窟"張騫出使西域圖""曇延法師靈異故事",莫高窟盛唐第217、103窟佛頂尊勝陀羅尼經變"序品"中,另有以莫高窟第85窟爲代表的晚唐五代時期華嚴經變中的里坊圖像,這些唐五代宋初出現在敦煌壁畫中的有關漢唐長安城的圖像,是目前所知僅存的以彩色壁畫形式記錄漢唐長安城相關信息珍貴資料,有重要的歷史和學術價值。王雨《敦煌建築畫卷中的大唐長安影像——以大明宫含元殿建築形制爲例》(《敦煌研究》3期)在前人對大明宫含元殿考古發掘及復原研究的基礎上,結合相關文獻,運用考古學和圖像學的方法,將敦煌壁畫中平面呈"凹"形佛寺建築圖像及日本相關佛寺建築的考古資料與含元殿建築形制進行對照分析,認爲含元殿是一座具有原創性的建築,並對之後的佛寺建築形制產生了重大影響,作者認爲含元殿可作爲相關歷史問題年代判斷的標誌性建築。朱生雲《莫高窟第217窟壁畫中的唐長安因素》(《絲綢之路研究集刊》第2輯)指出,敦煌石窟保存了大量唐代時期的壁畫,其中的豐富內容和信息反映了當時社會的各個方面,爲我們瞭解唐代的社會文化生活提供了鮮活的圖像資料,莫高窟第217窟便是典型的例子,該窟出現的觀音經變、佛頂尊勝陀羅尼經變以及金剛經變均爲該經變在敦煌石窟首次出現,壁畫中的人物服飾、建築、舞蹈等元素與長安藝術有一定的聯繫。榮新江《貞觀年間的絲路往來與敦煌翟家窟畫樣的來歷》(《敦煌研究》1 期)論述了敦煌莫高窟第 220 窟主室北壁一排七身藥師佛立像和東壁維摩詰經變中與閻立本《歷代帝王圖》相同的帝王圖像,認爲應當是新摹自長安的畫樣,敦煌在高祖武德六年(623),特別是貞觀七年(633)正式更名爲沙州後,中原與敦煌的關係更加緊密,一些大族、文士陸續往來敦煌,敦煌的文人如翟通曾經鄉貢而到長安獲得明經出身,還有貞觀十八年爲迎接東歸的玄奘而從長安來至敦煌的使臣,這些人士都有可能把長安畫樣帶給敦煌。

敦煌壁畫中的供養人研究,周曉萍《敦煌石窟陰氏家族供養人畫像的圖像學考釋》(《西夏研究》4 期)認爲目前學界對供養人畫像結合文獻進行比對的圖像學研究還未系統,因此以敦煌陰氏供養人畫像的研究爲基礎,以敦煌文書、莫高窟供養人題記等與陰氏家族相關文獻爲史料依據,對陰氏供養人進行了圖像學考釋,論證出陰氏供養人畫像不是真人的邈真像,而是通過榜題的身份記錄與人物章服的描繪,表達供養人的身份認同和階級屬性。張小剛《再論敦煌石窟中的于闐國王與皇后及公主畫像——從莫高窟第 4 窟于闐供養人像談起》(《敦煌研究》1 期)認爲莫高窟第 4 窟東壁門南于闐皇室供養人畫像的身份分別是于闐國王尉遲蘇羅及其皇后陰氏、兩位于闐公主及兩位婢女;榆林窟第 31 窟甬道北壁所繪的男女供養人像也是尉遲蘇羅與陰氏夫婦;莫高窟第 4 窟內其他漢裝男女供養人像可能均爲敦煌陰氏家族的成員,此窟可能是于闐皇室與陰氏家族共同開鑿的一個洞窟;莫高窟第 4 窟與榆林窟第 31 窟建成的時間,都在北宋初期尉遲蘇羅繼位爲于闐國王之後。對於敦煌莫高窟 409 窟"國王人物",湯曉芳《對敦煌 409 窟壁畫人物"回鶻國王"的質疑》(《西夏研究》3 期)支持"西夏皇帝"人物說。認爲罼扇和傘是帝王出行的儀仗禮儀。西夏佛經版畫《帝王禮佛圖》和西夏《譯經圖》中出現龍罼扇、鳳罼扇等儀仗、物象,表明西夏 409 窟執罼扇和傘的"國王人物"是帝王級別的供養人。杜宇《以圖像學研究法分析唐代敦煌壁畫中的女性形象》(《藝術與設計(理論)》8 期)通過圖像學的方法,對唐代敦煌壁畫中的女性形象進行研究,主要以唐代的不同時期(初唐、盛唐、中唐以及晚唐)爲綫索,從菩薩、飛天、樂舞伎、女供養人等不同形象的個案入手,將同一時期的不同女性形象進行歸納、總結、研究、分析,從而對唐代敦煌壁畫中的女性形象的演變有了一條清晰的思路。

敦煌壁畫中紋飾、服飾、裝飾方面的研究,胡同慶、王義芝《華麗敦煌:敦煌龍鳳紋飾圖錄》(讀者出版社)是作者歷時近 30 年全面搜集整理敦煌龍鳳圖像的成果,全書分 15 章,分別介紹了北涼、北魏、西魏、北周、隋代、初唐、盛唐、中唐、晚唐、五代、宋代、回鶻、西夏、元代、清代、民國等不同時期敦煌石窟中的龍鳳圖像。李中耀、李曉紅《敦煌石窟龕楣（梁）上雙首一身龍紋與商代青銅器龍紋圖像形態及甲骨文虹、霓字的淵源》（《敦煌研究》1 期）通過對文字和圖像的比較分析，把敦煌石窟自北朝至隋代的龕楣或龕梁中的同類龍紋形象溯源到商代青銅器雙首一身（龍頭蛇身）以及甲骨文虹、霓字，並與法國盧浮宮展品中埃及古代龍紋（或雙首一身牛紋）形態等作比較，探討中國傳統文化中龍紋崇拜的最初形象與受西域影響的莫高窟中的龍紋的圖像演變及其象徵意義。武瓊芳《莫高窟隋初供養人服飾研究》（《敦煌研究》2 期）介紹，敦煌莫高窟第 303、304、305 窟是一組有明確年代題記、開鑿於隋代開皇初年的洞窟，作者通過對這三個洞窟現存百餘身不同身份男女供養人的服飾進行辨識和分析，將其與同時期不同地域服飾資料進行比對，再與史料文獻相互印證，發現敦煌地區隋代初年男女服飾的具體形制、穿搭方式和穿用禮儀以及與前朝後代的異同點。白雪《基於敦煌壁畫分析盛唐時期宮廷女裝服飾特點》（《美術教育研究》7 期）認爲，盛唐時期的服飾承襲了隋朝服飾的特點，融合了西域的藝術文化，吸納了多種宗教的文化信仰，並不斷推陳出新，具有並蓄古今、博採中外、雍容華貴、精彩紛呈的特點，對後代乃至整個亞洲都產生了深遠的影響。樊夢嬌《敦煌壁畫裝飾性語言的力量》（《美術大觀》4 期）主要研究敦煌壁畫中的裝飾性語境，重點研究其平面式的構圖、強烈的色彩裝飾、年代的自然斑駁美，作者認爲敦煌藝術儘管經歷了一千多年，但它仍然影響著我們的生活與審美。劉敏、高陽《莫高窟隋代藻井圖案色彩探究》（《藝術與設計（理論）》3 期）試從莫高窟隋代藻井圖案入手，分析對比這一時期藻井圖案的色彩配置差異，探究其發展及演變規律，對傳承和借鑒傳統色彩具有一定意義。沙武田、李玞玞《佛教花供養在唐五代敦煌地區的表現》（《敦煌學輯刊》3 期）指出，敦煌文獻和圖像有豐富的花供養內容，是研究佛教花供養最理想的資料。研究表明，唐五代時期敦煌民衆用來供養諸佛的花朵，既有合時令的鮮花，又有仿生花或像生花，如花樹、幡花、金銀蓮花等，而衆多繪製在敦煌壁畫上的蓮花形象，尤其是紅蓮花，是佛教花供養最莊重的形式。韓衛盟《莫高窟壁畫中的隋代華蓋圖》（《敦煌研究》2 期）列舉了隋代時期的華蓋圖像，認爲無論是內在的構成關係，還是外在的造型特徵、裝飾紋樣、色彩等，隋代時期的華蓋都極有藝術的張力，反映了這一時期的時代特徵。孫武軍、張佳《敦煌壁畫迦陵頻伽圖像的起源與演變》（《中國國家博物館館刊》4 期）指出，迦陵頻伽是作爲中國佛教西方淨土思想的組成因素出現在敦煌壁畫中的，古代中國佛教藝術中的迦陵頻伽最早應爲出現於唐初的"敦煌風格"迦陵頻伽；"敦煌風格"迦陵頻伽是印度緊那羅形象、印度迦陵頻伽文本、敦煌唐代佛教畫工、唐代淨土信仰、中原先唐人首鳥身形象等多種因素碰撞的結果；

"敦煌風格"迦陵頻伽在盛唐以後東進中原,出現在中原佛寺塔基地宫、佛教金棺銀槨、皇室貴族墓葬等藝術載體中。鍾妍《敦煌壁畫中的相風鳥》(《裝飾》6期)指出,相風鳥是古代用於測量風向的一種鳥形物體,有關相風鳥的研究,特別是敦煌壁畫中"相風"形象的認定還不完善。本文通過文獻與實物對比,認爲莫高窟第31、231、238、18窟之鳥形工具爲"相風鳥",而45、288窟是爲"五兩",隨著建築形制的發展,這種鳥狀的候風儀器又作爲裝飾物品立於建築物或其他物體之上,成爲相風鳥的變相。

敦煌壁畫研究的成果還包括:陳菊霞《莫高窟第220窟甬道南壁圖像考釋》(《敦煌學輯刊》3期)指出,第220窟甬道南壁龕內繪製藥師説法圖、釋迦牟尼説法圖和彌勒説法圖,其中明顯突出藥師説法圖的地位,龕上方是一組説法圖,表現的是三世諸佛,甬道南壁繪製的盧舍那佛、釋迦牟尼佛、彌勒佛、藥師佛、三世佛等尊像與敦煌文獻B.8719V《藥師道場(文)》中啟請和禮懺的重要佛聖相同,作者認爲第220窟甬道南壁的繪畫作品與藥師禮懺活動有密切關係。馬兆民《莫高窟第431窟中的"乾基羅"和"茂持羅"——乾基羅、茂持羅與乘象入胎、夜半逾城圖像的對比分析研究》(《敦煌研究》4期)介紹,在莫高窟第431窟中心塔柱南側上層的西魏壁畫中,有過去多被稱爲"乘象入胎"和"夜半逾城"的兩幅作品,作者將與莫高窟相關的乘象入胎和夜半逾城圖像進行了對比分析,又根據佛經、文獻等資料,考證其應該分別爲"乾基羅"和"茂持羅",即《大方等陀羅尼經》所講的夢王形象。張小剛《敦煌壁畫中于闐白衣立佛瑞像源流研究》(《創意設計源》1期)指出,在敦煌壁畫中,于闐白衣立佛瑞像圖題材豐富、數量衆多,背光中佈滿化佛或者頭上戴冠繫帶是其顯著特徵;在和田地區考古遺跡、石窟壁畫中發掘的白衣立佛可推斷爲敦煌壁畫中相關造像的原型;而這種背光中佈滿化佛造像樣式,可能與舍衛城神變故事對佛教造像的影響有密切關係,在犍陀羅藝術中也有這種造像形式的原型,由此我們能夠瞭解到白衣立佛造像從印度到西域,再到敦煌的傳播情況。張小剛《敦煌摩利支天經像》(《佛學研究》1期)指出,摩利支天是密教信奉的女神之一,其特點是常行日前,能隱形,本文試對古代敦煌流傳的摩利支天經像及其反映的信仰進行討論。羅明、李徵、羅丹舒《"水月觀音+玄奘取經"圖式與形象考辨》(《美術學報》6期)考察了榆林窟與東千佛洞兩個石窟壁畫遺存中所保留的"水月觀音+玄奘取經"壁畫,認爲其以"形""意"釋懷表現、以"隱""寓"糅合説圖,形成一種獨具特色的新型圖式與形象。李翎《中國石窟中所見鬼子母像》(《美術研究》2期)指出鬼子母信仰在新疆地區曾非常流行,同時內地大量的文獻記載和實物遺存也證明了這個女神信仰的盛行,但奇怪的是在由西向東傳播的要塞敦煌石窟中,卻幾乎不見常式的鬼子母像。由此,作者詳細考察了敦煌地區的鬼子母信仰情況,以及在陸、海絲路沿綫上出現鬼子母像的麥積山石窟、雲岡石窟和鞏義石窟,討論了敦煌鬼子母像"缺失"的可能原因,以及石窟中鬼子母像的辨識問題。李金娟《敦煌莫高窟壁畫中的髠髪人物》(《敦煌研究》1期)介紹,敦煌莫高窟第285窟、第346窟、第97窟等洞窟中可以看到若干髠髪人物,反映了佛教藝術在流傳過程中對當地和周邊民族風俗習慣的吸納,是佛教中國化的體現。張善慶《佛教藝術語境中的啓門圖》(《敦煌學輯刊》3期)認爲在漢代墓葬啓門圖流行時期,佛教藝術引進了這種圖像,北朝時期典型的啓門圖更多地表現爲天宫圖像,在隋代到盛唐期間沉寂下去,中晚唐時期再次重興,宋元時期的佛教啓門圖多出現在喪葬語境之中,在經營位置、構圖元素以及圖像意涵等方面,都和墓葬啓門圖非常接近,此外,佛教藝術中還存在數量可觀的非標準型啓門圖,作者認爲大抵屬於藝術工匠的獨出心裁。

敦煌書法藝術方面,馬國俊《敦煌書法藝術研究》(文物出版社)以敦煌漢簡書法、敦煌遺書書法研究、敦煌書法古代人物研究和敦煌碑刻與題記四大研究專題爲主體,以書法文化藝術研究和書法審美立場的思考爲主綫,對敦煌書法藝術進行了縱向考察和横向分析,本書還提出了敦煌書法的概念,結合作品背景、意義等作了全面闡述。翁利《敦煌書法研究》(化學工業出版社)指出,敦煌文獻中書風有肥有瘦,風格不一,經書字體有隸書有楷書,隨時代書體的變化而變化發展。作者認爲敦煌書法在點畫、結體和章法上的奇思妙想層出不窮,很自然、很真實地反映了每個時代和每個時期人們的思想感情和審美趣味。陳岡《敦煌寫經對當代小楷創作的借鑒意義》(《中國書法》18期)指出,敦煌遺書中保留有大量的佛教抄經,從書體上看多爲小楷,在中國書法史上具有極高的價值,本文通過類比敦煌寫經與鍾、王書法的關係,同時分析近年"國展"中小楷創作情況,希望對當代小楷書法創作有所裨益。畢羅《從敦煌遺書看中古書法史的一些問題》(《敦煌研究》1期)指出,敦煌遺書問世之後,不但爲文字學家考證漢字形體提供了豐富的信息,而且對專門研究書法史的學者來説也是一個具有原真意義的寶藏,它們揭開了當時的書寫語境,對我們鑒定現存書法作品提供了大量的珍貴依據,作者通過文獻的梳理和書寫實物的比較,對敦煌文書的書法史價值做出一些實證性總結。馬德、馬高强《敦煌本〈諸經雜輯〉芻探——兼議敦煌草書寫本研究的有關問題》(《敦煌研究》2期)介紹,敦煌草書寫本長卷S.6888被分爲兩段,計存676行,每行30—50字不等,連續書寫,部分行頭有内容標識提示,書寫内容、形式與《經律異相》《諸經要集》等佛教類書形式相近,判定爲佛經片斷的輯録,屬於佛教類書,是一份没有廣泛流通的佛教類書稿,故可定其卷名爲《諸經雜輯》。

八、考古與文物保護

考古方面,李金娟著《敦煌莫高窟索義辯窟研究》(甘肅教育出版社)在已有研究成果的基礎上,充分借鑒考古學的研究方法,結合圖像學和功能學等學科的研究理論,分析圖像結構,深入解讀其中的佛教義理與世俗意義,進而探求該窟的設計思想與功能。董廣強《麥積山石窟棧道考古》(甘肅人民出版社)以棧道爲切入點,對大型摩崖造像的施工過程進行了研究。王慧慧、劉永增《敦煌莫高窟皇慶寺碑原址考——兼談皇慶寺與莫高窟第61窟、94窟之關係》(《故宮博物院院刊》1期)介紹,1819年徐松遊歷莫高窟,在所著《西域水道記》卷三中記載"岩之文殊洞外有元皇慶寺碑",此碑今存敦煌研究院陳列中心,碑名《重修皇慶寺記》。本文考察相關資料,認爲徐松所載之"文殊洞"乃今之第94窟,徐松所記"岩之文殊洞外有元皇慶寺碑"不能作爲探討第61窟甬道壁畫年代和風格的依據,同時,根據此碑所在的位置,本文對皇慶寺寺址的有關問題也進行了探討。吳軍、劉艷燕《莫高窟採石場遺址調查》(《敦煌研究》1期)認爲莫高窟採石場遺址是莫高窟的重要組成部分,對全面認識和瞭解敦煌石窟的營建史有著重要的補充作用,作者通過調查,初步獲得了採石場遺址的基本情況和一些新的研究資料,這些資料對敦煌石窟營建史的研究有著重要的參考價值,對進一步做好遺址的保護工作具有現實意義。郭青林等《佛教石窟斷代方法新進展:如何基於貝葉斯模型(OxCal)和考古信息提高碳十四測年精度》(《敦煌研究》6期)以敦煌莫高窟爲例,將石窟紀年銘文、考古相對年代與大量高精度碳十四數據結合,利用貝葉斯演算法,不僅將敦煌莫高窟早期三窟的始建年代進一步精確,還更加全面地展現單個石窟(285窟)的開鑿營建史,這一研究方法和思路可以進一步拓展至河西走廊或整個絲綢之路上的石窟群,由此建立的年代序列對研究佛教在中國的傳播和發展有重要意義。崔強等《敦煌莫高窟8窟壁畫材質及製作工藝研究》(《文博》2期)利用可攜式X射綫熒光光譜儀、X射綫衍射分析儀、可見—紅外光纖光譜、掃描電鏡能譜、激光粒度分析儀等多種分析技術對莫高窟8窟壁畫地仗層、白粉層及顏料層進行科學的檢測分析,來獲取壁畫的材質及製作工藝信息。李帥《吐蕃印章初探》(《文物》2期)從文物考古的角度對目前已明確的吐蕃印章和印痕進行分析,並結合已有研究成果和文獻材料就吐蕃印章進行初步研究。

文物保護與修復方面,汪萬福《敦煌莫高窟風沙危害及防治》(科學出版社)針對莫高窟面臨的主要風沙危害問題,以文化遺產保護相關學科理論爲基礎,系統論述了國内外研究進展,揭示了莫高窟風沙運動規律,研發了防治戈壁地表風沙流新技術,明確了水分、根系、沙塵、鹽分等對石窟的影響,具有重要的理論和實踐意義。肖秋會、容依媚、許曉彤《我國對流失海外敦煌檔案文獻的追索研究》(《中國檔案研究》1 期)對我國敦煌檔案文獻的價值、流失海外的歷史原因及分佈進行了梳理,分析了我國對流失海外敦煌檔案文獻追索的歷史和現狀,著重從國際法的局限性、各國國内法的限制以及文化國際主義盛行三個方面分析了我國對流失海外敦煌檔案文獻追索所面臨的困難,在此基礎上提出了追索策略。蘇伯民等《高分子材料應用於莫高窟壁畫保護的歷史、現狀與研究》(《敦煌研究》2 期)指出,長期修復工作和實踐證明,聚醋酸乙烯酯乳液、丙烯酸及有機硅丙烯酸乳液和明膠三類是最適合莫高窟壁畫修復的材料,需在實驗室内建立材料的評價方法,對各種不同來源的材料進行評價和考察,以保證和提高壁畫修復工作的科學性和品質。王沛濤、張虎元、王旭東《莫高窟落石風險的試驗與模擬》(《敦煌研究》6 期)應用地質勘察、現場試驗、現場調查統計、數值模擬手段得出以下結論:莫高窟落石來源分爲轉石型落石和剥離型落石兩種,南窟區以轉石型落石爲主,北窟區以剥離型落石爲主。本文研究有助於莫高窟風險預警體系的完善,也爲後續落石風險監測和防治措施的設計提供一定依據。何滿潮、郝耐《恒温恒濕條件下莫高窟礫岩吸濕特性試驗研究》(《煤炭技術》7 期)利用自行研製的濕熱環境深部軟岩吸附氣體實驗系統對莫高窟礫岩試樣進行了恒温恒濕條件下的吸濕試驗,獲得了吸濕水質量隨時間的變化曲綫。孫勝利、王小偉、張正模《基於本體的文化遺産地文物健康知識庫構建——以敦煌莫高窟爲例》(《遺産與保護研究》7 期)通過文化遺産地檔案管理系統的檔案信息與以物聯網爲核心的監測系統監測數據相結合,構建文化遺産地文物本體健康數據知識庫,從而爲文物保護從干預性保護邁向預防性保護提供思路。周啟友等《莫高窟 108 窟内空氣温濕度的變化過程及其對窟内水汽和熱量來源的啓示》(《文物保護與考古科學》3 期)研究説明,在 108 窟的東側上層存在著水汽和熱量的來源,爲下一步的鹽害防治工作提供了思路,具有重要的科學意義和應用價值。徐浩《批量補綴卷首——古人對敦煌寫經的一種特殊修復》(《敦煌研究》6 期)認爲,批量補綴卷首,是古代寫經的修復者們有組織、有系統地對寫卷卷首(尤其是首紙)進行統一補綴的方法。文章在寫經的綴合中發掘古人批量補綴卷首的特點,對其在《大般若經》寫卷中的分佈情況作了總結,歸納出寫經修復的六種類型、兩個系統,並再次將這種帶有規律性的認識用之於綴合實踐,爲一些敦煌寫經殘卷的綴合提供理論依據的同時,也嘗試對寫卷的歷史演變和製作過程作出解釋。

九、少數民族歷史與語言

少數民族歷史研究,楊富學《敦煌民族史探幽》(甘肅文化出版社)對古代敦煌民族關係進行全方位梳理研究,包括少數民族對古代敦煌文化的貢獻、河西考古學文化與月氏烏孫之關係、敦煌文獻與唐代吐蕃史的構建、摩訶衍禪法及其在吐蕃中的流傳與影響、西域與敦煌吐蕃佛僧飲酒之風及其成因、關於沙州回鶻國的建立、和田新出突厥盧尼文木牘及其所見史事鉤沉、黠戛斯在西域的進出、回鶻佛教:漢傳佛教在西域的翻版、敦煌莫高窟第464窟的斷代及其與回鶻之關係、文殊山萬佛洞西夏說獻疑、敦煌漢藏對音資料所見溪母字與見母字讀音混同現象、"裕固學"與河西回鶻關係漫議等章節。鄭炳林、馬振穎《新見〈唐米欽道墓志〉考釋——敦煌相關金石整理研究之一》(《敦煌學輯刊》2期)介紹,新見的《唐米欽道墓志》,近年出土於洛陽,葬於開元二十五年,是目前見到的年代較早的粟特米姓的墓志之一,墓主自稱敦煌人,爲我們提供了中古時期粟特人遷徙的新資料,墓志提及米欽道參與平定巂州內亂一事,恰好可與史籍記載相印證,具有一定的歷史、文獻價值。文章還對傳世的關於米姓的碑刻等文獻進行匯總,並對敦煌吐魯番文獻中出現的米氏作了簡要梳理。魏迎春《晚唐五代敦煌突厥渾部落及其居民考——以敦煌寫本S.5448〈渾子盈邈真贊並序〉爲中心》(《敦煌學輯刊》4期)通過考證S.5448《渾子盈邈真贊並序》,認爲敦煌渾姓很可能就是從突厥徙居敦煌的突厥渾部落居民;根據《舊唐書·契苾何力傳》的記載,敦煌突厥渾姓經歷了與突厥契苾氏同樣的路程;P.3989《唐景福三年(894)五月十日立社條件憑記》、大谷文書4951《唐天寶元年(742)七月交河郡納青麥狀》記載渾姓人在敦煌的活動信息,作者總結認爲晚唐五代敦煌地區生活有渾姓居民,他們在歸義軍政權中擔任節度押衙一類的官職,同時還承擔通使翻譯的角色。周倩倩《從祥應管窺慕容前燕政權的漢化》(《敦煌學輯刊》4期)指出,慕容前燕政權,是由東胡的後裔慕容鮮卑建立的,但他們並未像傳統意義上的胡族政權那樣根據弱肉強食的原則來進行統治,每一代的統治者都積極學習先進的漢族文化,受到漢文化正統觀念的影響,尤其是在慕容儁稱帝的過程中,對慕容前燕不同統治時期的祥應進行研究,可以管窺其漢化的進程和程度。林冠群《沙州的節兒與乞利本》(《中國藏學》3期)指出,吐蕃佔領唐朝河隴地區以後,廢棄該地區原有唐朝官制,建立軍事佔領區官制,於沙州設置節兒,取代原有的唐官刺史,亦即以吐蕃官員統治唐人,另由唐人出任都督,以輔助節兒處理唐人事務。文章通過辨正方法,對於吐蕃佔領敦煌以後所設立的職官以及統治機制進行了研究。張海娟、楊富學《論裕固族藏傳佛教信仰的形成》

(楊富學《回鶻文佛教文獻研究》,上海古籍出版社)指出,元明時期,鎮守於河西西部和西域東部的蒙古豳王家族與河西回鶻保持著極爲密切的關係,蒙古豳王家族對藏傳佛教的推崇與支持,受到了回鶻僧徒的歡迎,紛紛皈依藏傳佛教;該家族儘管在政治上處於支配地位,但在文化上却頗受回鶻影響並逐步回鶻化,進而促成了一個新的民族共同體——裕固族的誕生,這個新民族以藏傳佛教爲信仰,又以回鶻文化爲基石,與今天的蒙古族也迥然不同。

少數民族語言文字研究涉及吐蕃文、回鶻文、西夏文和梵文文獻等方面。郭向東、陳軍、党燕妮《西部少數民族文獻資源建設研究》(科學出版社)基於西部地區圖書館文獻信息資源建設的視角,從對國家宏觀文化政策的分析入手,探討了西部地區的少數民族知識信息需求與傳播模式、西部地區的少數民族文獻資源建設現狀以及西部地區的圖書館文獻資源建設方略,提出了基於傳承與利用的特色化館藏發展政策思路,並從制度設計的層面,進一步研究了西部地區少數民族文獻資源的傳承保護問題。

吐蕃文研究,王金娥《敦煌吐蕃文書〈禮儀問答寫卷〉的定名與研究述要》(《寧夏大學學報》5期)介紹了《禮儀問答寫卷》的定名以及王堯、陳踐兩位先生對該文書的譯解,肯定了王堯、陳踐兩位先生對該文書開創性的研究貢獻;進而綜述了學界關於該文書的年代問題,還列舉了文書內容方面的研究成果,認爲主要有倫理思想、仁學思想以及綜合研究三個方面,並對這些成果做了比較細緻的分析。侯文昌《敦煌吐蕃文租佃契約探析》(《傳媒論壇》15期)介紹,敦煌出土吐蕃文租佃契約僅有兩件,文章從契首内容、標的物、租期、租佃原因、租田人擔保五個方面將其與同期敦煌漢文租佃契約作逐一比較分析。索南《敦煌藏文文獻P.T.149號〈普賢行願王經〉序言解讀》(《中國藏學》3期)指出,P.T.149號《普賢行願王經》序言闡述了該經典在印度產生、傳承及吐蕃時期譯成藏文並由僧人韋·貝强誦念和修持的整個過程,通過解讀此文獻,對研究早期的吐蕃佛教人物傳記具有重要的參考價值,也是一份能夠補充吐蕃佛教史史料的重要資料。落桑東知《敦煌大圓滿心部藏文手稿ITJ647探微》(《西南民族大學學報》8期)將大圓滿法心部文獻ITJ647斷定爲10世紀的作品,是後弘期大圓滿教法的原型,從中還可以窺見大圓滿法從大瑜伽等密續中剥離並形成自身特色的痕跡。由於借助現有的大圓滿文獻尚不足以勾勒大圓滿法的發展脈絡,敦煌這類數量龐大的手稿像一扇窗,提供了文本的依據。勘措吉《從哲蚌寺藏〈蜘蛛經〉談敦煌藏文寫經膽抄年代》(《敦煌研究》4期)認爲西藏發現的《蜘蛛經》與敦煌藏經洞出土的《十萬頌般若經》是同一時代、同一批人膽抄的作品;此外,作者根據哲蚌寺藏《蜘蛛經》封皮上的題記,提出敦煌藏文《十萬頌般若經》的膽寫年代至少是從赤德松贊時期開始的,而不是現在所說的自赤祖德贊開始。德吉卓瑪《敦煌吐蕃佛寺隆福寺及藏經洞之探究》(《西藏研究》4期)指出,吐蕃藏文文書不僅補充和豐富了吐蕃歷史史料,還印證了藏族傳世史籍的真實性,莫高窟藏經洞與吐蕃政權上層及吐蕃佛教的關係至今依然鮮爲人知,通過對敦煌吐蕃佛寺隆福寺的"達摩庫"(藏經庫)進行深入探究,可以清楚地認識莫高窟藏經洞的真實歷史和"身份",爲今後更加深入而廣泛地進行敦煌學研究提供一定的參考。

　　回鶻文研究,楊富學著《回鶻文佛教文獻研究》(上海古籍出版社)是其關於回鶻文佛教文獻研究各篇專論的合集,作者在精細而審慎的文本研究之外,以國内外學者刊佈的回鶻文寫本爲基本資料,結合西域和敦煌的漢文寫本、回鶻佛教藝術作品以及漢文史乘的有關記載,對9至18世紀間佛教在回鶻中的興衰歷史進行探討,揭示了回鶻佛教在民間信仰、政治外交、科技變革與宗教交流等諸多面向的歷史文化影響,富有開拓性。楊富學、張田芳《敦煌本回鶻文〈説心性經〉爲禪學原著説》(《西南民族大學學報》1期)指出,回鶻文《説心性經》大量引録敦煌禪宗寫本《觀心論》《修心要論》《般若波羅蜜多心經疏》以及禪宗經典《圓覺經》、禪宗燈史《宗鏡録》中的文字,是以禪宗典籍爲主、根據自己的理解而進行的創作,是現知唯一回鶻文佛學原著,又可視作一部優美的禪學詩歌集。張鐵山、彭金章、皮特·茨默《敦煌莫高窟北區B464窟回鶻文題記研究報告》(《敦煌研究》3期)介紹,敦煌莫高窟北區B464窟中室、後室甬道和後室中寫滿了回鶻文經文題記,通過釋讀,一方面可修正以往學界對窟内善財童子五十三參等壁畫内容的解讀;另一方面,可推知B464窟現存壁畫應出自回鶻人之手,該窟時間是元代回鶻洞窟。張鐵山、彭金章《敦煌莫高窟北區B77窟出土木骨上的回鶻文題記研究》(《敦煌學輯刊》2期)介紹,敦煌莫高窟北區B77窟出土一木骨,其上記有回鶻文題記。文章首先釋讀木骨上的回鶻文題記,然後在此基礎上分析和總結了梵語和回鶻語的對音關係。楊富學、張田芳《回鶻文〈針灸圖〉及其與敦煌針灸文獻之關聯》(《中醫藥文化》2期)認爲,宋元時期是回鶻醫藥學發展的昌明時期,不斷地吸收周邊先進的醫藥文化,尤其是對西域各地醫學和中醫的相容,進而出現了頗具特色的針灸圖,此圖見於德藏吐魯番本回鶻文寫本殘卷Mainz725,該文獻與回鶻文《醫理精華》同卷書寫,從一個側面反映了回鶻醫學與印度醫學間的密切關係。范晶晶、彭金章、王海雲《敦煌藏3葉婆羅謎字梵語—回鶻語雙語〈法身經〉殘片釋讀》(《敦煌研究》3期)認定敦煌藏3葉殘片所書文本爲《法身經》,通過對目前已經發佈的《法身經》的不同寫本進行比較歸類,進一步判斷這3葉殘片屬於絲路北道的《法身經》寫本系統,與南道的《法身經》寫本系統有所區別。本文還對殘片進行了換寫、轉寫與釋讀,並參照《法身經》的五個漢譯本，對經文的性質等相關問題進行探討。

西夏文研究，王惠民《西夏文草書〈瓜州審案記錄〉叙録》(《敦煌學輯刊》2期)介紹，西夏文草書《瓜州審案記錄》爲天賜禮盛國慶元年至二年(1069—1070)瓜州監軍使審案記錄，涉及牲畜買賣、侵奪、傷害諸事，是一組重要的西夏學研究資料，本文對這組文獻的收藏與研究現狀作了梳理，可方便學者使用。

梵文研究，葉少勇、彭金章、梁旭澍《敦煌研究院舊藏阿毗達磨梵文殘葉》(《敦煌研究》2期)刊出6件阿毗達磨梵文殘葉，均爲麻紙製成，以絲路北道婆羅米字體書寫，其中第一件殘葉出自衆賢的《順正理論》，涉及第一品中對"觸"的討論，其餘5件殘葉未能比定出文獻來源，但很明顯是出自阿毗達磨類文獻。

十、古　　籍

本年度敦煌古籍整理與研究論著較少，金少華《從敦煌本看日本猿投神社藏舊抄〈文選〉的版本》(《敦煌研究》4期)介紹，傳世《文選》李善注本和五臣注本多相混淆屢雜，二本原貌久已失傳，所幸敦煌藏經洞出土唐高宗永隆(680—681)年間所抄P.2528《西京賦》寫卷尚是李善注原本，可據以釐清後世《文選》版本的傳承演變過程。基於敦煌本考察日本猿投神社所藏弘安本、正安本《文選》(皆存卷1)，可知後者與李善注本高度吻合，前者表現出非常明顯的五臣注本特徵，同時拼合了一些典型的李注本異文。而弘安本、正安本中溢出李善、五臣二本範圍的少量異文，則可能是日本學者講習《文選》的成果。許建平《絲路出土〈尚書〉寫本與中古〈尚書〉學》(《敦煌學輯刊》2期)以敦煌、吐魯番及于闐出土的60件《尚書》寫本爲基礎，從隸古定《尚書》文本的發現、《古文尚書》的版本與分卷、《尚書釋文》原貌、《尚書》與唐代科舉、中原文化西傳的實證史料諸方面，對這批《尚書》寫本所反映出的中古時期尚書學做了闡述。劉子凡《旅順博物館藏〈春秋後語〉(擬)研究》(《文獻》5期)認爲旅順博物館藏LM20－1523－12－120號文書可推擬爲《春秋後語》，與德藏Ch.734《春秋後語》盧藏用注本在寫本形態上十分相似，其中記載的"白起""帝號還""置南郡"等皆爲秦昭王事，極有可能是改編自《史記·穰侯列傳》，其在《春秋後語》中的位置當是《秦語》第三，根據敦煌吐魯番出土的大量《春秋後語》寫本，可以看到該書流行於唐代的大致情況。吕玲娣《敦煌本〈孝經鄭注義疏〉體例特點及其文獻學價值》(《阜陽師範學院學報》5期)介紹，敦煌本《孝經鄭注義疏》是一部介於義理經學與訓詁經學之間的著作形式，它没有隋唐義疏體常見的《序》言、篇序，只存有主體部分。其內容不僅訓釋詞義、串講句義,而且詮釋經文名物制度;不僅守鄭玄一家之言,而且旁徵博引諸家之說。在注釋體例上,敦煌本《孝經鄭注義疏》具有南北朝時期義疏體式的基本特點。文章指出,在義疏學史的研究上,敦煌本《孝經鄭注義疏》具有重要的文獻學價值,是研究南北朝義疏體著作外部體式、基本注疏原則和考察後世《孝經》類義疏體著書發展的珍貴資料。

十一、科　　技

本年度敦煌科技研究主要集中在敦煌古代醫學方面,陳明《敦煌的醫療與社會》(中國大百科全書出版社)通過對大量敦煌出土文獻的全面梳理,結合其他文書進行比較勘誤,重構了晉唐五代時期敦煌的醫療史實,探討了敦煌地區的醫療在社會生活中的實際應用情況。李廷保《敦煌遺書及古代醫籍同名方集萃》(蘭州大學出版社)搜集整理了敦煌醫書48首方劑及清代以前醫籍中的同名方,對敦煌方劑的研究提供了參考,也爲臨床處方用藥積累了寶貴經驗。丁高恒等《敦煌遺方"神仙粥"抗衰老作用的研究》(《西部中醫藥》2期)通過對48隻(雌雄各半)健康SD大鼠做實驗,探討了敦煌遺方"神仙粥"的抗衰老作用及其機理。李廷保等《基於敦煌〈輔行訣〉方劑中五臟歸經用藥規律研究》(《中國中醫藥科技》1期)、《基於複雜網絡系統熵聚類方法的敦煌〈輔行訣〉用藥規律研究》(《中醫研究》9期),應用數據挖掘方法對敦煌醫書《輔行訣》方劑中五臟歸經用藥配伍規律體系進行分析研究,以期爲臨床運用敦煌方藥辨治疾病提供科學依據,結論得出《輔行訣》方藥歸經頻次最高藥物是治療天行病小陰旦湯的基本組成藥物。作者並採用複雜網絡系統熵聚類方法對敦煌《輔行訣》中中醫藥治療疾病的用藥配伍規律進行研究,以期爲傳承敦煌方藥辨治內科疾病提供科學依據。馬正民等《敦煌醫方四時常服方對鎘染毒大鼠腎氧化應激的影響》(《甘肅中醫藥大學學報》1期)經過研究認爲,敦煌醫方四時常服方對鎘染毒大鼠腎氧化應激具有一定的拮抗作用,可緩解大鼠染鎘中毒後腎臟的損傷。葛政、李鑫浩《敦煌張仲景〈五臟論〉部分藥對研究》(《中醫研究》1期)指出,敦煌醫學文獻張仲景《五臟論》中記載的藥對,是現存較早的藥對文獻記載,文章選取保存最完善的P.2115卷子,對其中記載的四組常用藥對進行了理論探討。邢家銘、嚴興科《敦煌石窟中針灸文獻的研究概況》(《甘肅中醫藥大學學報》1期),作者查閱相關文獻,從《灸經圖》《新集備急灸經》《明堂五臟論》《脉經》《吐蕃藏文針灸圖》《吐蕃藏文灸法殘卷》《灸經明堂》《黃帝明堂經》及其他殘卷9個方面,對目前已挖掘的敦煌石窟中的針灸文獻進行了總結,以期爲今後敦煌醫學的研究提供重要的文獻支撐。楊佳楠等《敦煌遺書婦科相關古醫方研究概況》(《國醫論壇》1

期)通過分析近年敦煌遺書中婦科相關古醫方的研究文獻,分別從理論研究、臨床研究、實驗研究三方面進行總結,綜述了敦煌遺書中婦科相關古醫方研究成果及應用,並提出該領域今後的研究思路。

十二、書評與學術動態

書評方面,馮小琴、金琰《採他山之石 築學術津梁——讀楊富學〈回鶻學譯文集〉及其續編》(《敦煌研究》5 期),介紹楊富學教授推出的《回鶻學譯文集》《回鶻學譯文集新編》收錄了國外學者研究回鶻學的論文 52 篇,內容涵蓋文獻學、歷史學、宗教學、語文學、文化史等多個學科領域,不僅有利於促進國內回鶻學的發展,同時也爲溝通國內外回鶻學界的聯繫起到了津梁作用。胡蓉《開裕固學新篇 拓蒙古學視野——〈從蒙古豳王到裕固族大頭目〉述評》(《石河子大學學報》3 期)介紹,由於各種原因,元明時期在西北地區曾經扮演過重要角色、而且對裕固族形成起到核心作用的蒙古豳王家族,一直沒有得到應有的關注,新近由楊富學和張海娟師徒合力推出的《從蒙古豳王到裕固族大頭目》,極大地填補了該領域研究的空白。該書特點有三:一是梳理了豳王家族的發展史,並立足豳王家族全面探討河西西部、西域東部在元明時期的社會發展情況,充實了元明西北史的內容;二是論證豳王家族與裕固族東遷的關係,明確了豳王家族在裕固族形成史上的重要作用;三是以敦煌等地發現的新材料爲突破口,將蒙元史的研究和敦煌學聯結起來,同時爲敦煌學、蒙元西北史和裕固學等多個領域開闢了新的研究視野。劉拉毛卓瑪《學問須於不疑處有疑——讀楊富學著〈回鶻摩尼教研究〉有感》(《河西學院學報》6 期)介紹,《回鶻摩尼教研究》爲楊富學教授從事回鶻摩尼教研究 30 年成果之結晶,內容以回鶻語摩尼教寫本及新近發現的霞浦摩尼教文獻爲主,系統深入地探討了回鶻摩尼教的歷史發展情況,在回鶻學多領域有諸多拓荒之舉,堪爲摩尼教研究的力作。張如青《出土醫學文獻研究領域中一部高水平的傑作——〈敦煌吐魯番醫藥文獻新輯校〉評述》(《中醫文獻雜誌》3 期)認爲《敦煌吐魯番醫藥文獻新輯校》取得了諸多新發現、新創見和新進展,在出土寫本校錄水平上得到顯著提昇。謝輝《〈近代中國的學術與藏書〉簡介》(《國際漢學》3 期)介紹,《近代中國的學術與藏書》爲高田時雄教授近二十年來有關敦煌文獻與域外漢籍研究的論文集,共收錄文章 20 篇,文章可分爲四類:一是日本學者搜集敦煌文獻與研究敦煌學的情況;二是敦煌文獻之外的日藏漢籍的研究;三是有關歐洲藏漢籍的研究;四是有關翻譯學、詞典學、漢語教育史等方面的內容,此書研究的特色在於對近代中國典籍流傳海外歷程的叙述。

学术会议综述方面,石建刚《丝绸之路上的敦煌与长安国际学术研讨会——暨中国敦煌吐鲁番学会 2017 年理事会综述》(《2018 敦煌学国际联络委员会通讯》)介绍了 2017 年 7 月 13 日至 16 日由中国敦煌吐鲁番学会、陕西师范大学历史文化学院、陕西历史博物馆联合主办,陕西师范大学丝绸之路历史文化研究中心、陕西历史博物馆科研管理处、中国敦煌吐鲁番学会丝绸之路专业委员会共同承办的"丝绸之路上的敦煌与长安国际学术研讨会——暨中国敦煌吐鲁番学会 2017 年理事会"简况,并按敦煌与长安关系研究、敦煌石窟与图像研究、敦煌吐鲁番写本文献研究、敦煌区域社会研究、丝绸之路历史文化研究、丝绸之路考古与艺术研究、丝绸之路宗教文化研究、丝绸之路民族文化研究、丝路考古和学术史等专题对会议提交的论文做了扼要综述。顾成瑞《"敦煌吐鲁番法制文献与唐代律令秩序"国际学术研讨会综述》(《中国史研究动态》5 期)介绍了 2017 年由中国政法大学法律古籍整理研究所与中国社会科学院敦煌学研究中心等单位合办的"敦煌吐鲁番法制文献与唐代律令秩序"国际学术研讨会,并分上行法律文书的体式特征及变化、契约文书的整理和类型研究、律令格敕条文与出土文书相互阐释、法制文献相关内容的历史背景研究、书仪所见的礼法互动关系及其他等方面对会议提交论文做了概述。丁得天《2018 敦煌研究发展研讨会述要》(《敦煌研究》6 期)介绍,《敦煌研究》编辑部与浙江大学出版社于 2018 年 11 月 18—20 日在杭州联合举办了"2018 敦煌研究发展研讨会",《敦煌研究》编委和审校专家以及敦煌学与丝绸之路研究领域的 50 余位专家学者,围绕敦煌与丝绸之路研究动态、《敦煌研究》期刊发展、构建敦煌学特色学科与敦煌学知识体系、敦煌学学术成果外译等主题展开了深入讨论。孔德平《2018 敦煌美术学国际学术研讨会综述》(《中国文化报》10 月 10 日)介绍,2018 年 9 月 21—22 日,由中国艺术研究院和敦煌研究院共同主办、中国艺术研究院美术研究所和敦煌文化学会共同承办的"2018 敦煌美术学国际学术研讨会"在甘肃敦煌举办。来自国内外的敦煌美术学研究领域的专家学者 30 余人参加了研讨会,大家围绕敦煌美术这个永恒话题进行了深入研讨与交流。此外,敦煌学术会议综述还包括张先堂、李国《传承与创新的盛会——"纪念段文杰先生诞辰 100 周年敦煌与丝绸之路国际学术研讨会"综述》(《2018 敦煌学国际联络委员会通讯》)、程嘉静《"回鹘·西夏·元代敦煌石窟与民族文化研讨会"会议综述》(《敦煌研究》4 期)等。

敦煌学学术史方面,宋雪春《2017 年敦煌学研究综述》(《2018 敦煌学国际联络委员会通讯》)分概说、历史地理、社会文化、宗教、语言文字、文学、艺术、考古与文物保护、少数民族历史语言、古籍、科技、书评与学术动态等十二個專題擇要介紹了 2017 年敦煌學研究概況。段曉林《民國時期敦煌學期刊文獻研究》(《敦煌研究》6 期)主要從文獻學的角度,利用上海圖書館"晚清與民國期刊全文數據庫"及已出版的相關研究論著目錄,通過數據統計分析的方法,對民國時期發表敦煌學論文的期刊進行文獻學分析及評述,並對建國後這些期刊的影印、重版及數字化整理情況開展研究。劉文榮《1949 年前敦煌樂舞研究的歷史進程》(《星海音樂學院學報》4 期)以 1949 年前敦煌樂舞研究的發軔與研究過程爲主要著墨點進行分析,對敦煌樂舞文獻的"面世"、輯録到研究所取得的成果及存在的問題進行爬梳,對敦煌樂舞的研究歷史加以說明,回顧歷程,羅列疑點,以述引思,促進了敦煌樂舞學研究的不斷向前開展。張如青《絲綢之路醫藥研究的回顧與展望》(《中醫藥文化》1 期)通過系統梳理百年來敦煌西域出土醫學文獻的研究,按時間分爲形成期、發展期、繁盛期、鼎盛期和由盛及衰期五個階段,並結合既往研究尚有不足的地方,提出尋找新材料,研究新問題,並表達了對絲路醫藥本身研究的五點展望。

2018年吐魯番學研究綜述

張勇健　白俊鳳（蘭州大學）

本年度中國大陸地區的吐魯番學研究成果豐碩。據不完全統計，共出版學術專著與文集（含再版、譯注）60餘部，公開發表研究論文近370餘篇。兹分概説、歷史地理、社會與文化、宗教、語言文字、文學、藝術、考古與文物保護、少數民族歷史與語言、古籍、科技、書評與學術動態等十二個專題擇要介紹如下。

一、概　説

本年度概説方面的研究成果涉及絲綢之路、吐魯番文物及文獻的刊佈等方面。

"一帶一路"話題仍是本年度熱點，吐魯番學與絲綢之路研究關係密切，自然也便成爲關注的焦點。武斌著《絲綢之路全史》（遼寧教育出版社）是一部全面描述絲綢之路的通史，突破了分述陸上和海上、草原與西南各條絲綢之路的傳統框架，組織起絲綢之路遺存下來的中華文明與域外文明交流的豐富資料，按歷史發展順序進行編排，介紹了絲綢之路歷史基礎知識與歷史上絲綢之路形成、發展和繁榮的脉絡，反映了絲綢之路歷史中的重大事件、重要人物、文化交流的突出成就，内容涵蓋政治、軍事、經濟、文化、外交、科技、宗教、藝術等各個領域。齊小艷著《絲綢之路歷史文化研究》（煤炭工業出版社）是一部關於絲路歷史的專著，對"絲綢之路"概念的提出與研究現狀、陸上絲綢之路的開通與繁榮、海上絲綢之路的興起與發展以及東西方文明交匯等一系列重點問題做了研討。馮并著《絲路文明札記》（濟南出版社）以絲路文明發生以來綿延不斷的文明傳播爲主綫，通過前絲路、絲路、後絲路不同階段文明交流的叙述與特徵比較，揭示了絲路文明發展的一以貫之性，具有獨特的視角和豐富的歷史知識。張信剛著《絲路文明十五講》（北京大學出版社）以歷史上的絲綢之路爲主綫，梳理了自史前至1500年間歐亞大陸上人類文明的政治、經濟、文化交往。劉進寶《"絲綢之路"概念的形成及其在中國的傳播》（《中國社會科學》11期）回顧了"絲綢之路"概念的形成歷程，梳理了我國使用"絲綢之路"一詞的演變，分析了"絲綢之路"概念的充實和深化。葛承雍《絲綢之路研究永遠在路上》（《絲綢之路研究集刊》第2輯）認爲近年來"絲綢之路"成爲國際學術研究的焦點，然而目前國内外的研究常有忽略史實的亂象,指出必須從客觀事實出發,腳踏實地地在學術中不斷創新。王茹芹、蘭日旭《陸上絲綢之路》(《時代經貿》10期)考察了陸上絲綢之路的歷史沿革,以及絲綢之路上的貿易、商人、主要城鎮,指出陸上絲綢之路不但促進了漢唐社會經濟的繁榮,而且推動了絲路沿綫社會經濟的發展、密切了中西之間的商貿往來。管楚度、蔡翠《絲綢之路主綫及成因分析》(《工程研究——跨學科視野中的工程》1期)採用大背景分析法,用亞歐腹地山文分佈、緑洲草原的生產形態、古代地緣政治格局、古代交通技術以及交通區位等大背景因素,對自公元前1世紀張騫鑿空西域,至13世紀奧斯曼帝國有效控制地中海沿岸地區間的歷史時期中,絲綢之路主綫變遷的成因進行分析。胡蓀予《絲綢之路與"一帶一路"的歷史文化發展進程》(《山西農經》8期)分漢朝、魏晉南北朝時期、唐代、元代、資本主義發展時期對絲綢之路與"一帶一路"的歷史文化發展進程進行了分析。蔣靜、王玉平《絲綢之路與漢唐西域社會一體化進程研究》(《兵團黨校學報》6期)從絲綢之路的發展歷程著手,研究不同時期絲綢之路對西域社會變遷的影響,從而分析在絲綢之路媒介下西域社會變遷與"中華多元一體"格局形成的歷史進程。黎躍進《中國"東方學"的古代資源》(《社會科學研究》1期)總結了中國古代豐富的文獻資源及相關資源的整理,認爲依托於這些古代資源形成了具有中國特色的東方學研究領域:中西交通史、宗教傳播學、西域學、敦煌學、西夏學、南洋研究、西域南海史地學和絲路學等。高洪雷《永遠的西域》(《國土資源科普與文化》2期)結合史書概述了西域的歷史與文化。

和往年一樣,吐魯番文物及文獻的刊佈方面取得新進展。榮新江《歐美所藏吐魯番文獻新知見》(《敦煌學輯刊》2期)分德國國家圖書館和亞洲藝術博物館、俄羅斯科學院東方文獻研究所、美國普林斯頓大學葛斯德東方圖書館、芬蘭國家圖書館等對新獲吐魯番文獻的館藏情況加以介紹,並對其文獻價值略作闡述。趙莉、Kira Samasyk、Nicolas Pchelin《俄羅斯國立艾爾米塔什博物館藏克孜爾石窟壁畫》(《文物》4期)刊佈了俄羅斯國立艾爾米塔什博物館藏克孜爾石窟壁畫彩圖。俄羅斯國立艾爾米塔什博物館、西北民族大學、上海古籍出版社主編的《俄藏龜兹藝術品》(上海古籍出版社)所收内容爲現藏於俄羅斯埃爾米塔什博物館的1905年俄羅斯別列佐夫斯基考察隊、1909年奧登堡考察隊在新疆庫車探險考察所獲壁畫、雕塑、工藝品等,全書收入文物圖版262件,圖版清晰,著録完備,考訂精詳,甚至綴合了俄國、印度博物館分別收藏的文物和殘片,對於絲綢之路和新疆的考古研究,是不可或缺的資料。

二、歷 史 地 理

本年度歷史地理研究成果涉及政治、軍事、法律、經濟、史地等方面。

政治方面研究主要集中在中央與地方（包括分裂時期的中原與邊疆）關係、邊疆治理、官府文書等方面。中央與地方關係研究論著有：黃堯慧《兩漢時期中央王朝與西域關係之演變》（湘潭大學碩士學位論文）以兩漢時期中央王朝同西域地區的交往爲切入點，梳理兩漢時期中央王朝與西域交往內容，探索兩漢時期中央王朝同西域關係的變化發展規律，探討了兩漢經營西域的目的。張曙暉、王興宇《西漢時期西北邊疆的民族及其與王朝的關係——基於〈漢書〉的分析》（《雲南大學學報》1期）以《漢書》記載爲中心，梳理了漢代西北邊疆各民族的政治生態及其地理分佈與民族識別，分析了西漢王朝防禦匈奴的國家戰略及其在西北邊疆民族中的職官設置，對西漢時期西北邊疆的民族及其與王朝的關係做了專門探討。

邊疆治理研究論著有：郭聲波著《圈層結構視域下的中國古代羈縻政區與部族》（中國社會科學出版社）收錄了其發表過的10多篇學術論文，探討了唐宋以來封建王朝對中國西部邊疆民族地區施設羈縻府州、土官土司等行政建置的過程及其歷史意義，對邊疆民族史地文獻及部分少數民族的來源與遷徙過程也作了考察，從一個側面爲其提出的歷史政治地理"圈層結構"理論提供了部分實證。張雲《歷史上新疆、西藏兩地區域互動與中原王朝的西部邊疆經營》（《西域研究》4期）從宏觀角度梳理新疆、西藏兩地相互交往的內容與形式，並總結其中主要特點，探討了中原王朝對兩地的經營，以及河西走廊在其中所發揮的特殊作用。張文木《中國古代西部邊疆南北治理經驗與教訓》（《印度洋經濟體研究》4期）從秦漢以來兩千多年的歷史中，總結中國古代西部邊疆南北治理中帶有規律性的經驗與教訓，借鑒當下。李愛敏、吳曼《西部地區民族關係與邊疆治理研究》（《新西部》11月下旬刊）回顧了商周以來西部地區民族關係的發展演變以及西部地區邊疆治理的發展歷程，分析了西部地區民族關係與邊疆治理之間的關係。鄭言午《漢朝政權對西域民族地區經略的革故鼎新》（《貴州民族研究》10期）總結了漢朝政權對西域民族地區經略的表現及影響，分析了漢朝政權對西域民族地區革故鼎新的現實啓示。王玉冲《論漢武帝的治邊方略》（《蘭臺世界》12期）分析了漢武帝時期的治邊方略，認爲其治邊舉措促進了邊疆地區的開發，增進了民族融合，維護了國家的統一，爲西漢王朝提供了良好的發展環境，還促進了亞、歐、非之間的經濟文化交流，對當今的邊疆治理有著積極的啓迪意義。張安福《大宛之戰對中原治理西域的影響》（《社會科學戰綫》8期）全面分析大宛之戰對中原王朝治理西域的影響，指出通過大宛之戰，西漢突破了張騫兩次通西域"不得要領"的困局，也奠定了後世中原王朝治理西域的模式和大致範圍。張永輝《從班超經略西域看東漢絲綢之路上的民族政策》（《中國民族博覽》1期）以班超經略西域爲出發點,系統梳理了東漢時期中央對於西域地區的民族政策的發展脉络。馮卓慧《"和親"政策與漢代"絲綢之路"的開通》(《西安財經學院學報》4期)論述了"和親"政策對匈奴地區和西域地區的不同影響,認爲漢朝與匈奴和西域的交往,使漢武帝及其後來人認識到在國際關係相處中經濟、文化交流才是推動歷史前進的真正動力。劉妙《議漢元帝在胡漢和親上的作爲》(《語文學刊》4期)從研究和親文化角度評論漢元帝,認爲漢元帝有獨到的治國韜略,促進匈奴統一,實現胡漢和親,獲得了邊境安寧。劉曉燕《論西漢絲綢之路的護衛者——西域都護》(《文化學刊》4期)從西域都護府設置的背景、設置的過程、對絲綢之路的影響三方面,論證西域都護府的設置,不但保證了絲綢之路的安全暢通,而且對當地經濟文化的發展做出了重要的貢獻,增進了西域各族人民與中原人民之間的感情。李楠《西漢王朝西域都護的行政管理》(《内蒙古社會科學》4期)認爲西漢王朝對西域的行政管理是通過特設以西域都護爲核心的"流官"管理機構與西域原有並得到漢廷承認的"土官"系統兩套子系統,實現對西域管理體制的運轉。田海峰《唐高宗時期的西域時局及經略檢視》(《青海師範大學學報》4期)主要論述了唐高宗時期,唐廷在西域管轄範圍一度拓展至藥殺水與烏滸河流域,但不久這種局面即因塔里木緑洲的動蕩、吐蕃與突厥的侵擾而逐漸衰退的情況。梁振濤《"舊官人、首望及爲鄉閭所服者":唐初西州治理的社會基礎》(《雲南大學學報》6期)對《貞觀年中巡撫高昌詔》中"舊官人、首望及爲鄉閭所服者"三類人進行考釋,認爲唐王朝通過授勳、任職和授田等方式,維護"舊官人、首望及爲鄉閭所服者"的政治經濟利益和社會地位,以達到與之"共守"西州的目的。楊繼偉《唐安西都護府和西突厥在西域的博弈——從郭孝恪任安西都護期間來看》(《南陽理工學院學報》1期)以郭孝恪任安西都護爲中心,考察了唐安西都護府和西突厥在西域的博弈,指出安西都護府和西突厥之間的戰爭,既有相互之間直接的衝突交戰,也有爭奪附屬國控制權的間接衝突,結果多以安西都護府的勝利而告終。楊寶玉《唐代宗時期的河西與伊西北庭節度使——以P.2942卷末所存三牒狀爲中心》(《敦煌學輯刊》3期)以P.2942卷末三件牒狀中的多個官稱爲綫索,探討了唐代宗時期的河西與伊西北庭節度使相關問題,並歸納了唐代宗時期河西與伊西北庭節度使任職簡況。吳玉貴《杜甫"觀兵"詩新解——唐乾元二年西域援軍再次入關史實鈎沉》(《西域文史》第12輯)通過梳理史料,廓清了唐安史之亂時西域援軍兩次入關的史實,對杜甫創作的兩首"觀兵"詩提出新解。王慶昱《新見唐宇文寂墓誌與西域史事》(《石河子大學學報》3期)對新見宇文寂墓誌進行介紹及録文,考定了宇文寂家族世系及宇文寂墓誌所涉西域史事,認爲宇文寂墓誌的出土補遺了傳世史料。王慶衛《新出唐劉文禕墓志所見西域史事考》(《西域文史》第 12 輯)利用新出的唐劉文禕墓志,對貞觀二十二年的昆丘道行軍與咸亨元年的唐和吐蕃之間的史事做了集中探討。楊榮春《論沮渠無諱與大涼政權》(《青海師範大學學報》1 期)利用傳世與出土文獻,在前人研究的基礎上,對沮渠無諱生平、西遷高昌原因和過程、與周邊政權關係、大涼統治及其移民等問題做進一步論述,説明沮渠無諱與大涼政權的歷史地位和影響。

官府文書研究論著有:方誠峰《敦煌吐魯番所出事目文書再探》(《中國史研究》2 期)以宋代相對清晰的事目文書相關制度狀況反觀敦煌吐魯番所出相對零碎的材料,對敦煌吐魯番所出事目文書的分類、性質做進一步的探討。劉安志《唐代解文初探——以敦煌吐魯番文書爲中心》(《西域研究》4 期)通過對大量敦煌吐魯番所出官府文書的考證與分析,確認過去被中日學者視爲"申文"或"申狀"一類的文書,實係唐代前期縣申州的解文,並復原其"解式"。劉安志《吐魯番出土文書所見唐代解文雜考》(《吐魯番學研究》1 期)在此前已有唐代解文格式復原成果的基礎上,參考吐魯番出土文書,對唐代解文處理程式及相關官員簽署問題進行初步探討,揭示了此類文書的基本形態及其相關行政運作。張慧芬《唐代〈入鄉巡貌事〉文書的性質及貌閲百姓之族屬問題研究》(《中央民族大學學報》2 期)通過對中央民族大學博物館藏《唐開元年間西州交河縣帖鹽城爲令入鄉巡貌事》文書的研究,認爲該文書不僅是目前所見唐代行政文書中第一件由縣令簽署的縣帖實物,而且其内容反映了中古吐魯番地區不同族屬在唐政權管轄下的生存狀態。徐承炎《唐後期安西社會管窺——以〈將軍妣閏奴烽子錢〉文書研究爲中心》(《西域研究》2 期)在黄文弼先生整理《將軍妣閏奴烽子錢》文書的基礎上,進一步探明了文書的性質,辨識了"閏奴"的姓氏,新釋了"大鋪"一詞,並指出這一文書是成書於826 年的官府支付物抄,成書之時回鶻已取代唐廷據有安西。劉安志《關於吐魯番新出唐永徽五、六年(654—655)安西都護府案卷整理研究的若干問題》(《文史哲》3 期)發現《新獲吐魯番出土文獻》所收《唐永徽五年安西都護府符下交河縣爲檢函等事》和《唐永徽五年至六年安西都護府案卷爲安門等事》兩件文書綴合有誤,指出有必要對整個安西都護府安門案卷進行重新整理編排,並就相關問題提出新的看法。

軍事方面,劉嘯虎《唐代前期府兵與兵器關係初探——以敦煌吐魯番軍事文書爲中心》(《敦煌研究》6 期)以敦煌吐魯番文書爲中心,對唐代前期府兵制下日常生活中兵士與兵器的關係進行了探討,認爲唐代前期府兵與兵器的關係實際上應爲"人器分離"與"人器合一"的統一。孟憲實《論唐代府兵制下的"六馱"問題》(《中國史研究》3 期)結合傳世文獻與吐魯番文書,對唐代府兵制下的"六馱"提出新看法,認爲六馱馬驢的設置單位不是火而是隊,而唐朝每隊士兵是五十人。朱悦梅《唐代吐蕃用兵西域之相關問題研究》(《西藏民族大學學報》2期)以漢、藏史料爲依據,在前人研究的基礎上,以軍事地理的進程爲綫索,從歷史地理的角度討論吐蕃進攻西域的軍事地理方略與戰術部署,從軍事史角度考察青藏高原與西域的地理關係及吐蕃的軍事攻守格局。

法律問題研究方面,黄正建著《唐代法典、司法與〈天聖令〉諸問題研究》(中國社會科學出版社)從法典與司法角度研究唐代法制,全書分"法典編""司法編""《天聖令》編"及"附録",其中利用吐魯番出土文書探討了唐代法律用語、訴訟文書格式以及敦煌吐魯番法典文書中《律》和《律疏》的性質等問題。李天石《3—5世紀鄯善王國水利法初探》(《南京師大學報》6期)以鄯善王國所屬凱度多州爲例,探討鄯善王國水利法的實施及其在鄯善王國財産權利體系中的地位,並將之與唐代水利法令進行比較。姜一秀《中國所出佉盧文書記載的古鄯善國刑罰及其源流》(《西域文史》第12輯)對我國所出佉盧文書中的刑罰問題做出匯總,從受刑者的身份、罪行以及刑罰方式等方面考察鄯善的刑罰類别與特徵,並結合同時代鄯善國周邊文明中涉及刑罰的傳世文獻與出土文書,探尋其異同,推測佉盧文書中刑罰可能的來源。趙晶《論唐〈廄牧令〉有關死畜的處理之法——以長行馬文書爲證》(《敦煌學輯刊》1期)結合長行馬文書和敦煌吐魯番文書,研探依據《天聖令》復原的唐《廄牧令》部分條文,考察唐代前期地方官府處理死畜的程式與方法。曾柏亮《敦煌吐魯番文獻中良賤身份資料整理及研究》(南京師範大學碩士學位論文)在全面梳理了敦煌吐魯番文獻的基礎上,對其中的良賤身份資料做了整理和分類,並論述了奴婢資料的價值,探析了浄土寺恩子的身份。

經濟方面研究主要集中在户籍賦役、租賃契約、貿易貨幣及農牧手工業等方面。户籍賦役研究論著有:再版的日本學者宫崎市定著《從部曲到佃户——唐宋間社會變革的一個側面》(上海古籍出版社)利用吐魯番出土田地文書分析均田制,頗爲經典。邢鐵《從兩件吐魯番文書説唐朝前期户等的依據和作用》(《河北師範大學學報》1期)通過梳理正史記載,依據吐魯番出土文書《定户狀》和《貯糧符》補充了唐朝前期户等制度的兩個細節問題:劃分户等的主要依據是私有田地,與均田制下的授田關係不大,也不包括人丁;地税按户等徵收的糧食數量可以靈活變通,可以分散存放在居户家中。吴樹國《唐前期色役的番期與役期》(《歷史研究》5期)依據吐魯番出土文書及史籍,圍繞唐代徵役制度,釐清了唐代前期色役的番期與役期等問題。

租賃契約研究論著有:楊際平《論唐、五代所見的"一田二主"與永佃權》

(《中國經濟史研究》3 期)檢視吐魯番出土契約文書中"一田二主"租佃契,探討唐五代户部營田務的營田民田化過程中的永佃權,認爲唐、五代"一田二主"與"永佃權"實例的出現是其時土地私有産權制度、租佃制度與契約租佃制度長足發展的結果與標志。張無盡、伍成泉《吐魯番出土文書所見唐代高昌房屋租賃問題考論》(《山西廣播電視大學學報》3 期)通過對吐魯番出土文書中唐代房屋租賃文書的解讀,以及與隋代文書的比較,還原了唐代高昌居民的日常生活規範和社會關係制約。李洪濤《多族同制的中華契約文化——以絲綢之路出土各族契約文獻爲中心》(《貴州民族研究》2 期)利用絲綢之路沿綫出土的各民族契約文獻,考察各民族契約的個性特徵,特别是各族共通的契約文化特徵。劉文鎖《新疆發現契約文書與中古西域的契約實踐》(《西部蒙古論壇》3 期)根據新疆發現的漢文及佉盧文、粟特文、于闐文、吐蕃文、回鶻文等契約文書,討論了所涉契約行爲的種類與立契範圍、胡語契約文書的一般格式與特徵、漢文契約文書的格式與"市券",以及有關的契約法則等問題。燕海雄《論古代絲綢之路上的契約文明——以敦煌吐魯番借貸契約條款形式研究爲中心》(《貴州民族大學學報》4 期)叙述了敦煌吐魯番借貸契約研究概況,以契約條款的形式研究爲重點,指出敦煌吐魯番借貸契約的演變軌迹主要體現在意識形態和邏輯兩個層面上,並進行了敦煌吐魯番契約文明的發生學考察。陳博翼《契約文書所見唐明之變——讀敦煌吐魯番文書札記》(《西華師範大學學報》4 期)將敦煌吐魯番契約文書放在唐明律衍變的背景下看,將其與明清契約比對,認爲文書所反映的政府的控制力度、社會基層組織、親族的力量、人們的觀念和對産權的處理方式因時而變。

貿易貨幣研究論著有:邱德美著《北庭錢幣研究》(中國文史出版社)以北庭地區發現的中原錢幣爲主,以西域錢幣爲輔,兼顧絲路錢幣,基本廓清了北庭地區發現的各類錢幣的脉絡和發展軌迹。裴成國《唐西州銀錢的使用與流通》(《絲綢之路研究集刊》第 2 輯)根據吐魯番出土文書材料,從銀錢使用的背景、銀錢的新單位以及銀錢與多種貨幣並行流通等方面,探察唐西州時期銀錢流通的具體情況。裴成國《麴氏高昌國流通貨幣研究》(《中國史研究》1 期)研究了麴氏高昌國時期的貨幣流通問題,指出高昌國的銀錢幣值高不敷使用,産生了"半文"的計量單位,糧食在小額交易中充當著實物貨幣的角色,彌補了銀錢幣值高的缺陷。裴成國《高昌貨幣史上的毯本位時代》(《西域文史》第 12 輯)借助出土文書及出土文物,對高昌毯本位的時代、毯和其他實物貨幣的關係、毯成爲主要貨幣的原因、毯作爲貨幣被取代的時間及原因等問題做了探討。吕媛媛《試析"高昌吉利"錢的年代及性質》(《吐魯番學研究》1 期)從旅順博物館藏 3 枚"高昌吉利"銅錢入手,結合考古發現和近年來的相關研究成果,探討其鑄造年代及性質等問題。李樹輝《"漢龜二體五銖錢"正名》(《敦煌研究》6 期)認爲所謂"漢龜二體錢"與龜茲文毫無關聯,而是滑國(即烏古斯國)仿照五銖鑄行的貨幣,應定名爲"滑國五銖",指出西漢以降直至清代各類帶有日月星圖案的錢幣亦與烏古斯部族密切相關。翁東玲《絲綢之路上中國古代貨幣的境外流通及啓示》(《石河子大學學報》6 期)梳理了絲綢之路上中國古代貨幣的境外流通狀況,分析了絲綢之路上我國古代貨幣的影響和作用,總結了中國古代貨幣境外流通的研究帶來的啓示。

農牧手工業研究論著有:裴成國《唐代西州農業的發展》(《中國中古史集刊》第 5 輯)依據吐魯番出土文書,從耕地面積、生産工具、作物品種等方面探討唐代西州本地農業的發展情況。孫啓忠、柳茜等《隋唐五代時期苜蓿栽培利用芻考》(《草業學報》9 期)採用植物考據原理與方法,以記載隋唐五代苜蓿的典籍爲基礎,結合現代研究成果,考查了隋唐五代時期苜蓿的種植分佈與栽培利用,其中對安西(龜茲)苜蓿、毗沙(于闐)苜蓿也做了考察。楊富學、單超成《高昌回鶻王國棉織業考析》(《吐魯番學研究》1 期)結合回鶻文文書、敦煌出土相關文書及中原地區相關文獻,從紡織原料生産、紡織業等角度闡述了高昌回鶻王國棉織業的發展。李陽、楊富學《高昌回鶻植棉業及其在世界棉植史上的地位》(《石河子大學學報》1 期)從回鶻西遷前西域植棉業的發展、高昌回鶻植棉業的興盛、高昌回鶻與中原棉植業的發展等方面闡述了高昌回鶻植棉業的發展歷程,分析了高昌回鶻植棉業在世界棉植史上的地位。徐承炎《淺議唐代新疆的植棉》(《農業考古》3 期)結合典籍文獻、出土文書和考古資料,對唐代新疆植棉區域及其植棉情況、植棉的用途及歷史意義等問題做了論述。楊榮春《北涼手工業研究——兼論北涼的經濟貿易》(《新疆大學學報》2 期)以吐魯番、河西出土北涼文獻爲中心,兼及同時期墓葬出土文物,研究了"絲綢之路"背景下北涼的冶鑄、釀造、蠶桑、紡織等手工業發展狀況,同時利用吐魯番出土高昌郡契券,對北涼的買賣、借貸、租賃等經濟貿易活動進行探討,證實北涼繁榮了"絲綢之路"的經濟貿易。單超成《高昌回鶻王國手工業發展研究》(《地域文化研究》3 期)基於存世回鶻文社會經濟文書,從紡織業、釀製飲料業、金屬加工業、琉璃製造業、漆器製造業、造紙業和印刷業等産業出發,梳理高昌回鶻的手工業發展脈絡,總結其具有地域性、民族性、時代性的特點。

歷史地理研究主要集中在遺址考證、地理方位及路綫考釋、地名辨析及輿圖研究等方面。西域地區有著諸多古國、古城遺址,一直以來是學者們關注的焦點。古麗努爾·漢木都《19 世紀末 20 世紀初的交河故城》(《吐魯番學研究》1 期)考證了 19 世紀末 20 世紀初俄國探險家奧登堡來到吐魯番所做的遺址考察,根據其考察報告中關於交河故城遺址的發掘記錄及所存照片,與現今遺存遺址進行比對,指出了交河故城在近百年間的變化,認爲可以根據考察報告中留存的遺址信息探察目前已消失或接近消失的文物遺址。林岩《追尋歷史的塵埃 傾聽故城的輕訴——漫步交河故城的旅遊思考》(《文物鑒定與鑒賞》1期)從交河故城的形制佈局、興衰、著名的人物和事件、宗教等方面做了説明,同時指出保護好交河故城這一歷史遺產是義不容辭的責任。李亞萍《漢唐時期米蘭遺存與歷史角色研究》(上海師範大學碩士學位論文)考察了現知米蘭地區的古文化遺存,從屯田角度、文化角度、軍事角度三方面,對米蘭在從漢到唐時期發揮的不同作用進行了論述。張磊、秦小光等《樓蘭地區新發現斗檢封及其指示意義》(《乾旱區地理》3期)對新發現的"官律所平"斗檢封進行考證,結合2015年樓蘭發現的"張市千人丞印"、周邊地理環境格局、地表散落文物的空間分佈特徵以及樓蘭周邊遺址遺迹分佈位置,認爲當時的樓蘭先民生産生活活動主要集中在樓蘭東、南、西部區域,而祭祀、宗教等活動主要集中在樓蘭北部區域;斗檢封所在位置可能是樓蘭通往外部的一條重要交通綫,"張市千人丞印"附近可能是某一級官府所在地。張雄《高昌故城》(《中國地名》6期)簡要介紹了漢唐時期高昌的歷史。

地理方位及路綫考釋研究論著有:王子今《焉耆在絲綢之路交通格局中的地位》(《唐都學刊》1期)通過分析史籍,認爲焉耆曾經是匈奴控制西域時期的行政中心,是漢人"出西域""南道"與"北道"間的樞紐,在絲綢之路交通格局中具有坐標性意義,指出焉耆的取向在漢和匈奴的外交中關係重大。李健超《西北大學長安校區出土唐韋虛心墓誌——兼談唐撥换城西通中亞、西亞的交通樞紐地位》(《華夏文化》1期)考證了西北大學長安校區出土的唐代韋虛心墓誌,並結合自身對新疆天山南北的實地野外考察,研討了撥换城西通中亞、西亞的交通樞紐地位。燕焕焕《西域"庭州"與絲綢之路——以漢唐時期爲主》(陝西師範大學碩士學位論文)從不同角度揭示位於今新疆天山以北吉木薩爾縣境的庭州城的重要地位,突出庭州在西域歷史發展中的重要作用,同時將絲綢之路與庭州結合起來,探討了兩者之間的緊密關係以及相互影響。孟憲實《唐朝西州與伊州的交通》(《西域文史》第12輯)利用敦煌吐魯番出土文獻,對唐朝西州伊州的交通進行考察,對兩州的主要道路、道路里程、旅人等做了細緻考證。侯朝陽《玄奘的帕米爾高原之路》(《勞動保障世界》16期)簡要介紹了玄奘翻過帕米爾高原進入塔里木盆地南緣,沿絲綢之路南道東歸長安的路綫。侯楊方《玄奘帕米爾東歸路綫的復原——基於GPS和實地考察的研究》(《歷史地理》第37輯)根據中外文獻,大比例尺地形圖、衛星遙感圖的解讀、分析,以及實地考察,運用雙重證明檢驗的方法,第一次精準復原了玄奘帕米爾東歸路綫,同時梳理評述了國内外相關研究的代表性成果。

地名辨析及輿圖研究論著有:劉振剛《敦煌寫本〈西州圖經〉中的"高昌縣"問題》(《新疆大學學報》1期)利用敦煌吐魯番出土文獻,認爲從 P.2009《西州圖經》並不能推出唐代西州領六縣,貞觀十四年(640)西州、庭州共領六縣的記載可信,唐代前庭縣地境就是高昌縣地境。陳國燦、吾邁爾·卡德爾《古絲路上的國際商城——高昌"末胡營"考》(《西域研究》3期)考證了吐魯番新出"末胡營"文書屬於高昌王國早期王室文書,認爲"末胡營"是專供胡商居住和交易的市場,也是西域胡商進行祆教活動的場所,並且指出"末胡營"就在高昌故城東北面的巴達木村。任乃宏、馮小紅《"瓜纑之山"與"絲綢之路大海道"》(《青海師範大學學報》2期)認爲周穆王由"大曠原"東歸曾行經"絲綢之路大海道";"沙衍"即"庫姆塔格沙漠"中部東西方向較爲平坦的路段;"瓜纑之山"爲焉耆盆地北、西、南三面山嶺之合稱;"智氏之所處"及"狸子之澤"均在今尤爾都斯盆地内;"獻水"疑即今開都河上源之"扎克斯臺溝";"積山"即今庫姆塔格沙漠,實爲"沙積之山"。賈強《漢武帝實定崑崙山事件的意義探析》(《中華文化論壇》5期)認爲漢武帝命名于闐南山爲崑崙山,寄託了漢武帝求仙的願望,並有著威懾西域諸國和神化皇權的雙重目的。顔世明《從漢到唐西域散佚輿圖鉤沉》(《淮北師範大學學報》6期)勾稽傳世典籍中的漢唐西域圖,分兩漢、東晉蕭梁、隋唐三個時段,從歷史地理學角度,分析它們的編繪背景、成書過程、内容特徵、歷史地位等。

英國著名東方學家 G.勒·斯特蘭奇著,韓中義翻譯的《大食東部歷史地理研究:從阿拉伯帝國興起到帖木兒朝時期的美索不達米亞、波斯和中亞諸地》(社會科學文獻出版社)以報達城爲中心,由近及遠地記述了各地區的歷史地理情況,具有較高的文獻資料價值,書中的很多記載可與我國的史籍相比勘、驗證,從而修正古籍記載的訛誤,並補充新的材料,同時該書譯者在翻譯過程中對書中所引原始文獻進行了核對及注釋,其中的很多注釋是對原文記載的補充或是進一步的學術考證。法國著名東方學家費琅編譯和校注的《阿拉伯波斯突厥人遠東文獻輯注》(中國藏學出版社)是研究 8 至 18 世紀東西交通史及西域南海歷史、地理、社會和經濟的名著,是一部關於 8 至 18 世紀航海史及西域南海歷史、地理、社會和經濟的極有價值的史料。

三、社會與文化

本年度有關社會與文化研究成果涉及社會風貌、歷史人物、文化交流以及物質文化等方面。

社會風貌研究方面,[日]關尾史郎著,田衛衛譯《"五胡"時期西北地區漢人族群之傳播與遷徙——以出土資料爲中心》(《絲綢之路研究集刊》第2輯)根據敦煌吐魯番地區出土鎮墓瓶、隨葬衣物疏、墓志、柩銘乃至磚畫、壁畫等各類出土喪葬文物,對"五胡十六國"時期西北地區喪葬文化傳播與媒介的漢人族群的遷徙做了考論。田河《出土遣策與古代名物研究》(《社會科學戰綫》10期)主要探討遣策的性質、形制演變及其在古名物研究中的作用,其中結合吐魯番衣物疏探討了遣策與衣物疏的關係。姜娜《三至五世紀鄯善王國婦女婚姻家庭問題研究——兼與中原地區婦女相比較》(南京師範大學碩士學位論文)基於對佉盧文文書的解讀,對比3—5世紀鄯善王國與中原地區婦女的婚姻與家庭方面的異同,指出兩者之間既有相似之處,又有很大的不同,並探討了其中的原因。劉祥友《西域武術文化研究》(上海體育學院博士學位論文)以新疆各民族的武術文化作爲研究對象,系統梳理了西域遺存的武術器物、英雄史詩、民俗武風、武術人物、絲路武術文化、西漸的武術拳械等,探尋了西域不同歷史時期武術文化的特點。張婧《佉盧文書所見鄯善國信差職責初探》(《西域研究》4期)結合新疆出土的佉盧文書和有限的文獻資料,對鄯善國信差的職責做了初步梳理,認爲其有收送信件、運送糧食、遞送禮物以及押送流民等職責。

在絲綢之路及西域歷史人物考察方面,張大可、鄭之惠編著《西域使者張騫》(商務印書館)解讀了《史記》卷一百二十三《大宛列傳》的部分內容,主要載述了漢武帝時張騫兩次出使西域始末以及倡議通"西南夷"的經過。胡泊、靳義亭《論張騫對絲綢之路開發的貢獻》(《經濟研究導刊》1期)簡要概述了張騫出使西域的背景、絲綢之路的開闢以及絲綢之路對經濟的影響。羅靜《"張騫鑿空"及其意義》(《發展》7期)論述了張騫出使西域的歷史意義。張連傑《論張騫出使西域與絲綢之路相關聯的幾個問題》(《渭南師範學院學報》13期)認爲張騫出使西域的目的和開闢絲綢之路無關,但其開闢了全綫貫通的綠洲絲綢之路,同時探討了張騫與西南絲綢之路的關聯、漢武帝時代中西綠洲絲綢之路上的交流等問題。李芳民《玄奘對唐代絲綢之路拓展的歷史貢獻——以〈大唐西域記〉及〈大慈恩寺三藏法師傳〉爲中心》(《寶雞文理學院學報》3期)基於《大唐西域記》及《大慈恩寺三藏法師傳》,從四個方面總結了玄奘西行對唐代絲綢之路拓展的歷史貢獻。段真子《〈西遊記〉中的高昌印迹》(《文史知識》10期)通過梳理《大唐西域記》和《大慈恩寺三藏法師傳》中對高昌的記載,論述了玄奘西天取經途經高昌王國的原因、玄奘的身份以及玄奘四徒的演繹過程。薛宗正《郭虔瓘生平輯考》(《新疆大學學報》4期)根據《册府元龜》和《全唐文》等史料,考證出唐代郭虔瓘主邊西陲,歷經唐中宗李顯、唐睿宗李旦、唐玄宗李隆基三朝，先後同大食、後東突厥汗國、黃姓突騎施、黑姓突騎施（車鼻施·蘇禄）多次交戰，並取得勝利，任第二任磧西節度使，重開大、小勃律道，力主放棄册封西突厥阿史那氏的過時政策，首倡結盟蘇禄抗擊大食政策，後以死殉職的經歷。

　　中外文明交流、内地與西域文化交流一直是絲綢之路研究和吐魯番學研究關注的熱點。本年度的論著，對此亦有所體現。石雲濤著《絲綢之路與漢唐文史論集》（大象出版社）收入著者論文20多篇，論述了漢代絲綢之路的開拓與中外交流途徑，對漢代駱駝、獅子、胡麻、香料及域外和邊疆醫藥醫術等事物的研究注重實證分析，成果豐富。胡宇蒙《絲綢之路沿綫文化交流研究（公元前2世紀—公元2世紀）》（陝西師範大學碩士學位論文）用歷史文化地理學的理論和方法，對公元前2世紀至公元2世紀絲綢之路沿綫的文化交流展開研究，揭示絲路沿綫文化的分佈、文化交流的基本情形與時段特徵，分析了促進或干擾文化傳播與交流的因素，明確了絲路暢通對於中外文化交流的貢獻以及這一時段在絲路文化交流史和中西交通史上的地位與意義。尤倩倩《三至九世紀絲綢之路沿綫的文化傳播》（陝西師範大學碩士學位論文）選取了漢族文化、笈多佛教藝術及薩珊波斯文化爲研究對象，綜合利用3—9世紀絲路沿綫的考古資料、歷史文獻及實地考察等資料，考證上述文化在不同區域的傳入時間、内容及演變，結合GIS技術分析及呈現它們在絲綢之路上的傳播階段、中心區域及流行範圍，探究影響文化傳播的因素。陳安媞《唐朝與粟特藝術交流研究》（魯迅美術學院碩士學位論文）對王鏞所著《中外藝術交流史》隋唐章節進行補充拓展，概述了粟特與唐朝通商概況及祆教在中國的傳播與表現，考察了粟特人引起的社會潮流與工藝品交流，論證了唐朝與粟特民俗禮制及神話形象的交互，分析了外來紋樣在中國的應用，探討了在西域歷史背景下的粟特人對整個亞歐大陸的歷史進程起到的作用和扮演的角色。佟贇康《絲綢之路與東西方文化交流》（《文化學刊》5期）認爲絲綢之路促進了我國物產、技術向西方國家傳播，擴大了東傳物產的類目及加快了傳播速度，也爲西域樂舞進入中原打通了管道。王三三《帕提亞與希臘化文化的東漸》（《世界歷史》5期）和《帕提亞和漢代中國的交往與絲綢之路的延伸》（《絲綢之路的互動與共生學術研討會論文集》）以帕提亞爲對象，結合中外古典文獻和近年所見考古材料，在借鑒前人研究的基礎上，論述漢代中國與帕提亞交往的歷史過程及希臘化文化的東漸，指出二者的交往使得絲綢之路得以進一步拓通、延伸。張立民、李文娟、曹源《絲綢之路錢幣與中外文化交流研究》（《甘肅金融》6期）研究了絲綢之路錢幣誕生前的中外文化交流、兩漢魏晉南北朝時期及唐宋元時期的絲綢之路錢幣與中外文化交流。季春美、葉飛鳳《唐朝絲綢之路上的體育文化交流》(《體育文化導刊》10 期)對唐朝絲綢之路的體育文化交流進行梳理總結，認爲唐朝體育文化通過絲綢之路傳向了沿路的各個國家、民族，也接納融合了外國優秀的體育文化，推動了古代體育文化體系的形成與發展。吳昊、葉俊士、王思明《從〈宋雲行紀〉路綫看中原與西域的交流——以鄯善、左末城、末城爲例》(《中國農史》1 期)以《洛陽伽藍記》卷五中記載有關宋雲、惠生等人西進路綫中的鄯善國、左末城、末城爲例，結合文獻記載、考古材料和佉盧文文書檔案，梳理考證了三地的農業物種與農業狀況，初步探討了當地與中原之間的交流關係。周泓《古代漢地之部分西域文化考溯》(《湖北民族學院學報》6 期)和《古代漢地之部分西域文化考辨》(《地方文化研究》6 期)通過對崑崙龍池、獅子舞、葡萄釀造與種植、角觚、西域佛教信仰民俗東漸等案例的考溯，對西域文化不斷傳到中土，與南北方漢文化交融生成的過程，做了詳細的論述。邵會秋《中國北方、新疆和歐亞草原文化的交往——以動物紋裝飾爲視角》(《西域研究》2 期)從動物紋裝飾的視角出發，探討了六種具有代表性動物紋裝飾的起源和傳佈，並在此基礎上，分析了中國北方、新疆和歐亞草原文化之間的交流。王君平《絲路尋蹤——蜀錦在絲路上的傳播》(《經營管理者》6 期)利用出土文獻，考察蜀錦在絲路上的傳播，指出北方絲綢之路開通以來，蜀錦絲織品就源源不斷地輸入西域地區，推動了東西方經濟文化的交流。李忠洋《唐與西域書籍環流的參與者》(《湖北第二師範學院學報》12 期)指出赴西域的使節、西域質子、西域商人以及唐與西域雙方互往的僧侶是唐與西域互通互動的橋梁和書籍環流的主要媒介。楊海中《絲綢之路與西域文明在中原的傳播及影響》(《地域文化研究》4 期)論述了西域農耕文明、樂舞在中原的傳播與影響以及東西方科技文明的交融。洪美雲《基於文化圈理論視域的維吾爾族傳統文化地圖》(《西北民族大學學報》6 期)從空間範疇—文化圈視域梳理維吾爾族傳統文化的分佈情況，分析以自然地域劃分的南北生態文化圈，以及由於東西方文化交流交融，形成的鄯善、高昌、于闐、龜兹四大文化圈。

物質文化研究方面，于明著《新疆和田玉開採史》(科學出版社)是我國第一部系統介紹新疆和田玉玉料開採及貿易歷史的學術專著，全書以歷史文獻記載爲綫索，以大量實地考察資料爲基礎，從全新的歷史角度，對新疆和田玉開採的歷史與現狀進行了全面分析，還原新疆和田玉開採歷史的真實情況。于明《和田玉料來源探討之一——商代至漢代早期的玉料來源》(《文物天地》4 期)和《和田玉料來源探討之二——張騫對于闐(和田)玉的歷史性貢獻》(《文物天地》5 期)探討了"崑崙"出玉地點、商代至漢代早期出土玉料與新疆玉料、商代至漢代早期山料玉料的開採以及于闐(和田)玉料的來源等方面的問題,指出商代至漢代早期的玉料不是來源於新疆和田,認爲張騫出使西域之前沒有新疆于闐(和田)玉料進入中原。李儆君、張慧琴主編的《"一帶一路"服飾·語言·文化·藝術探索》(中國紡織出版社)選取北京服裝學院第十三屆"科學·藝術·時尚"節高層學術論壇期間多位學者的發言稿,多角度論述了龜茲服飾變遷、龜茲壁畫和絲綢之路服飾。茅惠偉著《絲路之綢》(山東畫報出版社)以考古出土或民間使用的絲綢織物(包括少量棉、毛、麻織物),結合出土及傳世相關文獻,闡述絲綢在中國最早起源,然後向西傳播的歷史過程。徐瑞瑞《高昌國服飾研究》(蘭州大學碩士學位論文)以吐魯番地區出土的大量涉及高昌國服飾的文書、壁畫、絹畫、人物俑及織物殘片等爲依據研究高昌國服飾,認爲其受胡、漢兩種風格影響,整體特徵是"丈夫從胡法,女子略同華夏",並探討了這種現象背後深刻的歷史原因。蔡遠卓《唐代回鶻冠飾研究》(西安工程大學碩士學位論文)將回鶻冠飾作爲獨立關照體系進行系統研究,以洞窟壁畫解讀爲基礎,將其與史料文獻以及相關服飾遺存相結合進行歸納與分析,總結回鶻冠飾的基本概況,並運用設計學的方法,對主要冠飾進行圖像推定復原,爲進一步研究回鶻服飾文化提供理論依據和直觀的圖像參考資料。豐雪《淺析古樓蘭紡織品藝術——以兩漢時期爲例》(《美術教育研究》12 期)通過研究古樓蘭的歷史以及保留至今的紡織品,分析古樓蘭的紡織品藝術發展狀況、風格特徵等。孫亞蘭《西域少數民族裝飾中的儒、道審美思想體現》(《藝術生活——福州大學廈門工藝美術學院學報》1 期)認爲儒家、道家的"中和之美""天人合一""五行五色"等哲學觀念滲透進西域少數民族的裝飾造型藝術中,多種宗教意識及審美趣味相互交織,形成其獨特的民族裝飾藝術形式。衛藝林、梅蓉《尼雅東漢蠟染棉布的產地研究》(《紡織科技進展》1 期)通過史料分析和文獻考證,對尼雅東漢蠟染棉布的產地進行了探察,認爲漢末尼雅的當地居民在人種、宗教、語言文字、文化等方面均與貴霜帝國有著極爲密切的淵源關係,蠟染棉布應當爲尼雅當地的產品而非從貴霜輸入的商品。辛燕《粟特錦與中國絲綢的交流融合》(《西部皮革》20 期)認爲粟特錦受波斯文化影響而形成自己特有的織物風格,這種織物隨著絲綢之路貿易東傳而極大地影響了中國織錦體系。董麗娜、徐紅、宮雪《新疆出土的夏商至漢代皮鞋靴工藝分析》(《輕紡工業與技術》12 期)對新疆出土的夏商至漢代有代表性的皮鞋、皮靴的結構工藝及裝飾進行分析,並將其與現代鞋靴的結構工藝及裝飾進行對比。宮雪、徐紅《從新疆出土文物看緙絲的起源與發展》(《江蘇絲綢》6 期)通過對新疆出土文物的研究,認爲緙絲至晚出現在唐代,其前身爲緙毛。李楠、潘魯生《東疆維吾爾族織繡文化與中原的交流》(《貴州民族研究》5 期)認爲東疆維吾爾族織繡文化在與中原往來交流的過程中吸收了大量紋樣題材和紋樣寓意,它們在東疆沉澱交融,傳習化合,構成了東疆維吾爾族織繡文化的顯著特色。李楠《東疆維吾爾族織繡紋樣研究》(山東大學博士學位論文)以文獻研究與田野工作相結合,基於出土文物及現存實物,研究東疆維吾爾族織繡獨特性與成因,以及當下東疆維吾爾族刺繡紋樣的傳承和發展的現狀。福建博物院編著的《舌尖上的絲綢之路》(新蕾出版社)借由大量文物圖片、古代繪畫及史籍記載,講述從漢代至清代經陸上和海上絲綢之路傳入中國的食材及器物。賀菊蓮《從考古發現探析鄯善酒文化》(《美食研究》3期)從佉盧文書及考古發現探析鄯善好酒善飲之俗和酒的種類,認爲葡萄酒是鄯善主要酒品,並探討了鄯善的酒業管理。吐遜江·亞森《略探茶文化在唐代西域的發展》(《福建茶葉》11期)以茶文化爲中心,從中國茶文化的起源、發展與傳播談起,簡述了茶文化在唐代西域的發展歷程。賀菊蓮《晉唐時期吐魯番地區飲食器具概況》(《蘭臺世界》12期)依據考古出土實物及吐魯番出土文書相關記載,勾勒出晉唐時期吐魯番地區主要炊具、飲食具及貯存具的概況。郝天民、侯倩、陳小文、劉彩霞《西漢至南北朝時期的中國蔬菜》(《甘肅農業》22期)基於《史記》《南都賦》《四民月令》《氾勝之書》《齊民要術》等文獻梳理了西漢至南北朝時期的中國蔬菜,其中探察了張騫出使西域引進的蔬菜。丁涵《晉前絲綢之路引入異域水果考——以魏晉賦爲中心》(《山東師範大學學報》5期)梳理了魏晉詠物賦中關於葡萄、石榴和厚皮甜瓜等異域水果的描述,考證了魏晉時期異域水果的科學名稱、形態特徵、生態環境、地理分佈、經濟用途和物候期等信息。

四、宗　　教

本年度宗教研究主要涉佛教、道教、景教、祆教、摩尼教、婆羅門教以及民間宗教信仰等方面。

佛教研究主要集中在佛教信仰傳播、佛教文化遺存以及佛教文獻研究等方面。佛教信仰傳播研究論著有:曹永萍、趙憲軍《絲綢之路上的佛教》(《廣東省社會主義學院學報》3期)概述了絲綢之路上的佛教傳播的歷史。楊富學《回鶻彌勒信仰考》(《佛學研究》1期)選錄部分有關回鶻彌勒崇拜的文獻,並就回鶻佛教信仰做了探討。苗利輝《漢傳淨土信仰在龜茲地區的流傳——以龜茲石窟爲中心》(《絲綢之路研究集刊》第2輯)依據出土佛經文書與龜茲石窟壁畫中的淨土圖像,並結合中外學者的研究成果,對唐西域大都護府時期至伊斯蘭化以前龜茲地區流傳的漢地淨土信仰加以梳理。裴長春《玄奘高昌國講〈仁王經〉索考》(《西域研究》1期)從南朝以來中原以及高昌出現的推崇《仁王經》的信仰氛圍、玄奘的知識體系以及其人對《仁王經》的關注等多個角度,對玄奘高昌國講經活動進行了討論。

佛教文化遺存研究論著有:林立著《西域古佛寺——新疆古代地面佛寺研究》(科學出版社)主要研究新疆地區公元3世紀至13世紀的地面佛教寺院,將其分爲巴楚、庫車、焉耆、吐魯番—哈密和絲路南道五個區,對每個區的佛寺建築遺址現狀、佛堂建築形制、寺廟佈局以及年代分別進行論述,並對這些佛寺遺址所呈現出的來自不同地域的文化淵源進行了探討。嚴世偉《西州佛寺補苴》(《吐魯番學研究》1期)利用《曲江集》以及旅順博物館藏新疆出土文獻,考證出了三所此前未見的西州時期的佛寺,分別是龍泉寺、回向寺、蘭高寺,並做了詳細說明。王進花《漢唐時期龜兹地區佛教文化地理研究》(上海師範大學碩士學位論文)以佛教文化景觀爲切入點,通過分析漢唐時期龜兹地區佛教文化景觀例如佛寺、石窟等的空間分佈以及變遷過程,探討龜兹地區佛教文化的傳入與擴散,探究佛教文化與地理環境之間的密切關係。李瑞哲《克孜爾早期石窟的開鑿與佛教在龜兹的流行》(《敦煌學輯刊》4期)通過對克孜爾石窟早期開鑿的僧房窟、方形窟(小型禪窟)以及新疆吐魯番發現的阿含類經典的分析,探討早期龜兹佛教的流行、戒律的嚴謹、禪觀思想的盛行以及早期阿含學的流行。

佛教文獻研究論著有:彭傑《吐魯番柏孜克里克石窟新發現漢文寫本〈大藏經〉殘卷探析》(《絲綢之路研究集刊》第2輯)回顧以往西域漢文寫本《大藏經》的發現,介紹了吐魯番柏孜克里克石窟新發現的漢文寫本《大藏經》殘卷,並對出土文書相關信息進行了有益的探討。[日]藤枝晃撰,劉禪譯《吐魯番出土漢文佛經寫本的最早類型》(《吐魯番學研究》1期)在《高昌殘影》圖錄編將吐魯番出土漢文佛經寫本殘片歸爲三種類型的基礎上,將第一類型北朝時期與高昌國時期的殘片又細分爲三個類型,並對這三個類型分別做了說明。張重洲《吐魯番出土〈無量壽經〉再探》(《敦煌學輯刊》4期)在前人研究的基礎上,對《無量壽經》的版本來源問題及在吐魯番的傳播原因進行考察,並對此經與净土宗其他經典關係等問題加以探討。孫麗萍《夏合吐爾遺址出土文書所見唐代當地寺院生活》(《吐魯番學研究》1期)通過解讀出土文書,梳理出唐代夏合吐爾遺址寺院的抄經、俗講、懺悔發願、舍利法會等佛教儀式活動以及寺院世俗生活。

道教研究方面,衡宗亮著《戈壁玄風 西域道教》(中州古籍出版社)對道教向西域的發展做了回顧,認爲道教傳入西域後,很快與佛教和儒家思想互相融合,雖未形成如中原道教那種獨成體系、博大深遠的道教文化,却也在人們的日常生活中悄然產生影響。郜同麟《德藏吐魯番道教文獻叙錄》(《西域研究》4期)爲德國國家圖書館和德國印度藝術博物館收藏的十餘件吐魯番道教文獻做了叙録,詳加校勘,對文獻内容做了考索,並糾正了前人研究中的一些謬誤。

景教研究方面,吴傑《以〈祈禱圖〉爲視窗管窺景教對唐代文化的吸收利用》(《西部學刊》9期)解讀《祈禱圖》,並將此圖與《大秦景教流行中國碑》相結合進行分析,從《祈禱圖》所反映出的景教教義和禮儀、《祈禱圖》中的服飾和化妝元素兩方面論證了景教在唐傳播過程中對唐代文化的吸收利用,認爲這促進了景教文化特徵和教派規範的形成。仇宇《古絲路上的宗教文化融合——以景教壁畫〈棕枝主日圖〉爲例》(《中國宗教》9期)以高昌發現的景教壁畫《棕枝主日圖》爲例,闡釋了當時東西文化交匯融合的狀況。白玉冬《絲路景教與汪古淵流——從呼和浩特白塔回鶻文題記 Text Q 談起》(《中山大學學報》2期)基於對呼和浩特市東郊萬部華嚴經塔(通稱白塔)回鶻文題記所做的調查研究成果,理清了汪古部五大代表性集團的源流,指出景教在汪古部中的流傳,與西州回鶻轄下景教徒商人的活動和景教教團勢力的向東發展有著密切關係。葛承雍《從出土文獻對比景教禮儀吟誦的特色》(《世界宗教研究》6期)分析了20世紀初在新疆吐魯番出土的景教禱告文本殘片,認爲其主體使用叙利亞語或粟特語、回鶻語雙語,不僅表明景教傳教士堅持用古叙利亞語念誦經典,而且證明粟特語在當時各種宗教交流中起著關鍵溝通作用,還關注了文書殘片吟誦音調的識別標誌,認爲景教文獻中的吟誦不是簡單口誦,而是經過標識確定音調後的重新傳誦。

祆教研究方面,巫新華《新疆吉爾贊喀勒墓群藴含的瑣羅亞斯德教文化元素探析》(《西域研究》2期)辨析了新疆吉爾贊喀勒墓群地表的"地畫"遺迹和出土文物藴含的瑣羅亞斯德教文化元素。李肖、馬麗萍《從新疆鄯善縣洋海墓地出土木質火鉢探討火崇拜與拜火教的關係》(《西域歷史語言研究集刊》第10輯)基於新疆鄯善縣洋海墓地出土木質火鉢、其他考古材料及歷史文獻,研探火崇拜與拜火教的關係,指出這類裝滿燒黑石塊的木質容器是用來吸食大麻的工具,而非拜火教貯存火種的火盆。

摩尼教研究方面,[德]彼得·茨默著,楊瑾譯《大英圖書館斯坦因藏品中的摩尼教文獻》(《吐魯番學研究》1期)對斯坦因藏品中摩尼教文獻包括魯尼文文書、摩尼文書和粟特—回鶻文書等進行了詳細探討。[德]宗德曼《中亞語言與文字中的摩尼教文獻》(《中山大學學報》5期)以摩尼教文獻爲例,對摩尼教譯經活動進行語言學、文獻學、宗教史學的研究,對摩尼教自身教義系統的優點和對不同文化的體察與適應能力進行了考察。

婆羅門教研究方面,嚴耀中《來華的"夷教"與婆羅門教》(《上海師範大學學報》5期)認爲婆羅門教與所謂"夷教"在共同的文化地域發源與發展,在經由絲綢之路進入華土的過程中,借用佛教名義和共同進行華化等因素促進下,彼此之間有了更多的交流和融合。

民間宗教信仰方面,魏睿鷟《敦煌吐魯番風伯雨師信仰研究》(《西部發展研究》1期)通過對風伯、雨師祭祀方位的研究,認爲至遲到東漢時期,風伯雨師信仰在敦煌、吐魯番地區已經得到了普遍流傳。段晴《神話的跨域性與地方性——以觀察新疆洛浦博物館氍毹爲基礎》(《民族藝術》4期)和《神話與儀式——以觀察新疆洛浦博物館氍毹爲基礎》(《民族藝術》5期)基於從新疆山普魯地區出土的五塊氍毹,以圖像學結合文字解讀的方式,並輔以相應的文獻材料,解讀其中蘊含的蘇美爾和古希臘的神話內容,認爲其體現文明在古代民間的流通軌迹,反映神話活躍的跨域性和流傳改造後的地方性特色,揭示其背後所隱含的爲解決古代于闐國連年大旱而舉行的一場"人祭祈雨儀式"。

五、語言文字

本年度語言文字研究方面,黃正建《吐魯番出土唐代文書中"保證語"淺析》(《敦煌學輯刊》2期)列舉了唐朝民衆或低級胥吏申報、申辯文書中的三種不同的"保證語",指出這三種不同的"保證語"與時代有一定關係,認爲不同時期,民衆依據的"保證語"也會有所不同。王啓濤《吐魯番出土文書疑難字詞新考》(《吐魯番學研究》2期)從語言文字學和史學角度,對吐魯番出土文書中一些疑難字詞進行了訓釋。黑維強、賀雪梅《論唐五代以來契約文書套語句式的語言文字研究價值及相關問題》(《敦煌學輯刊》3期)在已有研究基礎上,進一步闡述利用唐五代以來契約文書套語句式進行語言文字研究及文獻整理的價值,如考釋生僻詞義、揭示歷史語音現象、釋讀疑難俗字、進行文字校勘等。吕冠軍《吐魯番文書中的"雙名單稱"問題》(《西域研究》4期)認爲吐魯番文書所見"雙名單稱"存在兩種情況:一種是單稱前名,出現較少;一種是單稱後名,出現較多,這與前名多作"輩字"可以忽視、後名多爲"實名"不能省略有關,同時指出吐魯番文書多有殘缺,並非每個單稱後名都能準確判斷。曾志雄《〈史記〉"西域"詁》(《渭南師範學院學報》5期)通過"西域"的訓詁學意義,追溯其在《史記》裏的共時用法,還原它本來的意蘊(境外西方國家)——後來一切的"西域"概念源頭,同時也描述了"西域"一詞語義變化的歷史背景。陳雲華著《漢字書法的繁體字與簡化字》(浙江古籍出版社)圍繞著漢字書法的繁體字與簡體字展開,涉及書法的簡繁之爭、吐魯番出土文書的藝術文本、新疆出土錢幣上的漢字及字體、漢字的昨天及今天和明天、王羲之的書法之路與傳承、《蘭亭序》的各種版本探究等諸多問題。路志英《樓蘭漢文簡紙文書中的簡化字形》(《山西大學學報》2期)在樓蘭漢文簡紙字形窮盡性分析的基礎上,發現其中有簡化偏旁3種、簡化字形33個,通過對這些偏旁和形體的分析,總結出漢字簡化的路徑,對漢字發展史有所補充。塔瑪拉·肖開提《〈吐魯番出土文書〉用字研究》(《中國民族博覽》10期)對吐魯番出土文書的用字進行具體研究,對主要用字進行了界定和理據分析。海燕萍、張洋《新疆民族語言的歷史足跡》(《科教導刊》1期)對兩漢至明清時期新疆的語系進行了考察,指出新疆是名副其實的語言富礦區。

六、文　　學

文學方面的研究往往與絲綢之路、地域文化、宗教及民族的考察相結合,內容包括戲劇、詩歌、講唱文學、新疆史詩故事和傳奇小説等。韓文慧所著《絲綢之路與西域戲劇》(西北大學出版社)分爲緒論、西域戲產生的文化背景、西域戲的孕育、西域戲的形成、西域戲劇本個案研究及途經西域的佛教對後世戲曲的影響六章,主要研探了西域與西域戲的界定、西域戲的内涵與生成等問題。湯德偉、高人雄《現存漢唐西域佛劇的文本考述》(《四川職業技術學院學報》5期)對現存漢唐西域佛教戲劇中梵文《舍利弗傳》、吐火羅文本《彌勒會見記》、回鶻文本《彌勒會見記》和晚唐敦煌本《釋迦因緣劇本》的文本進行詳細的考述,對它們的問世、作者、成書時期、校刊及整理研究等情況做了一番梳理。梁沁沁《唐詩西域意象研究》(廣西師範大學碩士學位論文)探討唐詩中的西域自然意象、地名意象及人文意象,每類意象選取使用頻率較高且具有代表性的進行具體分析,認爲西域意象是唐代詩歌保持蓬勃生命力的重要因素。燕曉洋《唐代絲綢之路館驛詩研究》(陝西師範大學碩士學位論文)梳理了傳世文獻、新出文獻與相關論著,考訂了唐代絲綢之路館驛的名稱和地理位置,剖視了絲路館驛景觀空間,通過對絲路館驛詩做文本細讀,再現絲綢之路爲詩人提供生命體驗的曠遠背景,從觸發情境、内容特徵和情感特質及精神價值等角度,集中探討絲綢之路館驛詩的獨特性。薛化松《唐詩中的胡姬與西域酒文化在中原地區的傳播探析》(《中國民族博覽》10期)對唐詩中的"胡姬和酒文化"進行了概括和詮釋,並對西域的酒文化進行了闡釋。郁沖聰《錯位的疆域觀:唐代實際邊界與邊塞詩中的文化邊界》(《寧夏大學學報》6期)結合史事與唐詩,分唐代前期、盛唐時期及中唐以降等時期對唐代疆域觀進行了細緻的論述,認爲唐代邊塞詩中含有大量的邊塞地名,構築起一條"文化邊界",其與唐代以武力維持的"實際邊界"之間存在著錯位,這種錯位反映了唐人的疆域觀念。陳方《李白詩文中的西域繪畫特徵》(《欽州學院學報》6期)基於李白詩文中的西域繪畫題材作品,分析詩歌具有的西域繪畫特徵。董定一《別一種風景——唐代西域馬賦淺議》(《大衆文藝》20期)認爲唐代西域馬賦既受到政治環境與文學環境的左右,又受到文化因素和文體因素的影響,形成了屬於自己的創作特徵,其叙述在題材方面帶有明顯的政治色彩,在構成方面則具備顯著的復合特性。樂睿《作爲典籍符號的圖像叙事——克孜爾菱格畫與講唱文學》(《石河子大學學報》2期)評述了美國學者梅維恒教授對石窟圖像與中古時期講唱文學、俗文學與佛教經典關聯問題的研究,考察龜兹石窟壁畫中的克孜爾菱格畫,探討其與講唱文學乃至與後來的話本、戲劇之間的關聯,認爲菱格圖是"變"的一種,也是從經典到講唱文學的中介之一。董曉萍《新疆史詩故事、佛典文獻與毛毯繪畫》(《文化遺産》1期)從民俗叙事學的角度,對在新疆南疆地區流傳的史詩故事《瑪納斯》、記録於南疆的佛典文獻《大唐西域記》和出土於南疆的洛浦毛毯展開"跨文本"研究。董曉萍著《跨文化民俗體裁學——新疆史詩故事群研究》(中國大百科全書出版社)運用民俗體裁學理論和方法,首次使用《中國民間故事集成·新疆卷》的完整資料,在跨文化學的視野下,結合歷史文獻及考古發現,研究新疆史詩《瑪納斯》跨文化的歷史元素和保持民族主體文化的鮮明特質。黎羌、李杉杉《西域絲路歷史文化與小説概覽(二)》(《新疆藝術(漢文)》3期)概述了中古時期西域地理文化中的傳奇小説。李娜《晋唐僧侶與中國文學西域書寫的開拓》(江西師範大學碩士學位論文)依據正史與僧傳的記録,詳述六朝及唐代僧侣往來西域的活動與遊記,簡述了晋唐僧侣西行求法活動對後世文學的影響,深入闡釋晋唐僧侣對中國文學西域書寫空間的開拓。

七、藝　　術

本年度藝術研究主要涉及石窟造像壁畫、寺院遺址藝術、墓葬圖像藝術、繪畫、樂舞及書法等方面。

石窟造像壁畫研究方面,再版的常書鴻著《新疆石窟藝術》(清華大學出版社)分古龜兹國石窟、古焉耆國石窟、古高昌國石窟三部分詳細介紹了新疆主要古代石窟的分佈、創造年代及藝術特點,是新疆石窟研究的經典之作。《絲路之魂:敦煌、龜兹和麥積山石窟》(商務印書館、四川人民出版社)介紹了敦煌石窟的洞窟、壁畫、塑像、模製花磚、藏經洞絹畫及寫本,講解了龜兹石窟的壁畫以及麥積山石窟的壁畫與塑像。靳艷、林尚斌《龜兹石窟中的古印度及古希臘文化因素》(《檔案》11期)認爲龜兹中心柱石窟的建築方式及整體形制受到印度文化影響,壁畫題材內容藴含了印度佛教思想和希臘神話內容,其造型藝術具有秣莵羅和犍陀羅風格。趙莉、楊波《龜兹石窟"天相圖"演變初探》(《敦煌學輯刊》3 期)分早期菱格山水圖中的"天相圖"、構圖成熟的"天相圖"、唐安西都護府時期的"天相圖"、龜茲回鶻時期的"天相圖"四個部分探討了龜茲石窟"天相圖"的演變。楊波《龜茲石窟立佛列像的初步調查與研究》(《中國國家博物館院刊》5 期)認爲龜茲石窟中的立佛列像可分爲兩大類：第一類以立佛爲畫面主體，佛旁繪供養者，與表現菩薩功德的誓願題材有關；第二類爲單純表現立佛列像，有一部分可推測爲過去諸佛，在龜茲地區似已形成一種傳統模式。吳麗紅《龜茲石窟壁畫中的"須陀因緣"故事再探討》(《吐魯番學研究》2 期)將龜茲窟壁畫中被研究者長期混淆的"須陀因緣"與"長老比丘在母胎六十年"兩個佛傳故事題材的內容和圖像做了詳細對比和甄別，並揭示圖像背後的佛學內涵。楊波《龜茲石窟菱格因緣故事補遺》(《吐魯番學研究》2 期)補充了"測量佛身""老婦抱佛""婆羅門獻衣""耶輸陀羅迎佛"四則新考證的龜茲石窟菱格因緣故事，認爲它們反映了菱格因緣故事畫內涵的多樣化。陳悅新《龜茲石窟佛衣與僧衣類型》(《文物》6 期)選擇龜茲石窟中佛衣與僧衣保存較好的洞窟，辨析了其中佛衣與僧衣的類型和時代，討論了它們的演變關係。劉穎佳《新疆龜茲石窟日神、月神形象源流考證》(中國美術學院碩士學位論文)對龜茲石窟天相圖中日神、月神形象進行考證，對圖像源流的時空序列進行梳理，分析不同古文明對日神、月神形象的影響。高艷《龜茲石窟壁畫粉本淺析》(《新疆藝術學院學報》3 期)通過對現存壁畫復原性綫描的整理，結合龜茲洞窟形制與題材、壁畫構圖、綫質與筆法，敘述了對龜茲壁畫粉本的一些認識。周振偉《探析龜茲石窟壁畫"賦彩"觀》(《美與時代》10 期)從龜茲壁畫的題材內容、結構佈局、人物造型及繪畫技巧等方面分析並窺見其傳統"賦彩"觀。胡明哲、徐永明、甘雨、徐靜著《龜茲面壁——岩彩繪畫語法解析》(高等教育出版社)對龜茲壁畫的內容、歷史及地位做了介紹，精選部分龜茲壁畫摹寫者的摹寫日記，展示了部分優秀摹寫作品，並介紹了摹寫課程在當下藝術創作與藝術教育中的應用及其意義。王盛《龜茲壁畫摹寫心得》(《藝術教育》19 期)簡要介紹了龜茲石窟，詳細叙述了壁畫摹寫過程。陳愛峰《淨土的選擇：柏孜克里克第 29 窟六字觀音經變考釋》(《宗教學研究》3 期)主要分析了柏孜克里克第 29 窟左側壁六字觀音經變的內容及其繪畫風格，同時也關注了該經變與窟內正壁塑繪彌勒淨土變、側壁繪阿彌陀淨土變的關係，認爲該窟壁畫既有藏傳佛教風格，又承襲了中原的繪畫傳統，反映出高昌回鶻時期六字觀音、七觀音信仰之繁盛。鄧永紅《淺析柏孜克里克石窟回鶻佛教壁畫的藝術特色及淵源》(《遺產與保護研究》8 期)以柏孜克里克石窟回鶻時期壁畫爲研究對象，分析其藝術特色以及歷史淵源，認爲高昌回鶻時期壁畫兼收並蓄了絲綢之路沿綫多種藝術營養，又根植於深厚的本土文化底蘊,形成了獨特的、具有中國地方民族特色的高昌回鶻佛教藝術。李霞《吐魯番柏孜克里克壁畫與拜占庭鑲嵌畫之比較研究》(《大衆文藝》23 期)運用比較學的方法,從社會背景、表現主題、藝術風格和繪畫材料等方面,研究古希臘、羅馬藝術對新疆吐魯番柏孜克里克洞窟壁畫與拜占庭鑲嵌畫藝術的影響。周菁葆《絲綢之路上的克孜爾石窟本生壁畫藝術(上)》(《新疆藝術》1 期)和《絲綢之路上的克孜爾石窟本生壁畫藝術(下)》(《新疆藝術》2 期)結合史籍記載,概述了佛教傳入龜兹的歷史,介紹了克孜爾石窟建築與壁畫,分宣揚因果報應、捨生求死、改惡從善、濟世救衆、智慧精進及商貿活動等類别擇要論述了克孜爾石窟本生壁畫内容的出處與内涵。任平山《"裝飾霸道"——克孜爾第 84 窟佛傳壁畫釋義二則》(《藝術探索》1 期)通過圖像與經典的對讀,辨認出克孜爾第 84 窟佛傳壁畫中兩則佛傳畫"央掘摩羅殺佛"和"婆羅門行乞",發現克孜爾石窟壁畫的繪製者喜歡間隔使用對比强烈的顔色來刺激視覺,干擾了繪畫作爲信息媒介的重要功能——"叙事信息"的傳達,認爲這種現象可稱爲"裝飾霸道",同時指出其在莫高窟早期壁畫中也有表現。任平山《試論克孜爾石窟"裸女聞法"圖像三種》(《美術觀察》5 期)依據克孜爾石窟"裸女聞法"圖像不同的叙事特徵,將其劃分爲"耶輸陀羅迎佛""菴没羅女獻苑"和"紺容夫人殉道"三種圖式,並詳加釋讀。王荔君《北朝至隋唐時期克孜爾石窟與莫高窟捨身濟世類本生故事的考古學研究》(西北大學碩士學位論文)以北朝至隋唐時期克孜爾石窟和敦煌莫高窟中捨身濟世類本生故事壁畫爲研究對象,結合克孜爾石窟、莫高窟的考古調查資料及研究論著,運用考古學方法進行分類與分期研究,論述了本生故事發展變化的階段性、地域性特徵及其相關性、區别性,爲佛教傳播路綫研究中北傳路綫的論證提供佐證。陳佳佳《説一切有部佛教思想在克孜爾石窟壁畫中的反映》(西北大學碩士學位論文)將克孜爾石窟壁畫與有部經典文獻尤其是律藏結合探討,認爲克孜爾石窟中對於小乘佛教説一切有部經律中菩薩觀、佛陀觀、彌勒觀都有相對應的壁畫内容展示,反映了説一切有部思想在龜兹的流行情況。遲帥《庫木吐喇石窟 絲路佛韻 融匯東西》(《中國宗教》9 期)簡要介紹了庫木吐喇石窟及壁畫。孟瑜《捨身飼虎本生的文本和圖像研究——兼論德國佛教藝術史研究方法》(《西域歷史語言研究集刊》第 10 輯)採用德國佛教藝術史研究方法對捨身飼虎本生進行深入分析,在盡可能全面收集文本和圖像的基礎上,仔細比較文本與圖像情節異同,從而確定兩者的對應關係。吴潔《絲路佛教樂舞圖像之流變研究——以十六國北朝時期三大石窟伎樂天人的類型爲例》(《人民音樂》7 期)通過分析伎樂天人的類型,揭示了其在"天"體系中的地位,明確了身份來源,探究了我國三大石窟伎樂天人類型流變的原因,揭示了大小乘佛教在對兜率天宮、釋迦佛和成佛、涅槃的態度等方面的異同點。郭君濤《古代希臘與古代西域壁畫技法材料對比及創化研究》(《美術觀察》7期)以古代希臘壁畫和古代中國西域壁畫爲對象,進行技法材料對比研究,並以實踐的方式利用當代繪畫材料進行創化研究。

寺院遺址藝術研究方面,朱己祥《鄯善和于闐古國佛寺壁畫花綱人物圖像分析》(《敦煌研究》4期)著重分析了若羌米蘭、于闐胡楊墩佛寺遺址壁畫中的花綱人物圖像,以及犍陀羅浮雕同類圖像的繼承和發展情況,認爲米蘭圖像大體沿襲了犍陀羅擔花綱因素,胡楊墩圖像已擺脫擔花綱模式,並界定了二者年代,進而指出,米蘭花綱人物具有右繞供養佛塔的設計意圖,其翹脚擔花綱者造型反映了古印度特有的供養形式,胡楊墩花綱人物依然屬於佛寺供養內容,並非當前學界所謂古印度神話故事之表現。牛耕、覃大海《新疆霍拉山佛寺遺址出土"目連降服龍王兄弟"壁畫解析》(《法音》7期)對新疆霍拉山佛寺遺址出土壁畫進行考證,認爲題材爲目連降服龍王兄弟,分析了焉耆龍氏與佛教龍王崇拜的關係。李樹輝《北庭大佛寺S105殿壁畫繪製年代和相關史事研究》(《青海民族研究》2期)認爲北庭大佛寺S105殿西壁壁畫的北部和南部爲一有機整體,繪製於8世紀末,並非"王者出行圖"和"攻城圖"(或稱"八王爭分舍利圖"),應是對唐、回鶻軍與吐蕃等聯軍北庭爭奪戰的反映,稱其爲"北庭城攻防圖"更爲合適,並進一步考證了可汗浮圖城與庭州城的修建年代及被毀的時間和原因。張健波《達瑪溝托普魯克墩雕塑考析》(《新疆藝術學院學報》3期)概述了和田策勒縣達瑪溝歷史地理情況,分析了和田達瑪溝佛教遺址群中托普魯克墩佛寺的建築形態及營造法式,並對托普魯克墩佛寺遺址出土主尊雕塑的年代及風格進行了考析,概括出達瑪溝佛教遺址突出的特點。李永康《新疆焉耆佛教雕塑初探》(《美術》12期)對焉耆七個星遺址的雕像進行了研究,分析了焉耆佛教雕塑的形式與造型特徵,認爲其與高昌的柏孜克里克石窟、龜茲地區的庫木吐喇石窟的雕塑圖像在題材和風格上有很多類似,似乎有同一母本,同時探討了焉耆泥塑佛像的製作技法,總結了焉耆佛教雕塑的價值。楊静《巴楚、焉耆兩地的古代佛教藝術》(《中國藝術時空》3期)從寺院佈局、壁畫及雕塑等方面入手,梳理了巴楚和焉耆兩地的佛教藝術,認爲兩地的佛教藝術發展的盛期有承接關係,都帶有犍陀羅佛教藝術的影響,但二者在自己的文化基礎上又發展出了各自的藝術特點。包兆會《中國基督教圖像歷史進程之三:唐代高昌景教壁畫》(《天風》3期)簡要介紹了德國探險家勒柯克在新疆高昌古城郊外的景教寺院遺址發現的景教壁畫。

墓葬圖像藝術方面,查克利《西域墓魄本生圖掩埋處的場景與巴爾胡特及陀羅鉢地相關圖像對比》(《文物鑒定與鑒賞》23 期)將西域與巴爾胡特及陀羅鉢地的墓魄本生圖象進行比較,認爲西域四幅墓魄本生圖稍偏向竺法護所譯的版本,而巴爾胡特及陀羅鉢地的墓魄本生圖都按照巴利《本生經·大集》等版本造作。劉文鎖《唐代西州的屏風畫》(《新疆藝術(漢文)》5 期)將新疆出土的屏風、屏風畫、屏風式壁畫三者結合在一起,對殘損畫面與題名進行復原與推測,探討了唐代西州屏風畫的樣式。郭萍《古絲綢之路墓葬圖像中的葡萄組合紋樣演變》(《成都大學學報》5 期)過對近幾十年古絲綢之路東段墓葬遺址中的葡萄圖像組合元素的溯源,從葡萄種植和加工技術的東傳考證,識讀和分析該圖像構成和寓意演變中粟特人充當的重要角色,認爲葡萄組合紋樣的漢化記録了粟特人漢化的過程。金清《波斯薩珊式鳥雀圖像在絲路沿綫的傳播與發展》(《石窟寺研究》第 8 輯)在全面收集資料的前提下,採用考古類型學與美術史圖像學方法對薩珊式鳥雀圖像進行梳理、分析,釐清了薩珊式鳥雀圖像完整的發展脉絡,及其在絲路沿綫的傳播。李建平《唐代吐魯番彩繪木質與西安彩繪陶質天王俑的比較研究》(《西北美術》4 期)以新疆吐魯番阿斯塔那古墓群 206 號墓,與西安西北政法大學南校區 34 號唐墓出土的天王俑爲例,從色彩紋飾和造型製造兩方面進行比較研究。

繪畫研究方面,陳晟、丁方《"于闐畫派"探究》(《榮寶齋》11 期)分析了"于闐畫派"的文化淵源,介紹了"于闐畫派"的代表人物及風格,對"于闐畫派"風格進行探源。孫亞蘭《西域"凹凸畫法"對中原青緑山水畫的影響研究》(揚州大學碩士學位論文)分析西域"凹凸畫法"所藴含的立體造型特點及其對早期青緑山水畫中物象表現形式的影響,並以張僧繇、尉遲乙僧、董其昌爲主綫,探究其對西域"凹凸畫法"的發展與創新。

絲路樂舞研究方面,周菁葆《絲綢之路上的膜鳴樂器——納格拉(上)》(《樂器》8 期)、《絲綢之路上的膜鳴樂器——納格拉(中)》(《樂器》9 期)和《絲綢之路上的膜鳴樂器——納格拉(下)》(《樂器》10 期)論證楊葉青"現代形式的納格拉鼓在公元 3—6 世紀的波斯即已存在"之説是無稽之談,闡述了納格拉(Nagela)的源流與嬗變,認爲納格拉與古代西域的羯鼓有密切關係,進一步討論正鼓、和鼓與納格拉的關係,並分析了伊斯蘭細密畫中的納格拉及中國維吾爾族的納格拉。張晨婕《從樂器看隋唐胡樂、俗樂之融合》(《星海音樂學院學報》1 期)以樂器爲核心視角,結合曲名、樂部的成立、音樂機構的性質等,分析中國古代的胡樂、俗樂從並立走向融合的歷史發展軌迹。吳潔《絲綢之路上彈撥類樂器的東漸與流變》(《音樂文化研究》1 期)基於對漢唐時期絲綢之路上彈撥類樂器的調查,對其流變脉絡和盛衰軌迹做了梳理,繼而論述了中國對外來音樂的接受問題。王一男《絲綢之路上的琵琶歷史源流略述》(《藝術評鑒》20期)梳理了琵琶經歷的三個發展階段,認爲琵琶既是在中國大地上產生的文明,也是同世界其他文明交流互鑒而形成的文明。古力拜克熱木·阿布拉《絲綢之路古代樂器箜篌》(《北方音樂》4期)分析了箜篌的屬性與傳播,介紹了且末箜篌出土的過程,以及豎琴和箜篌的相同之處和區別。沈冬《一帶流動的音樂風景——隋唐西域音樂與中國性的體現》(《音樂文化研究》2期)以絲綢之路經濟帶音樂文化的流動爲研究對象,探查了音樂源頭的西域地理文化,梳理了魏晉南北朝隋唐時期輸入中國的西域音樂,並從樂部、樂律兩個層面分析西域之樂如何被收編融入華夏舊樂。潘濤《龜茲音樂和詩律略議》(《西域研究》2期)利用吐火羅語文本、梵語文本和古漢語材料,並借助古漢語音韻學,解釋《隋書》中出現的"龜茲樂七調"的具體含義,並將龜茲七聲與印度古典音樂的音進行對比研究。党岱《絲綢之路背景下漢代音樂的演變》(《湖北函授大學學報》17期)以絲綢之路爲背景,從漢代音樂中雅樂與俗樂關係入手,分雅俗各取所需時期、雅俗隸屬有別時期與雅俗相互交融時期深入探究了漢代音樂的演變。陳然《古絲路上宗教音樂的交流融合——以唐代法曲爲例》(《中國宗教》9期)介紹了佛教、道教以及從古絲路上傳入的其他地區的音樂的交流合作,論述了唐代法曲的內容構成。夏灩洲《中古時期的涼州:中原與西域樂工遷移聚合的大都會》(《音樂藝術》2期)以中古時期涼州地區爲中心,分析了樂工因受政治變化的影響而進行的遷移與聚合,認爲這不僅豐富了涼州地區音樂的種類,而且對隋唐時期音樂文化的繁榮起到了重要的作用。毛矗《論隋唐宮廷燕樂中西域樂器的配置》(《音樂創作》9期)對隋唐宮廷音樂中多部樂與歌舞大曲中所使用的西域伴奏樂器進行討論,認爲西域音樂的傳入對隋唐宮廷音樂的發展起到了推動性的作用。王力博《絲綢之路背景下的唐代音樂文化交流》(《音樂天地》2期)分析了唐代外族音樂的輸入及其成果,研探了漢族音樂對外族音樂的吸收,總結了外族樂器的流入及運用。劉崑《隋唐時期古絲綢之路上的中外音樂文化交流》(《藝術研究》3期)從歷史背景、歌舞音樂、樂器及宗教音樂等方面對隋唐時期古絲綢之路上的中外音樂交流進行論述。牛娜娜《從唐詩看西域音樂文化對中原詩樂舞一體的影響》(《河南教育學院學報》1期)認爲唐樂是在廣泛吸收西域音樂文化之上形成的一套民族化的音樂體系,在唐樂基礎之上樂舞一體才真正實現自覺、自由、藝術的結合。黎國韜、陳佳寧《西涼樂源流考》(《文化遺產》1期)認爲"西涼樂"的產生有兩個主要源頭:一是羌胡之聲,其中以龜茲樂爲主要成分;一是中國舊樂,其中以魏晉清商舊樂爲主要成分。劉碩《以粟特胡人爲代表的西域樂舞初探》(《大衆文藝》4期)介紹了西域粟特胡人概況,分析了粟特胡人對中原服飾、音樂、舞蹈及詩歌等各方面的影響。王泳舸《釋讀龜茲壁畫形象再現龜茲樂舞姿容》(《新疆藝術學院學報》3期)通過對壁畫圖像的視覺感受、文本資料的釋讀及身體手之舞之、足之蹈之的體驗,逐步嘗試再現龜茲壁畫的樂舞姿態。付陽雪《龜茲壁畫花繩舞承與傳》(《新疆藝術》2期)通過對文獻史料和龜茲壁畫圖像中花繩舞的考釋,對靜態的壁畫圖像中的花繩舞動作形態進行合理的肢體語言的還原呈現,將昔日龜茲花繩舞的風采呈現在觀衆面前,以推進新疆傳統樂舞藝術的現代發展。

書法藝術研究方面,孫曉主編《中國民間書法全集》中《吐魯番寫經殘卷(卷一)》《吐魯番寫經殘卷(卷二)》及《吐魯番墓磚書法、陶瓷書法卷(卷九)》(天津人民美術出版社)共收錄刊佈300餘件吐魯番寫經殘卷和10餘件吐魯番墓磚書法。任小平《從書法學角度論析吐魯番文書發展的重要歷史階段和過程》(《書法研究》3期)重點研究吐魯番漢文書書法發展的三個重要的歷史階段:晋代十六國前涼時期、高昌王國統治時期、唐西州時期,對這三個重要階段書法概況與特點詳論之,宋元明清時期略之。李長鈺《從樓蘭殘紙論魏晋書體之衍變》(《書法研究》3期)綜合樓蘭古國殘紙及傳世史籍,探尋漢魏書學的譜系,兼論魏晋書體的淵源。榮新江《〈蘭亭序〉在西域》(《大匠之門20》)以新近所見唐代于闐地區抄寫的王羲之《蘭亭序》摹本爲主題,進一步申論中原文化對西域的影響問題。石澍生《由吐魯番出土墓志試議寫與刻等問題》(《中國書法》23期)對吐魯番出土墓志進行了概述,基於吐魯番出土墓志書而未刻的特點,探究魏碑體的寫刻以及銘石書的發展等問題。李子、張梅《吐魯番墓磚書迹對魏碑書法教學的意義》(《美與時代(下)》2期)對吐魯番墓磚書迹進行書體分析,進一步研究其在魏碑書法教學中的内在價值,以期爲魏碑書法學習提供正確途徑。

八、考古與文物保護

本年度考古與文物保護研究涉及考古探索發現、科技考古、出土文物研究、文物修復保護、考古史漫談及文物流失回顧等方面。

考古探索發現方面,張安福著《環塔里木歷史文化資源調查與研究》(上海人民出版社)對環塔里木地區現存的古城遺址、烽燧遺址的分佈地域、保存現狀、形制特徵及不同時代的特點等進行了調查和研究,對保護措施進行了分析,並對環塔里木地區的墓葬遺存分佈、現存狀況進行了調查整理,對墓葬形制、葬具、墓内壁畫及陪葬品等進行了研究,還對史前時期、歷史時期的宗教遺存現狀進行了調查整理。張弛著《明月出天山:新疆天山走廊的考古與歷史》(商務印書館)通過梳理新疆天山沿綫的歷史遺迹和遺物,特別是近三十年來新疆考古發現和歷史研究的成果,闡述天山在古代中西方文化交流中的重要地位和作用,指出天山走廊是農耕文明與遊牧文明的交錯地帶,特殊的地理環境與自然條件孕育出獨特的文明形態,使其成爲歷史上諸多古代民族活動的舞臺。中國社會科學院考古研究所編著的《中國考古學·三國兩晉南北朝卷》(中國社會科學出版社)對三國兩晉南北朝時期新疆地區早期佛教石窟寺、遺址與墓葬以及考古發現的中外交通和文化交流進行了仔細的梳理和闡述。王瑟著《拂去塵沙——絲綢之路新疆段的歷史印記》(生活·讀書·新知三聯書店)以絲綢之路新疆段爲主幹,對近年來新疆重點文物考古現場進行了認真、細緻的報導,展示了新疆文物考古的新發現、新成果。王永强、侯知軍等《2017年新疆考古收穫》(《西域研究》3期)基於2017年新疆地區考古發掘與調查,分史前考古和歷史時期考古等專題對重要發現進行了介紹,並對2017年度新疆考古工作進行了梳理總結。劉漢興、特爾巴依爾等《新疆伊犁州墩那高速尼勒克段考古收穫及初步認識》(《西域研究》3期)對2017年5—7月墩那高速尼勒克縣境内的古墓葬進行的搶救性考古發掘及成果進行了介紹。張碧波、金朝陽《石河子地區文化考古與考察》(《石河子大學學報》4期)對石河子地區三趾馬遺存點、三處細石器遺存點、石河子市三處古墓及石河子南山古墓進行了介紹,並對南山古墓人骨種系等問題進行了研究。梁雲《康居文化芻論》(《文物》7期)基於文獻及考古材料,總結康居文化的特點,將其分爲早、中、晚三期,並探討其主要包含的薩爾馬泰文化、漢文化、薩迦或塞人文化及月氏文化等文化因素。衛斯《尼雅遺址農業考古研究報告》(《西部考古》1期)對尼雅遺址考古發現的與精絶國農業有關的資料進行分析論證,從精絶國時期尼雅河尾閭地帶的自然生態環境、農業種植狀況、農耕與收穫、糧食加工與紡織工具、水利灌溉與凌陰設施、農時觀念與農田管理、畜牧業及皇家牧群、土地所有制形態、實物税徵收制度等方面初步勾勒出了精絶國時期的農業經濟面貌。達吾力江·葉爾哈力克《漢武邊塞與西域屯田——輪臺、渠犁屯田考古發現初論》(《歷史研究》6期)在前人研究的基礎上,以考古發現爲依據,結合傳世文獻和出土簡牘,探討敦煌郡酒泉都尉與孔雀河沿岸烽燧的關係,並從考古學角度討論了輪臺、渠犁等西域屯田地點及相關遺址。余小洪《漢晋時期西域漢文化在西藏西部傳播的考古學觀察》(《石河子大學學報》2期)基於西藏西部發現的考古遺存,探討漢晋時期西域與西藏西部地區的考古學文化交流,認爲西藏西部與西域有著緊密的聯繫,可以將西藏西部視爲絲綢之路南道高原段。魏正中著,莊妤譯《龜兹石窟寺院中的連通建築》(《敦煌研究》2期)主要分析了古龜兹國石窟寺院中連接單個洞窟、洞窟組合、區段等不同單元的建築結構,認爲石窟寺院是一處經過精心規劃且功能完備的宗教聚落,連通建築的存在使得寺院内不同單元之間實現了實際的或者象徵性的連接。

文物調查簡報有：苗利輝、譚林懷等《新疆拜城縣克孜爾石窟第38至40窟調查簡報》（《中國國家博物館館刊》5期）從洞窟形制、壁畫、年代及重繪問題等方面詳細介紹了新疆拜城縣克孜爾石窟第38、39、40窟的概況，認爲三種洞窟的組合共同服務於信徒觀像和禪修功能，並根據題材內容、藝術風格等因素，認爲這組洞窟應當開鑿於公元5世紀。譚林懷、苗利輝等《新疆拜城縣克孜爾石窟第205窟調查簡報》（《中國國家博物館館刊》5期）結合實地調查及資料搜集，介紹了克孜爾第205窟洞窟和壁畫的保存現狀，認爲洞窟開鑿於公元6—7世紀，並爲學術界提供了翔實可靠的研究資料。吳麗紅《新疆龜兹研究院院藏彩繪泥塑調查簡報》（《敦煌研究》6期）著重對龜兹研究院所藏彩繪泥塑造像進行初步整理，按其特點分爲五類：彩繪泥塑頭像殘件、彩繪泥塑身軀殘件、彩繪泥塑手殘件、彩繪泥塑花飾以及其他類，並進行了刊佈與研究。仵婷、李亞棟《吐魯番市第一次全國可移動文物普查所見部分文物編號訂正》（《吐魯番學研究》1期）在吐魯番市第一次全國可移動文物普查工作中，參考發掘簡報（報告）、相關學者的研究成果及原始發掘記錄檔案等，通過以庫存文物信息補校出版物中信息、以出版物中信息補校庫房賬本信息、以發掘日誌檔案補校庫房賬本信息、以賬本記錄補充出版物中信息、出版物中信息相互訂正等方式，對歷史時期出現的吐魯番出土文物編號的信息缺載和疏漏作進一步的補充和糾正。

科技考古研究論著有：淩雪、苗聞文等《新疆蘇巴什佛寺遺址銅器的初步科技分析》（《有色金屬（冶煉部分）》11期）根據形制將新疆蘇巴什佛寺遺址銅器分爲兵器、飾品、生活實用器等種類，利用X射綫熒光光譜儀，對其進行了成分無損檢測，並結合歷史文獻和考古資料，對不同材質銅器來源進行了考察。朱瑛培《新疆鄯善縣洋海墓地出土玻璃珠的成分體系和製作工藝研究》（西北大學碩士學位論文）利用先進儀器，對新疆鄯善縣洋海墓地出土玻璃珠進行成分體系和製作工藝研究，結合多元統計方法對樣品進行科學的分析，並結合相關考古學研究，討論樣品的來源問題，得出洋海墓地出土玻璃珠的化學成分體系、製作工藝、玻璃技術來源等信息。趙海英、陸繼財《西旁景教遺址土的工程特性》（《吐魯番學研究》1期）通過對西旁景教遺址土進行試驗，得出了遺址土的工程特性，認爲這與土體中水分富集和遷移關係密切，試驗結果也爲遺址病害調查和保護方案提供了必要的依據。付昶、王博《且末縣扎滾魯克一號墓地M64出土顱骨研究》（《吐魯番學研究》2期）通過對且末縣扎滾魯克一號墓地M64採集的14個個體的顱骨進行性別、年齡鑒定，形態觀察和測量，初步得出他們的形態特徵、牙齒衛生和健康狀況，並將這些數據與同一墓區 M14 出土顱骨的相關數據進行對比，從而瞭解扎滚魯克地區早期鐵器時代居民的生存狀況。慶昭蓉、[日]江南和幸《唐代安西大都護府時期之龜兹當地用紙——日本龍谷大學所藏庫車出土漢文書案例研究之一》(《西域文史》第 12 輯)對吐魯番地區出土漢文書以及庫車地區出土漢文書進行古紙分析，探討唐代安西大都護府時期龜兹當地的用紙情況，總結了當時文書用紙的特點。

出土文物研究論著有：趙宏主編《中國古代玻璃器皿》(河北美術出版社)詳細介紹了新疆且末扎滚魯克墓地出土玻璃杯、新疆尉犁營盤 M9 出土玻璃杯、新疆庫車森木塞姆石窟出土玻璃杯及新疆若羌瓦石峽遺址出土玻璃瓶。趙榮編著《長安絲路東西風》(三秦出版社)是同名展覽"長安絲路東西風"配套圖書，介紹了展覽精選的 140 件陝西、甘肅、寧夏、青海、新疆各地文物珍品，内容反映了漢唐時期東西方文化交流。劉志佳《再議新疆吐魯番出土"秦王鏡"》(《西域歷史語言研究集刊》第 10 輯)對"秦王鏡"類銅鏡的裝飾佈局、演變規律進行分析，深入探討銘文典故，考訂釋義，解決了仿鏡鑒別、斷代等問題，對於學界提高對此類銅鏡裝飾藝術及文化内涵的認識大有裨益。林鈴梅《新疆出土垂直焊接雙環耳飾的研究》(《西域歷史語言研究集刊》第 10 輯)梳理新疆及新疆周鄰地區發現的垂直焊接雙環耳飾，基於兩者的比較研究，考察天山一帶與歐亞草原地區緊密的文化聯繫，指出這種文化聯繫也向東擴展到内蒙古、甘肅地區，並一直延續到之後的歷史時期。鄭燕燕《新疆出土圓錐形舍利盒再考察》(《西域研究》1 期)梳理新疆發現及出土的圓錐形舍利盒，並在此基礎上對器物的性質、淵源及裝飾等進行再思考與再討論。陳新勇、吕恩國《吐魯番出土的珠飾》(《文物天地》1 期)分材質介紹了吐魯番地區出土的珠飾。牟新慧《新疆古代硬筆研究》(《北方文物》2 期)以考古資料和歷史文獻為基礎，對新疆古代硬筆做了分類和統計，並對新疆硬筆的時代和使用進行了探討，還對斯坦因論著中提及的硬筆進行了考證。信曉瑜、楊汝林、康曉静《新疆出土早期帽冠初探》(《藝術設計研究》1 期)對新疆出土的漢代以前的早期帽冠類文物進行了梳理，並按照帽冠形制風格和結構特徵將其分為護耳帽、平底帽、高冠三類，認為新疆出土的早期帽冠與歐亞大陸其他地區古代墓葬出土文物具有一定相似性，暗示了歐亞大陸青銅至早期鐵器時代已經存在早期文化交流現象。阿熱阿依·托列根《從考古材料分析新疆地區的骨鏃》(《草原文物》1 期)對新疆出土的骨鏃進行了梳理，依據鏃鋌和銎的有無，將新疆地區的骨鏃分為三類，並結合墓葬形制探討了骨鏃的文化内涵。賀婧婧、王博《新疆古代編帶和編繩初探》(《北方文物》4 期)梳理了新疆古代編帶和編繩的發現與分佈，並就新疆編帶、編繩的組織結構和年代做了細緻分析。林鈴梅《新疆地區發現的圭字形劍鞘的研究》(《西域文史》第12輯)從新疆地區發現的圭字形劍鞘出發,梳理了境外圭字形劍鞘的發現及其起源、流傳情況,探討其反映的新疆與周邊地區的文化聯繫。陳淩《中國境內中古祆教徒葬俗考論(之一)》(《古代文明》第12卷)在此前學界研究的基礎上,進一步整理、辨析中亞以及中國境內出土的祆教徒納骨器,並對納骨器的形制等相關重要問題做了討論。劉文鎖《新疆發現麻黃與大麻及有關問題》(《西域文史》第12輯)基於新疆地區目前見諸報導的黃麻和大麻考古資料,結合植物考古的研究結果和有關歷史民族志記錄,對黃麻和大麻在墓葬中出現的情境、喪葬中使用黃麻和大麻的用途與意義以及大麻熏燒器等問題做了探討。徐蘋芳《考古學上所見中國境內的絲綢之路》(《絲綢之路考古》第2輯)分長安、洛陽經河西走廊至西域路、中國北部草原絲綢之路、東南沿海海上絲綢之路三部分,叙述考古發現的絲路遺物,其中詳細羅列了新疆各地發現的外國遺物。[俄]С·Ф·奥登堡著,楊軍濤、李新東譯,趙莉審校《在吐魯番地區發現的一些古代物品》(《吐魯番學研究》2期)對1909—1910年俄羅斯新疆探險考察隊通過發掘和購買獲得的部分物品作了刊佈和介紹。何孝清《吐魯番地區出土的幾枚戒指印》(《新疆藝術學院學報》4期)從造型、材料、尺寸、印文圖案等方面對新疆吐魯番地區出土的幾枚戒指印做了精確的測量記錄,並利用文獻、實物以及文字進行了考據、研究和分析。

文物保護修復方面,吐魯番學研究院、中國絲綢博物館、吐魯番博物館編著的《吐魯番古代紡織品的保護與修復》(上海古籍出版社)收錄近年來中國絲綢博物館、吐魯番博物館對於吐魯番解放後出土的一系列珍貴紡織品的重新修復和保護的文物保護報告和檔案。收集了以阿斯塔那墓地出土紡織品爲主,同時包含洋海等墓地出土及採集的文物共29件,詳細記述了這29件文物的保護與修復工作,用以配合阿斯塔那—哈拉和卓墓地發掘報告的整理。尚玉平、黄奮《新疆新源出土烏孫時期鐵鍑的保護修復研究》(《中國文物保護技術協會第九次學術會論文集》)對新疆新源縣加噶村公元前4—前3世紀春秋戰國時期的烏孫墓葬出土的一件鐵鍑進行了分析研究和保護修復,通過現狀記錄、儀器觀察、工藝分析、清洗除鏽、殘缺補齊、緩蝕處理、封護加固等步驟,進一步對鐵器的保護修復有一個清晰的認識,對以後類似文物保護修復提供借鑒。王麗梅、陳玉珍《吐魯番博物館館藏燈籠褲的保護修復與研究》(《吐魯番學研究》1期)詳細記述了吐魯番博物館館藏燈籠褲形制復原和保護修復的全過程,以及修復文物的幾點心得。尚玉平《新疆喀拉蘇墓地出土隋唐時期樺樹皮箭囊的保護修復》(《西部考古》1期)介紹了對新疆哈巴河縣喀拉蘇墓地出土了隋唐時期樺樹皮箭囊的修復保護措施,同時借助顯微儀器觀察,科學分析其製作工藝,對未來出土木質文物的保護修復提供必要的技術支撐。衛藝林、梅蓉《尼雅東漢蠟染棉布的圖像分析及尺寸復原》(《西安工程大學學報》1 期)回顧總結 20 世紀 60 年代至今國内外針對尼雅東漢蠟染棉布的圖案復原的研究成果,通過考證新疆出土的類似紡織品圖案及文獻史料,從圖案整體結構、主圖圖案、側圖圖案、整體尺寸等方面對殘留的圖像信息進行詳細解讀和研究,提出尼雅東漢蠟染棉布的具體復原方案和復原尺寸。朱建軍《新疆龜兹石窟及佛教遺址考察報告》(《敦煌學輯刊》4 期)介紹了龜兹石窟文化遺産保護的歷史與發展現狀,叙述了南疆歷史文化遺産的基本概況,指出了新形勢下面臨的困難和問題,並提出幾點思考與建議。陳玉珍、趙静《吐魯番勝金店墓地 15 號墓葬出土毛織品的修復與研究》(《吐魯番學研究》2 期)介紹了勝金店墓地 15 號墓葬基本情況及毛織品文物現狀,採用先進儀器,對出土毛織品的纖維、染料、污染物等成分進行了科學分析,詳細記述了修復方法與過程,並分析了修復後文物狀況。陸繼財、趙海英《高昌故城西南大佛寺遺址發育主要病害》(《吐魯番學研究》2 期)通過對西南大佛寺遺址發育主要病害分類和病害特徵分析,指出危及遺址穩定的主要病害及造成這些病害發育的主要原因。尚玉平、李建西《新疆莫呼查汗墓地出土青銅器埋藏環境與銹蝕機理分析》(《文物世界》5 期)運用化學分析方法,對新疆莫呼查汗墓地出土青銅器的埋藏土壤環境進行分析,結合 XRD 儀器,對青銅器的銹蝕物成分進行檢測,從而進一步探討莫呼查汗墓地出土青銅器的保存狀況與其埋藏環境的關係。

考古史漫談及文物流失調查方面,再版的法國學者色伽蘭、郭魯柏著,馮承鈞譯《昨日書林 中國西部考古記 西域考古記舉要》(中州古籍出版社)中的《西域考古記舉要》介紹了斯坦因三次考察西域的經歷與成果。再版的日本學者香川默識編著的《西域考古圖譜》(浙江人民美術出版社)公佈了日本大谷探險隊所獲的西域考古相關歷史文物、文獻,選圖約 600 多幅,極具學術價值。陳繼東《〈新西域記〉與大谷光瑞之"絲路探險"》(《絲路文化研究》3 輯)研究了大谷光瑞從 1902 年至 1915 年的三次大規模西域·中亞探險活動,以及他對中國、印度的實地調查過程,尤其對其《新西域記》進行深入和全面的考察。朱玉麒《"北館文書"的流傳及早期研究史》(《西域研究》2 期)指出"北館文書"是 1908 年前後第二次大谷探險隊發現於吐魯番三堡,叙述了文書曲折的流傳過程以及目前的收藏情況,還考察了以王樹枏、金祖同等人爲代表的題跋所顯示的早期研究情況,指出這些成果在北館文書的當代研究中起到了重要的借鑒作用。李梅景《奥登堡新疆與敦煌考察研究》(《敦煌學輯刊》4 期)根據中、俄文新材料,在前人研究的基礎之上,全面梳理奥登堡新疆與敦煌考察始末,客觀具體論述奧登堡兩次考察的影響與意義。[日]廣中智之《和田考古發現與文物收藏現狀》(《絲綢之路考古》2輯)按照時間順序整理並羅列到達和田地區的探險隊的行迹、報告及攜走文物的下落。趙莉《克孜爾石窟壁畫流失的歷史回顧與現狀調查》(《新疆藝術》4期)對克孜爾石窟壁畫等文物流失的歷史進行了回顧,概述了海外克孜爾石窟壁畫流散情況與收藏現狀。韓放《近代龜兹文物流失海外狀況研究——以俄羅斯艾爾米塔什博物館爲例》(《中國國家博物館館刊》4期)概述了近代龜兹文物流失海外的概況,分龜兹文物保存情況、研究和利用等方面集中介紹了艾爾米塔什博物館所藏龜兹文物現狀,並考述了龜兹文物入藏艾爾米塔什博物館的歷史。榮新江《黄文弼先生與甘藏吐魯番文獻》(《西域文史》12輯)對甘肅省博物館收藏的黄文弼先生的一封書信,以及連帶的吐魯番出土文獻《延和八年索種保墓磚》和《唐某年西州天山縣籍》做了考證。吴華峰、徐玉娟《萬里流沙雙仲良——黄文弼與丁道衡的西北考察交誼》(《西域文史》12輯)借助日記等相關材料,梳理了西北科學考察過程中黄文弼與丁道衡間的交誼,使西北科學考察團有關學者和文物的經歷更爲清晰。

九、少數民族歷史與語言

少數民族歷史研究方面,再版的徐文堪著《吐火羅人起源研究》(商務印書館)建立在扎實的文獻基礎上,綜合了歷史學、考古學、語言學等領域的研究成果,具有很强的研究與參考價值,使我們對吐火羅人的起源、遷徙與演變有了整體認識,是研究"吐火羅問題"的經典論文集。蔡家藝著《西北邊疆民族史地論集》(中國社會科學出版社)内容涵蓋西北邊疆沙陀、蒙古、回、藏、哈、維等民族歷史及其相互關係的情況。[法]魏義天、趙飛宇、馬翊斐《東羅馬皇帝莫里斯和突厥可汗:泰奥菲拉克特·西摩卡塔所記突厥史料》(《西域研究》2期)通過梳理史籍以及考證中國新疆昭蘇縣發現的粟特銘文,認爲拜占庭史學家泰奥菲拉克特·西摩卡塔《歷史》記載的和東羅馬皇帝莫里斯通信的是泥利可汗,而非此前推測的達頭可汗,並將年代從598年重新斷代到595年。[日]松井太撰,鞏彦芬譯,楊富學校《契丹和回鶻的關係》(《河西學院學報》3期)從勃興前的契丹與回鶻、契丹(遼)和回鶻、契丹與回鶻在歐亞大陸的貿易、契丹佛教和回鶻佛教、西遼和回鶻等方面闡述了契丹與回鶻在政治、經濟、文化存在的密切關係。王艷麗《淺析回鶻與契丹的關係》(《文物鑒定與鑒賞》17期)從回鶻與契丹的概況、契丹淪爲回鶻臣屬、契丹與回鶻朝貢及聯姻關係的轉變等角度論述了回鶻與契丹關係的密切性。袁剛《柔然與西域相關的幾個問題》(《内蒙古社會科學(漢文版)》3期)對柔然"羈縻"西域數國的時間、柔然與悅般交惡時間、柔然控制高昌的時間、吐魯番出土文書中的"提懃"、史載高車建國時間的不同及其原因、嚈噠附屬柔然的時間與地域及其與柔然和親關係的性質等問題做了新的探討。葛承雍《關於吐蕃在西域的研究省思》(《社會科學戰綫》5 期)對近年來吐蕃在西域的研究進行了反思,利用考古出土文物的考察成果,結合歷史文獻進一步思考 7—9 世紀的唐蕃關係,指出將吐蕃與唐朝一樣並列文明古國完全違背了基本史實,放棄了族群的價值判斷,而且混淆了歷史研究的基本原則問題。沈淑花《維吾爾族及其祖先回鶻人的親屬制演變研究》(《山西檔案》6 期)以語言學和民族學理論爲指導,通過對文獻資料的分析,認爲維吾爾人及其祖先回鶻人的親屬制在歷史進程中,經歷了由 9 世紀的二分合併型,至 11 世紀的二分旁系型,再至現代的直系型的變化。巫新華《簡論早期綠洲于闐人的來源》(《新疆藝術》1 期)基於文獻資料、民俗學、早期歷史文獻、語言和文字、考古學、體質人類學等六個方面的證據,探討了于闐人的來源,指出早期于闐人的祖先應該來自東方。莫玉梅《考古學視角下隋唐時期猶太人入華再討論》(《北方論叢》6 期)基於 20 世紀初以來,中國及臨近國家和地區陸續出土的與入華猶太人相關的文物,包括新疆和田地區出土的兩封猶太波斯文信件等,論證猶太人早在隋唐時期就已經通過絲綢之路進入中國,並深入内陸腹地。陳星宇《突厥汗國分裂時間與西突厥開國者問題再探》(《邊疆經濟與文化》5 期)通過梳理各種前人的觀點及分析史料,認爲西突厥汗國的建立時間略晚於突厥汗國的分裂時間,突厥分裂於 603 年,而西突厥汗國則由泥掘處羅可汗建立於 604 年。劉舉《漢代匈奴族際通婚類型及其歷史作用》(《黑龍江民族叢刊》5 期)認爲漢代匈奴族際通婚按目的不同大致可以分爲:以婚謀國、與漢人的和親、拉攏與控制附屬國、籠絡降附部族與人員、監控外族俘虜等幾種類型,指出和親總體上有利於各民族的和平發展;有利於民族間的經濟文化交流;有利於民族融合。王旭送《唐代西州民族研究的兩個問題》(《新疆大學學報》6 期)根據吐魯番出土文書,對處密、處月人遷入西州的時間、原因及在西州的生活狀況進行了初步研究。陸離《吐魯番所出武周時期吐谷渾歸朝文書史實辨析》(《西北民族論叢》第 16 輯)在前人研究基礎上,根據敦煌出土吐蕃文文書中的《吐谷渾王國編年史》《吐蕃王朝編年史》等相關史料,對吐魯番所出武周時期吐谷渾歸朝文書中記載的武周時期吐谷渾歸唐史實進行再辨析。王夢《六至八世紀龜兹地區民族關係問題研究》(西北大學碩士學位論文)從歷史文獻梳理與出土文書及考古材料整理著手,討論 6—8 世紀各民族政權在龜兹地區的角逐及其民族關係,分析龜兹地區的民族構成,並從此時期龜兹地區物質生活與文化生活兩個方面討論民族互動,研究龜兹地區多種文明因素的交融並存現象。劉森垚《中古西北胡姓與邊疆經略研究——以墓誌文獻爲主要素材》（陝西師範大學博士學位論文）以墓誌文獻爲基礎，重新梳理和觀察中古時期西北邊疆諸多族群匯聚與融合的歷史，探尋西北邊疆"多元一體"生成與擴張過程的細節與痕跡。王文森《唐代絲綢之路上的粟特商人》（《中國民族博覽》4 期）概述了粟特人的歷史，探討了其與唐帝國的文化、物質交流。歐燕《回鶻：迴旋輕捷如鶻》（《中國民族教育》9 期）從族屬追溯、回鶻汗國、民風民俗、後裔等方面概述了回鶻的歷史。

少數民族語言文字方面，尤以回鶻文研究最多。［英］貝利著，王丹、唐鈺琳譯，楊富學校《古回鶻文之藥物名稱》（《吐魯番學研究》1 期）將熱合買提《回鶻醫學》第 2 卷第 426—427 頁所刊回鶻文本所列藥物清單歸納爲十個類別，將梵文、藏文和回鶻文清單並列，製成簡要列表，並作了簡要注釋。米熱古麗·黑力力《西部裕固語中保留的回鶻碑銘文獻古詞語》（《河西學院學報》4 期）發現回鶻碑銘文獻中有 153 條基本詞語在西部裕固語中仍然保留，其中 12 條詞語跟其他突厥語語言相比在語音和語義方面保留了更古老更原始的形式。阿不都熱西提·亞庫甫《中國國家圖書館藏回鶻文星占書殘片研究》（《民族語文》2 期）首次對中國國家圖書館藏編號爲 BD14741L 的回鶻文星占書殘片進行標音轉寫和文字換寫，並對殘片的難點和疑點進行語文學解釋，對殘片的內容和對應漢文文獻做了初步分析和探討。張巧雲《回鶻文漢譯佛典中語氣詞的翻譯及其特徵和功能》（《中央民族大學學報》2 期）梳理出回鶻文漢譯佛典中最爲常見的十一種語氣詞，歸納它們的翻譯方式，分析它們的特點、功能和用法。阿卜拉江·玉蘇普《簡論回鶻文佛教和摩尼教文獻中部分術語的翻譯》（《民族翻譯》3 期）從回鶻文文獻中出現的有關佛教和摩尼教的部分術語出發，研究回鶻文文獻中的術語翻譯問題，分析這些術語的翻譯特點和價值。付馬《兩種回鶻語〈阿離念彌本生經〉寫本比較研究——兼論西州回鶻早期的譯經活動》（《西域研究》3 期）介紹轉寫並翻譯了敦煌本和吐魯番本的回鶻語《阿離念彌本生經》，將敦煌本與龜茲語本、焉耆語本及吐魯番本進行比較，認爲回鶻語本很可能以龜茲語本爲母本，參考焉耆語本譯成，吐魯番本較敦煌本在翻譯上更加貼近原文，同時研討了西州回鶻佛教徒早期的譯經活動。

其他少數民族語言文字研究方面，陳懇《移健與時健——源自親屬稱謂的古突厥名號》（《西域文史》第 12 輯）通過梳理胡語及漢文史料，對"移健"和"時健"等古突厥名號做了考證，認爲它們來自親屬稱謂，且作爲親屬稱謂的原始意義表達仍然是有效的。［法］皮諾著，蘇玉敏譯，文欣校《別列佐夫斯基和彼得羅夫斯基收集品中乙種吐火羅語經濟和行政文書》（《西域研究》1

期）對五枚得自庫車地區的乙種吐火羅語經濟和行政文書進行了識讀、轉寫、翻譯和研究。畢波《古代于闐的一種織物——白氎》（《中國經濟史研究》3 期）指出玄奘所記于闐棉織物"白氎"可能對應的就是于闐語文書中的 pe'mīnaithau，認爲當時的于闐很可能和漢地相類似，稱棉布爲"毛布"，故而採用詞源爲"羊毛"的詞造出了和漢文"毛布"同樣的詞。張禾《古代西域及中亞地毯名稱術語考證》（《敦煌研究》4 期）收集整理了古代使用於中亞及中國西域地區的編織地毯的術語，闡明了尼雅佉盧文的兩個地毯名詞和于闐文兩個名詞是同根詞，相近的詞在印度語系和伊朗語系都有諸多的例子，還指出漢文的罽、氍毹、毾㲪、毯、緂等外來語與上述兩組地毯名詞緊密相關。孫麗萍《新疆出土佉盧文簡牘制度探析》（《喀什大學學報》2 期）對新疆地區出土佉盧文簡牘形制進行劃分，認爲新疆出土的佉盧文簡牘形制深受漢晉簡牘制度影響，並在中原簡牘制度的基礎上進一步改進和創新，形成了獨具特色的簡牘制度，也豐富了中國簡牘文化的内容。張小貴《古伊朗文獻所見伐迦（Baga）考釋》（《中國中古史集刊》第 5 輯）探討了古波斯及粟特文獻中的伐迦，並辨析了吐魯番出土文書中與伐迦及瑣羅亞斯德教東傳相關的内容。

十、古　籍

古籍研究方面，再版的余太山著《早期絲綢之路文獻研究（增訂本）》（商務印書館）對《穆天子傳》《法顯傳》《洛陽伽藍記》相關內容、伊西多爾《帕提亞驛程志》和托勒密《地理志》等"早期絲綢之路文獻"進行綜合研究，不僅將東西文獻更好地結合起來，解決了絲綢之路的走向等一系列問題，同時也較好地解決這些文獻本身存在的問題。馮璇《新見旅順博物館藏新疆出土漢文文獻中的漢史寫本考釋》（《西域研究》1 期）考察了新發現的旅順博物館藏三件"漢史"殘片，指出 LM20-1452-05-30 殘片爲《漢紀》唐寫本，LM20-1501-14-08 殘片疑似《漢紀》唐寫本，LM20-1499-30-01b 殘片疑爲范曄《後漢書》寫本，同時探討了"漢史"在敦煌、西域地區流傳狀況的區別，認爲這與兩地的歷史文化背景有關。陳燁軒《旅順博物館新發現的晉史寫本考釋》（《西域研究》1 期）對旅順博物館藏 LM20-1496-38-01 號文書進行比對錄文，認定其爲晉史寫本，內容與西晉"八王之亂"期間司馬穎、司馬騰之間的鬥爭相關，很可能屬於《晉陽秋》一類的諸家舊晉史，但囿於證據的不足，暫定名爲"唐寫本晉史殘片"。徐維焱《旅順博物館藏〈切韻〉殘片考釋》（《西域研究》1 期）通過對旅順博物館藏新疆出土漢文文書中發現的兩枚《切韻》殘片的綴合與考釋，確認（LM20-1521-12-11）屬於王仁昫《刊謬補缺切韻》系統，而另一枚（LM20-1523-01-02）與德藏的五枚殘片爲同一寫本，屬於王本系統之外的另一種系統,認爲吐魯番地區《切韻》殘片的不斷現世,證明了各寫本系統的《切韻》系韻書在中原王朝周邊地區的廣泛傳播。沈琛《旅順博物館藏吐魯番本〈唐天下諸郡姓氏譜〉考釋》(《文獻》5 期)通過對旅順博物館所藏 LM20－1523－11－103 號文書的重新錄文和文本對勘,發現其與 BD08679 號敦煌本《唐貞觀八年(634)高士廉等條舉氏族奏抄》部分條目雷同,將其定名爲《唐天下諸郡姓氏譜》,認爲兩者屬同一系統,年代最早,郡姓數量最少。趙洋《新見旅順博物館藏〈一切經音義〉研究——兼論〈玄應音義〉在吐魯番的傳播》(《西域研究》1 期)通過對旅順博物館藏新疆出土漢文文書中發現 14 件《一切經音義》殘片的考釋,認爲其均爲《玄應音義》,而非《慧琳音義》,並在此基礎上討論了《玄應音義》在吐魯番的流傳。許建平《吐魯番出土〈詩經〉寫本的學術價值》(《南京師範大學文學院學報》2 期)指出吐魯番出土文書中 20 件兩晋至隋唐《詩經》寫本可綴合成 15 件,可作爲敦煌《詩經》寫本的有效補充,可據以考知《毛詩》經傳之原貌,可據以息前賢之爭訟,可據以考見《詩經》傳本之異文。朱月仁《西域出土寫本〈春秋左氏傳〉殘卷輯錄與探討》(《文獻》5 期)對新疆出土漢文文書中先後發現的 10 件《春秋左氏傳》殘片進行整理,揭示其中不同的文本系統和豐富的寫本狀態,指出此類殘片的一再現世,反映出魏晋隋唐之際《春秋左氏傳》服虔注和杜預注的此消彼長,顯示了中古時期經學史的豐富細節。徐媛媛《新疆出土寫本〈詩經〉殘片補考》(《文獻》5 期)考察了旅順博物館藏新疆出土的 5 件唐寫本《詩經》殘片以及德國國家圖書館藏新疆出土的 2 件《詩經》寫本,認爲這 7 件寫本很可能是寺學教育的產物,再次有力證明儒家經典在吐魯番地區得到過廣泛傳授。王啟濤《〈顏氏家訓·終制〉新箋》(《西南民族大學學報》11 期)以吐魯番出土文獻中的《隨葬衣物疏》《功德疏》和《磚志》等爲《顏氏家訓·終制》作箋證,發現《顏氏家訓·終制》所載葬俗通行於南北,王利器所言"之推葬所言隨品皆南朝人習俗"有誤。

十一、科　　技

科技研究方面,陳巍著《古代絲綢之路與技術知識傳播》(廣東人民出版社)廣泛收集傳世文獻和考古證據,綜合運用歷史學和科技史研究方法,以絲綢之路上的蹄鐵、馬鐙、繫駕法、剪刀、提花機、緙絲技術等日常用具、紡織技術等案例爲切入點,討論了古代歷史時期科技知識沿著以絲綢之路爲代表的東西方文化交流網絡傳播的諸多問題,在一定程度上填補了國內學術界在這一領域的不足。陳坤龍、梅建軍、潛偉《絲綢之路與早期銅鐵技術的交流》(《西域研究》2 期)根據中外考古學和金屬史等領域近期的重要研究成果,圍繞銅、鐵兩種金屬的生產和使用,綜述了不同歷史時期沿史前絲綢之路金屬技術的傳播和交流。馮鍇、薛程等《漢代西域烽火臺夯築工藝研究——以克孜爾尕哈烽火臺爲例》(《文博》5期)從夯築歷史、夯築方式以及夯築過程三方面對以克孜爾尕哈烽火臺爲代表的漢代西域烽火臺夯築工藝進行了研究,同時將其與中原漢長城以及河西走廊的漢代烽火臺進行了比較,認爲西域地區絲綢之路沿綫的夯土建築所採用的夯築技術主要來自於中原地區,並且爲適應環境的變化因地制宜地形成了新的技術特點,爲西域地區夯土建築的發展奠定了重要的基礎。李宇奇、王忻《從莫呼查汗溝口遺址群看新疆的早期水利灌溉技術》(《西部考古》1期)通過對新疆和静縣莫呼查汗溝口遺址群的四號遺址進行調查研究,辨認出一座魏晋時期石構水利灌溉遺址,並通過與其他新疆及周邊地區早期灌溉遺址相比較,認爲這套灌溉系統採用了新疆本土的早期灌溉技術,且新疆早期的水利技術很可能受中亞、西亞地區的影響較大。何治民《吐魯番坎兒井技術體系本土起源説》(《貴州大學學報》6期)對吐魯番坎兒井技術體系起源研究的各種觀點進行了評述,認爲吐魯番坎兒井的開鑿技術體系只能是本土起源。楊貝貝、阿不都沙拉木·加拉力丁、阿依格林·烏蘭《古代坎兒井暗渠坡度幾何原理與測量方法探析》(《新疆師範大學學報》2期)通過實地考察與測量,研究坎兒井的形成因素,將坎匠傳統的經驗與幾何學和測量學相結合,探討了古代坎兒井暗渠坡度的幾何原理與測量方法。張雷編著《秦漢簡牘醫方集注》(中華書局)收集近年出土的11批秦漢簡牘中的醫方材料共163種,每條材料下列出解題、圖版、釋文、集注、譯文等部分,其中對羅布泊漢簡中的醫藥殘方也做了刊佈及注釋。王明强《絲路醫學文明互動融通的路徑、呈現及其啓示——以敦煌、新疆出土文書爲中心》(《中醫藥文化》3期)以敦煌、新疆出土文書爲主要資料基礎,探討絲路醫學文明互動融通的路徑、互動融通成效的歷史性呈現,並進而分析絲路醫學文明互動融通所產生的啓示,爲當前提供借鑒。

十二、書評與學術動態

本年度相關書評主要有:殷盼盼《出土文獻與傳世典籍相結合的經典之作——孟憲實著〈出土文獻與中古史研究〉介評》(《吐魯番學研究》1期)在概述《出土文獻與中古史研究》内容的基礎上,從學術視野和史料解讀兩方面闡釋其典範意義,並略述了個人對部分論文涉及問題的進一步考量。李慧國《考古、宗教與藝術:絲綢之路墓室壁畫研究的一部集大成之作——汪小洋新著〈中國絲綢之路上的墓室壁畫〉評介》(《景德鎮學院學報》4期)和《絲綢之路墓室壁畫研究的一部集大成之作——〈中國絲綢之路上的墓室壁畫〉評介》

(《中國文物報》1月29日第8版)認爲汪小洋新著《中國絲綢之路上的墓室壁畫》具有學術視角的敏銳性、研究格局的宏闊性、文本書寫的通俗性等優點,爲墓室壁畫研究提供了資料基礎,重塑了一部中國絲綢之路繪畫史,爲當下宗教美術研究和美術考古指明了方向。劉躍進《絲綢之路與中國文學——〈走上絲綢之路的中國文學〉摭評》(《銅仁學院學報》11期)結合絲綢之路歷史文獻,對《走上絲綢之路的中國文學》收錄的23篇學術論文加以評點,表達了對相關問題的看法。石娟、杜瑶《尋根溯源 古音重現——評〈龜兹樂器的歷史流變及音響特性——以達瑪溝三弦琵琶爲例〉》(《人民音樂》6期)分析該書主要思路結構,總結其學術價值與研究特點,認爲該書深化了古樂器聲學的研究內容,豐富了古樂器的研究方法,系統地構建了古樂器研究新的思路和框架。朱玉麒《中國絲路研究的奠基之作——評黃文弼先生的〈西域史地考古論集〉》(《兵團日報(漢)》1月29日第8版)認爲《西域史地考古論集》反映了黃文弼先生的西北學術考察及成果,是中國絲路研究的奠基之作。趙貞《中古契約研究的新進展——乜小紅〈中國中古契券關係研究〉評介》(《中國中古史集刊》第5輯)從研究路徑、研究視野、研究方法等角度對《中國中古契券關係研究》一書進行了評述,認爲該書通過契約關係的專題考察,對一些看似已成定論的問題重新思考,在材料的爬梳與辨析中給出新的解釋,結論富有啓發性,同時也對該書的一些解讀提出了商榷意見。周阿根、葉雲露《〈吐魯番出土磚志集注〉注釋商榷》(《江海學刊》2期)認爲《吐魯番出土磚志集注》語言文字研究措意不够,在文字釋讀和注釋方面多有疏誤,並就其中的兩條注釋提出商榷意見。袁劍《芮樂偉·韓森:〈絲綢之路新史〉》(《中國學術》第39輯)對芮樂偉·韓森所著《絲綢之路新史》的内容作了介紹,對於該書個案叙述的方式及觀點進行了評述。

榮新江著《學理與學誼——榮新江序跋集》(中華書局)上編係爲他人著作所寫前言後記,下編爲作者自己著作的序跋,内容涉及敦煌學、隋唐史、中外關係史、西域史等領域,大多總結該學科的發展歷程,分析發展方向,表現與著述者的友誼,並對著作的貢獻作出評價,凝聚了作者對相關研究領域的深入探索和思考。

研究綜述方面,趙凌飛《"一帶一路"史研究綜述》(《中國社會經濟史研究》1期)從"絲綢之路"的概念與起源研究、"絲綢之路"的影響與作用研究、"絲綢之路"的文獻學與考古學研究、"絲綢之路"的專題研究、"絲綢之路"的區域研究、"絲綢之路"的個案研究、"海上絲綢之路"研究等方面初步總結了國內外對於"一帶一路"史研究的學術概况。馬麗蓉《百年來國際絲路學研究的脉絡及中國絲路學振興》(《新疆師範大學學報》2期)回顧了百年來國際絲路學研究,將其分爲發軔期、確立期、發展期和轉型期,分述了歐洲學派、美國學派以及俄羅斯、中亞、日本、韓國等研究重鎮的研究成果,重點探究了中國絲路學發展歷程及現狀,指出中國絲路學存在碎片化缺陷,提出了絲路學振興的路徑。楊富學、劉源《鄯善國與絲綢之路研究的回顧與展望》(《絲綢之路的互動與共生學術研討會論文集》)分鄯善國出土文書與古文獻研究、鄯善國及其與絲綢之路關係研究、鄯善國經濟與貿易研究、鄯善國與絲綢之路文化研究等方面梳理了鄯善國與絲綢之路研究的衆多學術成果,並對今後的研究進行了展望。楊榮春《20世紀以來的北涼史研究》(《中國史研究動態》5期)從學術史角度對20世紀以來的北涼史研究做梳理,分概説、北涼政治與政治人物、沮渠氏族屬、紀年與年號、行政與軍事制度、北涼經濟、民族關係、交通與疆域、文化藝術與宗教等方面進行了評述。趙倩《回鶻西遷問題研究綜述》(《河西學院學報》6期)對回鶻西遷研究著述進行了歸納和總結,對學界衆説紛紜的西遷回鶻的分支、落脚點和主體方面等問題的研究進行了評述。雷菁華《古代于闐佉盧文〈法句經〉年代考釋之綜述》(《才智》2期)從國内外學者對古代于闐佉盧文《法句經》殘葉的解析與年代研究兩方面入手,對古代于闐佉盧文《法句經》年代考釋問題進行綜述,並闡述了個人觀點。韓樹偉《絲路沿綫出土佉盧文書研究述要》(《青海民族大學學報》2期)和韓樹偉、馬托弟《絲路沿綫出土佉盧文書相關研究綜述》(《中國邊疆民族研究》第11輯)回顧了歐洲的考古探險家、語言學家對佉盧文的發現、釋讀,分簡牘文書釋讀、墓葬及遺址的考古發掘、史地環境變遷、宗教藝術、經濟社會、王號世系、法律契約文書、區域關係、早期居民及人種溯源等方面簡要論述了近年來有關絲路沿綫出土的佉盧文研究的成果。劉文鎖《新疆古代語言文字資料的發現與整理》(《西部蒙古論壇》1期)對迄今爲止在新疆地區考古發現的古代語言文字資料做了整理,歸納了各種語言文字資料的出土和刊佈情況,以及各相關語言學學者的主要研究進展。韓樹偉《契約文書與中世紀吐蕃習慣法研究的回顧與展望》(《西夏研究》1期)從法律社會角度出發,以習慣法爲切入點,系統梳理國内外學者對絲路沿綫出土的相關吐蕃文文書的整理與研究,爲深入研究吐蕃歷史文化、法律政治、經濟社會等問題提供重要的文獻資料。李雲、劉江《新疆古代高昌地區佛教藝術中的彌勒信仰研究評述》(《新疆藝術(漢文)》6期)將吐魯番地區佛教藝術中的彌勒信仰按時間劃分,對沮渠氏北涼高昌郡時期、麴氏高昌國時期、唐西州時期、高昌回鶻時期的研究成果進行整理並加以評述。趙凌飛《吐魯番出土唐代絲織品及研究述略》(《吐魯番學研究》1期)從吐魯番出土唐代絲織品概要、研究進展、研究的貢獻與可拓展空間等方面對吐魯番出土唐代絲織品及相關研究進行了述略。孫少輕《蘇貝希文化研究綜述》(《吐魯番學研究》2 期)以世紀之交爲界,分前後兩個階段,分考古調查與發掘、綜合研究和專題研究三大類,對蘇貝希文化現有研究進行系統梳理和總結。董馥伊《西域佛教美術文化歷史與貢獻》(《貴州民族研究》6 期)從西域美術文化遺產的介紹與研究、西域佛教美術史學研究、西域佛教美術文化關係探索等方面總結了西域佛教藝術(美術)與絲綢之路文化的研究成果,梳理了西域美術的研究重點與解決的問題,確認了西域美術研究在中外經濟、文化交流中的歷史價值與現實作用。陳雅楠《2006—2016 年龜兹舞蹈研究綜述》(《大衆文藝》22 期)從有關龜兹樂舞的專著、印度舞蹈文化對龜兹舞蹈產生的影響與研究、龜兹舞蹈文化對中原舞蹈文化的影響與研究、龜兹舞蹈人體形象與風格特點研究、在宗教影響下的龜兹舞蹈研究、龜兹舞蹈對於新疆維吾爾族舞蹈的研究與影響等方面,總結了近十年來國內龜兹舞蹈研究的學術成果,指出目前龜兹舞蹈研究意識相對薄弱,研究還需進一步深入。李虎《絲綢之路音樂研究的現狀評略》(《音樂生活》11 期)用量化分析的方法,對 2017 年以前國內學者正式出版的專著和在期刊中發表的絲綢之路音樂研究論文進行剖析梳理,分析總結存在的不足及需要注意的問題。范英傑、陳焱《2017 年吐魯番學研究綜述》(《2018 敦煌學國際聯絡委員會通訊》)分政治、歷史地理、社會文化、語言文字與文學、藝術、考古與文物保護、書評與學術動態等專題概述了 2017 年大陸地區吐魯番學研究的主要研究成果,並附有《2017 年吐魯番學研究論著目錄》(《2018 敦煌學國際聯絡委員會通訊》)。

會議綜述方面包括本年度公開發表的對 2017 年相關部分會議的介紹和總結,主要有:沙娜《"克孜爾石窟與絲綢之路研究"學術研討會綜述》(《西域研究》4 期)介紹了 2018 年 7 月 18 日在北京召開的"克孜爾石窟與絲綢之路研究"學術研討會簡況,並分絲路文化傳承與發展的新技術與新傳播以及石窟藝術研究兩個分議題評述了會議提交的論文。徐玉娟、劉長星《"絲綢之路與歷史文獻學術研討會"會議綜述》(《歷史文獻研究》1 期)介紹了 2017 年 10 月 11—15 日在烏魯木齊召開的"絲綢之路與歷史文獻學術研討會"簡況,並對會議提交的 30 餘篇論文進行了概述。殷盼盼《絲綢之路上的民族、文物與歷史工作坊在浙江大學舉行》(《中國史研究動態》5 期)介紹了 2017 年 10 月 22—23 日由浙江大學歷史系、中國古代史研究所主辦的"絲綢之路上的民族、文物與歷史"工作坊以及由浙江大學中國古代史研究所、浙江省敦煌學與絲綢之路研究會共同主辦的"絲路文明論壇"第 3 期的簡況,並對期間提交的論文和講座進行了概要總結。翟少芳《"絲綢之路的互動與共生"學術研討會綜述》(《絲綢之路的互動與共生學術研討會論文集》)介紹了 2016 年 10 月

27—30 日由中國中外關係史學會、大連大學中國東北史研究中心和中外文化交流史專業委員會共同主辦的"絲綢之路的互動與共生學術研討會"概況,並按絲綢之路的歷史互動研究、海上絲綢之路研究、絲綢之路與東西方文化交流和中外歷史文化交流史研究四個議題對與會學者所做的報告做了評述。何亦凡《"絲綢之路與新疆出土文獻"國際學術研討會會議綜述》(《西域研究》1 期)介紹了 2017 年 11 月 6—7 日由旅順博物館、北京大學中國古代史研究中心、日本龍谷大學聯合主辦的"絲綢之路與新疆出土文獻"國際學術研討會簡況,並分旅順博物館藏新疆出土文獻研究新進展、中古時期"絲綢之路"沿綫的制度與信仰、語言文字研究及圖像學與藝術品、新疆出土文獻的發掘史與研究史等議題對會議提交的論文做了概述。陳凌《"漢唐絲綢之路的開拓——西域都護府研討會"綜述》(《西域研究》2 期)介紹了 2017 年 12 月 8—10 日由新疆維吾爾自治區文物局、北京大學中國考古學研究中心主辦,中國國家博物館、中科院遥感與數字地球研究所、中國人民大學北方民族考古研究所、新疆維吾爾自治區文物考古研究所、新疆維吾爾自治區博物館、新疆師範大學歷史學院協辦,中共新疆維吾爾自治區輪臺縣委、縣政府承辦的"漢唐絲綢之路的開拓——西域都護府研討會"簡況。陳燁軒、陳耕《"北京大學與絲綢之路——中國西北科學考查團九十周年高峰論壇"會議綜述》(《西域研究》1 期)介紹了 2017 年 12 月 23—24 日由北京大學中國古代史研究中心、北京大學歷史學系、北京大學人文學部和新疆師範大學黃文弼中心聯合舉辦的"北京大學與絲綢之路———中國西北科學考查團九十周年高峰論壇"簡況,並分西北科學考查團與近代學術史研究、絲綢之路史地研究、絲綢之路考古研究、絲綢之路語言研究四個議題對中外學者參與討論的 23 篇論文做了評述。

除以上對相關學術研討會的綜述性研究成果外,本年度大陸學界舉行的相關學術交流還有:7 月 14—15 日由中國敦煌吐魯番學會、西華師範大學主辦,西華師範大學文學院、西華師範大學寫本學研究中心承辦的"寫本學國際學術研討會暨中國敦煌吐魯番學會 2018 年理事會";8 月 25—27 日由甘肅省博物館聯合陝西師範大學絲綢之路歷史文化研究中心、敦煌研究院文獻研究所共同舉辦的"歷史文獻與考古遺存的互證——絲綢之路國際學術研討會";9 月 7—28 日由中國美術家協會壁畫藝術委員會、四川美術學院、重慶市美術家協會共同主辦,四川美術學院中國畫系、四川美術學院美術館、重慶市新媒介美術創作重點實驗室、重慶市美術家協會壁畫藝委會共同承辦的"第三屆'一帶一路'壁畫論壇——傳統壁畫的複製與修復研究暨作品展";11 月 8—10 日由西安市教育局、西安文理學院主辦,西安市絲綢之路經濟帶教育文化交流研究中心、西安文理學院歷史文化旅遊學院和長安歷史文化研究中心、陝西歷史博物館、西安古都學會、《唐都學刊》編輯部承辦的"2018年'一帶一路'西安歷史文化國際學術研討會";12月7—9日由浙江音樂學院主辦,浙江音樂學院圖書館、絲綢之路樂舞研究中心、《音樂文化研究》編輯部承辦的"第二屆絲綢之路樂舞藝術高端學術論壇";12月15—16日由蘭州大學歷史文化學院中國古代研究所主辦的第一屆"中國西北區域史研究"論壇等。

敦煌飲食文化研究綜述

劉艷燕（敦煌研究院）

敦煌飲食文化研究，既是敦煌學研究的一個分支，也是中國飲食文化研究的有機組成部分。敦煌石窟壁畫中，保存了許多飲食方面的形象資料，從耕作、播種、打碾到宰殺、各種宴飲等，在敦煌壁畫上都有反映。而魏晉、十六國時期敦煌以及附近嘉峪關、酒泉等地的墓室壁畫中，也有一些反映宰殺、宴飲、飲食品製作的磚畫以及出土的飲食器具。另外敦煌藏經洞出土的6萬多件文書中，保存了大量敦煌人飲食生活的第一手資料。它們反映了敦煌人從飲食結構、食物加工、飲食品種、飲食風俗、節日食俗、飲酒習俗等方面的內容。同樣，敦煌飲食文化受西域或更遠的國家和周邊民族的影響，顯示了多元文化的特點。研究敦煌飲食文化是對中國古代飲食文化研究的極大補充、完善和發展。對這些珍貴資料的整理研究，不僅拓展了敦煌學研究領域，也極大推動了中國古代飲食文化的向前發展。回溯敦煌飲食文化的研究發展歷程，大致可以分爲三個階段：初步探索期（1980—1999）、蓬勃發展期（2000—2009）、深入研究期（2010至今）。本文擬對多年來敦煌飲食文化研究史以時間順序進行梳理，以便給學界提供較爲詳實的敦煌飲食文化研究相關的歷史成果、研究現狀、信息資料等。

一、初步探索期（1980—1999）

敦煌飲食文化的研究較敦煌學領域的其它研究工作而言，起步較晚，涉及研究這一領域的專家也爲數不多。自20世紀80年代初，才有少數學者在論著中提到敦煌飲食文化這一命題。

1983年，施萍婷《本所藏〈酒賬〉研究》（《敦煌研究》1983年創刊號）主要依據敦煌文物研究所所藏歸義軍時期的《酒賬》文獻卷子，研究了歸義軍時期的禮儀、酒的計量單位和歸義軍與當時西北各民族地方政權之間的關係，是較早涉及到敦煌酒文化研究的代表性作品。1988年，王進玉《敦煌壁畫中的糧食加工工具》（《農業考古》1988年2期）依據敦煌壁畫中的形象資料，就圖中所出現的石磨、足踏碓等糧食加工工具及其有關的問題作了梳理探討，指出敦煌壁畫中的一些加工糧食的場面，表現了歷代人民生產生活的真實情況。1989年，高國藩《敦煌民俗學》對敦煌的民間飲食風俗做了簡單的介紹，給敦煌飲食文化的研究提供了一定的信息資料。隨後到90年代初期,敦煌飲食文化研究逐漸興起,得到了學術界的廣泛關注,並取得了一定的研究成果。

1990年,王賽時《唐代的寒食風俗》(《民俗研究》1990年3期)指出,寒食是唐代八大節之一,尤其受人們的喜愛。敦煌文書中就有關於寒食節日習俗的記載。王冷然的《寒食篇》,反映出唐人對寒食節的重視,活動呈現多樣化,也是我們研究寒食節日習俗文化重要的史料依據。

1991年,譚真《敦煌古藥方〈神仙粥〉剖析》(《敦煌研究》1991年2期)本文對敦煌古藥方《神仙粥》進行了全文釋錄並對此藥方做了剖析。依據《神仙粥》是《呼吸靜功妙訣》之附屬藥方从文字體上分析,大約是北宋初期寫本,早不過五代時期。古藥方《神仙粥》在醫食同源、藥物特性、藥理功能、炮製比例及服用方法等方面都具有科學性,對現代中藥配方及療法具有指導意義。暨遠志《唐代茶文化的階段性——敦煌寫本〈茶酒論〉研究之二》(《敦煌研究》1991年2期)本文結合文獻和考古材料,對唐代茶文化的演變軌跡分爲三個階段進行了論述。第一階段,陸羽《茶經》階段(公元780年以前);第二階段,敦煌寫本《茶酒論》階段(公元780年—824年);第三階段,以法門寺茶具爲代表的階段(公元825—907年)。敦煌寫本《茶酒論》經考證,確認是唐代貞元元和年間的作品,而且,這個寫本中涉及到唐代的茶酒文化,記述了780年以後唐代茶文化的新變化。

1992年,黃正建《敦煌文書與唐五代北方地區的飲食生活》(《魏晉南北朝隋唐史資料》第11輯,武漢大學出版社,1991年)主要從敦煌文書中的飲食資料入手,來揭示當時中國北方地區的飲食生活,開創了運用敦煌資料研究中國飲食文化之先例。敦煌文書中有關飲食生活的文書主要有兩類,一類是各種帳目,包括食物帳、入破曆、會計帳等。這些帳目大多都是晚唐五代時期寺院的收支帳目。還有一類是流行在敦煌的字書,這些資料爲研究唐五代的飲食提供了重要的依據。

1995年,鄭炳林《唐五代敦煌釀酒業研究》將敦煌酒業置於唐五代時期敦煌社會經濟的大背景之下,闡述了敦煌社會的特點。指出唐五代時期敦煌經濟繁榮昌盛,釀酒行業呈現出欣欣向榮的新氣象,飲酒習尚也非常盛行。1996年,盛朝暉《"細供"考》(《敦煌學輯刊》1996年2期)主要依據敦煌文書記載,對"細供"重點招待哪些人物、用於哪些場合進行了考證。指出"細供"主要用於三種場合招待重要的客人,第一類是外交使節,第二類是祭祀賽神用,第三類是招待一般督造官員及工匠。"細供"一詞反映出歸義軍政權對待邦交、祭祀活動的重視。因人而異,招待的規格檔次不一,因事而又有所不同。1997年,季羨林主編的《敦煌學大辭典》薈萃了百年來敦煌學的研究成果,其中有高國藩、譚蟬雪、李正宇等先生撰寫的數十條與敦煌飲食研究有關的詞條，介紹了敦煌飲食文化的相關基本知識。

1998年，高啓安《釋敦煌文獻中的梧桐餅》（《敦煌學輯刊》1998年1期）主要依據敦煌文獻及現實生活中當地居民的做餅習慣對梧桐餅作了全新的解釋。指出敦煌文獻 P.4909 卷中"又造梧桐餅面壹斗"中的梧桐餅，就是用梧桐泪和麵所造的餅。而 P.2058 背《驅儺詞》中的"一升梧桐泪"也是爲了用它來和麵做食物驅趕鬼的。梧桐餅的出現，說明敦煌人在一千多年前就知道了用梧桐鹼來發麵製作食物的方法。1999年，高啓安《唐五代至宋敦煌的量器及量制》（《敦煌學輯刊》1999年1期）指出唐五代至宋的敦煌，由於社會和歷史的原因，在經濟上以當地獨立的體系爲主，其量制和量器呈現出有別於中原的特殊複雜狀況。其特點主要是：一是在承襲唐中央政府頒佈的量制法規的同時，民間通行大斗制，個別的量制與傳統觀點有所不同。二是由於受吐蕃統治過半個多世紀，又使用吐蕃的量制。三是特殊的計量方法，如馱，既有傳統的"漢馱"，也有吐蕃的"蕃馱"。四是酒的計量方法有其獨立的體系。高啓安、索黛《古代敦煌人的飲食》（《絲綢之路》1999年1期）指出隨著敦煌飲食資料的發現和研究，使我們有機會瞭解到一千多年以前，敦煌人當時的飲食習慣，究竟怎樣吃、吃什麼。敦煌地處西北，有著比較早的農業開發史，文中對敦煌古代人愛吃的食品種類、麵食烹調方法、蔬菜和水果及飲酒習俗等都做了全方面的闡述。高啓安、王璽玉《唐五代敦煌人的飲食品種研究——敦煌飲食文化研究之三》（《敦煌研究》1999年2期）指出唐五代敦煌人的飲食品種，除了近三十種餅以外，還有其他不少的非餅類食物，有炒麵、冷讓、冷淘、水麵、飯、油麵、粥（粥、漿水粥、白粥、米漿水）、灌腸麵、煎膠麵、饌飯、粽子、煮菜麵、鬚麵等，它們和各種餅一起，構成了敦煌人主要的加工食物品種，是敦煌人膳食結構中最主要的部分，一些食物的出現，反映了敦煌食物加工技術的進步和發展。高啓安《唐五代敦煌僧人飲食的幾個名詞解釋》（《敦煌研究》1999年4期）指出唐五代敦煌的僧人飲食，是敦煌飲食的重要組成部分，敦煌僧人飲食在敦煌飲食研究中具有重要的地位。敦煌社會經濟類文獻中有相當一部分屬於寺院的賬籍文書，其中與僧人飲食有關的資料相對豐富，因而保存了不少當時敦煌寺院僧人的宗教儀式飲食、節令飲食、日常飲食等方面的資料。其中有幾個特殊的用語和名詞，它們是討論僧人飲食的前提。該文依據敦煌文書對唐五代敦煌僧人飲食的幾個特殊名詞和用語進行了考證，這與研究僧人飲食戒律、造食用途、食物來源等有密切關係，也是探討僧人飲食必先搞清楚的前提。

二、蓬勃發展期(2000—2009)

進入新世紀,敦煌飲食文化研究得到了學術界更廣泛的關注,敦煌飲食文化研究也取得了非常矚目的成果,呈現出一派欣欣向榮、蓬勃發展的良好局面。

敦煌文獻中與酒有關的材料説明,作爲東西文化交通的咽喉要道,敦煌有著悠久的釀酒歷史,有着深厚的酒文化積澱,飲酒習俗是敦煌飲食文化中重要的組成部分。敦煌古代的飲酒習俗很盛,酒在敦煌人的生活中扮演著很重要的角色。各種活動都少不了酒,如宴會、祭拜、招待使節、婚喪、慶典等。

在敦煌飲酒習俗研究方面,近年來,高啓安對敦煌古代的飲酒習俗進行了更進一步的論述,發表了一系列有代表性的文章。如2000年,高啓安《唐五代敦煌人的飲酒習俗述論》(《敦煌研究》2000年3期)指出敦煌人飲酒的歷史,可以追溯到漢代,敦煌幾乎各社會、各階層的人均飲酒,寺院的僧人、尼姑也不例外。敦煌人的飲酒方式既有"喧拳",也有文雅的籌令。敦煌人愛喝酒,敦煌酒的銷量很大,除了敦煌有悠久的造酒、飲酒傳統外,也與敦煌所處交通要道有關,往來的商旅和使節影響着敦煌酒的供求關係,還與敦煌糧食產量相對富裕有關。高啓安《古代敦煌人的飲酒方式和酒量》(《中國西部風采叢書·隴原酒業風采》,甘肅人民出版社,2000年)本文對敦煌人的飲酒方式及喝酒的酒量進行了論述,指出敦煌人喜歡飲酒而且喝酒豪爽,酒量普遍很大。高啓安《唐五代敦煌人的宴飲活動述論》(《西北民族學院學報》2000年3期)指出唐五代時期的敦煌人,有許多宴飲活動,這些宴飲活動的名稱也很特別。一般在歸義軍招待周邊政權的使節、某項工程完工、社人聚會、節日慶祝、迎送首長等儀式和活動中舉辦。這些宴飲活動不僅是一種集中、大規模的飲食活動,也是調解人與人之間關係、增加社團和社會群體之間交流的重要手段。

2001年,高啓安《從莫高窟壁畫看唐五代敦煌人的坐具和飲食坐姿(上)》(《敦煌研究》2001年3期)、《從莫高窟壁畫看唐五代敦煌人的坐具和飲食坐姿(下)》(《敦煌研究》2001年4期)主要依據敦煌壁畫中的形象資料研究了唐五代敦煌人的坐具,並對他們的飲食坐姿進行了探討。指出飲食方式是飲食文化的重要內容,它除了與生產方式密切相關外,還與飲食器具的發展、飲食制度等有不可分割的聯繫,是飲食禮儀的重要組成部分。其中,進食者的坐姿是構成飲食方式的重要環節。唐五代至宋時期出現在飲食圖上各種坐具,這些傳統坐具無論其功能和造型均有分化,在繼承傳統的基礎上,有發展和創新。坐具的變化和這一時期人們的飲食坐姿以及飲食制度相適應。

2002年，高啓安《莫高窟第61窟"五臺山靈口之店推磨圖"之我見》(《敦煌學輯刊》2002年1期)指出敦煌莫高窟第61窟著名的五臺山圖中的"靈口之店"圖，歷來被學術界認爲是"推磨圖"，本文否定了這一傳統觀點，認爲這是一幅"杠子壓麵圖"。高啓安《敦煌文獻中的"草子"爲"沙米"考》(《敦煌學輯刊》2002年2期)指出敦煌文獻中多次出現了一種可以食用的"草子"，經過對其顏色、形狀的分析、對比、考證，認爲這些"草子"正是今天城裏人喜歡的"沙米"。高啓安《唐五代敦煌的飲食胡風》(《民族研究》2002年3期)依據敦煌文獻和敦煌壁畫的資料，從食物原料、飲食品種、飲食器具、飲食禮儀、胡姬酒肆、飲食結構等方面探討了唐五代敦煌地區飲食中的"胡風"現象，進一步討論了敦煌地區"飲食胡風"濃重的原因和特點，以及其在中西飲食文化傳播中的作用。

在敦煌僧人飲食研究方面，敦煌作爲古代的佛教文化聖地，敦煌僧人飲食文化具有重要的研究價值。敦煌僧人因獨特的地域因素，又具有不同於其他地方僧人的飲食習俗。敦煌社會經濟類文書中各寺院的帳籍，大多都與飲食有關，因此，記載僧人飲食的資料不僅多而且很詳細具體。這些文書資料是瞭解敦煌地區僧尼宗教和社會生活的重要材料。如高啓安《唐五代敦煌僧人飲食戒律初探——以"不食肉戒"爲中心》(《敦煌佛教藝術文化國際學術研討會論文集》，蘭州大學出版社，2002年)，趙紅、高啓安《唐五代時期敦煌僧人飲食概述》(《麥積山石窟藝術文化論文集(下)》)，這兩篇文章探討了敦煌僧人的飲食戒律和飲食文化。僧人由於受佛教儀軌、戒律以及傳統文化影響的原因，其飲食與世俗人有着很大的區別。因此，就飲食而言，僧人是區別於世俗人的不同群體，僧人的飲食分爲日常飲食、節日飲食和其他飲食活動三部分。敦煌僧人的日常飲食除了應當遵守的戒律外，和敦煌俗人相差不大，但在佛事節日期間僧人的飲食活動則更加豐富。在宗教節日活動中，寺院和僧人就是主辦者和主要參加者，活動和飲食也是形式多樣。敦煌僧人飲食作爲特殊的飲食者群體，和正規敦煌社會的飲食生活緊密相關，他們的飲食生活是構成敦煌人豐富的飲食生活的重要篇章。通過對敦煌僧人飲食特點的研究，可以使我們瞭解其日常生活、寺院的管理甚至一些佛教流行的特點、佛事活動的內容及狀況。

在敦煌飲食文化開發研究方面，高啓安《淺議敦煌飲食的開發》(《敦煌研究》2002年第6期)、李正宇《敦煌飲食文化研究開發的若干思考》(《敦煌研究》2002年6期)都探討了開發和利用敦煌飲食文化資源的問題。指出敦煌飲食文化是中華民族傳統文化的有機組成部分，也是甘肅的寶貴文化遺產。

敦煌飲食有著巨大開發價值，開發敦煌飲食，是振興甘肅經濟和西部大開發的迫切需要，是對敦煌文化的挖掘和繼承。敦煌飲食應當成爲敦煌文化產業化鏈條中重要的一環，成爲甘肅的名牌和視窗。開發敦煌飲食要在"文化"上做文章，珍惜和保護好"敦煌"的牌子。傳統飲食文化的開發必須堅持去僞存真、推陳出新的方針，必須符合現代人文精神，結合現代人的飲食習慣和文化心理，從原料、口味、製作方式、名稱、進餐形式等方面進行嘗試，形成地方飲食品牌。

2003年，高啓安《敦煌文獻中的"鬚麵"——我國最早的掛麵》(《揚州大學烹飪學報》2003年1期)指出學術界一般認爲成書於元代的《飲膳正要》中的掛麵是記載掛麵最早的文獻。但作者通過對敦煌文獻的梳理，認爲敦煌文獻記載了一種被稱作"鬚麵"的食物，它比《飲膳正要》的記載早了好幾百年，這應當是中國最早的掛麵。高啓安《敦煌飲食研究札記三題》(《蘭州商學院學報》2003年2期)指出敦煌文書中將釀造酒、醋、醬稱作"臥"，還將用油煎炸食品稱作"煮"。從文字學的角度，探討了這兩個字的本義及其演變過程，並利用敦煌文獻資料，糾正了學界對"點心"一詞的誤解。高啓安《唐五代敦煌的宴飲坐向和座次研究》(《蘭州大學學報》2003年2期)指出敦煌壁畫中有數十幅宴飲圖像，這些圖像不僅提供了宴飲場合、宴飲座制會食狀況、會食人數等信息，而且反映了當時宴飲的方位坐嚮、男女、座次等尊卑觀念。

2004年，高啓安繼續致力於敦煌飲食文化的研究，並取得了可喜的成果。他先後在民族出版社出版了《敦煌飲食探秘》和《唐五代敦煌飲食文化研究》兩本專著。特別是《唐五代敦煌飲食文化研究》一書，是他完成敦煌飲食文化研究博士學業的論著，也是他多年傾心飲食文化研究成果的集中體現。多年來，他通過對敦煌文獻和敦煌石窟壁畫中大量的飲食資料全面、系統地整理，結合傳統史料中的飲食資料及現今河西、甘肅乃至整個西北地方的飲食現象，分別從食物原料、飲食結構、飲食加工具、食物品種和名稱、宴飲活動、宴飲坐具、坐姿、婚喪儀式飲食、飲酒習俗、僧人飲食以及飲食胡風等十個方面，探討了唐五代時期敦煌人飲食文化的方方面面，極大地推動了這一領域的研究。

2005年，汪受寬《河西古酒考論》(《敦煌學輯刊》2005年2期)通過對史料記載和出土文獻的梳理考證，指出先秦漢初，河西就有造酒的傳統。漢唐時代河西美酒融合中外，品種多樣，品質上乘，被皇家官宦、文人騷客所贊賞。直至清代，酒泉酒還被譽爲天下一等名酒。本文較爲詳細地闡述了歷代河西諸種美酒的名稱，及其來歷傳說、製作工藝、口味特色等，是一篇較全面考論河西走廊酒業發展史的專題文章。李正宇《晚唐至北宋敦煌僧尼普聽飲酒——敦煌世俗佛教系列研究之二》(《敦煌研究》2005 年 3 期)從酒戒鬆弛這一個特定角度著眼,揭示敦煌佛教的世俗化性質,爲敦煌佛教研究及中國佛教史研究推開一扇新的視窗,指出佛教雖重視酒戒,不允許僧尼飲酒,但 8 世紀後期至 11 世紀,敦煌僧尼普遍飲酒,而官府、僧司、民衆則對此視爲正常,無所非議,表明這一時期的敦煌佛教不禁飲酒。

2007 年,安忠義、强生斌《河西漢簡中的穀物考》(《魯東大學學報》2007 年 4 期)主要依據河西出土的漢簡資料,對漢簡中出現的穀物種屬做了考證和辨析,並説明它們在農史上的重要地位,既豐富了河西史的研究,也豐富中國農史的研究。河西漢簡中出現大量的穀物名稱,河西地區的考古中也發現了大量的穀物實物,這都是研究古代河西農業發展的重要資料,也是研究中國古代農業發展的重要資料。

2008 年,安忠義《敦煌文獻中的酒器考》(《敦煌學輯刊》2008 年 2 期)對敦煌文獻中所提到的三種酒器榼、曲巵與叵羅做了較爲詳細的考證。榼是一種中國傳統的盛酒器,而曲巵和叵羅都與唐代傳入中國的粟特金銀酒器有關,由於後世這些器物已經不多見,對於它們的形制有諸多誤解。高啓安《甘肅古代飲食名品拾遺》(《敦煌研究》2008 年 5 期)指出甘肅地處絲路中段,歷史悠久,文化厚重,産生了許多聞名於華夏的菜肴和食物品種,這是地方的珍貴文化遺産。

三、深入研究期(2010 至今)

近年來,敦煌飲食文化的研究不斷拓展,把敦煌飲食文化跟絲綢之路上的文化傳播及周邊的少數民族飲食文化結合起來,進行多元文化的深入探索。如高啓安《裕固族早期飲食文化研究——以〈肅鎮華夷志〉爲主》(《敦煌研究》2010 年 1 期)指出《肅鎮華夷志》是裕固族重要的歷史資料,其中記載了不少與裕固族生産、生活有關的資料,這些資料,反映了裕固族早期飲食的狀況,是研究裕固族歷史和文化的重要史料。

2011 年,趙小明《敦煌飲食文化中的道教色彩》(《南寧職業技術學院學報》2011 年 2 期)從道教辟穀與敦煌飲食文化、道教服食養生與敦煌飲食、道教節日、祈賽活動中的飲食等方面探討了道教對敦煌飲食文化的影響,揭示敦煌飲食文化中的道教色彩。高啓安《絲路名饌"駝蹄羹"雜考》(《西域研究》2011 年 3 期)本文對絲路名肴"駝蹄羹"的來歷,名稱及烹飪方法進行了闡述。"駝蹄羹",即以駱駝足掌爲原料烹飪的美食佳肴,出現於魏晉時,唐代以後逐漸被推崇,被認爲是上等肴饌而受到許多文人騷客的吟誦,元代被列入"八珍"。塞外駝蹄成爲中華知名肴饌,這也是絲綢之路飲食文化交融的結果。高啓安《唐五代時期敦煌的宴飲"賭射"——敦煌文獻 P.3272 卷"射羊"一詞小解》(《甘肅社會科學》2011 年 6 期)指出敦煌文獻 P.3272《丙寅年(公元 966 年)羊司付羊及羊皮曆狀》中的"射殺羊"一事,發生在正月期間歸義軍衙內宴會後一次賭射活動中,作爲賞賜利物的一隻山羊的支破記錄。認爲敦煌人在較隆重的宴會期間也舉辦賭射活動,來娛樂慶祝。解梅《唐五代敦煌的胡酒》(《蘭臺世界》2011 年 24 期)對胡酒的盛行之風、品種及傳入途徑進行了分析,唐五代敦煌作爲國際化的大都市之一,是少數民族的聚居地,尤其是胡人雲集、胡風盛行,其中頗具代表的胡酒不僅豐富了當時敦煌的酒類品目,還成爲東西文化交流的典型例證。

2012 年,俞曉紅《敦煌變文〈茶酒論〉校注商補》(《廣東技術師範學院學報》2012 年 1 期)本文對《敦煌變文校注》《敦煌變文選注》等對《茶酒論》所作的校理疏釋中,存在一些問題提出了看法,就其中的 35 則校釋提出商補性意見。高國藩《唐宋時期敦煌地區商業酒文化考述》(《藝術百家》2012 年 3 期)對盛唐至宋初敦煌酒文化的市場化進行了分析,特別對吐蕃奴隸主統治下酒文化的特殊性做了側重的分析。文章認爲奴隸制時期的敦煌酒文化是停滯的,只有民族英雄張議潮結束吐蕃佔領以後,敦煌商業酒文化才得以恢復發展並繁榮起來。高啓安《唐人宴飲程序概觀——以〈遊仙窟〉爲中心》(《形象史學研究》2012 年 1 期)指出由於史料的缺乏和記載材料較少,我們對長期以來古代宴飲程式、主客位置、上食先後、飲酒過程等,沒有系統的研究。著名的唐代傳奇小說《遊仙窟》小說以十娘迎接、招待張生進而成就兩人愛情的故事爲綫索,卻以大段的文字描述了唐代宴會的概貌,反映了古代的宴飲位置、尊卑坐向、宴飲程式等,使我們對唐代宴飲活動有了一個較全面的瞭解。

2013 年,高啓安《"羖羊"及敦煌羊隻飼牧方式論考》(《西北民族大學學報》2013 年 2 期)指出羖羊是敦煌乳品的主要提供者,"羖"即家山羊。羖羊肉味鮮美,也受到古代敦煌人的喜愛,是敦煌人主要吃的肉食品之一。敦煌文獻也寫作"骨力"。羖羊在羊群中不僅起領頭作用,也爲牧人提供乳品,敦煌牧業經濟中,"羖羊"佔有很重要的地位。僧海霞《唐宋時期敦煌地區藥酒基酒考》(《中醫雜志》2013 年 2 期)對唐宋時期敦煌地區藥酒配方進行了梳理,認爲對這些方劑的系統分析,可以見證唐宋時期藥酒發展狀況,以引起民衆對敦煌醫藥文獻及民族特色文化的關注,從而促進民族醫藥事業的發展。僧海霞《唐宋時期敦煌地區藥用醋考》(《中醫雜志》2013 年 14 期)指出唐宋時期的敦煌地區,醋的品類衆多,名稱各異,其中麥醋是藥用醋的主流。文章認爲醋在古醫方中臨床應用很普遍,醫方中使用的各種稱謂,是不同歷史時期或者同一歷史時期的不同習慣表述。其中部分名稱已超出南北朝時期醋所界定的概念範圍,個別名稱被後世誤判,是因爲它自身的佚失及其在實踐中被廣泛取代等因素。

2014年,高啓安《吐魯番出土"草編粽子"名實辨考》(《吐魯番學研究》2014年1期)對吐魯番出土的"草編粽子"這一名物進行了考證,對學術界定名的"草編粽子"給予否定,提出了新的觀點。日本大谷探險隊曾於吐魯番古墓葬中採集到一件連綴的草編物,有學者稱之爲"粽子",並以此作爲西州出產稻米之證據。作者認爲此物並不是所謂的粽子,其淵源應爲香囊,是香囊文化在西州傳播的見證。它只是農家所編的一件小飾品,或懸掛於家中,或佩飾於兒童,已經不具備香囊的功能,更不能把它當作爲"粽子"。僧海霞《唐宋時期敦煌醫用粥探析》(《中醫雜志》2014年12期)指出粥自古以來都是人們生活中最常見的食品。中國古代食粥這一特色飲食文化,至唐宋時期達到空前興盛,其具體應用及使用特色在敦煌遺書中有所體現。敦煌遺書中所載諸多醫用粥,分別以原料、濃度、顏色、溫度、味道等不同因素爲選取標準,具體應用於服藥、養生、助藥力、助胃氣、療疾及病中調護和初愈調養中,其所體現出的辨證思想至今仍可借鑒。2015年,高啓安《中國古代的水煮方便食品:棋子麵與掛麵》(《楚雄師範學院學報》2015年1期)依據敦煌文獻和其它史料,對中國古代的水煮方便食品棋子麵與掛麵進行了詳細的探討,並對這兩種食品的名稱、形狀及製作烹飪方法、發展傳承等作了較全面的介紹。

在敦煌飲食文化研究人物述評方面,王祥偉《高啓安先生與敦煌學研究》(《南寧職業技術學院學報》2015年3期)、馮培紅《高啓安與絲綢之路飲食文化研究》(《南寧職業技術學院學報》2015年3期)、何宏《高啓安與〈唐五代敦煌飲食文化研究〉》(《南寧職業技術學院學報》2015年第3期)均是對高啓安先生在敦煌飲食文化研究中取得的成果給予了較高的評價。指出高啓安先生的治學之路最初是從敦煌文獻入手,專攻敦煌飲食文化研究。他的博士學位論文曾獲得蘭州大學優秀博士學位論文獎,其研究課題獲得了國家文物局、國家社會科學研究基金的資助,爲敦煌學研究開闢了一塊新的領域。此後,其飲食文化研究範圍逐步拓展至絲綢之路中國段,是國內在此領域研究中貢獻突出的學者之一。

陳静《敦煌寫本〈茶酒論〉新考》(《敦煌研究》2015年6期)指出敦煌寫本《茶酒論》應爲七個寫本,並不是學術界一直認爲的六個。其中四個寫本抄有作者姓名,但作者姓名的寫法不一致。結合唐代茶文化發展狀況,可以推斷《茶酒論》的創作時間約爲800—805年之間。從傳寫特徵看,《茶酒論》寫本是民間一些有文化的底層人士,出於個人喜愛,隨手抄寫,留爲自用的。解梅《唐五代敦煌酒具考略》(《蘭臺世界》2015年33期)指出飲酒之風濃郁是唐五代宋初敦煌飲食文化中的一大特色。飲酒離不開酒具,作爲酒文化載體的酒具成了當時人們日常的必備用具。敦煌文書中所提及的酒具名目繁多、形制多樣。

2016年,高啓安《嘉峪關魏晉墓壁畫四炊具圖像名物研究》(《第二届中國古村鎮保護與利用研討會論文集》,四川大學出版社,2016年)依據嘉峪關魏晉墓壁畫,結合墓葬出土文物以及同時期出土的明器陶灶(鬼灶)上諸多炊具、餐飲具乃至附屬用具模印圖像,考證了古代河西地區人們的飲食結構、飲食風俗和飲食概況。文章指出體現飲食製作乃至飲食文化特色的,不光是特殊原料、烹飪方式和美味的飲食品種,那些有别於他處的飲食製作過程,有時也顯現在不起眼的炊具以及附屬器具上。高啓安《漢魏"鬼灶"上一器名物考索》(《形象史學研究》2016年1期)指出墓葬出土之"鬼灶"是研究漢魏時期飲食文化的主要形象資料。文章從灶面上的炊具、餐飲具及出土區域、器形、時代特點等方面進行了論證。安忠義《敦煌文獻中幾種食器考辨》(《中國文物科學研究》2016年3期)對敦煌文獻中所提到的四種食器牙盤、㯷子、楪子與槐子做了較爲詳細的考證。文章認爲牙盤是寺廟中用來盛放佛前供品的器具,因盤底有足而得名;㯷子是一種中間有許多隔檔的盤子或盒子,即明清以來的攢盒,今天的全盒;槐子是一種帶柄羹斗,長柄大頭;楪子即是今天使用的餐具碟子。

2017年,高啓安《"髓餅"來歷及流變》(《吐魯番學研究》2017年2期)本文探討了"髓餅"原料添加方式、烤制用爐以及添加糖蜜、早先流行於北方等因素,由此可以判定髓餅與胡餅、蒸餅等,均爲漢代傳入中國的一味外來食物。高啓安《胡瓶傳入和唐人注酒方式的改變》(《絲綢之路研究集刊》第1輯,2017年)指出"胡瓶"是一種特殊的盛容器,因其形制從西亞、中亞傳來,所以中原人給它起了一個反映傳入地、流行地和使用者民族屬性的名字"胡瓶"。因胡瓶的傳入,唐人的飲酒和注酒方式發生了變化。可見,胡瓶是中西飲食文化交流的一個明顯例證,飲食器的交流也是東西飲食文化交流中重要的體現。穆瑞明、曾維加《佛教和道教的"厨經"研究》(《宗教學研究》2017年2期)指出佛教和道教均有厨經,佛教有敦煌寫經《佛說三厨經》《佛說停厨經》以及在敦煌寫經基礎上發展出來的高野山寫經《佛說三停厨經》,道教有《老子說五厨經》。雖然天厨思想在中國、印度都可追溯各自的源頭,但就這些厨經的內容和結構來看,道教的厨經邏輯順暢,而佛教的厨經却問題較多。文章通過比較佛道兩教的厨經,研究天厨思想的内涵、佛道厨經的同異之處以及佛道厨經的具體方法,最後總結出厨會傳統演化的社會學景象。

2018年,高啓安《絲綢之路上傳來的酒中奇葩——"羊羔酒"再申》(《晋陽學刊》2018年6期)指出"羊羔酒"是將動物脂肪原料釀入酒糟後發酵的一種酒，其最早流行於西方可薩人當中，後傳入中國，與中華傳統釀酒方式融合釀造而成。"羊羔酒"傳入內地的時間爲唐代，是通過絲綢之路傳入中原的佳釀之一，在古代一直深受飲酒人士的歡迎。這與宋朝開國皇帝趙匡胤有關係，因此而成爲宋代宮廷法酒之一。直到清代，雍正皇帝仍對此酒贊不絕口，並指定爲進貢的美酒佳釀。余力《轟動世界的敦煌飲食文化》(《甘肅農業》2018年18期)指出敦煌因其獨特的地理位置以及外來文化因素的影響，敦煌飲食也具有一定的地方特色。古代敦煌人的食物原料以農業、牧業產品爲主，以一定的採集、狩獵食品爲補充，是較爲完善的食物結構體系。

總之，敦煌飲食文化研究是舉世矚目的敦煌學領域裏拓展出的一條新的課題方向。敦煌飲食文化研究雖然起步較晚，但多年來其研究領域的學者們孜孜不倦、刻苦鑽研，做出了突出的貢獻，取得了豐碩的研究成果。對敦煌飲食文化研究的不斷深入探索，不僅推動了敦煌學研究的發展，也將極大推動中國古代飲食文化研究的向前發展。

泗州僧伽信仰研究綜述

趙丑丑（蘭州大學）

僧伽（627—710）是活動於初唐時期的西域何國入華高僧。史載僧伽於唐中宗景龍四年（710）三月二日示寂，"俗齡八十三，法臘罔知。在本國三十年，化唐土五十三載"①。由此可以推算僧伽出生於唐貞觀元年（627）左右，入華時間爲唐高宗顯慶二年（657）。何國，《新唐書》稱作"何"或者"貴霜匿"，其地在今烏茲別克斯坦撒馬爾罕西北部的阿爾別希姆地區。僧伽的活動軌迹在《宋高僧傳》中記載較爲清晰，僧伽"爲僧之後，誓志遊方"，龍朔初年（661—663）"始至西涼府，次歷江淮"，於山陽龍興寺"始露神異"，接著遊化江表，信義坊建寺、賀拔氏家現十一面觀音，顯聖淮泗，唐中宗景龍二年詔赴内道場，聲威日隆，景龍四年於長安薦福寺"儼然坐亡"②。示寂後的僧伽示現種種神異，贏得百姓争相崇奉，唐宋時期從民間百姓到士大夫、帝王形成一種普遍信仰，這種信仰也一直延續到明清時期。在全國範圍内發現了大量僧伽畫像及造像，主要分佈於閩、浙、川、蘇、豫、陝、甘等地，爲研究僧伽信仰提供了實物資料。同時，僧伽信仰和當地文化的結合又産生了新的信仰文化。學界對僧伽的研究，成果豐碩，至今仍有新的觀點産生，筆者現擬分僧伽及僧伽信仰歷史研究、佛教藝術視角下的僧伽信仰、僧伽信仰與地方文化三個方面對這一研究主題作一學術梳理。

一、僧伽及僧伽信仰歷史研究

僧伽及其信仰的研究，有賴於幾份重要的僧伽相關文獻，對這些文獻的考訂與闡釋，成爲解開僧伽信仰的重要鎖鑰。唐李邕（673—742）所撰《大唐泗州臨淮縣普光王寺碑》，爲最早記述僧伽事迹的文獻，並且與僧伽的生平年代最爲接近，無疑成爲研究僧伽最重要的第一手資料。贊寧《宋高僧傳》卷十八《唐泗州普光王寺僧伽傳（木叉、慧儼、慧岸）》、李昉《太平廣記》之"僧伽大師"條、《景德傳燈録》卷二十七《僧伽和尚傳》《釋氏通鑑》《佛祖統紀》《佛祖歷代通載》《新修科分六學僧傳》等所載内容，亦爲重要的僧伽研究文獻，而尤以《宋高僧傳》的記載最爲詳盡全面。除此之外，敦煌所出S.2565、S.2754、P.2217、散1563《僧伽和尚欲入涅槃説六度集經》、S.1624+

---

① （宋）贊寧撰、范祥雍點校《宋高僧傳》（下），北京：中華書局，2015年，第449頁。
② （宋）贊寧撰、范祥雍點校《宋高僧傳》（下），第448—449頁。

S.1776（2）V《僧傳摘抄（惠能禪師、僧伽大師、萬回和尚等）》、P.3727《聖者泗州僧伽和尚元念因緣》等，據研究抄撰時間約爲942年，下限爲1002年，與《宋高僧傳》《太平廣記》《景德傳燈錄》時代相當，甚至更早①，這對研究僧伽信仰及其傳播具有一定的價值與意義。至若唐宋至元初時期的李白、蔣之奇、蘇軾、黃庭堅、李綱、李祥、趙孟頫等文人、權臣居士的唱贊和追奉，則使僧伽信仰更加廣泛而深入。

最早對僧伽及其信仰研究者爲日本學者牧田諦亮，牧田氏將僧伽信仰歸結爲"庶民信仰"②，指出"實際上，認爲中國人的佛教實況是：佛教不是爲一部分上層知識階級以及佛教徒中專門從事學術研究者所作的戲論，而是爲構成社會大多數的庶民所信仰，成爲他們生活的支柱，這種想法是次要的"③。牧田氏在研究僧伽信仰時力圖扭轉這種局面，認爲"這種信仰在觀察中國接受佛教時，是必須考慮的"④。牧田氏搜集僧伽研究資料詳盡全面，又提出"庶民信仰"的觀點，爲以後的研究定下了基調。向達先生曾在闡釋"昭武九姓"之何姓時以僧伽大師爲例⑤。20世紀80年代以後，國內關於僧伽的研究逐漸增多，除了對僧伽相關文獻的考辨與闡釋之外，宏觀上探討僧伽信仰及其盛行原因的論著成爲主流。歷史上李白《僧伽歌》是否爲泗州僧伽所作，歷來頗有爭論，劉友竹《〈僧伽歌〉非僞作辯》⑥對歷史上認爲《僧伽歌》爲僞作的觀點逐一梳理辯僞，認爲歌辭中的僧伽與泗州僧伽籍貫不同，李白有良好的佛學修養，有條件討論佛法，並且懂胡語等，因此判定僧伽爲李白衆多交遊中的胡人之一，並非僧伽大師的特指，《僧伽歌》並非僞作。劉氏論證縝密合理，可信從。2004年，范軍《道教徒對高僧的禮贊——李白〈僧伽歌〉析論》⑦進一步考證了僧伽爲《清涼山志》"僧伽神異"中來自南天竺的僧伽，而非泗州僧伽，同時也佐證了《僧伽歌》爲李白所作。由此可知，李白《僧伽歌》並非爲泗州僧伽大師所作，但在歷史發展中，這種亦真亦幻地流傳，也從側面推動了僧伽信仰的發展。敦煌藏經洞所出僧伽相關文獻，爲僧伽研究提供了新的資料。徐冬昌《弘一大師手書〈僧伽六度經〉概說》⑧介紹了律學大師弘一法師手抄英藏

---

① 楊明璋《泗州僧伽和尚神異傳說研究——以敦煌文獻爲中心的討論》，《中國學術年刊》2017年第39期（春季號），第51—76頁。
② ［日］牧田諦亮《中國に於ける民俗佛教成立の一過程：泗州大聖·僧伽和尚について》，《東方學報》（京都大學人文科學研究所）第25冊（1954年11月），第264—286頁；又見氏著，索文林譯《中國近世佛教史研究》，臺北：華宇出版社，1985年，第1—33頁。
③ ［日］牧田諦亮著，索文林譯《中國近世佛教史研究》，第1—2頁。
④ ［日］牧田諦亮著，索文林譯《中國近世佛教史研究》，第2頁。
⑤ 向達《唐代長安與西域文明》，石家莊：河北教育出版社，2001年，第31頁。
⑥ 劉友竹《〈僧伽歌〉非僞作辯》，《天府新論》1987年第5期，第60—63頁。
⑦ 范軍《道教徒對高僧的禮讚——李白〈僧伽歌〉析論》，《五臺山研究》2004年第1期，第32—35頁。
⑧ 徐冬昌《弘一大師手書〈僧伽六度經〉概說》，《東南文化》1990年第1、2期合刊，第55—57頁。

《僧伽六度經》即《僧伽和尚欲入涅槃説六度經》的經文内容、僧伽其人、"僧伽大聖道場"南通狼山廣教寺等,肯定了《僧伽六度經》對研究唐代佛教及僧伽思想的意義。孫曉崗《僧伽和尚像及遺書〈僧伽和尚欲入涅槃説六度經〉有關問題考》①以敦煌所出僧伽經爲中心,闡發了僧伽經的内容及僧伽變相、僧伽信仰興盛原因等。楊明璋《泗州僧伽和尚神異傳説研究——以敦煌文獻爲中心的討論》②通過敦煌文獻結合傳世文獻,探討了僧伽和尚神異傳説的流變,神異傳説與神聖崇拜的關係,也兼論了僧伽、寶志、萬回合抄的意義。其他有關僧伽研究的論著,往往利用敦煌僧伽文獻材料,但以敦煌僧伽文獻爲中心的討論減少。

在討論僧伽信仰者身份及推動僧伽信仰發展方面,黄啓江《泗州大聖僧伽傳奇新論——宋代佛教居士與僧伽崇拜》③認爲牧田氏"庶民信仰"的觀點有進一步商榷的餘地,在"用'庶民信仰'一言以蔽之時,應該同時考慮並説明菁英群的士大夫或知識份子所扮演的角色,使宗教信仰之普及與接受程度更爲正確的呈現出來"④。僧伽信仰應該爲跨階層的士庶崇拜,而不僅僅是"庶民信仰",同時對 2003 年江蘇江陰出土舍利塔爲泗州大聖僧伽大師真身舍利塔提出質疑⑤。劉康樂、楊玉輝《從泗州大聖到僧伽信仰》⑥亦主要從唐宋居士推動僧伽信仰方面作了探討。

宏觀方面討論僧伽信仰的論著頗爲豐富,方便了我們從整體上認識和把握僧伽信仰興起、發展與興盛的狀況。馬世長先生爲國内最早研究僧伽信仰的學者之一,1997 年,馬氏發表《中韓古代佛教文化交流兩例》⑦從文獻和造像兩個方面概述了唐宋時期的泗州大聖崇拜情況,以及僧伽信仰在高麗的傳播和影響。李玉昆《泗州佛信仰》⑧從民間信仰角度對僧伽信仰進行討論。于

---

① 孫曉崗《僧伽和尚像及遺書〈僧伽和尚欲入涅槃説六度經〉有關問題考》,《西北民族研究》1998 年第 2 期,第 261—269 頁。
② 楊明璋《泗州僧伽和尚神異傳説研究——以敦煌文獻爲中心的討論》,《中國學術年刊》2017 年第 39 期(春季號),第 51—76 頁。
③ 黄啓江《泗州大聖僧伽傳奇新論——宋代佛教居士與僧伽崇拜》,(臺灣大學)《佛學研究中心學報》2004 年第 9 期,第 181—233 頁;又見氏著《泗州大聖與松雪道人——宋元社會精英的佛教信仰與佛教文化》,臺北:臺灣學生書局,2009 年,第 13—80 頁。
④ 黄啓江《泗州大聖僧伽傳奇新論——宋代佛教居士與僧伽崇拜》,第 183—184 頁;又見氏著《泗州大聖與松雪道人——宋元社會精英的佛教信仰與佛教文化》,第 15 頁。
⑤ 黄啓江《泗州大聖僧伽傳奇新論——宋代佛教居士與僧伽崇拜》,第 231 頁;又見氏著《泗州大聖與松雪道人——宋元社會精英的佛教信仰與佛教文化》,第 72—73 頁。
⑥ 劉康樂、楊玉輝《從泗州大聖到僧伽信仰》,《重慶文理學院學報》2006 年第 4 期,第 16—18 頁。
⑦ 原載於韓國忠南大學校人文科學研究所編《人文科學研究學術論叢》第一輯《絲綢之路文化與韓國文化·研究史總論考古美術卷》,1997 年,第 235—250 頁;又收入氏著《中國佛教石窟考古文集》,北京:商務印書館,2014 年,第 602—610 頁。
⑧ 李玉昆《泗州佛信仰》,《閩台文化》1999 年第 3 期,第 141—149 頁;同樣的研究又見許尚樞《泗州佛信仰》,《黄河科技大學學報》2013 年第 2 期,第 73—75 頁。

君方《觀音——菩薩中國化的演變》第五章《神異僧與觀音的本土化》[①]論述了僧伽和寶志在傳記中逐漸觀音化的幾個階段,並指出兩位高僧有助於十一面觀音這位外來神祇的本土化[②]。2003年11月,江蘇江陰市青陽鎮悟空村挖掘一千年地宫,獲一石函,内有舍利若干,被認爲是僧伽大師的真身舍利[③],有關僧伽信仰的研究再度受到學界的重視與討論。除上文黄啓江先生對舍利塔是否爲僧伽大師塔質疑之外,有關僧伽信仰的研究論著逐漸增多,並於2017年在南通召開了"僧伽大師與佛教中國化研討會"的學術會議[④]。蔡相煇《以李邕(673—742)〈泗州臨淮縣普光王寺碑〉爲核心的僧伽(628—709)信仰考》[⑤]以唐代李邕所撰《泗州臨淮縣普光王寺碑》爲中心,對僧伽卒年、至臨淮年代、信義坊建寺、所度門人數目等進行糾謬,指出賀跋玄濟舍宅之非,發現華嚴宗三祖法藏、四祖澄觀與僧伽信仰之關係,兼論僧伽信仰本質等。學愚法師《佛教在民間——以僧伽大師弘化事迹爲例》[⑥]以僧伽大師遊化事迹爲中心,闡述了"佛教在民間"的理念。劉曉燕《僧伽信仰背後的社會風情畫》[⑦]著重討論了僧伽信仰與傳統佛教的差異,僧伽信仰由地方性信仰到全國普遍信仰轉變的原因與過程等問題。劉蔭柏《僧伽大師與無支祁的傳説》[⑧]認爲唐宋時期的僧伽大師傳説與無支祁的神怪傳説融爲一體,並與西天取經的故事接軌。林曉君《泗州佛信仰研究》[⑨]從宗教學結合田野調查入手,以大量文獻和田野調查資料,尤以福建地區的調查最爲詳細,考察了歷史上僧伽信仰的發展狀況,認爲該信仰"興於唐、盛於宋、發展於元明、衰於清,後轉爲民間俗神,主要流行於福建、江蘇一帶,並將逐漸湮滅"[⑩]。包得義、周旺强《泗州僧伽大聖信仰試探》[⑪]認爲泗州大聖信仰是帝王崇信、文人名士吹捧、泗州特殊的地理位置三者合力的結果。尤李《唐代僧伽信仰考》[⑫]著重從唐代的政治

[①] Chün-fang Yü. *Kuan-yin: the Chinese Transformationof Avalokitesvara*(New York:Columbia University Press,2002),pp.210—222.又昱氏著,陳懷宇、姚崇新、林佩瑩譯《觀音——菩薩中國化的演變》,北京:商務印書館,2015年,第202—228頁。
[②] 于君方著,陳懷宇、姚崇新、林佩瑩譯《觀音——菩薩中國化的演變》,第227頁。
[③] 滌煩子《江陰發現泗州大聖舍利子》,《江蘇地方志》2004年第3期,第50頁。
[④] "僧伽大師與佛教中國化"學術研討會在南通召開,《世界宗教研究》2017年第2期;楊健《"僧伽大師與佛教中國化"學術研討會綜述》,《世界宗教研究》2017年第3期,第191—192頁。
[⑤] 蔡相煇《以李邕(673—742)〈泗州臨淮縣普光王寺碑〉爲核心的僧伽(628—709)信仰考》,《空大人文學報》2005年第14期,第49—93頁。
[⑥] 學愚《佛教在民間——以僧伽大師弘化事迹爲例》,香港中文大學人間佛教研究中心編《民間佛教研究學術研討會》,2006年,第1—12頁。
[⑦] 劉曉燕《僧伽信仰背後的社會風情畫》,蘭州大學碩士學位論文,2007年。
[⑧] 劉蔭柏《僧伽大師與無支祁的傳説》,《淮海工學院學報》2007年第4期,第20—24頁。
[⑨] 林曉君《泗州佛信仰研究》,福建師範大學碩士學位論文,2007年。
[⑩] 林曉君《泗州佛信仰研究》,第1頁。
[⑪] 包得義、周旺强《泗州僧伽大聖信仰試探》,《經營管理者》2008年第17期,第178頁。
[⑫] 尤李《唐代僧伽信仰考》,《北大史學》2010年第1期,第113—123頁。

形勢、社會背景和族群關係來探討僧伽信仰初傳時的特點，兼及僧伽信仰之宗教內涵，在中國密教發展中的地位和作用等。王虎《宋代僧伽信仰研究》①主要分僧伽信仰的地域和傳播方式、與三教的關係、與信衆的關係三個方面考察了五代宋僧伽信仰的狀況，並認爲這種信仰的傳播與信衆的心理需求有很大關係。介永强《唐代胡僧僧伽生平事迹考索》②考察了僧伽的國別、與唐中宗的交往以及江淮僧伽信仰狀況，認爲僧伽信仰的盛行與其"觀音化身"的角色定位有關，側面反映了佛教的世俗化和本土化。孫應傑《僧伽生平和僧伽信仰考》③以唐道宣律師記載僧伽參加佛事活動的史料入手，考察了其與不同階層人士的關係，認爲僧伽信仰產生的根源在於其立足中土，廣施教化，救濟窮困，僧伽信仰是僧伽致力於推行佛教中國化的產物。王樂慶、楊富學《粟特僧伽大師與長安薦福寺》④考述了唐代長安地區僧伽信仰的情況，而尤以僧伽在薦福寺的活動最爲突出。楊健《僧伽信仰興盛的原因初探》⑤認爲僧伽信仰的興盛是皇帝封贈、文人贊頌、僧人供養、民衆崇信、交通便利等幾個方面合力的結果。李繼武《僧伽信仰的興起與演變》⑥闡述了僧伽信仰自唐代興起、五代兩宋持續發展直至明清没落的歷史過程。夏德美《僧伽與佛教神異》⑦指出僧伽信仰的興盛完全在於其憑藉神異功能吸引信衆，並由此引發了對神異在佛教修行解脱體系中的地位以及在弘法傳教過程中的作用的思考。張田芳《粟特僧伽大師醫術及其靈異》⑧指出僧伽的種種靈異感通出現的原因在於其深諳醫術，而這種醫術往往通過幻術發揮作用。楊富學、張田芳《從粟特僧侣到中土至尊——僧伽大師信仰形成內在原因探析》⑨認爲學者對僧伽信仰形成的研究大都囿於外因，僧伽大師之所以成爲中土至尊，在於其擅長粟特祈雨術、精通西域幻術、善用西域醫藥占卜，從而利益衆生贏得信仰。

二、佛教藝術視角下的僧伽信仰

僧伽信仰於唐宋時期隆盛全國，上節內容已專門討論，除文獻記載外，僧伽造像在全國也多有發現，形式多樣，分佈廣泛，主要分佈於閩、蘇、浙、豫、

---

① 王虎《宋代僧伽信仰研究》，上海師範大學碩士學位論文，2014年。
② 介永强《唐代胡僧僧伽生平事迹考索》，《史學集刊》2016年第5期，第36—41頁。
③ 孫應傑《僧伽生平和僧伽信仰考》，《世界宗教研究》2017年第1期，第86—93頁。
④ 西安市絲綢之路經濟帶教育文化交流研究中心編《2017西安絲綢之路歷史文化研究》，西安：陝西人民出版社，2018年，第33—45頁。
⑤ 楊健《僧伽信仰興盛的原因初探》，《僧伽大師與佛教中國化研討會論文集》，中國·南通，2017年4月，第106—112頁。
⑥ 李繼武《僧伽信仰的興起與演變》，《僧伽大師與佛教中國化研討會論文集》，第123—131頁。
⑦ 夏德美《僧伽與佛教神異》，《僧伽大師與佛教中國化研討會論文集》，第157—163頁。
⑧ 張田芳《粟特僧伽大師醫術及其靈異》，《中醫藥文化》2018年第3期，第22—28頁。
⑨ 楊富學、張田芳《從粟特僧侣到中土至尊——僧伽大師信仰形成內在原因探析》，《世界宗教研究》2018年第3期，第65—76頁。

川、渝、滬、陝、甘等地，成爲研究僧伽信仰的重要實物資料。僧伽在文獻中的神異記載通常表現爲以神力爲人治病、預測事物變化、或表現爲突然示現，濟人困厄等，這種表現使其具有了與觀音同樣的神力，圖寫其形以求庇佑自在情理之中。唐代宗時"令寫貌入内供養"、嘗於燕師求氈罽，燕使"認塔中形信矣。遂圖貌而歸，自燕薊展轉傳寫，無不遍焉"，"天下凡造精廬，必立伽真相，牓曰：'大聖僧伽和尚'"等，[①]上至帝王，下至民間百姓，形成僧伽崇奉的熱潮。重要的發現及研究成果有：

　　浙江省博物館《浙江瑞安北宋慧光塔出土文物》[②]概述了1966—1967年浙江瑞安仙岩發現一批唐宋時期宗教文物的情況，其中就包括一身塗金木身泗州大聖坐像，前刻有"泗洲大聖普照明覺大師"，後有"四洲大聖"，左右刻有供養人姓名，底部刻有造像的目的。樂進、廖志豪《蘇州市瑞光寺塔發現一批五代、北宋文物》[③]介紹了1978年在蘇州市瑞光寺塔第三層中發現了一批文物，其中所述"經幢頂上爲一金銀雕纏枝紋佛龕，龕内置一木雕祖師像，頭戴風帽，通體描金"[④]。木雕"祖師像"當爲泗州大聖像。敦煌洞窟中也發現有泗州大聖的畫像，孫修身《莫高窟佛教史迹故事畫介紹（一）》[⑤]介紹了晚唐第72窟榜題爲"聖者泗州和尚"的畫像，加之敦煌所出僧伽相關文獻，可見僧伽信仰的傳播範圍之廣。張明華、孫維昌《上海市松江縣興聖教寺塔地宫發掘報告》[⑥]發現有宋代泗州大聖銅座佛一件。徐定水、金柏東《溫州市北宋白象塔清理報告》[⑦]發現有北宋時期磚雕僧伽坐像。林士民《浙江寧波天封塔地宫發掘報告》[⑧]介紹了天封塔地宫内出土5尊石雕像中第一類4尊繪金像III式即爲僧伽坐像。胡文和《四川道教、佛教石窟藝術》載錄了四川地區道教、佛教的主要石窟内容，其中夾江千佛崖第91號窟正壁雕刻主像三尊，中間爲泗州僧伽大聖，左爲志公和尚，右有道明和尚，另有脅侍像4尊[⑨]。羅世平《四川石窟現存的兩尊萬回像》[⑩]指出四川大足北山石窟177窟和夾江千佛崖91號窟三聖龕造像中右側脅侍所謂道明和尚者，其實爲唐初神僧萬回，並對歷史上的萬回事迹作了考述。丁天錫《宜賓市大佛沱唐宋摩崖造像》[⑪]介紹有3龕宋

---

① （宋）贊寧撰，范祥雍點校《宋高僧傳》（下），第450—451頁。
② 浙江省博物館《浙江瑞安北宋慧光塔出土文物》，《文物》1973年第1期，第48—53頁。
③ 樂進、廖志豪《蘇州市瑞光寺塔發現一批五代、北宋文物》，《文物》1979年第11期，第21—28頁。
④ 樂進、廖志豪《蘇州市瑞光寺塔發現一批五代、北宋文物》，第22頁。
⑤ 孫修身《莫高窟佛教史迹故事畫介紹（一）》，敦煌文物研究所編《敦煌研究文集》，蘭州：甘肅人民出版社，1982年，第339—343頁。
⑥ 張明華、孫維昌《上海市松江縣興聖教寺塔地宫發掘報告》，《考古》1983年第12期，第1125—1129頁。
⑦ 徐定水、金柏東《溫州市北宋白象塔清理報告》，《文物》1987年第5期，第1—14頁。
⑧ 林士民《浙江寧波天封塔地宫發掘報告》，《文物》1991年第6期，第1—96頁。
⑨ 胡文和《四川道教、佛教石窟藝術》，成都：四川人民出版社，1994年，第326頁。
⑩ 羅世平《四川石窟現存的兩尊萬回像》，《文物》1998年第6期，第57—60頁。
⑪ 丁天錫《宜賓大佛沱唐宋摩崖造像》，《四川文物》1996年第4期，第51頁。

代造像，分别爲僧伽、寶志、萬回。陳長安《洛陽出土泗州大聖石雕像》①介紹了洛陽出土的宋代青石雕泗州大聖像，其上横刻"四州大聖"四字，豎刻供養人和造像人信息，爲其時國内發現最大且有題記和紀年的泗州大聖像。張建華、郝紅星等《河南新密市平陌宋代壁畫墓》②介紹了1998年發現於河南新密市平陌村的宋代壁畫墓情况，其中"西北壁、東北壁、北壁繪畫有'四州大聖度翁婆'以及超渡和昇仙等内容"③。李淞著《陝西古代佛教美術》也介紹了一批陝西地區發現的僧伽造像情况④。王士倫、宋烜《湖州飛英塔的構造及維修》及任大根《飛英塔佛像藝術特徵初析》介紹了浙江飛英塔有浮雕僧伽像，分兩層表現僧伽事迹⑤。Denis Patry Leidy, The Portrait of the Monk Sengqie in the Metropolitan Museum of Art⑥對紐約大都會博物館藏僧伽畫像作了介紹。董玉祥《仙人崖石窟（上）》⑦介紹了甘肅省天水市仙人崖西崖現存最早的佛窟喇嘛樓内，曾發現有北宋時期泗州大聖及其弟子木叉與慧儼的塑像。林斌《泗州大聖信仰對中國文化的影響——兼對舟山博物館藏岑港出土石造像的考證》⑧考證了舟山博物館藏僧伽石造像，同時對東南沿海地區泗州大聖崇拜進行了討論。李静傑、田軍主編《你應該知道的200件佛像》亦載録了一尊北宋時期的白石僧伽坐像⑨。石建剛、高秀軍、賈延財《延安地區宋金石窟僧伽造像考察》⑩公佈介紹了延安宋金石窟中15例僧伽造像和一例題記，其中11例爲其時首次公佈。

除對僧伽造像材料的公布叙録之外，學者亦從佛教藝術角度對僧伽信仰在不同時代的表現進行了研究，主要的研究成果有：羅世平《敦煌泗州僧伽經像與泗州和尚信仰》⑪以敦煌洞窟僧伽經像和僧伽相關文獻入手，從文獻記載和歷史遺存的僧伽經像兩個方面闡釋了僧伽信仰的産生過程和歷史演變。徐蘋芳《僧伽造像的發現和僧伽崇拜》⑫指出考古學上發現的僧伽造像爲研究

---

① 陳長安《洛陽出土泗州大聖石雕像》，《中原文物》1997年第2期，第93—109頁。
② 張建華、郝紅星等《河南新密市平陌宋代壁畫墓》，《文物》1998年第12期，第26—32頁；又見鄭州市文物考古研究所編著《鄭州宋金壁畫墓》，北京：科學出版社，2005年，第41—54頁。
③ 張建華、郝紅星等《河南新密市平陌宋代壁畫墓》，第31—32頁。
④ 李淞《陝西古代佛教美術》，西安：陝西人民教育出版社，2000年。
⑤ 王士倫、宋烜《湖州飛英塔的構造及維修》，浙江省文物考古研究所編《浙江省文物考古研究所學刊　建所十周年紀念1980—1990》，北京：科學出版社，1993年，第305頁；任大根《飛英塔佛像藝術特徵初析》，《湖州師範學院學報》2001年第1期，第95頁。
⑥ Denis Patry Leidy, "The Portrait of the Monk Sengqie in the Metropolitan Museum of Art," Oriental Art, No.49, 2003.
⑦ 董玉祥《仙人崖石窟（上）》，《敦煌研究》2003年第6期，第32—37頁。
⑧ 林斌《泗州大聖信仰對中國文化的影響——兼對舟山博物館藏岑港出土石造像的考證》，《舟山社會科學》2005年第3期。
⑨ 李静傑、田軍主編《你應該知道的200件佛像》，北京：紫禁城出版社，2007年，第264頁，圖版190。
⑩ 石建剛、高秀軍、賈延財《延安地區宋金石窟僧伽造像考察》，《敦煌研究》2015年第6期，第30—40頁。
⑪ 羅世平《敦煌泗州僧伽經像與泗州和尚信仰》，《美術研究》1993年第1期，第64—68頁。
⑫ 徐蘋芳《僧伽造像的發現和僧伽崇拜》，《文物》1996年第5期，第50—58頁。

中國民間僧伽崇拜提供了實例，並認爲僧伽信仰屬於民間崇拜，不完全是佛教信仰，是佛教世俗化的表現，是宋元時期多元崇拜之一種。殷光明《敦煌的疑僞經與圖像（下）》①認爲敦煌第72窟五代僧伽畫像爲依據僞經《僧伽和尚經》所繪。宮萬琳、宮大中《儒釋道三教合一與僧伽崇拜圖像》②指出僧伽信仰興起於儒釋道三教合一的時代，加之僧伽崇拜圖像的表現，認爲僧伽崇拜正體現了三教合一的特點。賴天兵《飛來峰宋代僧伽大師像考述——兼論飛來峰玉乳洞北宋造像的題材配置》③考察了玉乳洞僧伽造像及其配置，兼及青林洞小羅漢像，認爲這種配置爲佛教中國化和世俗化的表現。姚崇新《觀音與神僧——觀音化問題再考察》④認爲中古時期中國傳統神祇觀念的變化促成了佛教化身觀念的變化，高僧的觀音化也與唐代以來觀音信仰的空前高漲有關。徐汝聰《試論僧伽造像及僧伽崇拜》⑤叙列了全國發現僧伽經像的情況，指出僧伽信仰是佛教中國化的一種具體表現，同時認爲對塔出造像的討論有助於對周邊人文環境的考察。牛長立《論古代泗州僧伽像僧、佛、俗神的演化進程》⑥運用考古類型學的方法，對迄今發現的僧伽造像進行分類分期研究，進而指出僧伽從高僧、聖僧、佛到民間俗神的發展脉絡。鄭弋《佛裝與佛化——中古時期泗州僧伽信仰與圖像的在地化》⑦通過文本和圖像兩方面的梳理，指出泗州僧伽信仰在多種禮儀空間下衍生出各自的圖像表現，形成獨特"聖僧信仰"母題，並最終表現爲"在地化"，圖像表現與文本衍化近同，即由佛裝到佛化。孫曉崗《圖像學視野下看僧伽信仰的多樣化》⑧從圖像和文獻資料入手，討論了僧伽在各個時期、各個地區的特徵變化，梳理了僧伽信仰的多樣性特徵。

四川、重慶地區發現有大量僧伽造像，往往表現爲以僧伽和尚爲主尊，萬回、寶志三聖合龕組合或者以僧伽變相的形式出現，引起學界的廣泛關注與討論。馬世長《大足北山佛灣176與177窟——一個奇特題材組合的案例》⑨以大足北山石刻176號"彌勒下生經變相"窟與177號"泗州大聖"窟這一獨

---

① 殷光明《敦煌的疑僞經與圖像（下）》，《敦煌研究》2006年第5期，第30—37頁。
② 宮萬琳、宮大中《儒釋道三教合一與僧伽崇拜圖像》，《美與時代（中）》2010年第4期，第87—89頁。
③ 賴天兵《飛來峰宋代僧伽大師像考述——兼論飛來峰玉乳洞北宋造像的題材配置》，《杭州文博》2012年第2期，第19—25頁。
④ 姚崇新《觀音與神僧——觀音化問題再考察》，中山大學藝術史研究中心編《藝術史研究》第15輯，廣州：中山大學出版社，2013年，第135—160頁。
⑤ 徐汝聰《試論僧伽造像及僧伽崇拜》，《東南文化》2014年第5期，第89—100頁。
⑥ 牛長立《論古代泗州僧伽像僧、佛、俗神的演化進程》，《宗教學研究》2016年第2期，第102—116頁。
⑦ 鄭弋《佛裝與佛化——中古時期泗州僧伽信仰與圖像的在地化》，《中國國家博物館館刊》2016年第12期，第71—97頁。
⑧ 孫曉崗《圖像學視野下看僧伽信仰的多樣化》，《僧伽大師與佛教中國化研討會論文集》，第132—145頁。
⑨ 馬世長《大足北山佛灣176與177窟——一個奇特題材組合的案例》，重慶大足石刻藝術博物館編《2005年重慶大足石刻國際學術研討會論文集》，北京：文物出版社，2007年，第1—22頁。

特組合爲例,論及其自20世紀60年代以來研究僧伽的文獻和圖像材料成果。重慶大足石刻藝術博物館、四川安岳縣文物局《四川省安岳縣西禪寺石窟調查簡報》①係由馬世長教授帶領重慶大足石刻藝術博物館與安岳縣文物局部分業務人員對西禪寺石窟進行調查的結果,"西寨門1號龕造像表現泗州僧伽和尚三十二化神異事迹,是有關僧伽造像中時代較早、頗具典型的一龕造像"②,這也彌補了三十二相變相圖無實物可證的空白。王天祥、李琦《也論大足北山176與177窟:一個獨特題材組合的案例——以"婦人啓門圖"爲中心》③也認爲大足北山176號窟"彌勒下生經變相"與177號窟"泗州大聖"爲一獨特組合的案例,文章以176窟"婦人啓門圖"爲解讀中心,指出造像內容容納了深切的思念和急切的現實欲求,分別從情和欲兩個方面對佛教教義形成了最深刻的悖反,是形成此獨特題材的根本動力,也是佛教世俗化的最佳例證。李小强《重慶大足北山多寶塔龍樹菩薩造像初探》④在考察了大足北山多寶龍樹菩薩造像之後,李氏認爲大足石刻中大量志公、泗州大聖等聖僧的造像加上龍樹菩薩造像,說明在兩宋時期,大足地區已有濃郁的聖僧崇拜氛圍。馬世長《泗州和尚、三聖像與僧伽三十二變相圖》⑤,馬先生對僧伽的關注達四十年之久,這篇文章是其在安岳石窟考察基礎上對自己四十年收集僧伽研究材料的一個總結性成果,馬先生對全國發現的各種僧伽造像組合、變相搜羅十分全面,是其爲探討佛教圖像本土化而選取的一個研究案例。梅林、紀曉棠《難信"地藏菩薩説",疑是僧伽變相窟——大足七拱橋第6號窟調查簡記》⑥通過與2004年大足臨縣安岳西禪寺僧伽三十二變相及其場景的比對,認爲大足七拱橋第6號窟應爲僧伽三十六化窟。劉青莉《晚唐至宋川渝地區的聖僧造像及聖僧信仰——以僧伽、寶志、萬回造像爲例》⑦圖史資料結合,探討了晚唐至宋川渝地區以僧伽、寶志、萬回爲核心的聖僧造像的源流、僧伽因緣變相圖以及"三聖合龕"形成的原因等。姚崇新、劉青莉《四川安岳西禪寺石窟僧伽三十二化變相及相關問題》⑧對安岳西禪寺石窟的僧伽三十

---

① 重慶大足石刻藝術博物館、四川安岳縣文物局《四川省安岳縣西禪寺石窟調查簡報》,中山大學藝術史研究中心編《藝術史研究》第10輯,廣州:中山大學出版社,2008年,第529—553頁。
② 重慶大足石刻藝術博物館、四川安岳縣文物局《四川省安岳縣西禪寺石窟調查簡報》,第551頁。
③ 王天祥、李琦《也論大足北山176與177窟:一個獨特題材組合的案例——以"婦人啓門圖"爲中心》,《民族藝術》2008年第4期,第107—110轉79頁。
④ 李小强《重慶大足北山多寶塔龍樹菩薩造像初探》,《長江文明》2008年第2期,第67—73頁。
⑤ 馬世長《泗州和尚、三聖像與僧伽三十二變相圖》,中山大學藝術史研究中心編《藝術史研究》第11輯,廣州:中山大學出版社,2009年,第273—327頁。
⑥ 梅林、紀曉棠《難信"地藏菩薩説",疑是僧伽變相窟——大足七拱橋第6號窟調查簡記》,大足石刻研究院編《2009年中國重慶大足石刻國際學術研討會論文集》,重慶:重慶出版社,2013年,第164—168頁。
⑦ 劉青莉《晚唐至宋川渝地區的聖僧造像及聖僧信仰——以僧伽、寶志、萬回造像爲例》,中山大學碩士學位論文,2010年。
⑧ 姚崇新、劉青莉《四川安岳西禪寺石窟僧伽三十二化變相及相關問題》,中山大學藝術研究中心編《藝術史研究》第13輯,廣州:中山大學出版社,2011年,第251—285頁。

二變相進行了識讀,並探討了三十二相的形成與演化問題,認爲"僧伽三十二化"的概念是受到"觀音三十二化"的影響,約於8世紀中期僧伽的"三十二化"及其變相開始出現。李小强、鄧啓兵《"成渝地區"中東部僧伽變相的初步考察及探略》①認爲成渝地區中東部僧伽變相遺存較爲豐富,彌補了之前對僧伽變相認識的不足,並通過對四龕僧伽變相的考察指出其傳承中的延續性和地域性的特點。李小强《四川内江唐宋摩崖造像三題》②討論了内江唐宋摩崖造像,其中僧伽三十六化像的題材國内少見,彌足珍貴。于春《四川夾江千佛岩摩崖造像初步研究》③將夾江千佛岩所有摩崖造像的形制進行了分期探討。肥田路美《四川省夾江千佛岩の僧伽・寶誌・萬迴三聖龕について》④認爲夾江千佛岩造像主尊爲僧伽,左右分別爲寶志和萬回,三聖皆爲觀音化身,三聖僧的共同神異功能是保佑水陸航運安全,與西方净土的組合可能有加强護佑的意涵。高秀軍、李向東《新發現資中月仙洞兩龕僧伽變相初考》⑤考證了資中月仙洞石窟新發現兩例晚唐僧伽變相的内容,並對其與十一面觀音的關係提出思考。

僧伽信仰興起及興盛於東南沿海、河流交匯津渡之處,這些地方造像多有發現並不足爲奇,但在地處中國西北的陝西地區、甘肅地區,僧伽造像亦多有發現,這種現象頗值得玩味。敦煌晚唐第72窟泗州大聖像爲國内發現最早的僧伽畫像之一,是學者研究僧伽像的重要參考資料。陝西僧伽造像的研究,近年研究成果較多。陳曉捷《銅川耀州西部的石窟與摩崖造像》⑥介紹了發現於陳家河頭戴風帽、内著交領大衣、外披袈裟的僧伽造像,並兼論陝西地區的僧伽信仰。李静傑《陝北宋金石窟題記内容分析》⑦通過對石窟題記的分析認爲不尋常的社會環境賦予了陝北宋金石窟特殊的内涵。李静傑《陝北宋金石窟佛教圖像的類型與組合分析》⑧其中非主流圖像中述及僧伽造像,並認爲僧伽圖像的流行或許與其救世和孝道思想有關。石建剛、萬鵬程《延安宋金石窟僧伽造像内涵探析——以清涼山第11窟和石泓寺第7窟僧伽造像爲

---

① 李小强、鄧啓兵《"成渝地區"中東部僧伽變相的初步考察及探略》,中國古迹遺址保護協會石窟專業委員會、龍門石窟研究院編《石窟寺研究》第2輯,北京:文物出版社,2011年,第237—249頁。
② 李小强《四川内江唐宋摩崖造像三題》,《中國國家博物館館刊》2013年第5期,第16—24頁。
③ 于春《四川夾江千佛岩摩崖造像初步研究》,《考古與文物》2014年第3期,第85—96頁。
④ [日]肥田路美《四川省夾江千佛岩の僧伽・寶誌・萬迴三聖龕について》,《早稻田大學大學院文學研究科紀要》第3分册(2013年2月),第51—67頁;又見氏著、臧衛軍譯、于春校《夾江千佛岩091號三聖僧龕研究》,《四川文物》2014年第4期,第73—82頁。
⑤ 高秀軍、李向東《新發現資中月仙洞兩龕僧伽變相初考》,《敦煌研究》2016年第2期,第46—54頁。
⑥ 陳曉捷《銅川耀州西部的石窟與摩崖造像》,《考古與文物》2012年第3期,第78—86頁。
⑦ 李静傑《陝北宋金石窟題記内容分析》,《敦煌研究》2013年第3期,第103—115頁。
⑧ 李静傑《陝北宋金石窟佛教圖像的類型與組合分析》,《故宫學刊》第11輯,北京:故宫出版社,2013年,第109—110頁。

中心》①認爲清涼山第 11 窟和石泓寺第 7 窟僧伽造像所强調的護法、末法以及對净土世界的構建是宋金時期戰亂頻繁的延安地區的真實反映，是僧伽造像最爲核心的部分。

三、僧伽信仰與地方文化

僧伽信仰在面向全國廣泛傳播的同時，在特定地區又有不同的具體表現，或者説與當地文化的結合，形成一種新的地方文化，比較突出的表現爲以僧伽信仰爲代表的觀音信仰與閩臺媽祖信仰的融合。此類的研究成果主要有：

荀德麟《僧伽與泗州普照王寺》②對泗州普照王寺開山大士僧伽大師與普照王寺的關係做了考述，並分析了泗州僧伽信仰興盛的原因。臺灣學者蔡相煇發表了一系列論文，闡述了媽祖信仰與觀音大士的關係。蔡相煇《媽祖信仰的二元價值》③《媽祖信仰宗教基因解密》④《媽祖信仰的宗教本質》⑤考述了媽祖信仰與觀音大士的關係，媽祖信仰是政府支持、臨濟宗僧侶推動的結果，而臨濟宗僧侶也在媽祖的庇蔭下生生不息，在這個形成過程中"泗州文佛"、白衣大士僧伽扮演了重要角色。林曉君《泉州泗州佛信仰調查》⑥《古代福建的泗州僧伽信仰》⑦通過田野調查統計分析了泉州乃至整個福建地區的泗州佛教信仰狀况，主要表現爲與民間信仰的融合。孫曉崗《河南地域泗洲大聖信仰及其造像》⑧考察了河南地區的僧伽造像，認爲中原僧伽信仰除佛教固有元素外還融入了佛、道兩教因素，同時中國傳統"昇仙"思想表現尤爲强烈。路合香《河南觀音圖像與信仰研究》⑨亦對河南地區的泗州大聖做了調查。侯沖《觀音化身信仰與佛教中國化——以僧伽爲例》⑩認爲雲南大理地區流傳的觀音十八化無疑爲另一個僧伽觀音化的翻版，兩者都是觀音化身信仰的具體表現。季愛民《淮泗通津：唐代僧伽信仰故事與傳播》⑪、馬叢叢《普照寺與僧

---

① 石建剛、萬鵬程《延安宋金石窟僧伽造像内涵探析——以清涼山第 11 窟和石泓寺第 7 窟僧伽造像爲中心》，《藝術設計研究》2018 年第 3 期，第 17—22 頁。
② 荀德麟《僧伽與泗州普照王寺》，《江蘇地方志》2003 年第 4 期，第 38—40 頁。
③ 蔡相煇《媽祖信仰的二元價值》，《空大人文學報》2007 年第 16 期，第 57—78 頁。
④ 蔡相煇《媽祖信仰宗教基因解密》，《空大人文學報》2009 年第 18 期，第 129—152 頁。
⑤ 蔡相煇《媽祖信仰的宗教本質》，《空大人文學報》2010 年第 19 期，第 133—156 頁。
⑥ 林曉君《泉州泗州佛信仰調查》，《福建文博》2009 年第 2 期，第 51—55 頁。
⑦ 林曉君《古代福建的泗州僧伽信仰》，《福建文博》2012 年第 4 期，第 78—84 頁。
⑧ 孫曉崗《河南地域泗洲大聖信仰及其造像》，《美與時代（上）》2012 年第 9 期，第 46—49 頁。
⑨ 路合香《河南觀音圖像與信仰研究》，鄭州大學碩士學位論文，2014 年。
⑩ 侯沖《觀音化身信仰與佛教中國化——以僧伽爲例》，《僧伽大師與佛教中國化研討會論文集》，第 62—79 頁。
⑪ 季愛民《淮泗通津：唐代僧伽信仰故事與傳播》，《僧伽大師與佛教中國化研討會論文集》，第 146—156 頁。

伽信仰》①、謝志斌《湖州地區僧伽信仰遺迹考察》②等主要討論了江淮地區、東南沿海僧伽信仰狀況。

四、結　語

　　通過對僧伽及僧伽信仰歷史研究、佛教藝術視角下的僧伽信仰、僧伽信仰與地方文化三個方面的學術史回顧和研究現狀考察，可以發現僧伽信仰與歷史上劉薩訶信仰如出一轍，都爲以宗教信仰爲中心，牽涉到民族、民俗、文學、藝術等廣泛領域的複雜問題。③ 但僧伽無論在文獻記載還是造像的發現上都遠比劉薩訶要豐富，故事更爲多樣，傳播範圍更廣，影響深遠，又爲高僧觀音化的主要代表，對研究佛教中國化、世俗化具有重要意義。自20世紀50年代開始學者一直在關注和討論，尤其80年代以後大量僧伽造像的發現，更加豐富了這一研究，於今討論仍在繼續。從目前的研究狀況來看，筆者認爲有三個方面需要加强：第一，僧伽及其信仰歷史研究方面，學者們已經作了廣泛而深入的討論，但討論的時間段主要集中於唐宋時期，而對於元、明乃至清代僧伽信仰逐漸式微、逐漸下移民間並且越來越世俗化的研究討論不多，對研究者而言，僧伽信仰由興盛到沒落是一個完整的過程，每個階段都值得考察；第二，佛教藝術史視角下的僧伽信仰研究方面，僧伽造像多有發現，學者們已經做了相關解讀，但僧伽造像分佈廣泛，地域空間跨度大，這種藝術上的相互借鑑是如何完成的，其粉本又來自哪裏，此類的研究寥寥無幾，有深入思考的空間。同時，僧伽變相目前發現較少，是以後研究的重點；第三，僧伽信仰與地方文化方面，學者們的研究注意到了僧伽信仰在特定地區的表現，但涉及的地點較少，研究有待全面提高，需借用人類學、民俗學田野調查的研究方法來加强這一方面研究。

---

① 馬叢叢《普照寺與僧伽信仰》，《僧伽大師與佛教中國化研討會論文集》，第198—208頁。
② 謝志斌《湖州地區僧伽信仰遺迹考察》，《僧伽大師與佛教中國化研討會論文集》，第189—197頁。
③ 尚麗新《劉薩訶研究綜述》，《敦煌學輯刊》2009年第1期，第139頁。

中國散藏敦煌文獻叙録

劉　婷（中國社會科學院研究生院）

　　敦煌文獻自發現後不久便經歷了四處流散的命運,目前,除英、法、俄、中四國的國家級圖書館收藏外,敦煌文獻還散藏於世界各公私收藏機構和個人手中,其中中國散藏品的數量當居首位。中國散藏品的來源主要可分爲三個部分:一是 1907 年斯坦因來華前,流散於當地官紳和文人者,主要藏家有廷棟、葉昌熾、汪宗翰等;二是 1910 年清學部押運回京途中散落和被何震彝、李盛鐸、劉廷琛等盜取者;三是新中國成立以後,從他國陸續回購和受贈的文獻。這些文獻或經多次轉手,或多年隱而不宣,收藏情況一直不甚清晰,隨著當前相關整理公佈成果漸增,才使我們對國内散藏敦煌文獻的全貌得以深入瞭解。

　　20 世紀 20 年代開始,學界已對國内散藏敦煌文獻進行著録,如有《旅順關東廳博物館藏敦煌出土之佛教經典》[1]《德化李氏出售敦煌寫本目録》[2]《劉幼雲藏敦煌卷子目録》[3]《敦煌餘録》[4]等。至 60 年代王重民《敦煌遺書總目索引》首次對中國散藏品綜合整理,匯總了臺北"中央圖書館"、旅順博物館、李盛鐸、劉廷琛、羅振玉、傅增湘藏品的信息。[5] 1986 年黄永武《敦煌遺書最新目録》在王目基礎上再次刊佈。[6] 之後榮新江《〈中國所藏敦煌寫本聯合目録〉編寫芻議》分地域對中國散藏品作了説明。[7]《敦煌學大辭典》中由方廣錩、郭子建、榮新江、楊銘、趙和平、鄭阿財主筆介紹了"公私收藏"敦煌文獻。[8] 申國美《中國散藏敦煌文獻分類目録》對已出版圖録和編目的散藏品分類整理編目。[9] 此外,

---

[1]　葉恭綽《旅順關東廳博物館所存敦煌出土之佛教經典》,《圖書館學季刊》第 1 卷 4 號,1926 年。

[2]　《德化李氏出售敦煌寫本目録》,《中央時事周報》1935 年 12 月 15、21 日,著録敦煌文獻 432 號。此目録底本藏於北京大學圖書館善本部,王重民《敦煌遺書總目索引》(北京:商務印書館,1962 年,第 318—323 頁)、黄永武《敦煌遺書最新目録》(臺北:新文豐出版公司,1986 年,第 884—897 頁)皆作《李木齋氏鑒藏寫本目録》收録。後榮新江整理成《李木齋氏鑒藏敦煌寫本目録》(《李盛鐸敦煌寫卷的真與僞》附録,《敦煌學輯刊》1997 年 2 期,第 1—18 頁,收入《鳴沙集》,臺北:新文豐出版公司,1999 年,第 115—143 頁)。另一《德化李氏出售敦煌寫本目録》刊登於《學觚》第 1 卷 7 期,1936 年,著録敦煌文獻 37 號。

[3]　《劉幼雲藏敦煌卷子目録》,《書舶庸譚》,1936 年,收入《董康東遊日記》,石家莊:河北教育出版社,2000 年,第 383—385 頁。

[4]　此爲向達 20 世紀 40 年代兩次到敦煌考察的成果,由榮新江整理收入《向達先生敦煌遺墨》,北京:中華書局,2010 年,第 41—264 頁。

[5]　王重民《敦煌遺書總目索引》,第 314—328 頁。

[6]　黄永武《敦煌遺書最新目録》,第 875—903 頁。

[7]　榮新江《〈中國所藏敦煌寫本聯合目録〉編寫芻議》,《中國敦煌吐魯番學會研究通訊》1988 年 2 期,第 55—58 頁。

[8]　季羨林主編《敦煌學大辭典》,上海:上海辭書出版社,1998 年,第 785—787 頁。

[9]　申國美《中國散藏敦煌文獻分類目録》,北京:北京圖書館出版社,2007 年。

一些學者的專論中也有整理和介紹。① 中國散藏品的圖錄,新中國成立前有羅振玉編《敦煌零拾》《沙州文錄補》《敦煌石室碎金》《貞松堂藏西陲秘笈叢殘》四種②,收錄了羅氏自藏的部分敦煌文獻。至2018年底,已出版中國散藏品的圖錄有《"國立中央圖書館"藏敦煌卷子》③《敦煌吐魯番文物》④《晉魏隋唐殘墨》⑤《上海博物館藏敦煌吐魯番文獻》⑥《北京大學藏敦煌文獻》⑦《天津藝術博物館藏敦煌文獻》⑧《天津文物公司藏敦煌寫經》⑨《上海圖書館藏敦煌文獻》⑩《浙藏敦煌文獻》⑪《甘肅藏敦煌文獻》⑫《中國歷史博物館藏法書大觀》⑬《敦煌寫經殘片》⑭《中國書店藏敦煌文獻》⑮《中國書店藏敦煌寫經叢帖》⑯《務本堂藏敦煌遺書》⑰《成賢齋藏敦煌遺書》⑱《中國文化遺產研究院藏西域文獻遺珍》⑲《旅順博物館藏敦煌本六祖壇經》⑳《"中央研究院"歷史語言研究所傅斯年圖書館藏敦煌遺書》㉑《濱田德海蒐藏敦煌遺書》㉒

---

① 榮新江《敦煌學十八講》,北京:北京大學出版社,2001年,第103—106頁;王素《敦煌吐魯番文獻》,北京:文物出版社,2002年,第79—93頁;王卡《敦煌道教文獻研究——綜述・目錄・索引》,北京:中國社會科學出版社,2004年,第279—280頁;郝春文《敦煌學概論》,北京:高等教育出版社,2010年,第216—217頁;張涌泉、竇懷永《敦煌小說合集・前言》,杭州:浙江文藝出版社,2010年,第1—23頁。劉進寶《敦煌遺書之收藏及數量》,《蘭州學刊》1987年1期,第83—88頁;郭鋒《敦煌西域出土文獻的一個綜合統計》,《敦煌學輯刊》1991年1期,第63—68頁,收入《唐史與敦煌文獻論稿》,北京:中國社會科學出版社,2002年,第387—387頁;王素、李方《略談敦煌文獻的收藏》,《中國史研究動態》2005年9期,第10—18頁;陳樂道《敦煌卷子流散見聞錄》,《檔案》2007年1期,第29—35頁;薩仁高娃《國內藏敦煌漢文文獻中的非漢文文獻》,《文津學志》第2輯,2007年,第107—126頁;夏生平《近二十年來敦煌文獻的收藏、整理與刊佈》,《敦煌研究》2008年5期,第51—58頁;黃維忠《國內藏敦煌藏文文獻的整理與研究回顧》,《敦煌學輯刊》2010年3期,第93—102頁;馬德《敦煌文文獻的研究的幾個問題》,《百年敦煌文獻整理研究國際學術討論會論文集(下)》,2010年,第151—56頁;《國內散藏敦煌遺書的調查隨筆》,《敦煌研究》2012年5期,第46—49頁;宋雪春《國內外敦煌文獻的數量、內容及來源的介紹與考察》,《上海高校圖書情報工作研究》2018年4期,第83—88頁。

② 《敦煌零拾》,東方學會排印本,1924年;《沙州文錄補》,上虞羅氏編印,1924年;《敦煌石室碎金》,東方學會排印,1925年;《貞松堂藏西陲秘籍叢殘》,上虞羅氏景印本,1939年,收入馮志文編《中國西北文獻叢書續編・敦煌學文獻卷1》,蘭州:甘肅文化出版社,1999年。

③ 潘重規主編"國立中央圖書館"藏敦煌卷子》,臺北:石門圖書公司,1976年。

④ 高美慶主編《敦煌吐魯番文物》,上海:上海博物館;香港:香港中文大學文物館,1987年。

⑤ 石谷風《晉魏隋唐殘墨》,合肥:安徽美術出版社,1992年。

⑥ 上海博物館、上海古籍出版社編《上海博物館藏敦煌吐魯番文獻》,上海:上海古籍出版社,1994年。

⑦ 北京大學圖書館、上海古籍出版社編《北京大學圖書館藏敦煌文獻》,上海:上海古籍出版社,1995年。

⑧ 天津藝術博物館、上海古籍出版社編《天津藝術博物館藏敦煌文獻》,上海:上海古籍出版社,1997年。

⑨ 天津文物公司編《天津文物公司藏敦煌寫經》,北京:文物出版社,1998年。

⑩ 上海圖書館、上海古籍出版社編《上海圖書館藏敦煌吐魯番文獻》,上海:上海古籍出版社,1999年。

⑪ 毛昭晰主編《浙藏敦煌文獻》,杭州:浙江教育出版社,2000年。

⑫ 甘肅敦煌文獻編委會《甘肅藏敦煌文獻》,蘭州:甘肅人民出版社,2000年。

⑬ 史樹青主編《中國歷史博物館藏法書大觀》11、12卷,上海:上海教育出版社,2001年。

⑭ 啟功《敦煌寫經殘片》,北京:北京師範大學出版社,2006年。

⑮ 中國書店藏敦煌文獻編委會《中國書店藏敦煌文獻》,北京:中國書店,2007年。

⑯ 中國書店編《中國書店藏敦煌寫經叢帖》全12冊,北京:中國書店,2009年。

⑰ 方廣錩主編《務本堂藏敦煌遺書》,桂林:廣西師範大學出版社,2013年。

⑱ 方廣錩主編《成賢齋藏敦煌遺書》,北京:中國書店,2014年。

⑲ 中國文化遺產研究院編《中國文化遺產研究院藏西域文獻遺珍》,北京:中華書局,2010年。

⑳ 郭富純、王振芬《旅順博物館藏敦煌本六祖壇經》,上海:上海古籍出版社,2011年。

㉑ 方廣錩主編"中央研究院"歷史語言研究所傅斯年圖書館藏敦煌遺書》,臺北:"中央研究院"歷史語言研究所,2013年。

㉒ 方廣錩主編《濱田德海蒐藏敦煌遺書》,北京:國家圖書館出版社,2016年。

《世界民間藏中國敦煌文獻》(一、二)①、《甘肅藏敦煌藏文文獻》②23部(套)。此外,一些古籍書畫的整理圖錄和拍賣網站中也有相關信息公佈,具體將在文中介紹。

綜上,學界對中國散藏敦煌文獻的搜集和編目工作開始較早,尤其21世紀以來刊佈的文獻也大爲增多,但目前尚無一個完整的叙録進行介紹。本文旨在前人基礎上,以收藏單位名稱拼音爲序,對2018年底前公佈的中國散藏品收藏和研究情況略作匯整。另因許多機構將敦煌吐魯番文獻混同公佈,限於文題,本文僅擇要介紹敦煌文獻。據筆者不完全統計,國内散藏敦煌文獻的機構(或個人)達到了85家,現將可查證的收藏信息整理如下:

安　徽

1. 安徽博物院

公佈漢文文獻7(佛教5、非佛教2)件,無編號。收入《書法叢刊》③。《二娘子家書》④《太玄真一本際經道姓品第四》⑤已有研究。

2. 石谷風藏

漢文文獻83(佛教75、非佛教8)件,流水號編目。80件收入《晋魏隋唐殘墨》,3件收入《〈晋魏隋唐殘墨〉綴目》⑥。李刈、方廣錩先後定名和編目。⑦017《大方等大集經》⑧、036《夾注金剛經》⑨、048《靈寶度人經》⑩、060《洞真高上玉帝大洞雌一玉檢五老寶經》⑪,063、064、065《大目乾連冥間救母變文》⑫,

---

① 翁連溪主編《世界民間藏中國敦煌文獻》第1輯,北京:中國書店,2014年;于華剛主編《世界民間藏中國敦煌文獻》第2輯,北京:中國書店,2017年。
② 馬德主編《甘肅藏敦煌藏文文獻》1—6册,上海:上海古籍出版社,2017—2018年,剩餘部分仍在陸續出版中。
③ 《書法叢刊》2002年2期,第18—22頁;《書法叢刊》2003年3期,第8—14頁。
④ 盧茂村《關於"唐二娘子家書"的我見》,《隴右文博》2000年2期,第65—67頁;李正宇《安徽省博物館藏敦煌遺書〈二娘子家書〉》,《敦煌研究》2001年3期,第90—96頁;張金梁《〈唐二娘子家書〉言辭没受倭語影響》,《書法》2002年3期,第41頁;山本孝子《書儀の普及と利用——内外族書儀と家書の關係を中心に》,《敦煌寫本研究年報》第6號,2012年,第169—191頁。
⑤ 劉屹《敦煌道經與中古道教》,蘭州:甘肅教育出版社,2010年,第344頁。
⑥ 方廣錩《〈晋魏隋唐殘墨〉綴目》,《敦煌吐魯番研究》第6卷,北京:北京大學出版社,2002年,第297—334頁。
⑦ 李刈《石谷風藏敦煌遺書殘卷内容小考》,《敦煌研究》2001年4期,第134—137頁;《石谷風藏敦煌寫經殘卷之定名》,《敦煌研究》2002年2期,第51—55頁;方廣錩《〈晋魏隋唐殘墨〉綴目》,第297—334頁。
⑧ 張炎《敦煌本〈大集經〉殘卷綴合研究》,http://www.gwz.fudan.edu.cn/Web/Show/2904,2016年。
⑨ 董大學《〈晋魏隋唐殘墨〉第36號〈夾注金剛經〉研究》,《敦煌學輯刊》2012年2期,第128—134頁。
⑩ 方廣錩《〈晋魏隋唐殘墨〉綴目》,第297—334頁。
⑪ 王卡《敦煌本〈洞真高上玉帝大洞雌一玉檢五老寶經〉校讀記》,《敦煌吐魯番研究》第15卷,上海古籍出版社,2015年,第427—446頁。
⑫ 王繼如《別本〈大目乾連冥間救母變文〉研究》,《敦煌研究》1998年3期,第142—145頁;《敦煌變文研究尚有可爲》,《漢語史學報》總第3輯,2003年,上海:上海教育出版社,第358—367頁;沙知《石谷風藏〈大目乾連冥間救母變文〉殘卷讀後記》,《英國收藏敦煌漢文文獻研究:紀念敦煌文獻發現一百周年》,北京:中國社會科學出版社,2000年,第123—126頁;方廣錩《〈晋魏隋唐殘墨〉綴目》,第297—334頁;張涌泉《新見敦煌變文寫本叙録》,《文學遺産》2015年5期,第130—152頁;陳麗萍《國家圖書館藏四件敦煌變文抄本研讀記》,《出土文獻研究》第15輯,上海:中西書局,2016年,第450—472頁;荒見泰史《『大目乾連冥間救母變文』から見た變文の書き換えと經典化》,《敦煌寫本研究年報》第11號,2017年,第23—38頁。

070《下女夫詞》①已有研究。

北　　京

1. 北京大學圖書館

295（漢文284、藏文6、回鶻文3、于闐文1、梵文1；佛教240、非佛教55）件，以"北大D"爲首編目，編爲246號。張玉範整理編目。② 圖版收入《北京大學圖書館藏敦煌文獻》。北大D20《金剛般若波羅蜜經》③、054《觀世音經》④、074/2《十齋日》⑤、079《賢劫千佛名卷》⑥、083《優婆塞戒經》⑦、085《佛説五無返復經》⑧、099《首羅比丘見五百仙人並見月光童子經》⑨、100《佛説父母恩重經》、101《父母恩重經一卷》⑩、102《佛説八陽神咒經一卷》⑪、104/1《益算經》⑫、109《勸善經》⑬、120《大方廣佛華嚴經》⑭、134《華嚴經》⑮、168《戒本含注一卷》⑯、171《靈寶自然齋儀》⑰、174《道經》⑱、180V

---

① 李刈《石谷風藏敦煌遺書殘卷内容小考》，第134—137頁；方廣錩《〈晋魏隋唐殘墨〉綴目》，第297—334頁；宋雪春《敦煌本〈下女夫詞〉的寫本考察及相關問題研究》，《敦煌學輯刊》2012年4期，第74—83頁。
② 張玉範《北京大學圖書館藏敦煌遺書目録》，《敦煌吐魯番文獻研究論集》第5輯，北京：北京大學出版社，1990年，第503—562頁。
③ 武内康則《ブラーフミー文字で音注を附した漢文經典について：北大D020『金剛般若波羅蜜經』》，《京都大學言語學研究》27號，2008年，第169—188頁。
④ 張炎《敦煌本〈觀世音經〉殘卷綴合與定名研究》，http://www.gwz.fudan.edu.cn/Web/Show/2953，2016年。
⑤ 荒見泰史《敦煌本十齋日資料與齋會、儀禮》，《敦煌吐魯番研究》第14卷，上海：上海古籍出版社，2014年，第379—402頁。
⑥ 山口正晃《敦煌本〈賢劫千佛名經〉について》，《敦煌寫本研究年報》第3號，2009年，第79—102頁；朱瑶《敦煌漢文文獻題記整理與研究》，北京：中國社會科學出版社，2016年，第72頁。
⑦ 黄征、吴偉《敦煌願文集》，長沙：岳麓書社，1995年，第869—870頁；林世田、汪桂海《敦煌寫本〈優婆塞戒經〉版本研究》，《文獻》2008年2期，第33—41頁。
⑧ 郭俊葉、張小剛《敦煌文獻〈佛説五無返復經〉研究》，《敦煌吐魯番研究》第13卷，上海：上海古籍出版社，2013年，第483—497頁。
⑨ 白化文《〈首羅比丘見五百仙人並見月光童子經〉校録》，《敦煌學》第16輯，1990年，第47—59頁；温玉成《〈首羅比丘經〉若干問題探索》，《佛學研究》1999年，第205—209頁；楊梅《〈首羅比丘經〉文本内容及創作時代考》，《敦煌吐魯番研究》第11卷，上海：上海古籍出版社，2009年，第183—198頁。
⑩ 張涌泉《敦煌本〈佛説父母恩重經〉研究》，《文史》1999年第4輯，收入《張涌泉敦煌文獻論叢》，上海：上海古籍出版社，2011年，第260—297頁；鄭阿財《〈父母恩重經〉傳佈的歷史考察——以敦煌本爲中心》，《新世紀敦煌學論集》，成都：巴蜀書社，2003年，第27—48頁。
⑪ 王惠民《曹議金執政前期若干史事考辨》，《段文傑敦煌研究五十年紀念文集》，北京：世界圖書出版公司，1996年，第425—430頁；李正宇《唐宋時期敦煌佛經性質功能的變化》，《戒幢佛學》第2卷，長沙：岳麓書社，2002年，第1—29頁。
⑫ 張小艷《敦煌疑僞經四種殘卷綴合研究》，《宗教學研究》2015年4期，第87—94頁。
⑬ 圓空《〈新菩薩經〉〈勸善經〉〈救諸衆生苦難經〉校録及其流傳背景之探討》，《敦煌研究》1992年1期，第51—62頁。
⑭ 張小艷、傅及斯《敦煌本"晋譯五十華嚴"殘卷綴合研究》，《浙江師範大學學報》2014年6期，第13—26頁；傅及斯《敦煌本〈華嚴經〉整理與研究》，復旦大學碩士學位論文，2014年。
⑮ 傅及斯《敦煌本〈華嚴經〉整理與研究》。
⑯ 張涌泉《古書雙行注文抄刻齊整化研究》，《敦煌吐魯番研究》第12卷，上海：上海古籍出版社，2011年，第279—302頁。
⑰ 周西波《敦煌寫本〈靈寶自然齋儀〉考論》，《敦煌學》第24輯，2003年，第29—46頁。
⑱ 葉貴良《敦煌本〈太上洞淵神咒經〉輯校》，北京：中國社會科學出版社，2013年，第76—87頁。

《盂蘭盆經押座文》①、185《靈圖寺寄住僧道猷狀》②、192《諸文要集》③、193《羯羊帳》④、194《酒賬》⑤、195《重修佛堂記》、202《社長陰公光進神道碑》⑥、195V《具注曆》⑦、197《十二月消息卦》⑧、198《具注曆》⑨、199《道要靈祇神鬼品經》⑩、225《變文》⑪、202V《姪女什一娘祭叔文》⑫、203《管內都僧錄謨廣道場告帖》⑬、241《卜卦書》⑭、245《注維摩詰經序疏釋》⑮、246/1《下女夫詞》⑯、246/2《社司轉帖》⑰和所涉俗字⑱已有研究。

---

① 李小榮《敦煌變文作品校錄二種》,《敦煌學輯刊》2002年2期,第30—33頁;張涌泉《新見敦煌變文寫本叙錄》,第130—152頁。
② 榮新江《敦煌文獻所見晚唐五代宋初的中印文化交往》,《季羨林教授八十華誕紀念論文集》,南昌:江西人民出版社,1991年,第955—968頁;郝春文《歸義軍政權與敦煌佛教之關係新探》,《周紹良先生欣開九秩慶壽文集》,北京:中華書局,1997年,第164—175頁;孫寧《中古時期敦煌僧官升遷示例》,《重慶科技學院學報》2011年1期,第143—145頁;陳大爲、陳卿《唐宋時期敦煌金光明寺考》,《敦煌學輯刊》2016年2期,第48—61頁。
③ 白化文、李鼎霞《〈諸文要集〉殘卷校錄》,《中國文化》1990年1期,第20—26頁;張廣達《"歎佛"與"歎齋"——關於敦煌文書中的〈齋琬文〉的幾個問題》,《慶祝鄧廣銘教授九十華誕論文集》,石家莊:河北教育出版社,1997年,第60—73頁;趙和平《敦煌表狀箋啓書儀輯校》,南京:江蘇古籍出版社,1997年,第424—451頁;《〈諸文要集〉性質初探》,《周紹良先生欣開九秩慶壽文集》,第275—281頁。王三慶《北京大學圖書館藏本〈諸文要集〉一卷研究》,《慶祝吳其昱先生八秩華誕敦煌學特刊》,臺北:文津出版社,2000年,第157—178頁;《敦煌文獻中齋願文的內容分析研究》,《新世紀敦煌學論集》,第598—620頁;趙鑫曄《敦煌寫本〈諸文要集〉新校》,《敦煌學研究》2009年2期,首爾:首爾出版社,第95—131頁。
④ 馬德《敦煌古代工匠研究》,第140頁。
⑤ 馬德《敦煌古代工匠研究》,第340,342頁。
⑥ 郝春文《〈敦煌社邑文書輯校〉補遺(三)》,《首都師範大學學報》2001年4期,第32—33頁。
⑦ 鄧文寬《北大圖書館藏兩件敦煌文獻補説》,《北京圖書館館刊》1996年4期,第90—91頁,收入《敦煌吐魯番天文曆法研究》,蘭州:甘肅教育出版社,2002年,第201—204頁;劉屹《〈北京大學圖書館藏敦煌文獻〉書評》,《敦煌吐魯番研究》第3卷,北京:中華書局,1998年,第376—378頁;趙貞《黃正建〈敦煌占卜文書與唐五代占卜研究〉書評》,《唐研究》第8卷,北京:北京大學出版社,2002年,第517—523頁;《敦煌占卜文書殘卷零拾》,《敦煌吐魯番研究》第8卷,北京:中華書局,2005年,第207—218頁;王晶波《敦煌占卜文獻與社會生活》,蘭州:甘肅教育出版社,2011年,第402—405頁;黃正建《敦煌占卜文書與唐五代占卜研究》(增訂版),北京:中國社會科學出版社,2014年,第88—89頁。
⑧ 王愛和《敦煌占卜文書研究》,蘭州大學博士學位論文,2003年;王晶波《敦煌占卜文獻與社會生活》,第25頁;黃正建《敦煌占卜文書與唐五代占卜研究》(增訂版),第10—11頁。
⑨ 董作賓《敦煌寫本唐大順元年殘曆考》,《圖書月刊》1943年1期,收入《中國敦煌學百年文庫·科技卷》,蘭州:甘肅文化出版社,1999年,第35—39頁;藤枝晃《敦煌曆日譜》,《東方學報》(京都版)第45期,1973年,第377—441頁;施萍婷《敦煌曆日研究》,《1983年全國敦煌學術討論會文集·文史·遺書編上》,蘭州:甘肅人民出版社,1987年,第305—366頁,收入《敦煌習學集》,第66—125頁;鄧文寬《敦煌古曆叢識》,《敦煌學輯刊》1989年1期,第109—111頁;《北大圖書館藏兩件敦煌文獻補説》,第90—91頁。
⑩ 王卡《南北朝隋唐時期的道教類書——以敦煌寫本爲中心的考察》,《唐研究》第19卷,北京:北京大學出版社,2013年,第499—527頁。
⑪ 張涌泉《新見敦煌變文寫本叙錄》,第130—152頁。
⑫ 余欣《浙敦065文書僞卷考——兼論敦煌文獻的辨僞問題》,《敦煌研究》2002年3期,第41—47頁。
⑬ 郝春文《唐後期五代宋初敦煌的春秋官齋、十二月轉經、水則道場與佛教節日》,《慶祝吳其昱先生八秩華誕敦煌學特刊》,臺北:文津出版社,2000年,第243—268頁。
⑭ 王愛和《敦煌占卜文書研究》;王晶波《敦煌占卜文獻與社會生活》,第39—40頁;王祥偉《敦煌五兆卜法文獻校錄研究》,北京:民族出版社,2011年;第152—159頁;黃正建《敦煌占卜文書與唐五代占卜研究》(增訂版),第14頁。
⑮ 佐藤禮子《道液維摩疏の受容を示す一寫本——羽094Rと北大藏D245について》,《敦煌寫本研究年報》第9號,2015年,第111—130頁。
⑯ 楊寶玉《〈敦煌變文集〉未入校的兩個〈下女夫詞〉殘卷校錄》,《敦煌語言文學研究》,北京:北京大學出版社,1988年,第273—294頁;宋雪春《敦煌本〈下女夫詞〉的寫本考察及相關問題研究》,第74—83頁。
⑰ 寧可、郝春文《敦煌社邑文書輯校》,南京:江蘇古籍出版社,1997年,第189—190頁;張小艷《"坐社"與"作社"》,《敦煌研究》2012年4期,第67—76頁。
⑱ 陶美玲《〈北京大學圖書館藏敦煌文獻〉繁化俗字例析》,《文教資料》2013年32期,第121—123頁;《〈北京大學圖書館藏敦煌文獻〉俗字研究》,南京師範大學碩士學位論文,2014年。

2. 北京伍倫國際拍賣有限公司①

公佈漢文文獻 36(佛教 33、非佛教 3)件,以"伍倫"爲首編目。圖版收入《濱田德海蒐藏敦煌遺書》。伍倫 01《妙法蓮華經》、36《瑜伽師地論》②、03《敦煌洪潤鄉洪池鄉百姓借貸契約》、36V《殘地契》③、27/1《黃仕强傳》④已有研究。

3. 成賢齋

28(漢文 25、藏文 3;佛教文獻)件,以"CXZ"爲首編目。圖版收入《成賢齋藏敦煌遺書》和《世界民間藏中國敦煌文獻》(第一輯)。CXZ020-022《無量壽宗要經》⑤已有研究。

4. 故宫博物院

敦煌吐魯番文獻 92(漢文 86、藏文 4、梵文 2;佛教 85、非佛教 7)件,依館藏號編目。王素、任昉、孟嗣徽整理。⑥ 新 57489《佚名道教類書》⑦、152093V《黃巢起義記事》⑧、152095《酒賬》⑨、152372《丙戌年五月十日敦煌百姓李福延借貸契》⑩、153378《慈善孝子報恩成道經》⑪、153380《賢劫千佛名經》⑫、184190《大方廣佛華嚴經》⑬已有研究。

5. 啓功藏

漢文文獻 165 件,無編號。圖版收入《敦煌寫經殘片》。所藏《道經》殘片⑭已有研究。

---

① 岩本篤志《濱田德海舊藏敦煌文獻再考——國立國會圖書館藏本と北京伍倫國際拍賣公司本をめぐつて》,《敦煌寫本研究年報》第 12 號,2018 年,第 131—146 頁。
② 張涌泉、徐鍵《濱田德海舊藏敦煌殘卷兩種研究》,《浙江社會科學》2017 年 3 期,第 99—102 頁。
③ 陳麗萍《四件散見敦煌契約文書》,《敦煌研究》2018 年 3 期,第 101—106 頁。
④ 竇懷永《敦煌小説〈黃仕强傳〉新見寫本研究》,《敦煌學輯刊》2018 年 1 期,第 14—22 頁。
⑤ 束主才讓《成賢齋藏文〈無量壽宗要經〉略述》,《成賢齋敦煌遺書》,北京:中國書店,2014 年,第 1—2 頁。
⑥ 王素、任昉、孟嗣徽《故宫博物院藏敦煌吐魯番文獻目録》,《敦煌研究》2006 年 6 期,第 173—182 頁;《故宫博物館藏敦煌吐魯番文獻提要(寫經、文書類)》,《故宫學刊》第 3 輯,北京:紫禁城出版社,2006 年,第 561—581 頁。
⑦ 王卡《南北朝隋唐時期的道教類書——以敦煌寫本爲中心的考察》,第 499—527 頁。
⑧ 楊新《唐人書黃巢起義記事墨迹》,《文物》1978 年 5 期,第 33—35 頁,收入《楊新美術論文集》,北京:紫禁城出版社,1994 年,第 86—93 頁;諸葛計《對黃巢起義記事墨迹内容的質疑》,《文史》第 12 輯,北京:中華書局,1980 年,第 77—84 頁。
⑨ 施安昌《故宫藏敦煌己巳年樊定延酒破曆初探》,《故宫博物院院刊》2000 年 3 期,第 71—74 頁,收入《善本碑帖論集》,北京:紫禁城出版社,2002 年,第 338—342 頁;楊森《五代宋時期于闐皇太子在敦煌的太子莊》,《敦煌研究》2003 年 4 期,第 40—44 頁;沙武田、趙曉星《歸義軍時期敦煌文獻中的太子》,《敦煌研究》2003 年 4 期,第 45—51 頁;馬德《敦煌古代工匠研究》,北京:文物出版社,2018 年,第 134 頁。
⑩ 陳麗萍《四件散見敦煌契約文書》,第 101—106 頁。
⑪ 鄭阿財《北京故宫藏敦煌本〈慈善孝子報恩成道經〉考》,《敦煌學》第 25 輯,第 543—558 頁;《敦煌本慈善孝子報恩成道經考論》,《敦煌學國際研討會論文集》,北京:北京圖書館出版社,2005 年,第 131—140 頁。許蔚〈〈慈善孝子報恩成道經〉的成立年代及相關問題》,《敦煌研究》2014 年 4 期,第 79—84 頁;楊秀清《唐宋時期敦煌大衆的道教知識與思想——以敦煌文獻爲中心的研究》,《敦煌研究》2015 年 3 期,第 74—87 頁;朱瑶《敦煌漢文文獻題記整理與研究》,第 194 頁。
⑫ 山口正晃《敦煌本〈賢劫千佛名經〉について》,第 79—102 頁。
⑬ 朱鳳玉《陳閬聲藏敦煌文獻題跋輯録與研究》,《敦煌研究》2017 年 1 期,第 74—86 頁。
⑭ 啓功《敦煌寫經殘片》,第 28 頁;王卡《兩件敦煌道經殘片的定名》,《文獻》2009 年 3 期,第 36—41 頁。

6. 首都博物館

敦煌吐魯番文獻89件,已公佈漢文文獻61(佛教59、非佛教2)件,依館藏編號編目。榮新江、王素、余欣鑒定和編目。① 後邢鵬提及館藏爲89件,但無補充目錄。② 32.532《妙法蓮華經卷第八》③、32.536V《佛説八相如來成道經講經文》④、32.540《金剛般若波羅蜜經》、32.1324《佛説藥師經》⑤、1328《孝經》⑥已有研究。

7. 首都師範大學歷史博物館

漢文佛教文獻1件。⑦

8. 務本堂

漢文佛教文獻32件,以"務本"爲首編目。圖版收入《務本堂藏敦煌遺書》。

9. 中國佛教圖書文物館

數目不詳。⑧

10. 中國國家博物館

公佈漢文文獻32(佛教15、非佛教17)件,無統一編號。29件收入《中國歷史博物館藏法書大觀》,2件收入《敦煌社會經濟文獻真迹釋録》,1件由楊揚公佈⑨。《唐河西支度營田使户口給糧計簿殘卷》⑩、《丑年十二月百姓曹先

---

① 榮新江、王素、余欣《首都博物館藏敦煌吐魯番文獻經眼録》,《首都博物館叢刊》第18期,北京:北京燕山出版社,2004年,第166—174頁;《首都博物館藏敦煌吐魯番文獻經眼録續》,《首都博物館叢刊》第21期,北京:北京燕山出版社,2007年,第126—137頁。
② 邢鵬《〈首都博物館藏敦煌吐魯番文獻經眼録〉補遺與考證》,《首都博物館論叢》第28輯,北京:北京燕山出版社,2014年,第257—269頁。
③ 葉渡《館藏敦煌寫卷三事》,《首都博物館論叢》第29輯,北京:北京燕山出版社,2015年,第192—200頁。
④ 葉渡《館藏敦煌寫卷三事》,第192—200頁;張涌泉《新見敦煌變文寫本叙録》,第130—152頁;段真子《首都博物館藏〈佛説如來八相成道講經文〉考》,《唐研究》第22卷,北京:北京大學出版社,2016年,第109—130頁;張家豪《首都博物館藏〈佛説如來八相成道講經文〉(擬)探析》,《敦煌學》第33輯,2017年,第133—152頁;《敦煌變文全集》課題組、張小艷《〈佛説如來八相成道經變文〉校注》,《中國俗文化研究》2017年2期,第3—30頁。
⑤ 葉渡《館藏敦煌寫卷三事》,第192—200頁。
⑥ 葉渡《西晉寫本〈孝經〉殘卷初探》,《首都博物館文集》第7輯,北京:北京燕山出版社,1992年,第1—8頁;《館藏敦煌寫卷三事》,第192—200頁;饒宗頤《索紞寫本〈道德經〉殘卷再論》,《首都博物館叢刊》第17期,北京:北京燕山出版社,2003年,第1—3頁;王素《西晉索紞寫〈道德經〉——兼談西晉張僑寫〈孝經〉殘卷》,《首都博物館叢刊》第17期,第3—11頁。
⑦ 首都師範大學歷史博物館,http://history.cnu.edu.cn/xygk/lsbwg/index.htm。
⑧ 郝春文《敦煌學概論》曾提及,第217頁;宋雪春《國内外藏敦煌文獻的數量、内容及來源的介紹與考察》也有提及,第83—88頁。
⑨ 國博藏敦煌文書多源自羅振玉舊藏,部分未公開圖版也多見於《貞松堂藏西陲秘籍叢殘》。唐耕耦、陸宏基編《敦煌社會經濟文獻真迹釋録》第1輯,北京:書目文獻出版社,1986年,第479—485頁;《敦煌社會經濟文獻真迹釋録》第2輯,北京:全國圖書館文獻縮微複製中心,1990年,第104頁;楊揚《從國博藏〈太玄真一本際經〉談寫經書法》,《中國書畫》2015年4期,第44—48頁。
⑩ 韓國磐《根據敦煌和吐魯番發現的文件略談有關唐代田制的幾個問題》,《歷史研究》1962年4期,第149—160頁;姜伯勤《上海藏本敦煌所出河西支度營田使文書研究》,《敦煌吐魯番文獻研究論集》第2輯,北京:北京大學出版社,1983年,第329—360頁;唐耕耦《敦煌所出唐河西支度營田使户口給糧計簿殘卷》,《中國歷史博物館館刊》1987年10月,第60—66頁;楊際平《上海藏本敦煌所出河西支度營田使文書研究——兼論唐代屯營田的幾種經營方式》,《中國社會經濟史研究》1988年2期,第84—91頁;馮培紅《唐五代敦煌的營田與營田使考》,《蘭州大學學報》2001年4期,第33—42頁;吴超《吐魯番出土唐前期給糧帳及其相關問題研究》,西北師範大學碩士學位論文,2004年;翟麥玲、謝麗《辨析唐代的屯田與營田》,《中國農史》2008年1期,第41—50頁;陸離《論吐蕃統治敦煌時期的官田與營田》,《南京師大學報》2009年3期,第77—82頁。

玉便小麥契(稿)》①、《太玄真一本際經》②,歷博46《老子道德經上卷》③、51《書儀》、52《尺牘》、53《新定書儀鏡》④、55《天成元年殘日曆卷》、56《觀世音菩薩毗沙門天王像》⑤已有研究。

11. 中國書店

公佈88(漢文82、藏文4、回鶻文1、梵文1;佛教81、非佛教7)件,以"ZSD"爲首編目。圖版收入《中國書店藏敦煌文獻》和《中國書店藏敦煌寫經叢帖》。ZSD014《大般涅槃經》⑥、043《道教文獻》、054《靈寶自然齋行道儀》⑦、052《觀世音經》⑧、068《下女夫詞》⑨、074《八相變》⑩、076《書儀》⑪和所涉俗字⑫已有研究。

12. 中國文化遺產研究院

公佈西域文獻235(漢文223、回鶻文8、西夏文4;佛教208、非佛教20、待考7)件,流水號編目。圖版收入《中國文化遺產研究院藏西域文獻遺珍》。054《大般涅槃經疏》、072《道行般若經》、073《道要靈祇鬼品經》⑬和116、117、175《妙法蓮華經》⑭、113《佛教音義》⑮、171《維摩經義疏》⑯、175《妙法蓮華

---

① 沙知《敦煌契約文書輯校》,南京:江蘇古籍出版社,1998年,第101—102頁;楊際平《也談敦煌出土契約中的違約責任條款——兼與余欣同志商榷》,《中國社會經濟史研究》1999年4期,第17—27頁;敏春芳《敦煌契約文書中的"證人""保人"流變考釋》,《敦煌學輯刊》2004年2期,第99—112頁;李倩《漢語"清償債務"概念的表達與"填"的償還義的來源演變》,《浙江教育學院學報》2010年1期,第61—68頁;王喬敏《唐代借貸契約國家干預制度研究》,南京師範大學碩士學位論文,2011年。
② 楊揚《從國博藏〈太玄真一本際經〉談寫經書法》,第44—48頁。
③ 朱大星《敦煌本〈老子〉研究》,北京:中華書局,2007年,第48—49頁。
④ 趙和平《敦煌寫本書儀研究》,臺北:新文豐出版公司,1993年,第126、369頁;王三慶、黃亮文《〈朋友書儀〉一卷研究》,《敦煌學》第25輯,2004年,第21—72頁;黃亮文《〈新定書儀鏡〉相關問題的探討——附論其他書儀的綴補》,《敦煌學》第27輯,2008年,第435—457頁;《論中國散藏書儀寫卷版本及P.3442〈書儀〉的定名與年代問題》,《敦煌學》第28輯,2010年,第73—89頁;山本孝子《書儀的普及與利用——内外族書儀與家書的關係爲中心に》,第169—191頁;山口正晃《羅振玉舊藏〈新定書儀鏡〉斷片的綴合》,《敦煌寫本研究年報》第10號1分册,2016年,第69—87頁;丸山裕美子《磯部武男所藏"朋友書儀"斷簡について(再論)——〈敦煌秘笈〉及び中村不折舊藏吐魯番寫本"朋友書儀"との關係をめぐつて》,《敦煌・吐魯番文書の世界とその時代》,東京:汲古書院,2017年,第399—411頁。
⑤ 朱瑶《敦煌漢文文獻題記整理與研究》,第51、71頁。
⑥ 景盛軒《敦煌大紙寫〈大般涅槃經〉叙錄》,《敦煌學輯刊》2016年4期,第5—12頁。
⑦ 王卡《兩件敦煌道經殘片的定名》,《文獻》2009年3期,第36—41頁。
⑧ 張炎《敦煌本〈觀世音經〉殘卷綴合與定名研究》,復旦大學出土文獻與古文字研究中心,2016年。
⑨ 宋雪春《敦煌本〈下女夫詞〉的寫本考察及相關問題研究》,第74—83頁。
⑩ 張涌泉《新見敦煌變文寫本叙錄》,第130—152頁。
⑪ 黃亮文《論中國散藏書儀寫卷版本及P.3442〈書儀〉的定名與年代問題》,第73—89頁;山本孝子《書儀的普及與利用——内外族書儀與家書的關係爲中心に》,第169—191頁;山口正晃《羅振玉舊藏『新定書儀鏡』斷片的綴合》,第69—87頁。
⑫ 戴明珠《〈中國書店藏敦煌文獻〉俗字研究》,南京師範大學碩士學位論文,2014年。
⑬ 王卡《南北朝隋唐時期的道教類書——以敦煌寫本爲中心的考察》,第499—527頁。
⑭ 趙和平《〈中國文化遺產研究院藏西域文獻遺珍〉書評》,《敦煌吐魯番研究》第16卷,上海:上海古籍出版社,2016年,第425—432頁。
⑮ 張磊《新出敦煌吐魯番寫本韻書、音義書考》,《浙江社會科學》2014年3期,第137—141頁。
⑯ 王曉燕《敦煌寫本〈維摩詰經〉注疏殘卷的綴合》,《敦煌吐魯番研究》第16卷,第353—365頁。

經》①已有研究。

重　慶

1. 重慶寶林博物館

佛教文獻 13（漢文 3、藏文 10）件，以"BL"爲首編目。陳寶林整理編目。② BL.t.002－011《大乘無量壽宗要經》③已有研究。

2. 重慶圖書館

漢文佛教文獻 1 件，爲《大通方廣經》，已有研究。④

3. 重慶中國三峽博物館

敦煌吐魯番文獻 23（漢文 22、藏文 1；佛教文獻）件，22 件流水號編目，1 件未入編，館藏號爲 74433。楊銘整理目録。⑤　08《大智度論》⑥、74433《大般若波羅密多經》⑦已有研究。

4. 西南大學圖書館

漢文佛教文獻 1 件。⑧

甘　肅⑨

1. 敦煌市博物館

326（漢文 81、藏文 245；佛教 324、非佛教 2）件，以"敦博"爲首編號。漢、藏文文獻均已整理編目⑩，圖版分別收入《甘肅藏敦煌文獻》（下簡稱《甘藏》）和《甘

---

① 啓功《啓功叢稿·題跋卷》，北京：中華書局，1999 年，第 133—134 頁；趙和平《武則天爲已逝父母寫經發願文及相關敦煌寫卷綜合研究》，《敦煌學輯刊》2006 年 3 期，第 1—22 頁。
② 陳寶林《重慶寶林博物館藏敦煌寫經》，《敦煌研究》2012 年 5 期，第 50—58 頁。
③ 馬德《國内散藏敦煌遺書的調查隨筆》，《敦煌研究》2012 年 5 期，第 46—49 頁。
④ 華海燕、袁佳紅《重慶市圖書館館藏敦煌寫本殘卷〈大通方廣經〉考辨》，《重慶師範大學學報》2015 年 1 期，第 42—47 頁；《敦煌寫本殘卷〈大通方廣經〉考辨》，《圖書館學刊》2015 年 4 期，第 117—120 頁。
⑤ 楊銘《重慶市博物館藏敦煌吐魯番寫經目録》，《敦煌研究》1996 年 1 期，第 121—124 頁；《重慶市博物館藏敦煌吐魯番文獻寫經題録》，《敦煌吐魯番研究》第 6 卷，第 352—358 頁。
⑥ 楊銘《楊增新等所藏兩件吐魯番敦煌寫經》，《西域研究》1995 年 2 期，第 42—45 頁。
⑦ 劉興亮《新見敦煌寫經殘片小考》，《敦煌研究》2018 年 5 期，第 67—70 頁。
⑧ 華龍網，http://say.cqnews.net/html/2017—01/12/content_40261819.htm。
⑨ 黄文焕《河西吐蕃文書簡述》，《文物》1978 年 12 期，第 59—63 頁；《河西吐蕃經卷目録跋》，《世界宗教研究》1980 年 2 期，第 56—62 頁；《河西吐蕃卷式寫經目録並後記》，《世界宗教研究》1982 年 1 期，第 84—102 頁；韓惠言《甘肅敦煌漢文文獻概況》，《敦煌學輯刊》2000 年 2 期，第 66—70 頁；榮新江《甘藏敦煌文獻知多少？》，《檔案》2000 年 3 期，第 16—19 頁；張涌泉《敦煌故里對敦煌學的新奉獻——〈甘肅藏敦煌文獻〉讀後》，《敦煌研究》2001 年 1 期，第 181—184 頁；鄧明《關於〈甘藏敦煌文獻知多少？〉的一點補充》，《檔案》2002 年 3 期，第 23—24 頁；葉貴良《〈甘肅藏敦煌文獻〉殘卷未識原因初探》，《敦煌研究》2003 年 4 期，第 90—91 頁；馬德《甘肅藏敦煌藏文文獻概述》，《敦煌研究》2006 年 3 期，第 37—41 頁；陳瑞峰《〈甘藏敦煌文獻〉俗字研究》，浙江師範大學碩士學位論文，2012 年；王翠《〈甘肅藏敦煌文獻〉俗字研究》，南京師範大學碩士學位論文，2014 年。
⑩ 榮恩奇《敦煌縣博物館藏敦煌遺書目録》，《敦煌吐魯番文獻研究論集》第 3 輯，北京：北京大學出版社，1986 年，第 581—583 頁；殷光明《敦煌市博物館藏敦煌遺書目録補録》，《敦煌研究》1994 年 3 期，第 112—113 頁；傅立誠、楊俊《敦煌市博物館藏古藏文〈大乘無量壽經〉目録（一）》，《敦煌學輯刊》2004 年 2 期，第 41—58 頁。

肅藏敦煌藏文文獻》（下簡稱《甘藏文》）。敦博 014《大般涅槃經》、072《妙法蓮華經卷四》①、041《大般涅槃經卷五》②、050《大般涅槃經卷三十三、三十四》③、053《金剛般若波羅蜜經》④、055《妙法蓮華經六》，⑤059－062、069《大乘無量壽經》⑥，076《地志》⑦、076V《紫微垣星圖》《占雲氣書》⑧、077 D《六祖壇經》⑨和

---

① 黃征《敦煌俗字例釋》，《敦煌吐魯番研究》第 8 卷，第 249—257 頁。
② 邰惠莉《甘肅藏非敦煌文獻的真偽、來源及相關問題》，《敦煌學輯刊》2000 年 2 期，第 71—78 頁；景盛軒《試論敦煌佛經異文研究的價值和意義——以〈大般涅槃經〉爲例》，《敦煌研究》2004 年 5 期，第 85—89 頁；《敦煌大紙寫〈大般涅槃經〉叙錄》，第 5—12 頁。
③ 景盛軒《敦煌寫本〈大般涅槃經〉著録商補》，《浙江與敦煌學——常書鴻先生誕辰一百周年紀念文集》，杭州：浙江古籍出版社，2004 年，第 343—355 頁。
④ 馬德《敦煌寫經題記的社會意義》，《法源》2001 年 19 期，第 74—89 頁；杜正幹《唐代的〈金剛經〉信仰》，《敦煌研究》2004 年 5 期，第 52—57 頁；趙青山《俗衆佛教信仰的法則——以敦煌寫經爲考察中心》，《唐史論叢》第 12 輯，西安：三秦出版社，2010 年，第 281—294 頁。
⑤ 楊森《唐虞世南子虞昶傳略補》，《陝西師大學報》1992 年 2 期，第 72—75 頁；李尚全《敦煌唐代皇家寫本〈妙法蓮華經〉殘卷考述》，《蘭州大學學報》2017 年 5 期，第 65—73 頁。
⑥ 左麗萍《敦煌〈大乘無量壽經〉寫本考暨俗字匯輯》，浙江師範大學碩士學位論文，2014 年。
⑦ 向達《西征小記》，《國學季刊》第 7 卷 1 期，1950 年，第 1—24 頁，收入《唐代長安與西域文明》，石家莊：河北教育出版社，2001 年，第 328—364 頁；吳震《敦煌石室所出唐天寶初年"郡縣公廨本錢簿"》，《中國文物》1979 年 1 期，第 30—31 頁；《敦煌石室寫本唐天寶初年〈郡縣公廨本錢簿〉校注並跋》，《文史》第 13、14 輯，1982 年，第 89—145、67—104 頁，收入《吳震敦煌吐魯番文書研究論集》，上海：上海古籍出版社，2009 年，第 1—106 頁；薛英群《略談敦煌地志文書中的公廨本錢》，《蘭州大學學報》1980 年 2 期，第 98—100 頁；薛英群、徐樂堯《唐寫本地志殘卷淺考》，《敦煌學輯刊》1981 年總第 2 輯，第 23—47 頁；馬世長《敦煌縣博物館藏地志殘卷》，《敦煌吐魯番文獻研究論集》第 1 輯，北京：中華書局，1982 年，第 265—428 頁；《地志中的"本"和唐代公廨本錢》，《敦煌吐魯番文獻研究論集》第 1 輯，第 429—476 頁；愛宕元《〈大會抄錄〉唐代京兆府的戶口動態：敦博地誌殘卷を手掛かりとして》，《東洋史研究》第 43 卷 2 號，第 569 頁；王永興《隋唐五代經濟史料彙編校注》第 1 編，北京：中華書局，1987 年，第 663—689 頁；鄭炳林《敦煌地理文書匯輯校注》，蘭州：甘肅教育出版社，1989 年，第 151—172 頁；《晚唐五代敦煌商業貿易市場研究》，《敦煌學輯刊》2004 年 1 期，第 103—118 頁；李并成《敦煌遺書中地理書卷的學術價值》，《地理研究》1992 年 3 期，第 41—49 頁；《一批珍貴的古代地理文書——敦煌遺書中的地理書卷》，《中國科技史料》1992 年 4 期，第 88—95 頁；王仲犖《唐天寶初年地志殘卷考釋》，《敦煌石室地志殘卷考釋》，上海：上海古籍出版社，1993 年，第 1—75 頁；華林甫《〈姓氏錄〉寫作年代考》，《敦煌研究》1995 年 4 期，第 99—103 頁；榮新江《敦煌本〈天寶十道錄〉及其價值》，《九州》第 2 輯，1999 年，第 119—126 頁；《敦煌地理文獻的價值與研究》，《書品》2000 年 3 期，第 33—40 頁；陳國燦《敦煌學史事新證》，蘭州：甘肅教育出版社，2002 年，第 238、387 頁；施謝捷《〈敦煌石室地志殘卷考釋〉匡補（一）》，《南京師範大學文學院學報》2003 年 2 期，第 160—165 頁；張弓主編《敦煌典籍與唐五代歷史文化（上卷）》，北京：中國社會科學出版社，2006 年，第 485—525 頁；葉愛國《敦煌市博物館藏敦煌文書第 58 號殘卷定名》，《敦煌研究》2008 年 1 期，第 114 頁；屈直敏《近百年來敦煌地志文書研究回顧》，《敦煌學輯刊》2009 年 2 期，第 65—80 頁；朱祖德《唐代淮南地區的經濟發展探析——以敦博第 58 號敦煌石室寫本爲核心》，《淡江史學》2011 年 23 期，第 1—14 頁；李宗俊《敦博 58 號文書與兩唐書〈地理志〉等相關問題考》，《中國歷史地理論叢》2014 年 2 期，第 46—60 頁。
⑧ 布目潮渢、大野仁《唐開元末府州縣圖作成的試み——敦煌所出天寶初年書寫地志殘卷を中心に》，《唐宋時代の行政、經濟地圖の作研究成果報告》，大阪大學教養部，1981 年，第 39—64 頁；馬世長《敦煌縣博物館藏星圖·占雲氣書殘卷——敦博第五八號卷子研究之三》，《敦煌吐魯番研究論集》第 1 輯，第 477—508 頁；《敦煌寫本紫微恒星圖》，《中國古代天文文物論集》，第 199—210 頁；何丙郁、何冠彪《敦煌殘卷占雲氣書研究》，臺北：藝文印書館，1985 年；潘鼐《中國古代恒星觀測史》，上海：學林出版社，1989 年，第 159 頁；夏鼐《另一件敦煌星圖寫本——〈敦煌星圖乙本〉》，《中國古代天文文物論集》，北京：文物出版社，1989 年，第 121 頁；何丙郁著、台建群譯《一份遺失的占星術著作——敦煌殘卷占雲氣書》，《敦煌研究》1992 年 2 期，第 85—88 頁；鄧文寬《敦煌天文曆法文獻輯校》，南京：江蘇古籍出版社，1996 年，第 93—98 頁；鄧文寬、劉樂賢《敦煌天文氣象占寫本概述》，《敦煌吐魯番研究》第 9 卷，北京：中華書局，2006 年，第 409—424 頁；王晶波《敦煌占卜文獻與社會生活》，第 159—161 頁；黃正建《敦煌占卜文書與唐五代占卜研究》（增訂版）第 44 章；陳于柱、張福慧《日本杏雨書屋藏敦煌文獻羽 42 背〈雲氣占法抄〉整理研究》，《天水師範學院學報》2014 年 4 期，第 51—54 頁。
⑨ 楊曾文《敦煌新本六祖壇經》，上海：上海古籍出版社，1993 年，第 1—76、183—325 頁；《關於敦煌本〈六祖壇經〉中"無相戒"的考察》，《法源》2001 年 19 期，第 16—25 頁；《敦煌本〈壇經〉的佛經引述及其在慧能禪法 （轉下頁）

部分藏文文獻①已有研究。

2. 敦煌市檔案館

藏文佛教文獻12件,以"敦煌檔案局全宗號61·唐·1"爲首編目。李淑萍、黄維忠整理。②

3. 敦煌研究院

近800件,已公佈477(漢文383、藏文94;佛教454、非佛教23)件,以"敦研"爲首編號。漢、藏文文獻均已整理編目③,圖版分别收入《甘藏》與《甘藏文》。青山慶示捐贈和土地廟所出文獻已有專門研究整理④。敦研001、369

(接上頁)中的意義》,《戒幢佛學》第2卷,第30—43頁;榮新江、鄧文寬《有關敦煌本禪籍的幾個問題》,《敦煌學輯刊》1994年2期,第5—16頁;《敦博本禪籍録校》,南京:江蘇古籍出版社,1998年;鄧文寬《〈敦煌新本六祖壇經〉書評》,《敦煌吐魯番研究》第1卷,北京:北京大學出版社,1995年,第395—409頁;《大梵寺佛音——敦煌莫高窟〈壇經〉讀本》,臺北:如聞出版社,1997年;敦煌本〈六祖壇經〉書寫形式和符號發微》,《出土文獻研究》第3輯,北京:中華書局,1998年,第228—233頁;《三篇逸真贊研究——兼論吐蕃統治末期的敦煌僧官》,《出土文獻研究》第4輯,北京:中華書局,1998年,第81—87頁;《敦煌本〈六祖壇經〉的整理與研究》,《敦煌與絲路文化學術講座》第1輯,北京:北京圖書館出版社,2003年,第438—466頁;方廣錩《〈大梵寺佛音——敦煌莫高窟壇經讀本〉評介》,《敦煌研究》1998年1期,第19—22頁;《談敦煌本〈壇經〉標題的格式》,《敦煌壇經合校簡注》,太原:山西古籍出版社,1999年,第141—144頁;《敦煌本〈壇經〉首章校譯疏釋》,《中國禪學》第1卷,北京:中華書局,2002年,第98—114頁;周紹良《敦煌本〈六祖壇經〉是慧能的原本——〈敦博本禪籍録校〉序》,《敦煌吐魯番研究》第1卷,第301—311頁;李申《三部敦煌〈壇經〉校本讀後》,《敦煌壇經合校簡注》,第68—69頁;洪修平《關於〈壇經〉的若干問題研究》,《世界宗教研究》1999年2期,第75—88頁;陳年高《敦博本〈壇經〉的人稱代詞》,《淮陰師範學院學報》2001年2期,第269—274頁;張子開《敦煌寫本〈六祖壇經〉的題名》,《宗教學研究》2002年3期,第43—53頁;蔣宗福《敦煌禪宗文獻校讀剳記》,《中國俗文化研究》第1輯,成都:巴蜀書社,2003年,第150—156頁;《敦博本〈壇經〉相關問題考辨》,《宗教學研究》2007年4期,第83—91頁;陳明聖《敦博本〈六祖壇經〉的禪學思想研究》,南華大學中文所碩士學位論文,2004年;馬德《敦煌册子本〈壇經〉之性質及抄寫年代試探》,《敦煌吐魯番研究》第9卷,第57—62頁;余玥《關於敦博本〈六祖壇經〉慧能生平部分經文的傳奇性研究》,四川大學碩士學位論文,2006年;黄連忠《敦博本六祖壇經文字校正與白話譯釋的方法論》,《敦煌學輯刊》2007年4期,第97—113頁;張文江《敦博本〈壇經〉析義之立宗破疑》,《同濟大學學報》2014年4期,第75—83頁;羅二紅《旅順博物館藏敦煌寫本〈壇經〉研究》,雲南師範大學碩士學位論文,2016年;吴士田《敦煌寫本〈壇經〉的繁化俗字》,《長春大學學報》2017年5期,第39—43頁。

① 陳慶英、端智嘉《一份敦煌吐蕃驛遞文書》,《社會科學》1981年3期,第78—81頁;張廣達《吐蕃飛鳥使與吐蕃驛傳制度——兼論敦煌行人部落》,《敦煌吐魯番文獻研究論集》第1輯,第167—178頁,收入《文書、典籍與西域史地》,桂林:廣西師範大學出版社,2008年,第215—225頁;張延清《簡析敦煌古藏文經卷的抄寫年代》,《敦煌研究》2007年2期,第89—92頁;《翻譯家校閱大師法成及其經目録》,第75—93頁;《敦煌古藏文佛經中的報廢經頁》,《西藏研究》2009年1期,第42—51頁;《吐蕃王妃貝吉昂楚及其敦煌校經題記》,《西藏民族學院學報》2009年5期,第29—36頁;《甘藏吐蕃鉢闡布敦煌校經題記》,《敦煌學輯刊》2010年1期,第29—43頁;《吐蕃敦煌抄經坊》,《慶祝饒宗頤先生九十五華誕敦煌學國際學術研討會論文集》,北京:中華書局,2012年,第557—565頁。

② 李淑萍、黄維忠《敦煌市檔案局所藏藏文寫經定名》,《敦煌學輯刊》2002年2期,第11—22頁。

③ 敦煌文物研究所資料室編《敦煌文物研究所藏敦煌遺書目録》,《文物資料叢刊》第1輯,北京:文物出版社,1977年,第54—67頁;施萍婷、邱惠莉《敦煌研究院藏敦煌文獻叙録》,《敦煌研究文集·敦煌研究院藏敦煌文獻研究篇》,蘭州:甘肅人民出版社,2000年,第13—21頁;張延清等《敦煌研究院藏敦煌古藏文寫經叙録》,《敦煌研究》2006年3期,第42—63頁。

④ 譚蟬雪《青山慶示所捐敦煌文獻及三件校釋》,《敦煌研究》1999年2期,第47—54頁;李正宇《土地廟遺書的發現、特點和入藏年代》,《敦煌研究》1985年3期,第92—97頁;《評莫高窟土地廟藏經來源問題的探討》,《敦煌吐魯番研究》第7卷,北京:中華書局,2004年,第128—137頁;池田温《1944年莫高窟土地廟塑像中發現文獻管見》,《敦煌文藪》,臺北:新文豐出版公司,1999年,第1—38頁;施萍婷《敦煌研究院藏土地廟寫本源自藏經洞》,《敦煌研究》1999年2期,第39—46頁,收入《敦煌習學集》,第275—283頁。

《歸義軍衙府酒破曆》①,007《大慈如來十月廿四日告疏》②、010《佛説祝毒經》③,024、051《大方等大集經》④,066－067、247－252、375《維摩詰經注》⑤,068《北魏禁軍軍官籍簿》⑥、095《李翰自注〈蒙求〉》⑦、178V《佛説八師經》⑧、255《增壹阿含經摘要》⑨、256《佛經》⑩、287《三國志·步騭傳》⑪,298、299《唐

---

① 施萍婷《本所藏〈酒帳〉研究》,《敦煌研究》創刊號,1983年,第142—155頁,收入《敦煌習學集》,第9—30頁;馮培紅《唐五代歸義軍政權中隊職問題辨析》,《敦煌學輯刊》1996年2期,第26—31頁。高啓安《唐五代敦煌人的飲酒習俗述論》,《敦煌研究》2000年3期,第82—89頁;《信仰與生活——唐宋間敦煌社會諸相探賾》,蘭州:甘肅教育出版社,2014年,第217、257頁;高啓安、趙紅《敦煌"玉女"考屑》,《敦煌研究》2005年2期,第68—73頁;鄭炳林《晚唐五代敦煌園囿經濟研究》,《敦煌學輯刊》1997年1期,第24—37頁;《晚唐五代敦煌地區的胡姓居民與聚落》,《敦煌歸義軍史專題研究三編》,蘭州:甘肅文化出版社,2005年,第610—630頁;徐曉麗、鄭炳林《晚唐五代敦煌吐谷渾與吐蕃移民婦女研究》,《敦煌學輯刊》2002年2期,第1—10頁;陳國燦《略論吐魯番出土的敦煌文書》,《西域研究》2002年3期,第1—9頁;沙武田、趙曉星《歸義軍時期敦煌文獻中的太子》,第45—51頁;暨遠志《唐代馬球運動的興起與發展》,《唐墓壁畫國際學術研討會論文集》,西安:三秦出版社,2006年,第69—80頁;譚蟬雪《敦煌民俗——絲路明珠傳風情》,蘭州:甘肅教育出版社,2006年,第13、87頁;劉進寶《從敦煌文書看歸義軍政權的賦役征免——以Дx.2149號文書爲主的探討》,《中國經濟史研究》2007年2期,第71—76頁;趙學東、楊富學《佛教與甘州回鶻之外交》,《敦煌研究》2007年3期,第38—43頁;陳菊霞《歸義軍中後期敦煌縣非十鄉制》,《敦煌研究》2008年3期,第93—97頁;趙玉平、邱朋飛《唐五代敦煌"雩禮"考》,《齊魯藝苑》2009年2期,第92—96頁;馬德《敦煌古代工匠研究》,第57—62、134、331—345、367頁。

② 王惠民《北魏佛教傳帖原件〈大慈如來告疏〉研究》,《敦煌研究》1998年1期,第144—151頁;溫玉成《〈大慈如來告疏〉研究》,《佛學研究》2003年12期,第211—213頁;李正宇《晚唐至宋敦煌僧人聽食"浄肉"》,《敦煌學》第25輯,第182—183頁;古正美《從〈大慈如來告疏〉説起——北魏孝文帝的雲岡彌勒佛王造像》,《2005年雲岡國際學術研討會論文集》,北京:文物出版社,2005年,第7—40頁。

③ 蘇晋仁《敦煌逸經〈祝毒經〉考》,《中國史研究》1986年1期,第69—72頁;楊森《敦研0010號〈佛説祝毒經〉書法風格——從北朝經生體書法談起》,《敦煌研究》1995年1期,第168—171頁。

④ 張炎《敦煌本〈大集經〉殘卷綴合研究》。

⑤ 袁德領《敦煌研究院藏佚本〈維摩詰經注〉的幾個問題》,《敦煌研究》2008年3期,第75—79頁;陶家駿、苗昱《敦煌研究院藏佚本〈維摩詰經注〉寫卷再探》,《敦煌研究》2012年3期,第91—96頁;陶家駿《敦煌研究院藏佚本〈維摩詰經注〉寫卷研究》,蘇州大學博士學位論文,2012年。

⑥ 向達《國立敦煌藝術研究所發現六朝寫經》,《向達先生紀念論文集》,烏魯木齊:新疆人民出版社,1986年,第3—11頁;楊森《敦煌研究院藏卷〈北魏禁軍軍官籍簿〉考述》,《敦煌研究》1987年2期,第20—24頁;嚴耀中《北魏前期政治制度》,長春:吉林教育出版社,1990年,第160—161頁;湯長平《敦煌研究院藏〈北魏軍官籍簿〉辨析》,《敦煌學輯刊》1998年2期,第61—64頁;張金龍《北魏前期禁衛武官制度考論——以史籍記載爲中心》,《歷史研究》2003年3期,第112—113頁;山口正晃《敦煌研究院藏〈北魏敦煌鎮軍官籍簿〉(敦研068號)について》,《敦煌寫本研究年報》創刊號,2007年,第53—80頁。

⑦ 邰惠莉《敦煌本〈李翰自注蒙求〉初探》,《敦煌研究文集·敦煌研究院藏敦煌文獻研究篇》,第437—451頁;汪泛舟《敦煌古代兒童課本》,蘭州:甘肅人民出版社,2000年,第4—5頁;《〈蒙求〉(補足本)》,《敦煌研究文集·敦煌研究院藏敦煌文獻研究篇》,第366—436頁;張娜麗《敦煌研究院藏李翰〈蒙求〉試解——與日藏古抄本之比較》,《敦煌研究》2002年5期,第81—94頁;《敦煌発見の自注童蒙書について——『蒙求』『兎園策府』の諸問題を中心に》,《お茶の水女子大学中国文学会報》22號,2003年,第174—195頁;鄭阿財、朱鳳玉《敦煌蒙書研究》,蘭州:甘肅教育出版社,2002年,第230—233頁;鄭阿財《敦煌本〈蒙求〉及注文之考訂與研究》,《敦煌學》第24輯,2003年,第177—197頁;傅璿琮《尋根索源:〈蒙求〉流傳與作者新考》,《尋根》2004年6期,第58—64頁;常捷《李翰〈蒙求〉研究》,南昌大學碩士學位論文,2007年;唐雯《〈蒙求〉作者新考》,《中國典籍與文化》2008年3期,第18—22頁;章劍《『蒙求和歌』と敦煌文書——敦煌研究院藏九五號本『李翰自注蒙求』を中心に》,《中國學研究論集》第20號,廣島中國文學会,2008年,第22—33頁;章劍《唐古注〈蒙求〉考略——兼論〈蒙求〉在日本的流傳與接受》,《天中學刊》2012年1期,第75—78頁;郭麗《〈蒙求〉作者及作年新考》,《中國典籍與文化》2011年3期,第49—58頁;姚榮環《〈蒙求〉及其續書研究》,東北師範大學碩士學位論文,2014年;李軍《〈蒙求〉作者李瀚生平事迹考實》,《敦煌學輯刊》2018年3期,第176—186頁。

⑧ 定源《敦研178V〈佛説八師經〉譯者小考》,《敦煌研究》2012年6期,第73—79頁。

⑨ 施萍婷《新發現〈增壹阿含經〉摘要》,《敦煌研究文集·敦煌研究院藏敦煌文獻研究篇》,第160—166頁,收入《敦煌習學集》,第268—274頁。

⑩ 陳明《佛教譬喻故事"略要本"在西域和敦煌流傳——以敦研256號寫卷爲例》,《文史》2016年4期,第201—228頁。

⑪ 劉忠貴《敦煌寫本〈三國志·步騭傳〉殘卷考釋》,《敦煌學輯刊》1984年1期,第45頁;尾崎雄二(轉下頁)

代奴婢買賣市券副本》①、322《臘八燃燈分配窟龕名數》②、328《説苑卷第二十反質》③、339《大乘無量壽經》④、341《唐景雲二年張君義勳告》⑤、345《三界寺

(接上頁)郎《敦煌文物研究所藏〈三國志·步騭傳〉殘卷》,《季刊邪馬台國》第18號,1983年,第191—202頁;片山章雄《吐魯番·敦煌発見の『三国志』写本残卷》,《東海史學》26號,1991年,第33—43頁;片山章雄撰、李忠平譯《吐魯番、敦煌發現的〈三國志〉寫本殘卷》,《文教資料》2000年3期,第137—149頁;劉濤《〈三國志·吳書·步騭傳〉寫本殘卷辨偽》,《收藏家》2002年2期,第50—52頁;張涌泉、江學旺《〈三國志·步騭傳〉非偽卷辨》,《敦煌研究》2006年1期,第82—84頁。

① 施萍婷《從一件奴婢買賣文書看唐代的階級壓迫》,《文物》1972年12期,第68—71頁,收入《敦煌吐魯番文書與中古史研究:朱雷先生八秩榮誕祝壽集》(改題爲《本所藏敦煌唐代奴婢買賣文書介紹》),上海:上海古籍出版社,2016年,第8—13頁;池田温《中國古代籍帳研究》,東京:東京大學東洋文化研究所,1979年,第490頁;凍國棟《唐代的"市券"與"私契"——敦煌、吐魯番文書劄記之一》,《喀什師範學院學報》1988年4期,第36—40頁;楊際平《元代買賣奴婢手續——從敦煌研究院藏元延祐三年永昌稅使司文書談起》,《敦煌研究》1990年4期,第64—70頁;李天石《敦煌所出賣身、典身契約年代考》,《敦煌學輯刊》1998年1期,第25—30頁;沙知《敦煌契約文書輯校》,第72—75頁;楊惠玲《敦煌契約文書中的保人、見人、口承人、同便人、同取人》,《敦煌研究》2002年6期,第39—46頁;敏春芳《敦煌契約文書中的"證人""保人"流變考釋》,第99—112頁。

② 吳龍公《敦煌石窟臘八燃燈分配窟龕名數》,《文物》1959年5期,第49頁;金維諾《敦煌窟龕名數考》,《文物》1959年5期,第50—54頁;姜伯勤《敦煌寺院文書中"梁户"的性質》,《中國史研究》1980年3期,第12—24頁;賀世哲《敦煌莫高窟供養人題記校勘》,《中國史研究》1980年3期,第36頁;《從供養人題記看莫高窟部分洞窟的營建年代》,《敦煌莫高窟供養人題記》,北京:文物出版社,1986年,第194—236頁;賀世哲、孫修身《瓜沙曹氏與敦煌莫高窟》,《敦煌研究文集》,蘭州:甘肅民族出版社,1982年,第220—272頁;孫修身《敦煌石窟〈臘八燃燈分配窟龕名數〉寫作時代考》,《絲路訪古》,蘭州:甘肅人民出版社,1983年,第209—215頁;川口久雄《敦煌窟龕造成資料ノート續昭》,《東洋研究所二十周年紀念論文集》,1982年,第39—83頁;段文傑《唐代後期的莫高窟藝術》《晚期的莫高窟藝術》,《段文傑敦煌藝術論文集》,蘭州:甘肅人民出版社,1994年,第196—223、224—249頁;馬德《吳和尚·吳和尚窟·吳家窟——臘八燃燈分配窟名數叢識之一》,《敦煌研究》1987年3期,第62—64頁;《靈圖寺·靈圖寺窟及其他——臘八燃燈分配窟名數叢識之二》,《敦煌研究》1989年2期,第1—4頁;《都僧統之"家窟"及其營建——臘八燃燈分配窟龕名數叢識之三》,《敦煌研究》1989年4期,第54—58頁;《曹氏三大窟營建的社會背景》,《敦煌研究》1991年1期,第19—24頁;《〈吳恩帖〉述略》,《敦煌研究》1992年1期,第21—25頁;《敦煌遺書莫高窟營建史料淺論》,《1990年敦煌學國際研討會文集·石窟考古編》,瀋陽:遼寧美術出版社,1995年,第136—152頁;《莫高窟張都衙窟及有關問題》,《敦煌研究》1996年2期,第30—36頁;《敦煌工匠與敦煌石窟》,《段文傑敦煌研究五十年紀念文集》,第119—129頁;《九、十世紀敦煌工匠史料述論》,《慶祝潘石禪先生九秩華誕敦煌學特刊》,臺北:文津出版社,1996年,第303—324頁;《敦煌古代工匠研究》,第369頁;郝春文《隋唐五代宋初佛社與寺院的關係》,《敦煌學輯刊》1990年1期,第16—23頁;《中古時期社邑研究》,臺北:新文豐出版公司,2006年,第165頁;榮新江《沙州歸義軍歷任節度使稱號研究》,《敦煌學》第19輯,1992年,第15—67頁;湛如《論敦煌佛寺禪窟蘭若的組織及其他》,《段文傑敦煌研究五十年紀念文集》,第87—108頁;寧可、郝春文《敦煌社邑文書輯校》,第281—283頁;楊森《跋〈子年三月五日計料海濟受戒衣鉢具色——如後〉賬及卷背〈釋門教授帖〉文書》,《敦煌研究》1998年2期,第101—106頁;袁德領《歸義軍時期莫高窟與敦煌寺院的關係》,《敦煌研究》2000年3期,第169—176頁;譚蟬雪《唐宋敦煌歲時佛俗——八月至十二月》,《敦煌研究》2001年2期,第73—81頁;《敦煌民俗——絲路明珠傳風情》,第126—128頁;沙武田《莫高窟"天王堂"質疑》,《敦煌研究》2004年2期,第23—27頁;孟憲實《敦煌民間結社研究》,北京:北京大學出版社,2009年,第117—125頁。

③ 斐雲《唐寫本説苑反質篇讀後記》,《文物》1961年3期,第18—19頁;王利器《敦煌寫本〈説苑·反質篇〉殘卷校記跋尾》,《敦煌研究文集·敦煌研究院藏敦煌文獻研究篇》,第223—225頁;李永寧《敦煌文物研究所藏〈説苑·反質篇〉殘卷校勘》,《敦煌研究文集·敦煌研究院藏敦煌文獻研究篇》,第226—256頁;鄧明《敦煌卷子〈説苑卷二十反質〉的來龍去脉》,《檔案》2007年2期,第49—50頁;王繼如《伯2872號考證——敦煌文獻新發現〈説苑〉殘卷》,《敦煌研究》2007年3期,第61—66頁;徐建委《劉向〈説苑〉版本源流考》,《文獻》2008年2期,第58—69頁。

④ 左麗萍《敦煌〈大乘無量壽經〉寫本考暨俗字匯輯》,浙江師範大學碩士學位論文,2014年。

⑤ 大庭脩《敦煌発見の張君義文書について》,《ビブリア:天理圖書館報》第20號,1961年;朱雷《跋敦煌所處〈唐景雲二年張君義勳告〉——兼論"勳告"制度淵源》,《中國古代史論叢》1982年3輯,第331—349頁,收入《朱雷敦煌吐魯番文書論叢》,上海:上海古籍出版社,2012年,第225—243頁;《敦煌研究院藏〈唐景雲二年張君義勳告〉真偽辨》,《2000年敦煌國際學術討論會文集·歷史文化卷》上,蘭州:甘肅民族出版社,2000年,第257—263頁;王三慶《敦煌研究院藏品張大千先生題署夫人〈景雲二年張君義告身〉》,《敦煌學》第18輯,1992年,第97—105頁;内藤みどり《『張君義文書』と唐·突騎施婆葛刃の關係》,《小田義久博士還曆記念東洋史論集》,京都:龍谷大學東洋史學研究会,1995年,第181—209頁;榮新江《〈敦煌莫高窟北區石窟〉(第一卷)評介》,《敦煌研究》2000年4期,第178—180頁;劉安志《敦煌所出張君義文書與唐中宗景龍年間西域政局之變化》,《魏晉南北朝隋唐史資料》第21輯,2004年,第269—295頁。

藏內經論目錄》①、352V《道經》②、356《文選》③、368《國語·周語下》④、368V《北魏太平真君十二年曆日》⑤和部分文獻中的俗字⑥已有研究。

4. 定西市安定區博物館

漢文佛教文獻11件，以"定博"爲首編號。鄭亞萍整理編目⑦，圖版收入《甘藏》。

5. 甘肅省博物館

174（漢文138、藏文36；佛教170、非佛教4）件，以"甘博"爲首編號。漢、藏文文獻均已整理編目⑧，漢文圖版收入《甘藏》。甘博001《法句經》⑨、002《入楞伽經卷第九》⑩、005《優婆塞戒經》⑪、017《十戒經》⑫、021《佛説佛名經卷六、七》⑬、028《摩訶般若波羅蜜經卷第二、三》⑭、029《妙法蓮華經卷一》⑮、111－117《大乘無量壽經》⑯和甘博10565⑰已有研究。

6. 甘肅省檔案館

漢文佛教文獻2件，孫小雲整理。⑱

---

① 朱瑶《敦煌漢文文獻題記整理與研究》，第64—65頁；王翠《〈文選·運命論〉校録整理》，《文教資料》2012年34期，第23—25頁。

② 周西波《敦研352V"道經"考論》，《敦煌學國際研討會論文集》，第141—149頁。

③ 李永寧《本所藏〈文選·運命論〉殘卷介紹》，《敦煌研究》1983年3期，第164—172頁；伏俊璉《敦煌文學總論》，蘭州：甘肅教育出版社，2010年，第104頁。

④ 饒宗頤《敦煌所出北魏寫本〈國語·周語〉舊注殘葉跋》，《敦煌研究文集·敦煌研究院藏敦煌文獻研究篇》，第143—146頁；郭萬青《甘肅敦煌寫本殘卷〈國語·周語下〉校記》，《敦煌研究》2009年3期，第63—72頁。

⑤ 鄧文寬《敦煌本北魏曆日與中國古代月食預報》，《敦煌吐魯番學研究論集》，北京：書目文獻出版社，1996年，第360—372頁，收入《敦煌吐魯番天文曆法研究》，蘭州：甘肅教育出版社，2002年，第189—200頁。

⑥ 黃征《敦煌俗字例釋》，《敦煌吐魯番研究》第8卷，第249—257頁。

⑦ 鄭亞萍《安定區博物館館藏唐代敦煌寫經簡述》，《絲綢之路》2011年12期，第23—24頁。

⑧ 秦明智《關於甘肅省博物館藏敦煌遺書之淺考和目録》，《1983年全國敦煌學術討論會文集·文史遺書篇》，蘭州：甘肅人民出版社，1987年，第459—499頁；黃維忠、王南南《甘肅省博物館所藏敦煌藏文文獻叙録（上）》，《中國藏學》2003年4期，第68—82頁；俄軍《甘肅省博物館藏敦煌藏文文獻補録》，《敦煌研究》2006年3期，第64—68頁。

⑨ 秦明智《前涼寫本〈法句經〉及其有關問題》，《敦煌學輯刊》1982年，第23—27頁；楊森《"婆姨"與"優婆姨"稱謂芻議》，《敦煌研究》1994年3期，第123—127頁；王素《敦煌出土前涼文獻所見"建元"年號的歸屬》，《敦煌吐魯番研究》第2卷，北京：北京大學出版社，1997年，第13—22頁；王菡薇《敦煌東晉紀年〈法句經〉寫本研究》，《學術研究》2012年12期，第111—117頁。

⑩ 朱瑶《敦煌漢文文獻題記整理與研究》，第67—70頁。

⑪ 黃征、吳偉《敦煌願文集》，第869—870頁；林世田、汪桂海《敦煌寫本〈優婆塞戒經〉版本研究》，第33—41頁。

⑫ 周維平《從敦煌遺書看敦煌道教》，《西北民族研究》1999年2期，第126—137頁；徐祖蕃《甘博017〈十戒經〉道士索澄空提及盟文》，《甘肅敦煌文獻》第4卷，蘭州：甘肅人民出版社，1999年，第375頁；楊富學、李永平《甘肅省博物館藏道教〈十戒經傳授盟文〉》，《宗教學研究》2001年1期，第97—111頁；楊森《武則天至玄宗時代敦煌的三洞法師中岳先生述略》，《敦煌研究》2003年3期，第43—49頁；朱大星《敦煌本〈十戒經〉的形成與流傳》，《浙江大學學報》2007年3期，第43—51頁。

⑬ 張磊、劉溪《敦煌本〈佛説佛名經〉（十二卷本）綴合研究》，《敦煌吐魯番研究》第16卷，第337—351頁。

⑭ 黃征、吳偉《敦煌願文集》，第889頁。

⑮ 趙青山、姚磊《敦煌寫經題記的史料價值》，《圖書與情報》2013年6期，第138—140頁。

⑯ 左麗萍《敦煌〈大乘無量壽經〉寫本考暨俗字匯輯》，浙江師範大學碩士學位論文，2014年。

⑰ 黃維忠《甘博10565文本和漢譯文》，《8—9世紀藏文發願文研究——以敦煌藏文發願文爲中心》，北京：民族出版社，2007年，第61—66頁。

⑱ 此2卷文獻爲楊遇春捐贈，參見孫小雲《甘肅省檔案館舉行楊遇春先生珍藏史料捐贈儀式 兩件敦煌卷子入藏甘肅省檔案館》，《檔案》2007年3期，第4頁；陳樂道《敦煌卷子流散見聞録》也有説明。

7. 甘肅省圖書館

佛教文獻383(漢文32、藏文351)件,以"甘圖"爲首編號。漢、藏文文獻均已整理編目①,漢文圖版收入《甘藏》。甘圖13《大乘無量壽經》②、017《金光明最勝王經卷九》③、026《大般涅槃經卷一》④和T.0205、T.0206、T.0266《十萬般若頌》⑤已有研究。

8. 甘肅中醫學院圖書館

漢文佛教文獻3件,以"中醫學院"爲首編號。圖版收入《甘藏》。

9. 高臺縣博物館

佛教文獻5(漢文3、藏文2)件,以"高博"爲首編號。藏文文獻由孫宏武、寇克紅整理公佈⑥,漢文圖版收入《甘藏》。高博001《金剛般若波羅蜜經並序》⑦已有研究。

10. 酒泉市博物館

47(漢文28、藏文19;佛教文獻)件,以"酒博"爲首編號。王保東整理編目⑧,18件漢文圖版收入《甘藏》。酒博002《大乘無量壽經》⑨、013《佛說無常三啓經》⑩已有研究。

11. 蘭山范氏

佛教文獻28(漢文3、藏文24、回鶻文1)件,以"LF"爲首編目,編爲23號。邰惠莉、范軍澍整理。⑪

12. 蘭州某氏

漢文佛教文獻2件,馬德、段鵬整理。⑫

---

① 邵國秀、曾雪梅《甘肅省圖書館藏敦煌寫經題錄》,《圖書與情報》1999年3期,第69—75頁;邰惠莉、娜閏《甘肅省圖書館收藏敦煌文獻簡介》,《敦煌學輯刊》1998年2期,第73—76頁;曾雪梅《甘肅省圖書館藏敦煌文文獻叙錄》,《敦煌研究》2003年5期,第70—76頁;曾雪梅、張延清《甘肅省圖書館藏敦煌梵夾裝藏文寫經考錄(上)》,《中國藏學》2008年3期,第194—206頁;《甘肅省圖書館藏敦煌梵夾裝藏文寫經考錄(下)》,《中國藏學》2008年4期,第75—85頁。

② 左麗萍《敦煌〈大乘無量壽經〉寫本考暨俗字匯輯》,浙江師範大學碩士學位論文,2014年。

③ 趙青山《甘肅藏017號敦煌文書〈金光明最勝王經〉題記解析》,《蘭州大學學報》2015年5期,第119—124頁;陳大爲、陳卿《唐宋時期敦煌金明寺考》,第48—61頁。

④ 景盛軒《敦煌寫本〈大般涅槃經〉著錄商補》,《浙江與敦煌學——常書鴻先生誕辰一百周年紀念文集》,杭州:浙江古籍出版社,2004年,第343—355頁。

⑤ 張延清《翻譯家校閱大師法成及其校經目錄》,《敦煌學輯刊》2008年3期,第75—93頁。

⑥ 孫宏武、寇克紅《張掖甘州區、高臺縣兩博物館藏敦煌藏文〈大乘無量壽宗要經〉簡介》,《敦煌研究》2006年3期,第71—73頁。

⑦ 趙和平《唐代咸亨至儀鳳中的長安宫廷寫經》,《首屆長安佛教國際學術研討會論文集》第3卷,西安:陜西師範大學出版總社有限公司,2010年,第319—337頁;《敦煌本武則天御制經再研究》,《石河子大學學報》2016年6期,第25—32頁;朱瑶《敦煌漢文文獻題記整理與研究》,第136—138頁;董大學《論唐代〈金剛經〉信仰之儀式化傾向——以敦煌文獻爲中心的考察》,《華東師範大學學報》2017年1期,第125—132頁。

⑧ 王保東《酒泉博物館藏敦煌寫經》,《敦煌研究》2012年5期,第75—79頁。

⑨ 張耀中《酒泉博物館古藏文〈大乘無量壽經〉》,《敦煌研究》2006年3期,第74—78頁;左麗萍《敦煌〈大乘無量壽經〉寫本考暨俗字匯輯》,浙江師範大學碩士學位論文,2014年。

⑩ 張炎《敦煌本〈無常經〉殘卷綴合研究》,《圖書館雜志》2018年7期,第118—128頁。

⑪ 邰惠莉、范軍澍《蘭山范氏藏敦煌寫經目錄》,《敦煌研究》2006年3期,第79—85頁。

⑫ 馬德、段鵬《新見敦煌寫經二件題解》,《敦煌學輯刊》2017年1期,第93—100頁。

13. 麥積山石窟藝術研究所

藏文佛教文獻 1 件,編號"麥研.T.16"。張延清、李曉紅整理。①

14. 武威市博物館

藏文佛教文獻 2 件,以"武博"爲首編號。堪措吉、黎大祥整理。②

15. 西北民族大學圖書館

藏文佛教文獻 3 件,以"NUNL"爲首編目。張延清、李毛吉整理。③

16. 西北師範大學博物館

佛教文獻 24(漢文 19、藏文 5)件,以"西北師大"爲首編號。曹懷玉、李并成整理編目④,19 件漢文圖版收入《甘藏》。

17. 永登縣博物館

漢文佛教文獻 4 件,以"永博"爲首編號。圖版收入《甘藏》。

18. 張掖市博物館

佛教文獻 3(漢文 1、藏文 2)件,以"張博"爲首編號。藏文文獻由孫宏武、寇克紅整理公佈⑤,漢文圖版收入《甘藏》,張博 001《妙法蓮華經卷第三》⑥已有研究。

貴　　州

貴州省博物館
漢文佛教文獻 1 件。⑦

湖　　北

湖北省博物館
漢文佛教文獻 47 件,以"鄂博"爲首編目。王倚平、唐剛卯整理編目。⑧

湖　　南

湖南省圖書館
9(漢文 7、藏文 2;佛教文獻)件,以"XT"爲首編目。劉雪平整理編目。⑨

---

① 張延清、李曉紅《麥積山石窟藝術研究所藏古藏文經卷考録》,《敦煌研究》2009 年 5 期,第 94—95 頁。
② 堪措吉、黎大祥《武威市博物館藏敦煌藏文寫本》,《敦煌研究》2006 年 3 期,第 69—70 頁。
③ 張延清、李毛吉《西北民族大學圖書館藏敦煌藏文文獻叙録》,《西藏民族學院學報》2012 年 2 期,第 121—123 頁。
④ 曹懷玉《西北師院歷史系文物室藏敦煌經卷録》,《西北師大學報》1983 年 4 期,第 44—46 頁;李并成《西北師範大學敦煌學研究所藏敦煌經卷録》,《敦煌研究》1993 年 1 期,第 83 頁。
⑤ 孫宏武、寇克紅《張掖甘州區、高台縣兩博物館藏敦煌文〈大乘無量壽宗要經〉簡介》,第 71—73 頁。
⑥ 朱瑶《敦煌漢文文獻題記整理與研究》,第 35—40 頁。
⑦ 貴州省博物館 http://www.gzmuseum.com/zx/zxxx/201803/t20180307_3188030.html。
⑧ 王倚平、唐剛卯《湖北省博物館藏敦煌經卷概述》,《敦煌吐魯番研究》第 5 卷,北京:北京大學出版社,2001 年,第 269—276 頁;王倚平《湖北省博物館藏敦煌遺書目録》,《敦煌吐魯番研究》第 11 卷,第 451—487 頁。
⑨ 劉雪平《湖南省圖書館藏敦煌寫經叙録》,《敦煌研究》2012 年 3 期,第 70—72 頁。

黑 龍 江

黑龍江圖書館
數目不詳。①

江 蘇

1. 南京博物院
31(漢文 29、回鶻文 2;佛教 29、非佛教 2)件,無編號。凌波整理公佈。② 《佛説八師經》學界已有研究。③

2. 南京金陵刻經處
漢文佛教文獻 1 件。方廣錩整理公佈。④

3. 南京師範大學文學院
漢文佛教文獻 3 件,以"南師大文學院"爲首編號。黄征整理公佈並研究。⑤ 南師大文學院 01《如來莊嚴智慧光明入一切佛境界經卷上》⑥、02《法華經卷一》⑦、03《妙法蓮華經卷三》⑧已有研究。

4. 南京圖書館
32(漢文 31、藏文 1;佛教文獻)件,以"南圖"爲首編目。徐憶農、方廣錩整理編目。⑨

5. 蘇州西園戒幢律寺
漢文佛教文獻 2 件。方廣錩整理公佈。⑩

遼 寧

1. 遼寧省博物館
公佈漢文文獻 5(佛教 4 件、非佛教 1)件,無編號。王海萍公佈 3 件。⑪

---

① 榮新江《〈中國所藏敦煌寫本聯合目録〉編寫芻議》曾提及。
② 凌波《南博的三十一件敦煌寫經卷》,《文物天地》2005 年 6 期,第 34—37 頁。
③ 定源《敦研 178V〈佛説八師經〉譯者小考》,第 73—79 頁。
④ 方廣錩《中國散藏敦煌遺書目録(一)》,《敦煌學輯刊》1998 年 2 期,第 77—82 頁。
⑤ 黄征《南師大文學院藏敦煌寫本〈如來莊嚴智慧光明入一切佛境界經卷上〉的鑒定與斷代》,《敦煌研究》2006 年 6 期,第 155—161 頁。
⑥ 趙紅《南師大文學院藏 01 號敦煌寫本〈如來莊嚴智慧光明入一切佛境界經〉卷上的綴合與校勘》,《敦煌研究》2007 年 2 期,第 110—114 頁。
⑦ 趙紅《南師大文學院藏 02 號〈法華經〉殘卷研究》,《西域研究》2007 年 1 期,第 52—56 頁。
⑧ 趙紅《南師大文學院藏 03 號〈妙法蓮華經〉卷第三研究與校勘》,《西域研究》2009 年 1 期,第 78—83 頁。
⑨ 徐憶農《南京圖書館藏敦煌卷子考》,《敦煌學輯刊》1998 年 1 期,第 77—80 頁;方廣錩、徐憶農《南京圖書館所藏敦煌遺書目録》,《敦煌研究》1998 年 4 期,第 134—143 頁。
⑩ 方廣錩《中國散藏敦煌遺書目録(一)》,第 77—82 頁。
⑪ 王海萍《遼寧省博物館藏敦煌殘經書法藝術管窺》,《第二届中國書法史論國際研討會論文集》,北京:文物出版社,1996 年,第 155—158 頁。

《春秋後語·秦語》①《恪法師第一抄》②《阿毗曇毗婆沙論》③已有研究。

2. 旅順博物館

漢文佛教文獻10件,無編號。尚林、方廣錩、榮新江和王珍仁、孫慧貞整理編目9件④,第三批《國家珍貴古籍名録》公佈1件,編號06947。06947《壇經》⑤已有研究。

山　　東

1. 青島市博物館

漢文佛教文獻8件,流水號編目。鄭阿財整理編目⑥。7號《維摩經義記卷第一》⑦和5件許承堯舊藏⑧已有研究。

2. 山東博物館

65(漢文64、藏文1;佛教60、非佛教5)件,以"LB"爲首編目。于芹整理編目。⑨ LB.003《大唐後三藏聖教序》、004《大唐中興三藏聖教序》、052V《天復五年新婦染患施捨文》《都僧統賢照都僧録談廣等上僕射狀稿》⑩已有研究。

3. 山東省圖書館

漢文佛教文獻2件,以"LT"爲首編目。杜雲虹整理編目。⑪

---

① 陳國燦《新見的兩則敦煌文卷〈春秋後語·秦語〉》,《慶祝饒宗頤先生九十五華誕敦煌學國際學術研討會論文集》,第424—429頁;郭丹《敦煌寫本〈春秋後語〉殘片再發現》,《文獻》2013年5期,第66—72頁。

② 王海萍《唐人寫經〈恪法師第一抄〉淺析》,《書法叢刊》1996年3期,第34—41頁;王繼安《〈恪法師第一抄〉草書辨析》,《藝術百家》2010年3期,第182—187頁;曾良、李洪財《〈恪法師第一抄〉性質考證》,《敦煌研究》2011年4期,第94—100頁;李洪財《敦煌草書經卷〈恪法師第一抄〉研究》,廈門大學碩士學位論文,2011年;《〈恪法師第一抄〉的流傳與書寫》,《中國書法》2012年8期,第189—191頁;《〈恪法師第一抄〉釋讀與疑難草書字形和特殊寫法舉例》,《學行堂語言文字論叢》第2輯,成都:四川大學出版社,2012年,第183—223頁;《〈恪法師第一抄〉源流與時間斷限考》,《書法賞評》2013年1期,第42—48頁;趙生泉《〈恪法師第一抄〉考評》,《文物春秋》2012年6期,第58—61頁;曾良《有關〈恪法師第一抄〉雜考》,《敦煌吐魯番研究》第13卷,第475—481頁。

③ 趙青山《隋唐宋初寫經社邑考略——以敦煌寫經題記爲中心》,《敦煌研究》2014年1期,第87—93頁。

④ 葉恭綽《旅順關東廳博物館所存敦煌出土之佛教經典》,《圖書館學季刊》第1卷4期,1926年;尚林、方廣錩、榮新江《中國所藏"大谷收集品"概況——特別以敦煌寫經爲中心》,日本龍谷大學,1991年;王珍仁、孫慧貞《旅順博物館藏敦煌寫經目録及訂正》,《段文傑敦煌研究五十年紀念文集》,第323—327頁。

⑤ 郭富純、王振芬《旅順博物館藏敦煌本六祖壇經》,上海:上海古籍出版社,2011年;王振芬《旅博本〈壇經〉的再發現及其學術價值》,《敦煌吐魯番研究》第12卷,第367—380頁;吴世田《敦煌〈壇經〉寫本的代用字》,《高等函授學報》2012年2期,第49—52頁;張文江《敦煌本〈壇經〉析義之立宗破疑》,第75—83頁;羅二紅《旅順博物館藏敦煌寫本〈壇經〉研究》,雲南師範大學碩士學位論文,2016年。

⑥ 鄭阿財《青島市博物館藏敦煌文獻經眼録》,《2013敦煌、吐魯番國際學術研討會論文集》,臺南:成功大學中國文學系,2014年,第625—644頁。

⑦ 王曉燕《敦煌寫本〈維摩詰經〉注疏經卷的綴合》,第353—365頁。

⑧ 朱鳳玉《散藏敦煌遺書所見題跋輯録與研究——以許承堯舊藏題跋爲例》,《敦煌寫本研究年報》第10號1分冊,2016年,第21—34頁。

⑨ 于芹《山東博物館藏敦煌遺書叙録》,《敦煌研究》2012年5期,第59—69頁。

⑩ 馬德《國內散藏敦煌遺書的調查隨筆》,第46—49頁。

⑪ 杜雲虹《山東省圖書館藏敦煌寫經》,《敦煌研究》2012年5期,第73—74頁。

山　西

山西博物院

漢文佛教文獻 3 件,林世田、汪桂海公佈。①《優婆塞戒經》已有研究。②

陝　西

1. 西安碑林博物館

漢文佛教文獻 7 件,王慶衛公佈。③

2. 西安博物院

漢文佛教文獻 15 件,王慶衛公佈。④

3. 西北大學圖書館

漢文佛教文獻 5 件,張芳梅、李文遜和王慶衛先後整理公佈。⑤

上　海

1. 華東師範大學圖書館

漢文佛教文獻 2 件,韓進公佈。⑥

2. 上海博物館

80(漢文 78、藏文 2;佛教 66、非佛教 14)件,以"上博"爲首編目。圖版收入《上海博物館藏敦煌吐魯番文獻》。上博 01《摩訶般若波羅蜜經疏》⑦、02《比丘尼戒經》⑧,03、61、80《大般涅槃經》⑨,04《大般涅槃經卷第九》⑩、15《法華經文外義一卷》⑪、

---

① 林世田、汪桂海《敦煌寫本〈優婆塞戒經〉版本研究》,第 33—41 頁。
② 宋濤《山西博物院藏〈優婆塞戒經〉殘片考釋》,《文物世界》2007 年 2 期,第 19—22 頁;林世田、汪桂海《敦煌寫本〈優婆塞戒經〉版本研究》,第 33—41 頁。
③ 王慶衛《陝西文物單位藏卷所見敦煌文書的早期流散》,第二屆南開中古社會史工作坊:中古中國的知識與社會會議論文,天津,2018 年 9 月 22 日。
④ 王慶衛《陝西文物單位藏卷所見敦煌文書的早期流散》提及。
⑤ 張芳梅、李文遜《西北大學圖書館藏善本古籍概述》,《河南圖書館館刊》2011 年 4 期,第 134—135 頁;王慶衛《陝西文物單位藏卷所見敦煌文書的早期流散》提及。
⑥ 韓進《華東師範大學圖書館發現敦煌經卷》,《上海高校圖書情報工作研究》2012 年 2 期,第 20 頁。
⑦ 梁微婉《上博 01(2405)V〈摩訶般若波羅蜜經疏〉寫本殘卷書成年代考——以寫本異體字爲中心》,臺灣"中央大學"中國文學系在職專班,2011 年。
⑧ 黄征、吴偉《敦煌願文集》,第 837—838 頁。
⑨ 景盛軒《敦煌寫本〈大般涅槃經〉著録商補》,第 343—355 頁;朱鳳玉《陳閩舊藏敦煌文獻題跋輯録與研究》,第 74—86 頁。
⑩ 景盛軒《敦煌大紙寫〈大般涅槃經〉叙録》,第 5—12 頁。
⑪ 李正宇《敦煌地區古代祠廟寺觀簡志》,《敦煌學輯刊》1988 年 Z1 期,第 70—85 頁;方廣錩《敦煌遺書中的〈法華經〉注疏》,《世界宗教研究》1998 年 2 期,第 75—79 頁。

20/3《究竟大悲經》①、21/A《索鐵子牒》②、21/B《渠人轉帖》③、23《佛説佛名經》④、24《論語鄭玄注》⑤,30、53《妙法蓮華經》⑥,40《造莫高窟記》⑦,44、65《大乘無量壽經》⑧,48 經册⑨、56《佛説父母恩重經》⑩已有研究。

3. 上海圖書館

187(漢文 172、藏文 11、粟特文 1、回鶻文 3;佛教 149、非佛教 38)件,以"上圖"爲首編目。吳織、胡群耘整理公佈⑪,圖版收入《上海圖書館藏敦煌文獻》。001《黄仕强傳》⑫,016、028V《歡喜國王緣》⑬,017/2《葬

---

① 張小艷《敦煌疑僞經四種殘卷綴合研究》,第 87—94 頁。
② 姜伯勤《唐五代敦煌寺户制度》,北京:中華書局,1987 年,第 141—142 頁;郝春文《敦煌寫本社邑文書年代匯考(三)》,《社科縱橫》1993 年 5 期,第 8—13 頁;朱雷《敦煌所出〈索鐵子牒〉中所見歸義軍曹氏時期的"觀户"》,《武漢大學學報》1993 年 6 期,第 72—79 頁,收入《朱雷敦煌吐魯番文書論叢》,第 327—339 頁;沙知《跋上博藏敦煌平康鄉百姓索鐵子牒》,《段文傑敦煌研究五十年紀念文集》,第 234—238 頁;敏春芳《敦煌社邑文書量詞"事"、"笙"辨考》,《敦煌學輯刊》2005 年 2 期,第 180—183 頁。
③ 寧可、郝春文《敦煌社邑文書輯校》,第 397—398 頁;孟憲實《論敦煌渠人社》,《周秦漢唐文化研究》第 3 輯,西安:三秦出版社,2004 年,第 121—148 頁。
④ 朱鳳玉《陳閬舊藏敦煌文獻題跋輯録與研究》,第 74—86 頁。
⑤ 榮新江《〈唐寫本論語鄭氏注及其研究〉拾遺》,《文物》1993 年 2 期,第 56—59 頁,收入《辨僞與存真》,上海古籍出版社,2010 年,第 311—317 頁。
⑥ 李尚全《敦煌唐代皇家寫本〈妙法蓮華經〉殘卷考述》,第 65—73 頁。
⑦ 馬德《三件莫高窟洞窟營造文書述略》,《敦煌研究》1994 年 4 期,第 152—159 頁;《敦煌莫高窟史研究》,蘭州:甘肅教育出版社,1997 年,第 80—85 頁;王惠民《敦煌佛教與石窟營造》,蘭州:甘肅教育出版社,2013 年,第 283—285 頁;榮新江《石碑的力量——從敦煌寫本看碑志的流傳與抄寫》,《唐研究》第 23 卷,北京:北京大學出版社,2017 年,第 307—324 頁。
⑧ 左麗萍《敦煌〈大乘無量壽經〉寫本考暨俗字匯輯》,浙江師範大學碩士學位論文,2014 年。
⑨ 榮新江《敦煌文獻所見晚唐五代宋初的中印文化交往》,第 955—968 頁;郝春文《〈上海博物館藏敦煌吐魯番文獻〉讀後》,《敦煌學輯刊》1994 年 2 期,第 118—123 頁;徐俊《敦煌寫本唐人詩歌佚存互見綜考》,《敦煌吐魯番研究》第 1 卷,第 111—138 頁;《唐詞、唐曲子及其相關問題》,《敦煌吐魯番研究》第 7 卷,第 138—155 頁;鄭阿財《敦煌本佛教詩歌〈九想觀〉詩歌探論》,《中正大學學報》第 7 卷第 1 期,1997 年,第 17—34 頁;《敦煌寫本〈九想觀〉詩歌初探》,《普門學報》2002 年 12 期,第 1—21 頁;《〈父母恩重經〉傳佈的歷史考察——以敦煌本爲中心》,第 27—48 頁;張涌泉《敦煌本〈佛説父母恩重經〉研究》,第 260—297 頁;張總《地藏菩薩十齋日》,《藏外佛教文獻》第 7 輯,北京:宗教文化出版社,2000 年,第 348—371 頁;陳自力《從陸機〈百年歌〉到敦煌〈九想觀〉詩》,《敦煌研究》2001 年 3 期,第 130—136 頁;張總《〈閻羅王授記經〉綴補考研》,《敦煌吐魯番研究》第 5 卷,第 81—116 頁;林仁昱《論敦煌佛教歌曲特質與"弘法"的關係》,《敦煌學》第 23 輯,2002 年,第 55—85 頁;余欣《唐宋敦煌墓葬神煞研究》,《敦煌學輯刊》2003 年 1 期,第 55—68 頁;張子開《敦煌文獻中的白話禪詩》,《敦煌學輯刊》2003 年 1 期,第 81—91 頁;《敦煌佛教文獻中的白話詩》,《宗教學研究》2003 年 4 期,第 44—53 頁;劉屹《上博本〈曹元深祭神文〉的幾個問題》,《敦煌學國際研討會論文集》,第 151—162 頁;馬德《敦煌册子本〈壇經〉之性質及抄寫年代試探》,第 57—62 頁;伏俊璉《敦煌文學總論》,第 218—221 頁;錢光勝《晚唐五代的墓葬神煞與冥界神靈——以上博本〈清泰四年祭神文〉爲例》,《山西師大學報》2012 年 5 期,第 54—58 頁;荒見泰史《敦煌本十齋日資料與齋會、儀禮》,第 379—402 頁。
⑩ 張涌泉《敦煌本〈佛説父母恩重經〉研究》,第 260—297 頁;鄭阿財《〈父母恩重經〉傳佈的歷史考察——以敦煌本爲中心》,第 27—48 頁。
⑪ 吳織、胡群耘《上海圖書館藏敦煌遺書目録——附傳世本寫經及日本古寫經》,《敦煌研究》1986 年 2 期,第 93—107 頁;《上海圖書館藏敦煌遺書目録(續)——附傳世本寫經及日本古寫經》,《敦煌研究》1986 年 3 期,第 89—101 頁。
⑫ 柴劍虹《讀敦煌寫卷〈黄仕强傳〉劄記》,《敦煌語言文學研究》,第 248—266 頁;白化文、楊寶玉《上海圖書館藏敦煌卷子 812531 號〈黄仕强傳〉録文校注》,《敦煌學》第 20 輯,1995 年,第 23—70 頁;李素娟《〈黄仕强傳〉校釋商補》,《敦煌學輯刊》2008 年 2 期,第 155—160 頁;《上圖藏敦煌寫卷〈黄仕强傳〉俗字考辨》,《敦煌學輯刊》2009 年 1 期,第 18—22 頁。
⑬ 《敦煌零拾》,東方學會排印本,1924 年;陳寅恪《有相夫人生天因緣曲跋》,《國學論叢》第 1 卷 2 號,1927 年,收入《金明館叢稿二編》,上海:上海古籍出版社,1980 年,第 171 頁;王重民《敦煌變文集》,北京:人民文學出版社,1957 年,第 772—786 頁;王重民《敦煌古籍叙録》,北京:中華書局,1979 年,第 375 頁;陳允吉《從〈歡喜國 (轉下頁)

經》①、017/5《分書樣文》②、017/6《丁丑年赤心鄉百姓郭安定雇驢契》③、017/7《開蒙要訓》④、018《書儀鏡凶下》⑤、025《大般若波羅蜜多經》⑥、030V《新集文詞九經抄一卷》⑦、032《妙法蓮華經》⑧、035《維摩詰經》⑨、052《妙法蓮華經卷第四》⑩、053《佛説解百生怨家陀羅尼經》⑪、054《四分律》⑫、058《大乘無量壽經》⑬、068《盂蘭盆經贊述》⑭、077《大方廣佛華嚴經卷第二》、079《大佛頂如來密因修正了義諸菩薩萬行首楞嚴經卷第六》⑮、078《太玄真一本際經卷第二》⑯、081《書儀》⑰、088V《太平興國三年僧守秀等一十四人寫大寶積經一部施永安寺題記》《抄經雜寫》⑱、091《優婆塞戒經》⑲、094《佛頂尊勝陀羅尼

(接上頁)王緣〉變文看〈長恨歌〉故事的構成——兼述〈長恨歌〉與佛經文學的關係》,《復旦學報》1985 年 3 期,142—156 頁;郭在貽、張涌泉、黃征《〈歡喜國王緣〉等三種補校》,《語文研究》1989 年 2 期,第 2—5 頁;潘重規《敦煌變文集新書》,臺北:文津出版社,1994 年,第 755—770 頁;黃征、張涌泉《敦煌變文校注》,北京:中華書局,1997 年,第 1089—1101 頁;黃大宏《〈敦煌變文集〉補校散錄》,《古籍整理研究叢刊》2005 年 5 期,第 66 頁;袁書會、仲紅衛《佛教與中國早期白話小説關係研究——以〈歡喜國王緣〉爲中心》,《西藏民族學院學報》2008 年 5 期,第 109—113 頁;侯丹《簡析〈長恨歌〉、〈歡喜國王緣〉、〈優陀羡王緣〉故事之異同》,《齊齊哈爾大學學報》2013 年 4 期,第 74—76 頁。

① 趙貞《黃正建〈敦煌占卜文書與唐五代占卜研究〉書評》,第 517—523 頁;《敦煌占卜文書殘卷零拾》,第 207—218 頁;王晶波《敦煌占卜文獻與社會生活》,第 386—387 頁;黃正建《敦煌占卜文書與唐五代占卜研究》(增訂版),第 75、136 頁。
② 沙知《敦煌契約文書輯校》,第 466—467 頁。
③ 沙知《敦煌契約文書輯校》,第 304—306 頁;楊惠玲《敦煌契約文書中的保人、見人、口承人、同便人、同取人》,第 39—46 頁;李占平、黑維强《敦煌、吐魯番文獻詞語考釋》,《古籍整理研究學刊》2010 年 2 期,第 62—63 頁;徐秀玲《晚唐五代宋初敦煌雇傭契約樣文研究》,《中國農史》2010 年 4 期,第 48—59 頁;侯文昌《敦煌出土吐蕃古藏文借馬契探析》,《科技信息》2011 年 6 期,第 390—391 頁。
④ 鄭阿財、朱鳳玉《敦煌書儀研究》,第 57 頁。
⑤ 張小艷《敦煌書儀語言研究》,北京:商務印書館,2007 年,第 20—21 頁;黃亮文《論中國散藏書儀寫卷版本及 P.3442〈書儀〉的定名與年代問題》,第 73—89 頁;山本孝子《書儀的普及與利用——内外族書儀與家書的關係爲中心》,第 169—191 頁;山口正晃《羅振玉舊藏『新定書儀鏡』斷片的綴合》,第 69—87 頁。
⑥ 劉興亮《新見敦煌寫經殘片小考》,第 67—70 頁。
⑦ 鄭阿財、朱鳳玉《敦煌蒙書研究》,第 296 頁。
⑧ 李尚全《敦煌唐代皇家寫本〈妙法蓮華經〉殘卷考述》,第 65—73 頁。
⑨ 楊義鳳《上圖 035〈維摩詰經〉卷上俗字考辨》,《敦煌學研究》第 11 期,首爾:首爾出版社,2013 年,第 137—146 頁。
⑩ 李正宇《晚唐至宋敦煌僧人聽食"浄肉"》,第 177—194 頁。
⑪ 楊森《唐虞世南子虞昶傳略補》,第 72—75 頁。
⑫ 朱鳳玉《臺灣地區散藏敦煌文獻題跋輯録與研究》,《敦煌學輯刊》2018 年 2 期,第 62—81 頁。
⑬ 左麗萍《敦煌〈大乘無量壽經〉寫本考暨俗字匯輯》,浙江師範大學碩士學位論文,2014 年。
⑭ 陳明《耆婆的形象演變及其在敦煌吐魯番地區的影響》,《文津學志》第 1 輯,北京:北京圖書館出版社,2003 年,第 138—164 頁;荒見泰史《從新資料來探討目連變文的演變及其用途——以上圖 068、北京 8719、北京 7707 文書爲中心探討》,《敦煌學》第 27 輯,2008 年,第 127—152 頁;《敦煌講唱文學寫本研究》,北京:中華書局,2010 年,第 43—48 頁;季愛民《初唐長安宗教宣傳與國家寺觀命名的儒家化趨向》,《古代文明》2012 年 3 期,第 59—60 頁;張小艷《敦煌本〈盂蘭盆經贊述〉兩種辨證》,《文獻》2014 年 6 期,第 27—35 頁。
⑮ 朱鳳玉《陳閻舊藏敦煌文獻題跋輯録與研究》,第 74—86 頁。
⑯ 李曉霞、張乃翥《敦煌道家遺卷中所藴涵的中原文化因緣》,《慶祝饒宗頤先生九十五華誕敦煌學國際學術研討會論文集》,第 630—637 頁;朱鳳玉《陳閻舊藏敦煌文獻題跋輯録與研究》,第 74—86 頁。
⑰ 黃亮文《論中國散藏書儀寫卷版本及 P.3442〈書儀〉的定名與年代問題》,第 73—89 頁。
⑱ 趙青山《隋唐宋初寫經社邑考略——以敦煌寫經題記爲中心》,第 87—93 頁。
⑲ 林世田、汪桂海《敦煌寫本〈優婆塞戒經〉版本研究》,第 33—41 頁。

經》①、105/14《觀音證驗賦》②、117、155、171《瑜伽師地論》③、119《佛説父母恩重經》④、120《勸善文》⑤、137《維摩經疏卷一》⑥、138V《佛教問答》⑦、154《大乘無量壽經》⑧、182《四分律四波羅夷法之一》⑨已有研究。

4. 上海玉佛寺

漢文佛教文獻2件，以"玉佛"爲首編號。方廣錩整理公佈。⑩

四　　川

1. 四川博物院

漢文佛教文獻40件，以"SCM.D"爲首編目。林玉、董華鋒整理編目。⑪

2. 四川省圖書館

漢文文獻1件，爲《唐沙州某市時價簿口馬行時估》，已有研究。⑫

3. 四川大學圖書館

漢文佛教文獻1件，丁偉公佈。⑬

4. 宜賓市博物院

漢文佛教文獻1件，爲《妙法蓮華經》，圖版收入《酒都藏寶》⑭。已有研究。⑮

---

① 陳麗萍《敦煌文書所見唐五代婚變現象初探——以女性爲中心的考察》，《敦煌學輯刊》2005年2期，第164—172頁。

② 張錫厚《敦煌賦彙》，南京：江蘇古籍出版社，1996年，第336—339頁；陳萬成《滬藏〈觀音證驗賦〉殘卷考辨》，《漢學研究》第20卷1期，2002年，第85—99頁；王翠玲《敦煌殘卷「觀音證驗賦」與永明延壽》，《成大中文學報》2002年10期，第167—182頁。

③ 榮新江、余欣《敦煌寫本辨僞示例——以法成講〈瑜伽師地論〉學生筆記爲中心》，《敦煌學·日本學：石塚晴通教授退職紀念文集》，上海：上海辭書出版社，2005年，第65—74頁。

④ 張涌泉《〈父母恩重經〉傳佈的歷史考察——以敦煌本爲中心》，第27—48頁；《以父母十恩德爲主題的佛教文學藝術探源》，《張涌泉敦煌文獻論叢》，第237—259頁。

⑤ 張秀清《〈新菩薩經〉〈勸善經〉〈救諸衆生苦難經〉的紀年分佈考察——以敦煌寫經爲例》，《黑龍江史志》2010年18期，第61—63頁。

⑥ 馬德《敦煌寫經題記的社會意義》，第74—89頁。

⑦ 西口芳男《上圖一三八V仏教問答と『頓悟真宗論』》，《禅文化研究所紀要》第25號，2000年，第57—105頁。

⑧ 左麗萍《敦煌〈大乘無量壽經〉寫本考暨俗字彙輯》，浙江師範大學碩士學位論文，2014年。

⑨ 張涌泉、胡方方《敦煌本〈四分律〉殘卷綜合研究》，《浙江社會科學》2015年6期，第108—115頁。

⑩ 方廣錩《中國散藏敦煌遺書目録（一）》，第77—82頁。

⑪ 林玉、董華鋒《四川博物院藏敦煌吐魯番寫經叙録》，《敦煌研究》2013年2期，第45—56頁。

⑫ 張勳燎《敦煌石室奴婢馬匹價目殘紙的初步研究》，《四川大學學報》1978年3期，第85—91頁；朱雷《敦煌所出〈唐沙州某市時價簿口馬行時沽〉考》，《敦煌吐魯番文書初探》，武漢大學出版社，1983年，第500—518頁，收入《朱雷敦煌吐魯番文書論叢》，第211—224頁；池田温《口馬行考》，《佐久間重男教授退休紀念中國史·陶磁史論集》，東京：燎原書店，1983年，第31—57頁；孟憲實《唐西州馬價考》，《新疆師範大學學報》2016年3期，第117—126頁。

⑬ 丁偉《百川匯海，聚書成山——四川大學圖書館古籍資源紀略》，《藏書家》第22輯，濟南：齊魯書社，2018年，第180—186頁。

⑭ 宜賓市博物院編《酒都藏寶》，北京：文物出版社，2012年，第108—111頁。

⑮ 四川省文物志編輯部編《四川省文物志（征求意見稿）》（第二集），成都：銀河印刷廠，1987年，第206頁；羅歷辛《宜賓市博物院藏敦煌寫本〈妙法蓮華經〉殘卷考》，《新疆大學學報》2017年6期，第89—94頁。

天　津

1. 天津市博物館①
（1）天津市歷史博物館
藏25件。②
（2）天津藝術博物館
336（漢文328、藏文6、回鶻文2；佛教313、非佛教23）號，以"津藝"爲首編目。馬大東、劉國展、李桂英編目。③ 圖版收入《天津藝術博物館藏敦煌文獻》。津藝003、206《金剛般若波羅蜜經》④，012《大般涅槃經卷第十七》⑤、024《成實論疏》⑥、038《大方廣佛華嚴經卷第十七》⑦、039《妙法蓮華經卷第四》、306《金剛般若波羅蜜經》⑧、041、065《賢劫千佛名經》⑨、061D《大乘無量壽經》、061DV《社司轉帖》⑩、061EV《信札》⑪、061FV《壬午年蘇永進雇駱駝契》⑫、090《五代藏經目》⑬、107《文選注》⑭、126、216、238《大般涅槃經迦葉菩薩品之四》⑮、169V《天福四年正月姚文清雇工契》⑯、175《金

---

① 錢玲《館藏敦煌文獻述略》，《文物天地》2015年6期，第11—14頁。
② 王素《敦煌吐魯番文獻》提及。
③ 馬大東《天津市藝術博物館所藏經卷及社會文書述略》，《敦煌研究》1987年2期，第38—39頁；劉國展、李桂英《天津藝術博物館藏敦煌遺書目錄——附傳世本寫經》，《敦煌研究》1987年2期，第74—95頁；雲希正《周叔弢和他收藏的敦煌遺書》，《收藏家》1998年6期，第22—25頁。
④ 杜正幹《唐代的〈金剛經〉信仰》，第52—57頁。
⑤ 馬德《敦煌寫經題記的社會意義》，第74—89頁。
⑥ 池田將則《天津市藝術博物館舊藏敦煌文獻〈成實論疏〉（擬題，津藝024）と杏雨書屋所藏敦煌文獻『誠實論義記』卷第四（羽182）》，《杏雨》第17號，2014年，第316—397頁。
⑦ 黃征《敦煌俗字例釋》，第249—257頁。
⑧ 朱瑤《敦煌漢文文獻題記整理與研究》，第180—182頁。
⑨ 山口正晃《敦煌本〈賢劫千佛名經〉について》，第79—102頁。
⑩ 郝春文《〈敦煌社邑文書輯校〉補遺（一）》，《首都師範大學學報》1999年4期，第28頁；大手前大學、山口正晃《杏雨書屋與天津市藝術博物館所藏〈大乘無量壽經〉寫本劄記—羽684・羽752・津藝61D—》，《2018中國唐史學會第十三屆年會暨唐代的中國與世界國際學術研討會論文集》，第896—907頁。
⑪ 鄭炳林《晚唐五代敦煌貿易市場的外來商品輯考》，《中華文史論叢》第63輯，上海：上海古籍出版社，2000年，第72—76頁。
⑫ 沙知《敦煌契約文書輯校》，第307—308頁；徐秀玲《晚唐五代宋初敦煌雇傭契約樣文研究》，第48—59頁；榮新江《綿綾家家總滿——談十世紀敦煌于闐間的絲織品交流》，《絲綢之路・圖像與歷史論文集》，上海：東華大學出版社，2011年，第35—46頁。
⑬ 郭俊葉《敦煌研究院藏絲質經帙標籤及其相關問題》，《敦煌研究》2005年6期，第88—92頁。
⑭ 羅國威《敦煌本〈文選注〉箋證》，成都：巴蜀書社，2000年，第1—74頁；劉明《天津藝術博物館藏107號敦煌本〈文選注〉校議（一）》，《敦煌學研究》2006年1期，首爾：首爾出版社，第259—283頁；《天津藝術博物館藏107號敦煌本〈文選注〉校議（二）》，《敦煌學研究》2006年2期，首爾：首爾出版社，第289—317頁；伏俊璉《敦煌文學總論》，第105頁；趙家棟《敦煌本〈文選注〉字詞考辨》，《寧夏大學學報》2010年3期，第13—17頁；龔澤軍《敦煌〈文選注〉補校》，《敦煌學輯刊》2011年2期，第76—79頁。
⑮ 景盛軒《敦煌寫本〈大般涅槃經〉著錄商補》，第343—355頁。
⑯ 沙知《敦煌契約文書輯校》，第265—266頁；楊森《從敦煌文獻看中國古代從左向右的書寫格式》，《敦煌研究》2001年2期，第107—112頁；乜小紅《對敦煌農業雇工契中雇傭關係的研究》，《敦煌研究》2009年5期，第116—122頁；徐秀玲《晚唐五代宋初敦煌雇傭契約樣文研究》，第48—59頁；馮學偉《敦煌吐魯番文書中的地方慣例》，《當代法學》2011年2期，第10—21頁；徐秀玲《唐宋之際敦煌農業領域受雇人的生活》，《敦煌研究》2012年5期，第86—92頁；王斐弘《敦煌雇工契約研究》，《原生態民族文化學刊》2017年4期，第52—61頁。

光明最勝王經》①、176《太上靈寶升玄內教經中和品第七》②、182《四分律》③、193《佛說無常經》《佛說水月觀音菩薩經》《佛說咒魅經》《佛說天請問經》④、258《禪數雜事下》⑤、262《金剛般若波羅蜜經》⑥、289《太上妙法本相經東極真人問事品第九》⑦和館藏《妙法蓮華經》⑧學界已有研究。

2. 天津圖書館

漢文文獻222（佛教220、非佛教2）件，以"津圖"爲首編爲177號。天津圖書館歷史文獻部整理編目。⑨ 部分圖版收入《天津圖書館古籍善本圖錄》。⑩ 津圖59、60《藥師琉璃光如來本願功德經》⑪，126《摩訶僧祇律卷五》⑫、137《勸善經》⑬和館藏《照明菩薩方便譬喻治病經》⑭學界已有研究。

3. 天津市文物公司

漢文佛教文獻30件，以"津文"爲首編目。圖版收入《天津文物公司藏敦煌寫經》。17、18《大乘無量壽經》⑮已有研究。

---

① 朱若溪《金光明經敦煌寫本研究》，浙江大學博士學位論文，2017年。
② 萬毅《敦煌本〈升玄內教經〉試探》，《唐研究》第1卷，北京：北京大學出版社，1995年，第67—86頁；《敦煌本道教〈升玄內教經〉的文本順序》，《敦煌研究》2000年4期，第134—142頁；劉屹《論〈升玄經〉的文本差異問題》，《文津學志》第1輯，第191—206頁；王卡《敦煌本〈升玄內教經〉殘卷校讀記》，《敦煌吐魯番研究》第9卷，第63—84頁。
③ 張涌泉、胡方方《敦煌本〈四分律〉殘卷綴合研究》，第108—115頁；朱鳳玉《臺灣地區散藏敦煌文獻題跋輯錄與研究》，第62—81頁。
④ 施萍婷《一件完整的社會風俗史資料——敦煌隨筆之三》，《敦煌研究》1987年2期，第34—37頁，收入《敦煌習學集》，第51—56頁；王惠民《敦煌寫本〈水月觀音經〉研究》，《敦煌研究》1992年3期，第93—98頁；方廣錩《佛說水月光觀音菩薩經》，《藏外佛教文獻》第1輯，北京：宗教文化出版社，1995年，第349—353頁；川崎ミチコ《敦煌文獻に見る人々の「死後の世界」への思いについて：『仏説地藏菩薩経』・『仏説十王経』・『津藝一九三+岡四四+伯二〇五五』写本紹介を中心として》，《東洋大學中國哲學文學科紀要》第18期，2010年，第59—98頁；趙青山《佛教與敦煌信衆死亡觀的嬗變——以隋唐宋初敦煌寫經題記爲中心》，《新疆師範大學學報》2014年3期，第63—69頁；朱瑶《敦煌寫經題記中"家母"詞義考釋》，《山西檔案》2015年6期，第114—118頁。
⑤ 周一良《跋隋開皇寫本禪數雜事殘卷》，《魏晋南北朝史論集》，北京：中華書局，1983年，358—359頁；高啓安《信仰與生活——唐宋間敦煌社會諸相探賾》，第67頁；朱瑶《敦煌漢文文獻題記整理與研究》，第131—132頁。
⑥ 趙青山《隋唐宋初寫經社邑考略——以敦煌寫經題記爲中心》，第87—93頁。
⑦ 劉屹《敦煌道經與中古道教》，第316頁。
⑧ 劉芬《津藝藏〈妙法蓮華經〉五代寫卷異文研究》，南京師範大學碩士學位論文，2015年。
⑨ 天津圖書館歷史文獻部編《天津圖書館藏敦煌遺書目錄》，《敦煌吐魯番研究》第8卷，第311—358頁。
⑩ 天津圖書館編《天津圖書館古籍善本圖錄》，天津：天津古籍出版社，2009年。
⑪ 方廣錩、李際寧《〈天津圖書館古籍善本圖錄·鑒賞圖錄〉叙錄》，《天津圖書館古籍善本圖錄》，天津：天津古籍出版社，2009年；張涌泉、劉艷紅、張宇《敦煌本〈藥師琉璃光如來本願功德經〉殘卷綴合研究》，《浙江師範大學學報》2014年6期，第1—12頁；劉艷紅《敦煌本〈藥師琉璃光如來本願功德經〉寫本考》，浙江師範大學碩士學位論文，2015年。
⑫ 張涌泉、劉丹《敦煌本〈摩訶僧祇律〉殘卷綴合研究》，《敦煌學輯刊》2018年2期，第82—102頁。
⑬ 張秀清《〈新菩薩經〉〈勸善經〉〈救諸衆生苦難經〉的紀年分佈考察——以敦煌寫經爲例》，第61—63頁。
⑭ 胡艷傑、王惠民《天津圖書館藏敦煌文獻〈照明菩薩方便譬喻治病經〉解說》，《姜伯勤教授八秩華誕頌壽史學論文集》，廣州：廣東人民出版社，2018年，第357—361頁。
⑮ 左麗萍《敦煌〈大乘無量壽經〉寫本考暨俗字匯輯》，浙江師範大學碩士學位論文，2014年；朱瑶《敦煌漢文文獻題記整理與研究》，第35—40頁。

臺　　灣①

1. 臺北"故宮博物院"

漢文佛教文獻6件，依館藏編號編目。朱鳳玉整理公佈。② 國贈05866《大方廣佛華嚴經》③已有研究。

2. 臺北"國家圖書館"

160(漢文156、藏文4;佛教156、非佛教4)件，流水號編爲144號。漢、藏文均已整理公佈④，圖版收入《"國立中央圖書館"藏敦煌卷子》。臺圖1、2《大方廣佛華嚴經》⑤,25《金光明最勝王經第九》、139《道安法師念佛贊文》⑥、32《盂蘭盆經講經文》⑦、51《報恩金剛經文》⑧、65《妙法蓮華經·如來壽量品第十六》、98《十地論》⑨、68/3《妙法蓮華經》⑩、119V《書儀》⑪和藏文文獻⑫已有研究。

3. 臺北"國立歷史博物館"

漢文佛教文獻2件，金榮華整理公佈。⑬

4. 中華海峽兩岸文化資産交流促進會(海華堂)

43(漢文41、藏文2;佛教42、非佛教1)件，以"HHT"爲首編目。圖版收入《世界民間藏中國敦煌文獻》(第二輯)。HHT 012《大般涅槃經卷三十六》⑭、014《金剛般若波羅蜜經一卷》、015《金光明經卷第四》、033《大般若波羅蜜多經卷二百四十一》⑮已有研究。

---

① 鄭阿財《臺灣地區敦煌寫本的收藏與研究之考察》，《敦煌學》第21輯，1998年，第91—106頁;朱鳳玉《臺灣地區散藏敦煌文獻題跋輯録與研究》，第62—81頁。
② 朱鳳玉《臺灣地區散藏敦煌文獻題跋輯録與研究》，第62—81頁。
③ 朱鳳玉《臺灣地區散藏敦煌文獻題跋輯録與研究》，第62—81頁。
④ 潘重規《"國立中央圖書館"所藏敦煌卷子題記》，《新亞學報》第8卷2期，1968年，第321—373頁;吴其昱《臺北"中央圖書館"藏敦煌蕃文寫本佛經四卷考》，《敦煌學》第2輯，1975年，第56—73頁;石田幹之助撰，邱榮鐊譯《臺北圖書館所藏敦煌古鈔目録》，《敦煌學》第2輯，第70—73頁;牧田諦亮《臺北中央図書館の敦煌経》，《印度學佛教學研究》18卷2期，1970年，第638—643頁;牧田諦亮著，楊鍾基譯《臺北中央圖書館之敦煌經》，《敦煌學》第2輯，第74—79頁。
⑤ 張小艷、傅及斯《敦煌本"晋譯五十華嚴"殘卷綴合研究》，第13—26頁;傅及斯《敦煌本〈華嚴經〉整理與研究》，復旦大學碩士學位論文，2014年。
⑥ 朱瑶《敦煌漢文文獻題記整理與研究》，第50—51頁。
⑦ 潘重規《敦煌變文集新書》，第487—496頁。
⑧ 董大學、宋雪春《臺北"中央"圖書館藏敦煌寫本〈報恩金剛經文〉考辨》，《圖書館雜志》2018年7期，第113—117頁。
⑨ 朱鳳玉《臺灣地區散藏敦煌文獻題跋輯録與研究》，第62—81頁。
⑩ 張炎《敦煌佛經殘卷的綴合與定名——以〈妙法蓮華經〉爲例》，http://www.gwz.fudan.edu.cn/Web/Show/2910，2016年;《敦煌佛經殘卷的綴合與定名——以〈妙法蓮華經〉爲例》，《敦煌研究》2017年5期，第64—76頁。
⑪ 張小艷《敦煌書儀語言研究》，第28頁;黄亮文《論中國散藏書儀寫卷版本及P.3442〈書儀〉的定名與年代問題》，第73—89頁。
⑫ 吴其昱《臺北"中央圖書館"藏敦煌蕃文寫本佛經四卷考》，第56—73頁。
⑬ 金榮華《臺北"國立歷史博物館"藏敦煌卷子跋》，《華岡文科學報》1980年總第12期，第269—275頁。
⑭ 景盛軒《敦煌大紙寫〈大般涅槃經〉叙録》，第5—12頁。
⑮ 朱鳳玉《臺灣地區散藏敦煌文獻題跋輯録與研究》，第62—81頁。

5. "中央研究院"歷史語言研究所傅斯年圖書館

51件,以"傅圖"爲首編爲87(漢文59、藏文15、回鶻文7;佛教72、非佛教9;木捺佛像2、素紙1、經帙1、西夏文2)號。鄭阿財、齋藤智寬、方廣錩整理編目①,圖版收入《中央研究院歷史語言研究所傅斯年圖書館藏敦煌遺書》。傅圖05《優婆塞戒經》②、07《大般涅槃經第十八至廿》③、15/1《五言詩·郎君須立身》④、15V/2《下女夫詞》⑤、15V/4《辛酉年二月劉善通牒稿》(亦稱《辛酉年歸義軍都押衙曹光嗣牒》)⑥、27《隨求即得大自在陀羅尼神咒經》⑦、28《法華義記卷一》、29/A《四分律卷一》⑧、35/2《河西節度使道場文》⑨、36/1《圓明論》⑩、37《降魔變文》⑪已有研究。

香　　港

1. 北山堂

漢文佛教文獻2件,圖版收入《敦煌吐魯番文物》。

2. 近墨堂

漢文《增壹阿含經》1件,編爲"近墨堂1002.hs",已有研究。⑫

3. 劉氏虛白齋

漢文佛教文獻2件,圖版收入《敦煌吐魯番文物》。

4. 脉望館

漢文佛教文獻40件,其中38件爲殘片,收入《沈曾植舊藏〈唐人寫經集錦〉》。⑬

---

① 鄭阿財《臺北"中央研究院"傅斯年圖書館藏敦煌卷子題記》,《慶祝吳其昱先生八秩華誕敦煌學特刊》,第355—402頁;齋藤智寬《"中央研究院"歷史語言所傅斯年圖書館〈敦煌文獻〉漢文部分敘錄補》,《敦煌寫本研究年報》創刊號,第27—52頁;方廣錩主編《"中央研究院"歷史語言研究所傅斯年圖書館藏敦煌遺書》,臺北:"中央研究院"歷史語言研究所,2013年,第1—73頁。
② 林世田、汪桂海《敦煌寫本〈優婆塞戒經〉版本研究》,第33—41頁。
③ 朱瑤《敦煌漢文文獻題記整理與研究》,第51頁。
④ 田衛衛《〈秦婦吟〉敦煌寫本新探——文本概觀與分析》,《敦煌研究》2015年5期,第81—92頁。
⑤ 宋雪春《敦煌本〈下女夫詞〉的寫本考察及相關問題研究》,第74—83頁。
⑥ 徐曉麗、鄭炳林《讀臺灣"中央研究院"傅斯年圖書館藏兩件敦煌文書劄記》,《蘭州大學學報》2003年2期,第37—42頁;楊秀清《光化三年張承奉領節事鉤沉》,《敦煌研究》2005年1期,第11—14頁;鄭炳林《讀傅斯年圖書館藏〈辛酉年歸義軍都押衙曹光嗣牒〉劄記》,《敦煌學輯刊》2015年4期,第1—5頁。
⑦ 朱鳳玉《散藏敦煌遺書所見題跋輯錄與研究——以許承堯舊藏題跋爲例》,第21—33頁。
⑧ 朱鳳玉《臺灣地區散藏敦煌文獻題跋輯錄與研究》,第62—81頁。
⑨ 徐曉麗、鄭炳林《讀臺灣"中央研究院"傅斯年圖書館藏兩件敦煌文書劄記》,第37—42頁。
⑩ 黃青萍《敦煌寫本〈圓明論〉與〈阿摩羅識〉初探——以傅圖188106號爲中心》,《"中研院"歷史語言研究所集刊》,2013年,第199—233頁。
⑪ 沙岡和子《臺灣傅斯年圖書館藏〈降魔變文〉補校》,《南京師範大學文學學報》2003年2期,第154—159頁。
⑫ 釋長叡《「杏雨書屋」所藏敦煌寫卷「羽619」與「阿含部類」的關係研究》,法鼓文理學院碩士學位論文,2015年。
⑬ 見於脉望林霄博客《方廣錩先生香港訪敦煌遺書記(其一、其二)》,http://blog.sina.com.cn//s/blog_aff35b1b01019hzn.html;http://blog.sina.com.cn/s/blog_aff35b1b01019i0k.html。

5. 香港大學美術博物館

漢文佛教文獻1件,圖版見於 IDP 網站。①

6. 香港黃氏

漢文佛教文獻5件。②

7. 香港李氏

漢文佛教文獻3件。③

8. 香港藝術館

漢文佛教文獻1件,圖版收入《敦煌吐魯番文物》。

9. 香港中文大學馮平山博物館

漢文佛教文獻1件,圖版收入《敦煌吐魯番文物》。

10. 香港中文大學文物館

敦煌佛教文獻3件,1件圖版收入《敦煌吐魯番文物》,2件圖版公佈於官方網站。④《佛名經卷第五》已有研究。⑤

浙　　江⑥

1. 杭州市靈隱寺

漢文《摩訶般若波羅蜜經卷二五》1件,編號浙敦025。圖版收入《浙藏敦煌文獻》。已有研究。⑦

2. 杭州市文物保護管理所

漢文佛教文獻4件,圖版收入《浙藏敦煌文獻》。浙敦023《金光明經·四天王品》已有研究。⑧

3. 王伯敏藏

漢文《四分律小抄一卷》1件,已有研究。⑨

---

① http://idp.nlc.cn/database/search_results.a4d? uid=7111663088;random=41。
② 見於脈望林宵博客《方廣錩先生香港訪敦煌遺書記（其四）》,http://blog.sina.com.cn/s/blog_aff35b1b01019i6t.html。
③ 見於脈望林宵博客《方廣錩先生香港訪敦煌遺書記（其四）》,http://blog.sina.com.cn/s/blog_aff35b1b01019i6t.html。
④ 香港中文大学文物館,http://www.artmuseum.cuhk.edu.hk/zh/collections/results/。
⑤ 趙青山《俗衆佛教信仰的法則——以敦煌寫經爲考察中心》,第281—294頁。
⑥ 宗舜《〈浙藏敦煌文獻〉佛教資料考辨》,《敦煌吐魯番研究》第6卷,第335—352頁;張崇依《部分浙藏敦煌文獻的定名》,《文教資料》2011年36期,第233—234頁;《〈浙藏敦煌文獻〉解題目錄》,南京師範大學碩士學位論文,2012年;黃征、張崇依《浙藏敦煌文獻校錄整理》,上海:上海古籍出版社,2012年。
⑦ 朱鳳玉《陳闇舊藏敦煌文獻題跋輯錄與研究》,第74—86頁。
⑧ 于淑健《〈浙藏敦煌文獻〉字詞一則》,《古漢語研究》2004年2期,第92頁。
⑨ 黃征《王伯敏先生藏敦煌唐寫本（擬）殘卷研究》,《敦煌學與中國史研究論集——紀念孫修身先生逝世一周年》,蘭州:甘肅人民出版社,2001年,第161—167頁;《敦煌語言文字學研究》,蘭州:甘肅文化出版社,2002年,第323—335頁;宗舜《"王伯敏先生藏敦煌唐寫本〈四分律小抄一卷〉（擬）殘卷研究"商榷》,《戒幢佛學》第3卷,長沙:岳麓書社,2005年,第371—385頁;釋定源《"王伯敏先生藏敦煌唐寫本〈四分律小抄一卷〉（擬）殘卷研究"再商榷》,《敦煌學輯刊》2011年3期,第63—69頁。

4. 浙江省博物館

176（漢文 170、藏文 6；佛教 156、非佛教 20）件，方廣錩、查永玲整理編目[①]，圖版收入《浙藏敦煌文獻》。浙敦 026《黃仕强傳》[②]、027《大智度論卷九十》、029《太子慕魄經》[③]、193《妙法蓮華經卷四》[④]、064《大般若波羅蜜多經卷六十七》[⑤]、065《三娘子祭叔文》《尼靈飯遺囑》[⑥]、069、103《佛教禪宗文稿》[⑦]、072《抄十七地要》[⑧]、078《賢劫千佛名經》[⑨]、091/A《大智度論》[⑩]、116《子年金光明寺破曆》[⑪]、117V《書儀》[⑫]、131《卜筮書》[⑬]、136、137《摩訶僧祇律》[⑭]，139《洞淵神咒經》[⑮]、170、171《瑜伽師地論》[⑯]、195《根本説一切有部毘奈耶雜事》[⑰]已有研究。

5. 浙江省圖書館

漢文佛教文獻 20 件，方廣錩、徐永明整理編目。[⑱] 圖版收入《浙藏敦煌文獻》。浙敦 03《摩訶般若波羅蜜經》[⑲]、012《華嚴經》[⑳]、013《大般涅槃經》[㉑]已有研究。

敦煌文獻的流散過程漫長而複雜，經過 100 餘年的數次轉手和彙整後，中國的散藏敦煌文獻目前呈現出如下特點：

一、散藏數量較大，公佈不盡全面。由於各收藏單位公佈敦煌文獻時，存在件、號不統一的情況，筆者只能籠統計算總數在 4 400 件左右，其中以佛教文獻爲主，非漢文文獻以藏文文獻爲主。但不完全公佈和尚待公佈的藏品仍較多，如故宫博物院、首都博物館的藏品，僅有簡單目録和摘要；陝西省和青

[①] 方廣錩、查永玲《浙江博物館所藏敦煌遺書目録》，《敦煌學輯刊》1998 年 1 期，第 60—76 頁。
[②] 于淑健《〈黃仕强傳〉校注商補》，《敦煌學輯刊》2001 年 2 期，第 14—16 頁；李素娟《〈黃仕强傳〉校釋商補》，第 155—160 頁；竇懷永《敦煌小説〈黃仕强傳〉新見寫本研究》，第 14—22 頁。
[③] 朱鳳玉《散藏敦煌遺書所見題跋輯録與研究——以許承堯舊藏題跋爲例》，第 21—33 頁。
[④] 朱鳳玉《陳閎舊藏敦煌文獻題跋輯録與研究》，第 74—86 頁。
[⑤] 王宏理《關於〈浙藏敦煌文獻〉中的古筆題跋澄書》，《敦煌研究》2013 年 5 期，第 73—76 頁。
[⑥] 余欣《浙敦 065 文書僞卷考——兼論敦煌文獻的辨僞問題》，第 41—47 頁。
[⑦] 張涌泉《敦煌卷子辨僞研究——基於字形分析角度考察》，《文史》2003 年 4 期，第 222—239 頁。
[⑧] 于淑健《唐寫本〈抄十七地要〉考釋》，《敦煌研究》2001 年 3 期，第 122—125 頁。
[⑨] 山口正晃《敦煌本〈賢劫千佛名經〉について》，第 79—102 頁。
[⑩] 劉顯《敦煌寫本〈大智度論〉殘卷綴合研究》，《宗教學研究》2011 年 2 期，第 104—108 頁。
[⑪] 馬德《浙藏敦煌文獻〈子年金光明寺破曆〉考略》，《敦煌研究》2001 年 3 期，第 97—99 頁。
[⑫] 黃亮文《論中國散藏書儀寫卷版本及 P.3442〈書儀〉的定名與年代問題》，第 73—89 頁。
[⑬] 王晶波《敦煌占卜文獻與社會生活》，第 28—29 頁；黃征、張崇依《浙敦 131（浙博 106）〈卜筮書〉校釋文》，《浙藏敦煌文獻校録整理》，上海：上海古籍出版社，2012 年，第 517—518 頁；黃正建《敦煌占卜文書與唐五代占卜研究》（增訂版），第 12 頁。
[⑭] 張涌泉、劉丹《敦煌本〈摩訶僧祇律〉殘卷綴合研究》，第 82—102 頁。
[⑮] 葉貴良《敦煌本〈太上洞淵神咒經〉輯校》，第 88—109 頁。
[⑯] 張涌泉、徐鍵《〈瑜伽師地論〉系列敦煌殘卷綴合研究》，《安徽大學學報》2015 年 3 期，第 72—87 頁。
[⑰] 韓春平《浙博藏〈根本説一切有部毘奈耶雜事〉獻疑》，《敦煌學輯刊》2013 年 1 期，第 63—66 頁。
[⑱] 方廣錩、徐永明《浙江圖書館所藏敦煌遺書目録》，《敦煌研究》1998 年 4 期，第 124—133 頁。
[⑲] 張崇依《浙敦 03（浙圖 03）〈摩訶般若波羅蜜經〉校釋》，《敦煌學研究》2009 年 2 期，第 262—269 頁。
[⑳] 傅及斯《敦煌本〈華嚴經〉整理與研究》，復旦大學碩士學位論文，2014 年。
[㉑] 景盛軒《敦煌大紙寫〈大般涅槃經〉叙録》，第 5—12 頁。

島市博物館的藏品,是通過文物普查,近年才爲大衆知曉;國家博物館、遼寧省博物館的藏品,也僅通過書法作品的形式正式公佈了很少一部分。

二、大宗私人藏品逐漸消失。隨著售賣、捐贈、調撥等方式散落,私人大宗收藏敦煌文獻的形式逐漸退出了歷史舞台,著名如李盛鐸舊藏品、張大千所藏品多遠售日本,羅振玉舊藏多歸入國家博物館,味青齋藏品調歸國家圖書館,周叔弢藏品贈予天津市藝術博物館等,皆是大宗私人藏品散出後的不同歸宿。這也説明敦煌文獻的散落過程趨於結束,再次匯集之路却仍然長遠。雖然近年來有一些私人藏家將藏品公佈,如重慶寶林博物館、蘭山范氏、香港脉望館等,但數量顯然無法和早期私人大宗藏家相比。

三、館際調撥使各地藏品的格局不斷變化。新中國成立後,在文化或文物部門的調撥下,區域性散藏敦煌文獻的格局變化很大,如1954年旅順博物館藏品中的620件轉移到國家圖書館,僅餘9件展覽;1960年上海博物館向上海圖書館移交約100件藏品;原中南行政區文化部藏品劃撥到湖北省博物館。部分縣級、市級文博單位也陸續將藏品歸入更高一級的博物館内。不同形式的調撥,也使各地散藏品相對集中,方便學界對散藏敦煌文獻的了解和研究。

四、海外贈送和購買的散藏品漸多。海外回流的散藏敦煌文獻,如青山慶示1997年向敦煌研究院贈予的8件家藏、伍倫國際拍賣有限公司出售的36件濱田德海舊藏文獻。一直以來,日本是海外散藏敦煌文獻最多的國家,除大谷探險隊所得外,各公私機構或個人的藏品基本都是購自中國的私人藏家或古董商人處。因此,這些回流的傾向值得我們關注。

五、各公私機構的藏品來源複雜。藏品大多由民間徵集和購買,很少單純源自某處、某家,往往還是敦煌、吐魯番甚至與其他文獻混藏,存在不少真僞辨析和爭議。隨著敦煌文獻的身價增長,以及文物市場的繁榮,各公私機構紛紛出資購買敦煌文獻,這使得新的散藏機構如雨後春筍般增加起來。一些拍賣公司也極有限地公佈過敦煌文獻的拍賣情況,具體詳見下文附録。

附録:

(1) 北京保利國際拍賣有限公司

公佈漢文佛教文獻38件:2009年5月、2010年12月、2011年6月、2013年12月"古籍文獻及名家墨迹"專場各1;2012年12月"'廣韻樓'藏珍貴古籍善本"專場1;2015年6月、2015年12月、2016年6月、2017年6月、2018年6月和12月"古籍文獻 唐宋遺書 翰墨菁萃 西文經典"專場3、4、11、8、6;2017年12月"古事——生活藝術Ⅲ"專場1。

（2）北京包盈國際拍賣有限責任公司

公佈漢文佛教文獻 1 件,2017 年 11 月"中國書畫"專場。

（3）北京誠軒拍賣有限公司

公佈漢文佛教文獻 2 件,2009 年 11 月、2011 年 11 月"中國書畫(一)"專場各 1。

（4）北京古玩城國際拍賣有限公司

公佈漢文佛教文獻 1 件,2017 年 6 月"中國書畫"專場。

（5）北京瀚海拍賣有限公司

公佈漢文佛教文獻 6 件,2001 年 7 月"中國古籍善本"專場 1、2004 年 6 月"十周年春季藝術拍賣會"4、2015 年 6 月"古籍善本"專場 1。

（6）北京海王村拍賣公司

公佈漢文佛教文獻 2 件,2017 年 5 月"古籍善本、碑帖、西文、影像"專場。

（7）北京九歌國際拍賣股份有限公司

公佈漢文佛教文獻 1 件。2016 年 6 月"世家傳承·聽雨軒珍藏書畫"專場。

（8）北京景星麟鳳國際拍賣有限公司

公佈漢文佛教文獻 1 件,2017 年 1 月"徽章古籍雜項"專場。

（9）北京匡時國際拍賣有限公司

公佈漢文文獻 2 件。2017 年 3 月和 12 月"古代書畫"專場各 1。

（10）北京琴島榮德國際拍賣有限公司

公佈漢文佛教文獻 2 件,2016 年 12 月"古籍善本·鄭爰居舊藏"專場。

（11）北京泰和嘉成拍賣有限公司

公佈漢文佛教文獻 1 件。2015 年 11 月"古籍文獻"專場。

（12）北京萬隆拍賣有限公司

公佈漢文佛教文獻 1 件,2001 年 11 月"古籍文獻"專場。

（13）北京西榮閣拍賣有限公司

公佈漢文佛教文獻 1 件,2016 年 11 月"私人收藏"專場。

（14）長風拍賣

公佈漢文佛教文獻 2 件,2009 年 6 月"中國古代書畫"專場。

（15）江蘇兩漢拍賣公司

公佈漢文佛教文獻 1 件,2018 年 5 月"古籍善本"專場。

（16）榮寶齋

公佈佛教文獻 28(漢文 1、藏文 27)件。

（17）上海博古齋拍賣有限公司

公佈漢文佛教文獻 4 件,2016 年 7 月"古籍善本"專場。

（18）上海國際商品拍賣有限公司

公佈漢文佛教文獻 2 件,2009 年 12 月、2012 年 12 月"古籍善本"專場各 1。

（19）上海崇源藝術品拍賣有限公司

公佈漢文佛教文獻 1 件,2012 年 12 月"古籍善本·名家尺牘"專場。

（20）太平洋國際拍賣有限公司

公佈漢文佛教文獻1件，2011年5月"歷代書畫"專場。

（21）西泠印社拍賣有限公司

公佈漢文佛教文獻5件。

（22）中國嘉德國際拍賣有限公司

公佈漢文佛教文獻14件。1995年5月、1997年4月、1998年10月、1999年4月、2009年11月、2011年3月"古籍善本"專場分别爲1、1、1、6、3、1；2011年9月"古籍善本碑帖法書"專場1。

（23）中鴻信國際拍賣有限公司

公佈漢文佛教文獻3件。

（24）中貿聖佳國際拍賣有限公司

公佈漢文佛教文獻3件。

注：本文在校改過程中得見方廣錩先生《談敦煌散藏遺書》(《西南民族大學學報》2019年5期，第46—57頁)一文，與本文文題類似。《談敦煌散藏遺書》除對散藏敦煌文獻的定義和特點説明以外，更多地從文獻本身的長度計算散藏敦煌文獻的數量和分佈，與本文角度不同，可互相參看。

旅順博物館藏燒經概述

徐媛媛(旅順博物館)

旅順博物館藏燒經共兩册,編號分别爲 LM20‐1472(經册二十三)和 LM20‐1473(經册二十四),LM 爲旅順博物館英文縮寫,20 爲館藏"關內考古品"分類號,1472 和 1473 爲文書所在藍册編號。據日本龍谷大學桔堂晃一先生研究,此兩册應該是 1912 年橘瑞超在二樂莊整理的佛經殘片時製作的 52 册藍册中的兩册①。兩册共收納文書殘片 330 餘片,因這兩册所收納的文書殘片邊緣均有非常明顯的燒灼痕迹,因而以"燒經"命名。

一、燒 經 來 源

旅順博物館所藏的兩册燒經,爲大谷探險隊"探險"所得。大谷光瑞家族世代爲西本願寺法主,其一出生便注定成爲一個僧人。正是這位僧人在其於英國游學時意識到了西域地區的價值,並於 27 歲時組織了以探尋佛教東傳路徑爲目的的三次"探險"活動。1914 年,大谷光瑞辭去法主職位,開始了其海外遊歷和布教的生涯。1915 年,大谷光瑞經由上海抵達旅順,選擇這裏作爲其在中國的居留地,並將其保留的大谷收集品寄存在剛剛建立的關東都督府滿蒙物産陳列館——現在旅順博物館的前身,這批文物如今已成爲館藏特色之一。

大谷探險隊的三次"探險"皆有文書收穫,然而在現仍可見的大谷探險隊隊員的旅行日記中,明確提及"經卷有火痕"的只有野村榮三郎。野村榮三郎(1880—1936)同橘瑞超(1890—1968)二人共同承擔了大谷探險隊第二次"探險"(1908—1909)的任務,野村榮三郎爲該次"探險"的領隊指揮。

野村榮三郎,身爲大谷探險隊第二次探險二位成員之一,本應在相關資料中擁有一個較爲詳細的介紹,然而關於他的記録却多是側面而零散的,僅知其父伊三郎長期服務於西本願寺,其兄伊二郎在大谷光瑞 1899 年第一次漫遊中國時便作爲隨從同行,途中在河南患病,病逝於北京。野村榮三郎參加過日俄戰爭,後與橘瑞超一起參與到大谷中亞探險,用時近一年半。1936 年病逝。通過這些零散的資料可知,野村家與大谷家族關係密切,但並未入僧

---

① 郭富純、王振芬《旅順博物館藏西域文書研究》,瀋陽:萬卷出版公司,2007 年,第 16 頁。

籍,這可能也是野村榮三郎被較少提及的原因之一。①

橘瑞超,早年就讀於京都真宗中學,甚得西本願寺法主大谷光瑞青睞。1908年奉大谷光瑞之命,參加大谷探險隊第二次中亞探險,時年18歲。與野村榮三郎同往新疆,在吐魯番、樓蘭等地考察並進行發掘。1910年至1912年,再次前往中亞,在和田、吐魯番、樓蘭等地發掘,並至敦煌搜購經卷。後在京都、旅順等地整理大谷探險隊收集品,編有《敦煌將來藏經目錄》,是第一部分類編排的敦煌漢文文書目錄,後由羅振玉發表在《雪堂叢刻》。著有《中亞探險》等旅行記,編有《二樂叢書》四號,整理刊佈所獲重要佛教文獻。後將自藏五十五件文書資料,捐贈龍谷大學圖書館,被稱作"橘文書"。

野村榮三郎與橘瑞超二人由日本東京出發,抵北京,後經張家口,穿越外蒙古茫茫戈壁,到達庫倫(即今蒙古國烏蘭巴托),經烏里雅蘇臺(位於今蒙古國札布汗省)、科布多進入准噶爾盆地,到達烏魯木齊,後離開烏魯木齊至吐魯番,對吐魯番盆地的交河故城、勝金口、木頭溝、柏孜克里克、阿斯塔那、高昌故城、哈拉和卓、吐峪溝、魯克沁等進行考察發掘。二人在庫爾勒兵分兩路。橘瑞超經庫爾勒到若羌,從若羌北上進入羅布荒漠,在古樓蘭地區進行了爲時一個月的探險活動,著名的《李柏文書》便是在此時此地獲得的。野村榮三郎則從庫爾勒沿著天山南路,沿途發掘、考察,西行前往喀什。二人在喀什匯合後,繼而又在葉城和莎車進行發掘。橘瑞超於11月4日於喀什米爾與大谷光瑞夫婦一行匯合,11月12日野村榮三郎在傑赫勒姆河畔的斯利那加(現印控克什米爾地區)加入大谷光瑞一行,大谷探險隊的第二次中亞探險結束。

關於這次探險,野村榮三郎在其"旅行日記"——《蒙古新疆旅行日記》中作了較爲詳盡的記錄,其内容包括探險考察過程及途中的見聞、感受。由於同行的橘瑞超的日記多毀於興善寺火災,野村的日記幾乎可以説是展現第二次探險活動全貌的唯一的,極爲重要的資料。日記中涉及燒經的内容有二條,分別是:

1. 唐北庭都護府遺址
發掘人: 野村榮三郎、橘瑞超
發掘時間: 十月十四日
發掘地點: 城西北角廟内

---

① [日]野村榮三郎著,董炳月譯《蒙古新疆旅行日記》,烏魯木齊:新疆人民出版社,2013年,代序,第2—3頁。

發掘收穫：①《金丹全傳》，一册；②《大般若經》，完整一册；③ 經典，五册，年代爲明天啓、清乾隆；④ 石碑殘片①，十五六個；⑤ 香爐，一個。

據野村所記"經卷等有火痕"。

唐北庭都護府遺址，位於今新疆維吾爾自治區吉木薩爾縣境内。其地現除殘留部分城牆遺址外，城内建築均蕩然無存，因而又被當地人稱爲"破城子"。該城始築自柔然伏圖可汗。突厥汗國時代爲貪汗可汗牙庭，其後爲鐵勒族契苾歌楞牙庭。西突厥汗國創建，此爲其東偏要塞。統葉護可汗與東突厥頡利可汗戰敗後失此城。唐貞觀二年（628）爲東突厥拓設（部落首領）阿史那社爾所據，於此建立都布可汗汗號。後復入西突厥版圖。乙毗咄陸可汗遣其葉護屯兵此城，爲高昌聲援。貞觀十四年（640），唐滅高昌，在此建庭州城；武則天長安二年（702），建北庭大都護府，轄兩國都護府和二十三個都督府、兩個州，管理天山以北，巴爾喀什湖以東、以南的廣大地區，西達裏海，縱橫數千里；後屬高昌回鶻王朝，是其重要基地及王族避暑勝地；元代在北庭設别失八里行尚書省；至明代，城毁。關於古城毁滅，史籍上並没有詳細的記載，傳説是瓦剌人找了很多土貓，澆油點燃，使其從雲梯竄入城中，引起一片大火，古城以此被毁。野村一行到此處時，"據村中老人所言，火災年代至少在四五十年之前"，與野村"據諸種文字考察，廟爲清朝咸豐年間重修，似不久即毁於火災"②所得出的結論在時間上基本符合。

收穫中的第一項——《金丹全傳》，暫未查到此書，筆者認爲或可能是《金丹真傳》。《金丹真傳》，明孫汝忠撰，張崇烈注，李堪疏，道家氣功著作。原著刊於萬曆四十三年（1615）首載築基、得藥、結丹、煉已、還丹、溫養、脱胎、元珠、瑶池等9篇，每篇經文之後爲注疏。而第三項所述的五册經典，年代爲明天啓、清乾隆。鑒於館藏兩册燒經收録的寫本殘片的時間爲高昌郡時期到唐時期，此兩項在時間上均不符合要求。因而在此條記録中可能相關的文書便僅餘《大般若經》。

《大般若經》，全稱《大般若波羅蜜多經》。爲大乘般若系經典的彙編。共分十六會，二百七十五分。自漢末以來單行譯出者約二十餘種。其中有西晉無羅叉和竺叔蘭譯《放光般若經》二十卷、竺法護譯《光贊般若經》十卷與鳩摩羅什譯《摩訶般若經》二十七卷爲同本異譯，相當於此經第二會（卷四百零一至卷四百七十八）東漢末支婁迦讖譯《道行般若經》十卷、三國吳支謙譯《大明

---

① 應是現收藏於旅順博物館内的北庭古城出土殘碑，館藏共 15 塊，文物分類號爲 20.781、20.782。從碑文上看，該碑應爲造寺功德碑，所營建的寺院即唐中宗復位後敕令天下諸州營建的興隆寺。參見《旅順博物館藏西域文書研究》，第 247—257 頁；彭傑《唐代北庭龍興寺營建相關問題新探——以旅順博物館藏北庭古城出土殘碑爲中心》，《西域研究》2014 年第 4 期。

② 《蒙古新疆旅行日記》，第 095—097 頁。

度無極經》六卷,與鳩摩羅什譯《小品般若經》爲同本異譯,相當於此經第四會(卷五百三十八至卷五百五十五)等等。唐玄奘譯六百卷,其中第一、三、五、十一、十二、十三、十四、十五、十六會,合四百八十一卷爲新譯,其餘爲重譯。注釋有印度龍樹《大智度論》、彌勒《現觀莊嚴論》、陳那《佛母般若波羅蜜多圓集要義論》(論釋第四會)等,中國注疏僅存隋吉藏《遊意》《義疏》等,提要性撰述有宋大隱《大般若經關法》、清葛䶮《大般若經綱要》、民國歐陽漸《大般若波羅蜜多經叙》等。

按野村所記,其曾於北庭都護府遺址中獲得《大般若經》一册。《大般若經》四經文目録爲:

221 放光般若經(20卷)　222 光讚經(10卷)　223 摩訶般若波羅蜜經(27卷)

224 道行般若經(10卷)　225 大明度經(6卷)　226 摩訶般若鈔經(5卷)

227 小品般若波羅蜜經(10卷)　228 佛説佛母出生三法藏般若波羅蜜多經(25卷)　229 佛説佛母寶德藏般若波羅蜜經(3卷)

230 聖八千頌般若波羅蜜多一百八名真實圓義陀羅尼經　231 勝天王般若波羅蜜經(7卷)　232 文殊師利所説摩訶般若波羅蜜經(2卷)

233 文殊師利所説般若波羅蜜經　234 佛説濡首菩薩無上清浄分衛經(2卷)　235 金剛般若波羅密經

236a 金剛般若波羅蜜經　236b 金剛般若波羅蜜經　237 金剛般若波羅蜜經

238 金剛能斷般若波羅蜜經　239 佛説能斷金剛般若波羅蜜多經　240 實相般若波羅蜜經

241 金剛頂瑜伽理趣般若經　242 佛説遍照般若波羅蜜經　243 大樂金剛不空真實三麽耶經

244 佛説最上根本大樂金剛不空三昧大教王經(7卷)　245 佛説仁王般若波羅蜜經(2卷)　246 仁王護國般若波羅蜜多經(2卷)

247 佛説了義般若波羅蜜多經　248 佛説五十頌聖般若波羅蜜經　249 佛説帝釋般若波羅蜜多心經

250 摩訶般若波羅蜜大明呪經　251 般若波羅蜜多心經　252 普遍智藏般若波羅蜜多心經

253 般若波羅蜜多心經　254 般若波羅蜜多心經　255 般若波羅蜜多心經

256 唐梵飜對字音般若波羅蜜多心經　257 佛説聖佛母般若波羅蜜多經

258 佛説聖佛母小字般若波羅蜜多經

259 佛説觀想佛母般若波羅蜜多菩薩經　260 佛説開覺自性般若波羅蜜多經（4 卷）　261 大乘理趣六波羅蜜多經（10 卷）

從此可以推斷，野村一行發現的很可能便是大般若部四經書的一部分。

2. 吐峪溝

發掘人：野村榮三郎

發掘時間：十二月十四日至十八日

發掘地點：吐峪溝洞窟

發掘收穫：

十五日　① 經片，有大曆十四年六月十四日日期；② 經片，標記爲天寶五年□□；③ 經片，裝於大盒之中；④ 古銅佛立像，高三寸許，發現於有大曆年號經片古洞中；⑤ 土製佛面一個；⑥ 開元通寶，兩個。

十六日　得經片甚多，然皆有火痕，無完整者。

十七日　經片，其中有西夏文字者。①

吐峪溝，屬鄯善縣，當時已在吐魯番廳管轄之外。除了野村榮三郎此次考察外，大谷探險隊還曾數次到吐峪溝。1903 年，渡邊哲信和堀賢雄在此獲得一批佛經，其中便有著名的《諸佛要集經》寫本殘片。1912 年，吉川小一郎到達吐峪溝，然此時洞窟被破壞的很嚴重，很少有經片出土，吉川小一郎購買到了一些古經片、壁畫、佛像。

由以上內容可知，大谷探險隊第二次"探險"所獲燒經主要出土地有兩處，即唐北庭都護府遺址和吐峪溝洞窟，這與文書册中所保留的出土地信息基本吻合。

二、燒經内容

兩册，共計 330 餘片文書殘片，大致可分爲：大乘佛教經典、小乘佛教經典、佛教密教經典、佛教經典注疏、佛教疑僞經等類。

1. 大乘佛教經典

（1）《大般涅槃經》，亦稱《大本涅槃經》《大涅槃經》，簡稱《涅槃經》，對大乘佛教尤其是中國的大乘佛教來説，《大般涅槃經》一直是一部很重要的經典。《大般涅槃經》的漢譯本現存有三種：一是由東晋法顯、佛大跋陀、寶雲等合譯的《大般泥洹經》（六卷）；二是由北涼曇無讖譯《大般涅槃經》四十卷，經録中有時又作三十六卷，也稱作"北本"；三是由劉宋慧嚴、慧觀、謝靈運等依

---

① 《蒙古新疆旅行日記》，第 120—121 頁。

以上兩種譯本爲基礎,合本對照修治而成的《大般涅槃經》(三十六卷),也稱作"南本"。此外,還有《大般涅槃經後分》,爲唐初南海波凌國僧人般若跋陀羅與中國僧人會寧合譯,一般認爲其同樣也屬於《大般涅槃經》的一部分,即最末一部分。以上幾種,加上其他相近的一些經典,在漢文大藏經中傳統上都收在一起,稱爲"大乘涅槃經類"。①

燒經册内收入的《大般涅槃經》多爲北涼曇無讖譯,少數爲劉宋慧嚴等譯本,即多數爲北本,少數爲南本,共計181片,基本情況爲:卷三,5片,高昌國時期;卷一〇,20片,高昌郡時期和高昌國時期;卷一一,7片,高昌國時期;卷一二及注疏,4片,高昌國時期;卷一三注疏,1片,高昌國時期;卷一六,1片,唐時期;卷一九,3片,高昌國時期和唐時期;卷二三,1片,高昌郡時期;卷二五並題記,35片,高昌郡時期和高昌國時期;卷二七及注疏,26片,高昌國時期;卷二九,1片,高昌國時期;卷三一,2片,高昌國時期;卷三四,10片,高昌郡時期;卷三五,53片,高昌郡時期;卷四〇,2片,高昌國時期;注疏,10片,高昌國時期。

(2)《光讚經》與《大智度論》

《光讚經》,即《光贊般若經》,又名《光贊摩訶般若經》《摩訶般若波羅蜜光贊經》《般若波羅蜜光贊經》《光贊般若波羅蜜經》。共十卷,西晋竺法護譯。梵本於西晋太康七年(286),由于闐沙門只多羅持來,竺法護於同年十一月二十五日譯出。本經共分二十七品,始自《光贊品》,終於《雨法寶品》。本經是大品般若經的初譯本,相當於梵本二萬五千頌《般若波羅蜜多經》(即唐三藏法師玄奘所譯《大般若經》)第二會八十五品中的最初二十七品,也相當於無叉羅所譯《放光般若經》二十卷、九十品中的最初三十品,及鳩摩羅什所譯《摩訶般若波羅蜜經》二十七卷、九十品中的最初二十九品。燒經册中共收入《光讚經》27片,分別是:卷二,2片,高昌國時期;卷五,24片,高昌國時期;卷七,1片,高昌國時期。

《大智度論》,略稱《大論》《智論》《釋論》等,亦稱《摩訶般若波羅蜜經釋論》《摩訶般若釋論》《大智度經論》《大智釋論》《大慧度經集要》,古印度佛教大德龍樹(約3世紀)撰,中譯本有後秦鳩摩羅什譯,是對《大般若經》90品的注釋和發揮。前34卷全文翻譯了經文初品,後60卷節譯餘89品,大乘佛教中觀派重要論著。燒經册中收入《大智度論》共40片,其中:卷六七並題記,12片,高昌國時期;卷七〇,1片,高昌國時期;卷八五,27片,高昌郡時期。

(3)《大方廣佛華嚴經》,又名《新譯華嚴經》《華嚴經》《八十華嚴經》。

---

① 王邦維《略論大乘〈大般涅槃經〉的傳譯》,《中華佛學學報》1993年第6期,第103—127頁。

華嚴經漢譯本有三種,分別是：① 六十華嚴,又稱舊華嚴、晋經,東晋佛馱跋陀羅譯,六十卷。總成七處,八會,三十四品。② 八十華嚴,又稱新華嚴、唐經。唐實叉難陀譯,八十卷。爲六十華嚴之異譯。總成七處,九會,三十九品。③ 四十華嚴,全稱《大方廣佛華嚴經入不思議解脱境界普賢行願品》,略稱《普賢行願品》,又稱貞元經。唐代般若譯,四十卷。燒經册中有《大方廣佛華嚴經》共23片,東晋佛馱跋陀羅譯本,内容具出自卷一九,爲高昌國時期寫本。

　　此外,燒經册中還收入了《十住經》殘片1片。《十住經》,爲後秦鳩摩羅什譯,共四卷,是《華嚴經·十地品》的異譯本。燒經册中的《十住經》殘片爲卷一内容,唐時期。

　　(4)《妙法蓮華經》,簡稱《法華經》。漢譯本有三種,分別是：後秦鳩摩羅什譯爲漢文,七卷二十八品；晋竺法護譯《正法華經》十卷二十七品；隋闍那崛多和達摩笈多譯《添品妙法蓮華經》七卷二十七品。其中以鳩摩羅什所譯最爲流行,燒經册内收入的文書殘片也爲此譯本,共計17片,内容分別是：卷三,3片,高昌國時期；卷四,13片,唐時期；卷九,1片,唐時期。

　　(5)《十地經論》,又名《十地論》。《十地經論》是對《十地經》的解釋性著作,由印度大乘佛教學者世親所著,漢文譯本作十二卷,由菩提流支、勒那摩提同譯。《十地經論》一書的影響尤爲廣泛,在南北朝後期形成了以研習、弘傳《十地經論》爲主的佛教思想流派——地論學派,以講習《十地經論》爲主的僧人則被稱爲"地論師"。燒經册中收入《十地經論》共4片：卷一,3片,唐時期；卷二,1片,高昌國時期。

　　(6)《合部金光明經》,隋寶貴編譯,八卷,是《金光明經》諸譯本的合編。據書序稱,當時《金光明經》已有三譯：北涼曇無讖譯四卷本爲十八品、北周耶舍崛多譯五卷本爲二十品、南朝梁真諦譯七卷本爲二十二品。燒經册中收入的爲南朝梁真諦譯本,共2片,出自《合部金光明經》卷二,唐時期。

　　(7)《大寶積經》,又名《寶積經》。唐菩提流志譯編,全經四十九會一百二十卷。魏晋至唐諸譯家以不同經名陸續譯出二十三會,八十一卷,稱"舊譯"；菩提流志新譯出二十六會,三十九卷,稱"新譯"。故該經系新舊譯合編本。《大寶積經》爲一部大乘經叢書,以般若爲本,泛論大乘教義之各個方面,内容頗爲豐富。每一會相當於一部經。燒經册内有《大寶積經》卷四二殘片1片,唐時期。

　　2. 小乘佛教經典

　　(1)《法句譬喻經》與《出曜經》。《法句譬喻經》,又名《法句本末經》《法喻經》《法喻法》,西晋法炬、法立共譯,四卷；《出曜經》,又名《出曜論》,後秦竺佛念譯,三十卷三十四品,是對《法句經》所作之解釋。《法句經》《法句譬喻經》《出曜經》三者的關係爲:《法句經》原文爲短小偈頌;《法句譬喻經》是將每一偈頌配一小段故事,由此闡發偈頌所要説明的佛教道理;《出曜經》中所揭偈頌,多與吴維只難譯《法句經》一致,而用以解釋偈頌的因緣故事,則與《法句譬喻經》相符。燒經册中有《法句譬喻經》1片,出自卷三,唐時期;《出曜經》1片,出自卷二二,唐時期。

(2)《薩婆多部毘尼摩得勒伽》,又作薩婆多部毗尼摩得勒伽,亦稱《薩婆多部毗尼摩得勒那經》《摩得勒那經》。"律部五論"之一。劉宋僧伽跋摩譯,10卷。燒經册中共收入《薩婆多部毘尼摩得勒伽》6片,出自卷五,唐時期。

(3)《天請問經》,唐玄奘譯,一卷,共約600字。《天請問經》的主要内容與戒律關係密切,它所宣揚的戒律具有早期佛教的特徵。燒經册中收有《天請問經》寫本殘片3片,唐時期。

3. 佛教密教經典

佛教密教經典,這裏主要指的是陀羅尼經。陀羅尼,梵文 Dhāranī 的音譯,亦譯"陀鄰尼",意譯"總持""能持""持"等,有時與"神咒""明咒""真言"混稱。原指對佛陀言教聞持不忘,進而指對所有佛法義理"總持不忘"。《大智度論》卷五解釋説:"陀羅尼,秦言能持,或言能遮。能持者,集種種善法,能持令不散不失,譬如完器盛水,水不漏散。能遮者,惡、不善根心生,能遮令不生,若欲作惡罪,持令不作,是名陀羅尼。"陀羅尼的種類很多,一般分爲四種,據《瑜伽師地論》爲"法陀羅尼""義陀羅尼""咒陀羅尼"和"忍陀羅尼",不空《總釋陀羅尼義贊》作"法持""義持""三摩地持"和"文持"。單説陀羅尼,一般只指咒陀羅尼。① 兩册燒經中收入的陀羅尼經分别是:《千眼千臂觀世音菩薩陀羅尼神咒經》及《千手千眼觀世音菩薩姥陀羅尼身經》。

《千眼千臂觀世音菩薩陀羅尼神咒經》,又名《千手經》《千眼千臂經》《千眼千臂觀世音經》《千眼觀音陀羅尼神咒經》《千手千眼神咒經》《千眼觀世音陀羅尼經》,唐智通譯,慧琳校訂,共二卷。《千手千眼觀世音菩薩姥陀羅尼身經》爲其異譯本,由唐菩提流志譯,一卷。經文宣説千眼千臂觀世音大身咒,稱如持誦該咒一百零八遍可滅一切罪障,消除一切疾病饑渴。然後叙述總攝身印等各種密教印契、咒語、行法,並叙述供養千眼千臂觀音的畫像、造曼陀羅、供養法。館藏燒經内收入的《千眼千臂觀世音菩薩陀羅尼神咒經》具爲其卷下内容,6片,唐時期;《千眼千臂觀世音菩薩陀羅尼身經》,5片,唐時期。

---

① 任繼愈、杜繼文主編《佛教大辭典》,南京:江蘇古籍出版社,2002年。

4. 佛教經典注疏

《維摩詰所説經》,即《維摩詰所説經注》,亦稱《注維摩詰所説經》《維摩詰經注》《維摩經注》等。後秦僧肇撰,十卷。是後秦鳩摩羅什譯《維摩詰所説經》的注釋書。據僧肇序稱,弘始八年(406)羅什重譯《維摩詰所説經》,僧肇助之,"輒順所聞,爲之注解"。注釋採用逐句注解的方法,先引經文原文,稱"本",再作注釋,稱"注"。燒經册中收有《維摩詰所説經》卷下殘片1片,高昌國時期。

5. 佛教疑僞經

《天公經》(《佛説天公經》),作者不詳,一卷。篇幅甚短,僅二百餘字。最早見録於隋《法經録》卷四,被判爲僞經。其後諸經録均有著録,但未爲歷代大藏經所收。燒經册中收入《天公經》殘片3片,唐時期。

三、小　結

燒經是旅順博物館藏西域文書中比較特别的一部分,在52本藍册中雖所佔比重並不大,但仍具有重要的價值。

第一,從燒經册中所收入的佛教經典數量及其殘片數量來看,大乘佛教經典的數量遠遠超過小乘佛教經典、佛教密教經典、佛教經典注疏、佛教疑僞經等類别,甚至比這幾種類别的總和還要多。這可以説是新疆吐魯番地區在很長的一段時間裏盛行的都是大乘佛教的一個佐證。

	佛　　經	數量	卷　　數	時　　期
大乘佛典	《大般涅槃經》	181	三、一〇、一一、一二、一三、一六、一九、二三、二五、二七、二九、三一、三四、三五、四〇	高昌郡時期 高昌國時期
	《大智度論》	40	六七、七〇、八五	高昌郡時期 高昌國時期
	《大方廣佛華嚴經》《十住經》	24	一九 一	高昌國時期 唐時期
	《光讚經》	24	二、五、七	高昌國時期
	《妙法蓮華經》	17	三、四、九	高昌國時期 唐時期
	《十地經論》	4	一、二	高昌國時期 唐時期
	《合部金光明經》	2	二	唐時期
	《大寶積經》	1	四一	唐時期

續 表

	佛　　經	數量	卷　數	時　期
小乘佛典	《薩婆多部毘尼摩得勒伽》	6	五	唐時期
	《天問經》	3		唐時期
	《出曜經》	1	二	唐時期
	《法句譬喻經》	1	三	唐時期
其他	《千眼千臂觀世音菩薩陀羅尼神咒經》	6	卷下	唐時期
	《千手千眼觀世音菩薩姥陀羅尼身經》	5		唐時期
	《維摩詰所説經》	1	卷下	高昌國時期
	《天公經》	3		唐時期
	佛名經	1		唐時期
	佛典殘片（殘片、無字殘片）	16		

第二，在旅順博物館所藏其餘藍册，以及藏於日本等處的"大谷文書"中，仍可散見有燒灼痕迹的寫經殘片。如《大谷文書集成》（第三卷）圖版四九中的大谷文書 5472(2)(A) 號文書爲《摩訶般若波羅蜜經》卷二四殘片，該文書標注爲吐峪溝出土，從圖版可見佛經殘片邊緣有明顯的燒灼痕迹，此片殘片很可能也是大谷探險隊第二次"探險"所得。因此，關於"燒經"的研究還有進一步深入的可能和必要。

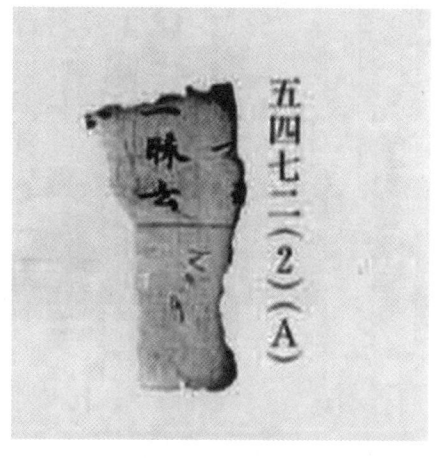

大谷文書 5472(2)(A)《摩訶般若波羅蜜經》卷二四殘片

項目基金：本文係旅順博物館、北京大學中國古代史研究中心、中國人民大學國學院合作項目"旅順博物館藏新疆出土漢文文書整理與研究"[即"教育部人文社會科學重點研究基地北京大學中國古代史研究中心重大項目（項目編號 16JJD770006）成果"]成果之一。

論文寫作過程中得到同項目諸位師友的多方幫助，在此表示誠摯謝意。

共商寫本學　開拓敦煌學
——"寫本學國際學術研討會暨中國敦煌吐魯番學會2018年理事會"會議綜述

張存良（西華師範大學）

2018年7月14至16日，西華師範大學與中國敦煌吐魯番學會成功主辦了"寫本學國際學術研討會暨中國敦煌吐魯番學會2018年理事會"，共有120多位國內外專家學者參加了這次學術盛會。大會共收到學術論文近90篇，涉及寫本學、敦煌學、碑銘學、中古史研究和圖像藝術等諸多學科領域。

一、"寫本學"是當今學術新潮流

"寫本學"是本次會議的重要議題。在大會的主旨演講中，先後有郝春文、張涌泉、鄭炳林、胡戟、黃正建、張先堂、楊銘、伏俊璉、榮新江、何劍平、馮培紅、李并成、劉進寶等13位學者做了發言，他們的演講大多與寫本有關，或從宏觀方面闡述寫本學的發展演變進程，或從中外學術的比較中抽繹寫本學的概念、內容及其研究方法，或從具體的某個寫本入手，展示寫本的多樣性和研究價值的多面性。

首都師大教授郝春文先生代表中國敦煌吐魯番學會做了發言，他説寫本研究在西方包括日本，起步都比我們早，中國學者要有世界眼光和時代緊迫感,要以這次大會爲契機,推進中國寫本學研究的廣度和深度。他對西華師範大學在國內率先成立"寫本學研究中心"這樣的研究機構表示贊賞,對以伏俊璉教授爲核心的寫本學研究團隊予以肯定並寄以期望。

浙江大學教授張涌泉先生在演講中首先概括介紹了近百年來中國大陸出土或發現的各類寫本文獻,計有吐魯番文書約四五萬件,敦煌文獻約七萬號,各地所出戰國秦漢魏晉簡帛近四十多萬枚(片),明清故宮大内文檔號稱八千麻袋,近年來發現的宋元明清以來的民間契約文書,數量龐大,僅徽州文書的總量大概就有五十萬件左右。凡此等等,有些已經整理刊佈了,大宗的還有待整理,均是寫本學研究的寶庫。張先生接著簡要回顧了"中國契約文書博物館"的籌建和館藏文物的收集情況,目前館藏契約文書約有十多萬件,其中以浙江地區的爲主,也包括福建、江西、安徽徽州等地文書。這些文書中最早有元代的,有的家族契約文書從元代一直延續到民國,具有很強的歷史復原性。最後,張先生介紹了他們新近收集的一份有關"河長制"的告示文書,内容關涉水利設施的修建、維護以及水資源的分配等,其中出現了"圳長""堰長"等他類文獻中不曾出現的專名,具有非常珍貴的歷史文獻價值,對研究我國古代"河長制"提供了第一手資料。

西安大唐西市博物館顧問胡戟先生向與會者展示了一件《妙法蓮華經》寫卷,20世紀40年代出土於高昌,現爲湖北武昌馮天瑜先生所藏。該寫卷長7.45米,首全尾殘,卷首有民國時北京圖書館總纂王葆心1942年的題耑"高昌出土唐人寫經",卷後有孫百朋、關百益、唐醉石等諸家題跋,均認爲是唐代寫本無疑,祇是對其書法水平評價不一。經武漢大學有關機構檢測,認定是唐代的紙張,即唐代關中所造構樹皮紙,專家們也一致認爲筆迹是唐代鈔經的字體。

最引人注目的是這件寫本的具名——"中書令臣魏徵重譯",題署時間是"貞觀六年二月十六日"。這個署名明顯有問題——魏徵没有做過中書令,貞觀年間他以"秘書監"身份參與政事。秘書監負責管理國家的書籍檔案,屬員有讎校者20餘人,鈔書手100餘人,而且魏徵本人對佛學經典也不無興趣,著有《佛學經論》等。唐太宗早年對佛教還是有批評的,後來玄奘取經東歸之後就改口了。文德皇后去世後,太子李治爲她建了慈恩寺,可見當時皇家還是要做佛事的。魏徵有可能也從俗請人鈔寫佛經,以爲功德。寫經生或許祇知道魏徵是宰相,而並不清楚他的具體職官,所以就寫成了中書令——不排除這種錯訛的可能。當然,更可能是專業售賣寫經的經生手,爲了擡高身價而妄署魏徵的大名。

也有學者認爲所謂"魏徵重譯"是後來填加上去的。但是從墨色筆迹來辨識，看不出有什麼區別，應該是一體的。鑒識寫本，不看原物僅憑猜測是靠不住的，但是要想看到原件，也不是很容易的事。爲此，胡先生專門到國圖查看《妙法蓮華經》藏卷，發現在任繼愈先生主編的《國家圖書館藏敦煌吐魯番文獻》第一册中，就有很多《妙法蓮華經》第五卷的寫本，其中第 86 頁《分別道德品第十七》和第 358 頁卷末的文字同馮天瑜先生所藏《妙法蓮華經》寫卷上的字體非常相似，筆法也近同，僅個別字的寫法有區別。這些寫卷是不是出自同一人所鈔呢？如果真是這樣的話，那就太有意思了。陳寅恪先生曾説："真材料裏有假内容，假材料裏有真内容。"我們不要輕易去否定一個材料的真假，而要在所謂"假材料"裏看出真的内容，這是很見功夫的。魏徵没有做過中書令，我們不能一見到"中書令魏徵"這樣的題署，就輕易判定這個卷子是假的。不能輕易對寫本的真偽做決定下結論，應該是我們從事寫本研究要經常遇到的學術素養問題。

中國社會科學院歷史研究所研究員黄正建先生比較詳細地介紹了"古文書學"在中國的創建、成長、完善和研究現狀等問題。黄先生説，古文書學在日本非常發達，但是在中國却是 2010 年以後纔興起的新學問。古文書學的出現，既有外部因素，也有内在原因。外部因素主要是史學界受後現代主義和歷史相對主義的影響，認爲一切史學著作、所有歷史撰述都是人爲完成的，都含有作者的主觀意圖，因而都是靠不住的，歷史研究要回到原始資料的起點。受此影響，學術界出現了兩種回應：第一種回應是更加重視史書作者的主觀表達，試圖在史書呈現的"史實"中找到作者對史料的選擇、裁剪、改造，從而挖掘史書表達背後的真相。這種探究史書作者如何撰述"史實"的作法，就形成了關於"書寫方式"的研究熱潮。第二種回應則是倡導回到史書編纂之前的原始資料，直接從原始資料進入"史實"，於是就出現了"寫本學"和"古典學"等與此有關的學科。寫本學研究的是刻本之前或之外的寫本，古典學則致力於經典的原初形態。"古文書學"的出現，即是重視原始資料這一思潮的產物，但它並不研究典籍，同時與古典學專注於古代經典也有所不同。古文書學致力於研究原始狀態下的"文書"，與歷史研究的關係比寫本學和古典學要更緊密一些。

中國的古文書學爲什麼起步較晚呢？根本原因是因爲我們存世的古代文書太少了。在古代中國，文書變成檔案之後，定期就要銷毁。歷史研究的史料主要就是史家根據文書檔案寫成的正史、政書，甚至包括筆記、野史等，而不是最爲原始的文書檔案。這種情況在最近幾十年來發生了顯著變化，隨著戰國秦漢簡牘的大量出土，以及敦煌吐魯番文書的整理研究、黑水城文書、傳世明清文書的大量被發現，中國古文書的數量顯著增加，並陸續出現了簡帛學、敦煌學、徽學等有關古文書研究的專門學問。在這種情況下,希望能打通斷代,探討古文書的一般性質、特點和研究方法的呼聲日益高漲,古文書學的誕生就水到渠成了。祇有當古文書的數量足夠多、研究足夠豐富、積累足夠厚重、交流足夠頻繁的情況下,纔有可能建立"中國古文書學",這就是中國古文書學産生的内在原因。

　　黄先生還介紹了古文書學意義上"文書"的性質及特徵:第一,它是未經後人改動的原始資料。第二,它不包括各種編撰的典籍。這一點與寫本學、古典學有所不同,它不包括主題,不是個人主觀的著述,它是特定對象之間傳達意願的産物。第三,它一般是用文字書寫的,至於它是寫在紙上、簡牘上,或者刻在金石上,都可視爲古文書。第四,它以寄件者向收件人表達意圖者爲主,同時包括賬簿等經濟文書。第五,它應具有完整格式,如牒、狀類文書一般應要包括收發者、結尾用語、日期等要素。文書與典籍的不同,不僅在於它是當時處理事務的原始檔,不同於反映個人意趣的文章著述,尤爲重要的是根據文書傳遞對象的不同,它具有上行、平行、下行等各種類型,並由此産生不同格式。依時代不同,它還具有署名、畫指、畫押、鈐印等顯示權力或保證真實性的不同方式。凡此"格式",是古文書區别於其他文獻的極重要特徵,是古文書的靈魂。忽略"書式",就會丟失文書形成過程中的人事、權力、程式等重要信息。因此,没有"書式"就没有古文書,也就没有古文書學。

　　黄先生還介紹了古文書學在國内的研究現狀:2012年舉辦了"第一屆中國古文書學學術研討會",正式提出了建立"中國古文書學"。2013年至2017年每年舉辦一屆,共六屆,其中第四屆以官文書爲中心,第五屆以經濟文書爲中心。從2016年開始,聯合中國政法大學舉辦"中國古文書學研修營",已舉辦兩屆。通過研討會和研修營,更多青年學者加入到古文書研究隊伍之中,古文書學在中國已蔚然成風。

　　敦煌研究院研究員張先堂先生通過敦煌莫高窟第12窟供養人家族窟的具體考證,以個案研究的方式展示了圖像資料與文獻記載相結合的研究理路,説明圖像學與文獻學(寫本學)結合互證的方法對研究相關歷史問題的重要意義。

　　西南民族大學研究員楊銘先生向大會做了有關古藏文契約文書整理與研究的報告,這些吐蕃契約文書主要出土於甘肅新疆等地,現在散佈在世界各地,收集和整理的難度較大,而研究工作更是需要多方面的知識和視角,對從事漢文寫本研究也具有參照和啓發作用。

　　西華師範大學教授伏俊璉先生對以上各位先生的主旨演講逐一進行了

點評。他説每一位先生的發言都非常精彩,大家聽了之後受益匪淺,倍受鼓舞,這是非常難得的學習交流機會,西華師大的老師和學生都非常珍惜。敦吐學會是一個非常有凝聚力的學會,每一次開會都能邀請到國内外相關研究領域最優秀的學者蒞臨會議,進行深度交流。

伏老師指出,本次會議主題爲寫本學,有關寫本研究的論文相對較多,而研究石窟、考古和壁畫的則略微較少,這同時也反映出寫本學是當前學界關注的熱點。近年來在北京、上海等地召開過很多次有關寫本學的會議,"寫本學工作坊""古文書研習營"等針對性的研習活動也層出不窮,我們主辦"寫本學國際研討會",也是順應這樣一個學術新潮流。西方學者的寫本學,主要是從物質形態著眼的,而我們現在研讀敦煌吐魯番文獻,很難看到原卷,觀察不到紙張紋理和裝幀形制等具體形態。我們的寫本學,主要是就寫本所載内容而進行的一種綜合性整體性文獻研究,因此在概念上,我們和西方學者的提法還存在區别。

伏老師概略地梳理了以敦煌文獻爲中心的中國寫本學的發展歷程:臺灣學者林聰明先生的《敦煌文書學》(1991),是中國第一部系統研究敦煌寫本特點的著作,作者利用接觸敦煌寫本原件的便利條件,詳細描述了敦煌文書的形態、裝潢與印信、鈔寫符號、題記、文書的割裂、文書的來源等。此後,林先生又出版了《敦煌吐魯番文書解詁指例》(2001),對敦煌文書的形態、鈔校、錯亂、裝潢、鈔寫符號、題記、文書的割裂等外部特徵進行功能分析和例證討論。徐俊先生的《敦煌詩集殘卷輯考》(2001)重視寫本的整體信息和抄寫情境,研究方法與整理刻本文獻的傳統文獻學有著鮮明區别。在《前言》中特别講到敦煌詩歌寫本的性質和特質,一是區别於"刻本時代"的典型"寫本時代"文獻的特徵,二是區别於"經典文獻"的以"民間文本"爲主的特徵。榮新江先生《敦煌學十八講》(2001)專列《敦煌寫本學》一講,從"紙張與形制""字體和年代""寫本的正背面關係"三個方面介紹敦煌寫本的基本内容。張涌泉先生《敦煌寫本文獻學》(2013)系統全面地歸納和總結了敦煌寫本的語言特點和書寫特例,爲敦煌寫本乃至所有古代手寫紙本文獻的整理研究提供了理論指導和校讀範例。郝春文先生的《敦煌寫本學與中國古代寫本學》(2015),對敦煌寫本學的概念、内容,以及中國古代寫本學的定義、研究對象、分期及研究内容進行了深入論述。我們所説的寫本學,主要是綜合了以上學者的基本觀點。

針對楊銘先生講到的敦煌吐魯番所出藏文契約文書,伏老師指出,契約文書是我們寫本研究非常重要的内容。南充市南部縣藏有"南部檔案"20多萬件,除有少量刻本之外,絶大多數是寫本,年代從清代初年一直到光緒年間,其中官文書和民間契約佔有相當大的比重。西華師範大學在"南部檔案"研究方面已經取得過國家社科重大項目,有兩本書列入了"國家社科基金文庫",還獲得教育部二等獎。相鄰的巴中縣也有類似檔案,也以契約文書爲主。藏文契約文書是8世紀以後受漢文化影響而形成的,實際上是兩種文明相互影響的結果。契約是誠信的標志,中國古代契約文書見證了我們民族的契約精神,值得發揚光大。

有關寫本學的概念問題,伏老師認爲學界應當深入研究,認真討論,而不是急於下定義。有廣義的寫本學,有狹義的寫本學,狹義的寫本是與刻本相對的。北宋之前中國文化的傳播載體主要是寫本形式,從早期的簡帛到紙寫本,還有甲骨文和金文。甲骨文和簡牘可能是同時代的,因爲商朝已經有簡册了,甲骨文主要不是用來進行社會交流的,而是與神的交通。胡戟先生講的石刻算不算寫本學研究的對象?榮新江先生之前在《文史》上也發表過討論石刻與寫本關係的文章。大家對概念的討論非常有意義,可以加深我們對寫本學内涵的深入理解,對於我們推動建立有中國特色的寫本學是非常有意義的。

伏老師指出,胡戟先生的演講,給我們提出了諸多寫本學研究的考證方法。黃正建先生將古文書學、寫本學、古典學之間的關係進行了非常細緻的區分與講解。張先堂先生通過敦煌莫高窟第12窟供養人家族窟的具體考證,説明圖像資料與文獻記載相結合即圖像學與文獻學(寫本學)結合互補的方法對研究相關歷史問題具有重大意義。早期從事敦煌學研究的學者像宿白先生、金維諾先生等都非常重視圖文之間的關係,當然他們主要是從變文和變相的關係來進行研究。西華師範大學有專門從事簡帛寫本研究的學者,有專門研究敦煌吐魯番寫本的學者,還有從事圖像與文本研究的,主要是楚辭與歷代的楚辭圖像、歷代的文學作品與圖像,比如杜甫詩與歷代杜甫詩意圖。另外,文學院有五位年輕博士專門從事碑刻研究,力量還是很强的。我們應該像榮新江先生爲代表的北大學者用石碑做"長安學"的方法來從事研究,不僅要考釋文字,還要解讀相關的歷史内涵。

北京大學教授榮新江先生在大會閉幕式上做了主旨演講,他主要從以下兩個方面闡述了當前寫本研究的現狀及應該注意的問題:

一是敦煌學在不斷推陳出新。一百多年來,敦煌學經久不衰,總有新的問題不斷提出,比如現在有了寫本學、古文書學等新的研究視角,能夠將原來的題目换一個角度,做出新意。寫本學就是其中的一個方面。

二是寫本學研究的現狀。對寫本學概念的討論還需進一步深入,希望開闢一個寫本學的新時代。寫本學是新的研究理路,但這個學科還没有真正建立起來，尚需進一步仔細討論，比如它與古文書學、版本學的關係等等。寫本學的建立需要學界的廣泛支持，現在正處於轉型時期，這次寫本學會議提交的部分論文與寫本學不太契合，希望研究者在參與寫本學會議時都能採用寫本學的提法，契合會議主題。寫本學的建立，尚需在以下幾個方面多所措意：

第一，寫本研究要打破版本學的概念。版本學追求善本，但寫本時代沒有善本。每一個寫本都有其獨特的價值，都保存了原貌，不一定好，但唯其如此纔顯出它的價值，不可依據善本的標準來衡量寫本。比如小學生的《論語》鈔本，其上有朱筆修改痕迹，在縮微膠卷時代，有學者從版本學的角度研究，認爲它是善本、更接近原貌，因而以此校改清儒"十三經注疏"的內容。當彩色圖版出版之後，纔發現原卷上有當時老師的正字批注。老師與學生筆迹共存的寫本其實是最好的教育史料，是活的寫本。美國做《秦婦吟》研究的倪健（Christopher M.B. Nugent），將學生的鈔本作爲至上的寫本，就有些過猶不及了。

第二，應當重新建立寫本學自己的概念。首先，每一個寫本都有其具體功用。敦煌的寫本有各種各樣的抄寫方式，如精抄、校改、轉抄等，也有其各不相同的功用，如私密自用、書館庋藏、隨身翻閱等。其中《壇經》保存有許多册子本，與卷軸裝的功用就有所不同。再如《文選》，俄藏是非常好的標準本，但很多《文選》寫本都是士子科考備用本，要從功能上或其他方面進行區分。其次，寫本有"兩面性"——正反兩面的內容都要關注，在刻本時代，紙張的另一面常常不再利用，而寫本時代則兩面都要加以利用。如吐魯番文書中的某一小片是由俄藏和大谷藏綴合的（不完整），一面抄著《史記》，一面抄著《漢書》。這類寫本有其具體的使用情境，假定一個人攜帶一個卷軸去西北出差，他所帶的卷軸兩面要抄寫些什麽東西與其功能是相關的。寫本正背面的很多東西是同樣有意義的，兩面都需要加以關注。最後，寫本的傳抄過程具有接力性——有些內容的流傳是遞相轉抄的。在很多法律、日曆等官方文書中，敦煌本是由涼州十道首輔去長安傳抄，然後河西道八州再去涼州轉抄，最明顯的例子是《東宫諸府職員令》。吐魯番和敦煌的《開元道藏》背後紙縫中有"涼州都督府印"，肯定是傳抄過來的。從涼州抄到沙州，再抄到西州，西州抄到各縣，各縣抄到各鄉。這類寫本中傳抄的系統、不同本子之間的關係，需要我們慢慢去建立。同時，文本的創作過程也具有接力性。敦煌文獻中詩歌作品的創作過程就是一個接力的過程，從一些寫本中，我們可以看到一個詩人起草、修改、謄清的整個過程，陳尚君先生認爲這對於唐詩的研究非常有意義。

二、敦煌語言文字和文學
文獻研究仍繼踵前行

敦煌語言文字和文學文獻研究,既是百年敦煌學之發端,也是成果最爲豐碩的研究領域之一。本次大會的學術討論分爲三個小組,第一組即是敦煌語言文字和文學文獻的討論。

本組共有 30 多人參加了討論,分別由黑維强、楊寶玉、汪娟、孫繼民、房鋭、何劍平等先生擔任主持人或評議人,有 20 多位學者宣讀了論文,其中有關語言文字研究的 7 篇,有關文學文獻研究的 17 篇。

包朗《"帖静"考釋》一文展示了大量寫本圖文,對字典辭書未收的"帖静"一詞進行了考釋。在敦煌寫本中,"帖"大多當爲"怗",二字形近互用。"帖"訓"静"應該是由"怗"的本義"心安"引申而來,也是"帖静"成詞的原因。

黑維强、黑文婷《宋代以來契約文書所見税賦詞語例釋》一文提出,除了傳統訓詁方法之外,古代文獻的詞義,還可以通過利用套語句式的比較與詞語之間的語法搭配關係等方式進行有效考證。該文對宋代以來契約文書中的税賦詞語,通過大量文獻例證,進行了詳細考釋,認爲"原糧""熟糧""認糧""池糧"等詞語,都是表示税賦意義的詞語。

邵天松《黑水城出土西夏漢文寫本文獻詞語選釋》一文指出,黑水城出土西夏漢文寫本對研究西夏歷史文化和社會經濟具有重要意義,是研究近代漢語詞彙的重要語料。論文選取九個相關詞語進行了考釋,這些詞語大多未被語文辭書所收,或者釋義有待完善。

唐燾《"恩"字及從"恩"聲字異體形式的歷時演變》一文,從歷時角度對寫本中《説文》誤判爲會意字的指事字"恩"字以及從"恩"得聲的異體形式進行了探討。

蕭旭《敦煌寫本字詞札記》一文對敦煌寫本中的一些疑難字詞進行了訓釋,如"少理""殺孋"等,或對前人時賢所論提出補充,或創立新説,詳盡羅列文獻加以疏證。

楊小平《敦煌寫本疑難俗語詞校考》一文,從共時和歷時角度,根據字形、語境和文獻等,對"若並前途""博勢修生""不多""不歸""不可""不司""採""慚賀"等敦煌寫本中的俗語詞進行了校勘與考釋。

周尚兵《P.3644 店鋪徠客叫賣詞與唐五代宋初敦煌日常飲食生活》一文,對法藏敦煌寫本 P.3644 中的店鋪徠客叫賣詞進行研究,並由此探討了唐五代宋初敦煌的日常飲食生活。

方新蓉在《敦煌僧人邈真讚中禪律結合問題初探》中認爲,敦煌寺廟裏律堂與禪堂不分,僧人都嚴守戒律,德行澄静,忽視勞動。敦煌僧人邈真贊中禪律結合是寫作程式化的一部分,具有示相攝服的作用,表明持戒是禪修的重要法門。敦煌的禪宗雜糅了更多的律宗、净土宗色彩,控制情欲,漸修苦修成佛,與内地奉行的平常心是道、生活化的禪學明顯不同。

何劍平《俄藏符盧格編三六五號的問題再議》一文對俄藏寫本符盧格編365號的點校、寫本斷代等問題,進行了深入詳盡的探討。

黄正建《敦煌本〈勵忠節鈔〉性質淺議》一文指出,《勵忠節鈔》是現存唐前期類書《藝文類聚》《初學記》之外的又一重要類書。《勵忠節鈔·刑法部》與《藝文類聚·刑法部》引文所反映的法律思想存在不同,由此看出唐高祖與唐太宗在政治取嚮上的不同。

秦炳坤《石谷風藏〈大目乾連冥間救母變文〉迻錄與校勘》一文,指出敦煌寫本《大目乾連冥間救母變文》的各種校注本,均未超出 S.2614 等九個寫卷的範圍。石谷風藏《晋魏隋唐殘墨》收錄了《唐大目乾連冥間救母變文殘段》三個殘片,是各校注本均未收錄的別本,有重要的參考價值。

孫繼民《新發現幾件宋代當塗縣文書簡介》,介紹了宋代當塗縣八件文書,這些紙背所鈔内容爲相關研究提供了新材料。

汪娟、陸穗璉《漢唐李陵相關文本中的生命抉擇——從〈李陵變文〉談起》一文,以敦煌寫本《李陵變文》相關之歷時文本(漢代史傳、六朝詩文)與共時文本(唐代詩文以及敦煌寫卷)爲研究對象,分析、歸納這些不同文本對李陵的描述或評價,深入剖析李陵的生命抉擇。這些文本的作者也藉由李陵事件,暗喻自身的生命抉擇或對此問題的深切認識。

王志鵬《簡論敦煌變文的結構形式和套語》一文指出,敦煌變文寫本有著明顯的講經特徵,主要表現在叙述方式、整體結構、相同或相近詞句的頻繁運用等三個方面。此外,敦煌寫本中不同篇名的變文,有時大段文字完全相同,在表達某種情境時使用相同詞語,即存在套語運用等現象,這都跟敦煌變文的講唱特徵有關。而隨著描寫歷史故事、民間傳説和現實生活爲内容的世俗變文的不斷發展,敦煌變文的宗教特徵表現出逐漸弱化的趨向。

武漢强《敦煌寫本"咒願文"研究》一文主張,敦煌寫本中保存有唐五代宋初的二十多篇"咒願文",屬於民間口誦體文學,類似於今天的新婚祝詞,句式整齊,音節鏗鏘,語言通俗,讀起來朗朗上口,語氣流暢、連貫,有强烈的現場感,有著填補我國文體研究空白的文學史意義。

楊寶玉、吳麗娛《法藏敦煌文書 P.4997 所存書狀考釋》一文,結合傳世文獻,對法藏敦煌寫本 P.4997 所保存的書狀進行了考釋,對寫本提及的安重海、孔循等人名以及擔任官職官名等進行了考察,最後判斷授書人應爲曹議金。

張勇《敦煌佛教寺院史料類説》一文根據敦煌寫本,梳理了佛教傳入敦煌之後該地區佛教寺院的歷史,對相關史料進行分類整理和考證辨析。張先生提交的另一篇論文《三首神補考》,運用饒宗頤先生提出的"三重證據法",圖文並茂,對古今三首神和三頭六臂現象進行了探討,具有方法論的啓示意義。

趙家棟《法藏敦煌寫本 P.2269〈盂蘭盆經讚述〉校讀與研究》一文,用力甚勤,列表詳細比對,對法藏敦煌寫本 P.2269《盂蘭盆經讚述》進行了校勘,提出了不少新的認識。

周于飛《敦煌曲子詞與花間詞的女性形象比較》一文提出,敦煌寫本曲子詞和花間詞分别作爲民間詞和文人詞的源頭,在詞史上具有重要地位,成爲詞史研究的熱點。學界對於二者的探討研究不勝其數,却較少涉及二者之間女性形象的比較。該文以"女性形象"爲切入點,選題角度新,有望取得新的成果。

朱瑶《敦煌漢文文獻題記源流述略》一文對敦煌寫本題記進行了探源溯流,指出寫本題記的出現,至少受到三方面歷史文化的影響:一、"物勒工名,以考其誠"文化理念的影響;二、圖書校理中題名制度的影響;三、佛經翻譯中"出經後記"的影響。

劉進寶《歷史比較語言學視野下的吐火羅——徐文堪〈絲路歷史語言與吐火羅學論稿〉讀後》一文,是作者編校徐文堪《絲路歷史語言與吐火羅學論稿》一書時所做的讀書筆記,該文詳細地抽繹了徐文堪先生有關吐火羅及吐火羅語的相關論述,是"吐火羅"研究比較全面的學術綜述。

此外,本組的金生楊《〈補續全蜀藝文志〉考論》一文指出,《補續》是繼《全蜀藝文志》而編的地方文獻總集,體例一仍其舊,補續了大量藝文成果,尤其是明代的有關詩文,在方志、地方文獻總集等方面都有重要地位,值得充分挖掘利用。趙祥延《〈全宋詩〉補遺二十五首》一文根據隴南石刻文獻中的 23 首宋詩對《全宋詩》進行了補遺。甘肅方志文獻中還有兩首也不見於《全宋詩》及其補遺文獻,合計 25 首,可供《全宋詩》的增訂和研究者參考。

三、寫本與圖像相結合,開拓歷史研究的新領域

本次大會學術研討第二組爲歷史考古及圖像藝術組,共有近 40 位學者參加了討論,宣讀研討論文近 30 篇,涉及宗教、法律、歷史、文獻、文學等諸多學科門類,視角新穎,觀點獨特。本組共進行了五場討論,内容充實,交流充分,對進一步推動敦煌學與寫本研究具有重要意義。

第一場由趙貞老師主持,王晶波老師評議。

劉屹《敦煌道經寫本對道教史研究的貢獻》立足於道教史的發展和演變，從道教研究的大背景來觀照敦煌道經寫本對道教史研究的新貢獻。游自勇《敦煌寫本〈百怪圖〉續綴》將敦煌《百怪圖》相關寫本內容及綴合情況作了詳細考察。陳于柱、張福慧《敦煌古藏文寫本 P.3288V（1）〈沐浴洗頭擇吉日法〉題解與釋錄——P.3288 研究之一》對 P.3288 背面藏文所鈔第一件占法定名爲《沐浴洗頭擇吉日法》，並將經過整理的相關古藏文、漢譯文以及拉丁文轉寫予以公佈。李軍《〈蒙求〉作者李瀚生平事迹考實》基於兩《唐書》等傳世文獻，對《蒙求》作者李瀚與翰林學士李翰之間的關係及其生平事迹從交友網絡等方面作了詳細考辨。劉安志《吐魯番出土文書所見唐代解文雜考》對唐代解文處理程式及相關問題進行了探討，考察並揭示此類文書的形態及其相關行政運作。

第二場由劉屹老師主持，楊富學老師評議。

楊銘、貢保札西、馬築《兩件敦煌古藏文寺院賬簿研究》一文，翻譯、注釋了 P.t.1104、P.t.1203 兩件出自敦煌的古藏文寺院賬簿，對相關的吐蕃官吏、人名、部落等進行考察，並將其中涉及的內容與同時期的漢文契約文書進行對比，挖掘相關歷史信息。張小貴《中古波斯文〈千條律例書〉述略》對伊朗薩珊王朝時期法律文書《千條律例書》從發現及研究狀況、文書的特點與價值及其內容方面進行了探討。趙貞《吐魯番文書所見唐代"身死"芻議》結合律令的記載對吐魯番文書中的注死、身死文書進行了梳理，重點分析了籍賬中死亡人口的著錄方式，並對身死勘驗的過程以及身死衍生的名籍與田地變更等問題作了討論。杜海《敦煌曹氏歸義軍時期的"瓜、沙之爭"》以瓜、沙二州之間的矛盾爲切入點，探討了曹氏歸義軍時期的內部爭鬥，梳理曹氏歸義軍時期"瓜、沙之爭"的進程與格局。王紅梅《宋元之際高昌回鶻的彌勒信仰》通過回鶻文佛典、石窟壁畫、塑像等材料的考察，對宋元之際回鶻地區的彌勒信仰源頭進行了探討溯源。

第三場由李軍老師主持，雷聞老師評議。

王晶波《石家莊毗盧寺釋迦殿壁畫內容新考》，以壁畫榜題爲依據，結合敦煌唐寫本《佛說孝順子修行成佛經》和明代《釋迦如來十地修行記》《金牛太子寶卷》等文獻，對毗盧寺釋迦殿壁畫內容及其來源重新進行考釋。雷聞《隋唐時期的聚衆之禁——國家與宗教儀式關係的一個側面》一文，分別從國家合法聚衆的傳統、漢唐間國家對宗教性聚衆的限制、唐代前期及中後期的聚衆之禁等方面展示了國家政權與宗教性聚衆之間的關係。李永平《"建興元年臨澤縣廷決斷孫氏田塢案"冊反映的河西鄉里制》一文，通過簡冊記載的"建興元年臨澤縣廷決斷孫氏田塢案"，從西晉鄉里聚落和鄉里管制、鄉里民户狀況等方面討論河西地區的鄉里制度。張瑛《漢簡所見河西邊塞吏卒服飾》以河西漢簡爲依據,對漢代河西邊塞吏卒的服裝種類、色彩、用途、來源等進行了探討。李旭東《敦煌"武周時期歌謡""祥瑞"的宣傳效應稽考》對武則天稱帝前後河西地區流傳的"歌謡"和"祥瑞"及其宣傳效應、傳播者與政權的關係等進行了考察。趙青山《疑僞經〈清净法行經〉再研究》通過日本七寺藏《清净法行經》,重新探討了《清净法行經》的編纂時間和編纂背景。

第四場由劉安志老師主持,游自勇老師評議。

趙曉星、江白西繞《敦煌古藏文文獻 P.T.248〈如來藥師琉璃光王供養法〉研究——中唐敦煌密教文獻研究之五》對敦煌古藏文文獻 P.T.248《如來藥師琉璃光王供養法》進行了釋讀,將其與漢譯本《藥師經》進行比較,並對吐蕃統治時期供養藥師的實踐進行了論述。李并成《敦煌遺書中所見絲綢路上的外來藥物考》對敦煌寫本中常見的外來藥物進行了梳理,並對近三十種外來藥物進行了詳細的溯源考證。秦凱《爲祖母則强:寡婦阿龍財産訴訟案再探》以 P.3257 號寫本爲中心,探討了寡婦阿龍狀書的鋪陳和訴訟技巧,展示了中古時期的阿龍出入公私領域、憑藉祖母身份,奪回失去十一年的土地的故事,體現出對處於男尊女卑社會中的女性的關懷。楊富學、路虹《敦煌文獻所見回鶻政權的商品貿易》以借貸契約、使者往來文獻等爲基礎綜合考察了回鶻(主要是甘州回鶻、西州回鶻、伊州回鶻)與沙州之間商業貿易往來及其商品的互補性。楊富學、楊琛《霞浦摩尼教"三清"觀錐指》對福建霞浦摩尼教科儀書中的"三清"觀念和摩尼教在當地的本土化過程進行了梳理和研究。

第五場由李并成老師主持,楊銘老師評議。

董華鋒《四川博物院藏石刻佛教經咒及其與敦煌寫本的比較》以四川博物院藏石刻佛教經咒爲中心,與敦煌寫本 S.15 以及川渝地區出土相關經咒文獻的對比研究,探討了此類經咒的使用、製作工藝及其使用方式和經咒與民間的信仰。董永强《敦煌吐魯番寫本所見唐人的藏鈎》以吐魯番阿斯塔那 193 號墓所出 73TAM193:11(b)號《唐道俗藏鈎文書》爲切入點,從文本內容、藏鈎的起源、藏鈎的游戲規則、藏鈎流行敦煌吐魯番地區的原因等方面對唐代流行的藏鈎游戲進行了重新解讀。侯冲《敦煌不孤——以〈金剛經纂〉爲例》一文,將敦煌本《金剛經纂》與《金剛經纂》的其他系列傳本進行對照,探討了《金剛經要略》《金剛經纂》與《金剛經》信仰實踐、《金剛經纂》的成書等史實。吴浩軍《另類寫本:流傳的限定性和空間的封閉性——以敦煌吐魯番出土喪葬文書爲中心》從寫本學的角度討論了鎮墓文、衣物疏、買地券等喪葬儀式文書。宋婷《唐合宫、永昌、來庭三縣置廢年代考》利用新出碑志,對合宫、永昌、來庭三縣的置廢年代進行了考辨。任雅芳《由寫刊本的文字異同考察〈白氏文集〉的編纂》，比對《白氏文集》鈔卷與現存刊本，尤其是從寫刊本的卷目差異出發，推斷《白氏文集》屢次修訂的情況，揭示出文集編纂過程中白居易詩體觀念的變化。

四、寫本與碑刻並舉，徵文與考獻同參

本次大會第三組爲碑刻與寫本組，共有 30 多位學者參加了研討，提交論文 31 篇，呈現出以下幾個特點：

第一，研究對象豐富。提交的 31 篇論文中，既有對敦煌各類寫本所涉文獻問題的多方位研究，也有對國內外所藏寫本文獻的刊佈介紹與個案研究，更有對碑刻、碑帖等文獻的專門討論。朱利華《論道教寫本的再利用》一文，對敦煌道教寫本的再利用問題進行了專門探討。有些道教寫本背面抄寫了佛經注疏、佛事應用文、賬目、文學作品及雜鈔等內容，這些在當時被認爲"無用"的道教應用文和殘損寫本，並未被整體廢棄，而是進行了二次利用。徐浩《敦煌本漢文〈大般若經〉同紙兑廢稿綴合七例》運用繫聯綴合法，從敦煌本漢文《大般若經》同一紙兑廢稿的綴合中選取七例，充分挖掘古代寫經製作中的相關問題，希冀深入認識寫本文獻的特點。張存良《斯坦因所獲漢文殘紙未刊部分》一文，擬對斯坦因在新疆吐魯番、樓蘭和尼雅等地所獲漢文紙質文書中的未刊部分逐一叙錄、釋文並予以介紹刊佈。湯君、王倩《敦煌文獻〈降魔變文〉的性質和叙事演化》認爲敦煌文獻中的《降魔變文》文本經過了多人之手多次加工潤色，並在流傳過程中總體趨於文學化和世俗化，在人物形象的演化和叙事手法的演變上獨具特色。

有多位學者對國內外傳世寫本文獻進行了專題研究，在寫本學方法論方面具有探索之功。薩仁高娃《藏文古籍寫本邁向刻本時代——以元刻爲例》，以元刻藏文古籍爲例討論了古籍從寫本邁向刻本的特徵。劉波、林世田《〈西天大小乘經律論並及見在大唐國內都數目錄〉的流變》對《見在大唐國內都數目錄》在不同歷史時期衍生的不同文本進行了細緻梳理，並對淵源與演變、性質、功用等相關問題進行了深入探討。程蘇東《日傳本〈五行大義〉所見古本〈春秋繁露·治順五行〉》一文指出，《五行大義》是中古五行學的集大成之作，對於中古知識史的研究具有重要價值。由於該書大量徵引早期文獻，因此也具有重要的輯佚學與校勘學價值。日傳本《五行大義》是一種正文與注文合鈔的注釋本，由於中村璋八等早期整理者未能注意到這一問題，整理過程中出現了不少點斷、讀破現象。作者在釐清日傳本《五行大義》的文本結構之後，對其所引隋人所見本《春秋繁露·治順五行篇》的正文部分做了校理。肖瑜《對日本藏〈三國志·蜀志·諸葛亮傳〉僞卷的再研究》一文，在陳國燦已

有研究的基礎上,對日本赤井南明堂藏《蜀志·諸葛亮傳》殘卷的異文内容、卷尾抄寫時間、抄寫者進行了再研究,認爲日藏《蜀志·諸葛亮傳》殘卷是僞卷。蘇芃《日本漢文近世寫本的"文本年代"》,提出古書的年代界定,除了"撰寫年代"和"刊行年代"之外,尚需關注寫本的"文本年代",即後世鈔本所據祖本的底本年代。作者以日本宫内廳書陵部所藏江户末期寫本《史記·高祖本紀》等寫本爲例,認爲從"文本年代"這個角度對日本近世寫本的年代進行界定,甚至會超過對其"刊寫年代"確認的意義,是相關學術研究的前提。劉潔《論晚唐温庭筠詩歌之"清"——日朝漢籍視域下的温庭筠詩格人格新探》一文,以成書時間相當於五代宋初的日本平安時代漢文詩文選集《千載佳句》《和漢朗詠集》《江談鈔》以及高麗朝漢詩選集《十鈔詩》等寫本爲例,通過比較分析,認爲温庭筠在五七言詩歌創作中,"麗"的特點並不像在其樂府詩中體現得那麽明顯。"格雖晚唐而清逸閑婉,殊無塵俗之態",加之"短律尤多警句",温庭筠的詩作纔會較爲可觀地出現在唐宋時期成書的日韓古文獻之中。

此外,嚴正道《傅增湘致繆荃孫未刊函札釋讀》一文,對中國社科院近代史研究所圖書館所藏的五通傅增湘致繆荃孫未刊函札進行了釋讀刊佈。鄭海濤《姚華碑帖觀探析》以《弗堂類稿·序跋》爲例,對近代著名書家姚華在碑帖學所取得的成就及其碑帖觀進行了研究。姜同絢《閬中出土宋代陳安祖買地券探析》一文,對《陳安祖買地券》進行了釋文整理,並對相關問題進行了研究。張小艷在評議中指出,碑刻研究首先要在釋文上多加措意,不能以錯誤的釋文爲據進行相關研究。

第二,研究内容多樣。本組論文中既有對敦煌寫本文獻的校錄整理,也有對碑刻文獻中文字詞語問題的專門討論,還有對寫本文獻所涉諸多史實問題的相關探討。

張小艷《敦煌祭文疑難字詞校考》以五篇祭文中的十則疑難字詞爲例進行了校考,主要涉及字形的俗訛、語音的通借及祭文的押韻等問題。聶志軍、向紅艷《敦煌本〈故圓鑒大師二十四孝押座文〉及相關文書再探》以刻本 S.P.1《故圓鑒大師二十四孝押座文》爲底本,用 P.3361、S.3728、俄藏 дх.1703 等作爲參校,參考其他相關文獻,做了重新釋錄及校注,指出《敦煌變文集》卷七中的 S.7 號文書應爲 S.P.1 之誤,並指出 S.3728 題記與押座文的關係,二者不宜割裂爲兩件不同文書。陸慶夫(未與會)《讀敦煌寫本札記二則》、游世强《〈英藏敦煌社會歷史文獻釋錄〉點校獻疑》、趙鑫燁《伯2704 "一七""二七"之釋讀及相關問題》等論文對部分敦煌寫本文獻進行了校考、釋讀及相關整理研究。金少華《李善注引毛詩考異》利用日藏古鈔本《文選集注》對傳本毛詩及李善注引文異同問題進行了校釋。

有多位學者對寫本或碑刻文獻中的文字詞語進行了專業考釋。郭洪義《碑刻疑難異體字考辨舉隅》、馮永芳《陝西神德寺塔出土寫本文獻異體字考辨舉隅》、吳繼剛《異體字分類問題的探討》、李薛妃《構件"彳""亻""氵""忄""阝"俗變關係研究》、張磊《寫本文獻中的借筆字》、劉傳啓《敦煌寫本異文詞語甄選例釋》、賈智《敦煌出土唐代字樣書的文字觀》等論文從不同角度對寫本或碑刻文獻中的文字詞語進行了考釋，對俗寫異體和俗變訛誤等用字現象進行了系統梳理。

鍾書林《敦煌遺書 S.4654〈贈悟真等法師詩鈔〉探賾——兼論光復後的敦煌與大唐中央政權的微妙關係》、冷江山《敦煌曲子詞及敦煌僧人的社會生活》分別從歷史學、社會史的角度對兩類敦煌寫本文獻所涉史實進行了探討。

第三，研究視角及研究方法比較新穎。本組論文中既有從文學、戲劇學、宗教學等視角切入的專題探討，亦有歷史學視角下對各類文獻所涉史實的審視與觀照。伏俊璉《敦煌文學編年史相關問題討論》認爲，敦煌文學的編年，要分具體情況進行。其中有傳世經典作品，也有文人尤其是中原文人創作的詩文作品，對這些作品的編年，要充分利用學術界已有的研究成果。敦煌講唱文學，既難考作者，也無法考訂創作時間，祇能根據內容考定其大致產生時代。對敦煌文學寫本的編輯或鈔寫時間的考定，要採用多種綜合方式，如根據避諱字考定，根據內容判斷其創作的大致年代，運用繫連法，包括寫本綴合繫連法和字體歸類繫連法等方法進行判斷。喻忠傑《戲劇學視野下的敦煌話本》一文認爲，話本與戲劇作爲同源藝術的兩種形態，在長期的共存與交融中，由最初的口述到書面與形體表演，外在形制發生了根本性變化，但是在叙事上的同一和娛樂功能上的共生顯現出清晰的近緣性。楊明璋《萬里尋親傳説與敦煌聖僧萬回信仰》通過傳世文獻和敦煌文獻的綜合研究，認爲"萬里尋親一日回"是萬回和尚最爲人熟知的事跡，但其發跡變泰，因素比較複雜。其中最重要的應該是識記多驗，並透過諸如道士明崇儼等人的見證，其他像天竺高僧菩薩轉生萬里外的中土、萬里尋親一日而回等傳説，應該都有推波助瀾之效。

總之，本次國際學術研討會以寫本研究爲討論重點，涉及文學、歷史、考古與藝術等學科門類，尤其在寫本概念、寫本學理論、寫本學方法等重要理論問題上，討論熱烈，交流充分，在文本形態、文本年代、文本編寫、文本流傳和寫本用字、寫本綴合等事關寫本研究的具體方面，也取得了比較豐碩的研究成果。各個學科之間互相學習，互相促進，舊友新知，相聚一堂，共同探討寫本學,總結寫本學已有成果及其研究方法,跨學科研究是大勢所趨。大會求真務實,積極探索,是我國寫本學研究歷程中的一次重要節點性會議,拓展了寫本學研究的深度和廣度,必將促進寫本學研究更上層樓。

本次會議期間,還召開了中國敦煌吐魯番學會2018年理事會和《敦煌學大辭典》修訂工作會議。

敦煌與絲綢之路多元宗教學術研討會綜述

劉拉毛卓瑪(敦煌研究院)
黄麗螢(中國社會科學院研究生院)

一、概　　説

　　2018年5月5—8日,由敦煌研究院、中國社會科學院世界宗教研究所、中國宗教學會主辦,敦煌研究院敦煌文獻研究所、佛學研究中心和中國社會科學院《世界宗教文化》編輯部承辦的"敦煌與絲綢之路多元宗教學術研討會"在敦煌莫高窟隆重召開。來自全國各地的專家和學者相聚敦煌,圍繞"敦煌古代宗教與絲綢之路多元宗教文化關係""三夷教及其在絲綢之路沿綫的傳播""絲綢之路沿綫的宗教文化交流""敦煌與中亞、印度石窟藝術""敦煌、絲綢之路之相關歷史文化研究"等五個議題展開了熱烈的討論,進一步促進了敦煌古代宗教與絲綢之路沿綫多元宗教文化關係的研究。本次會議共收到學術論文(包括綜述等)共97篇,50餘位專家、學者先後發言。

　　會議開幕式由敦煌研究院敦煌文獻研究所所長楊富學研究員主持。敦煌研究院副院長趙聲良研究員致開幕詞,指出敦煌位處絲綢之路要津,自古以來宗教衆多,佛教、道教、摩尼教、景教、祆教都在這裏留下了鮮明的印迹,此外,伊斯蘭教、印度教、猶太教也都可尋其遺蹤。這一現象的形成,與絲綢之路發達的多元宗教息息相關。中國社會科學院世界宗教研究所副所長、中國宗教學會副會長鄭筱筠研究員致歡迎詞,清華大學景教研究中心譚大衛教授代表與會專家和學者致辭。

　　隨後進行大會主題發言,中國社會科學院世界宗教研究所副所長鄭筱筠研究員就《觀音信仰的中國化歷程研究及其對當代的啓示》作了發言。她從理論和實踐兩個層面劃分出了觀音信仰中國化的歷史發展分期,分析了各個歷史階段觀音信仰的發展方向及其特點,探討了觀音信仰中國化的途徑。指出,在歷史發展長河當中,觀音信仰在理論層面和實踐信仰層面都進行了中國化的探索,從魏晋南北朝開始,觀音信仰經過各個歷史時期的發展,形成了不同的信仰區域、不同的傳播地帶和不同的分佈格局。在理論層面,探索出了一種佛教中國化體系的建構;在實踐層面,從文化的多樣性轉變、文學故事的豐富多彩、壁畫藝術的精美等多角度、多層次與中國社會特色及信衆的需求相互呼應,逐漸形成了中國化特色的觀音信仰體系,這對當代宗教中國化有很深的啓發。

西北大學中東研究所所長韓志斌教授《阿曼伊巴迪教派：歷史生成與踐行影響》以梳理阿曼伊巴迪教派的興起爲基礎，分析了阿曼伊巴迪教派的宗教政治特徵、生成與擴散、宗教結構與主張，並通過對阿曼伊巴迪教派兩次建國失敗原因的分析，闡釋了阿曼伊巴迪教所產生的歷史影響和時代變遷特徵。

中央民族大學哲學與宗教學學院院長劉成有教授《從〈大乘起信論〉看佛教中國化》一文以《大乘起信論》爲切入點，從選擇性接受的角度闡釋了佛教的中國化。指出，在佛教中國化的道路上，《大乘起信論》發揮了極其重要的作用。這種作用突出表現在兩個方面，一是中國佛教在大、小乘佛教的抉擇方面主動性的選擇接受了大乘佛教；二是選擇性地接受了大乘佛教中的如來藏佛教思想。同時，提出以《大乘起信論》爲代表的如來藏思想體系可能與中國儒家核心思想體系之間可能存在某種相關性。

清華大學景教研究中心譚大衛研究員《景教敦煌文獻〈一神論〉之中文白話及英語釋譯並建議一套文獻的章節序號》一文主要對唐本敦煌景教文獻《一神論》作了中文白話翻譯和英語釋譯，並在前賢的錄文和斷句的基礎上，重新編排了《一神論》的章節序號。

楊富學研究員《霞浦摩尼教文獻與跨宗教研究》一文擷取霞浦摩尼教文獻中一部分有代表性的摩尼教神祇進行研究分析，認爲摩尼教是集多種宗教元素於一體的真正的世界性宗教，這爲跨宗教研究提供了極爲豐富且十分難得的研究素材和寶貴資料。進而通過闡述摩尼教在中國的傳播發展歷程，分析了會昌法難之後摩尼教之所以僅在福建一帶流傳的原因，揭示了福建霞浦摩尼教的特點。

接下來是專家學者的專題發言，我們根據各位專家、學者的發言題目及其主要內容，將發言分爲5大類，分別爲多元宗教文化研究、三夷教研究、絲綢之路宗教文化交流研究、石窟考古與藝術研究、其他方面。下面將一一進行介紹。

二、多元宗教文化研究

隨著敦煌與絲綢之路沿綫多元宗教的發展，與之相應的宗教文化也呈現出明顯的多元性，對這一問題的研究也頗受關注，可歸入此類的計有26篇。

敦煌研究院麥積山石窟藝術研究所董廣强副研究員《民俗視野下的北朝秦州佛教——以麥積山石窟133窟10號碑圖像爲例》一文以民俗學的視角，就麥積山石窟133窟10號碑中雕刻的一些細節問題進行了辨識和研究，指出北朝時期秦州地區的民衆有著根深蒂固的本土民俗信仰，他們在面對佛教圖像時會自覺或不自覺地進行圖像轉換，將傳統文化和外來的佛教文化結合在一起。

甘肅省社會科學院文化所買小英副研究員《由敦煌本"二十四孝"看儒釋倫理的融通與合璧》以敦煌文書 S.3728《故圓鑒大師二十四孝押座文》作爲儒釋融通的典型文本示例，分析了古代敦煌地區流傳的《二十四孝》《孝子傳》《孝經》等版本在内容、形式和作用等方面同中原地區流傳版本之間同根同源的關係，體現出儒家倫理和佛教倫理在發展過程中的融匯與貫通。

甘肅張掖行政學院副校長任積泉研究員《河西寶卷曲牌留存及使用狀況分析》一文闡述了河西寶卷的留存和使用狀況，指出寶卷文化是河西文化中的"根"文化之一，曲牌是寶卷區別於其他文學作品最顯著的特徵，是寶卷文化生命力的重要體現，曲牌的活態保護傳承是寶卷傳承的重中之重。

陝西師範大學絲綢之路歷史文化研究中心博士後石建剛《陝北宋金石窟文殊/五臺山造像及其信仰考察》在前賢研究的基礎上通過實地調查，對陝北宋金文殊菩薩造像、五臺山化現圖像、萬菩薩造像以及宋金夏時期的老人形文殊像内容作了詳細的考述和研究，指出文殊/五臺山圖像及其信仰並非直接産生於陝北地區，但陝北在絲路沿綫地區受容過程中起到了至關重要的作用，其中老人形文殊像便是陝北宋金石窟影響西夏都城興慶府地區佛教圖像的重要證據。

西華師範大學王紅梅研究員《宋元時期回鶻彌勒信仰考論》通過對出土的回鶻文《彌勒會見記》《彌勒頌》《彌勒贊詩》以及題跋、發願文等内容的研究，指出回鶻佛教中的彌勒信仰並非直接受到漢傳佛教的影響，而是深受西域本土以及印度彌勒信仰的影響。同時指出，回鶻本《彌勒會見記》中強調的成佛在人間的"彌勒觀"對回鶻人產生了深遠的影響，是回鶻文佛教題跋、發願文、懺悔文以及贊美詩中最重要的主旨思想。

雲南大學貝葉文化研究中心主任周婭副研究員《中國巴厘語系佛教貝葉經：源流、傳承與保護》一文主要以在西雙版納的巴厘語系貝葉經爲例，探討中國巴厘語系貝葉經的源流、傳承和保護等問題，並從雲南面向東南亞、南亞"一帶一路"建設的角度，對開展巴厘語系貝葉經保護方面的國際合作作了若干初步的思考。

中國社會科學院世界宗教研究所陳粟裕副研究員《吐蕃統治時期敦煌石窟中的觀音圖像與信仰研究》一文從吐蕃統治時期敦煌石窟中觀音圖像的梳理、漢地與于闐地區觀音圖像上的交流、新的菩薩樣式的出現三個方面進行討論和研究，認爲敦煌及其附近民衆、僧衆對觀音菩薩的虔誠信仰主要歸結於三個方面的原因，即民族交融的時代背景、戰亂頻繁的社會局面、觀音菩薩自身所具有的拔苦救難的超凡願力。

敦煌研究院敦煌文獻研究所王東副研究員《比附與隱喻：張掖香（仙）姑信仰對絲綢之路觀音文化的借鑒》對張掖市臨澤縣香古寺的一方名爲《重修仙姑廟記》的碑刻内容作了系統的研究，並結合《西夏黑水橋碑》中有關"賢覺聖光菩薩"的記載，指出香（仙）姑信仰與絲綢之路上興盛的觀音信仰密不可分。民衆在信奉香（仙）姑過程中，對原有的觀音文化進行了借鑒與改造，逐漸脱離了對佛教觀音的比附，而形成河西地區獨具特色的文化現象。

與多元宗教文化有關的論文尚有華東師範大學中文系黄人二教授《論莊子逍遥遊與天龍八部迦樓羅關係》、山東曲阜師範大學韓鋒和張亞甯副教授《中古時期儒家文明在敦煌地區的傳播和發展——以敦煌遺書爲中心》、雲南民族大學饒睿穎副教授《孟高棉語民族與泰北早期佛教研究》、中國社會科學院研究生院世界宗教系博士生黄麗螢《試論蛙崇拜與女媧信仰之間的聯繫》、敦煌研究院麥積山石窟藝術研究所項一峰副研究員《絲綢之路佛教傳教·信仰·像教——以兩晋十六國時期幾位僧人爲例》、山東大學猶太教與跨宗教研究中心李海濤副教授《高麗太古普愚的臨濟嗣法及其看話禪思想》、西北師範大學文學院李妍講師《河西寶卷類比原型的苦難表徵》等多篇論文，其中不乏有價值的力作，由於篇幅限制不能一一予以介紹。

三、三夷教研究

對三夷教及其在絲路沿綫的傳播進行研究，是本次會議所的另一個重點，收到論文9篇。"三夷教"指形成於波斯的祆教、景教和摩尼教，對這些問題的研究，在國内學術界向來都爲小衆。本次提交會議的論文，尤其研究霞浦摩尼教新文獻者，具有明顯的三個共性，即資料新、問題新、觀點新，含金量相對較高。

首先在摩尼教研究方面，學者們主要是利用霞浦新近發現的摩尼教文獻，分析研究摩尼教在華化過程中對佛教、道教以及民間信仰的比附和依托。其中塔里木大學人文學院包郎教授《〈摩尼光佛〉與摩尼教道化實踐初探》一文對霞浦新近發現的摩尼教文獻《摩尼光佛》中有關道教神衹、道教術語、道籍用語作了分析，認爲《摩尼光佛》這部通篇佛教成分較多的文獻中，凡是有道教神衹出現的地方總不忘夾雜佛教稱謂，顯現出摩尼教既想崇道又怕得罪佛教徒的矛盾心理。然而，道神的特徵顯然又趨向於摩尼化，加之民間信仰的土地神這種道教俗神的雜入，都説明《摩尼光佛》中的道化是與摩尼化、民間化和脱夷化並行的，摩尼教潛入民間，隱蔽自存，恐爲其最佳宿命。

敦煌研究院敦煌文獻研究所彭曉静館員和楊富學研究員合著的《霞浦摩

尼教觀音、彌勒、泗州大聖崇拜考》對霞浦摩尼教文獻《摩尼光佛》《樂山堂神記》《求雨秘訣》《禱雨疏》等科儀文書中的觀音、彌勒、泗州大聖進行了研究，指出霞浦摩尼教中對觀音、彌勒、泗州大聖的信仰，體現了摩尼教對多種信仰的融會貫通，其中更多的是對佛教的借用和依托，同時也是對道教的比附。

楊富學研究員和西北民族大學歷史文化學院碩士生薛文靜合力撰寫的《霞浦本摩尼教〈點燈七層科册〉錄校與相關問題》一文通過對霞浦發現的摩尼教漢文文獻《點燈七層科册》的錄校，闡明了該文獻的宗教屬性，並進一步分析了摩尼教華化之特點。

蘭州大學敦煌學研究所博士生楊琛和楊富學研究員合著《霞浦摩尼教之"三清觀"》一文指出，人文"三清"本爲道教概念，爲元始天尊、靈寶天尊和道德天尊三位神明的合稱。但在福建霞浦發現的摩尼教科儀書中，將夷數和佛、電光王佛和摩尼光佛稱作"三清"或"三佛"，顯然是用摩尼教神明來指代道教、佛教之故名，體現出摩尼教中對基督教、佛教、道教內涵的雜糅，尤其是道教對摩尼教的深刻影響和晚期摩尼教的道化傾向。

敦煌研究院敦煌文獻研究所訪問學者蓋佳擇與楊富學研究員合撰《景教〈常明皇樂經〉爲摩尼教經辨》一文通過大量的例證證明《常明皇樂經》爲摩尼教經典，不認同以往學界將《常明皇樂經》爲景教經的論點。此篇文章對摩尼教研究注入了新鮮的血液，具有非常重要的意義。

除此之外的論文內容比較分散，但却是極有創建性的力作，值得注意。如暨南大學歷史系副主任張小貴教授《達克瑪與納骨翁：中古瑣羅亞斯德教葬俗的傳播與演變》，該文以達克瑪與納骨翁爲研究對象，考察了瑣羅亞斯德教（即爲祆教）天葬習俗的傳播與演變，指出中古時期的入華祆教以粟特人爲主要信仰載體，其使用石棺或石床來處理屍體，形式與達克瑪與納骨翁雖不同，但在恪守教規教律方面確是一致的。

山東大學博士生、青島科技大學趙洪娟副教授《中國西北地方燎疳習俗之拜火教因素探原》，文章從西北地方正月二十三日的跳火燎疳習俗入手，以閩南、粵北地區的跳火群儀式爲佐證，通過對中國燎疳節與伊朗傳統跳火節在儀式形式、日期、功能等方面的對比研究，認爲中國西北地方燎疳習俗源於西域波斯之拜火教。

四、絲綢之路宗教文化交流研究

絲綢之路宗教文化交流，是本次會議的熱點，論文最多，達34篇，涉及的面也很廣，其中對敦煌文獻及相關佛教問題的研究相對集中。

在敦煌文獻方面，中國社會科學院歷史研究所楊寶玉研究員《兩件度牒相關敦煌文書復原整理與再研究》對法藏敦煌文書 P.3952 與 P.4072 兩件文書進行了復原式整理,並通過對文書內容的分析研究,對文書年代、性質、用途等一一作了考察和分析。

江西科技師範大學習罡華副教授《敦煌文獻 S.2165 號〈坐禪銘〉論衡》對敦煌文獻 S.2165 號所有 9 段詩偈題材和《坐禪銘》之內容進行了考查、分析,指出其主旨與慧思和尚的精神不相吻合,却恰好反映了初唐南派禪宗修行理念記載的自然過渡。因此,文章認爲敦煌文獻 S.2165 號《坐禪銘》是唐代禪宗七祖青原行思的作品,而非學術界通常所謂的天台宗二祖南岳慧思的作品。

中國社會科學院世界宗教研究所聶清副研究員《敦煌〈篆書千字文〉風格溯源》,文中首先對敦煌遺書《篆書千字文》之風格進行了分析,進而追溯對其家族來源,認爲敦煌《篆書千字文》並非偶然現象,而是符文式篆書大家族的衍生。

山西師範大學楊學勇副教授《敦煌本與金藏廣勝寺本〈中論〉的比較研究》,文章通過對敦煌本與金藏廣勝寺本《中論》的比較分析,指出其差異主要表現在分卷、品名、偈數和品數、對造譯者的論述、版本形態五個方面。而經過對敦煌本與金藏廣勝寺本的校勘比較,作者發現兩者除在內容上有個別字詞的不同之外,幾乎沒有出現因某些字詞的改變而導致《中論》思想主旨發生變化,由此認爲鳩摩羅什所譯《中論》是被作爲定本採用的。

除了對敦煌漢文文獻的研究之外,還有學者就敦煌古藏文文獻進行了研究,如青海師範大學彭措扎西講師《略論敦煌吐蕃兵書之〈勇士與懦夫〉軍法思想及其社會功能》,文章以古藏文文獻《勇士與懦夫》爲中心,探討了吐蕃統治階級對勇士和懦夫分別實行獎罰之軍法制度及其社會功能。

在佛經研究方面,中國社會科學院世界宗教研究所、南海佛學院張總研究員《〈妙法蓮華經〉大通智勝佛藝術變現再述》提出敦煌壁畫中《法華經變》雖然多,但就此題材表達却很少。然而晉冀魯豫地區的石窟碑像或題銘之中關於大通智勝佛與十六王子事者達十餘處。從全國的石窟等藝術形式而言,白佛山一號大佛窟的大通智勝佛與十六王子像,內容之豐富全面,非常稀見,值得高度重視,並進一步開掘。

河北師範大學宗教研究所副所長崔紅芬教授《〈觀音經〉與〈觀音經變〉——以敦煌黑水城遺存爲主》,文章主要從三個方面圍繞論題進行闡釋:第一,對《妙法蓮華經》的翻譯及《觀世音菩薩普門品》單獨進行梳理,認爲在南北朝時期《觀世音菩薩普門品》已經單獨出來流行了;第二,對觀音經變的類型和佈局結構進行了分析;第三,結合經文分析了《觀音經變》的內容,認爲觀音經變在生活、場景、服飾、面相、用具和經變畫的佈局方面都充分體現了中國化和民族化的特色。

敦煌研究院敦煌文獻研究所堪措吉副研究員《中國三峽博物館藏敦煌藏文寫經》通過對三峽博物館收藏的五件藏文寫經與敦煌藏經洞所出藏文寫經《十萬般若頌》和《大乘無量壽宗要經》內容和形式的比較分析,指出三峽博物館所藏藏文寫經與敦煌藏經洞所出藏文寫經生姓名相吻合,屬同一時代,同批寫經人所寫。此外,青海民族大學文學與新聞傳播學院桑吉東知講師和西北民族大學中國民族信息技術研究院夏吾措合著的《敦煌藏文寫本〈大乘無量壽宗要經〉整理研究的回顧與展望》也值得注意。

在佛寺研究方面,有論文二篇,其一為西安碑林博物館景亞鸝研究員《西安華嚴寺歷史文化稽考》,文章梳理了華嚴寺之歷史沿革,姑且認定華嚴寺建於貞觀十九年(645),進而對華嚴寺之建制遺存予以介紹,並對華嚴宗宗派傳承作了詳細介紹。其二為西安碑林博物館樊波研究員《隋唐同州大興國寺探究——從隋〈同州大興國寺舍利塔下銘〉談起》一文利用《同州大興國寺舍利塔下銘》之銘文及相關史料和碑刻,闡述了大興國寺之歷史沿革。

其他比較重要的論文有四川大學歷史文化學院副教授董華鋒博士《藏東地區吐蕃時期的大日如來八大菩薩像與唐蕃關係》,文章以一批發現於9世紀上半葉發現於青藏高原南麓的大日如來八大菩薩石刻造像為中心,並結合敦煌石窟中的同類造像,分析得出這批造像的發展大致經歷了兩個階段,第一階段為9世紀初,造像主要承擔政治功能,透露出"與唐議和"的意圖;第二階段轉而進入宗教信仰的範疇。這兩個階段的變化如實地反映了9世紀前半葉唐蕃關係的變遷。

蘭州財經大學王祥偉教授《吐蕃歸義軍時期敦煌僧尼的勞作活動》一文從農業勞作活動、修造活動、加工業勞作活動三個方面對敦煌僧尼的宗教活動進行了全面深入的探討,指出吐蕃歸義軍時期的敦煌僧尼以寺院或家庭的身份參與寺院、僧團或寺外的勞作活動,受敦煌寺院的地理分佈、吐蕃和歸義軍政權的統治等因素的影響,敦煌僧尼的勞作活動既與農禪有別,又與禪宗的發展密切相關。

此外,河南省社會科學院陳習剛副研究員《唐詩中"葡萄長帶"與宗教及相關問題探討》、北京第二外國語學院阿拉伯學院副院長侯宇翔《唐宋時期中國與中東文明交往及其特點》、吐洪江·依明《論回鶻文獻中的佛教術語》等多論文也都是極富創新性的佳作。

五、石窟考古與藝術研究

在石窟考古與藝術研究方面,共收到論文13篇。其中多以壁畫和造像的研究爲重點。山西師範大學趙改萍和侯慧明二教授合撰《山西羅漢寺佛傳壁畫初探——兼談山西佛傳壁畫與敦煌佛傳壁畫之關係》一文以山西羅漢寺佛傳壁畫爲研究中心,通過對佛傳壁畫內容和特點的研究分析,指出山西羅漢寺佛傳壁畫在題記和畫面內容上多受到明代太原崇善寺、多福寺佛傳畫的影響,同時在諸多方面還直接或間接地受到敦煌佛傳壁畫的影響。

敦煌研究院考古研究所所長張小剛研究員《古代敦煌龍王信仰及其圖像研究》,文章先對古代敦煌地區的龍王信仰和敦煌石窟中的龍王形象作了詳細的分析和探討,進而對敦煌石窟《龍王禮佛圖》作了細緻的研究,指出敦煌石窟中龍王不僅具有施雨、保佑地方風調雨順的功能,同時還兼具護衛洞窟、護持佛法的作用。此外,文章還指出于闐與敦煌兩地之間有著頻繁的交流,且都十分信仰佛教,但兩地之佛教仍有各自的特色,尤其是在造像題材的選擇上。

敦煌研究院美術研究所樊雪崧館員《莫高窟第419窟薩埵本生圖中的獨特畫面補考》一文通過對莫高窟隋代419窟主室窟頂薩埵太子捨身飼虎圖像遺留榜題痕迹,將全圖分爲38個畫面進行情節標注,對其中部分內容進行了補充和解讀。進而通過分析經文與圖像,認爲該圖主要據《金光明經·捨身品》繪製,個別場景似應參考了《賢愚經》的內容。同時對序分畫面進行了詳細解讀,認爲該圖與喀什米爾和高昌地區的同題材罕見例證具有相似元素,並且序分中很可能有《金光明經·授記品》的內容。

太原理工大學藝術學院許棟博士《山西省博物院藏絹本地藏十王像考論》,文章通過對山西省博物院藏兩件五代時期地藏十王絹畫圖像特徵及其形成歷史的考察和分析,認爲絹畫的人物造型和內容題材均符合晚唐五代時期地藏十王造像的特點,故這兩幅絹畫對研究地藏十王圖像的發展和演變具有十分重要的意義。

敦煌研究院美術研究所年輕學者殷博《莫高窟回鶻時期第207窟初說法圖考》一文首先通過參考相關佛典及圖像,對莫高窟回鶻時期第207窟進行了研究,認爲該窟南、北兩壁說法圖的題材均爲釋迦牟尼鹿野苑初說法圖。文章進而對圖像各部分內容作了分析,發現這兩鋪說法圖中獨特的圖像元素不僅與新疆柏孜克里克石窟初說法作品十分相似,而且可以從龜茲石窟群追溯至犍陀羅地區同題材雕刻。最後,文章指出莫高窟第207窟保存了敦煌回鶻窟中僅見的初說法圖,同時也是敦煌石窟目前已知繪製時間最晚的通壁釋迦初說法圖。

敦煌研究院敦煌學信息中心副研究員祁曉慶博士《新舊之間——虞弘墓石槨圖像程式的再探討》通過對虞弘墓石槨葬具製作工藝和圖像的細讀,發現虞弘墓石槨製作工藝和製作過程存在"偷工減料"和"面子工程"問題。同時,將虞弘墓隨葬品和石槨浮雕彩繪圖像與其他北朝隋代墓葬圖像進行比較研究,指出虞弘墓石槨圖像大多"借鑒"了北朝,尤其是入華粟特人墓葬圖像系統,其所表現出來的"中亞、波斯"風格也有可能是對粟特本土流行圖像元素的採納。

敦煌研究院麥積山石窟藝術研究所研究員孫曉峰博士《中亞胡人與麥積山北周窟龕的營建》一文主要對麥積山北周窟龕建築和造像中的中亞藝術特色元素進行了分析,並結合隋唐時期秦州已經出現的粟特人聚葬區的事實,指出北周以來中亞胡人已經完全融入了秦州社會生活的各個方面,尤其集中體現於麥積山石窟的開鑿與營建。

除以上佳作之外,還有河北師範大學圖書館文志勇教授《沙俄敗兵對敦煌壁畫的破壞和對新疆社會的衝擊》、西安博物院王樂慶研究員《君權思想在佛教造像中的呈現和反映——以西安博物院佛教造像為例》、蘭州大學敦煌學研究所博士生楊波《柏孜克里克石窟涅槃圖像初探》等幾篇文章也同樣別出心裁。

六、其他方面

其他方面共收到論文 15 篇,論文內容比較分散,但值得重視者却不少,如陝西歷史博物館科研管理處副處長張維慎研究員《也談秦鳴鶴的醫術及其身份》一文主要就秦鳴鶴為唐高宗的"刺頭微出血"療法展開討論,認為秦鳴鶴的醫術為中醫傳統療法,秦鳴鶴也非景教醫生,而是中國醫生。

青海師範大學法學與社會學學院米海萍教授《試析敦煌文獻〈韓朋賦〉中的幾個"幻化物"民俗意象》對敦煌文獻《韓朋賦》進行了釋譯,梳理了該賦的故事情節,並以故事結尾韓朋夫婦屍骨成為"幻化物"為研究核心展開了論述,指出這種幻化物的接連出現,既是靈魂不滅觀念的確切再現,也是普通民眾情感的真實傳遞。

揚州大學社會發展學院哲學系樊沁永講師《東方哲學的學歷建構——以徐梵澄"精神哲學"的考察為基礎》,文章通過梳理、考察徐梵澄先生的"精神哲學",將之運用於對東方哲學學理的建構,在東方哲學的研究旨趣、定義、問題意識、經典範例等方面提供了徐梵澄先生的學術貢獻。

山西大同大學孫瑜副教授與山東大學張萌合力撰寫《雲岡石窟周邊之小石窟病害調查與研究——以雕落寺石窟為例》,主要以雕落寺為研究中心,對雕落寺石窟的病害分型、成因及保護措施作了全面系統的調查和分析研究,以利於促進中小石窟寺的保護,延伸石窟寺之歷史、藝術及其學術價值。

中國國家圖書館趙大瑩副研究館員《龍鷹紋章與十字架徽章——北堂書中的教皇保祿五世贈書》對國家圖書館保存的北堂西文善本中的教皇保祿五世贈書的外觀特徵作了分析研究,並對前賢的研究成果作了一定的補充。

中國社會科學院近代史研究所李學通研究員《無比的誘惑——塞切尼在西北的探險活動及其影響》一文充分利用相關的史料,對塞切尼在西北探險活動的始末作了詳細的梳理和介紹,並對塞切尼中國之行所產生的影響進行了深入的探討。

此外,尚有同濟大學人文學院基督教文化研究所周萍萍副教授《陳垣與英斂之的交往述略》、中國社會科學院世界宗教研究所博士生呂飛躍《路德對僞狄奧尼修斯神學之批判原因的簡要分析》、中國社科院世界宗教研究所博士生張迎迎《從儀式到信仰表達:基督教音樂的嬗變》、中國社會科學院世界宗教研究所碩士生趙磊《唐代婚嫁風習及禮俗一二探析》、寧夏大學西夏學研究院博士生田曉霈《宋真宗年間曹瑋築"山外四寨"考論》等多篇論文,茲不贅述。

七、小　結

本次學術研討會舉辦方精誠團結,會議安排緊湊嚴密,在緊張的會議排程中,各位專家和學者緊緊圍繞會議主題,秉承科學、客觀、求實的態度,以各自不同的學科背景和學術積累分享了自己的學術成果及其思想。鄭筱筠研究員在會議閉幕式時以"致敬敦煌、對話敦煌、展望敦煌、尋找敦煌"形容敦煌歷史的文化穿透力和影響力,並以"大美敦煌"和"大夢敦煌"總結了本次研討會。指出,來到敦煌,不但使大家感受到了敦煌厚重的歷史文化底藴、獨具特色的文化區域優勢和美麗的自然風光。同時,通過此次研討會呈現出的滿滿的學術實力,使與會者感受到敦煌學作爲一門國際顯學在學術界的實力和影響力。

在整個會議過程中,大家緊扣會議主題,既著眼歷史,又關注現實,以頗具力度的思考和研究、高水準的發言討論展現了一種現場教學式的對話敦煌模式,讓大家真正接地氣地穿越於歷史時空,在瑰麗的莫高窟藝術當中去尋找敦煌、享受敦煌和感受敦煌。本次學術研討會充分體現出了會議主題之"多元"特色:與會學者研究領域廣泛、論文内容豐富多彩、研究的角度和方法多元等。這是一場高水準、高品質的學術盛宴,對推動敦煌學及絲綢之路多元宗教研究具有重要的學術價值。

2018 全州絲綢之路飲食文化國際研討會綜述

張亦鳴　馬聚英（上海師範大學）

2018年10月25日至28日，由韓國全州市政府、又石大學孔子學院聯合舉辦的"2018全州絲綢之路飲食文化國際研討會"在全州市國立非物質遺產院隆重召開。來自中國、韓國、土耳其、伊朗等國家的多名專家學者參加了此次會議。與會人員圍繞"絲綢之路飲食文化"和"絲綢之路歷史文化"兩個主題，就中國飲食文化與絲綢之路、韓國美食文化與絲綢之路、絲綢之路飲食文化的經濟價值、絲綢之路上的文化藝術交流、聯合國教科文組織絲綢之路互動地圖集項目、元代絲綢之路文化的交互傳播等議題展開深入探討與研究。

開幕式上，全州市副市長首先致辭，他代表全州市政府對遠道而來的專家學者表示熱烈的歡迎和感謝，並希望各國學者能夠在學術上探討絲路國家的文化共同點，從而深化各國之間的文化交流合作。隨後，又石大學孔子學院全弘哲院長發言，他希望通過此次在全州這個歷史之都、文化之都、美食之都舉辦的國際學術會議，能夠爲諸位專家學者架起學術交流的橋梁，共同探索絲綢之路各國文明密切交流的關係，爲人類文明的共同發展做出貢獻。開幕式結束之後，學術研討會正式開始，以下按學者發言的先後次序，對提交討論和交流的論文略作介紹。

土耳其加濟安泰普大學 Mustafa Bayram 教授帶來主題爲《聯合國教科文組織絲綢之路互動地圖冊項目中的食品生產與美食文化研究》的報告，文章從一個長時段考察食物與人的關係，認爲食物重塑文化、深化交往、影響文明，作爲食物的交流通道——絲綢之路，自然在人類發展史上扮演了重要角色。絲綢之路創造了諸多新的概念，例如已成尋常之物的 Spices（香料），其原意竟是 Special（特別），即流通於絲路上的奇珍。絲綢之路上的飲食文化交流，逐漸從遠古時代的交換融合，轉變爲以西方爲主導的現代飲食文化。文章結尾介紹了當下對絲綢之路的重新發現，以及由聯合國教科文組織牽頭的研究計劃的新信息，包括絲綢之路食物對文化、科技、文明、生活方式以及美食文化的影響。

蘭州財經大學高啓安教授的文章《漢魏時期的"燔炙"——以酒泉下河清魏晉墓出土烤爐爲引》，從考古學的角度介紹了一種歷史悠久的烤炙肉食的方式"燔炙"。"燔炙"的烹飪方式最早是利用自然石板傳熱炮熟；金屬產生後,燔炙烹飪方式進化出了烤箅的烤制炊具,烤箅形式多樣,成爲重要的肉食烹飪方式之一。直到今天燔炙仍是人們喜愛的肉食烹飪方式之一,只不過已經不叫"燔炙",而是以"燒烤"等詞名之。酒泉下河清農場漢墓出土的這件燔炙烹飪炊具,爲我們瞭解漢代河西人的肉食烹飪方式,提供了直接的證據。

成都市商務委員會調研員矯暉則從地域視角入手,撰文《成都美食文化與絲綢之路》,介紹作爲陸上、海上絲綢之路交匯點的成都,受益於絲路的同時,又通過絲路回饋世界。文章首先簡述了成都與三大絲綢之路的關係,特別是將陸上絲綢之路分爲南、北兩支,分別介紹其形成過程以及與成都的聯繫。成都是川菜的發源地,但真正促成川菜發展的正是絲綢之路。川菜的兩大靈魂——辣椒與豆瓣,其實皆爲舶來品;川菜中豐富的菜式,也得益於絲路帶來的異域食材。文章最後指出,得益於"一帶一路"倡議,四川美食文化將在全世界生根發芽、蓬勃發展。

來自伊朗的 Nasrin Dastan 教授帶來文章《波斯和新羅的文化藝術交流——絲綢之路上被遺失的愛情與藝術》,通過波斯和新羅的文化藝術之間的交流研究,引出了絲綢之路上被遺忘的愛情故事,爲兩國文化間的交流發展研究提供了新的方向。另一篇未在會上分享的文章《伊朗細密畫中的中國繪畫因素——以〈史集〉爲中心》更具學術性,文章通過分析比較《史集》中的插圖,來研究中伊藝術相互影響的不同階段和因素。伊朗繪畫中的中國繪畫風格並非隨著蒙古人的侵略才傳入伊朗,而是在古代隨著摩尼教的傳播從西域首先進入中國,之後在蒙古人所建立的伊利汗王朝時期發生演變,再次從中國傳入伊朗。東亞與中國藝術影響的另一個重要結果是在伊朗繪畫中出現了宗教題材的內容,神話中的動物形象在交流中形成了互相影響。與此同時,伊朗繪畫與中國畫還是存在著一些表現形式上的差異,如留白與顏色方面二者有明顯不同。

韓國藝術綜合大學權寧弼教授就古代百濟與絲綢之路的關係進行了探討研究,帶來文章《百濟的絲綢之路》。文章以時間爲綫索,通過對出土百濟文物的比較研究,釐清百濟在絲綢之路中扮演的角色。百濟的地理優勢,使其同時接受來自海、陸兩條絲綢之路的影響,並通過中國的影響力,逐步與東南亞建立聯繫,與山東地區共同擔起"絲路東延"的秤。

衡水學院講師薛彬博士與李瑋博士合著文章《粟特相關雕刻中體現的絲綢之路飲食文化——以安伽墓、史君墓和虞弘墓的雕刻圖案爲中心》,文章通過對粟特相關墓葬的雕刻細節進行研究,充分挖掘其中所包含的絲綢之路飲食文化的內容。文章指出,粟特這個商業民族在絲綢之路上長期從事東西方商品的轉運貿易,具有自己獨特的商業和文化特徵。粟特人相關墓葬尤其是安伽墓、史君墓和虞弘墓中的重大發現,特別是其石門、石堂、石榻、圍屏石榻上精美的雕刻圖案,使我們對粟特人的政治、宗教、文化、生活等各方面都有了更加直觀且形象的認識。石刻宴飲圖中的飲食文化細節,例如胡餅和葡萄酒,則反映出絲綢之路的飲食文化傳統。

韓國延世大學柳中夏教授從韓國"國民美食"炸醬麵切入,提交報告《從共和春炸醬麵談東亞 NETWORK》。文章以小見大,通過述説中國小吃炸醬麵在朝鮮半島(韓國)的落地生根,描繪了近代東亞的飲食文化交流。

上海師範大學陳大爲教授撰文《敦煌壁畫中的唐代衣食住行和文化生活》,文章以敦煌壁畫爲切入點,探討唐代社會各階層民衆的日常生活。敦煌壁畫因其内容豐富,有助於我們窺探當時人的生活風貌。在敦煌壁畫中,隋唐民衆的衣食住行以及社會生產生活精彩紛呈,民衆體育娛樂及日常習俗也豐富多彩。帝王服飾、官員朝服乃至尋常百姓、外邦胡人的服飾均有詳細刻畫;西北飲食特產也有呈現,食物品种、製作方法、宴飲習俗既具有鮮明的西北地方飲食特色,又反映了時代的飲食風尚;西北地方的聚落形式、家具擺設乃至交通工具也有細節描繪。弈棋、摔跤、舉鐘、橦伎、歌舞表演在敦煌壁畫中均有體現;生活細節、婚喪嫁娶、兒童教育等題材的壁畫也是應有盡有。

北京大學付馬助理研究員提交了《漢文、回鶻文資料所見 9—13 世紀絲綢之路東部的飲食文化》一文,文中將傳世漢文史料和回鶻出土文獻相結合,從西州回鶻人的肉食、主食以及飲食文化其他方面探討了 9—13 世紀西州回鶻時代東部天山地區的飲食文化。付馬認爲回鶻人在西遷東部天山地區之後,不止保留了其固有的遊牧民族飲食偏好,而且還吸收了當地原有的飲食風俗,使得 9 世紀以後東部天山地區的飲食文化呈現出遊牧因素、綠洲因素和漢地因素多種文化因素結合的特點,彰顯了絲綢之路沿綫地區對於多元文化因素吸收融合的特徵。

山東博物館胡秋莉研究員發表了論文《從酒器胡瓶談元代絲路文化的交互傳播》,文中分析了胡瓶傳入中國後先是經過了本土化的改造,然後向東傳入日本、朝鮮半島,向西影響到了西亞伊朗地區的陶瓷器,元代高麗製作的胡瓶又傳回中國,從而呈現出了絲綢之路上文化的交互傳播過程。作者將《高麗史》中關於胡瓶的相關記載與元代史料相互印證,填補了學界對遼以後胡瓶研究的不足,也拓寬了胡瓶這類器物發展、傳播研究的方向。

北京師範大學趙貞教授的論文《吐魯番文書所見唐代西州的貨幣流通》,文章以唐西域地區的絲路重鎮西州爲個案,在充分挖掘吐魯番文書的基礎上,對西州市場上流通的銀錢、銅錢及絲織品等各種貨幣進行論述,展現了它們在商品交換與買賣中起到的至關重要的作用。文中還重點討論了絹帛絲織品在社會經濟生活中扮演的一般等價物的職能，進而指出對"絲綢之路"内涵的理解，不能僅限於絲綢是大宗貨物的代名詞，還應看到絲綢或絲織品具有價值、流通、支付、貯藏的貨幣職能，其他任何物品都替代不了絲綢豐富而深刻的歷史文化内涵。

天水師範學院陳于柱教授發表了《榆林窟25窟"藏漢婚禮圖"繪製時間再議》，該文是對馬俊鋒、沙武田二位先生所撰文章《唐蕃清水會盟在敦煌石窟中的圖像遺存——瓜州榆林窟第25窟婚嫁圖繪製年代再探》的回應，不同於後者將榆林窟25窟"藏漢婚禮圖"的創制時間定於吐蕃統治時期，作者認爲其應當繪製於曹氏歸義軍時期。文中富有創見的指出學界以往所依據的藝術風格，藏文文字、"T"形榜子等參考要素，由於其存續時間覆蓋了吐蕃統治時期與歸義軍時期，故而不能單一地成爲解決缺乏明確紀年的敦煌石窟壁畫斷代問題的絕對標準，在此情形下，將壁畫資料與有關文獻、歷史等更多參數相統籌，綜合開展長時段的歷史學考察，或許可以成爲破解敦煌石窟壁畫研究瓶頸的有效路徑。

湖南科技大學聶志軍教授《新發現日本杏雨書屋藏敦煌本〈備急千金要方〉及〈近效方〉》一文，通過對羽043R的内容進行深入考察，並輔之以歷代醫方、書法字典，從而對該文書的字體與内容作出新的判斷。文章指出第一紙(第1—11行)爲草書，第二紙至第五紙(第12—57行)爲行書。從内容來看，這兩部分分屬不同的醫書，是兩件不同性質的文書，第一部分爲《備急千金要方・肺藏》的一個縮略本，第二部分爲失傳醫書《近效方》的4個醫方。關於其意義，文中指出這是首次發現敦煌本《備急千金要方》，久已亡佚的唐代醫書《近效方》也由傳世文獻的141個醫方增加爲145個醫方，對於醫方的整理和研究具有重要價值。

河北經貿大學劉娜娜博士發表的《西夏的釀酒業與酒器——以〈天盛律令〉和考古資料爲中心》，結合新的考古資料和《天盛律令》中有關西夏釀酒業的敘述，詳細論證了西夏釀酒的種類、酒曲的銷售、酒的用途和酒器等方面的内容，從而推進了對西夏酒文化的研究。

總括而言，本次學術研討會成果豐碩。各國專家學者齊聚一堂，探討不同地域文化與絲綢之路飲食文化的關聯，開闊了我們的視野，加強了不同國家間學者的交流。本次大會更對中華優秀傳統文化在韓傳播，以及中韓文化的交流起到積極的促進作用。

《敦煌學大辭典》修訂委員會
第一次全體會議紀要
陳大爲（上海師範大學）

2018年7月14日，《敦煌學大辭典》修訂委員會第一次全體會議在四川省南充市萬泰大酒店召開，《敦煌學大辭典》修訂委員會委員首都師範大學郝春文教授、北京大學榮新江教授、浙江大學張涌泉教授、蘭州大學鄭炳林教授、西華師範大學伏俊璉教授、上海辭書出版社副總編輯張敏副編審和修訂委員會秘書上海師範大學陳大爲教授出席了會議，修訂委員會委員敦煌研究院副院長趙聲良研究員委托敦煌研究院副院長張先堂研究員參加了會議。另外，武漢大學劉安志教授、首都師範大學劉屹教授、上海師範大學侯沖教授、暨南大學張小貴教授、復旦大學張小艷教授、首都師範大學游自勇教授、上海辭書出版社陸琦楊編輯以及上海古籍出版社曾曉紅編輯列席了會議。

本次《敦煌學大辭典》修訂，由上海辭書出版社提議，中國敦煌吐魯番學會會長郝春文教授等敦煌學專家牽頭，邀請業内相關學者組建修訂委員會。具體分工爲郝春文（首都師範大學教授）負責通論及歷史部分（歷史人物、政治、法律、軍事、經濟、書儀、社邑、民俗、寺院）；趙聲良（敦煌研究院研究員）負責考古、藝術和科技部分；鄭炳林（蘭州大學教授）負責歷史地理和古籍部分（以及教育、體育、算學、天文曆法、醫學、占卜）；張涌泉（浙江大學教授）負責語言部分；伏俊璉（西華師範大學教授）負責文學部分；方廣錩（上海師範大學教授）負責宗教部分（含版本）；榮新江（北京大學教授）負責學術史（公私收藏、著作、刊物、學術組織、學術會議、展覽、近現代人物）和民族、胡語部分；張敏（上海辭書出版社副總編輯）統籌編輯出版事務；陳大爲（上海師範大學教授）任修訂委員會秘書。

季羨林先生主編的《敦煌學大辭典》於1998年12月由上海辭書出版社出版。該辭典是海內外第一次以工具書形式、全方位展示20世紀敦煌學研究成就的大型專科辭典，堪稱20世紀敦煌學研究的一座里程碑，不僅在學術界和辭書界獲得好評，曾獲得國家圖書獎，同時受到讀者的歡迎，出版後不久就銷售一空，後來加印發行。本書還被譯爲韓文在韓國出版。

然而，該辭典出版距今已近20年，其多數資料截至1994年底，與當下日新月異的敦煌學研究現狀相比，明顯滯後，不足以反映敦煌學在新世紀的研究水平，不能滿足總結、普及、研究敦煌學的現實需要，故將修訂《敦煌學大辭典》的課題提上了議事日程。這次《敦煌學大辭典》的修訂，在國家"一帶一路"合作倡議下，既能與時代熱點相結合，弘揚敦煌及絲綢之路歷史文化，又能對當下海內外敦煌學的研究成果進行歸納、梳理和總結，適應新世紀敦煌學學科發展的需要，促進學術繁榮。此乃本次修訂的現實意義和學術價值所在。

本次會議對《敦煌學大辭典》修訂草案進行了討論。首先，確定此次修訂基本原則是充分吸收1994年以後二十多年來的海內外敦煌學研究成果，修改完善原有詞條、附錄，適度增加新詞條、新附錄或新門類，突出專業性、全面性、世界性和時代性，全方位總結、反映新世紀以來尤其是當代敦煌學的最新成果。

其次，與會學者對修訂工作的具體細則進行了討論。關於書名問題，與會成員一致贊同使用"《敦煌學大辭典》（第二版）"，一來體現兩部辭典之間的承續性，二來爲幾十年之後的後輩學者續修提供便利。至於本辭典的資料截止日期，大家認爲應定在"2020年12月"。詞條收錄範圍要講求覆蓋性，但各部分的分佈也要依照均衡原則，釋文應準確、規範、精練、流暢。原有詞條的修訂應優先考慮由原撰稿人進行修訂，如此可避免出現著作權問題；凡有兩位或多位不同作者的，需同時署兩位或多位作者姓名，以分號隔開。新增詞條要充分發揮年富力強的中青年學者的作用，約請他們承擔撰寫任務。新增詞條或其他內容包括：增加一個近年來上綫的敦煌學網絡資源、服務及其簡介的附錄；增加一個絲綢之路路綫圖（漢、唐各一張，突出敦煌、長安的位置）的附錄；增加20世紀末以來重要的敦煌學考古成果類詞條；增加20世紀末以來重要的敦煌文獻刊佈或整理成果類詞條；增加20世紀末以來重要的敦煌學研究著作、刊物類詞條；增加舊版未收錄的1994年前已存在的和20世紀末以來的重要的國內外敦煌學相關學術組織、學術會議、展覽等類詞條；增加當代重要的國內外敦煌學人物類詞條（正教授和優秀副教授）；增加現代科技在敦煌學研究與保護應用類詞條；增加敦煌學國際合作交流與研究類詞條；增加敦煌文物文獻保護類詞條；增加敦煌古代歷史相關人、事、物類詞條；增加舊版未收錄的重要的其他門類詞條；充實舊版中的薄弱部類條目（如敦煌醫學）等；更換舊的品質不佳的圖片，增加部分精美的圖片。

在出版印刷的要求方面，此次修訂，全書爭取全彩印，圖片應當成爲修訂版的重要亮點之一。與會專家認爲，應充分利用現代技術，爲讀者提供更多優質內容。重要條目的重要圖片，可以在圖片旁邊位置添加二維碼，讀者可以通過掃描二維碼，進入"數字敦煌"，以欣賞、瞭解動態的影像內容，感受敦煌的無窮魅力。這些工作的開展，需要申請國家出版基金和國家社科基金重大委托項目等經費的支持。

　　最後,會議明確了修訂計畫進度安排。2018年12月底,各部類負責人在摸底原有詞條的基礎上,初步確定新增條目,並確定作者名單,請作者撰寫樣條,上海辭書出版社出臺編纂細則;2019年2月中旬,召開《敦煌學大辭典》修訂委員會第二次全體會議(擬定上海),討論確定修訂版方案、分類詞目單和樣條,形成體例規範。此後,撰寫工作正式開始。

　　本次會議的召開標誌著《敦煌學大辭典》修訂工作正式啓動。我們相信在敦煌學界的共同努力下,一定會修訂出一部反映百年敦煌學最新研究水平、總結敦煌學最新研究成果、適應敦煌學現階段需要的《敦煌學大辭典》。

敦煌學人傳薪火　齊心合力襄盛舉
——《敦煌學大辭典》（第二版）編纂工作啓動
趙　航　王聖良　陸琦楊（上海辭書出版社）

晴日結緣敦煌學

2019年2月17日，正值農曆己亥新年正月十三日，持續的陰雨退散，久違的晴日陽光普照上海。在這春寒乍暖、年味猶濃的日子裏，由上海辭書出版社主辦的《敦煌學大辭典》（第二版）編纂工作會議在上海辭書出版社圖書館舉行。該項目由上海辭書出版社提議，中國敦煌吐魯番學會會長、首都師範大學郝春文教授牽頭組織，得到來自首都師範大學、敦煌研究院、北京大學、浙江大學、上海師範大學、蘭州大學、西華師範大學、復旦大學、武漢大學、西北大學、天水師範學院和中國國家圖書館等單位衆多從事敦煌學研究的知名學者積極回應，是重大工具書編纂出版項目。

與會專家學者就《敦煌學大辭典》（第二版）的編纂實施細則、新增詞目選收標準、作者隊伍構成等問題展開熱烈討論，獻計獻策。會議成立了以首都師範大學郝春文爲主編，北京大學榮新江、上海師範大學方廣錩、敦煌研究院趙聲良、浙江大學張涌泉、蘭州大學鄭炳林、上海辭書出版社張敏爲副主編的

與會人員合影（圖片提供：張敏）

編纂委員會,原則確認了編纂組織、編輯體例等關鍵事項,對編纂進度做出了合理安排,標志著《敦煌學大辭典》(第二版)編纂工作進入實質性階段。

《敦煌學大辭典》(第二版)編纂委員會成立合影,左起:趙聲良、張榮、鄭炳林、張涌泉、方廣錩、郝春文、榮新江、秦志華、張敏(圖片提供:張榮)

首版《敦煌學大辭典》:敦煌學研究的一座里程碑

120年前,中國敦煌的一位王道士無意中開啟了封閉近千年的藏經洞,沉睡已久的敦煌遺書重見天日,成爲20世紀初中國學術"四大發現"之一。由於歷史原因,敦煌遺書散藏世界各地,以這些古代遺書爲基礎形成的敦煌學也因之在最初即具有鮮明的世界性特徵。隨著各國學者研究的深入拓展,敦煌學的研究範圍從以文獻爲中心逐步擴大到社會經濟史、藝術史、美術學、石窟考古及石窟保護、寫本學等多個領域,多學科交叉凸顯了敦煌學研究的又一個顯著特點。

各國學者發表的敦煌學論著及整理的各種資料不知凡幾,但在較長的時期中,却没有一部有關敦煌學的辭典,這是一個空白。

有鑒於此,在20世紀80年代中期,中國敦煌吐魯番學會、敦煌研究院與上海辭書出版社聯合發起,成立《敦煌學大辭典》編纂委員會。著名學者、北京大學教授季羨林先生擔任主編,武漢大學唐長孺、敦煌研究院段文傑、首都師範大學寧可、中國人民大學沙知、上海辭書出版社嚴慶龍擔任副主編,以當時中國敦煌學界的"現役主力"爲主要作者,積十餘年之功,編纂成煌煌一巨册《敦煌學大辭典》（上海辭書出版社，1998年12月出版）。全書241萬字，分敦煌考古藝術、敦煌文獻文物研究與敦煌學研究等60多個門類，詞目計6 925條；精選彩圖123幅，隨文插圖626幅；另設10個附錄。該辭典是迄今爲止海內外第一部也是唯一一部以工具書形式，全方位展示20世紀敦煌學研究成就的大型專科辭典，首次系統、全面地對敦煌學進行了總結，出版後獲1999年第四届國家圖書獎。2016年還被譯爲韓文在韓國出版發行。

編纂新版《敦煌學大辭典》：在一個共同的目標下集結

第一版《敦煌學大辭典》的編纂出版是一項前無古人的工作，是全體編纂者與出版社"摸著石頭過河"、共同努力的結果，爲敦煌學"樹立了一座極有意義的紀念碑"（該辭典編委、北京理工大學教授趙和平語）。但該書出版距今已有20餘年，第一版多數資料截至1994年底，與當下日新月異的敦煌學研究現狀相比，明顯滯後，已經不足以反映敦煌學在新世紀的研究水平，不能滿足總結、普及、研究敦煌學的現實需要，特別是近二十年來新的發現和研究成果、敦煌學界新生代信息、國際敦煌學動態等均亟須增補，修訂已勢在必行。

上海辭書出版社作爲專業的辭書出版社，有對大型辭書如《辭海》等進行持續修訂的優良傳統。正如

《敦煌學大辭典》
上海辭書出版社1998年版

辭書社社長秦志華所說，工具書是上海辭書出版社的立社之本。工具書修訂是對學術研究成果積累到一定階段的沉澱和總結，辭書社有義務和責任做好諸如《敦煌學大辭典》這樣既能弘揚敦煌及絲路文化，又能全面總結海內外敦煌學研究成果的工具書的修訂工作。此外，出版社也希望通過《敦煌學大辭典》等項目的修訂，能夠鍛煉培養一批編輯人才，從點到綫、從綫到面地培育一批選題資源和作者隊伍，爲出版社的長遠、可持續發展奠定基礎。

2018年4月，上海辭書出版社正式提出修訂《敦煌學大辭典》的設想，得到了首都師範大學郝春文、北京大學榮新江、浙江大學張涌泉等學者的積極

回應。2018 年 7 月 14 日,《敦煌學大辭典》修訂工作第一次會議在四川南充召開。會議對《敦煌學大辭典》修訂草案進行了討論,並一致贊同使用"《敦煌學大辭典》(第二版)"的書名,一來體現兩部辭典之間的承續性,二來爲幾十年之後後輩學者續修提供便利。會議對編纂計畫做出了安排,包括分析原有詞條、初步確定新增條目、確定作者名單、擬定編纂細則等。

南充會議與會人員合影(圖片提供:張小貴)

　　從《敦煌學大辭典》(第二版)的編纂隊伍組成來看,郝春文、榮新江、方廣錩、鄭炳林、趙聲良等都參加過上一版的編纂工作,同時也是目前敦煌學研究各領域的翹楚,由他們領銜擔綱第二版的編纂工作,能夠很好地體現紹繼前賢、一脉相承的關係,確保第二版的專業性與權威性、全面性與承繼性、世界性與時代性,同時,也凝聚著當代敦煌學人"進行我們這一輩人應做的大事"(郝春文語)的學術使命感。此次編纂新版大辭典,同樣也有意識地引入學界"70 後"中青年學者力量,這延續了第一版編纂時集結全國敦煌學界"老、中、青三代,'四世同堂'共同努力"(趙和平語)的傳統,有著實現學界不同世代合作、傳承學術薪火的積極意義。

　　此次會議還討論了《敦煌學大辭典》(第二版)的具體進度安排,目標是在 2022 年左右正式出版。

　　第一版《敦煌學大辭典》主編季羨林先生講過一句話:"敦煌在中國,敦煌學在世界。"在第一版的序言中,季先生寫道:"學術的目的在於求真,從長遠的發展上來看,真與善和美是完全一致的。爲了人類的發展前途而求真,其中包括弘揚中華優秀文化,弘揚東方優秀文化,弘揚世界優秀文化,而美與善即在其中矣。我們中國的敦煌學者正是爲了這個目的而努力工作,我們這部《敦煌學大辭典》也正是爲了這個目的而編纂的。"20多年後重溫此語,這又何嘗不爲編纂新版《敦煌學大辭典》指明了目標和意義。

金維諾先生學術思想及學術研究的影響
戴曉雲（中國傳媒大學）

我是先生八十歲時招收的博士，大學畢業七年的我讀完公費統招的古典文學的碩士，決定畢業當年報考中央美術學院的美術史博士，鑒於古典文學和古代書畫史的密切關係，我原本打算報考薛永年先生的書畫史。2003年正是"非典"流行，至今仍清晰地記得當時各大學校關門閉戶，不接待考生，萬般無奈之下，我只好打車去美院，敲開研究生宿舍的門。開門的正巧是薛先生的在讀博士吳曉明，他絲毫不避"非典"之嫌，熱情地給我解答所有問題，其時薛先生正在美國講學，沒法聯繫上。拿著招生手册，我看了又看，選了自己完全不瞭解的金維諾先生。

在惴惴不安中迎來了揭榜，我以第一名的成績考上公費統招的博士。那時我身邊很多人認為，我將是金先生的關門弟子：一個八十歲的學者，還會有精力帶學生嗎？實際上，那年招收了三個博士，另兩位同門，一位是韓剛，一位是凡建秋。而且此後金先生一直招收博士研究生，持續到93歲，直到臨終，還有一位博士在讀。也就是說，金先生是名副其實的終生博導。

就這樣我成爲金先生的弟子，以佛教美術爲主要研究方向，開始攻讀博士研究生。李松濤先生在《金維諾：韌性的開拓》一文中所說，金維諾先生美術史研究的主要成就，是在宗教美術史的方面，我算是得其門而入了。而宗教美術中，以佛教美術的遺迹爲最重要和最大範圍。可以說，佛教美術的研究在中國古代美術史研究中佔據半壁江山，在美術史研究中佔據十分重要的地位。金先生很早就從事石窟、寺觀和宗教畫的研究，後期帶出了一批以佛教美術（漢傳和藏傳）研究爲主的博士研究生，是對中國美術史研究又一重要貢獻。

剛進校不到三個月，我就參加了美院舉辦的轟轟烈烈"慶祝金維諾教授八十華誕　從教六十周年"慶典大會、"金維諾學術思想研究"學術研討會暨《中國美術史論文集》首發式兩個大會。八十歲是耄耋之年，對很多普通人來說已到頤養天年之時，但對先生來說，却是新的學術生涯的開始。在這兩次學術會上，金先生的學術歷程、治學特點、學術貢獻、學術方法、著述目錄等得到闡釋和編撰成文，學術論文集《中國美術史論集》三卷本出版。三卷本的學術論文集上卷爲綜論、中卷爲佛教美術，下卷爲史籍與鑒評。佛教美術佔了整整一卷，上卷和下卷中有不少道教美術和民間宗教美術等宗教美術的論述，因此李松濤先生所評乃爲有識之論。

金先生在八十歲之後，仍參加學術活動並筆耕不輟十三載，出版專著，申請國家社科基金項目，參加國家文物鑒定委員會的文物鑒定與文物觀摩活動，參加重要的國際學術研討會，主編大型類書《中華大典·藝術典》，發表論文幾十篇。

圖一　金先生生日在家中的照片

鑒於在八十華誕之際，金先生的學術成就、學術歷程、學術貢獻和治學特點李松濤、羅世平、賀西林、鄭岩、李清泉、邱忠鳴等已有涉及，本文主要從其學術思想及其影響的角度進行闡釋。

金先生的學術思想主要體現在以下幾個方面：

注重讀圖基本功訓練，把讀圖當成日常功課

讀圖的訓練有多種：下田野進行圖像調查、進博物館觀摩、看紙質圖像出版物和電子圖像等等。對美術史來說，圖像是研究的對象，通過對圖像的研究和閱讀，以讀圖爲基本出發點展開研究。美術史之讀圖訓練，猶如文學研究之研讀文學原著，屬基本功訓練。美術史的讀圖和其他學科閱讀原著很大不同之處，就是下田野。田野調查成爲獲取圖像和讀圖訓練的基本手段和方法。金先生身體力行，經常帶學生田野考察，特別在耄耋之年進入西藏，這些方面在李松濤、羅世平等的文章中均有體現，此處不贅述。田野調查是獲取原始圖像的最好方法，也是讀圖工作最關鍵的一步。金門衆弟子皆以田野考察爲美術史研究的起點，形成了良好的學術風氣和學術習慣。他們身影活躍

在中原、江南和邊陲。特別是西藏的田野調查,需要有很好的體魄。藏區高寒,條件艱苦,容易發生高原反應,衆弟子活躍在各大寺廟,調查記錄寺院壁畫和建築,這些調查記錄和圖像拍攝工作,是十分重要的美術史的基礎工作。田野調查獲取研究對象,是美術史特別是宗教美術史和其他學科之間的重大區別。

讀圖是爲了分清古代美術品的題材,對題材進行分析、甄別和研究。這也是美術史和其他學科之間的重要分野。只有通過美術品的研究才能分清各類美術品的題材,其他學科則可以運用這些研究成果,利用已經分清了題材的美術作品進行更進一步的歷史或宗教研究,古代美術品才能爲宗教學者和歷史學者做研究時放心使用。其中的文物鑒定就是美術史研究的本體,也是美術史學者應該掌握的最基本的本領。由於是古代美術作品,便涉及作品真偽、年代、定名、藝術水平、文化内涵、圖像内容等各方面的鑒定、甄別和研究。在文物歷史研究中,對美術品的題材的判別和對文物的鑒定是美術史學者身上最重要的任務,也是美術史學者和其他人文學者最重要的區別。但這絕不是美術史家的終極任務和目標,作爲一個美術史學者,應自覺利用前期研究成果(題材判別和文物鑒定)進行更深入的歷史和宗教研究,解決歷史和宗教裹的重大問題。同時,解決了歷史和宗教中的重大而關鍵的問題,又會推動美術史研究的進一步展開。

利用圖像發現和解決重要問題

以圖像爲根本出發點,在大量閱讀圖像的基礎上,發現研究中的重大問題。金先生特別強調以讀圖訓練爲美術史研究的基本功,在熟讀圖像的基礎上,利用圖像發現和解決問題。

2004年,我和金先生一起確定了論文題目之後,便開始田野調查和跑各大博物館,閱讀出版物上的大量的水陸圖像。我在大量閱讀的基礎上,發現了規律。由於目前研究中的圖文不符,進而分析到這一類圖像可能有另一個統一的文本,這個文本就是解讀現存全部水陸畫的依據。在這樣的思維指導下,我真的發現了和現存圖像對應的儀文——天地冥陽水陸儀文。圖文可以對應,圖像釋讀找到了正確的方向,這對水陸畫的個案研究是一個極大的推動,水陸畫的研究從此破冰,金先生指導下的博士學位論文對國内外各大博物館和私人收藏水陸畫的整理、鑒藏、出版和研究,起到了十分重要的作用。這是從讀圖開始解決歷史問題的一個典型例子,也是金先生的學術思想在具體研究上的展示和運用,這種運用,已經結出碩果。我個人的研究成果的取得,正是基於金先生的讀圖訓練,才有了解決問題的契機。圖像比文字歷史材料更加直觀,可以直接進入實質,是美術史學者的優勢所在。圖像的背後可能是不同的文化起源和歷史流變,美術史學者就是要從圖像出發,發現並掌握其中的規律。我們要牢牢掌握和利用這種優勢,發揮其他人文學者不能發揮的作用。

歷史研究的方法

古代美術史的研究離不開歷史,書畫史離不開歷史學、古典文學、古典文獻學等其他學科的支撐,古代宗教美術史的研究則不僅和歷史相關,還和宗教史密切相關。因此歷史研究的方法也是美術史研究的基本方法,亦是金先生治學的一大特點。歷史研究是以文獻爲主的研究,美術史就是圖像和文獻結合的歷史,因此文獻在圖像研究中佔有十分重要地位。

我在金先生的指導下開始的博士學位論文,研究的著力點是漢傳佛教美術中的重要宗教畫種——水陸畫的研究。我對已有學術成果進行全面閱讀,發現水陸畫的研究還没走上正確的方向,現有儀文和圖像是無法對應的。在對水陸畫進行系統的調查和閱讀之後,發現水陸畫是水陸法會舉辦時懸掛的神祇鬼靈的圖像,對水陸畫進行正確的釋讀,必須對水陸法會進行深入研究,才能找到研究的正確方向。而水陸法會的舉辦是需要儀文的,因此,找到相對應的儀文成爲解決問題的關鍵。果然,通過研究,現存北方地區的水陸圖像的解讀依據不是收錄在大藏經中的水陸儀文,而是散佚在大藏經外的水陸儀文。就這樣,解讀現存明清水陸畫的文獻依據找到了,對水陸畫的研究是一個重大的推進。論文出版後,極大地推動了各地水陸畫的研究,從各地水陸畫作品的解讀到畫册的出版,再到以認可我的觀點爲前提的大批碩博士學位論文面世,水陸畫的研究成爲學術熱點,研究出現了十分繁榮的局面。出版時,金先生欣然爲拙著題寫書名。這正是金先生的學術思想的實踐,踐行著金先生的學術思想,意味著跟隨先生的步伐,大踏步邁向美術史研究的大道。

這就是歷史研究在美術史研究中重要性的體現。金先生所倡導的美術作品和相對應的歷史文獻相結合的研究方法,是美術史學者的不二法門。

博士畢業以後,我有空就去馬坡花園,看望老人並在聊天中探討學術問題,這讓我對金先生的學術思想有了越來越清晰的把握。使用金先生的學術思維,在自己的研究實踐中不斷練習,我的研究在畢業論文完成後,由漢傳佛教中的信仰型佛教,又涉入其他信仰型的宗教研究——道教和民間宗教中,類似的法會或稱爲儀式很多,多數受到水陸法會的影響,並且和水陸法會一樣,建立了自己的文本和圖像系統,如何分清水陸圖、黄籙圖以及民間宗教中的度亡儀式和其他儀式，是近年來思考的重點，也是課題中的關鍵環節。幾種宗教圖像的類比和鑒別，是解決問題的關鍵，這些圖像，是宗教史的組成部分，既能解決美術史中圖像釋讀的問題，又能趁勢解決齋儀、圖像和儀文之間的關係問題，解決佛教、道教和民間宗教之間錯綜複雜的關係問題。這些問題，用金先生倡導的以讀圖爲基礎和歷史研究的方法都能得到很好的解決。

敦煌是金先生一直十分關注的，他本人從三十幾歲開始，就到敦煌觀摩，一住幾個月，寫出了多篇好文。《敦煌窟龕名數考》《〈敦煌窟龕名數考〉補》《祇園記圖考》《祇園記圖與變文》等等文章就是結合歷史文獻或使用歷史研究的方法所得研究成果。

由於水陸法會的起源是在梁武帝，唐代重新興起，宋代中興，元明清三朝鼎盛，從理論上説，敦煌石窟、文獻和絹畫均以唐五代宋爲主，敦煌應該是水陸法會的重鎮。同時期的四川地區也出現了很多舉辦水陸法會後留下的題記，説明唐五代時期水陸法會已經是十分流行的法事。在金先生的建議和指導下，我開始了敦煌研究，從 2007 年開始參加敦煌研究院或敦煌吐魯番學會舉辦的敦煌國際學術研討會，多次申請單獨觀摩唐宋時代的洞窟壁畫，從讀圖開始，瞭解敦煌博大精深的佛教文化，對敦煌文獻、石窟和絹畫進行長期的閱讀和關注，研究和探討敦煌遺書、敦煌石窟和敦煌絹畫與水陸之間的關係。

大足寶頂山石刻的性質，一直存在幾種説法，有學者認爲是專門爲舉辦水陸法會而雕刻的，本人通過對寶頂山石刻圖像的全面分析，對照水陸法會需要祈請的神祇鬼靈的圖像，發現並非如此。大足地區出現的水陸法會的記載表明，和敦煌石窟中某些石窟一樣，水陸法會是開鑿完成後爲慶贊而舉辦的。這就是金先生倡導的對圖像的精確研究反過來解決歷史問題的重要方法。

分析比較研究的方法

比較研究雖然是一種較爲常見和普通的方法，但在美術史特別是宗教圖像的研究中具有十分重要的地位和作用。

金先生經常使用比較的方法來解決研究中碰到的問題。早年帶領學生田野調查，對各大石窟和寺觀進行觀摩和調研，比較其藝術風格和傳承，建立宏觀的研究理念。

古代宗教美術中絶大多數的繪畫作品是民間畫工製作完成的，畫工以技藝謀生活，會承接各種宗教繪畫題材的業務，包括佛教的神像、道教的神像以及民間信仰的神像，這就不可避免地在藝術形式和藝術風格上有接近甚至完全相同的地方。這些神祇在形象繪製上會存在借用現象，有的神像形象是完全相同的，但可能一個是佛教神，一個是道教神，一個是民間信仰神祇。在這樣的情況下，使用圖像上的手段，從藝術風格和藝術形式上尋找規律是徒勞的，無法達到鑒別的目的。在這種情況下，歷史分析比較的方法便成爲這類圖像解讀最銳利的工具。這就需要美術史學者從美術作品進，從歷史研究出，才是美術史研究的另一個方便法門。正是在金先生這樣的學術思想的指導下，我自由出入在圖像和歷史中，雖歷經艱難却内心豐盈，採擷到研究中最精華的部分，是最快樂的，而這一切，離不開金先生的指導。

金先生晚年主編大型類書《中華大典》，我跟隨金先生參與《繪畫分典》的

圖二　中華佛教史（佛教美術卷）

工作，對先生的學術思想有進一步的瞭解和把握。《大典》是類書，是把同類的畫史材料編排在一起，不是簡單的材料彙編，這就爲比較研究創造了條件。《歷代名畫記》中幾則材料考辨也是在比較的思維下結出的果實，是在編撰《中華大典·繪畫分典》時的副產品。

史與論相結合的方法

有了扎實的基礎研究，就爲進一步的議論奠定了基礎。考據史實是基礎，圖像釋讀是基礎，文物鑒定是基礎，作品題材是基礎，基礎研究必須扎實。材料是基礎的基礎，基礎材料加上基礎研究，就能爲進一步的研究奠定基礎。基礎研究固然是重中之重，可靠的材料加上基礎研究並非是美術史研究的全部，對一個美術史學者而言，基礎研究是爲了更進一步的"論"。在扎實的基礎研究上，多個基礎個案成爲昇華研究，是提昇研究主題的關鍵。金門弟子中對藏傳佛教美術品的研究，在衆多個案的研究基礎上，形成了漢藏文明交流和發展史："以作爲文物形態存在並具有司空屬性的摩崖碑銘與造像、寺塔石窟及壁畫等爲綫索，穿綴國内發現的傳世文物，運用考古學、藝術史學（含建築、工藝美術史等）、歷史學、民族學、語言文字學等多學科的方法，對它們科學記錄、系統整理並進行個案研究。"（《中國社科報》，2018年2月23日）在個案研究的基礎上構築"漢藏與多民族文明交流"這樣宏大的主題。這樣

的飛躍與昇華,既符合歷史事實,又合情合理。很明顯,沒有基礎研究,不可能有昇華部分;沒有昇華部分,基礎研究會留下進一步研究的空白和缺憾。

所謂的史論結合,就是從具體研究中抬起頭來,看清楚自己要走的道路,確定自己的主腦和方向。用一條主綫,統率零散的材料和個案,進而進入歷史和宗教中較爲重大的事件,解決歷史或宗教中較爲重要的問題,還原歷史真相和事實。史論結合,有利於撥開歷史迷霧,找到研究中的正確方向。做個史與論相結合的學者,才會在研究中具有鮮活的靈魂,自由出入於歷史材料中。

史與論結合的方法,不僅是美術史學者的方法,也是文史哲學者的追求。

圖三　中國美術史論集

融通文史哲　建立宏觀學術視野

時至今日,我纔明白,對書畫史而言,美術史是和考古學、歷史學、古代文學、語言文字學、宗教哲學等交叉交融;對宗教美術史而言,美術史是和歷史、宗教、語言文字、民族學等交叉交融的學科;立足美術史駕馭圖像,又和文史哲相互交融,這才是最根本的問題。金維諾先生以其獨到的方法,融通到文史哲中。金先生對書畫史的研究,對敦煌的研究,對寺觀壁畫的研究,對其他美術材料的研究,就是這種融通的體現。

在耳濡目染下,我也對自己的研究形成了宏觀的理念和看法,自覺以歷史和宗教的眼光來看待宗教美術現象,探尋其內在的規律。

在具體的研究中,通過對個案的研究,搭建起了宏觀的橋樑。唐五代和宋元明清的水陸法會和水陸畫的功能和

圖四　中國美術史(魏晉至隋唐)

形式有很大的不同，很明顯，唐代五代到宋代，水陸的發展有一個巨大的嬗變，這個嬗變，是一個歷史發展的過程，只有考察清楚了這個歷史過程，才能抓住其本質。在這種框架下，有多個個案作爲基礎，我就有條件完成水陸視野下的道教度亡和民間宗教度亡、傳統宗教與新興民間宗教的嬗變、水陸儀文和密教的關係、水陸儀文在韓國和日本的傳播和交流、唐五代水陸法會的研究、宋元明清水陸法會的研究和中國佛教水陸發展史這樣的宏觀而歷史的課題。由佛教美術的研究漸漸涉入密教、道教儀式、道教美術和民間宗教研究的領域。這些成果，都是在立足圖像的基礎上的拓展和提高。這一切都建立在以讀圖爲起始，這也是金維諾先生從美術史的研究進入歷史研究，立足在美術史，文史哲相與融通思想的體現。在這種融通的研究中，我又得到多名歷史和宗教方面的師長的指導和幫助，這份恩情，永遠銘記心頭。

圖五　本人博士畢業和先生合影

　　我漸漸懂得，不管是學書畫史，還是學習佛教美術史，或是其他方向，只不過是我們拿到了不同的材料，其基本的方法、治學理念等都是一樣的，那就是"立足美術史，融通文史哲"，無論是跟隨哪位先生學習，都離不開這個根本。想到此，我心中再也沒有遺憾。

　　學術之路漫漫，沒有誰能傾盡一生窮盡學海，唯上下求索而已。

謹以茲文紀念先師金維諾。

《敦煌古代工匠研究》出版
楊昕愷（上海師範大學）

馬德著《敦煌古代工匠研究》一書已於 2018 年 4 月由文物出版社出版發行。

本書是一部全面、系統地研究敦煌 4 至 14 世紀的手工業勞動者及敦煌藝術創造者的學術專著。作者將敦煌工匠置於中國古代社會的大背景下，進行了藝術史、經濟史和科學技術史爲一體的跨學科研究，對敦煌工匠的特色、行會組織的進步意義以及封建經濟制度的局限性等問題提出一些新的看法。全書分爲研究篇和史料篇兩個部分。研究篇根據文獻記載和歷史遺存，包括敦煌古代工匠的職業類別、技術級別、社會地位、經濟生活、技術水平、藝術活動、民族精神等章節，對學術界及廣大敦煌文化的愛好者們普遍關注的焦點問題進行了深入細緻的研究。史料篇則對敦煌石窟和歷史文獻中有關敦煌古代工匠的資料進行了全面的梳理，分爲良工巧匠頌、工匠職業、工匠級別和工匠作品四篇。

本書通過對敦煌古代工匠的研究，向世人介紹敦煌歷史文化的創造者的情況，將這個以往較少人瞭解的群體展現在了讀者們的眼前。書中謳歌幾十代敦煌藝術、敦煌歷史的創造者們的豐功偉績，展示了中華民族的創造與奉獻精神。總之，該書是近年來不可多得的裝訂精良、圖文並茂且極具研究價值的敦煌學學術專著。

《疑僞經研究與“文化匯流”》出版
黄青平（上海師範大學）

方廣錩著《疑僞經研究與“文化匯流”》一書已於 2018 年 10 月由廣西師範大學出版社出版發行。

佛教疑僞經是佛教研究的重要課題，始終是佛教研究的熱點之一；佛教發展中的“文化匯流”是作者提出的有關佛教發展全局的新觀點。兩個問題雖可各自獨立，但又相互密切關聯。本書收入作者所寫關於佛教“疑僞經”及佛教發展中的“文化匯流”等兩個主題的論文十五篇。在佛教疑僞經研究中，文章內容又分爲三個課題：一、研究外來文化和中華文化應用何種方式進行交流，以及如何求得相互調適、共同發展；二、宗教如何在社會發展過程中進行自我調節，以謀求當下的生存空間與更大的發展空間；三、中國佛教與儒、道等中國其他文化系統，乃至與各種各樣的民間信仰如何相互調適。在對“佛教發展中的‘文化匯流’”研究中，作者指出：一方面，傳入中國的印度佛教接受了中國文化的影響，使自己成爲更適合中國這塊土地、更適合中國人根基的“中國佛教”；另一方面，這種中國化了的佛教，又向西傳入中亞、傳入印度，對中亞佛教、印度佛教的發展產生影響。

本書提出的佛教發展中的“文化匯流”問題涉及佛教發展的全局，不僅對佛教疑僞經的研究提出了新思路，而且事關佛教發展大局，深入研究這一問題，對當今世界範圍的文化交流，乃至考察佛教走向世界，也有重要的借鑒意義。

振聾發聵，令人深省
——重讀耿昇先生譯《吐蕃僧諍記》《中國 5—10 世紀的寺院經濟》《伯希和敦煌石窟筆記》有感

胡同慶（敦煌研究院）

耿昇先生的譯作《吐蕃僧諍記》《中國 5—10 世紀的寺院經濟》《伯希和敦煌石窟筆記》分別出版於 1984 年 10 月、1987 年 5 月和 1993 年 4 月，都是耿昇先生的早期譯作，也是筆者自 1984 年到敦煌後最早讀到的國外學者研究敦煌的重要著作，當時便使筆者有耳目一新的感覺。

時光荏苒，如今再重讀耿昇先生的這幾部譯作，溫故而知新，加上斯人已去，感慨甚多。

回想起來，當時耿昇先生敢於翻譯和出版社敢於出版這幾部譯作，實屬不易。20 世紀 80 年代初期，雖然國家已步入改革開放，人們的思想有所解放，但"文革"的極"左"思潮仍然存在，在許多問題上人們仍然心有餘悸。特別是在敦煌學方面，因一句"敦煌在中國，敦煌學研究在日本"引起學界乃至全國人民愛國熱情的高漲，如果翻譯出版外國人的敦煌學研究成果，難免會令自尊心極強的國人更感臉上無光。因此儘管學界許多專家學者期望瞭解國外有關敦煌學的研究情況，正如季羨林先生在 1984 年所說："時至今日，我們要學習的東西日益增多，我們要研究的課題之廣度與深度日益加強，我們不可能廣泛閱讀所有原著，我們更有必要參看別人的翻譯。這一點，對敦煌吐魯番學的研究來說，更是迫在眉睫"，但"我常常看到或聽到有人在有意與無意之間流露出鄙薄翻譯之意"①。當時要出版這些譯作非常不容易，也正如耿昇先生在 1987 年時所感慨："譯出之後，又苦於無處出版。經過多年周折之後，甘肅人民出版社高興地接受出版。沒有學術界和出版界的慷慨幫助和熱情操勞，這本書的漢譯本是很難與中國學術界見面的。所以，這部譯著是一種'千人糕'式的集體成果。"②

由於幾十年來的文化封閉，當時面對所謂的"敦煌在中國，敦煌學研究在日本"這個說法，雖然激起了國內學術界人士的愛國熱情，雖然許多學者憋著一口氣，試圖奮起直追，高呼要大雪國恥，但當時國內的絕大多數學者連國外

---

① 季羨林《敦煌吐魯番學研究譯叢序》，載［法］戴密微著、耿昇譯《吐蕃僧諍記》，蘭州：甘肅人民出版社，1984 年，第 2 頁。

② ［法］伯希和著，耿昇、唐健賓譯《伯希和敦煌石窟筆記》，蘭州：甘肅人民出版社，1993 年，第 415 頁。

有關敦煌學的研究具體是什麽情況，他們的研究方向、研究方法、研究内容和範圍，以及究竟是什麽水平，等等，幾乎茫然不曉。爲此季羨林等先生清醒地認識到："學習他人之長，包括一切方面。專就敦煌吐魯番學研究而論，同樣有向别的國家學習的任務。……特别是日本學者和法國學者在這方面的成就，更是值得我們借鑒。"①

因此，耿昇先生當時出版的這幾部譯作和其他先生的一些譯作，再加上一些原著，對於國内學界人士來説，具有大開腦洞的意義。不僅令學者們大開眼界，既看到自己的差距，也看到自己的長處，同時在研究内容和研究方法等方面，也得到許多有益的啓示。如法國學者謝和耐先生的《中國5—10世紀的寺院經濟》一書，書中"以社會學的觀點，根據漢籍、印度經文、敦煌和其他西域文書，分析了從南北朝到五代期間的中國寺院經濟。書中對於佛圖户、寺户、僧祇户、常住百姓、碾户、梁户、長生庫、社邑、齋供、三階教無盡藏都作了深入探討"，是研究敦煌經濟文書的一部重要著作。不僅"日本學者十分重視這部著作，多次發表書評。法國學者也將此書與戴密微先生的《吐蕃僧諍記》並列爲兩大敦煌學名著"，"我國學者、中山大學歷史系的姜伯勤先生對此書頗有研究，多次在論著中引用該書的觀點和資料。我國敦煌學界的其他學者也很重視它"②。另外，當時的中國學者，也從池田温、松本榮一等日本學者那裏學習到許多有益的東西，甚至到了21世紀的2011年，仍然還有中國學者在參考引用池田温等外國學者數十年前的研究成果。③

戴密微先生的《吐蕃僧諍記》，原著於1952年在法國巴黎出版；謝和耐先生的《中國5—10世紀的寺院經濟》，原著是1956年在當時尚設在西貢的法蘭西遠東學院發表的一篇博士學位論文，作爲《法蘭西遠東學院叢刊》第38卷刊佈；《伯希和敦煌石窟筆記》則是伯希和1908年在我國新疆、甘肅探險時，在敦煌逗留期間，在莫高窟留下的，在法國最早是以《筆記本A》《筆記本B》的影印件而流傳。也就是説，這幾部著作的撰寫年代，實際上距今長達六十多年甚至一百一十一年了，分别反映了當時法國漢學家的學術研究水平。時至今日，重讀這些著作，其中的許多内容仍然令人有新鮮感，其中的許多研究方法仍然值得我們今天借鑒。正如2013年7月12日耿昇先生在《法國漢學史論》"自序"中所指出："（法國漢學家的）這些論文中談到的問題，在中國基本上没有人涉及過，大都是首次被論及。它們在中國學術界，縱然不算是'創新'，那也應該是全新的。它們必爲中國學壇帶來一股清新之風，使人視

---

① 季羨林《敦煌吐魯番學研究譯叢序》，載[法]戴密微著，耿昇譯《吐蕃僧諍記》，第1—2頁。
② [法]謝和耐著，耿昇譯《中國5—10世紀的寺院經濟》，蘭州：甘肅人民出版社，1997年，第3頁。
③ 參見張榮强《唐代吐魯番籍的"丁女"與敦煌籍的成年"中女"》，載《歷史研究》2011年第1期。

野開闊、耳目一新,開闢了新領域,提供了新的思考課題。"①

確實,在20世紀80年代之前,由於受"文革"等思潮的影響,中國的許多學者習慣於搞假、大、空的東西。到了改革開放以後,學者們特別是從事敦煌吐魯番研究的學者逐漸看到不少日本、法國、英國等國家學者的研究論著,其研究內容和研究方法對中國學者產生了一定的影響作用。如近三十年來有關敦煌吐魯番學的研究與其他學科相比,學術性更強、學術氛圍更濃,其研究的內容較爲具體、實在,假大空現象較少,學術論著的品質相對較高,應該承認這與該學界人士較多地學習、借鑒日、法、英等國學者的研究經驗有關。

不過,當筆者重新閱讀耿昇先生所翻譯的《吐蕃僧諍記》《中國5—10世紀的寺院經濟》《伯希和敦煌石窟筆記》等著作,再關注、審視、反思國內的學術研究情況,感到我們仍然需要保持清醒的頭腦,要看到儘管這些年來敦煌學研究人才不斷湧現,發表的文章和出版的著作成倍增長,但其品質與半個世紀甚至一個世紀前的戴密微、謝和耐、伯希和的論著相比,差距仍然很大。如近些年有關敦煌學研究的雜志所刊發的文章大多仍然是考證壁畫內容、年代和校勘敦煌文獻的文章,另外出版的著作也大多是考證壁畫圖像或泛泛介紹敦煌藝術的內容,像戴密微、謝和耐先生那樣從宗教學、社會學等角度進行敦煌學研究的論著很少。而且,最近又出現了熱衷於假大空的研究現象。如自2013年1月成立的甘肅省敦煌哲學學會,在長達六年的時間裏,便把主要任務放在建立所謂的敦煌哲學體系,組織有關人員將主要精力、時間放在撰寫所謂的《敦煌哲學概論》一書,東拼西湊出"敦煌宗教哲學""敦煌人生哲學""敦煌社會哲學""敦煌藝術哲學""敦煌哲學方法論""敦煌哲學與絲綢之路"等空泛無物的章節,而不是實實在在地利用敦煌藝術或敦煌文獻研究一些具體的有關哲學的問題。值得注意的是,由於諸多原因,這一類文章和著作在當今社會很容易發表和出版,被《人大複印資料》《新華文摘》等刊物轉載,同時更容易獲得國家級或省級的優秀論著大獎。這種情況,勢必會引導有關的學術研究走向歧路。在此基礎上,筆者進一步注意到,之所以敦煌哲學研究出現這個情況,是因爲我國現在的哲學、美學、倫理學等學科的論文或著作幾乎也都是這類空泛的內容。由此可見,戴密微、謝和耐先生的論著,其研究的深度和廣度以及關注現實的態度,不僅值得敦煌學界借鑒,同時也值得我國哲學、美學、倫理學等學界人士反思。

這次重讀耿昇先生的譯作,注意到一個情況,即如果將一些法國人(還

---

① 耿昇著《法國漢學史論》(上冊),北京:學苑出版社,2015年,第2頁。

有一些日本人)的著作或論文中的作者姓名改換成中國人的姓名,幾乎都看不出是外國人寫的東西,似乎都是中國人寫的自己國家的東西。這些法國人(包括一些日本人)的著作或論文是從世界人、地球人的角度進行客觀考察、介紹和分析研究的。而中國學者寫的國外的東西,幾乎都是從中國人角度寫的,大多探討的都是中國和該國的關係,特別關注該地區的中國元素,關注中國對該國的影響,如關注陶瓷、絲綢、青銅器等等,一看就知道是中國學者寫的。猶如當前許多中國旅遊者,到國外博物館,最關注的該博物內所珍藏的中國文物;中國學者亦是,很少關注具有該國該地區特色的文物古迹。

特別是重讀距今一個世紀的《伯希和敦煌石窟筆記》,感慨更多。中國學者到國外的所謂學術考察,大多是走馬觀花,或拍拍照、搜集一堆資料,很少有像伯希和這樣認真進行考察、編號、記錄和分析研究的。如中國學者到印度考察,關注的大多是與中國有密切關係的佛教遺迹,很少關注和研究印度的印度教等其他内容。如果説在國外考察可能受到經費等諸多原因的限制,在國内考察應該是很方便了,但我們很少看到國内學者有像伯希和這樣在實地詳細考察、記錄和分析石窟内容的,大多也是拍照和作一些簡單的記錄或抄錄一些自己需要的題記等資料。特別需要指出的是,我們的許多專家學者,缺乏伯希和所具有的淵博知識和學術研究水平,没有能力像伯希和那樣在實地便能對許多考察内容的價值作出比較科學的判斷,只有回家後慢慢查資料進行研究。筆者孤陋寡聞,至今没有發現哪位國内學者的學術研究水平有超過伯希和、戴密微、謝和耐等先生的。

同時我們還應該認識到,將中國整體的敦煌學研究與法國或日本的整體的敦煌學研究進行攀比,既不科學,也不合理。我們是用大量的人力、物力來進行我們自己國家的語言文字和歷史文化研究,外國則只是有那麽幾個或幾十個人在從事我國的語言文字和歷史文化研究。如果一定要攀比,就應該看我們中國人是如何進行法國、日本或印度等等國家的語言文字和歷史文化研究的情況。而且,還不應該只看某一種學科的研究情況,還要結合考察其他如哲學、美學、倫理學、社會學、宗教學乃至經濟學等等其他學科的研究情況。否則,便有可能出現"一白遮十醜"的片面看法。

重讀耿昇先生的這幾部譯作,再結合閱讀耿昇先生近幾年的《法國敦煌學精粹》[1]《法國藏學精粹》[2]《法國西域史學精粹》[3]《伯希和西域探險日記

---

[1] 鄭炳林主編,耿昇譯《法國敦煌學精粹》,蘭州:甘肅人民出版社,2011年。
[2] 鄭炳林主編,耿昇譯《法國藏學精粹》,蘭州:甘肅人民出版社,2011年。
[3] 鄭炳林主編,耿昇譯《法國西域史學精粹》,蘭州:甘肅人民出版社,2011年。

1906—1908》①和《法國漢學史論》②等譯作或著作,收穫甚多。不僅對法國學者的有關研究情況以及治學態度和研究方法有進一步的瞭解,同時結合當前國內學界的許多情況,倍感到耿昇先生在複雜多變的國內環境中,從不隨波逐流,長期以來始終堅持自己的觀點,敢於客觀介紹國外學者的學術研究成果和正確評價伯希和等人功過,實在不易。耿昇先生人品之高尚,學風之嚴謹,治學之廣泛,學問之博大精深,確實是我國當代學者之楷模。

---

① [法]伯希和著,耿昇譯《伯希和西域探險日記 1906—1908》,北京:中國藏學出版社,2014 年。
② 耿昇著《法國漢學史論》,北京:學苑出版社,2015 年。

《三階教史研究》評介

齊　瑾（蘭州大學）

　　三階教研究是佛教研究的難點與熱點，早前由於史料的匱乏，相關研究成果寥寥，直到敦煌藏經洞三階教文獻的出土，才爲這一早已泯滅的佛教教派提供了新的研究資料。

　　日本學者矢吹慶輝的《三階教の研究》（東京：岩波書店，1927年）以及西本照真的《三階教の研究》（東京：春秋社，1998年）正是得益於敦煌三階教文獻而得以成爲學術高峰。兩本專著已將包括敦煌三階教文獻在内的相關資料幾乎窮盡，並建構起了三階教研究的主體框架，因此除非有新文獻、新觀點、新視角，否則此後學者的研究難出其右。雖然早在20世紀末湯用彤先生就已回應過矢吹慶輝的大作，並提出影響深遠的真知灼見（參劉夢溪主編《中國現代學術經典·湯用彤卷》，石家莊：河北教育出版社，1996年），但總體而言中國學者對三階教的研究成果單薄、歷史尚淺，長期以來没有突出的成果問世。

　　21世紀以來三階教的研究開始被中國學界重視，相關研究成果大量出現，亦不乏充滿新意的文章。突出的成果之一即是張總的《中國三階教史：一個佛教史上湮滅的教派》（北京：社會科學文獻出版社，2013年），此書可以説填補了長期以來中國學者在三階教研究方面的空白，也全面總結了中國三階教在隋唐時期短暫且輝煌的發展歷程；其二即是楊學勇在2010年博士學位論文基礎上出版的《三階教史研究》（蘭州：甘肅文化出版社，2017年）。該書梳理了三階教歷代傳承的譜系以及教派當中著名人物事迹、三階教的主要典籍、僧俗信徒的修行實踐等等，使讀者對三階教有一定的瞭解。該書借助傳統典籍、敦煌遺書以及碑銘文獻等多種史料多方考證，爲讀者展現一個較爲全面的三階教發展歷史，再現了盛極一時的三階教繁榮與湮滅背後的真實圖景，也展示了佛教在隋唐時期不斷中國化、社會化的某些特質，具有重要的研究意義和探索價值。其間，作者補充了一些新發現的史料，如《唐李君夫人姚香墓志》《唐益州福化寺釋慧聰傳》，也提出了某些富有啓發性的獨到見解，認爲P.3035號敦煌文獻中的"麻禪師"描述的應是三階教信行禪師。

　　楊學勇著《三階教史研究》從原始資料收集的情況來講，首先是對史料全面地收集和考訂，其中包括對前人用過的材料進行真僞辨别，在此基礎上進行分析並予以適當評價。尤其在創教者信行禪師的行歷中，作者爲詳述其情,特分前後兩期將禪師經歷作了考證,探討了禪師的思想來源以及師承情況,通過對信行禪師前期經歷的介紹展現了三階教傳教初期的思想淵源以及發展狀況。後期主要是介紹信行禪師進京傳教的經歷。這一時期是三階教得到大發展階段,信衆增多、朝廷打擊及至後來的教派内部鬥争出現。作者通過史料對禪師生平的多方記載還原了這一時期的三階教狀況。作爲學術史來説,三階教研究本身就存在著資料匱乏、零散的情況,因此長期以來國内對其關注度並不高,相關的研究成果亦不多,要通過對史料進行詳細的排比分析才能對三階教歷史進行一個較爲通順的梳理。作者在這方面作了很大的努力,一方面盡可能將相關史料進行歸納整理,如在整理當中廣泛借鑒信行的著作,對信行禪師的每一部佛經的版本、命名、文獻來源、現存狀況以及文獻内容都進行了説明;另一方面圍繞某一主題進行學術史的回顧與展望,借此可瞭解相關研究的來龍去脉。

　　三階教的一個顯著特點在於主張頭陀苦行,表現在要求苦行者乞食爲生,食麻麥,夏不穿履,冬不厚衣,恪守苦行之法,認爲這是遵從印度佛教的教義,虔誠地皈依佛法,回歸印度式"原教旨主義"。若從創教者信行禪師生平來看,顯然這樣的苦修方式是繼承了北朝時期的佛教修行傳統,而這些修行方式在佛教中國化的過程中被中土佛家逐漸摒棄。因此,三階教的苦行在隋唐時期並不被樹爲正統,不能迎合大衆普遍的信仰需求,也爲三階教遭到官方禁斷提供了依據。

　　三階教產生過程中深受十六國北涼時期末世危法思想的影響。末法思想與其動盪不安的社會環境密切相關。因而,三階教與隋唐大一統的理念嚴重不符,統治者強調的是太平盛世,而三階教對社會發展秉持著一種極其悲觀的"末世"態度,導致了其受到官方的敕斷,被稱爲"異部"。尤其在唐代,前後經歷了五次禁斷。但是三階教屢禁不止,可見其擁有一定的民衆基礎,也從側面説明"末世説"在民間的傳播中仍有一定的認可度。那麽,三階教信衆的信仰活動是否能體現出盛世繁華下的隋唐不爲人知的一面呢?又是什麽力量導致其餘韻一直延續到宋朝?這其中藴含的不僅僅是複雜而曲折的政教關係,還有三階教本身的傳教理念與教派内外思想意識的不斷交鋒。因此,對三階教的瞭解和認識也是隋唐佛教史研究中不可或缺的一環。

　　楊學勇著《三階教史研究》共分如下幾部分:《緒論》對三階教產生早期的社會背景、教義以及研究史作了簡要的回顧,並提出本書的創新點。該書前三章介紹信行禪師的生平和行教經歷及其撰述的典籍狀況。鑒於三階教短暫的發展歷程,作者將研究重心放在了三階教的創始人信行禪師身上,以589年信行禪師赴京爲節點,分析了禪師前後期的具體傳教活動以及三階教的具體發展狀況。第四、五章叙述了唐代三階教的狀況，主要以作者整理的三階教徒爲主要研究對象，分析了唐代以來三階教的發展和禁斷情況。《餘論》則重點表現唐以後三階教的發展以及對三階教性質的認識。《附篇》是對整個三階教典籍及其研究歷史做了總結性的評述。具體而言：

《緒論》主要是對基本問題的説明。介紹了南北朝末期的佛教發展狀況、三階教的基本教義，使讀者對三階教的興起和基本情況有所瞭解，但所介紹的教義較爲簡略，並不能概括一個興盛一時的教派所擁有的全部要領。作者還談及學界對三階教史的研究概況，介紹了矢吹慶輝和西本照真的對三階教史的三大分期，又重點描述了西本照真書中有關"三階教的成立"部分，也就是有關信行禪師的研究部分。還對張總的著作進行了不同章節的總結介紹。最後作者對這三部三階教著作進行了簡單的分析。同時脚注中注明美國學者傑米・霍巴德（Jamie Hubbard）也對此有研究論著出版，但作者在研究史介紹中並未提及此書的詳情。作者著重點明該書的寫作重點是三階教的發展和傳播，而並非其教義，將探索重心放在三階教史的論述上。相關研究還没有整理出一個系統的脉絡，因此作者在研究過程中將三階教的發展史根據其不同時期的發展狀況作了不同於西本照真的詳細的劃分。但同時亦導致一個缺陷，即該書對三階教教義研究不足。

第一章講信行及其前期經歷，記錄的是 540—589 年間信行禪師的狀況。通過文獻及碑銘上大量有關信行禪師的記載，考證出信行禪師應是出生於"魏州衛國"，今天河南省清豐縣附近。若從陳祚龍先生的觀點，則認爲衛國故治當爲"山東省觀城縣西之境地"。此條若成立，則能夠爲敦煌文獻 P.3035 中證明禪師身份增加一條有力的證據。也能佐證信行禪師於 55 歲時，即隋文帝開皇十四年（594）去世。有關信行出家時間的推斷，作者通過 P.3035 中"發菩提於卯歲"句判斷出家時間爲 8—14 歲，其師承大致推斷爲慧瓚或靈裕。又從信行出家受戒的時間上判斷應師承慧瓚。同時，從三階教教義七階佛思想、普敬觀念以及末法思想來講，信行應該也受到了靈裕及其大住聖窟思想的影響。作者也宏觀地從魏晋南北朝時期佛教的興起發展以及佛教教義教理的豐富情況出發，爲信行禪師創建三階教提供了有力的背景理論支撑。又通過對《信行遺文》及 P.3035 的考證，論述了自 540—589 年期間信行求教、寫經、入京等事宜，於章節末尾列表説明信行的經歷。遺憾的是，作爲作者的新觀點，P.3035 文獻在文章中的分析部分只有少量的篇幅，而且作者並没有將錄文附於文中，在談及該敦煌文獻的內容時候不能很好地反映文獻的研究狀況並佐證作者的觀點。

第二章講述了信行的後期經歷及三階教的發展情況，涉及的時間是 589

年到隋朝末年。信行入京後三階教得到了很好的發展，一直延續到 600 年被朝廷禁斷。信行禪師在開皇十三年（593）於京師真寂寺寫成《三階佛法》，於 594 年卒於真寂寺。由於三階教的傳播受到佛教界的抨擊導致信行死後不得不選擇源於印度的林葬法，並也因此受到信徒的敬仰。反過來林葬也說明了在此期間三階教的發展空前興盛。本章節也談及三階教在信行去世後展開的內部鬥爭以及隋文帝的禁斷措施對其產生的嚴重影響。信行弟子僧邕和裴玄證在教義上出現分歧而分門立派，僧邕繼承了信行的思想。至於公元 600 年三階教的禁斷，究其根源是三階教末世思想下誕生的教義，例如不合讀誦大乘經典以及普敬的教義等等，都與隋朝統一安定的社會經濟狀況不符，同一時期，三階教還因失去了朝廷中的外護而遭到敕斷。但是因爲隋朝後期統治集團的矛盾以及社會矛盾的加劇也使得三階教認同的末法思想仍在民間流行，三階教也因此受到民衆的擁護而未完全斷絕。有關這一時期的三階教徒研究，日本學者已有建樹，作者基於對三階教的認識，在日本學者劃分三階教徒的基礎上提出更加嚴謹的劃分標準，並以表格的形式將教徒羅列出來，總體來看所列教徒比日本學者所列要少，實乃所劃標準相對嚴格之故。

第三章《信行的著作及其相關問題》借助信行的碑文和《信行傳》《續高僧傳》《冥報記》等記載的相關信息，說明信行在世期間已經對三階教的基本佛法進行了闡述，例如《開皇七年遺文》《對根起行法》《山東所制衆事諸法》等，入京以後撰寫的《三階佛法》以及納入《人集錄》中的部分三階教經典主要是其弟子裴玄證整理。作者還詳細梳理了現存的經過整理的 12 部三階教典籍，分條陳列，不僅詳細地敘述了現存情況，還在前輩學者研究基礎上對其內容進行考證，指出其主要內容以及現存情況。對比同一部經典的不同版本之間的差異，整理了三階教《七階禮》的禮懺文書 70 件，正文中詳細陳列了各個文書的卷號，又在腳注中將各卷文獻的行數、字數、裝幀狀況、字體以及每個寫本的詳細參考來源附於其後，內容不可謂不詳實。

第四、五章《唐代的三階教狀況》以唐朝不同施政時期爲時間順序，主要介紹相關的信徒情況。通過對衆多信徒狀況的考訂，展現三階教在唐代經歷的幾次禁斷和發展以及後期的完全湮滅的過程。武德至貞觀年間，主要依照相關史料記載對三階教徒進行了簡單的排序，教徒的相關內容表現得更多的是其個人的生平事跡，而對三階教的發展情況體現的少之又少，僅根據 P.2550 號推斷出三階教在信行寂滅以後出現了嚴重的黨爭。期間還穿插了作者對三階教創立的無盡藏機構的研究，言及無盡藏的設立時間和表現，分析了無盡藏的管理、運轉及性質問題，認爲無盡藏制度的發展和繁榮也爲教義傳播提供經濟基礎。高宗至武周時期的論述也集中在對三階教信徒的事跡描述以及武則天禁斷三階教的敕令上。至於文章中對人物的排布,作者突出解決的問題是判斷此人是否爲三階教徒,並沒有從教派活動等其他方面進行突破。認爲695年敕令三階教典籍爲僞經、雜符錄,主要針對典籍進行禁斷。到中宗、玄宗朝,三階教一度重立,但很快因爲無盡藏的興盛而被玄宗敕令爲異端,而禁斷的時間經學者考證應爲開元元年(713),並於725年再次敕令禁斷,可見三階教在這一時期影響之盛,而在如此強制的敕令下,三階教顯而易見地走向衰落。作者也總結到,三階教發展前後經歷了五次禁斷,究其根源,一方面是三階教教義不符合主流佛教的傳統,受到其他教派的非難;另一方面,也有三階教失去朝廷的政治外護以及無盡藏制度的存在挑戰了封建王朝權威兩方面的因素在其中發揮阻礙作用。因此,到唐朝末年,史料記載的三階教教徒極少,但朝廷爲信行禪師休整靈塔的行爲也反映了德宗時期朝廷對三階教的認可。不幸的是,會昌滅佛徹底切斷了三階教復興的可能,這個在隋唐時期興盛一時的教派最終走向湮滅。

《餘論》對唐以後的三階教狀況作了一個簡要的介紹,並重申了三階教的性質。唐以後的三階教教徒資料目前尚未發現,僅能依據敦煌遺書及日本、韓國的有關資料進行分析,並認爲唐以後三階教典籍還是存在的,但不能確定會昌滅佛以後三階教是否依然存在。作者贊同矢吹慶輝對三階教性質的認定,即認爲不能簡單地説三階教是邪宗歪説。

《附篇》圍繞三階教典籍發現史展開,介紹了史料中提及的三階教典籍,進而按時間順序介紹了矢吹慶輝發現和整理三階教典籍的過程及其具體表現,指出了三階教金川灣刻經窟以及西本照真發現的三階教典籍等等。不過,這些內容本身在論述三階教歷史時已經提及,作者只是在這裏依照研究史的發展順序進行了再次整理,方便學者回顧三階教研究史。

也許正如湯用彤先生所講的,三階教實際上是南北朝佛教之餘韻。因不符合隋唐的宗教信仰和政治訴求而逐漸走向滅亡。三階教發展歷史短暫,但在多次受到官方禁止的情況下仍能在民間傳播却是中國佛教發展史上獨一無二的。因而將三階教置於中國佛教大潮流中,結合時代背景與社會特色來審視,仍具有重要的研究意義。

項目基金:2018年蘭州大學歷史文化學院"至公"研究生科研訓練項目"中土所撰佛典整理與研究"(18LSZGB003)階段性成果之一。

2018年敦煌學研究論著目録

楊敬蘭（敦煌研究院）

　　2018年度，中國大陸地區共出版敦煌學專著和論文集40餘部，公開發表相關論文500餘篇。現將研究論著目録編製如下，編排次序爲：一、專著部分；二、論文部分。論文部分又細分爲概説、歷史地理、社會與文化、宗教、語言文字、文學、藝術、考古與文物保護、少數民族歷史與語言、古籍、科技、書評與學術動態等十二個專題。

一、專　　著

趙曉星《莫高窟之外的敦煌石窟》，蘭州：甘肅人民美術出版社，2018年1月。
陳曉紅《敦煌願文的類型研究》，北京：九州出版社，2018年1月。
郭向東、陳軍、党燕妮《西部少數民族文獻資源建設研究》，北京：科學出版社，2018年1月。
何如珍《穿越敦煌——美麗的粉本》，杭州：西泠印社出版社，2018年1月。
胡同慶、王義芝《華麗敦煌：敦煌龍鳳紋飾圖録》，蘭州：讀者出版社，2018年2月。
敦煌研究院編《絲路明珠——敦煌石窟在威尼斯》，北京：文化藝術出版社，2018年2月。
高山《再現敦煌——壁畫藝術臨摹集》，南京：江蘇鳳凰美術出版社，2018年2月。
陝西師範大學歷史文化學院、陝西歷史博物館編著《絲綢之路研究集刊》（第二輯），北京：商務印書館，2018年2月。
陳明《敦煌的醫療與社會》，北京：中國大百科全書出版社，2018年3月。
盛岩海《絲路之魂》（展覽圖録），成都：四川人民出版社，2018年3月。
馬德《敦煌古代工匠研究》，北京：文物出版社，2018年4月。
汪萬福《敦煌莫高窟風沙危害及防治》，北京：科學出版社，2018年4月。
江蘇鳳凰美術出版社編《十二生肖守護佛·敦煌壁畫高清大圖》，南京：江蘇鳳凰美術出版社，2018年4月。
江蘇鳳凰美術出版社編《中國石窟藝術經典高清大圖系列：敦煌莫高窟第14窟·阿閦佛》，南京：江蘇鳳凰美術出版社，2018年4月。
江蘇鳳凰美術出版社編《中國石窟藝術經典高清大圖系列：敦煌莫高窟第

156窟·窟頂藻井》,南京:江蘇鳳凰美術出版社,2018年4月。

王志鵬《敦煌文學與佛教文化研究》,蘭州:甘肅文化出版社,2018年4月。

楊富學《敦煌民族史探幽》,蘭州:甘肅文化出版社,2018年4月。

楊富學《回鶻文佛教文獻研究》,上海:上海古籍出版社,2018年4月。

楊琪《敦煌藝術入門十講》,香港:香港中和出版社,2018年5月。

李廷保《敦煌遺書及古代醫籍同名方集萃》,蘭州:蘭州大學出版社,2018年5月。

任中敏《敦煌歌辭總編》(全三冊),南京:鳳凰出版社,2018年5月。

王東《芥子園畫傳導讀》(四卷本),福州:福建美術出版社,2018年5月。

〔日〕高田時雄著,瞿艷丹等譯《近代中國的學術與藏書》,北京:中華書局,2018年5月。

郝春文主編《2018敦煌學國際聯絡委員會通訊》,上海:上海古籍出版社,2018年6月。

郝春文等編著《英藏敦煌社會歷史文獻釋錄》第一卷(修訂版),北京:社會科學文獻出版社,2018年6月。

項楚《顯學中的敦煌學:項楚敦煌學論集》,北京:生活·讀書·新知三聯書店,2018年6月。

趙聲良《敦煌壁畫五臺山圖》,南京:江蘇鳳凰美術出版社,2018年6月。

許俊《絲路遺珍——敦煌壁畫精品集》,南昌:江西美術出版社,2018年7月。

李金娟《敦煌莫高窟索義辯窟研究》,蘭州:甘肅教育出版社,2018年7月。

李申校譯、方廣錩簡注《敦煌壇經合校譯注》,北京:中華書局,2018年8月。

甘肅省文物局、敦煌研究院編,馬德、勘措吉主編《甘肅藏敦煌藏文文獻》第②③⑤⑥敦煌市博物館卷,上海:上海古籍出版社,2018年7—11月。

劉進寶主編《絲路文明》(第三輯),上海:上海古籍出版社,2018年9月。

馬國俊《敦煌書法藝術研究》,北京:文物出版社,2018年9月。

牛玉生摹繪《敦煌人物線描——藏經洞》,北京:人民美術出版社,2018年9月。

皮志偉《執手敦煌——西方畫家的藝術印象》,南京:東南大學出版社,2018年9月。

秦川、安秋《敦煌畫派》,蘭州:甘肅教育出版社,2018年9月。

鍾書林《五至十一世紀敦煌文學研究》,北京:中國社會科學出版社,2018年9月。

張曆弓《采桑文叢:西風引——歐行四章》,鄭州:河南文藝出版社,2018年9月。

方廣錩《疑僞經研究與"文化匯流"》，桂林：廣西師範大學出版社，2018年10月。

董廣强《麥積山石窟棧道考古》，蘭州：甘肅人民出版社，2018年11月。

翁利《敦煌書法研究》，北京：化學工業出版社，2018年11月。

張惠明《中古中國文殊五臺山圖像學：根據公元7至10世紀敦煌繪畫資料的研究》，上海：上海古籍出版社，2018年11月。

敦煌研究院編《書寫的溫度——從古代文獻到書籍藝術》，鄭州：河南美術出版社，2018年12月。

［美］艾琳·文森特著、劉勤譯《神聖的緑洲》，蘭州：甘肅教育出版社，2018年12月。

二、論　文

（一）概說

朱鳳玉《臺灣地區散藏敦煌文獻題跋輯録與研究》，《敦煌學輯刊》2018年2期。

柴勃隆、肖冬瑞、蘇伯民、馮偉、于宗仁《莫高窟壁畫顔料多光譜數字化識別系統的研發與應用》，《敦煌研究》2018年3期。

宋雪春《國內外藏敦煌文獻的數量、內容及來源的介紹與考察》，《上海高校圖書情報工作研究》2018年4期。

韓春平、馬德、許端清《關於敦煌遺書數據庫》，《敦煌學輯刊》2018年4期。

郭精衛《用户視角下的敦煌壁畫數字圖像語義標注效果比較研究》，武漢大學碩士學位論文，2018年。

郭精衛、宋寧遠、王曉光《用户視角下的敦煌壁畫數字圖像語義描述方法評價》，《圖書情報知識》2018年3期。

林利《敦煌壁畫色彩的採集與數據建立》，《甘肅科技》2018年15期。

張加萬、王巧雯《敦煌壁畫中建築的數字化再現與重構》，《敦煌學輯刊》2018年3期。

李萍《莫高窟旅遊開放新模式的構建與實踐》，《敦煌研究》2018年2期。

師俊傑《專業圖書館館藏及借閱情況統計分析——以敦煌研究院爲例》，《甘肅科技》2018年1期。

劉東梅《敦煌網的數字絲綢之路》，《互聯網經濟》2018年2期。

康寧、陳冰雲《敦煌文獻多模態語料庫建設初探》，《青島科技大學學報》2018年4期。

成維列《數字媒體時代下敦煌莫高窟的視覺藝術創新》，《藝術科技》2018年

8期。

王曉煜、楊麗《數字重構技術在文化遺産保護與傳播中的應用研究——以數字敦煌爲例》,《信息與電腦》2018年20期。

段新生《敦煌學研究主題的文獻分析——基於對六個主要研究主題的期刊文本的考察》,《文物鑒定與鑒賞》2018年3期。

姜秋霞《敦煌文化翻譯:策略與方法》,《中國翻譯》2018年4期。

姜奕杉《翻譯目的論指導下的漢代敦煌地區官名英譯初探》,《外語教育與翻譯發展創新研究》(第七卷),四川西部文獻編譯研究中心,2018年3月。

姜欣彤、劉佳《目的論視角下莫高窟佛教旅遊內容的英譯策略研究》,《海外英語》2018年4期。

劉佳《歸化異化指導下佛教內容英譯方法探究——以莫高窟佛教景點英譯爲例》,《海外英語》2018年1期。

王慧慧《敦煌研究院新入藏李浴敦煌遺稿的內容及其價值》,《敦煌研究》2018年6期。

張玉丹、劉振宇《新發現張大千榆林窟考察筆記初探》,《中國國家博物館館刊》2018年2期。

怡樂《張大千筆下的色彩敦煌》,《中國拍賣》2018年1期。

鄭弌《吾土吾民:再論張大千敦煌考察(上)》,《藝術學界》2018年1期。

劉進寶《向達與張大千——關於張大千破壞敦煌壁畫的學術史考察》,《中華文史論叢》2018年2期。

鄭弌《"預流":重訪西北考察語境中的張大千》,《中國國家博物館館刊》2018年2期。

樊錦詩《追憶饒宗頤先生的敦煌緣》,《佛學研究》2018年1期。

榮新江《他生願作寫經生——饒宗頤教授與敦煌學研究》,《佛學研究》2018年1期。

史召軍《常書鴻油畫藝術風格研究》,山東工藝美術學院碩士學位論文,2018年。

章琳《"敦煌守護神"常書鴻》,《中國檔案》2018年2期。

趙和平《陳寅恪先生與敦煌學》,包偉民、劉後濱主編《唐宋歷史評論》(第四輯),北京:社會科學文獻出版社,2018年5月。

劉克敵《關於陳寅恪的敦煌學研究》,《新絲路學刊》2018年2期。

陳恒新《張澍稿本十種考述——以法國國家圖書館藏本爲中心》,《人文論叢》2018年1期。

張寶洲《何正璜、王子雲1941—1943年莫高窟考察成果校勘與評述——莫高窟考察歷史文獻解讀》,《絲綢之路研究集刊》(第二輯),北京：商務印書館,2018年2月。

高奕睿、董永强《高奕睿及其敦煌漢文寫本研究——劍橋大學漢學家高奕睿教授訪談錄》,《國際漢學》2018年3期。

秦樺林《1909年北京學界公宴伯希和事件補考——兼論王國維與早期敦煌學》,《浙江大學學報》2018年3期。

李佳潤《樊錦詩堅守的飛天世界》,《山東人大工作》2018年4期。

趙歡《佛窟中的摹畫人——敦煌壁畫臨摹師趙俊榮訪談錄》,《文化遺産》2018年4期。

王冀青《李希霍芬首創德語片語"絲綢之路"的早期法譯形式》,《敦煌學輯刊》2018年4期。

李繼飛《浴藝事丹青揚波奏華章——記著名工藝美術教育家烏密風》,《美術觀察》2018年8期。

顔廷亮《敦煌學史上的第一篇論文——敦煌學史隨筆之一》,《敦煌研究》2018年5期。

張先堂《用匠心呵護文化遺産讓人類共用敦煌藝術》,《上海品質》2018年6期。

（二）歷史地理

杜海《敦煌曹氏歸義軍時期的"瓜、沙之争"》,《敦煌學輯刊》2018年2期。

楊寶玉《唐代宗時期的河西與伊西北庭節度使——以P.2942卷末所存三牒狀爲中心》,《敦煌學輯刊》2018年3期。

李楠《西漢王朝西域都護的行政管理》,《內蒙古社會科學》2018年4期。

鍾書林《敦煌遺書S.4654〈贈悟真等法師詩抄〉探賾——兼論光復後的敦煌與大唐中央政權的微妙關係》,《中國典籍與文化》2018年3期。

温佳祺《論唐德宗建中初揀練僧道事——以敦煌文書〈諷諫今上破鮮于叔明令狐峘等請試僧尼及不許交易書〉爲中心》,《咸陽師範學院學報》2018年1期。

鍾書林《唐代開元盛世的邊疆格局及其西北民族關係——以敦煌遺書P.2555陷蕃組詩爲中心》,《文史哲》2018年5期。

魏睿驁《敦煌文書所見"天使院"考》,《河西學院學報》2018年6期。

何靜苗《漢代河西治理研究》,蘭州大學碩士學位論文,2018年。

陳瑋《瓜州榆林窟題記所見大理國與西夏關係研究》,《絲綢之路研究集刊》(第二輯),北京：商務印書館,2018年2月。

鄭炳林《晚唐五代敦煌康氏家族與歸義軍瓜州刺史康秀華考》,《敦煌研究》

2018年3期。

楊富學《新見唐瓜州刺史魏遠望墓志考屑》,《敦煌研究》2018年5期。

關尾史郎、田衛衛《"五胡"時期西北地區漢人族群之傳播與遷徙——以出土資料爲中心》,《絲綢之路研究集刊》(第二輯),北京:商務印書館,2018年2月。

陳菊霞、曾俊琴《莫高窟第217窟東壁供養人洪認生平考》,《敦煌研究》2018年4期。

阮海峰《從壁畫墓看魏晋時期敦煌農業》,《農業考古》2018年4期。

陳麗萍《四件散見敦煌契約文書》,《敦煌研究》2018年3期。

徐秀玲《吐蕃統治敦煌西域時期雇傭契約研究》,《敦煌研究》2018年6期。

趙曉輝《唐五代買賣契約文書研究》,鄭州大學碩士學位論文,2018年。

燕海雄《論古代絲綢之路上的契約文明——以敦煌吐魯番借貸契約條款形式研究爲中心》,《貴州民族大學學報》2018年4期。

劉曉博《國家控制與土地權利:唐代土地所有權諸問題研究》,陝西師範大學碩士學位論文,2018年。

王錦城《西北漢簡所見"司御錢"考》,《敦煌研究》2018年6期。

孟憲實《論唐代府兵制下的"六馱"問題》,《中國史研究》2018年3期。

楊寶玉《河西軍移鎮沙州史事鈎沉》,《敦煌研究》2018年2期。

馬智全《説"僵落"》,《敦煌研究》2018年1期。

裴永亮、馬智全《漢簡警備檄書與西漢昭宣時期河西邊塞防禦》,《敦煌學輯刊》2018年4期。

趙晶《敦煌吐魯番文獻與唐代法典研究》,《中國社會科學報》2018年5月21日。

韓樹偉《吐蕃契約文書之習慣法研究——以敦煌出土文書爲中心》,《西藏大學學報(社會科學版)》2018年2期。

齊繼偉《西北漢簡所見吏及家屬出入符比對研究》,《敦煌研究》2018年6期。

宋平《唐中後期節度觀察使的司法權及運作問題研究——以敦煌寫本〈河西節度觀察使判牒集〉爲起點的考察》,《敦煌研究》2018年5期。

鄭顯文《從敦煌吐魯番判文看唐代司法審判的效率和品質》,《西南大學學報》2018年6期。

高偉潔《敦煌懸泉置〈四時月令五十條〉的思想史坐標》,《史學月刊》2018年6期。

葉舒憲《玉門、玉門關名義再思考——第十二次玉帛之路考察札記》,《民族藝術》2018年2期。

楊富學《玉門"西域城"即"下苦峪"考》,《第二屆絲綢之路彩陶與嘉峪關歷史文化研討會論文集》,蘭州:蘭州大學出版社,2018年5月。

穆文晨《兩漢至五代肅州與絲綢之路研究》,陝西師範大學碩士學位論文,2018年。

剛志榮《"一帶一路"上的超級通道——河西走廊》,《中學地理教學參考》2018年1期。

尉侯凱《敦煌一棵樹烽燧漢簡09dh－2"田博一姓王氏"試解》,《許昌學院學報》2018年5期。

戴春陽《敦煌佛爺廟灣唐代模印塑像磚墓(三)——模印塑像磚相關問題考論》,《敦煌研究》2018年2期。

李延祥、陳國科、潛偉、陳建立、王輝《敦煌西土溝遺址冶金遺物研究》,《敦煌研究》2018年2期。

史志林、董翔《歷史時期黑河流域自然災害研究》,《敦煌學輯刊》2018年4期。

(三) 社會與文化

趙大瑩《敦煌吐魯番文書深化唐代禮制研究》,《中國社會科學報》2018年7月2日。

吳麗娛《關於唐五代書儀傳播的一些思考——以中原書儀的西行及傳播爲中心》,《敦煌學輯刊》2018年2期。

馬佳立《敦煌文獻蒙學資料的三個特點探究》,《產業與科技論壇》2018年3期。

費習寬《從敦煌吐魯番史籍殘卷看唐代科舉史學考試》,《甘肅廣播電視大學學報》2018年3月。

劉傳啓《敦煌十王齋的營辦》,《樂山師範學院學報》2018年1期。

邵小龍《敦煌寫本所見拜月祈長生風俗及其文學表現》,《歷史文獻研究》2018年1期。

趙蘭香《河西術數文化論》,《河西學院學報》2018年3期。

王方晗《敦煌寫本中的人神禁忌》,《民俗研究》2018年3期。

葛承雍《天馬與駱駝——漢代絲綢之路識別字號的新釋》,《故宮博物院院刊》2018年1期。

李碩《唐代煎餅新探》,《農業考古》2018年4期。

洪越、劉倩《從〈放妻書〉論中古晚期敦煌的婚姻倫理與離婚實踐》,《古典文獻研究》2018年1期。

劉素香《〈五杉集〉佛教喪葬儀式研究》,上海師範大學碩士學位論文,

2018 年。

薛菀芝《唐代的女性與酒文化》,鄭州大學碩士學位論文,2018 年。

王俊橋《變怪故事與唐五代社會》,蘭州大學碩士學位論文,2018 年。

姜柯易《唐宋時期敦煌地區生產生活民俗中的神祇研究》,蘭州大學碩士學位論文,2018 年。

朱國立《敦煌本〈金剛經〉靈驗記研究》,蘭州大學碩士學位論文,2018 年。

買小英《論中古敦煌家庭倫理的落實問題》,《甘肅理論學刊》2018 年 5 期。

東升《魏晉南北朝時期的敦煌時尚》,《小康》2018 年 7 期。

解梅《唐五代敦煌地區的胡化婚姻》,《蘭臺世界》2018 年 7 期。

尤倩倩《三至九世紀絲綢之路沿綫的文化傳播》,陝西師範大學碩士學位論文,2018 年。

徐磊、彭湧《從敦煌變文中的蹴鞠到日本校園足球文化——以校園體育運動的德育功能爲中心》,《商丘師範學院學報》2018 年 12 期。

(四) 宗教

孟彦弘《旅順博物館所藏"佛説救護身命經"考》,《文獻》2018 年 5 期。

劉屹《法滅思想及法滅盡經類佛經在中國流行的時代》,《敦煌研究》2018 年 1 期。

趙世金《敦煌本〈楞伽經疏〉再考》,《敦煌學輯刊》2018 年 4 期。

馬德《試論敦煌遺書佛經初譯本的價值》,《敦煌學輯刊》2018 年 2 期。

楊明璋《Ф223〈十吉祥〉與〈佛説阿彌陀經〉講經文》,《敦煌學輯刊》2018 年 3 期。

馬麗娜《論敦煌本〈佛説十王經〉圖卷與目連變文、目連圖卷之間的互文性》,《浙江學刊》2018 年 5 期。

張建宇《中唐至北宋〈金剛經〉扉畫説法圖考察》,《世界宗教研究》2018 年 2 期。

張重洲《吐魯番出土〈無量壽經〉再探》,《敦煌學輯刊》2018 年 4 期。

吴雪岩《〈像法決疑經〉研究》,上海師範大學碩士學位論文,2018 年。

李博《支敏度經録研究》,《五臺山研究》2018 年 4 期。

侯冲《契嵩本〈壇經〉新發現》,《世界宗教研究》2018 年 4 期。

習罡華、王曉雲《敦煌文獻 S.2165 號〈思大和尚坐禪銘〉論衡》,《世界宗教文化》2018 年 4 期。

韓傳强《敦煌寫本〈導凡趣聖心決〉録校與研究》,《敦煌研究》2018 年 5 期。

侯成成《唐宋時期釋玄覺〈證道歌〉的版本與傳播——以敦煌文獻、碑刻資料爲中心》,《中國典籍與文化》2018 年 1 期。

米進忠、董群《〈維摩詰經〉與〈壇經〉"不二"思想之比較》,《世界宗教文化》2018年4期。

楊富學、張田芳《從粟特僧侶到中土至尊——僧伽大師信仰形成内在原因探析》,《世界宗教研究》2018年3期。

王晶波《論佛教對中國傳統相術的影響》,《歷史文獻研究》2018年1期。

南煜峰《淺析北石窟寺彌勒信仰與彌勒造像的演變——以第165、222窟的彌勒造像爲例》,《文物鑒定與鑒賞》2018年1期。

余欣《中古中國佛教儀禮與藝術中的琉璃》,《復旦學報》2018年6期。

尚麗新《從劉薩訶和番禾瑞像看中古絲路上民間佛教的變遷》,《西南民族大學學報》2018年11期。

吴雙《隋唐公主的佛教信仰研究》,蘭州大學碩士學位論文,2018年。

南麗《宋代藥師佛信仰研究》,上海師範大學碩士學位論文,2018年。

姜伯勤《敦煌毗尼藏主考》,《佛學研究》2018年1期。

嚴耀中《試説隋唐以降涅槃的圖像表達》,《佛學研究》2018年1期。

祁明芳《"敦煌俗講"的活態呈現與學理關係的意義生成——兼談涼州賢孝與佛教俗講的淵源問題》,《甘肅社會科學》2018年4期。

張先堂《中國古代佛教三寶供養與"經像瘞埋"——兼談敦煌莫高窟藏經洞的封閉原因》,《佛學研究》2018年1期。

陳光文《絲綢之路上的佛教交流:元代山西信衆對敦煌莫高窟的巡禮》,《甘肅廣播電視大學學報》2018年2期。

趙艷《釋迦牟尼佛神話研究》,陕西師範大學博士學位論文,2018年。

王航《敦煌密教鬼神信仰研究》,陕西師範大學博士學位論文,2018年。

王静芬、淦喻成、趙晋超《觸地印裝飾佛像在中國的形成與傳播》,《佛學研究》2018年1期。

饒宗頤《談敦煌石窟中的誐尼沙(Gaṇeśa)》,《佛學研究》2018年1期。

李靖《佛陀造像中國化研究》,中央美術學院博士學位論文,2018年。

沙武田、李玭玭《敦煌石窟彌勒經變剃度圖所見出家儀式復原研究》,《中國美術研究》2018年1期。

武紹衛《從社會經濟角度看唐後期五代宋初敦煌寺衆居家原因——兼論唐後期寺衆居家現象出現原因》,《中國社會經濟史研究》2018年3期。

莫秋新《唐宋時期敦煌報恩寺研究》,上海師範大學碩士學位論文,2018年。

王博《法藏敦煌文書P.3952、P.4072(3)撰作時間考辯》,《蘭州教育學院學報》2018年8期。

劉永明、路旻《敦煌清信弟子經戒傳授與北周至唐代的國家道教》,《世界宗教研究》2018年3期。

吳國富《敦煌〈通門論〉實爲〈玄門大論〉之考證》,《宗教學研究》2018年4期。

王承文《敦煌古靈寶經〈洞玄本行經〉版本結構論考》,《敦煌學輯刊》2018年2期。

龐曉林《入華祆教聖火崇拜叢考》,暨南大學碩士學位論文,2018年。

楊富學、蓋佳擇《絲路宗教交融:入華景教對摩尼教的吸取與借鑒》,《新絲路學刊》2018年2期。

松井太、王平先《榆林窟第16窟叙利亞字回鶻文景教徒題記》,《敦煌研究》2018年2期。

包兆會《中國基督教圖像歷史進程之四:唐代敦煌景教絹畫》,《天風》2018年4期。

王强强、吳建萍《援景入儒初探——兼談敦煌唐寫本漢語景教文典與第二期儒學之關係》,《蘭州文理學院學報》2018年4期。

楊富學《元代敦煌伊斯蘭文化覓蹤》,《敦煌研究》2018年2期。

阿旺嘉措《從敦煌藏文寫卷看苯教徒的宗教功能》,《中國藏學》2018年2期。

(五) 語言文字

龔澤軍、張嘉楠《敦煌文獻注譯與闡釋中的語言學問題——以〈敦煌邈真贊釋譯〉爲例》,《社科縱橫》2018年3期。

賀敬朱《〈敦煌文獻語言詞典〉研究》,西華師範大學碩士學位論文,2018年。

侯建桃《〈英藏敦煌社會歷史文獻釋録〉第十二至十四卷補正》,河北大學碩士學位論文,2018年。

王陽《敦煌"放妻書"校釋考辨》,《中國文字研究》2018年1期。

吳盼《敦煌寫本相書文獻校讀札記》,《古籍整理研究學刊》2018年1期。

鄧文寬《歸義軍時代〈戊戌年洪潤鄉百姓令狐安定請地狀〉釋文訂補》,《敦煌研究》2018年5期。

王藝菲《敦煌〈碁經〉與〈棋經十三篇〉中的指示代詞》,《文教資料》2018年12期。

趙静蓮《敦煌文獻之所見"悉羅"考》,《敦煌研究》2018年3期。

聶志軍、向紅艷《敦煌遺書S.1815V再研究》,《敦煌研究》2018年1期。

付建榮《"嘍""不嘍(螻)"試詁》,《勵耘語言學刊》2018年1期。

魏睿驁《敦煌文書中"使客""客僧"考釋》,《邯鄲學院學報》2018年2期。

王洋河、譚偉《敦煌歌辭疑難詞"掇頭"等校釋》,《寧夏大學學報》2018年6期。

王洋河《〈敦煌歌辭總編〉補校札記》,《漢語史研究集刊》2018年1期。

孫幼莉《敦煌雜字書疑難字詞輯釋》,《漢語史學報》2018 年 2 期。
趙靜蓮《敦煌疑難名物詞語考釋四則》,《故宫博物院院刊》2018 年 5 期。
張小艷、馮豆《敦煌變文疑難字詞辨釋》,《敦煌學輯刊》2018 年 3 期。
鄭波《敦煌變文〈燕子賦〉詞語詮釋五則》,《漢字文化》2018 年 16 期。
謝坤《〈肩水金關漢簡(肆)〉綴合十一則》,《敦煌研究》2018 年 1 期。
姬慧《敦煌社邑文書常用動作語義場詞語研究》,蘭州大學博士學位論文,2018 年。
鄭雯《敦煌地區所見漢簡詞彙研究》,華東師範大學碩士學位論文,2018 年。
賈娟玲《敦煌寫卷 P.3644〈詞句摘抄〉研究》,蘭州大學碩士學位論文,2018 年。
秦鳳鶴《敦煌馬圈灣漢簡釋文校讀記》,《中國文字研究》2018 年 1 期。
任文琴《〈故紙拾遺〉俗字研究》,陝西師範大學碩士學位論文,2018 年。
申振《〈孝經〉異文研究》,四川外國語大學碩士學位論文,2018 年。
王静《敦煌變文構詞與構形重疊研究》,北京外國語大學碩士學位論文,2018 年。
荆寶瑩《敦煌本〈壇經〉介詞研究》,大連外國語大學碩士學位論文,2018 年。
趙家棟《敦煌碑銘贊字詞校讀舉例》,《中國文字研究》2018 年 1 期。
趙陽《唐寫本王仁昫〈刊謬補缺切韻〉之比較》,吉林大學碩士學位論文,2018 年。
崔蘭《"蛒"字源考》,《語言研究》2018 年 2 期。
郭慧《敦煌變文中"可"的特殊用法與晋方言的契合》,《萍鄉學院學報》2018 年 2 期。
高天霞《敦煌寫本〈俗務要名林〉詞彙學價值例析》,《西華師範大學學報》2018 年 4 期。
徐朝東《竺法護譯經中"晋言"所見梵漢譯音及其音韻現象》,《勵耘語言學刊》2018 年 2 期。
張薇薇《敦煌本〈搜神記〉連詞考察》,《萍鄉學院學報》2018 年 2 期。
趙靜蓮《敦煌文書詞語考釋四則》,《中國典籍與文化》2018 年 2 期。
黑維强、賀雪梅《論唐五代以來契約文書套語句式的語言文字研究價值及相關問題》,《敦煌學輯刊》2018 年 3 期。
張涌泉《〈敦煌俗字研究〉第二版》,《辭書研究》2018 年 3 期。
趙靜蓮《〈敦煌寫本解夢書校録研究·下篇〉校訂》,《古籍整理研究學刊》2018 年 3 期。
方一新、和謙《"只首"與"只者"同源考》,《江西師範大學學報》2018 年 4 期。

李博《敦煌變文"火艮"字新釋》,《中國語文》2018年4期。

李博《敦煌文獻字詞補正四則》,《南京師範大學文學院學報》2018年2期。

王志勇《漢簡所見"柱馬"新解》,《南京師範大學文學院學報》2018年3期。

邢蘊薺《〈敦煌俗字典〉俗寫字研究》,《遼寧工業大學學報》2018年6期。

譚茹《寫本情境下S.2682+P.3128綜合研究》,《天水師範學院學報》2018年3期。

張新朋《敦煌文獻王羲之〈尚想黃綺帖〉拾遺》,《敦煌研究》2018年6期。

梁旭澍《〈敦煌縣正堂申諭〉〈催募經款草丹〉錄文及相關問題》,《敦煌研究》2018年1期。

楊康《〈維摩詰經〉文獻語言研究》,貴州師範大學碩士學位論文,2018年。

吳波、景盛軒《國圖所定歸義軍時期〈大般涅槃經〉寫卷敘錄辨考》,《浙江師範大學學報》2018年1期。

黃泩青、胡方方《敦煌本〈四分律比丘戒本〉殘卷綴合研究》,《古漢語研究》2018年4期。

張涌泉、劉丹《敦煌本〈摩訶僧祇律〉殘卷綴合研究》,《敦煌學輯刊》2018年2期。

徐艷芹《〈勝鬘經〉注疏研究》,蘭州大學碩士學位論文,2018年。

劉興亮《新見敦煌寫經殘片小考》,《敦煌研究》2018年5期。

趙青山《〈百喻經〉散佚二喻考》,《敦煌學輯刊》2018年4期。

彭慧《〈目連緣起〉校勘拾遺》,《古籍整理研究學刊》2018年5期。

劉屹《經錄與文本:〈法滅盡經〉類佛經的文獻學考察》,《文獻》2018年4期。

王杏林《敦煌本〈備急單驗藥方並序〉考釋》,《敦煌學輯刊》2018年4期。

沈澍農《S.202:〈金匱玉函經〉的古傳本》,《敦煌研究》2018年4期。

湯偉《敦煌本與今本〈三部九候論〉比較研究》,《敦煌研究》2018年3期。

沈澍農《文本誤讀與學術淆亂——以敦煌醫藥文獻解讀為中心》,《中醫藥文化》2018年2期。

僧海霞《敦煌〈備急單驗藥方卷〉考補》,《敦煌研究》2018年6期。

袁開惠、劉慶宇《敦煌〈字寶〉"馬咥嗓"義辨及其醫學闡釋》,《中醫藥文化》2018年2期。

沈澍農《敦煌西域出土漢文醫藥文獻綜合研究》,《南京中醫藥大學學報(社會科學版)》2018年2期。

廣瀨薰雄《敦煌漢簡中所見韓安國受賜醫藥方的故事》,《中醫藥文化》2018年1期。

(六) 文學

冷江山《敦煌文學文獻同卷內容的相互關聯》,《甘肅社會科學》2018年1期。

鍾書林《敦煌文學的特質新議》,《中國文學研究》2018 年 1 期。

馮玉、馮雅頌《新時期敦煌文學的建構與發展》,《蘭州大學學報》2018 年 3 期。

伏俊璉《寫本時期文學作品的結集——以敦煌寫本 Дx3871+P.2555 爲例》,《文學評論》2018 年 6 期。

朱利華《論敦煌文的範本性質》,《歷史文獻研究》2018 年 1 期。

冷江山《小議敦煌文學寫卷中的"雜寫"》,《中華文化論壇》2018 年 7 期。

朱鳳玉《敦煌詩歌寫本原生態及文本功能析論》,《敦煌研究》2018 年 1 期。

胡秋妍、陶然《敦煌寫本李白詩集殘卷考論》,《陝西師範大學學報》2018 年 1 期。

趙鑫桐《論詩歌辭彙與聲韻的關係——以敦煌歌辭爲例》,《忻州師範學院學報》2018 年 3 期。

王志鵬《玉門關在唐詩中的歌唱及其文學意義》,《寶雞文理學院學報》2018 年 2 期。

燕曉洋《唐代絲綢之路館驛詩研究》,陝西師範大學碩士學位論文,2018 年。

許超雄《敦煌寫本〈無名歌〉的歷史學考察》,《敦煌研究》2018 年 6 期。

鍾仕倫《敦煌寫本〈文選〉詩學文獻的價值》,《四川師範大學學報》2018 年 4 期。

李爽《敦煌寫本 P.3480 綜合研究》,《綿陽師範學院學報》2018 年 12 期。

胡秋妍《論唐五代時期〈臨江仙〉詞主題的演變——兼及詞"緣題所賦"的特點》,《南京師範大學文學院學報》2018 年 4 期。

趙珍珍《〈全唐五代詞〉六十七至一百三十六字詞律研究》,山東師範大學碩士學位論文,2018 年。

冷江山《敦煌曲子詞寫本與僧人的社會生活》,《雲南社會科學》2018 年 4 期。

武漢強《論敦煌寫本〈下女(夫)詞〉的民間婚禮儀式應用文性質》,《吉林廣播電視大學學報》2018 年 11 期。

陳家愉《唐五代詞的變奏曲——唐代醫療詞探微》,《中國醫學人文》2018 年 5 期。

喻忠傑《敦煌俗賦寫本:古劇形成中的一類特殊媒介》,《歷史文獻研究》2018 年 1 期。

喻忠傑《作爲表演的寫本:戲劇學視野下的敦煌話本》,《吐魯番學研究》2018 年 1 期。

湯德偉、高人雄《現存漢唐西域佛劇的文本考述》,《四川職業技術學院學報》2018 年 5 期。

楊賀《論敦煌曲子戲》,《石河子大學學報》2018 年 5 期。

李貴生《敦煌變文與河西寶卷説唱結構的形成及其演變機制》,《民族文學研究》2018 年 6 期。

顏建良《敦煌變文文體研究》,揚州大學碩士學位論文,2018 年。

程潔《敦煌變文流動變化的叙事視角》,《保定學院學報》2018 年 3 期。

張春秀《説"青樓"——從〈敦煌變文校注〉説起》,《漢字文化》2018 年 23 期。

趙玉平《唐代變文：佛教對中國白話小説及戲曲産生的貢獻之研究》,《民間文化論壇》2018 年 3 期。

朱利華《敦煌本〈王昭君變文〉新論》,《西華師範大學學報》2018 年 4 期。

候彪、多洛肯《敦煌〈伍子胥變文〉中的藝術性研究》,《鄭州航空工業管理學院學報》2018 年 6 期。

楊曉慧《唐代俗文學的社會歷史價值探析》,《唐都學刊》2018 年 5 期。

喬孝冬《隋唐"諧謔"小説的發展——敦煌卷子〈啓顔録〉》,《蒲松齡研究》2018 年 4 期。

邵文實《論敦煌文獻中的醜婦形象與醜婦觀》,《西南民族大學學報（人文社科版）》2018 年 3 號。

陳強《敦煌寫本〈吃䭾蜜〉故事在絲綢之路上的流變》,《北方民族大學學報》2018 年 1 期。

武漢強《敦煌寫卷祭畜文研究》,《蘭州教育學院學報》2018 年 10 期。

楊明璋《敦煌神話叙事與佛教：以〈天地開闢已來帝王記〉爲中心的討論》,《華中學術》2018 年 3 期。

鄭阿財《寫本原生態及文本視野下的敦煌高僧贊》,《敦煌學輯刊》2018 年 2 期。

鍾書林《敦煌遺書 P.4660 邈真贊專集與悟真的都僧統之路》,《蘭州學刊》2018 年 5 期。

鍾書林《敦煌遺書 P.3770 悟真文集與悟真早期成長》,《三峽大學學報（人文社會科學版）》2018 年 1 期。

王涵《敦煌邈真讚文體研究》,西華師範大學碩士學位論文,2018 年。

霍明宇《敦煌佛曲的抒情特質》,《人文天下》2018 年 20 期。

（七）藝術

梁嵩《北魏與唐朝時期敦煌壁畫的藝術風格研究》,《西部皮革》2018 年 14 期。

馬麗娜《論中國傳統美學思想在敦煌藝術中的滲透與發展》,《理論界》2018 年 Z1 期。

［日］八木春生著，姚瑶譯《敦煌莫高窟唐前期第一期諸窟的特徵》，《敦煌研究》2018年6期。

孫曉峰《關於麥積山第127窟宋代造像的幾點思考》，《敦煌學輯刊》2018年4期。

張善慶《甘肅金塔寺石窟西窟彌勒佛與四大聲聞造像研究》，《敦煌學輯刊》2018年4期。

趙聲良《敦煌石窟早期佛像樣式及源流》，《佛學研究》2018年1期。

趙聲良《敦煌隋朝經變畫藝術》，《敦煌研究》2018年3期。

陳菊霞、汪悦進《敦煌石窟首例〈大般若經變〉——榆林窟第19窟前甬道南壁圖像新解》，《故宫博物院院刊》2018年4期。

張景峰《敦煌莫高窟第138窟兩鋪報恩經變及其成因試析》，《敦煌學輯刊》2018年4期。

趙曉星《榆林窟第2窟正壁文殊圖像解析——西夏石窟考古與藝術研究之三》，《敦煌研究》2018年5期。

［法］金絲燕、李國《文化轉場：敦煌普賢變與佛經漢譯》，《佛學研究》2018年第1期。

郭静《榆林窟第3窟五十一面千手觀音經變中的西夏物質文化影像》，《寧夏師範學院學報》2018年2期。

張元林《營造畫面語境——關於敦煌法華經變"靈山會+虛空會"場景定名之再思考》，《敦煌研究》2018年3期。

趙燕林《莫高窟第220窟維摩詰經變帝王像研究》，《敦煌研究》2018年6期。

王惠民《敦煌莫高窟第320窟大方等陀羅尼經變考釋》，《敦煌研究》2018年1期。

張元林《焚身與燃臂——敦煌〈法華經變·藥王菩薩本事品〉及其反映的供佛觀》，《佛學研究》2018年1期。

陶然《敦煌〈阿彌陀經變〉與拉斐爾〈聖體辯論〉的空間構造比較》，杭州師範大學碩士學位論文，2018年。

舒文婷《淺析對敦煌盛唐壁畫經變畫綫條表現形式在動漫造型中的應用》，《才智》2018年5期。

常錦閣《從唐前期敦煌莫高窟藥師經變圖淺究藥師經變樂隊編制》，《北方音樂》2018年11期。

何劍平《維摩詰變相與講經文及通俗佛經注疏之關係新證——以莫高窟第9號窟的阿難乞乳圖的榜題爲中心》，《寶雞文理學院學報》2018年3期。

王治《敦煌莫高窟隋唐西方净土變空間結構演變研究》，《故宫學刊》2018年

1期。
王韋韜《龍門石窟楊大眼造像尊格考——由敦煌彌勒經變須彌山圖像引發的思考》,《美與時代(中)》2018年9期。
陳大公、張愛莉《敦煌壁畫音樂圖像中的樂器形制創造和音蘊表現——以琵琶圖像為例》,《藝術設計研究》2018年3期。
程依銘、李婷婷《敦煌樂舞脅侍菩薩形象考究》,《舞蹈》2018年4期。
羅雪婷《論敦煌壁畫樂舞的佛法意蘊》,北京舞蹈學院碩士學位論文,2018年。
郭志山《從敦煌壁畫看西域樂舞"中原化"的兩個階段》,《藝術評鑒》2018年3期。
賈榮建、趙參《從敦煌壁畫中的琵琶圖像看古琵琶樂器的演化印跡》,《北方音樂》2018年22期。
劉文榮《敦煌壁畫中所見鞉鼓與雞婁鼓兼奏圖論考》,《星海音樂學院學報》2018年4期。
田步高《古絲綢之路的藝術結晶當代工匠精神的生動展現——敦煌壁畫樂器仿製綜述》,《樂器》2018年9期。
許琪《敦煌舞蹈新理念——元素新發現》,《敦煌研究》2018年2期。
王小盾、高宇星《敦煌舞譜:一個文化表象的生成與消亡》,《音樂藝術(上海音樂學院學報)》2018年2期。
張晨婕《從〈五弦譜〉至〈三五要錄〉中的兩首同名曲看中國唐樂在日本的變遷(上)》,《音樂文化研究》2018年2期。
秦琴《從"莫高窟壁畫"到〈絲路花雨〉——談敦煌音樂文化傳承與發展的新思路》,《蘭州大學學報》2018年3期。
唐浩、唐麗青《敦煌樂舞壁畫的展覽解讀及多媒體創作以榆林窟第25窟觀無量壽經變為例》,《上海工藝美術》2018年3期。
李延浩、郭璟怡、程依銘《敦煌舞的當代發展及藝術特色初探》,《西北民族大學學報》2018年4期。
李卓《巧把音聲作佛事——唐代佛教舞蹈淺議》,《中國宗教》2018年4期。
劉源《淺析敦煌舞蹈〈飛天〉的表現形式》,《藝術科技》2018年7期。
吳潔《絲路佛教樂舞圖像之流變研究——以十六國北朝時期三大石窟伎樂天人的類型為例》,《人民音樂》2018年7期。
胡舒《敦煌壁畫樂舞文化研究》,江西師範大學碩士學位論文,2018年。
黃蕊《"形神"理論視域下的中國古典舞教學實踐與研究》,西安音樂學院碩士學位論文,2018年。
劉增輝《中國古典舞審美特徵淵源及發展》,陝西師範大學碩士學位論文,

2018年。

王瑜《從〈緣起敦煌〉談敦煌舞蹈文化的傳播與創新》,北京舞蹈學院碩士學位論文,2018年。

吳佳桐《敦煌壁畫中飛天舞者形象演變特徵研究》,吉林藝術學院碩士學位論文,2018年。

何雅麗《敦煌莫高窟樂舞壁畫在跨文化中的流變》,陝西師範大學碩士學位論文,2018年。

石一冰《一曲胡旋向長安——原創歌劇〈莫高窟〉評析》,《歌劇》2018年12期。

王帝《香音長繞舞蹁躚——評舞蹈〈飛天〉》,《北方音樂》2018年12期。

趙璐《舞劇〈絲路花雨〉中的敦煌舞形態對中國古典舞的影響》,《佳木斯職業學院學報》2018年1期。

陳南《燕蹴飛花落舞筵——從敦煌壁畫中的"舞筵"看唐代氍毹藝術》,《榮寶齋》2018年2期。

劉丹《敦煌,古譜夢——淺析對陳應時教授〈敦煌樂譜解譯辨證〉古譜解譯的理解》,《藝術評鑒》2018年17期。

莊永平《例解〈敦煌樂譜〉樂曲調式》,《星海音樂學院學報》2018年4期。

趙聲良《從敦煌壁畫看唐代青綠山水》,《故宫博物院院刊》2018年5期。

卓民《圖形"間"的排列、秩序——莫高窟第217窟經變青綠山水解析》,《敦煌研究》2018年1期。

張建宇《敦煌隋至盛唐壁畫中的"山水之變"》,《南京藝術學院學報(美術與設計)》2018年1期。

王珊珊《道釋因素影響下的唐代青綠山水畫研究》,渤海大學碩士學位論文,2018年。

朱萬章《人文情懷與關山月人物畫》,《中國書畫》2018年1期。

沙武田《敦煌壁畫漢唐長安城相關問題申論》,《敦煌研究》2018年3期。

王雨《敦煌建築畫卷中的大唐長安影像——以大明宮含元殿建築形制爲例》,《敦煌研究》2018年3期。

王雨《敦煌建築畫卷中的大唐長安影像——以慈恩寺大雁塔爲例》,《絲綢之路研究集刊》(第二輯),北京:商務印書館,2018年2月。

朱生雲《莫高窟第217窟壁畫中的唐長安因素》,《絲綢之路研究集刊》(第二輯),北京:商務印書館,2018年2月。

榮新江《貞觀年間的絲路往來與敦煌翟家窟畫樣的來歷》,《敦煌研究》2018年1期。

周曉萍《敦煌石窟陰氏家族供養人畫像的圖像學考釋》,《西夏研究》2018年4期。

張小剛《再論敦煌石窟中的于闐國王與皇后及公主畫像——從莫高窟第4窟于闐供養人像談起》,《敦煌研究》2018年1期。

湯曉芳《對敦煌409窟壁畫人物"回鶻國王"的質疑》,《西夏研究》2018年3期。

武瓊芳《莫高窟隋初供養人服飾研究》,《敦煌研究》2018年2期。

劉人銘《莫高窟第409窟回鶻可汗可敦供養畫像闡釋——以漢文化因素探析爲中心》,《綿陽師範學院學報》2018年4期。

白雪《基於敦煌壁畫分析盛唐時期宮廷女裝服飾特點》,《美術教育研究》2018年7期。

杜宇《以圖像學研究法分析唐代敦煌壁畫中的女性形象》,《藝術與設計(理論)》2018年8期。

陸晨晨《唐代女性常服研究》,蘭州大學碩士學位論文,2018年。

李馨《隋唐女性禮服研究》,陝西師範大學碩士學位論文,2018年。

顧夢宇《隋唐貴族婦女冠飾研究》,陝西師範大學碩士學位論文,2018年。

李中耀、李曉紅《敦煌石窟龕楣(梁)上雙首一身龍紋與商代青銅器龍紋圖像形態及甲骨文虹、霓字的淵源》,《敦煌研究》2018年1期。

樊夢嬌《敦煌壁畫裝飾性語言的力量》,《美術大觀》2018年4期。

劉敏、高陽《莫高窟隋代藻井圖案色彩探究》,《藝術與設計(理論)》2018年3期。

趙正輝《敦煌壁畫裝飾性微談》,《美與時代(上)》2018年1期。

李前軍《東千佛洞二窟卷草紋審美形態的文化變遷》,《西北民族大學學報》2018年1期。

張靜怡《唐代敦煌壁畫中的團花紋樣在服裝設計中的應用研究》,《西部皮革》2018年19期。

史美琪《敦煌北魏本生故事畫構圖的裝飾性淺析》,《藝術教育》2018年13期。

李瑋恬《隋唐時期敦煌壁畫鳳鳥紋在視覺傳達設計中的應用研究》,北京交通大學碩士學位論文,2018年。

王嫣《隋唐敦煌藻井蓮花紋在當代視覺傳達設計的應用研究》,北京交通大學碩士學位論文,2018年。

張婉莉《莫高窟幾何形裝飾帶圖案研究》,西安美術學院碩士學位論文,2018年。

周冉《敦煌莫高窟唐代裝飾圖案邊飾紋樣的設計研究》,西安工業大學碩士學位論文,2018年。

辛燕《敦煌圖案紋樣的裝飾性在現代花鳥畫中的應用》,蘭州交通大學碩士學位論文,2018年。

劉安安《敦煌莫高窟華蓋圖案裝飾研究》,南京大學碩士學位論文,2018年。

韓衛盟《莫高窟壁畫中的隋代華蓋圖》,《敦煌研究》2018年2期。

季冉《唐代敦煌壁畫邊飾紋樣在VI設計中的應用研究》,蘭州大學碩士學位論文,2018年。

陳茹茹《敦煌石窟中卷草紋在現代設計中的應用研究》,蘭州大學碩士學位論文,2018年。

陳振旺《隋及唐前期莫高窟藻井圖案研究》,蘭州大學博士學位論文,2018年。

王楠楠《敦煌壁畫中雲紋圖案在現代視覺傳達中的表現》,《美術大觀》2018年6期。

吳晨《溯源求本與時俱進——以蓮花系列裝飾繪畫創作爲例》,《當代文壇》2018年5期。

羅雪薇《唐代敦煌莫高窟蓮花紋飾淺析》,《西部皮革》2018年13期。

蔡捷《淺析唐草紋在敦煌壁畫中的應用研究》,《西部皮革》2018年13期。

孫武軍、張佳《敦煌壁畫迦陵頻伽圖像的起源與演變》,《中國國家博物館館刊》2018年4期。

張藝洋《佛教造像符號迦陵頻伽的象徵與表達》,陝西師範大學碩士學位論文,2018年。

鍾妍《敦煌壁畫中的相風鳥》,《裝飾》2018年6期。

張聰《中國佛教二十諸天圖像研究》,南京藝術學院博士學位論文,2018年。

沙武田、李玭玭《佛教花供養在唐五代敦煌地區的表現》,《敦煌學輯刊》2018年3期。

陳菊霞《莫高窟第220窟甬道南壁圖像考釋》,《敦煌學輯刊》2018年3期。

馬兆民《莫高窟第431窟中的"乾基羅"和"茂持羅"——乾基羅、茂持羅與乘象入胎、夜半逾城圖像的對比分析研究》,《敦煌研究》2018年4期。

張小剛《敦煌壁畫中于闐白衣立佛瑞像源流研究》,《創意設計源》2018年1期。

張小剛《敦煌摩利支天經像》,《佛學研究》2018年1期。

羅明、李徽、羅丹舒《"水月觀音+玄奘取經"圖式與形象考辨》,《美術學報》2018年6期。

李翎《中國石窟中所見鬼子母像》,《美術研究》2018年2期。

李金娟《敦煌莫高窟壁畫中的髡髮人物》,《敦煌研究》2018年1期。
張善慶《佛教藝術語境中的啓門圖》,《敦煌學輯刊》2018年3期。
李朝霞《唐代敦煌壁畫與中原墓室壁畫視覺比較》,《西北美術》2018年3期。
顧淑彦《敦煌莫高窟五百强盗成佛故事畫再研究》,《絲綢之路研究集刊》(第二輯),北京:商務印書館,2018年2月。
張總《大通智勝佛與十六王子藝術表現再述》,《敦煌研究》2018年5期。
林霖《没骨的現代化:楊之光敦煌臨畫研究札記》,《美術學報》2018年5期。
王志强《淺談北朝莫高窟石窟藝術的嬗變——以元榮時期爲例》,《西北成人教育學院學報》2018年6期。
張翔《"來世":十六國時期石窟壁畫與墓葬壁畫兩種形態的表達》,《美術學報》2018年6期。
范汝愚《敦煌莫高窟唐人壁畫十一面觀世音吉祥菩薩》,《文史雜志》2018年6期。
徐欣《五代與宋朝時期敦煌莫高窟壁畫色彩初探》,《第十届亞洲色彩論壇論文集》2018年9月。
張米勒《動畫電影〈九色鹿〉中的敦煌壁畫藝術與宗教文化》,《中國民族博覽》2018年9期。
劉小娟《敦煌故事畫圖案在動畫造型設計中的應用研究》,《教育現代化》2018年5期。
代振《中國壁畫元素在動畫角色設計中的應用研究》,《西部皮革》2018年15期。
邵雯睿《敦煌壁畫藝術功能轉變與活化實踐研究》,中國美術學院碩士學位論文,2018年。
葉倩《淺析敦煌壁畫語言在壁畫本科專業教學中的應用》,《大衆文藝》2018年10期。
任磊《淺論敦煌壁畫對當代工筆重彩畫創作的影響》,《美術觀察》2018年9期。
王超《敦煌壁畫的色彩對當代工筆重彩的影響》,《大衆文藝》2018年14期。
吴志民《敦煌壁畫的色彩配置特徵研究》,《藝術教育》2018年13期。
杜宇《敦煌壁畫中本生故事畫的構圖特點》,《藝術教育》2018年14期。
許少芳《從敦煌壁畫看中國繪畫發展史》,《文物鑒定與鑒賞》2018年16期。
林利《略論敦煌壁畫色彩譜系研究及其對中國色彩體系建設的意義》,《甘肅科技》2018年16期。
王繼偉《敦煌壁畫藝術的美學風格研究》,《名作欣賞》2018年32期。

張靖怡《唐代敦煌壁畫飛天形象風格溯源與當代價值》,陝西師範大學碩士學位論文,2018年。
顏景亮《古代壁畫"現狀"的價值》,《中國文化報》2018年1月21號。
陳敬林《〈八大菩薩曼荼羅經〉中八菩薩立像造型研究》,西藏大學碩士學位論文,2018年。
于靜芳《唐墓壁畫女性圖像風格研究》,西安美術學院博士學位論文,2018年。
紀應昕《敦煌千手千眼觀音研究》,蘭州大學碩士學位論文,2018年。
陳采螢《敦煌壁畫手姿對美的詮釋》,上海師範大學碩士學位論文,2018年。
周文娟《榆林窟第3窟〈文殊、普賢菩薩赴會圖〉及相關表現技法的分析與研究》,陝西師範大學碩士學位論文,2018年。
朱生雲《榆林窟第29窟壁畫研究》,陝西師範大學碩士學位論文,2018年。
匡斌《敦煌壁畫對我創作中用色的啟示》,湖南師範大學碩士學位論文,2018年。
張譯文《敦煌早期壁畫的"形"與"色"在現代平面設計中的應用研究》,北京交通大學碩士學位論文,2018年。
田恩霞《歸義軍時期敦煌白畫研究》,華東師範大學碩士學位論文,2018年。
孟洋《盛唐流芳——唐代仕女畫中女性形象的造型表現研究》,瀋陽師範大學碩士學位論文,2018年。
魏志超《淺談敦煌壁畫對我的創作實踐的影響》,北京服裝學院碩士學位論文,2018年。
王凱悅《敦煌壁畫元素的提取再創作》,蘭州交通大學碩士學位論文,2018年。
賈明閣《敦煌103窟中的菩薩造型特點及對〈相心〉創作的啟示》,聊城大學碩士學位論文,2018年。
張月池《中印佛教藝術中魔女形象研究》,魯迅美術學院碩士學位論文,2018年。
鄔雅婷《1960—1989年國產美術片中佛教美術元素推考》,內蒙古大學碩士學位論文,2018年。
宰程飛《淺談敦煌壁畫的色彩元素對我創作的影響》,山東藝術學院碩士學位論文,2018年。
李孟彧《圖式的形成》,中央美術學院碩士學位論文,2018年。
楊金玥《敦煌石窟的唐代圖形元素在文化衍生品中的設計運用》,內蒙古師範大學,2018年。
張建宇《莫高窟早期壁畫的空間表現——兼論早期重點洞窟的年代關係》,《美術觀察》2018年1期。

孫大力《傳承與創新,你中有我、我中有你——敦煌壁畫圖像荒誕性淺析》,《美術大觀》2018 年 1 期。
金鵬《西夏水月觀音造像研究》,寧夏大學碩士學位論文,2018 年。
孫立婷《莫高窟壁畫中的飛天圖式及其淵源研究》,南京藝術學院碩士學位論文,2018 年。
胡安全《敦煌佛教圖像在〈九色鹿〉中的運用》,南京藝術學院碩士學位論文,2018 年。
王韋韜《4 至 10 世紀敦煌地區須彌山圖像研究》,南京藝術學院碩士學位論文,2018 年。
王嘉琛《波斯繪畫與敦煌壁畫的聯繫》,雲南藝術學院碩士學位論文,2018 年。
沙武田《瓜州榆林窟第 15 窟吐蕃裝唐裝組合供養伎樂考》,《藏學學刊》2018 年 1 期。
唐蓮《盛唐與中唐敦煌壁畫色彩的比較研究》,華中師範大學碩士學位論文,2018 年。
袁頔《莫高窟壁畫中的"外國遊客"》,《華夏文化》2018 年 3 期。
李坤鍵《莫高窟建築藝術的多元化》,《安徽理工大學學報(社會科學版)》2018 年 3 期。
岳燕、余小洪《試論海西出土吐蕃棺板畫的藝術特徵》,《西藏民族大學學報》2018 年 3 期。
張建宇《淨土變相圖像淵源諸說》,《藝術探索》2018 年 3 期。
孫志軍《敦煌石窟藝術擷英》,《世界宗教文化》2018 年 3 期。
胡同慶《論莫高窟中唐第 7 窟弈棋圖非雙陸圖》,《長江文明》2018 年 4 期。
趙欣梅《敦煌藝術創新應用問題研究——以莫高窟壁畫爲例》,《安徽文學(下半月)》2018 年 4 期。
程雅娟《敦煌壁畫繪小型玻璃器研究:絲綢之路上玻璃東傳過程中的佛教化演變》,《南京藝術學院學報(美術與設計)》2018 年 5 期。
石嘉文《淺析敦煌壁畫與壁畫藝術步入當代》,《藝術科技》2018 年 5 期。
張聰《敦煌石窟擬人化日天、月天圖像芻議》,《美與時代(中)》2018 年 5 期。
陳獻輝《敦煌壁畫構圖方式對影視動畫場景設計的影響》,《當代電視》2018 年 6 期。
吳興璽《壁畫中的多元文化融合以敦煌壁畫爲例》,《中國宗教》2018 年 6 期。
張蕾蕾、石媛、潘超《莫高窟飛天之美探究》,《美與時代(中)》2018 年 6 期。
黃星光《敦煌壁畫藝術形式的認知與現代設計樣式分析》,《廣東蠶業》2018 年 6 期。

孫迪、張加萬、詹睿、賈世超《敦煌壁畫的綫描圖生成與輔助臨摹應用》,《電腦輔助設計與圖形學學報》2018 年 7 期。
楊文博《麥積山石窟睒子本生故事畫初探》,《法音》2018 年 8 期。
魏宣宣《敦煌壁畫對於當代油畫創作的借鑒意義》,《藝海》2018 年 8 期。
王苗苗《敦煌壁畫圖案在旅遊文化用品設計的應用探索》,《中國民族博覽》2018 年 11 期。
伏奕冰《敦煌壁畫兵器與綜合作戰圖像芻議》,《學術研究》2018 年 12 期。
許滿貴《後梁敦煌殘卷臨摹"歐楷"典範》,《東方收藏》2018 年 14 期。
尹雁華《從敦煌莫高窟看北魏時期的藝術特點和價值——以 254 窟爲例》,《大衆文藝》2018 年 15 期。
王阿秀《唐代樓閣式佛塔造型研究》,華東師範大學碩士學位論文,2018 年。
張俊沛《莫高窟第 217 窟中的唐代建築語素》,《美術學報》2018 年 5 期。
楊丹《唐長安佛寺壁畫個案研究》,陝西師範大學碩士學位論文,2018 年。
鄭弌《印度佛教美術考察筆記(上篇)——新德里藏斯坦因所掠絹畫初步研究》,《美術觀察》2018 年 5 期。
方笑天《似與不似之間——河西魏晉壁畫墓中的"伯牙彈琴"與"李廣射虎"》,《美術觀察》2018 年 1 期。
成剛剛《敦煌漢簡的審美分析》,《大衆文藝》2018 年 16 期。
陳岡《敦煌寫經對當代小楷創作的借鑒意義》,《中國書法》2018 年 18 期。
畢羅《從敦煌遺書看中古書法史的一些問題》,《敦煌研究》2018 年 1 期。
馬德、馬高強《敦煌本〈諸經雜輯〉芻探——兼議敦煌草書寫本研究的有關問題》,《敦煌研究》2018 年 2 期。
崔繼芸《十六國時期敦煌遺書墨迹特點》,瀋陽師範大學碩士學位論文,2018 年。

(八) 考古與文物保護

王慧慧、劉永增《敦煌莫高窟皇慶寺碑原址考——兼談皇慶寺與莫高窟第 61 窟、94 窟之關係》,《故宮博物院院刊》2018 年 1 期。
吳軍、劉艷燕《莫高窟採石場遺址調查》,《敦煌研究》2018 年 1 期。
郭青林等《佛教石窟斷代方法新進展:如何基於貝葉斯模型(OxCal)和考古信息提高碳十四測年精度》,《敦煌研究》2018 年 6 期。
崔强等《敦煌莫高窟 8 窟壁畫材質及製作工藝研究》,《文博》2018 年 2 期。
張小剛《肅南皇城大湖灘石佛崖石窟調查簡報》,《敦煌研究》2018 年 4 期。
李帥《吐蕃印章初探》,《文物》2018 年 2 期。
鄭宇翔《論敦煌壁畫的色彩構成》,《文物世界》2018 年 4 期。

吳麗紅《新疆龜兹研究院院藏彩繪泥塑調查簡報》,《敦煌研究》2018 年 6 期。

王荔君《北朝至隋唐時期克孜爾石窟與莫高窟捨身濟世類本生故事的考古學研究》,西北大學碩士學位論文,2018 年。

彭明浩《中國石窟寺窟前建築的發現與研究》,《中國文化遺產》2018 年 5 期。

彭明浩《榆林窟原始崖面初探》,《美術研究》2018 年 6 期。

葛奇峰《妙音千年：文物中所見迦陵頻伽神鳥》,《收藏》2018 年 12 期。

肖秋會、容依媚、許曉彤《我國對流失海外敦煌檔案文獻的追索研究》,《中國檔案研究》2018 年 1 期。

蘇伯民、張化冰、談翔《高分子材料應用於莫高窟壁畫保護的歷史、現狀與研究》,《敦煌研究》2018 年 2 期。

王沛濤、張虎元、王旭東《莫高窟落石風險的試驗與模擬》,《敦煌研究》2018 年 6 期。

何滿潮、郝耐《恒温恒濕條件下莫高窟礫岩吸濕特性試驗研究》,《煤炭技術》2018 年 7 期。

郝耐、王永亮、張秀蓮、秦新展、何滿潮《莫高窟砂岩有壓吸水特性及滲流作用試驗研究》,《科學技術與工程》2018 年 24 期。

孫勝利、王小偉、張正模《基於本體的文化遺產地文物健康知識庫構建——以敦煌莫高窟爲例》,《遺產與保護研究》2018 年 7 期。

周啓友、李禾澍、王冬、王彦武《莫高窟 108 窟内空氣温濕度的變化過程及其對窟内水汽和熱量來源的啓示》,《文物保護與考古科學》2018 年 3 期。

姜淵《論敦煌莫高窟環境保護與文物保護的協調共進——由〈甘肅敦煌莫高窟保護條例〉說開去》,《西北民族大學學報》2018 年 5 期。

李昇《敦煌壁畫的數字化保護與傳播研究》,《藝術教育》2018 年 16 期。

孫勝利、陳港泉、王小偉、柴勃隆《文化遺產地文物本體巡查體系初步構建——以敦煌莫高窟文物本體巡查爲例》,《中國文物科學研究》2018 年 6 期。

張亞旭《莫高窟 196 窟壁畫保存現狀研究》,西北大學碩士學位論文,2018 年。

徐浩《批量補綴卷首——古人對敦煌寫經的一種特殊修復》,《敦煌研究》2018 年 6 期。

趙歡、閆增峰、畢文蓓、孫立新、王旭東、張正模《敦煌莫高窟地仗層仿真試塊等温吸濕性能實驗研究》,《西安建築科技大學學報(自然科學版)》2018 年 5 期。

郭志謙《敦煌莫高窟南區密集洞窟群穩定性及危岩體風險評估》,蘭州大學博士學位論文,2018 年。

韓淑嫻、王璐、張虎元《莫高窟旅遊固體廢物現狀及填埋處置建議》,《敦煌研究》2018年1期。

李清泉、王歡、鄒勤《一種基於稀疏表示模型的壁畫修復算法》,《武漢大學學報(信息科學版)》2018年12期。

馬文霞、武發思、田恬、馬燕天、向婷、劉賢德、汪萬福、馮虎元《墓室酥城磚壁畫及其環境的真菌多樣性分析》,《微生物學通報》2018年10期。

楊善龍、王彥武、蘇伯民、郭青林、裴強強《瓜州榆林窟崖體礫岩中水鹽分佈特徵研究》,《敦煌研究》2018年1期。

張芳、侯欣莉、劉文芳、王焯、李鵬飛、何滿潮《晝夜溫差條件下莫高窟圍岩蒸發規律的實驗研究》,《岩石力學與工程學報》2018年S1期。

張明泉、王旭東、錢春鋒、孫滿利、馬宏海、杜韶光、張騫文《東山村遺址滲水病害防治技術研究》,《敦煌研究》2018年1期。

王小偉《IDRISI軟體分析功能在古代壁畫預防性保護中的應用》,《甘肅科技》2018年2期。

王旭東、張景科、孫滿利、張理想、郭志謙、郭青林《莫高窟南區洞窟古人開鑿智慧初探》,《岩石力學與工程學報》2018年2期。

楊善龍、王旭東、郭青林、陳雨、裴強強《中國西北地區土遺址鹽害閾值試驗研究》,《蘭州大學學報(自然科學版)》2018年2月。

李慶玲《古代泥質彩塑殘損狀況及原因分析》,《文物世界》2018年3期。

張秀蓮、楊曉傑、郭宏雲、王淑鵬、王嘉敏、韓文帥《敦煌莫高窟支撐體礫岩吸水規律實驗研究》,《岩石力學與工程學報》2018年3期。

王旭東《新時代、新擔當、新願景——甘肅石窟保護利用的探索與實踐》,《雕塑》2018年4期。

陳港泉、于宗仁、柴勃隆、崔強、張文元、王小偉、付鵬《永登魯土司衙門壁畫調查中的原位—無損分析技術應用》,《敦煌研究》2018年6期。

王勝、張強、趙建華、王興、徐燕、白國強《典型乾旱區陸面模式模擬檢驗》,《乾旱氣象》2018年6期。

張景科、梁行洲、葉飛、郭志謙、諶文武、郭青林、于宗仁《敦煌莫高窟北區崖體沿縱深方向風化特徵研究》,《工程地質學報》2018年6期。

郝耐、王永亮、秦新展、張秀蓮、劉文芳、何滿潮《莫高窟泥岩吸水特性及鹽分富集試驗研究》,《煤炭技術》2018年7期。

裴強強、王旭東、郭青林、張博、趙國靖、趙建忠《乾旱環境下土遺址夯補支頂加固變形機制室內試驗研究》,《岩土力學》2018年8期。

王小偉、丁淑君、孫勝利、劉洲《石窟寺保存現狀調查方法初探——以莫高窟爲例》,《甘肅科技》2018 年 11 期。

談翔《一種新的壁畫修復材料黏結性評價裝置及應用研究》,《文物保護與考古科學》2018 年 12 期。

（九）少數民族歷史與語言

鄭炳林、馬振穎《新見〈唐米欽道墓誌〉考釋——敦煌相關金石整理研究之一》,《敦煌學輯刊》2018 年 2 期。

魏迎春《晚唐五代敦煌突厥渾部落及其居民考——以敦煌寫本 S.5448〈渾子盈邈真贊並序〉爲中心》,《敦煌學輯刊》2018 年 4 期。

周倩倩《從祥應管窺慕容前燕政權的漢化》,《敦煌學輯刊》2018 年 4 期。

路虹、楊富學《鐵勒渾部及其在内亞腹地的遊移》,《寧夏社會科學》2018 年 3 期。

林冠群《沙州的節兒與乞利本》,《中國藏學》2018 年 3 期。

徐宗威《河西走廊吐蕃建築遺迹考》,《建築》2018 年 3 期。

范小青、鍾進文《敦煌學背景下裕固族歷史數字化傳播的三種思路》,《西北民族大學學報》2018 年 3 期。

楊富學、張海娟《歐亞學視閾下的裕固族歷史文化》,《河西學院學報》2018 年 6 期。

張海娟、楊富學《論裕固族藏傳佛教信仰的形成》,楊富學《回鶻文佛教文獻研究》,上海：上海古籍出版社,2018 年 4 月。

和樹苗《敦煌社邑與少數民族社會組織的比較——以西夏遺民、侗族、土族以及維吾爾族爲例》,南京師範大學碩士學位論文,2018 年。

王金娥《敦煌吐蕃文書〈禮儀問答寫卷〉的定名與研究述要》,《寧夏大學學報（人文社會科學版）》2018 年 5 期。

侯文昌《敦煌吐蕃文租佃契約探析》,《傳媒論壇》2018 年 15 期。

索南《敦煌藏文文獻 P.T.149 號〈普賢行願王經〉序言解讀》,《中國藏學》2018 年 3 期。

落桑東知《敦煌大圓滿心部藏文手稿 ITJ647 探微》,《西南民族大學學報（人文社科版）》2018 年 8 期。

勘措吉《從哲蚌寺藏〈蜥蚌經〉談敦煌藏文寫經謄抄年代》,《敦煌研究》2018 年 4 期。

次仁多吉《敦煌古文獻 P.T－1287 中吐蕃盟誓制度研究》,西藏大學碩士學位論文,2018 年。

陳踐《敦煌古藏文"ཞགས་ལོང་དམར་པོ"疏譯》,《民族翻譯》2018 年 2 期。

朱麗雙、黃維忠《〈古藏文編年史〉研究綜述》,《敦煌學輯刊》2018 年 3 期。

陸離《英藏敦煌藏文 IOL Tib J 897 號吐谷渾納糧文書研究》,《西藏研究》2018年2期。

焦傲《獻給世界的禮物——敦煌吐蕃文寫本〈大乘無量壽宗要經〉》,《收藏家》2018年11期。

德吉卓瑪《敦煌吐蕃佛寺隆福寺及藏經洞之探究》,《西藏研究》2018年4期。

楊富學、張田芳《敦煌本回鶻文〈説心性經〉爲禪學原著説》,《西南民族大學學報》2018年1期。

張鐵山、彭金章、[德]皮特·茨默《敦煌莫高窟北區 B464 窟回鶻文題記研究報告》,《敦煌研究》2018年3期。

張鐵山、彭金章《敦煌莫高窟北區 B77 窟出土木骨上的回鶻文題記研究》,《敦煌學輯刊》2018年2期。

楊富學、張田芳《回鶻文〈針灸圖〉及其與敦煌針灸文獻之關聯》,《中醫藥文化》2018年2期。

范晶晶、彭金章、王海雲《敦煌藏 3 葉婆羅謎字梵語—回鶻語雙語〈法身經〉殘片釋讀》,《敦煌研究》2018年3期。

吐送江·依明、白玉冬《蒙古國出土回鶻文〈烏蘭浩木碑〉考釋》,《敦煌學輯刊》2018年4期。

白玉冬、吐送江·依明《蒙古國新發現毗伽啜莫賀達干碑文釋讀》,《敦煌學輯刊》2018年4期。

王惠民《西夏文草書〈瓜州審案記録〉叙録》,《敦煌學輯刊》2018年2期。

曾金雪《西夏文〈大般涅槃經〉卷二十二譯釋研究》,陝西師範大學碩士學位論文,2018年。

葉少勇、彭金章、梁旭澍《敦煌研究院舊藏阿毗達磨梵文殘葉》,《敦煌研究》2018年2期。

（十）古籍

金少華《從敦煌本看日本猿投神社藏舊抄〈文選〉的版本》,《敦煌研究》2018年4期。

許建平《絲路出土〈尚書〉寫本與中古〈尚書〉學》,《敦煌學輯刊》2018年2期。

劉子凡《旅順博物館藏〈春秋後語〉（擬）研究》,《文獻》2018年5期。

吕玲娣《敦煌本〈孝經鄭注義疏〉體例特點及其文獻學價值》,《阜陽師範學院學報》2018年5期。

陳恒新《法國國家圖書館藏漢籍研究》,山東大學博士學位論文,2018年。

蘭小燕《日藏唐鈔儒家四部經典殘卷整理與文字研究》,華東師範大學碩士學位論文,2018年。

（十一）科技

丁高恒、殷曉春、慕婷婷、孟軍亮、裴淩雲、劉永琦、藺光遥、吳建軍《敦煌遺方"神仙粥"抗衰老作用的研究》，《西部中醫藥》2018年2期。

李廷保、張花治、周文軍、王蘭桂《基於敦煌〈輔行訣〉方劑中五臟歸經用藥規律研究》，《中國中醫藥科技》2018年1期。

李廷保、宋敏、張花治、尚菁、羅强、趙蓮娣、王蘭桂《基於複雜網絡系統熵聚類方法的敦煌〈輔行訣〉用藥規律研究》，《中醫研究》2018年9期。

馬正民、顔春魯、劉永琦、宋敏、陳正君《敦煌醫方四時常服方對鎘染毒大鼠腎氧化應激的影響》，《甘肅中醫藥大學學報》2018年1期。

葛政、李鑫浩《敦煌張仲景〈五臟論〉部分藥對研究》，《中醫研究》2018年1期。

邢家銘、嚴興科《敦煌石窟中針灸文獻的研究概況》，《甘肅中醫藥大學學報》2018年1期。

楊佳楠、李應存、李鑫浩、陸航、周翌翔、劉玲《敦煌遺書婦科相關古醫方研究概況》，《國醫論壇》2018年1期。

周翌翔《敦煌醫學文獻中男性不育症的治療方藥與臨床運用》，甘肅中醫藥大學碩士學位論文，2018年。

史光偉、王凱莉、郭宏明、梁永林《敦煌卷子〈張仲景五臟論〉研究概況與探析》，《中醫研究》2018年3期。

胡蓉、梁建慶、李金田、李娟、杜雪洋、曾啓宇、趙小强《論"三才"思想在敦煌醫學文獻中的體現》，《甘肅中醫藥大學學報》2018年3期。

曾啓宇、梁建慶、李金田、李娟、胡蓉、杜雪洋《論三才思想在敦煌醫學脉診法中的體現》，《中華中醫藥雜志》2018年8期。

任彩萍、王麗梅、李廷保《基於敦煌遺書及古醫籍中同名當歸丸辨治疾病用藥規律研究》，《中醫研究》2018年4期。

李廷保、楊鵬斐《基於敦煌遺書及古醫籍中前胡湯辨治疾病用藥配伍規律研究》，《中醫藥學報》2018年5期。

丁媛《出土文獻與傳世典籍涉醫内容中的"建除"術及其應用》，《古籍整理研究學刊》2018年5期。

葛政、李應存、萬芳《敦煌卷子張仲景〈五臟論〉中的藥對解讀》，《中華中醫藥雜志》2018年5期。

王韶康、殷世鵬、鞏子漢、段永强、王道坤《王道坤運用敦煌醫方大補脾湯治療胃痞經驗》，《中國中醫藥信息雜志》2018年6期。

邵亞卓、王斌、李廷保、楊鵬斐《敦煌〈輔行訣〉中辨治婦科疾病常用藥對探析》,《中醫研究》2018 年 6 期。

劉玲、李應存、李鑫浩、周翌翔、楊佳楠、王麗園《李應存運用敦煌大補腎湯治療慢性泄瀉經驗》,《亞太傳統醫藥》2018 年 7 期。

劉玲、李應存、李鑫浩、周翌翔、楊佳楠《李應存運用敦煌醫方小補心湯治療冠心病臨證經驗》,《亞太傳統醫藥》2018 年 8 期。

梁永瑞、李應存、李鑫浩、周翌翔、李旭紅《李應存教授運用敦煌大補腎湯治療腎虛型糖尿病經驗介紹》,《亞太傳統醫藥》2018 年 8 期。

張鵬、楊曉軼、晁榮《敦煌脾胃病方與臨床應用探析》,《中國現代藥物應用》2018 年 8 期。

徐興華、殷世鵬、張儂《〈灸經圖〉敦煌古穴治療貝爾氏面癱療效觀察》,《中華中醫藥雜志》2018 年 11 期。

（十二）書評與學術動態

馮小琴、金琰《採他山之石 築學術津梁——讀楊富學〈回鶻學譯文集〉及其續編》,《敦煌研究》2018 年 5 期。

胡蓉《開裕固學新篇 拓蒙古學視野——〈從蒙古甌王到裕固族大頭目〉述評》,《石河子大學學報》2018 年 3 期。

劉拉毛卓瑪《學問須於不疑處有疑——讀楊富學著〈回鶻摩尼教研究〉有感》,《河西學院學報》2018 年 6 期。

張如青《出土醫學文獻研究領域中一部高水平的傑作——〈敦煌吐魯番醫藥文獻新輯校〉評述》,《中醫文獻雜志》2018 年 3 期。

謝輝《〈近代中國的學術與藏書〉簡介》,《國際漢學》2018 年 3 期。

董華鋒、閆月欣《四川石窟寺考古研究的新典範——雷玉華等著〈川北佛教石窟和摩崖造像研究〉介評》,《敦煌學輯刊》2018 年 4 期。

勘措吉、萬瑪項傑《〈甘肅藏敦煌藏文文獻〉內容、編纂及出版概述》,《青海民族大學學報》2018 年 1 期。

勘措吉《〈甘肅藏敦煌藏文文獻〉的內容及編纂特徵》,《全國首屆藏文古籍文獻整理與研究高層論壇論文集》,中國藏學出版社,2018 年 8 月。

蕭旭《英藏敦煌文獻校讀記（上）》,《國學學刊》2018 年 3 期。

方莉《"福琳"似非王道士本名——方廣錩先生〈王道士名稱考〉一文獻疑》,《敦煌研究》2018 年 5 期。

山本孝子《〈敦煌所出唐宋書牘整理與研究〉評介》,《石河子大學學報》2018 年 5 期。

石建剛《絲綢之路上的敦煌與長安國際學術研討會——暨中國敦煌吐魯番學會 2017 年理事會綜述》,郝春文主編《2018 敦煌學國際聯絡委員會通訊》,

上海：上海古籍出版社，2018年6月。

顧成瑞《"敦煌吐魯番法制文獻與唐代律令秩序"國際學術研討會綜述》，《中國史研究動態》2018年5期。

丁得天《2018敦煌研究發展研討會述要》，《敦煌研究》2018年6期。

孔德平《2018敦煌美術學國際學術研討會綜述》，《中國文化報》2018年10月10日。

張先堂、李國《傳承與創新的盛會——"紀念段文傑先生誕辰100周年敦煌與絲綢之路國際學術研討會"綜述》，郝春文主編《2018敦煌學國際聯絡委員會通訊》，上海：上海古籍出版社，2018年6月。

程嘉静《"回鶻·西夏·元代敦煌石窟與民族文化研討會"會議綜述》，《敦煌研究》2018年4期。

宋雪春《2017年敦煌學研究綜述》，郝春文主編《2018敦煌學國際聯絡委員會通訊》，上海：上海古籍出版社，2018年6月。

宋雪春、楊敬蘭《2017年敦煌學研究論著目錄》，郝春文主編《2018敦煌學國際聯絡委員會通訊》，上海：上海古籍出版社，2018年6月。

趙曉星《敦煌五臺山文獻與圖像研究綜述》，郝春文主編《2018敦煌學國際聯絡委員會通訊》，上海：上海古籍出版社，2018年6月。

段曉林《民國時期敦煌學期刊文獻研究》，《敦煌研究》2018年6期。

劉文榮《1949年前敦煌樂舞研究的歷史進程》，《星海音樂學院學報》2018年4期。

張如青《絲綢之路醫藥研究的回顧與展望》，《中醫藥文化》2018年1期。

黃賢忠《20世紀詞體研究回顧與述評》，《中華文化論壇》2018年11期。

趙玉龍《近十年來甘肅簡牘研究概述與展望》，《三峽論壇（三峽文學·理論版）》2018年3期。

劉全波、李若愚《敦煌懸泉漢簡研究綜述》，《甘肅廣播電視大學學報》2018年4期。

2018年吐魯番學研究論著目録

白俊鳳　張勇健（蘭州大學）

　　本年度中國大陸地區吐魯番學研究成果豐碩，據我們統計整理，共出版專著與文集（含再版、譯注）60餘部，公開發表相關論文近370餘篇。現編製目録如下，概分爲專著與文集、論文兩大部分。論文部分又細分爲概説、歷史地理、社會與文化、宗教、語言文字、文學、藝術、考古與文物保護、少數民族歷史與語言、古籍、科技、書評與學術動態等十二個專題。

一、專　著　與　文　集

張大可、鄭之惠編著《西域使者張騫》，北京：商務印書館，2018年1月。
福建博物院編著《舌尖上的絲綢之路》，天津：新蕾出版社，2018年1月。
武斌《絲綢之路全史》，瀋陽：遼寧教育出版社，2018年1月。
陳巍《古代絲綢之路與技術知識傳播》，廣州：廣東人民出版社，2018年1月。
于明《新疆和田玉開採史》，北京：科學出版社，2018年1月。
趙宏主編《中國古代玻璃器皿》，石家莊：河北美術出版社，2018年1月。
董曉萍《跨文化民俗體裁學——新疆史詩故事群研究》，北京：中國大百科全書出版社，2018年1月。
蔡家藝《西北邊疆民族史地論集》，北京：中國社會科學出版社，2018年1月。
［英］G.勒·斯特蘭奇著，韓中義譯《大食東部歷史地理研究：從阿拉伯帝國興起到帖木兒朝時期的美索不達米亞、波斯和中亞諸地》，北京：社會科學文獻出版社，2018年1月。
郭聲波《圈層結構視域下的中國古代羈縻政區與部族》，北京：中國社會科學出版社，2018年1月。
邱德美《北庭錢幣研究》，北京：中國文史出版社，2018年2月。
張弛《明月出天山：新疆天山走廊的考古與歷史》，北京：商務印書館，2018年2月。
常書鴻《新疆石窟藝術》，北京：清華大學出版社，2018年3月。
《絲路之魂：敦煌、龜茲和麥積山石窟》編輯委員會編著《絲路之魂：敦煌、龜茲和麥積山石窟》，北京：商務印書館；成都：四川人民出版社，2018年3月。
徐文堪《吐火羅人起源研究》，北京：商務印書館，2018年3月。

黄正建《唐代法典、司法與〈天聖令〉諸問題研究》，北京：中國社會科學出版社，2018年3月。

馮并《絲路文明札記》，濟南：濟南出版社，2018年3月。

［法］色伽蘭、［法］郭魯柏著，馮承鈞譯《昨日書林 中國西部考古記 西域考古記舉要》，鄭州：中州古籍出版社，2018年3月。

衡宗亮《戈壁玄風 西域道教》，鄭州：中州古籍出版社，2018年3月。

［法］費琅編，耿昇、穆根來譯《阿拉伯波斯突厥人遠東文獻輯注》，北京：中國藏學出版社，2018年3月。

崔世平《中古喪葬藝術、禮俗與歷史研究》，北京：中國社會科學出版社，2018年3月。

張經緯《四夷居中國——東亞大陸人類簡史》，北京：中華書局，2018年3月。

王瑟《拂去塵沙——絲綢之路新疆段的歷史印記》，北京：生活·讀書·新知三聯書店，2018年4月。

陳雲華《漢字書法的繁體字與簡化字》，杭州：浙江古籍出版社，2018年4月。

孫曉主編《中國民間書法全集1·吐魯番寫經殘卷卷一》，天津：天津人民美術出版社，2018年4月。

孫曉主編《中國民間書法全集2·吐魯番寫經殘卷卷二》，天津：天津人民美術出版社，2018年4月。

孫曉主編《中國民間書法全集9·吐魯番墓磚書法、陶瓷書法卷》，天津：天津人民美術出版社，2018年4月。

趙榮編著《長安絲路東西風》，西安：三秦出版社，2018年5月。

文化遺產研究與保護技術教育部重點實驗室、西北大學絲綢之路文化遺產保護與考古學研究中心、邊疆考古與中國文化認同協同創新中心、西北大學唐仲英文化遺產研究與保護技術實驗室編著《西部考古》第15輯，北京：科學出版社，2018年5月。

胡明哲、徐永明、甘雨、徐静《龜兹面壁——岩彩繪畫語法解析》，北京：高等教育出版社，2018年5月。

汪小洋《中國墓室壁畫史論》，北京：科學出版社，2018年5月。

陝西師範大學歷史文化學院、陝西歷史博物館編《絲綢之路研究輯刊》第2輯，北京：商務印書館，2018年5月。

韓文慧《絲綢之路與西域戲劇》，西安：西北大學出版社，2018年6月。

吐魯番學研究院、中國絲綢博物館、吐魯番博物館編著《吐魯番古代紡織品的保護與修復》，上海：上海古籍出版社，2018年6月。

林立《西域古佛寺——新疆古代地面佛寺研究》，北京：科學出版社，2018年

6月。

齊小艷《絲綢之路歷史文化研究》，北京：煤炭工業出版社，2018年6月。

沈衛榮主編《西域歷史語言研究集刊》第10輯，北京：科學出版社，2018年6月。

杜文忠《王者無外：中國王朝治邊法律史》，上海：上海古籍出版社，2018年6月。

榮新江《學理與學誼——榮新江序跋集》，北京：中華書局，2018年6月。

《大漢輝煌》編委會編《大漢輝煌：絲綢之路的盛大開拓》，成都：電子科技大學出版社，2018年6月。

《絲路古韻》編委會編《絲路古韻：延綿千年的絲路榮光》，成都：電子科技大學出版社，2018年6月。

茅惠偉《絲路之綢》，濟南：山東畫報出版社，2018年6月。

萬明主編《絲綢之路的互動與共生學術研討會論文集》，北京：中國社會科學出版社，2018年7月。

[日]宮崎市定著，張學鋒、馬雲超譯《從部曲到佃戶——唐宋間社會變革的一個側面》，上海：上海古籍出版社，2018年7月。

朱玉麒主編《西域文史》第12輯，北京：科學出版社，2018年8月。

[日]香川默識編著《西域考古圖譜》，杭州：浙江人民美術出版社，2018年8月。

賴永海主編《絲路文化研究》第3輯，北京：商務印書館，2018年8月。

羅豐主編《絲綢之路考古》第2輯，北京：科學出版社，2018年9月。

朱玉麒、周珊主編《明月天山——"李白與絲綢之路國際學術研討會"論文集》，北京：國家圖書館出版社，2018年9月。

張雷編著《秦漢簡牘醫方集注》，北京：中華書局，2018年9月。

余太山《早期絲綢之路文獻研究（增訂本）》，北京：商務印書館，2018年10月。

柯勝雨《絲綢之路千年史——從長安到羅馬》，西安：陝西師範大學出版社，2018年10月。

中國社會科學院考古研究所編著《中國考古學·三國兩晉南北朝卷》，北京：中國社會科學出版社，2018年10月。

張安福《環塔里木歷史文化資源調查與研究》，上海：上海人民出版社，2018年11月。

石雲濤《絲綢之路與漢唐文史論集》，鄭州：大象出版社，2018年11月。

李傲君、張慧琴主編《"一帶一路"服飾·語言·文化·藝術探索》，北京：中國紡織出版社,2018年11月。

俄羅斯國立艾爾米塔什博物館、西北民族大學、上海古籍出版社編著《俄藏龜茲藝術品》,上海:上海古籍出版社,2018年12月。

楊瑾《漢唐文物與中外文化交流》(上、下),西安:陝西人民出版社,2018年12月。

張信剛《絲路文明十五講》,北京:北京大學出版社,2018年12月。

二、論　　文

(一) 概説

黎躍進《中國"東方學"的古代資源》,《社會科學研究》2018年第1期,第9—14頁。

管楚度、蔡翠《絲綢之路主綫及成因分析》,《工程研究——跨學科視野中的工程》2018年第1期,第2—22頁。

高洪雷《永遠的西域》,《國土資源科普與文化》2018年第2期,第58—61頁。

榮新江《歐美所藏吐魯番文獻新知見》,《敦煌學輯刊》2018年第2期,第30—36頁。

趙莉、Kira Samasyk、Nicolas Pchelin《俄羅斯國立艾爾米塔什博物館藏克孜爾石窟壁畫》,《文物》2018年第4期,第57—96+1+98頁。

蔣静、王玉平《絲綢之路與漢唐西域社會一體化進程研究》,《兵團黨校學報》2018年第6期,第103—108頁。

胡蓀予《絲綢之路與"一帶一路"的歷史文化發展進程》,《山西農經》2018年第8期,第3—5頁。

王茹芹、蘭日旭《陸上絲綢之路》,《時代經貿》2018年第10期,第54—75頁。

劉進寶《"絲綢之路"概念的形成及其在中國的傳播》,《中國社會科學》2018年第11期,第181—202+207頁。

葛承雍《絲綢之路研究永遠在路上》,《絲綢之路研究集刊》第2輯,北京:商務印書館,2018年5月,第1—6+400頁。

(二) 歷史地理

王子今《焉耆在絲綢之路交通格局中的地位》,《唐都學刊》2018年第1期,第5—11頁。

劉振剛《敦煌寫本〈西州圖經〉中的"高昌縣"問題》,《新疆大學學報》2018年第1期,第80—84頁。

李健超《西北大學長安校區出土唐韋虛心墓誌——兼談唐撥换城西通中亞、西亞的交通樞紐地位》,《華夏文化》2018年第1期,第23—26頁。

古麗努爾·漢木都《19世紀末20世紀初的交河故城》,《吐魯番學研究》2018年第1期,第117—122頁。

林岩《追尋歷史的塵埃 傾聽故城的輕訴——漫步交河故城的旅遊思考》,《文物鑒定與鑒賞》2018年第1期,第100—102頁。

張曙暉、王興宇《西漢時期西北邊疆的民族及其與王朝的關係——基於〈漢書〉的分析》,《雲南大學學報》2018年第1期,第67—72頁。

吕媛媛《試析"高昌吉利"錢的年代及性質》,《吐魯番學研究》2018年第1期,第84—89頁。

楊富學、單超成《高昌回鶻王國棉織業考析》,《吐魯番學研究》2018年第1期,第41—49頁。

李陽、楊富學《高昌回鶻植棉業及其在世界棉植史上的地位》,《石河子大學學報》2018年第1期,第95—105頁。

楊榮春《論沮渠無諱與大涼政權》,《青海師範大學學報》2018年第1期,第74—85頁。

裴成國《麴氏高昌國流通貨幣研究》,《中國史研究》2018年第1期,第57—68頁。

劉安志《吐魯番出土文書所見唐代解文雜考》,《吐魯番學研究》2018年第1期,第1—14頁。

張永輝《從班超經略西域看東漢絲綢之路上的民族政策》,《中國民族博覽》2018年第1期,第89—92頁。

邢鐵《從兩件吐魯番文書説唐朝前期户等的依據和作用》,《河北師範大學學報》2018年第1期,第50—55頁。

楊繼偉《唐安西都護府和西突厥在西域的博弈——從郭孝恪任安西都護期間來看》,《南陽理工學院學報》2018年第1期,第121—124頁。

趙晶《論唐〈廄牧令〉有關死畜的處理之法——以長行馬文書爲證》,《敦煌學輯刊》2018年第1期,第31—42頁。

任乃宏、馮小紅《"瓜鑪之山"與"絲綢之路大海道"》,《青海師範大學學報》2018年第2期,第47—53頁。

朱悦梅《唐代吐蕃用兵西域之相關問題研究》,《西藏民族大學學報》2018年第2期,第21—30+154頁。

方誠峰《敦煌吐魯番所出事目文書再探》,《中國史研究》2018年第2期,第117—134頁。

楊榮春《北涼手工業研究——兼論北涼的經濟貿易》,《新疆大學學報》2018年第2期,第60—70頁。

張慧芬《唐代〈入鄉巡貌事〉文書的性質及貌閱百姓之族屬問題研究》，《中央民族大學學報》2018年第2期，第101—105頁。

徐承炎《唐後期安西社會管窺——以〈將軍姚閏奴烽子錢〉文書研究爲中心》，《西域研究》2018年第2期，第17—22+148頁。

李洪濤《多族同制的中華契約文化——以絲綢之路出土各族契約文獻爲中心》，《貴州民族研究》2018年第2期，第185—188頁。

單超成《高昌回鶻王國手工業發展研究》，《地域文化研究》2018年第3期，第77—89+155頁。

徐承炎《淺議唐代新疆的植棉》，《農業考古》2018年第3期，第170—174頁。

張無盡、伍成泉《吐魯番出土文書所見唐代高昌房屋租賃問題考論》，《山西廣播電視大學學報》2018年第3期，第43—47頁。

孟憲實《論唐代府兵制下的"六駄"問題》，《中國史研究》2018年第3期，第79—96頁。

劉安志《關於吐魯番新出唐永徽五、六年（654—655）安西都護府案卷整理研究的若干問題》，《文史哲》2018年第3期，第89—105+167頁。

陳國燦、吾邁爾·卡德爾《古絲路上的國際商城——高昌"末胡營"考》，《西域研究》2018年第3期，第14—24+144頁。

張磊、秦小光等《樓蘭地區新發現斗檢封及其指示意義》，《乾旱區地理》2018年第3期，第545—552頁。

楊際平《論唐、五代所見的"一田二主"與永佃權》，《中國經濟史研究》2018年第3期，第5—17頁。

劉文鎖《新疆發現契約文書與中古西域的契約實踐》，《西部蒙古論壇》2018年第3期，第11—21+126頁。

王慶昱《新見唐宇文寂墓誌與西域史事》，《石河子大學學報》2018年第3期，第88—91頁。

楊寶玉《唐代宗時期的河西與伊西北庭節度使——以P.2942卷末所存三牒狀爲中心》，《敦煌學輯刊》2018年第3期，第20—33頁。

張雲《歷史上新疆、西藏兩地區域互動與中原王朝的西部邊疆經營》，《西域研究》2018年第4期，第1—10+141頁。

張文木《中國古代西部邊疆南北治理經驗與教訓》，《印度洋經濟體研究》2018年第4期，第1—54+138頁。

田海峰《唐高宗時期的西域時局及經略檢視》，《青海師範大學學報》2018年第4期，第71—79頁。

馮卓慧《"和親"政策與漢代"絲綢之路"的開通》，《西安財經學院學報》2018

年第 4 期,第 94—100 頁。

燕海雄《論古代絲綢之路上的契約文明——以敦煌吐魯番借貸契約條款形式研究爲中心》,《貴州民族大學學報》2018 年第 4 期,第 25—43 頁。

劉曉燕《論西漢絲綢之路的護衛者——西域都護》,《文化學刊》2018 年第 4 期,第 190—194 頁。

李楠《西漢王朝西域都護的行政管理》,《内蒙古社會科學》2018 年第 4 期,第 93—99 頁。

劉安志《唐代解文初探——以敦煌吐魯番文書爲中心》,《西域研究》2018 年第 4 期,第 51—79+142 頁。

陳博翼《契約文書所見唐明之變——讀敦煌吐魯番文書札記》,《西華師範大學學報》2018 年第 4 期,第 1—8 頁。

劉妙《議漢元帝在胡漢和親上的作爲》,《語文學刊》2018 年第 4 期,第 25—31 頁。

賈强《漢武帝實定崑崙山事件的意義探析》,《中華文化論壇》2018 年第 5 期,第 78—84 頁。

吴樹國《唐前期色役的番期與役期》,《歷史研究》2018 年第 5 期,第 178—188 頁。

張雄《高昌故城》,《中國地名》2018 年第 6 期,第 46—47 頁。

梁振濤《"舊官人、首望及爲鄉閭所服者":唐初西州治理的社會基礎》,《雲南大學學報》2018 年第 6 期,第 64—74 頁。

李天石《3—5 世紀鄯善王國水利法初探》,《南京師大學報》2018 年第 6 期,第 142—149 頁。

李樹輝《"漢龜二體五銖錢"正名》,《敦煌研究》2018 年第 6 期,第 114—121 頁。

顔世明《從漢到唐西域散佚輿圖鈎沉》,《淮北師範大學學報》2018 年第 6 期,第 17—21 頁。

劉嘯虎《唐代前期府兵與兵器關係初探——以敦煌吐魯番軍事文書爲中心》,《敦煌研究》2018 年第 6 期,第 10—19 頁。

翁東玲《絲綢之路上中國古代貨幣的境外流通及啓示》,《石河子大學學報》2018 年第 6 期,第 84—93 頁。

張安福《大宛之戰對中原治理西域的影響》,《社會科學戰綫》2018 年第 8 期,第 124—131+282 頁。

孫啓忠、柳茜等《隋唐五代時期苜蓿栽培利用芻考》,《草業學報》2018 年第 9 期,第 183—193 頁。

鄭言午《漢朝政權對西域民族地區經略的革故鼎新》,《貴州民族研究》2018年第10期,第165—168頁。

王玉沖《論漢武帝的治邊方略》,《蘭臺世界》2018年第12期,第144—146頁。

侯朝陽《玄奘的帕米爾高原之路》,《勞動保障世界》2018年第16期,第72—73頁。

李愛敏、吳曼《西部地區民族關係與邊疆治理研究》,《新西部》2018年第33期,第8+26頁。

李亞萍《漢唐時期米蘭遺存與歷史角色研究》,上海師範大學碩士學位論文,2018年。

燕煥煥《西域"庭州"與絲綢之路——以漢唐時期爲主》,陝西師範大學碩士學位論文,2018年。

黄堯慧《兩漢時期中央王朝與西域關係之演變》,湘潭大學碩士學位論文,2018年。

曾柏亮《敦煌吐魯番文獻中良賤身份資料整理及研究》,南京師範大學碩士學位論文,2018年。

裴成國《唐西州銀錢的使用與流通》,《絲綢之路研究集刊》第2輯,北京:商務印書館,2018年5月,第72—80+401—402頁。

裴成國《唐代西州農業的發展》,《中國中古史集刊》第5輯,北京:商務印書館,2018年7月,第157—170頁。

劉文鎖《蔥嶺古道考》,《歐亞學刊》新7輯,北京:商務印書館,2018年7月,第94—113頁。

段晴《精絶、鄯善古史鈎沉》,《歐亞學刊》新7輯,北京:商務印書館,2018年7月,第21—34頁。

孟憲實《唐朝西州與伊州的交通》,《西域文史》第12輯,北京:科學出版社,2018年8月,第19—32頁。

孫江《何處是崑崙?》,《絲路文化研究》第3輯,北京:商務印書館,2018年8月,第5—10頁。

姜一秀《中國所出佉盧文書記載的古鄯善國刑罰及其源流》,《西域文史》第12輯,北京:科學出版社,2018年8月,第179—204頁。

裴成國《高昌貨幣史上的毯本位時代》,《西域文史》第12輯,北京:科學出版社,2018年8月,第205—214頁。

吳玉貴《杜甫"觀兵"詩新解——唐乾元二年西域援軍再次入關史實鈎沉》,《西域文史》第12輯,北京:科學出版社,2018年8月,第33—49頁。

王慶衛《新出唐劉文禕墓志所見西域史事考》,《西域文史》第12輯,北京:科學出版社,2018年8月,第59—70頁。

侯楊方《玄奘帕米爾東歸路綫的復原——基於GPS和實地考察的研究》,《歷史地理》第37輯,上海:復旦大學出版社,2018年9月,第23—40頁。

薛天緯《條支與碎葉》,《明月天山——"李白與絲綢之路國際學術研討會"論文集》,北京:國家圖書館出版社,2018年9月,第222—225頁。

劉子凡《唐代的碎葉與庭州》,《明月天山——"李白與絲綢之路國際學術研討會"論文集》,北京:國家圖書館出版社,2018年9月,第226—239頁。

孟憲實《唐西州的馬匹貿易——以吐魯番出土文書爲中心》,《明月天山——"李白與絲綢之路國際學術研討會"論文集》,北京:國家圖書館出版社,2018年9月,第262—278頁。

[吉]朱馬納利耶夫·藤奇博洛特撰,羅錫政譯《7—8世紀唐代的中亞外交政策與遊牧民族》,《明月天山——"李白與絲綢之路國際學術研討會"論文集》,北京:國家圖書館出版社,2018年9月,第297—307頁。

(三)社會與文化

吳昊、葉俊士、王思明《從〈宋雲行紀〉路綫看中原與西域的交流——以鄯善、左末城、末城爲例》,《中國農史》2018年第1期,第86—96頁。

衛藝林、梅蓉《尼雅東漢蠟染棉布的産地研究》,《紡織科技進展》2018年第1期,第9—11頁。

孫亞蘭《西域少數民族裝飾中的儒、道審美思想體現》,《藝術生活——福州大學廈門工藝美術學院學報》2018年第1期,第43—45頁。

胡泊、靳義亭《論張騫對絲綢之路開發的貢獻》,《經濟研究導刊》2018年第1期,第48—49頁。

邵會秋《中國北方、新疆和歐亞草原文化的交往——以動物紋裝飾爲視角》,《西域研究》2018年第2期,第43—56+148頁。

賀菊蓮《從考古發現探析鄯善酒文化》,《美食研究》2018年第3期,第1—4頁。

李芳民《玄奘對唐代絲綢之路拓展的歷史貢獻——以〈大唐西域記〉及〈大慈恩寺三藏法師傳〉爲中心》,《寶雞文理學院學報》2018年第3期,第23—29頁。

薛宗正《郭虔瓘生平輯考》,《新疆大學學報》2018年第4期,第85—94+101頁。

于明《和田玉料來源探討之一——商代至漢代早期的玉料來源》,《文物天地》2018年第4期,第83—89頁。

于明《和田玉料來源探討之二——張騫對于闐(和田)玉的歷史性貢獻》,《文物天地》2018年第5期,第78—82頁。

張婧《佉盧文書所見鄯善國信差職責初探》,《西域研究》2018年第4期,第11—14+141頁。

楊海中《絲綢之路與西域文明在中原的傳播及影響》,《地域文化研究》2018年第4期,第113—132+156頁。

李楠、潘魯生《東疆維吾爾族織繡文化與中原的交流》,《貴州民族研究》2018年第5期,第128—131頁。

佟贇康《絲綢之路與東西方文化交流》,《文化學刊》2018年第5期,第140—142頁。

丁涵《晋前絲綢之路引入異域水果考——以魏晋賦爲中心》,《山東師範大學學報》2018年第5期,第56—69頁。

王三三《帕提亞與希臘化文化的東漸》,《世界歷史》2018年第5期,第95—110頁。

周泓《古代漢地之部分西域文化考溯》,《湖北民族學院學報》2018年第6期,第42—57+115頁。

周泓《古代漢地之部分西域文化考辨》,《地方文化研究》2018年第6期,第1—25頁。

王君平《絲路尋蹤——蜀錦在絲路上的傳播》,《經營管理者》2018年第6期,第106—109頁。

宫雪、徐紅《從新疆出土文物看緙絲的起源與發展》,《江蘇絲綢》2018年第6期,第16—20頁。

洪美雲《基於文化圈理論視域的維吾爾族傳統文化地圖》,《西北民族大學學報》2018年第6期,第8—15頁。

張立民、李文娟、曹源《絲綢之路錢幣與中外文化交流研究》,《甘肅金融》2018年第6期,第45—48頁。

羅静《"張騫鑿空"及其意義》,《發展》2018年第7期,第68—69頁。

段真子《〈西遊記〉中的高昌印迹》,《文史知識》2018年第10期,第91—98頁。

季春美、葉飛鳳《唐朝絲綢之路上的體育文化交流》,《體育文化導刊》2018年第10期,第148—153頁。

田河《出土遣策與古代名物研究》,《社會科學戰綫》2018年第10期,第130—142頁。

吐遜江·亞森《略探茶文化在唐代西域的發展》,《福建茶葉》2018年第11期,第330頁。

董麗娜、徐紅、宫雪《新疆出土的夏商至漢代皮鞋靴工藝分析》,《輕紡工業與技術》2018 年第 12 期,第 20—23 頁。

李忠洋《唐與西域書籍環流的參與者》,《湖北第二師範學院學報》2018 年第 12 期,第 124—129 頁。

賀菊蓮《晉唐時期吐魯番地區飲食器具概况》,《蘭臺世界》2018 年第 12 期,第 151—153 頁。

豐雪《淺析古樓蘭紡織品藝術——以兩漢時期爲例》,《美術教育研究》2018 年第 12 期,第 30 頁。

張連傑《論張騫出使西域與絲綢之路相關聯的幾個問題》,《渭南師範學院學報》2018 年第 13 期,第 88—93 頁。

辛燕《粟特錦與中國絲綢的交流融合》,《西部皮革》2018 年第 20 期,第 133 頁。

郝天民、侯倩等《西漢至南北朝時期的中國蔬菜》,《甘肅農業》2018 年第 22 期,第 26—29 頁。

尤倩倩《三至九世紀絲綢之路沿綫的文化傳播》,陝西師範大學碩士學位論文,2018 年。

胡宇蒙《絲綢之路沿綫文化交流研究(公元前 2 世紀—公元 2 世紀)》,陝西師範大學碩士學位論文,2018 年。

姜娜《三至五世紀鄯善王國婦女婚姻家庭問題研究——兼與中原地區婦女相比較》,南京師範大學碩士學位論文,2018 年。

徐瑞瑞《高昌國服飾研究》,蘭州大學碩士學位論文,2018 年。

蔡遠卓《唐代回鶻冠飾研究》,西安工程大學碩士學位論文,2018 年。

陳安媞《唐朝與粟特藝術交流研究》,魯迅美術學院碩士學位論文,2018 年。

劉祥友《西域武術文化研究》,上海體育學院博士學位論文,2018 年。

李楠《東疆維吾爾族織繡紋樣研究》,山東大學博士學位論文,2018 年。

王三三《帕提亞和漢代中國的交往與絲綢之路的延伸》,《絲綢之路的互動與共生學術研討會論文集》,北京:中國社會科學出版社,2018 年 7 月,第 233—244 頁。

[日]關尾史郎著,田衛衛譯《"五胡"時期西北地區漢人族群之傳播與遷徙——以出土資料爲中心》,《絲綢之路研究集刊》第 2 輯,北京:商務印書館,2018 年 5 月,第 81—92+402 頁。

王汝良《〈大唐西域記〉與絲綢之路》,《絲路文化研究》第 3 輯,北京:商務印書館,2018 年 8 月,第 160—180 頁。

林梅村《家騙入華考——兼論漢代絲綢之路上的粟特商隊》,《歐亞學刊》新 7

輯,北京:商務印書館,2018年7月,第81—93頁。

王子今《〈龜兹左將軍劉平國作關城誦〉考論——兼説"張騫鑿空"》,《歐亞學刊》新7輯,北京:商務印書館,2018年7月,第68—80頁。

(四) 宗教

嚴世偉《西州佛寺補苴》,《吐魯番學研究》2018年第1期,第25—32頁。

裴長春《玄奘高昌國講〈仁王經〉索考》,《西域研究》2018年第1期,第72—80+148頁。

魏睿驁《敦煌吐魯番風伯雨師信仰研究》,《西部發展研究》2018年第1期,第201—212頁。

孫麗萍《夏合吐爾遺址出土文書所見唐代當地寺院生活》,《吐魯番學研究》2018年第1期,第15—24頁。

[德]彼得·茨默著,楊瑾譯《大英圖書館斯坦因藏品中的摩尼教文獻》,《吐魯番學研究》2018年第1期,第123—133頁。

[日]藤枝晃撰,劉禕譯《吐魯番出土漢文佛經寫本的最早類型》,《吐魯番學研究》2018年第1期,第134—138頁。

王培培《〈英國圖書館藏斯坦因所獲新疆出土古藏文寫本〉讀後》,《西夏研究》2018年第1期,第117—119頁。

楊富學《回鶻彌勒信仰考》,《佛學研究》2018年第1期,第129—137頁。

巫新華《新疆吉爾贊喀勒墓群蘊含的瑣羅亞斯德教文化元素探析》,《西域研究》2018年第2期,第95—107+149—150頁。

張安福、王玉平《絲綢之路交通與塔里木地區宗教開放性研究》,《史林》2018年第2期,第54—60+218頁。

齊小艷《絲綢之路上粟特的多元宗教文化及其東傳》,《温州大學學報》2018年第2期,第98—104頁。

白玉冬《絲路景教與汪古淵流——從呼和浩特白塔回鶻文題記Text Q談起》,《中山大學學報》2018年第2期,第141—153頁。

曹永萍、趙憲軍《絲綢之路上的佛教》,《廣東省社會主義學院學報》2018年第3期,第56—60頁。

姚大力《溝通歐亞的"瓶頸":新疆在中西文化交流史上的地位》,《西北民族研究》2018年第3期,第139—154頁。

王聰延《論儒、釋、道精神在唐代西域的傳播》,《兵團黨校學報》2018年第3期,第80—84頁。

郜同麟《德藏吐魯番道教文獻叙録》,《西域研究》2018年第4期,第36—50頁。

段晴《神話的跨域性與地方性——以觀察新疆洛浦博物館氍毹爲基礎》,《民族藝術》2018 年第 4 期,第 13—22 頁。

陳姵瑄、段晴《〈神話的跨域性與地方性——以觀察新疆洛浦博物館氍毹爲基礎〉問答、評議與討論》,《民族藝術》2018 年第 4 期,第 23—27 頁。

李瑞哲《克孜爾早期石窟的開鑿與佛教在龜兹的流行》,《敦煌學輯刊》2018 年第 4 期,第 76—84 頁。

張重洲《吐魯番出土〈無量壽經〉再探》,《敦煌學輯刊》2018 年第 4 期,第 110—115 頁。

段晴《神話與儀式——以觀察新疆洛浦博物館氍毹爲基礎》,《民族藝術》2018 年第 5 期,第 31—44 頁。

程雪、段晴《〈神話與儀式——以觀察新疆洛浦博物館氍毹爲基礎〉問答、評議與討論》,《民族藝術》2018 年第 5 期,第 45—49 頁。

彭無情《中華文化視野下新疆多元宗教文化的交融一體》,《科學與無神論》2018 年第 5 期,第 35—41 頁。

[德]宗德曼《中亞語言與文字中的摩尼教文獻》,《中山大學學報》2018 年第 5 期,第 106—112 頁。

嚴耀中《來華的"夷教"與婆羅門教》,《上海師範大學學報》2018 年第 5 期,第 150—157 頁。

葛承雍《從出土文獻對比景教禮儀吟誦的特色》,《世界宗教研究》2018 年第 6 期,第 1—7 頁。

吳傑《以〈祈禱圖〉爲視窗管窺景教對唐代文化的吸收利用》,《西部學刊》2018 年第 9 期,第 76—78 頁。

仇宇《古絲路上的宗教文化融合——以景教壁畫〈棕枝主日圖〉爲例》,《中國宗教》2018 年第 9 期,第 76—77 頁。

王進花《漢唐時期龜兹地區佛教文化地理研究》,上海師範大學碩士學位論文,2018 年。

苗利輝《漢傳淨土信仰在龜兹地區的流傳——以龜兹石窟爲中心》,《絲綢之路研究集刊》第 2 輯,北京:商務印書館,2018 年 5 月,第 140—155 頁。

彭傑《吐魯番柏孜克里克石窟新發現漢文寫本〈大藏經〉殘卷探析》,《絲綢之路研究集刊》第 2 輯,北京:商務印書館,2018 年 5 月,第 339—347 頁。

李肖、馬麗萍《從新疆鄯善縣洋海墓地出土木質火鉢探討火崇拜與拜火教的關係》,《西域歷史語言研究集刊》第 10 輯,北京:科學出版社,2018 年 6 月,第 23—34 頁。

張安福、王玉平《絲綢之路對塔里木地區宗教的影響》,《絲綢之路的互動與共生學術研討會論文集》,北京:中國社會科學出版社,2018 年 7 月,第 212—223 頁。

武海龍《國内藏吐魯番漢文佛教典籍及其價值》,《絲路文化研究》第 3 輯,北京:商務印書館,2018 年 8 月,第 201—228 頁。

芮傳明《摩尼〈沙卜拉干〉譯釋》,《歐亞學刊》新 7 輯,北京:商務印書館,2018 年 7 月,第 164—188 頁。

(五) 語言文字

海燕萍、張洋《新疆民族語言的歷史足迹》,《科教導刊》2018 年第 1 期,第 156—157 頁。

黄正建《吐魯番出土唐代文書中"保證語"淺析》,《敦煌學輯刊》2018 年第 2 期,第 44—50 頁。

路志英《樓蘭漢文簡紙文書中的簡化字形》,《山西大學學報》2018 年第 2 期,第 12—15 頁。

王啓濤《吐魯番出土文書疑難字詞新考》,《吐魯番學研究》2018 年第 2 期,第 1—8 頁。

黑維强、賀雪梅《論唐五代以來契約文書套語句式的語言文字研究價值及相關問題》,《敦煌學輯刊》2018 年第 3 期,第 34—53 頁。

吕冠軍《吐魯番文書中的"雙名單稱"問題》,《西域研究》2018 年第 4 期,第 80—87+142 頁。

曾志雄《〈史記〉"西域"詁》,《渭南師範學院學報》2018 年第 5 期,第 31—37 頁。

塔瑪拉・肖開提《〈吐魯番出土文書〉用字研究》,《中國民族博覽》2018 年第 10 期,第 112—113 頁。

(六) 文學

董曉萍《新疆史詩故事、佛典文獻與毛毯繪畫》,《文化遺產》2018 年第 1 期,第 72—83 頁。

欒睿《作爲典籍符號的圖像叙事——克孜爾菱格畫與講唱文學》,《石河子大學學報》2018 年第 2 期,第 102—107 頁。

黎羌、李杉杉《西域絲路歷史文化與小説概覽(二)》,《新疆藝術(漢文)》2018 年第 3 期,第 32—46 頁。

湯德偉、高人雄《現存漢唐西域佛劇的文本考述》,《四川職業技術學院學報》2018 年第 5 期,第 63—70 頁。

王丹《"絲綢之路"沿綫民族寶物故事的寶物類型與意涵》,《雲南師範大學學報》2018 年第 5 期,第 118—125 頁。

陳方《李白詩文中的西域繪畫特徵》,《欽州學院學報》2018年第6期,第66—71頁。

郁沖聰《錯位的疆域觀:唐代實際邊界與邊塞詩中的文化邊界》,《寧夏大學學報》2018年第6期,第88—92+103頁。

唐曉梅《西域文化對漢代文學作品的影響》,《佳木斯職業學院學報》2018年第7期,第111頁。

薛化松《唐詩中的胡姬與西域酒文化在中原地區的傳播探析》,《中國民族博覽》2018年第10期,第17—18頁。

董定一《別一種風景——唐代西域馬賦淺議》,《大衆文藝》2018年第20期,第9—12頁。

燕曉洋《唐代絲綢之路館驛詩研究》,陝西師範大學碩士學位論文,2018年。

李娜《晉唐僧侶與中國文學西域書寫的開拓》,江西師範大學碩士學位論文,2018年。

梁沁沁《唐詩西域意象研究》,廣西師範大學碩士學位論文,2018年。

葛景春《李白及其詩歌中的絲路文化色彩》,《明月天山——"李白與絲綢之路國際學術研討會"論文集》,北京:國家圖書館出版社,2018年9月,第20—28頁。

(七)藝術

任平山《"裝飾霸道"——克孜爾第84窟佛傳壁畫釋義二則》,《藝術探索》2018年第1期,第72—82頁。

張晨婕《從樂器看隋唐胡樂、俗樂之融合》,《星海音樂學院學報》2018年第1期,第53—69頁。

牛娜娜《從唐詩看西域音樂文化對中原詩樂舞一體的影響》,《河南教育學院學報》2018年第1期,第99—102頁。

黎國韜、陳佳寧《西涼樂源流考》,《文化遺產》2018年第1期,第36—46頁。

吳潔《絲綢之路上彈撥類樂器的東漸與流變》,《音樂文化研究》2018年第1期,第25—38頁。

周菁葆《絲綢之路上的克孜爾石窟本生壁畫藝術(上)》,《新疆藝術》2018年第1期,第14—22頁。

周菁葆《絲綢之路上的克孜爾石窟本生壁畫藝術(下)》,《新疆藝術》2018年第2期,第14—24頁。

吳麗紅《龜茲石窟壁畫中的"須陀因緣"故事再探討》,《吐魯番學研究》2018年第2期,第57—64頁。

楊波《龜茲石窟菱格因緣故事補遺》,《吐魯番學研究》2018年第2期,第65—

70+158 頁。

李子、張梅《吐魯番墓磚書迹對魏碑書法教學的意義》,《美與時代(下)》2018年第2期,第123—125頁。

王力博《絲綢之路背景下的唐代音樂文化交流》,《音樂天地》2018年第2期,第4—9頁。

付陽雪《龜茲壁畫花繩舞承與傳》,《新疆藝術》2018年第2期,第127—135頁。

潘濤《龜茲音樂和詩律略議》,《西域研究》2018年第2期,第108—118+150頁。

李樹輝《北庭大佛寺S105殿壁畫繪製年代和相關史事研究》,《青海民族研究》2018年第2期,第128—136頁。

沈冬《一帶流動的音樂風景——隋唐西域音樂與中國性的體現》,《音樂文化研究》2018年第2期,第4—23頁。

夏瀍洲《中古時期的涼州：中原與西域樂工遷移聚合的大都會》,《音樂藝術》2018年第2期,第38—48+4頁。

任小平《從書法學角度論析吐魯番文書發展的重要歷史階段和過程》,《書法研究》2018年第3期,第99—108頁。

王泳舸《釋讀龜茲壁畫形象再現龜茲樂舞姿容》,《新疆藝術學院學報》2018年第3期,第9—12頁。

陳愛峰《净土的選擇：柏孜克里克第29窟六字觀音經變考釋》,《宗教學研究》2018年第3期,第98—107頁。

張健波《達瑪溝托普魯克墩雕塑考析》,《新疆藝術學院學報》2018年第3期,第103—111頁。

趙莉、楊波《龜茲石窟"天相圖"演變初探》,《敦煌學輯刊》2018年第3期,第54—65頁。

包兆會《中國基督教圖像歷史進程之三：唐代高昌景教壁畫》,《天風》2018年第3期,第36—37頁。

劉嵬《隋唐時期古絲綢之路上的中外音樂文化交流》,《藝術研究》2018年第3期,第106—107頁。

李長鈺《從樓蘭殘紙論魏晉書體之衍變》,《書法研究》2018年第3期,第90—98頁。

高艷《龜茲石窟壁畫粉本淺析》,《新疆藝術學院學報》2018年第3期,第27—34頁。

楊靜《巴楚、焉耆兩地的古代佛教藝術》,《中國藝術時空》2018年第3期,第

51—58 頁。

古力拜克熱木·阿布拉《絲綢之路古代樂器箜篌》,《北方音樂》2018 年第 4 期,第 38—39 頁。

朱己祥《鄯善和于闐古國佛寺壁畫花綱人物圖像分析》,《敦煌研究》2018 年第 4 期,第 19—30 頁。

劉碩《以粟特胡人爲代表的西域樂舞初探》,《大衆文藝》2018 年第 4 期,第 162—163 頁。

李建平《唐代吐魯番彩繪木質與西安彩繪陶質天王俑的比較研究》,《西北美術》2018 年第 4 期,第 87—91 頁。

楊波《龜茲石窟立佛列像的初步調查與研究》,《中國國家博物館院刊》2018 年第 5 期,第 64—84 頁。

任平山《試論克孜爾石窟"裸女聞法"圖像三種》,《美術觀察》2018 年第 5 期,第 112—116 頁。

劉文鎖《唐代西州的屏風畫》,《新疆藝術(漢文)》2018 年第 5 期,第 113—125 頁。

郭萍《古絲綢之路墓葬圖像中的葡萄組合紋樣演變》,《成都大學學報》2018 年第 5 期,第 93—98 頁。

陳悦新《龜茲石窟佛衣與僧衣類型》,《文物》2018 年第 6 期,第 65—79 頁。

程金城《絲綢之路藝術廊道》,《蘭州文理學院學報》2018 年第 6 期,第 86—91 頁。

吳潔《絲路佛教樂舞圖像之流變研究——以十六國北朝時期三大石窟伎樂天人的類型爲例》,《人民音樂》2018 年第 7 期,第 18—24 頁。

郭君濤《古代希臘與古代西域壁畫技法材料對比及創化研究》,《美術觀察》2018 年第 7 期,第 147—150 頁。

牛耕、覃大海《新疆霍拉山佛寺遺址出土"目連降服龍王兄弟"壁畫解析》,《法音》2018 年第 7 期,第 29—32 頁。

鄧永紅《淺析柏孜克里克石窟回鶻佛教壁畫的藝術特色及淵源》,《遺産與保護研究》2018 年第 8 期,第 1—7 頁。

周菁葆《絲綢之路上的膜鳴樂器——納格拉(上)》,《樂器》2018 年第 8 期,第 23—25 頁。

周菁葆《絲綢之路上的膜鳴樂器——納格拉(中)》,《樂器》2018 年第 9 期,第 28—30 頁。

周菁葆《絲綢之路上的膜鳴樂器——納格拉(下)》,《樂器》2018 年第 10 期,第 22—25 頁。

遲帥《庫木吐喇石窟：絲路佛韻 融匯東西》，《中國宗教》2018年第9期，第70—71頁。

陳然《古絲路上宗教音樂的交流融合——以唐代法曲爲例》，《中國宗教》2018年第9期，第72—73頁。

毛毳《論隋唐宮廷燕樂中西域樂器的配置》，《音樂創作》2018年第9期，第158—160頁。

周振偉《探析龜兹石窟壁畫"賦彩"觀》，《美與時代》2018年第10期，第110—111頁。

靳艷、林尚斌《龜兹石窟中的古印度及古希臘文化因素》，《檔案》2018年第11期，第22—26頁。

陳晟、丁方《"于闐畫派"探究》，《榮寶齋》2018年第11期，第124—137頁。

李永康《新疆焉耆佛教雕塑初探》，《美術》2018年第12期，第106—111頁。

党岱《絲綢之路背景下漢代音樂的演變》，《湖北函授大學學報》2018年第17期，第190—191頁。

王盛《龜兹壁畫摹寫心得》，《藝術教育》2018年第19期，第163—164頁。

王一男《絲綢之路上的琵琶歷史源流略述》，《藝術評鑒》2018年第20期，第63—64+138頁。

李霞《吐魯番柏孜克里克壁畫與拜占庭鑲嵌畫之比較研究》，《大衆文藝》2018年第23期，第120—122頁。

石澍生《由吐魯番出土墓志試議寫與刻等問題》，《中國書法》2018年第23期，第194—197頁。

查克利《西域墓魄本生圖掩埋處的場景與巴爾胡特及陀羅鉢地相關圖像對比》，《文物鑒定與鑒賞》2018年第23期，第90—91頁。

榮新江《〈蘭亭序〉在西域》，《大匠之門20》，南寧：廣西美術出版社，2018年6月，第95—102頁。

王荔君《北朝至隋唐時期克孜爾石窟與莫高窟捨身濟世類本生故事的考古學研究》，西北大學碩士學位論文，2018年。

陳佳佳《説一切有部佛教思想在克孜爾石窟壁畫中的反映》，西北大學碩士學位論文，2018年。

孫亞蘭《西域"凹凸畫法"對中原青緑山水畫的影響研究》，揚州大學碩士學位論文，2018年。

劉穎佳《新疆龜兹石窟日神、月神形象源流考證》，中國美術學院碩士學位論文，2018年。

金清《波斯薩珊式鳥雀圖像在絲路沿綫的傳播與發展》，《石窟寺研究》第8

辑,北京:文物出版社,2018年6月,第180—208页。

(八) 考古與文物保護

仵婷、李亞棟《吐魯番市第一次全國可移動文物普查所見部分文物編號訂正》,《吐魯番學研究》2018年第1期,第97—104頁。

王麗梅、陳玉珍《吐魯番博物館館藏燈籠褲的保護修復與研究》,《吐魯番學研究》2018年第1期,第105—110頁。

趙海英、陸繼財《西旁景教遺址土的工程特性》,《吐魯番學研究》2018年第1期,第111—116頁。

衛藝林、梅蓉《尼雅東漢蠟染棉布的圖像分析及尺寸復原》,《西安工程大學學報》2018年第1期,第39—44頁。

信曉瑜、楊汝林、康曉靜《新疆出土早期帽冠初探》,《藝術設計研究》2018年第1期,第59—73頁。

阿熱阿依·托列根《從考古材料分析新疆地區的骨鏃》,《草原文物》2018年第1期,第77—84頁。

鄭燕燕《新疆出土圓錐形舍利盒再考察》,《西域研究》2018年第1期,第99—111+148頁。

陳新勇、呂恩國《吐魯番出土的珠飾》,《文物天地》2018年第1期,第41—46頁。

牟新慧《新疆古代硬筆研究》,《北方文物》2018年第2期,第38—44頁。

魏正中、莊妤《龜茲石窟寺院中的連通建築》,《敦煌研究》2018年第2期,第22—33頁。

余小洪《漢晉時期西域漢文化在西藏西部傳播的考古學觀察》,《石河子大學學報》2018年第2期,第108—113頁。

[俄]С·Ф·奧登堡著,楊軍濤、李新東譯,趙莉審校《在吐魯番地區發現的一些古代物品》,《吐魯番學研究》2018年第2期,第122—128頁。

陸繼財、趙海英《高昌故城西南大佛寺遺址發育主要病害》,《吐魯番學研究》2018年第2期,第71—76頁。

付昶、王博《且末縣扎滾魯克一號墓地M64出土顱骨研究》,《吐魯番學研究》2018年第2期,第77—102頁。

陳玉珍、趙靜《吐魯番勝金店墓地15號墓葬出土毛織品的修復與研究》,《吐魯番學研究》2018年第2期,第103—111+3+157頁。

朱玉麒《"北館文書"的流傳及早期研究史》,《西域研究》2018年第2期,第1—16+158頁。

王永強、侯知軍等《2017年新疆考古收穫》,《西域研究》2018年第3期,第126—136頁。

劉漢興、特爾巴依爾等《新疆伊犁州墩那高速尼勒克段考古收穫及初步認識》,《西域研究》2018年第3期,第137—139頁。

趙莉《克孜爾石窟壁畫流失的歷史回顧與現狀調查》,《新疆藝術》2018年第4期,第129—135頁。

張碧波、金朝陽《石河子地區文化考古與考察》,《石河子大學學報》2018年第4期,第72—81頁。

韓放《近代龜兹文物流失海外狀況研究——以俄羅斯艾爾米塔什博物館為例》,《中國國家博物館館刊》2018年第4期,第147—156頁。

賀婧婧、王博《新疆古代編帶和編繩初探》,《北方文物》2018年第4期,第30—39頁。

李梅景《奧登堡新疆與敦煌考察研究》,《敦煌學輯刊》2018年第4期,第154—166頁。

朱建軍《新疆龜兹石窟及佛教遺址考察報告》,《敦煌學輯刊》2018年第4期,第167—172頁。

何孝清《吐魯番地區出土的幾枚戒指印》,《新疆藝術學院學報》2018年第4期,第102—108頁。

尚玉平、李建西《新疆莫呼查汗墓地出土青銅器埋藏環境與銹蝕機理分析》,《文物世界》2018年第5期,第76—80頁。

苗利輝、譚林懷等《新疆拜城縣克孜爾石窟第38至40窟調查簡報》,《中國國家博物館館刊》2018年第5期,第26—47頁。

譚林懷、苗利輝等《新疆拜城縣克孜爾石窟第205窟調查簡報》,《中國國家博物館館刊》2018年第5期,第48—63頁。

達吾力江·葉爾哈力克《漢武邊塞與西域屯田——輪臺、渠犁屯田考古發現初論》,《歷史研究》2018年第6期,第154—166頁。

吳麗紅《新疆龜兹研究院院藏彩繪泥塑調查簡報》,《敦煌研究》2018年第6期,第32—37頁。

梁雲《康居文化芻論》,《文物》2018年第7期,第71—80+1頁。

淩雪、苗聞文等《新疆蘇巴什佛寺遺址銅器的初步科技分析》,《有色金屬(冶煉部分)》2018年第11期,第80—86頁。

朱瑛培《新疆鄯善縣洋海墓地出土玻璃珠的成分體系和製作工藝研究》,西北大學碩士學位論文,2018年。

衛斯《尼雅遺址農業考古研究報告》,《西部考古》第15輯,北京:科學出版社,2018年5月,第91—118頁。

尚玉平《新疆喀拉蘇墓地出土隋唐時期樺樹皮箭囊的保護修復》,《西部考古》

第 15 輯,北京:科學出版社,2018 年 5 月,第 272—280 頁。

陳凌《中國境内中古祆教徒葬俗考論(之一)》,《古代文明》第 12 卷,上海:上海古籍出版社,2018 年 6 月,第 324—341 頁。

尚玉平、黃奮《新疆新源出土烏孫時期鐵鍑的保護修復研究》,《中國文物保護技術協會第九次學術會論文集》,北京:科學出版社,2018 年 6 月,第 21—27 頁。

劉志佳《再議新疆吐魯番出土"秦王鏡"》,《西域歷史語言研究集刊》第 10 輯,北京:科學出版社,2018 年 6 月,第 35—55 頁。

林鈴梅《新疆出土垂直焊接雙環耳飾的研究》,《西域歷史語言研究集刊》第 10 輯,北京:科學出版社,2018 年 6 月,第 57—78 頁。

慶昭蓉、[日]江南和幸《唐代安西大都護府時期之龜兹當地用紙——日本龍谷大學所藏庫車出土漢文書案例研究之一》,《西域文史》第 12 輯,北京:科學出版社,2018 年 8 月,第 159—178 頁。

林鈴梅《新疆地區發現的圭字形劍鞘的研究》,《西域文史》第 12 輯,北京:科學出版社,2018 年 8 月,第 127—144 頁。

劉文鎖《新疆發現麻黃與大麻及有關問題》,《西域文史》第 12 輯,北京:科學出版社,2018 年 8 月,第 107—126 頁。

榮新江《黃文弼先生與甘藏吐魯番文獻》,《西域文史》第 12 輯,北京:科學出版社,2018 年 8 月,第 51—58 頁。

吳華峰、徐玉娟《萬里流沙雙仲良——黃文弼與丁道衡的西北考察交誼》,《西域文史》第 12 輯,北京:科學出版社,2018 年 8 月,第 349—360 頁。

陳繼東《〈新西域記〉與大谷光瑞之"絲路探險"》,《絲路文化研究》第 3 輯,北京:商務印書館,2018 年 8 月,第 41—55 頁。

徐蘋芳《考古學上所見中國境内的絲綢之路》,《絲綢之路考古》第 2 輯,北京:科學出版社,2018 年 9 月,第 1—38 頁。

[日]廣中智之《和田考古發現與文物收藏現狀》,《絲綢之路考古》第 2 輯,北京:科學出版社,2018 年 9 月,第 238—247 頁。

張建林《中國學界對吉爾吉斯斯坦阿克·貝希姆(碎葉)遺址考古發現的瞭解與研究》,《明月天山——"李白與絲綢之路國際學術研討會"論文集》,北京:國家圖書館出版社,2018 年 9 月,第 187—198 頁。

(九)少數民族歷史與語言

[英]貝利著,王丹、唐鈺琳譯,楊富學校《古回鶻文之藥物名稱》,《吐魯番學研究》2018 年第 1 期,第 139—143 頁。

巫新華《簡論早期綠洲于闐人的來源》,《新疆藝術》2018 年第 1 期,第 4—13 頁。

［法］皮諾著,蘇玉敏譯,文欣校《別列佐夫斯基和彼得羅夫斯基收集品中乙種吐火羅語經濟和行政文書》,《西域研究》2018年第1期,第112—131頁。

孫麗萍《新疆出土佉盧文簡牘制度探析》,《喀什大學學報》2018年第2期,第27—33頁。

［法］魏義天、趙飛宇、馬翊斐《東羅馬皇帝莫里斯和突厥可汗：泰奧菲拉克特·西摩卡塔所記突厥史料》,《西域研究》2018年第2期,第91—94+147+149頁。

阿不都熱西提·亞庫甫《中國國家圖書館藏回鶻文星占書殘片研究》,《民族語文》2018年第2期,第79—85頁。

張巧雲《回鶻文漢譯佛典中語氣詞的翻譯及其特徵和功能》,《中央民族大學學報》2018年第2期,第122—129頁。

畢波《古代于闐的一種織物——白氈》,《中國經濟史研究》2018年第3期,第162—170頁。

袁剛《柔然與西域相關的幾個問題》,《內蒙古社會科學(漢文版)》2018年第3期,第63—69頁。

［日］松井太、鞏彥芬《契丹和回鶻的關係》,《河西學院學報》2018年第3期,第11—19頁。

阿卜拉江·玉蘇普《簡論回鶻文佛教和摩尼教文獻中部分術語的翻譯》,《民族翻譯》2018年第3期,第44—50頁。

付馬《兩種回鶻語〈阿離念彌本生經〉寫本比較研究——兼論西州回鶻早期的譯經活動》,《西域研究》2018年第3期,第30—48+144—145頁。

張禾《古代西域及中亞地毯名稱術語考證》,《敦煌研究》2018年第4期,第7—18頁。

王文森《唐代絲綢之路上的粟特商人》,《中國民族博覽》2018年第4期,第112—114+158頁。

米熱古麗·黑力力《西部裕固語中保留的回鶻碑銘文獻古詞語》,《河西學院學報》2018年第4期,第1—5頁。

葛承雍《關於吐蕃在西域的研究省思》,《社會科學戰綫》2018年第5期,第139—143頁。

陳星宇《突厥汗國分裂時間與西突厥開國者問題再探》,《邊疆經濟與文化》2018年第5期,第52—53頁。

張小貴《古伊朗文獻所見伐迦(Baga)考釋》,《中國中古史集刊》第5輯,北京：商務印書館,2018年7月,第323—337頁。

劉舉《漢代匈奴族際通婚類型及其歷史作用》,《黑龍江民族叢刊》2018年第5

期,第 106—110 頁。

王旭送《唐代西州民族研究的兩個問題》,《新疆大學學報》2018 年第 6 期,第 77—83+92 頁。

沈淑花《維吾爾族及其祖先回鶻人的親屬制演變研究》,《山西檔案》2018 年第 6 期,第 150—152 頁。

莫玉梅《考古學視角下隋唐時期猶太人入華再討論》,《北方論叢》2018 年第 6 期,第 105—110 頁。

歐燕《回鶻:迴旋輕捷如鶻》,《中國民族教育》2018 年第 9 期,第 62—64 頁。

王艷麗《淺析回鶻與契丹的關係》,《文物鑒定與鑒賞》2018 年第 17 期,第 60—61 頁。

劉森垚《中古西北胡姓與邊疆經略研究——以墓志文獻爲主要素材》,陝西師範大學博士學位論文,2018 年。

王夢《六至八世紀龜茲地區民族關係問題研究》,西北大學碩士學位論文,2018 年。

陸離《吐魯番所出武周時期吐谷渾歸朝文書史實辨析》,《西北民族論叢》第 16 輯,北京:社會科學文獻出版社,2018 年 3 月,第 93—111+418—419 頁。

陳懇《移健與時健——源自親屬稱謂的古突厥名號》,《西域文史》第 12 輯,北京:科學出版社,2018 年 8 月,第 215—232 頁。

[吉]伊萬諾夫·謝爾蓋撰,李原花譯《公元 1000 年前吉爾吉斯與新疆遊牧民族之間的文化關係——以中國伊犁河谷地區遺迹爲例》,《明月天山——"李白與絲綢之路國際學術研討會"論文集》,北京:國家圖書館出版社,2018 年 9 月,第 292—296 頁。

（十）古籍

馮璇《新見旅順博物館藏新疆出土漢文文獻中的漢史寫本考釋》,《西域研究》2018 年第 1 期,第 1—13+146 頁。

陳燁軒《旅順博物館新發現的晉史寫本考釋》,《西域研究》2018 年第 1 期,第 23—31+146—147 頁。

徐維焱《旅順博物館藏〈切韻〉殘片考釋》,《西域研究》2018 年第 1 期,第 14—22+146 頁。

趙洋《新見旅順博物館藏〈一切經音義〉研究——兼論〈玄應音義〉在吐魯番的傳播》,《西域研究》2018 年第 1 期,第 32—39+147 頁。

許建平《吐魯番出土〈詩經〉寫本的學術價值》,《南京師範大學文學院學報》2018 年第 2 期,第 159—164 頁。

朱月仁《西域出土寫本〈春秋左氏傳〉殘卷輯錄與探討簡》,《文獻》2018 年第

5 期,第 15—29 頁。

沈琛《旅順博物館藏吐魯番本〈唐天下諸郡姓氏譜〉考釋》,《文獻》2018 年第 5 期,第 38—45 頁。

徐媛媛《新疆出土寫本〈詩經〉殘片補考》,《文獻》2018 年第 5 期,第 4—14 頁。

王啓濤《〈顏氏家訓·終制〉新箋》,《西南民族大學學報》2018 年第 11 期,第 182—192 頁。

(十一) 科技

陳坤龍、梅建軍、潛偉《絲綢之路與早期銅鐵技術的交流》,《西域研究》2018 年第 2 期,第 127—137+150 頁。

楊貝貝、阿不都沙拉木·加拉力丁、阿依格林·烏蘭《古代坎兒井暗渠坡度幾何原理與測量方法探析》,《新疆師範大學學報》2018 年第 2 期,第 17—23 頁。

王明强《絲路醫學文明互動融通的路徑、呈現及其啓示——以敦煌、新疆出土文書爲中心》,《中醫藥文化》2018 年第 3 期,第 7—13 頁。

馮鍇、薛程、王超翔、劉璐《漢代西域烽火臺夯築工藝研究——以克孜爾尕哈烽火臺爲例》,《文博》2018 年第 5 期,第 83—88+93 頁。

何治民《吐魯番坎兒井技術體系本土起源説》,《貴州大學學報》2018 年第 6 期,第 77—87 頁。

李宇奇、王忻《從莫呼查汗溝口遺址群看新疆的早期水利灌溉技術》,《西部考古》第 15 輯,北京:科學出版社,2018 年 5 月,第 224—231 頁。

(十二) 書評與學術動態

殷盼盼《出土文獻與傳世典籍相結合的經典之作——孟憲實著〈出土文獻與中古史研究〉介評》,《吐魯番學研究》2018 年第 1 期,第 144—149 頁。

李慧國《考古、宗教與藝術:絲綢之路墓室壁畫研究的一部集大成之作——汪小洋新著〈中國絲綢之路上的墓室壁畫〉評介》,《景德鎮學院學報》2018 年第 4 期,第 96—100 頁。

石娟、杜瑶《尋根溯源 古音重現——評〈龜兹樂器的歷史流變及音響特性——以達瑪溝三弦琵琶爲例〉》,《人民音樂》2018 年第 6 期,第 91—93 頁。

劉躍進《絲綢之路與中國文學——〈走上絲綢之路的中國文學〉摭評》,《銅仁學院學報》2018 年第 11 期,第 72—76+109 頁。

趙貞《中古契約研究的新進展——乜小紅〈中國中古契券關係研究〉評介》,《中國中古史集刊》第 5 輯,北京:商務印書館,2018 年 7 月,第 375—

388頁。

李慧國《絲綢之路墓室壁畫研究的一部集大成之作——〈中國絲綢之路上的墓室壁畫〉評介》,《中國文物報》2018年12月25日第六版。

朱玉麒《中國絲路研究的奠基之作——評黃文弼先生的〈西域史地考古論集〉》,《兵團日報(漢)》2018年1月29日第8版。

馮培紅《美國學界對絲綢之路研究的新動向——芮樂偉·韓森〈絲綢之路新史〉介評》,《絲路文化研究》第3輯,北京:商務印書館,2018年8月,第245—258頁。

史黨社《天山並不遙遠——讀松田壽男〈古代天山歷史地理研究〉》,《秦與北方民族歷史文化論集》,北京:科學出版社,2018年11月,第191—194頁。

袁劍《芮樂偉·韓森:〈絲綢之路新史〉》,《中國學術》第39輯,北京:商務印書館,2018年10月,第362—365頁。

周阿根、葉雲露《〈吐魯番出土磚志集注〉注釋商榷》,《江海學刊》2018年第2期,第51頁。

趙淩飛《"一帶一路"史研究綜述》,《中國社會經濟史研究》2018年第1期,第89—102頁。

雷箐華《古代于闐佉盧文〈法句經〉年代考釋之綜述》,《才智》2018年第2期,第195—196頁。

孫少輕《蘇貝希文化研究綜述》,《吐魯番學研究》2018年第2期,第112—121頁。

劉文鎖《新疆古代語言文字資料的發現與整理》,《西部蒙古論壇》2018年第1期,第3—14+126頁。

韓樹偉《契約文書與中世紀吐蕃習慣法研究的回顧與展望》,《西夏研究》2018年第1期,第120—125頁。

趙淩飛《吐魯番出土唐代絲織品及研究述略》,《吐魯番學研究》2018年第1期,第90—96頁。

韓樹偉《絲路沿綫出土佉盧文書研究述要》,《青海民族大學學報》2018年第2期,第96—106頁。

馬麗蓉《百年來國際絲路學研究的脈絡及中國絲路學振興》,《新疆師範大學學報》2018年第2期,第60—77頁。

史金波《當代少數民族文字歷史文獻整理與研究芻議》,《歷史學研究》2018年第3期,第102—109頁。

楊榮春《20世紀以來的北涼史研究》,《中國史研究動態》2018年第5期,第18—25頁。

顧盼、張顯成《魏晉南北朝漢字史研究材料述論》,《文學教育(上)》2018 年第 5 期,第 181—183 頁。

董馥伊《西域佛教美術文化歷史與貢獻》,《貴州民族研究》2018 年第 6 期,第 121—125 頁。

李虎《絲綢之路音樂研究的現狀評略》,《音樂生活》2018 年第 11 期,第 78—79 頁。

楊富學、劉源《鄯善國與絲綢之路研究的回顧與展望》,《絲綢之路的互動與共生學術研討會論文集》,北京:中國社會科學出版社,2018 年 7 月,第 161—193 頁。

陳雅楠《2006—2016 年龜茲舞蹈研究綜述》,《大衆文藝》2018 年第 22 期,第 162—163 頁。

范英傑、陳焱《2017 年吐魯番學研究綜述》,郝春文主編《2018 敦煌學國際聯絡委員會通訊》,上海:上海古籍出版社,2018 年 6 月,第 23—83 頁。

范英傑、陳焱《2017 年吐魯番學研究論著目錄》,郝春文主編《2018 敦煌學國際聯絡委員會通訊》,上海:上海古籍出版社,2018 年 6 月,第 237—270 頁。

趙倩《回鶻西遷問題研究綜述》,《河西學院學報》2018 年第 6 期,第 41—47 頁。

韓樹偉、馬托弟《絲路沿綫出土佉盧文書相關研究綜述》,《中國邊疆民族研究》第 11 輯,北京:中央民族大學出版社,2018 年 12 月,第 189—198+244 頁。

尚永亮《唐碎葉與安西四鎮百年研究述論》,《明月天山——"李白與絲綢之路國際學術研討會"論文集》,北京:國家圖書館出版社,2018 年 9 月,第 199—221 頁。

陳燁軒、陳耕《"北京大學與絲綢之路——中國西北科學考查團九十周年高峰論壇"會議綜述》,《西域研究》2018 年第 1 期,第 140—144 頁。

何亦凡《"絲綢之路與新疆出土文獻"國際學術研討會會議綜述》,《西域研究》2018 年第 1 期,第 136—139 頁。

徐玉娟、劉長星《"絲綢之路與歷史文獻學術研討會"會議綜述》,《歷史文獻研究》2018 年第 1 期,第 386—388 頁。

陳凌《"漢唐絲綢之路的開拓——西域都護府研討會"綜述》,《西域研究》2018 年第 2 期,第 146—147 頁。

沙娜《"克孜爾石窟與絲綢之路研究"學術研討會綜述》,《西域研究》2018 年第 4 期,第 133—135 頁。

翟少芳《"絲綢之路的互動與共生"學術研討會綜述》,《絲綢之路的互共生學術研討會論文集》,北京:中國社會科學出版社,2018年7月,第266—272頁。

殷盼盼《絲綢之路上的民族、文物與歷史工作坊在浙江大學舉行》,《中國史研究動態》2018年第5期,第84頁。

劉拉毛卓瑪、閆珠君《"2018敦煌論壇:敦煌與東西方文化的交融國際學術研討會"召開》,《敦煌研究》2018年第5期,第141頁。

2018 年日本敦煌學研究論著目録

林生海(安徽師範大學)

一、論　　文

1. 政治・地理

林美希,唐王朝の官僚制と北衙禁軍：唐前半期を中心に,多元文化(7),235-222,2018-02。

鈴木靖民,シルクロード・東ユーラシア世界の研究と古代日本,史叢(98),1-31,2018-03。

柴田昇,『史記』呂太后本紀考,愛知江南短期大學紀要(47),57-83,2018-03。

春本秀雄,太平真君五年正月以前の蓋吳の反亂について,大正大學研究紀要(103),11-27,2018-03。

佐藤貴保,カラホト出土軍籍から見た西夏王国国境地帯の状況,比較文化研究(28),43-57,2018-03。

菅沼愛語,前漢・新・後漢・隋唐期の中華と周辺諸国双方における敵国内勢力との外交交渉,九州大學東洋史論集(45),1-34,2018-03。

福島惠,唐後半期における賜姓ソグド人：涼州武威安氏と賜姓,東洋史研究76(4),651-690,2018-03。

李濟滄,南朝における貴族制と皇帝權力再考：「二品才堪」と「門地二品」をめぐって,東洋史研究76(4),619-650,2018-03。

金子修一,武韋の禍：楊貴妃への序曲,アジア遊學(220),79-93,2018-06。

小尾孝夫,義熙土斷における劉裕の政治的意圖：僑豫州および僑淮南郡の實土化をめぐって,東洋史研究77(1),99-129,2018-06。

中田美絵,唐代政治史上の会昌の廃仏：ジェンダー秩序・宗教・外来人の視点から,唐代史研究(21),52-75,2018-08。

戶川貴行,南北朝における天下の中心について：影長との関係からみた,唐代史研究(21),3-20,2018-08。

菅沼愛語,突厥・吐蕃・ウイグルが周辺諸国との間で展開した婚姻外交と東部ユーラシアの國際情勢,鷹陵史學(44),101-139,2018-09。

村井恭子,ウイグル可汗の系譜と唐宋漢籍史料：懷信と保義の間,東洋學

報:東洋文庫和文紀要100(2),157‐189,2018‐09。

山下将司,安史の亂におけるソグド人李抱玉の事績について,史艸(59),28‐56,2018‐11。

岩尾一史,古チベット語文書の行政術語:dbyang(s)、dkyigs、spad,内陸アジア言語の研究(33),77‐85,2018‐12。

柴田昇,漢初高祖期の対王国政策,名古屋大學東洋史研究報告(42),1‐19,2018。

窪添慶文,北魏前期の将軍号,立正史學(124),25‐47,2018。

前島佳孝,西魏の統治領域区分についての補論,中央大學人文科學研究所人文研紀要(91),235‐260,2018。

惠多谷雅弘、鶴間和幸、村松弘一、福島恵、中野良志、段宇,衛星リモートセンシングデータと歴史資料を用いた秦東門考察:「太平寰宇記」を中心に,學習院大學国際研究教育機構研究年報(4),89‐112,2018。

福永善隆,前漢前半期、劉邦集團における人格的結合の形成,鹿大史學(64・65),11‐22,2018。

 2. 社會・經濟

吉田豊,貨幣の銘文に反映されたチュルク族によるソグド支配,京都大學文學部研究紀要57,155‐182,2018‐03。

久保田和男,五代・北宋における都城洛陽の退場:中國都城史の轉換點によせて,東洋史研究76(4),2018‐03。

山本孝子,唐五代期の私信冒頭に見える「某啓」について,敦煌寫本研究年報(12),101‐113,2018‐3。

武紹衛,進階學習中學生的知識構成與積累:敦煌蒙學教育觀察之一例——以 S.3491+P.3053《百行章》爲例,敦煌寫本研究年報(12),85‐99,2018‐3。

梁辰雪,日本藏《大唐陰陽書》鈔本初探,敦煌寫本研究年報(12),115‐129,2018‐3。

福島恵,バクトリア人羅姓墓誌の基礎的考察,内陸アジア史研究(33),1‐25,2018‐03。

内田昌功,西晋五胡十六国期の長安(三木聰先生退休記念号),史朋(50),1‐16,2018‐03。

小山満,三国時代魏鏡の存在,シルクロード研究(11),1‐18,2018‐03。

妹尾達彦,武則天の洛陽、玄宗の長安,アジア遊學(220),30‐44,2018‐06。

森部豊,蕃将たちの活躍:高仙芝・哥舒翰・安禄山・安思順・李光弼,アジア遊學(220),135-146,2018-06。

石見清裕,漠北の異民族:突厥・ウイグル・ソグド人,アジア遊學(220),122-134,2018-06。

李濟滄,六朝貴族研究における郷品と家格:學説史的檢討を中心に,中國:社会と文化(33),88-105,2018-07。

佐川英治,唐長安城の朱雀大街と日本平城京の朱雀大路:都城の中軸道路に見る日唐政治文化の差異,唐代史研究(21),21-51,2018-08。

村元健一,北魏洛陽北邙墓群の構成と變遷,東洋史研究77(3),443-475,2018-12。

佐々木愛、大澤正昭、石川重雄、戸田裕司、小川快之,江西省歴史調査報告:宋代古墓を中心として(吉安・撫州篇),社会文化論集:島根大學法文學部紀要・社会文化學科編(14),21-46,2018。

町田隆吉,唐代高昌オアシス民、左憧憙と彼を取りまく人びと(1)左憧憙研究覚書(4),國際學研究(8),1-17,2018。

谷口高志,偏愛する文人たち:中晚唐期における嗜好への傾倒と個の標榜,九州中國學會報56,16-30,2018。

黒田彰,長恨歌の上窮碧落下黄泉と買地券,白居易研究年報(19),225-259,2018。

3. 法律・制度

川村康,『唐代を中心とすの中国刑事手続制度る基礎的研究』成果報告書,2018-03。

小野木聡,唐における侍御史知雜事と御史台の変容,史林101(4),625-662,2018-07。

辻正博,唐律における流刑の本質:恩赦との關係を中心に,東洋史研究77(2),173-198,2018-09。

松井太,ウイグル文供出命令文書の機能に関する再考察,内陸アジア言語の研究(33),109-134,2018-12。

佐藤貴保,西夏の官文書の書式に関する基礎的研究:カラホト出土文書と法令規定との対応関係の考察を中心に,内陸アジア言語の研究(33),87-108,2018-12。

4. 語言・文學

高田時雄,顧野王原本玉篇水部殘卷について,敦煌寫本研究年報(12),165-174,2018-3。

楊明璋,敦煌文獻中的高僧贊抄及其用途,敦煌寫本研究年報(12),27-44,

2018－3。

渡邊義浩,『古史考』と『帝王世紀』：儒教に即した上古史と生成論,早稻田大學大學院文學研究科紀要(63),1282－1267,2018－03。

渡邊義浩,劉歆の「七略」と儒教一尊,東洋の思想と宗教(35),1－26,2018－03。

徐磊,敦煌変文と風土記逸文における羽衣伝説,水門(28),勉誠出版,2018－4。

後藤秋正,杜甫とその時代：安史の亂を中心として,アジア遊學(220),14－29,2018－06。

松原朗,杜甫と祖父杜審言,アジア遊學(220),45－58,2018－06。

渡邊義浩,「史」の文學性：范曄の『後漢書』,東洋研究(208),1－23,2018－09。

渡邊義浩,常璩『華陽國志』にみえる一統への希求,早稻田大學總合人文科學研究センター研究誌(6),608－595,2018－10。

谷口高志,李賀の詩歌における祭祀と神格：神の失墜と龍の侵蝕,佐賀大國語教育(2),32－45,2018。

後藤秋正,杜甫詩の真偽：「過洞庭湖」詩札記,中国文化(76),13－25,2018。

下定雅弘,陳寅恪『元白詩箋証稿』における「長恨歌」「長恨歌伝」の論じ方（特集伝奇と説話）,白居易研究年報(19),35－47,2018。

下定雅弘,日本文學へ与えた白居易の影響に関する研究：二〇一七年,白居易研究年報(19),361－384,2018。

下定雅弘,戰後日本における白居易に関わる伝奇・説話の研究,白居易研究年報(19),158－224,2018。

　　5. 宗教・思想

吾妻重二,儒教の葬祭儀礼と日本(重建懷德堂竣工［開堂］一〇〇周年記念事業),懷德(86),9－26,2018－01。

中西俊英,華厳(けごん)思想のキーワード,大法輪85(2),84－88,2018－02。

竹内康浩,外形と相(うらない)：中国古代における身体観について,北海道教育大學紀要・人文科學・社会科學編68(2),33－48,2018－02。

荒見泰史,唐王朝における三夷教と讚,敦煌寫本研究年報(12),1－25,2018－3。

荒見泰史,『心經』と「心」「経」,アジア社会文化研究(19),1－19,2018－03。

高井龍,敦煌文獻「妙法蓮華經講經文(擬)」の諸特徵と十世紀敦煌の講經,

敦煌寫本研究年報(12),45-65,2018-3。

林生海,敦煌寫本〈降魔變文〉と西域宗教,敦煌寫本研究年報(12),67-84,2018-3。

程正,英藏敦煌文獻から發見された禅籍について:S6980以降を中心に(2),駒沢大學仏教學部研究紀要(76),82-65,2018-03。

西本照真,三階教研究の過去・現在・未来,叡山學院研究紀要(40),193-212,2018-03。

小野嶋祥雄,中国仏教における如来常住の実感,佛教學研究(74),29-47,2018-03。

山口正晃,「中国仏教」の確立と仏名経,関西大學東西學術研究所紀要(51),233-259,2018-04。

張文良,中西俊英(訳),中国華厳教學における般若系経典,東アジア仏教研究(16),127-141,2018-05。

柴田幹夫,序言(台湾の日本仏教:布教・交流・近代化),アジア遊學(222),4-7,2018-08。

程正,英藏敦煌文獻から發見された禅籍について:S6980以降を中心に(3),駒沢大學仏教學部論集(49),300-286,2018-10。

石井公成,近代におけるZenの登場と心の探究(1),駒沢大學仏教學部論集(49),354-330,2018-10。

橘堂晃一、荒川慎太郎,「観心十法界図」をめぐる新研究:西夏とウイグルの事例を中心に,國華124(4),3,5-20,2018-11。

三浦國雄,『北斗本命延生經』傅洞眞注初探,東方宗教(131),21-47,2018-11。

中西俊英,法詵『梵網経疏』巻上における三聚浄戒解釈と戒体説,印度學佛教學研究67(1),308-304,2018-12。

荒川正晴,ユーラシア東部における仏教伝来と冥界観の形成,史滴(40),163-165,2018-12。

藤井教公,『法華経直談鈔』における「法師品」の検討:『法華経鷲林拾葉鈔』との対比から,印度學佛教學研究66(2),589-595,2018。

神塚淑子,中国宗教思想研究四十年(神塚淑子教授退休記念号),名古屋大學中國哲學論集(17),1-34,2018。

小野嶋祥雄,唐初期三一権実論争と三階教文獻,印度學佛教學研究66(2),554-559,2018。

西康友、逢坂雄美,梵文法華経写本編纂過程における梵語化の検証法:全写本・断簡ローマ字転写校訂本総索引の必要性,中央學術研究所紀要(47),119-136,2018。

中西俊英,法蔵における日常実践と教理の接続:『梵網経菩薩戒本疏』を中心に,南都佛教(100),31-59,2018。

　6. 考古・美術

倉本尚德,碑文と『続高僧伝』諸本の比較研究:曇詢・僧邕伝を例として,日本古写経研究所研究紀要3,図巻頭1p,9-26,2018-03。

倉本尚德,霊裕の享年:『続高僧伝』と石刻資料の比較,印度學佛教學研究66(2),510-515,2018-03。

黒田彰,董黯図攷(二):呉氏蔵董黯石床の出現,文學部論集(102),13-32,2018-03。

肥田路美,杜甫の見た龍門石窟,アジア遊學(220),59-78,2018-06。

荒川慎太郎、橘堂晃一,ロシア所蔵「観心十法界図」の西夏文について,アジア・アフリカ言語文化研究(96),71-102,2018-09。

向井佑介,黄曉芬編著『交趾郡治・ルイロウ遺迹Ⅱ:二〇一四――一五年度発掘からみた紅河デルタの古代都市像』,史林(6),985-991,2018-11。

黒田彰,北朝芸術博物館蔵の郭巨董黯石脚:呉氏蔵郭巨石脚との関連,京都語文(26),161-205,2018-11。

濱田瑞美,中国南北朝期石窟の維摩経変について,横浜美術大學教育・研究紀要8,67-83,2018。

　7. 文書・譯註

山崎藍、佐野誠子、佐々木聡,京都大學人文科學研究所所蔵『天地瑞祥志』第十七翻刻・校注(上),名古屋大學中国語學文學論集31,59-111,2018-02。

髙瀬奈津子、江川式部(訳),釈注『封氏聞見記』訳注(5),札幌大學總合研究(10),254-235,2018-03。

藤井教公(訳),智顗撰『維摩経文疏』訳注(6),国際仏教學大學院大學研究紀要(22),1-29,2018-03。

長谷部剛、橘千早(訳),敦煌曲子詞訳注稿(1),関西大學東西學術研究所紀要(51),191-202,2018-04。

山本孝子(訳),『五杉練若新學備用』巻中「論書題高下」小考:試釈と内容・表現に関する初歩的考察,関西大學東西學術研究所紀要(51),85-96,2018-04。

永井政之、程正、大澤邦由、德護、五十嵐嗣郎、長谷川淳一,『宋会要』道釈部訓注(13)資料編,駒沢大學仏教學部論集(49),49-87,2018-10。

大澤正昭、村上陽子、大川裕子、酒井駿多(訳),『補農書』(含『沈氏農書』)試釈:現地調査を踏まえて(2),上智史學(63),55-104,2018-11。

井口千雪、大賀晶子、香月玲子、川上萌実、小松謙、孫琳浄、玉置奈保子、田村彩子、藤田優子、宮本陽佳(訳),「大目乾連冥間救母變文」訳注(2),和漢語文研究(16),225-244,2018-11。

小松謙、井口千雪、大賀晶子、香月玲子、川上萌実、孫琳浄、玉置奈保子、田村彩子、藤田優子、宮本陽佳,「大目乾連冥間救母變文」訳注(1),京都府立大學學術報告・人文(70),27-83,2018-12。

慶昭蓉,略論古代龜茲文書製作傳統之萌蘗,内陸アジア言語の研究(33),45-75,2018-12。

中純子、幸福香織(訳),『太平広記』楽部訳注稿(5)中国文化研究(34),53-80,2018。

池田恭哉,王通『中説』訳注稿(4),香川大學教育學部研究報告・第1部,1-19,2018。

8. 動向・調査

荻原裕敏、慶昭蓉,東京国立博物館所蔵ブラーフミー文字木簡調査報告,Museum(672),5、29-44,2018-02。

慶昭蓉,荻原裕敏(訳),東京国立博物館所蔵クチャ・カローシュティー(Kuca-Kharosthi)木簡について,Museum(672),45-56,2018-02。

關尾史郎,高台県古墓群発掘調査簡史:主要出土文物とその研究の紹介をかねて,資料學研究(15),61-107,2018-03。

李曼寧,旅順博物館百周年記念事業「古道遺珍:旅順博物館所蔵西域文物製品展」「シルクロードと新疆出土文獻」国際學術シンポジウム,龍谷大學世界仏教文化研究センター2017年度研究活動報告書,137-143,2018-03。

森部豊,黒竜江省・吉林省における契丹(遼)・金時代の遺迹の現狀と調査:遼・金時代史研究の新しい潮流をめぐって,関西大學東西學術研究所紀要(51),405-423,2018-04。

白須淨眞,台湾・中央研究院近代史研究所の大谷光瑞に係わる档案資料について,アジア遊學(222),224-234,2018-08。

森部豊,海外調査報告唐代幽州盧竜節度使、河東節度使、振武節度使の空間:2017年河北・山西北部調査報告,唐代史研究(21),215-220,2018-08。

中田裕子、村岡倫,アルタイ地方におけるモンゴル帝国時代の仏像の発見とその意義:2016年現地調査の報告をかねて,東洋史苑(90),1-37,2018-10。

橘千早,「二〇一八・中国詞學国際學術研討会」参加報告,風絮(15),96-108,2018-12。

9. 書評・介紹

古勝隆一,『論語』の本文を探りなおす技[高橋均著経典釈文論語音義の研究],東方(443),28-32,2018-01。

二階堂善弘,『全訳封神演義』(全四巻)の出版に関連して,東方(444),9-13,2018-02。

關尾史郎,渡邉義浩著『三国志事典』、神野正史著『世界史劇場正史三國志』,東アジア:歴史と文化(27),1-4,2018-03。

石井公成,大竹晋『大乗起信論成立問題の研究:『大乗起信論』は漢文仏教文獻からのパッチワーク』,駒沢大學仏教學部研究紀要(76),1-9,2018-03。

森部豊,福島恵『東部ユーラシアのソグド人:ソグド人漢文墓誌の研究』,内陸アジア史研究(33),119-126,2018-03。

池田恭哉,洲脇武志著『漢書注釋書研究』,六朝學術學會報19,67-76,2018-03。

河上繁樹,吉田雅子『海のシルクロードの染織史』,服飾美學(64),133-135,2018-03。

久保田和男,村元健一『漢魏晋南北朝時代の都城と陵墓の研究』,歴史學研究(969),56-59,2018-04。

西村陽子,シルクロード探検,歴史と地理(714),39-42,2018-05。

渡邉義浩,かたちあるものを超える[和久希著六朝言語思想史研究],東方(447),24-28,2018-05。

坂尻彰宏,土肥義和・氣賀澤保規編『敦煌・吐魯番文書の世界とその時代』,唐代史研究(21),201-206,2018-08。

会田大輔,洲脇武志著『漢書注釈書研究』,唐代史研究(21),207-210,2018-08。

倉本尚徳,神塚淑子『道教経典の形成と仏教』,唐代史研究(21),182-190,2018-08。

神塚淑子,池田知久・水口拓壽編『中國傳統社會における術數と思想』,東方宗教(131),96-101,2018-11。

程正,中国における禅研究の代表作[賈晋華著,齋藤智寬監訳、村田みお訳,古典禅研究:中唐より五代に至る禅宗の発展についての新研究],東方(454),27-31,2018-12。

 10. 學者・其他

礪波護、井波陵一、淺見直一郎、中砂明德、江川式部、承志、今西智久,學問の思い出:礪波護先生を圍んで,東方學135,109-146,2018-01。

高橋継男、竹内洋介,中國五代十國時期墓誌綜合目錄(增訂稿),東洋大學アジア文化研究所研究年報(52),24(343)-69(298),2018-2。

岩本篤志,濱田德海舊藏敦煌文獻再考:國立國會圖書館藏本と北京伍倫國際拍賣公司本をめぐって,敦煌寫本研究年報(12),131-146,2018-3。

永田知之,京都大學人文科學研究所の前身と中國典籍日本古寫本:寫本の複製を中心に,敦煌寫本研究年報(12),147-163,2018-3。

道坂昭廣,羅振玉より德富蘇峰への手紙:同志社大學図書館蔵『羅振玉書簡:德富猪一郎宛』略注(上),歷史文化社会論講座紀要(15),37-51,2018-03。

窪添慶文,歴史の風墓誌研究雑感,史學雜誌127(3),305-307,2018-03。

都築晶子,安田二郎氏の六朝政治史研究に寄せて,名古屋大學東洋史研究報告(42),61-67,2018。

二、著　　書

愛知大學現代中国學会(編),中国古典美術の魅力:21世紀からの視線,東方書店,2018-01。

河内春人,倭の五王:王位継承と五世紀の東アジア,中公新書,2018-01。

麥谷邦夫,六朝隋唐道教思想研究,岩波書店,2018-01。

森雅秀(監),アジア仏教美術論集中央アジアⅡ,中央公論美術出版,2018-01。

寺田浩明,中国法制史,東京大學出版会,2018-01。

游佐昇、河村昌子、佐藤賢(編著),国際未来社会を中国から考える,東方書店,2018-01。

池田恭哉,南北朝時代の士大夫と社會,研文出版,2018-02。

南澤良彦,中国明堂思想研究:王朝をささえるコスモロジー,岩波書店,2018-02。

小浜正子(編),中国ジェンダー史研究入門,京都大學學術出版会,2018-02。

大城太,巧みな「人心操縱術」中国古典の教え,三笠書房,2018-02。

林田愼之助(訳),顔之推(著)顔氏家訓,講談社,2018-02。

荊木美行,東アジア金石文と日本古代史,汲古書院,2018-02。

高吉嬉、國分麻里、金玹辰(編著),交流史から學ぶ東アジア,明石書店,2018-02。

高田時雄(主編),敦煌寫本研究年報(12號),京都大學人文科學研究所,2018-03。

藪内清著作集編集委員会(編),藪内清著作集第3卷,臨川書店,2018-03。

谷中信一(編),中國出土資料の多角的研究,汲古書院,2018-03。

永田英正,漢代史研究,汲古書院,2018-03。

佐藤信弥,中国古代史研究の最前線,星海社,2018-03。

海野弘,日本の装飾と文様,パイインターナショナル,2018-03。

朱永新(著),岩谷季久子(訳),中国教育史·古代篇,科學出版社東京,2018-03。

木村淳、小野林太郎、丸山真史(編著),海洋考古學入門,東海大學出版部,2018-03。

宮内庁書陵部蔵漢籍研究会(編),図書寮漢籍叢考,汲古書院,2018-03。

佐藤信(編),律令制と古代国家,吉川弘文館,2018-03。

渡邉義浩、井川義次、和久希(編著),はじめて學ぶ中國思想,ミネルヴァ書房,2018-04。

宮宅潔(編),多民族社会の軍事統治:出土史料が語る中国古代,京都大學學術出版会,2018-04。

田中和子(編),佐藤兼永(撮影),探検家ヘディンと京都大學,京都大學學術出版会,2018-04。

柯隆,中国「強国復権」の条件:「一帯一路」の大望とリスク,慶應義塾大學出版会,2018-04。

川合康三、富永一登(等譯),文選詩篇(2),岩波文庫,2018-04。

堀内淳一,北朝社会における南朝文化の受容:外交使節と亡命者の影響,東方書店,2018-04。

渡邊信一郎,『舊唐書』食貨志譯注,汲古書院,2018-04。

中鉢雅量,中国古典叢林散策,汲古書院,2018-05。

成瀬隆純,唐代浄土教史の研究,法藏館,2018-05。

妹尾達彦,グローバルヒストリー,中央大學出版部,2018-05。

トム・ミラー、田口未和,中国の「一帯一路」構想の真相:海と陸の新シルクロード経済圏,原書房,2018-05。

川原秀城,数と易の中国思想史,勉誠出版,2018-05。
中国古典小説研究会(編),中国古典小説研究の未来,勉誠出版,2018-05。
坂出祥伸,初學者のための中国古典文獻入門,筑摩書房,2018-05。
竹内良雄、川﨑享,『貞観政要』に學ぶリーダー哲學,東洋経済新報社,2018-05。
高橋一夫、須田勉(編),古代高麗郡の建郡と東アジア,高志書院,2018-05。
小峯和明,遣唐使と外交神話:『吉備大臣入唐絵巻』を読む,集英社,2018-05。
平野邦雄,帰化人と古代国家〔新装版〕,吉川弘文館,2018-05。
黄曉芬、鶴間和幸(編),東アジア古代都市のネットワークを探る,汲古書院,2018-05。
小島毅(編),中世日本の王権と禅・宋學,汲古書院,2018-05。
吉田惠二,文房具が語る古代東アジア,同成社,2018-06。
本間洋一,桑華蒙求の基礎的研究,和泉書院,2018-06。
藪内清著作集編集委員会(編),藪内清著作集第4巻,臨川書店,2018-06。
中国社会科學院歴史研究所「簡明中国歴史知識手册」編纂グループ(原案),谷口竹速(訳),中国歴史知識ハンディブック,科學出版社東京,2018-06。
黄文雄,儒教の本質と呪縛,勉誠出版,2018-07。
岡本隆司,世界史序説:アジア史から一望する,筑摩書房,2018-07。
渡辺章悟、高橋尚夫(編),般若心経註釈集成〈中国・日本編〉,起心書房,2018-07。
『吉津宜英著作集』編集委員会(編),浄影寺慧遠の思想史的研究,臨川書店,2018-07。
王震中(著),柿沼陽平(訳),中国古代国家の起源と王権の形成,汲古書院,2018-07。
石井正敏(著),村井章介、榎本渉(等編),遣唐使から巡礼僧へ,勉誠出版,2018-07。
渡辺章悟、高橋尚夫(編),般若心経註釈集成〈中国・日本編〉,起心書房,2018-07。
塘耕次,王弼の易注,明徳出版社,2018-07。
藤仲孝司、中御門敬教,インド・チベット浄土教の研究:大乗菩薩道としての展開,起心書房,2018-07。
津田資久、井ノ口哲也(編著),教養の中国史,ミネルヴァ書房,2018-08。
伊藤晋太郎,「関帝文獻」の研究,汲古書院,2018-08。

末木文美士(編),仏教の歴史2,山川出版社,2018-08。
柴田幹夫(編),台湾の日本仏教,勉誠出版,2018-08。
宮崎市定,大唐帝国,中央公論新社,2018-08。
W. シュスラー,芦名定道(監),神についていかに語りうるか,日本キリスト教団出版局,2018-08。
福永光司,道教と古代日本,人文書院,2018-09。
福永光司,道教と日本文化,人文書院,2018-09。
西本香子,古代日本の王権と音楽,高志書院,2018-09。
小松久男,近代中央アジアの群像,山川出版社,2018-09。
福永光司,「馬」の文化と「船」の文化,人文書院,2018-09。
椎名宏雄,やさしく読む参同契・宝鏡三昧,大法輪閣,2018-09。
藪内清著作集編集委員会(編),藪内清著作集第2巻,臨川書店,2018-09。
杉村邦彦,書學論纂,知泉書館,2018-10。
吉田茂子,北魏繚亂,文藝春秋,2018-10。
森谷峰雄,基督教と空海,シオン出版社,2018-10。
水嶋都香,拡大シルクロード全史,第一書房,2018-10。
小口雅史(編),律令制と日本古代国家,同成社,2018-10。
菅野博史,法華経思想史から學ぶ仏教,大蔵出版,2018-10。
下出積與,日本古代の道教・陰陽道と神祇,吉川弘文館,2018-10。
林巳奈夫(著),岡村秀典(編),中国古代車馬研究,臨川書店,2018-10。
廣瀬憲雄,古代日本と東部ユーラシアの国際関係,勉誠出版,2018-10。
黄俊傑(著),藤井倫明(訳),思想史的観点からみた東アジア,風響社,2018-10。
荒川慎太郎,プリンストン大學図書館所蔵西夏文妙法蓮華経:写真版及びテキストの研究,創価學会・東洋哲學研究所,2018-11。
鎌田茂雄,観音さま,講談社,2018-11。
井波律子(編),中国奇想小説集,平凡社,2018-11。
矢野建一,日本古代の宗教と社会,塙書房,2018-11。
世界文化社(編),絨毯で辿るシルクロード,絨毯ギャラリー,2018-11。
進藤榮一、周瑋生、一帯一路日本研究センター(編),一帯一路からユーラシア新世紀の道,日本評論社,2018-12。
中村裕一,中国古代の年中行事,汲古書院,2018-12。
王小林,古事記と東アジアの神秘思想,汲古書院,2018-12。
黄能馥、陳娟娟、黄鋼(編著),中国服飾史図鑑1,国書刊行会,2018-12。

田餘慶(著),田中一輝、王鏗(訳),北魏道武帝の憂鬱,京都大學學術出版会,2018‐12。

附:《2017年日本敦煌學研究論著目錄》增補

洲脇武志,漢書注釈書研究,遊學社,2017‐01。
黒田彰,孝子伝・二十四孝の研究,思文閣出版,2017‐01。
佛教史學会(編),仏教史研究ハンドブック,法藏館,2017‐02。
林美希,唐代前期における蕃將の形態と北衙禁軍の推移,東洋史研究75(4),712‐744,2017‐03。
池田恭哉,甄琛から見る北魏という時代,東洋史研究75(4),676‐711,2017‐03。
荒木浩、近本謙介、李銘敬(編),ひと・もの・知の往来:シルクロードの文化學,勉誠出版,2017‐05。
濱田瑞美(責任編集),東アジア〈1〉後漢・三国・南北朝アジア仏教美術論集,中央公論美術出版,2017‐05。
張龍妹、小峯和明(編),東アジアの女性と仏教と文學,勉誠出版,2017‐05。
姜生,三浦國雄(訳),張道陵以前の儒生の道教,東方宗教(129),1‐18,2017‐05。
小峯和明(編),東アジアの仏伝文學,勉誠出版,2017‐06。
岡村秀典,雲岡石窟の考古學,臨川書店,2017‐06。
礪波護,鏡鑑としての中国の歴史,法藏館,2017‐06。
田中一輝,『顏氏家訓』における學問と保身,中国思想史研究(38),1‐35,2017‐07。
戸川貴行,六朝楽府の会編著『『隋書』音楽志訳注』,唐代史研究(20),177‐182,2017‐08。
戸川貴行,南北朝の雅楽整備における『周礼』の新解釈について,アジア遊學(213),91‐99,2017‐08。
髙瀬奈津子,礪波護著『隋唐都城財政史論考』,唐代史研究(20),189‐195,2017‐08。
林美希,唐・長安城の禁苑と北衙,唐代史研究(20),24‐52,2017‐08。
石見清裕,中国唐代史から見た石井正敏の歴史學,アジア遊學(214),98‐110,2017‐09。
礪波護,歴史研究の過去・現在・未来:『史林』第一〇〇巻刊行によせて,史林100(6),707‐723,2017‐11。

石見清裕,中国石刻墓誌の史料的性格・意義・問題点:隋唐時代の墓誌を中心に,歷史學研究(964),25-34,2017-11。

大竹晋,大乗起信論成立問題の研究,国書刊行会,2017-11。

岩村忍,文明の十字路＝中央アジアの歴史,講談社,2017-11。

藪内清著作集編集委員会(編),藪内清著作集・第1巻,臨川書店,2017-12。

向井佑介,日本考古學の100年と中国考古學研究:20世紀前半の調査資料にもとづく新たな研究視角,中国考古學(17),3-6,2017-12。

古畑徹,渤海国とは何か,吉川弘文館,2017-12。

増尾伸一郎,道教と中國撰述佛典,汲古書院,2017-12。

松原朗,杜甫における貴族意識,中国詩文論叢36,19-41,2017-12。

『文字通義』研究班,古勝隆一、岩井茂樹、永田知之、白石將人、山口智弘、重田みち、田訪、藤井律之、宇佐美文理,『文史通義』内篇二譯注(1),東方學報92,253-311,2017-12。

三谷真澄(編),「世界」へのまなざし:最古の世界地図から南方熊楠・大谷光瑞へ,法藏館,2017-12。

林美希、齊藤茂雄,訳注西安碑林博物館蔵「鐸地直侍墓誌」(唐・開元一一年),史滴(39),92-129,2017-12。

童嶺,貞觀年間唐帝國的東亞情報、知識與佚籍:舊鈔本《翰苑》注引《高麗記》研究,東方學報92,416-390,2017-12。

飯山知保,中国における石刻史料調査:現狀と展望,史滴(39),205-207,2017-12。

髙瀬奈津子,唐代宦官家族における女性の役割に関する一試論(岡野誠先生退休記念号),法史學研究会会報(21),164-170,2017。

下定雅弘,『白氏文集』における「茶」と「酒」についての研究(特集飲酒と喫茶),白居易研究年報(18),286-307,2017。

下定雅弘,日本文學へ与えた白居易の影響に関する研究:二〇一六年,白居易研究年報(18),418-437,2017。

高田時雄,ピジンと漢字:中国における交易言語,大手前比較文化學会会報(18),23-28,2017。

2014—2018年臺灣地區敦煌學研究論著目錄

張家豪(臺灣中正大學)

  本目錄接續《2009—2013年臺灣地區敦煌學研究論著目錄》(郝春文主編《2014敦煌學國際聯絡委員會通訊》,上海古籍出版社,2014年8月,第347—361頁),收錄2014年1月起至2018年12月止臺灣地區出版之敦煌學研究專著、期刊、學位論文等。

一、專　　著

Roderick Whitefield(羅德瑞克·韋陀)編集、解說,林保堯編譯《西域美術——大英博物館斯坦因蒐集品:敦煌繪畫1》,藝術家出版社,2014.9。
王三慶《敦煌吐魯番文獻與日本典藏》,新文豐出版公司,2014.9。
王菡薇、陶小軍《千年遺墨:敦煌南朝寫本書法研究》,蒼璧出版社,2014.12。
何山《遇見·敦煌:何山作品集》,佛光山文教基金會,2015.12。
李宗焜《敦煌遺書法書選》,中央研究院歷史語言研究所,2014.5。
杜冰梅《敦煌寫卷〈老子〉綜合研究》,花木蘭文化出版社,2014.3。
金榮華《敦煌佛畫題記初錄》,中國文化大學中國文學系,2017.9。
馬德偉、張伯雍編撰《早期禪宗文獻四部:以TEI數字標記重訂敦煌寫卷:〈楞伽師資記〉〈傳法寶紀〉〈修心要論〉〈觀心論〉= Four early chan texts from Dunhuang : A TEI-based edition》,新文豐出版公司,2018.1。
常書鴻、池田大作《敦煌的光彩:暢談美與人生》,正因文化,2014;創價文教基金會,2018.1。
張佩瑜《應用敦煌飛天圖像於"蓮開絲綢路"舞蹈作品意象表現之研究》,力大圖書有限公司,2015.7。
陳宜青《"敦煌舞"的佛教藝術思想研究》,花木蘭文化出版社,2014.9。
楊明璋《敷演與捏合——敦煌通俗叙事文學的叙人體物》,政大出版社,2015.9。
劉憶諄、李作婷、何恭算《敦煌風華再現:續説石窟故事》,臺灣自然科學博物館,2017.4。
蕭旭《群書校補(續):敦煌文獻校補·第七册》,花木蘭文化出版社,2014.9。
蕭旭《群書校補(續):敦煌文獻校補·第六册》,花木蘭文化出版社,2014.9。

二、期刊論文

（一）文獻

王三慶《〈文場秀句〉之發現、整理與研究》,《2013 敦煌、吐魯番國際學術研討會論文集》,成功大學中國文學系,2014.12,1—22 頁。

王三慶《敦煌文獻〈般若波羅蜜多心經〉唐·佚名注本再探——以天理大學圖書館イ183—293 爲中心》,《成大中文學報》47,2014.12,135—180 頁。

王三慶《釋應之〈五杉練若新學備用〉上卷與敦煌文獻等"法數"編輯之比較研究》,《敦煌學》33,2017.8,17—32 頁。

玄幸子《關於 P.2668 裏面的數種雜寫》,《2013 敦煌、吐魯番國際學術研討會論文集》,成功大學中國文學系,2014.12,23—33 頁。

石冬梅《〈俄藏敦煌文獻〉第 11 册非佛經文獻新校考》,《書目季刊》47:4,2014.3,1—31 頁。

石冬梅《〈英藏敦煌文獻〉第十二、十三、十四卷殘片考實》,《書目季刊》50:2,2016.9,45—59 頁。

朱鳳玉《散藏敦煌寫卷題跋研究發凡》,《敦煌學》31,2015.3,11—37 頁。

波波娃《敦煌文獻標注日期問題之若干説明》,《2013 敦煌、吐魯番國際學術研討會論文集》,成功大學中國文學系,2014.12,157—161 頁。

郜同麟《八種英藏敦煌文獻殘片的定名與綴合》,《敦煌學》31,2015.3,39—46 頁。

高田時雄《藏文書寫的漢文〈願新郎、願新婦〉》,《2013 敦煌、吐魯番國際學術研討會論文集》,成功大學中國文學系,2014.12,233—239 頁。

崔溶澈《韓國所藏敦煌吐魯番文物及絲綢之路研究活動》,《2013 敦煌、吐魯番國際學術研討會論文集》,成功大學中國文學系,2014.12,369—381 頁。

張長彬《英法藏敦煌兑廢經寫本研究》,《敦煌學》33,2017.8,107—132 頁。

陳子欽《日本敦煌秘笈〈千字文〉之新搜》,《雲漢學刊》31,2015.9,33—67 頁。

鄭阿財《杏雨書屋〈敦煌秘笈〉所見〈維摩詰經〉及其相關文獻》,《佛光學報》新 2:1,2016.1,1—33 頁。

鄭阿財《青島市博物館藏敦煌文獻經眼錄》,《2013 敦煌、吐魯番國際學術研討會論文集》,成功大學中國文學系,2014.12,625—643 頁。

鄭阿財《臺灣敦煌學研究的發展歷程與展望》,《敦煌學》31,2015.3,101—144 頁。

蔡忠霖、張家豪《2006—2016 年臺灣地區敦煌學研究論著目錄》,《敦煌學》34,2018.8,225—266 頁。

蕭敬偉《敦煌寫本〈孔子家語〉殘卷校讀補識》,《單周堯教授壽慶七秩慶壽論文集》,萬卷樓圖書股份有限公司,2017.11,347—358頁。

(二) 語言文字

白右尹《〈守溫韻學殘卷〉與等韻門法的起源》,《有鳳初鳴年刊》10,2015.11,105—137頁。

朱鳳玉《敦煌通俗字書中音樂語詞呈現之樂器析論》,《2013敦煌、吐魯番國際學術研討會論文集》,成功大學中國文學系,2014.12,59—77頁。

朴庸鎮、徐真賢《新羅慧超〈往五天竺國傳〉語言研究舉隅》,《東海中文學報》28,2014.12,227—248頁。

周安邦《敦煌寫本雜字系蒙書與明清雜字之關聯探究》,《興大中文學報》41,2017.6,97—144頁。

竺家寧《論佛經語言研究的"以經證經"》,《興大中文學報》38,2015.1,169—200頁。

洪藝芳《敦煌變文中的妻子稱謂詞探析》,《2013敦煌、吐魯番國際學術研討會論文集》,成功大學中國文學系,2014.12,209—232頁。

莊斐喬《杏雨書屋敦煌秘笈之維摩詰經寫卷用字初探:以"佛國品第一"爲例》,《第十一屆漢文佛典語言學國際學術研討會會議論文集》,佛光大學佛教研究中心、"中央大學"中國文學系,2017.11,81—98頁。

張小艷《敦煌社會經濟文書疑難詞語輯考》,《2013敦煌、吐魯番國際學術研討會論文集》,成功大學中國文學系,2014.12,311—321頁。

張秀清《敦煌文獻俗字考三則》,《澳門文獻信息學刊》13,2015.4,178—180頁。

梁銀峰《中古漢譯佛經和敦煌變文中由"於"引出的賓語小句》,《清華中文學報》13,2015.6,153—180頁。

黑維強、唐永健《契約文書中的"分數"類詞語釋義》,《2013敦煌、吐魯番國際學術研討會論文集》,成功大學中國文學系,2014.12,447—462頁。

廖湘美《〈大般涅槃經〉音切的比較研究:以敦煌P.2172與〈可洪音義〉爲中心》,《漢傳佛教研究的過去現在未來會議論文集》,佛光大學,2015,115—138頁。

廖湘美《敦煌P.2172〈大般涅槃經〉反映的語音現象》,《中正漢學研究》,2015:2=26,241—301頁。

劉靜宜《講經文心理動詞及其教化之研究——以敦煌本〈妙法蓮華經〉講經文爲例》,《臺東大學人文學報》6:2,2016.12,119—162頁。

蔡忠霖《俗字研究瑣議》,《敦煌學》31,2015.3,83—100頁。

蔡忠霖《從便捷視角審視俗字的書寫心理》,《敦煌學》32,2016.8,237—259頁。

(三) 文學

1. 綜論

山本孝子《唐五代時期書信的物質形狀與禮儀》,《敦煌學》31,2015.3,1—10頁。

李文鈺《從"敦煌"到花間:物質書寫與詞體特質的構成》,《林文月先生學術成就與薪傳國際學術研討會論文集》,臺灣大學中國文學系,2014,431—479頁。

林仁昱《敦煌佛教歌曲的"世俗記憶"探究》,《第十一屆通俗文學與雅正文學暨第十二屆唐代文化國際學術研討會會議論文》,中興大學中國文學系,2016.4.22—23,327—340頁。

林築筠《敦煌兒童文學新探:以童話寓言爲對象》,《第八屆銘傳大學應中所研究生學術研討會論文集》,銘傳大學應用中國文學系所,2016,75—102頁。

林雪鈴《唐代敦煌在地作品中的場域記憶及其特徵》,《彰化師大國文學誌》31,2015.12,77—103頁。

張家豪《敦煌佛傳文學之特色析論》,《敦煌學》32,2016.8,137—153頁。

楊明璋《從講經儀式到說唱伎藝:論古代的唱釋題目》,《敦煌學》31,2015.3,65—82頁。

廖秀芬《敦煌俗文學的特色及傳播方式》,《文學新鑰》26,2017.12,167—196頁。

劉惠萍《敦煌寫本所見"孫元覺"故事考——兼論中國"棄老"故事的來源與類型》,《敦煌學》32,2016.8,215—235頁。

劉全波《論敦煌類書的分類》,《2013敦煌、吐魯番國際學術研討會論文集》,成功大學中國文學系,2014.12,547—579頁。

蕭曉陽《敦煌變文與中國小說的詩性敘事》,《第十一屆通俗文學與雅正文學暨第十二屆唐代文化國際學術研討會會議論文》,中興大學,2016.4.22—23,135—146頁。

簡彥姈《唐代民歌中的邊塞風情》,《醒吾學報》55,2017.1,127—139頁。

2. 詩歌

邱君亮《敦煌蒙書研究——〈王梵志詩〉蒙詮》,《第四十六屆中區中文研究所碩博士生論文研討會論文集》,中興大學中國文學系,2014.5,288—312頁。

蕭旭《"兒郎偉"命名考》,《澳門文獻信息學刊》11,2014.08,84—91頁。

3. 曲子詞

金賢珠、李秀珍《初探〈敦煌曲子詞集〉之婉約性風格》,《中國語文》,122:1=727,2018.1,107—121 頁。

陶子珍《敦煌民間詞與盛中唐文人詞之比較》,《臺北城市科技大學通識學報》7,2018.3,35—54 頁。

簡彥姈《敦煌曲中的女子形象》,《人文社會與醫療學刊》4,2017.5,179—196 頁。

羅佳韋《敦煌曲子詞之自由間接引語式書寫探析:兼論詞體發展初期之特色》,《第三十五屆南區八校中文系碩博士生論文研討會論文集》,嘉義大學中國文學系,2016.12,113—128 頁。

4. 變文

吉田文子《〈大目乾連冥間救母変文並図一卷並序〉における表現形式について》,《語文與國際研究》14,2015.12,21—42 頁。

吉田文子《〈降魔変文〉の物語としての面白さを構築する要素について——語りに見られる修辞技巧を中心に=〈降魔變文〉之故事趣味性——分析講述部分之修辭特色爲主》,《語文與國際研究》18,2017.12,135—163 頁。

林仁昱《敦煌變文的英雄唱述探究》,《2013 敦煌、吐魯番國際學術研討會論文集》,成功大學中國文學系,2014.12,163—188 頁。

林雪鈴《敦煌講唱文辭〈秋吟一本〉之文學意象與説服叙事》,《敦煌學》32,2016.8,85—101 頁。

計曉雲《〈太子須大拏經講經文〉考述——以 ДХ.285 等六殘片與 BD.8006 號爲中心》,《敦煌學》34,2018.8,45—77 頁。

陸穗璉《敦煌本〈捉季布傳文〉與〈史記·季布傳〉之互文性——兼論俗文學對史傳文學的傳承與創新》,《嘉大中文學報》12,2017.11,217—255 頁。

陸穗璉《〈漢將王陵變〉與唐前王陵故事之互文性研究》,《成大中文學報》63,2018.12,1—38 頁。

張家豪《首都博物館藏〈佛説如來八相成道講經文〉(擬)探析》,《敦煌學》33,2017.8,133—152 頁。

張家豪《從敦煌本〈唐太宗入冥記〉論〈西遊記〉中"太宗入冥"故事之運用》,《敦煌學》31,2015.3,47—63 頁。

楊佳蓉《敦煌〈降魔變文〉與經變壁畫之探析》,《育達科大學報》37,2014.4,177—205 頁。

楊佳蓉《敦煌降魔變文與經變壁畫之教學探討》,《2017 卓越教學學術研討會——大學在地深耕的對話:高等教育的解構與建構》,東華大學等,2017.

11,217—225 頁。

楊明璋《敦煌講史變文中的祭祀敘述及其與祭祀活動之關係》,《中國學術年刊》36:春,2014.3,1—22 頁。

廖秀芬《敦煌變文與圖像父母恩重經變中的生育禮俗》,《文學新鑰》24,2016.12,155—178 頁。

劉惠萍《圖文之間的歷史：以敦煌寫本漢將王陵變爲例》,《第十一屆通俗文學與雅正文學暨第十二屆唐代文化國際學術研討會會議論文》,中興大學中國文學系,2016.4.22—23,19—3 頁。

蔡翊鑫《〈葉淨能詩〉研究》,《藝見學刊》11,2016.4,29—37 頁。

蕭旭《敦煌變文校補五十例》,《書目季刊》50:1,2016.6,23—63 頁。

5. 俗賦

包晏寧《文人與民間的關照：柳宗元賦體文學與敦煌俗賦探析》,《第三十二屆南區中文系碩博士生論文研討會論文集》,高雄師範大學國文學系,2014,97—111 頁。

項楚《敦煌本〈醜婦賦〉校注商榷》,《2013 敦煌、吐魯番國際學術研討會論文集》,成功大學中國文學系,2014.12,411—418 頁。

劉惠萍《呈現"孝道"——以"丁蘭刻木事親"敘事爲中心的一種考察》,《成大中文學報》47,2014.12,241—284 頁。

劉惠萍《敦煌類書事森與漢魏六朝時期的孝子傳》,《2013 敦煌、吐魯番國際學術研討會論文集》,成功大學中國文學系,2014.12,601—623 頁。

6. 經、子典籍

王三慶《敦煌本杜友晉書儀與五杉集之比較研究：以凶書儀中的"五服圖"爲討論》,《第十三屆唐代文化國際學術研討會會議論文》,"中國唐代學會",2018.5.4—5,381—413 頁。

王誠御《〈敦煌本文選注〉"伏生所誦〈詩〉"及〈文選集注〉"〈毛詩〉孔安國〈注〉"辨正》,《東吳中文線上學術論文》42,2018.6,33—47 頁。

沈相輝《〈毛詩〉卷子古本與延文古抄本考論》,《書目季刊》50:4,2017.3,1—27 頁。

莊兵《敦煌吐魯番文獻展現的〈孝經〉今古文》,《政大中文學報》27,2017.6,231—278 頁。

莊兵《"玄宗改經説"新辯》,《東華漢學》28,2018.12,71—100 頁。

許子濱《禘莫盛於灌——由唐寫本〈論語〉鄭注重探"禘自既灌而往"章的詮解問題》,《中國文哲研究集刊》48,2016.3,59—96 頁。

陳茂仁《敦煌寫卷〈籯金〉增輯〈新序〉佚文一則》,《書目季刊》48:1,2014.6,

45—47頁。

黃亮文《論韓愈爲嫂服期之相關問題》,《2013敦煌、吐魯番國際學術研討會論文集》,成功大學中國文學系,2014.12,419—446頁。

楊明璋《文人入聖域——白居易及其詩文的神聖化想像與中、日寺院》,《敦煌學》32,2016.8,197—213頁。

楊明璋《傳統通俗文化的婚儀問答與門:從敦煌本下女夫詞到日用類書佳期綺席詩、徽州文書餪房文詞》,《2013敦煌、吐魯番國際學術研討會論文集》,成功大學中國文學系,2014.12,463—485頁。

魏迎春《敦煌寫本P.3907籯金殘卷考釋》,《2013敦煌、吐魯番國際學術研討會論文集》,成功大學中國文學系,2014.12,669—683頁。

(四)宗教

1. 佛教

方廣錩《Defining the Chinese Buddhist Canon: Its Origin, Periodization, and Future＝關於漢文大藏經的幾個問題》,《中華佛學學報》28,2015.7,1—34頁。

王三慶《敦煌文獻齋願文體的源流與結構》,《成大中文學報》54,2016.9,27—58頁。

朱鳳玉《論講唱活動在敦煌佛教寺院的傳播——以莫高窟三界寺爲例》,《敦煌學》33,2017.8,33—52頁。

何劍平《維摩詰信仰在中國中古時期的演進歷程與特徵》,《佛光學報新》1:2下,2015.7,357—387頁。

汪娟《佛教瑞像的特徵與形成的思想基礎:從印度、于闐、敦煌到東土瑞像的整體考察》,《2013敦煌、吐魯番國際學術研討會論文集》,成功大學中國文學系,2014.12,107—129頁。

汪娟《敦煌景教文獻對佛教儀文的吸收與轉化》,《"中央研究院"歷史語言研究所集刊》89:4,2018.12,631—661頁。

汪娟、馬小鶴《霞浦文書〈摩尼光佛〉科册的儀文復原》,《敦煌學》32,2016.8,1—43頁。

汪娟、馬小鶴《不空譯〈尊勝咒〉綜考》,《敦煌學》33,2017.8,53—78頁。

汪娟、馬小鶴《吉田豊之摩尼教文獻漢字音寫研究》,《敦煌學》34,2018.8,79—100頁。

辛漢威《敦煌本〈大佛頂白傘蓋陀羅尼〉初探——敦煌本〈楞嚴咒〉之校勘及譯釋》,《志蓮文化集刊》12,2016.7,131—187頁。

林仁昱《敦煌本〈大乘淨土讚〉抄錄狀況與運用探究》,《敦煌學》32,2016.8,

59—83 頁。

林仁昱《敦煌 P.3216、P.2483 等卷"阿彌陀讚文"樣貌與應用探究》,《敦煌學》34,2018.8,23—44 頁。

林純瑜《〈維摩經〉藏譯本周邊文獻考察》,《佛光學報》新 1：2 下,2015.7,471—534 頁。

林純瑜《〈維摩詰經〉敦煌藏文寫本殘卷 PT610、PT611 研究》,《臺大佛學研究》33,2017.6,1—58 頁。

林偉正《乘雲文殊與流動的五臺山：敦煌石窟中所見的西夏五臺山信仰》,《一山而五頂：多學科、跨領域、超文化視野下的五臺信仰研究》,新文豐出版公司,2017.7,551—576 頁。

荒見泰史《敦煌本五臺山讚文與念佛法事、齋會》,《2013 敦煌、吐魯番國際學術研討會論文集》,成功大學中國文學系,2014.12,263—275 頁。

荒見泰史《敦煌的施餓鬼法與日本藏覺禪鈔・施諸餓鬼》,《出土文獻研究視野與方法國際學術研討會會議論文》,政治大學,2016.6,1—18 頁。

高國藩《敦煌唐人觀音崇拜及其民間傳承》,《紅面觀音及跨境觀音文化研究：第六屆世界華文文化學術研討會論文集》,臺北：唐山出版社,2016.12,158—246 頁。

崔中慧《由〈涼王大且渠安周造寺功德碑〉探討北涼宮廷寫經體》,《2013 敦煌、吐魯番國際學術研討會論文集》,成功大學中國文學系,2014.12,345—368 頁。

崔中慧《佛教初期寫經坊設置蠡測》,《臺大佛學研究》32,2016.12,99—134 頁。

崔中慧《德國收藏吐魯番出土早期〈華嚴經〉寫本殘片研究》,《2014 華嚴專宗國際學術研討會論文集》,2014.10,23—48 頁。

梁麗玲《敦煌文獻中的護童信仰》,《2013 敦煌、吐魯番國際學術研討會論文集》,成功大學中國文學系,2014.12,295—309 頁。

許絹惠《吐蕃的佛教措施與歸義軍前期的佛教發展》,《敦煌學》33,2017.8,79—105 頁。

許絹惠《論張議潮功德窟的塔窟組合》,《敦煌學》34,2018.8,101—130 頁。

郭麗英《敦煌寫經中西域傳譯經與中原未傳經》,《2013 敦煌、吐魯番國際學術研討會論文集》,成功大學中國文學系,2014.12,277—293 頁。

陳俊吉《"華嚴藏海圖"與"七處八會圖"的獨立發展至結合探究》,《書畫藝術學刊》16,2014.7,45—105 頁。

陳俊吉《中唐至五代華嚴經變的"入法界品圖"探究》,《書畫藝術學刊》18,

2015.6，133—174頁。

陳俊吉《唐五代"入法界品圖"中善財童子的造形與特色》,《書畫藝術學刊》19,2015.12,151—203頁。

陳淑萍《佛教法數類書研究——以〈法界次第初門〉與〈法門名義集〉爲研究中心》,《敦煌學》33,2017.8,153—170頁。

陳淑萍《敦煌寫本〈大乘義章〉及其相關研究》,《敦煌學》34,2018.8,153—175頁。

曹凌《〈達磨胎息論〉諸本的成立——以敦煌本爲中心》,《法鼓佛學學報》23,2018.12,25—67頁。

黄青萍《關於北宗禪的研究——五方便門寫本及其禪法》,《敦煌學》32,2016.8,171—196頁。

黄青萍《敦煌文獻中的北宗禪》,《敦煌學》34,2018.8,199—224頁。

楊秀華《從敦煌佛學佛事篇〈伯3800滿月文〉談誕生的生命禮俗》,《新生學報》19,2017.3,1—12頁。

楊明璋《泗州僧伽和尚神異傳説研究——以敦煌文獻爲中心的討論》,《中國學術年刊》39春季號,2017.3,51—76頁。

楊明璋《唐宋之際文殊菩薩的侍從變化考論》,《敦煌學》33,2017.8,171—193頁。

楊明璋《唐宋誌公神異傳説與中日十一面、十二面觀音信仰》,《漢學研究》36：1=92,2018.3,67—100頁。

萬金川《〈維摩詰經〉支謙譯本的點校——兼論該一經本的譯者歸屬及其底本語言》,《佛光學報》新1：2,2015,101—232頁。

趙威維《敦煌本〈壇經〉中"善知識"的角色探究》,《宗教哲學》70,2014.12,151—169頁。

鄭阿財《單注到集注：從敦煌吐魯番寫本遺存看僧肇注維摩詰經的流傳》,《佛光學報》新4：1,2018.1,99—140頁。

鄭阿財《敦煌寫本〈維摩義記〉抄寫年代及系統分析》,《佛光學報新》3：2,2017.7,1—40頁。

鄭阿財《論敦煌文獻對中國佛教文學研究的拓展與面向》,《人間佛教學報·藝文》5,2016.9,102—131頁。

蕭文真《〈敦煌秘笈〉羽——100號殘卷用途之試探》,《敦煌學》31,2015.3,145—154頁。

羅恩（Lowe, Bryan D）《The Scripture on Saving and Protecting Body and Life: An Introduction and Translation=〈救護身命經〉之介紹與英譯》,《中華佛學

學報》27,2014.7,1—34 頁。

蘇錦坤《試論"甘肅博物館 001 號〈法句經〉寫本"的異讀》,《福嚴佛學研究》10,2015.4,19—39 頁。

釋大參《〈光世音經〉在中原與敦煌的傳播》,《敦煌學》32,2016.8,299—324 頁。

釋大參《敦煌〈觀音經〉題記節俗齋日抄經文化之考察》,《敦煌學》31,2015.3,155—177 頁。

釋果暉《A Study of the Authorship of the Second Part of Dunhuang Manuscript S. 4221 =敦煌文獻斯坦因第 4221 號後半部作者身份之研究》,《正觀》78,2016.9,113—143 頁。

龔嵐《空海漢詩文集〈性靈集〉所收〈九想詩〉探論——詩歌的聖典化》,《中華佛學研究》18,2017.12,181—223 頁。

2. 道教

周西波《〈洞淵神咒經〉探論》,《2013 敦煌、吐魯番國際學術研討會論文集》,成功大學中國文學系,2014.12,189—207 頁。

周西波《白澤信仰及其形像轉變之考察》,《敦煌學》32,2016.8,45—58 頁。

陳峻誌《從敦煌具注曆日到寺廟安太歲:太歲以下諸神體系的起源與演變趨勢》,《興大中文學報》36,2014.12,61—102 頁。

楊秀清《道教的大衆化與唐宋時期敦煌大衆的道教思想:以敦煌文獻爲中心的研究》,《2013 敦煌、吐魯番國際學術研討會論文集》,成功大學中國文學系,2014.12,487—512 頁。

劉屹《古靈寶經業報輪迴觀念的發展——以新經、舊經中的"先世"一詞爲中心》,《2013 敦煌、吐魯番國際學術研討會論文集》,成功大學中國文學系,2014.12,581—600 頁。

(五)民俗

洪藝芳《敦煌收養文書的內容及其文化內涵》,《敦煌學》32,2016.8,103—136 頁。

高國藩《絲綢之路敦煌古迹景點旅遊俗文化考述》,《華人文化研究》5:1,2017.6,11—24 頁。

高國藩《敦煌本西王母與黃帝崆峒山問道旅遊俗文化考述》,《華人文化研究》4:2,2016.12,15—38 頁。

高國藩《敦煌文書鳩仗敬老風俗與〈周易〉》,《華人文化研究》4:1,2016.6,11—28 頁。

梁麗玲《敦煌"小兒夜啼方"中的咒語流變》,《敦煌學》32,2016.8,155—

170頁。

梁麗玲《P.2666V"治小兒驚啼方"考》,《敦煌學》34,2018.8,131—152頁。

華瀾《Daily Activities in the Calendars of Medieval China（Ninth and Tenth Centuries）：The Case of the Body Care Activities＝中國中古時期曆日中的活動、身體及其照護(9至10世紀)》,《"國立"政治大學歷史學報》45,2016.5,1—59頁。

韓碧琴《中祥拾零》,《興大中文學報》38,2015.12,137—168頁。

羅文星《拓跋政權賜妻婚姻的研究》,《中正歷史學刊》18,2015.12,1—32頁。

（六）藝術、樂舞

丁鵬《敦煌壁畫的動畫創作研究——以動畫片"九色鹿"為例》,《敦煌學》33,2017.8,1—16頁。

王瓊瑢《敦煌舞蹈表演藝術形式初探》,《舞蹈教育》13,2015.10,82—96頁。

呂珮鈺《飛天舞蹈戲劇化課程設計之成效探討》,《新北市教育》21,2016.12,58—62頁。

李靚彤《唐代敦煌藻井裝飾圖像造型研究》,《藝文薈粹》19,2016.1,32—39頁。

沈以正《由張大千論敦煌與唐畫、唐卡（上）》,《藝文薈粹》17,2015.1,15—21頁。

沈以正《由張大千論敦煌與唐畫、唐卡（下）》,《藝文薈粹》18,2015.7,6—11頁。

法國國立科學研究院、秋山光和著,林保堯編譯《佛傳圖幡與敦煌俗文學》,《藝術家》518,2018.7,320—325頁。

法國國立科學研究院、秋山光和著,林保堯編譯《唐代(9世紀前半)〈觀經變相〉》,《藝術家》523,2018.12,406—413頁。

法國國立科學研究院、秋山光和著,林保堯編譯《藥師如來與彌勒淨土》,《藝術家》522,2018.11,386—393頁。

法國國立科學研究院、林保堯編譯《釋迦如來與多寶如來》,《藝術家》521,2018.10,454—459頁。

秋山光和著,林保堯編譯《降魔成道圖》,《藝術家》520,2018.9,374—381頁。

秋山光和著,林保堯編譯《佛傳圖幡殘缺的考證》,《藝術家》519,2018.8,326—331頁。

查屏球《從西域之神到東土隱士——唐宋維摩詰圖題詩之衍變》,《佛光學報》新1：2,2015,305—356頁。

潘亮文《敦煌隋唐時期的維摩詰經變作品試析及其所反映的文化意義》,《佛光學報》新1：2,2015,535—583頁。

蔡静野《敦煌石窟的藝術展示與傳播觀念》,《文化的軌迹·2016：文化治理的全球流動與在地實踐國際研討會》,臺灣藝術大學藝術管理與文化政策研究所,2016,98—107頁。

韓秉軒、陳麒安、蔡伶、張鈺苹、洪一平《跨越虛實、橫貫古今：以敦煌石窟爲例》,《影像與識別》22：2,2016.6,16—30頁。

簡佩琦《從"目連經變"至"十王經變"圖像遞嬗之迹》,《2013敦煌、吐魯番國際學術研討會論文集》,成功大學中國文學系,2014.12,685—709頁。

簡佩琦《敦煌披帽地藏之文本與圖像》,《敦煌學》32,2016.8,261—298頁。

簡佩琦《敦煌壁畫"取經圖"再議》,《玄奘佛學研究》27,2017.3,43—84頁。

簡佩琦《敦煌壁畫之文本〈大唐三藏取經詩話〉》,《玄奘佛學研究》28,2017.9,167—189頁。

顏娟英《生與死——北朝涅槃圖像的發展》,《"國立"臺灣大學美術史研究集刊》39,2015.9,1—48+241頁。

羅德瑞克·韋陀撰,林保堯編譯《唐至五代"綾地銀泥描菩薩立像"與"綾地彩繪佛坐像"》,《藝術家》501,2017.2,298—301頁。

羅德瑞克·韋陀撰,林保堯編譯《唐代〈刺繡靈鷲山釋迦説法圖〉》,《藝術家》500,2017.1,334—341頁。

羅德瑞克·韋陀撰,林保堯編譯《唐代〈佛坐像版畫〉》,《藝術家》495,2016.8,354—357頁。

羅德瑞克·韋陀撰,林保堯編譯《唐代至五代〈藥師如來、如意輪觀音、金剛藏菩薩像〉與〈護諸童子女神像〉》,《藝術家》492,2016.5,366—369頁。

羅德瑞克·韋陀撰,林保堯編譯《唐代〈佛坐像〉》,《藝術家》491,2016.4,378—381頁。

羅德瑞克·韋陀撰,林保堯編譯《五代〈千手千眼觀世音菩薩像〉與〈觀世音菩薩像〉》,《藝術家》490,2016.3,328—331頁。

羅德瑞克·韋陀撰,林保堯編譯《唐代至五代〈摩利支天圖〉與唐代〈二天王像〉》,《藝術家》489,2016.2,328—331頁。

羅德瑞克·韋陀撰,林保堯編譯《北宋〈十王經畫卷〉與唐代〈觀音經册子〉》,《藝術家》487,2015.12,398—405頁。

羅德瑞克·韋陀撰,林保堯編譯《五代〈地藏十王圖殘簡〉與〈地藏十王圖畫卷〉》,《藝術家》486,2015.11,414—417頁。

羅德瑞克·韋陀撰,林保堯編譯《唐代〈禹受洛書傳説圖〉與〈北方神星、計都星像護符〉》,《藝術家》485,2015.10,344—347頁。

羅德瑞克·韋陀撰,林保堯編譯《唐代〈行脚僧圖〉》,《藝術家》484,2015.9,350—353頁。

羅德瑞克·韋陀撰,林保堯編譯《唐代〈烏樞沙摩明王像〉與〈那羅延天像〉》,《藝術家》483,2015.8,308—313頁。

羅德瑞克·韋陀撰,林保堯編譯《唐代〈觀世音菩薩像〉、〈獅子圖〉與〈馬、駱駝圖〉》,《藝術家》482,2015.7,306—311頁。

羅德瑞克·韋陀撰,林保堯編譯《五代〈維摩經變相圖〉》,《藝術家》481,2015.6,468—471頁。

羅德瑞克·韋陀撰,林保堯編譯《唐代至五代〈高僧像〉與〈水月觀音圖〉》,《藝術家》480,2015.5,370—373頁。

羅德瑞克·韋陀撰,林保堯編譯《唐代〈浄土圖殘片〉》,《藝術家》479,2015.4,346—349頁。

羅德瑞克·韋陀撰,林保堯編譯《唐末至五代〈觀世音菩薩像幡〉與〈迦理迦尊者像〉》,《藝術家》478,2015.3,336—341頁。

羅德瑞克·韋陀撰、林保堯編譯《唐末至五代〈觀世音菩薩像幡〉與〈觀世音菩薩像幡殘片〉》,《藝術家》477,2015.2,310—317頁。

羅德瑞克·韋陀撰,林保堯編譯《唐末至五代〈觀世音菩薩像〉與〈千手千眼觀世音菩薩圖〉》,《藝術家》476,2015.1,426—429頁。

羅德瑞克·韋陀撰,林保堯編譯《五代〈佛坐像長幡〉與觀音曼陀羅殘片》,《藝術家》475,2014.12,376—379頁。

羅德瑞克·韋陀撰,林保堯編譯《五代〈菩薩像長幡〉與〈菩薩像長幡〉》,《藝術家》474,2014.11,450—453頁。

羅德瑞克·韋陀撰,林保堯編譯《唐代〈花鳥紋幡〉〈菩薩像長幡〉與五代〈菩薩像長幡〉》,《藝術家》473,2014.10,338—345頁。

羅德瑞克·韋陀撰,林保堯編譯《五代〈地藏十王圖〉與〈地藏十王圖〉》,《藝術家》470,2014.7,372—279頁。

羅德瑞克·韋陀撰,林保堯編譯《五代(10世紀中葉)與唐代(9世紀)〈行道天王圖〉》,《藝術家》465,2014.2,340—347頁。

羅德瑞克·韋陀撰,林保堯編譯《唐代末期至五代初期〈普賢菩薩圖〉與〈文殊菩薩圖〉》,《藝術家》464,2014.1,354—359頁。

(七)史地、教育、經濟、醫藥、法律

1. 史地

王晶《論郡望及其演變:以敦煌、武威的索氏、陰氏爲例》,《"國立"政治大學歷史學報》44,2015.11,1—42頁。

朱振宏《史大奈生平事迹研究》,《臺灣師大歷史學報》54,2015.12,1—44頁。

朱振宏《敦煌寫本S.2078V號習字文"史大奈碑"再研究》,《2014碑誌、文獻與考古國際學術研討會論文集》,"國立"中正大學歷史系,2014.12,119—152頁。

余欣《敦煌出土簡牘文書所見漢唐相馬法述考》,《2013敦煌、吐魯番國際學術研討會論文集》,成功大學中國文學系,2014.12,145—156頁。

吴美鳳《敦煌紀行——"反彈琵琶"與"老人入墓"》,《"國立歷史博物館"館刊：歷史文物》27：10＝291,2017.10,36—47頁。

李方《高昌國與唐代水渠關係考》,《2013敦煌、吐魯番國際學術研討會論文集》,成功大學中國文學系,2014.12,131—143頁。

沙武田《敦煌石窟營建里程碑式文獻〈莫高窟記〉題於莫高窟第156窟相關問題申論》,《2013敦煌、吐魯番國際學術研討會論文集》,成功大學中國文學系,2014.12,79—105頁。

高啓安《漢魏時期的串炙——以河西走廊爲中心》,《2013敦煌、吐魯番國際學術研討會論文集》,成功大學中國文學系,2014.12,241—262頁。

張先堂《敦煌莫高窟的家族營造活動：以供養人圖像和題記爲中心》,《2013敦煌、吐魯番國際學術研討會論文集》,成功大學中國文學系,2014.12,323—344頁。

張梅雅《試論晚唐至宋初的敦煌僧尼與社邑的互助關係：中古佛教僧尼參與社會慈善活動的動機與意義》,《輔仁社會研究》5,2015.1,27—64頁。

郭長城《兔園策府作者杜嗣先墓誌略論》,《敦煌學》34,2018.8,177—198頁。

馮培紅《論中古時代敦煌、吐魯番大族間的關聯》,《2013敦煌、吐魯番國際學術研討會論文集》,成功大學中國文學系,2014.12,383—410頁。

楊發鵬、李偉静《兩晋南北朝時期河隴地區佛教寺院考略》,《新世紀宗教研究》13：3,2015.3,1—28頁。

趙和平、趙晨昕《〈記室備要〉再研究——以樞密使爲中心的内廷軍政機制研究》,《2013敦煌、吐魯番國際學術研討會論文集》,成功大學中國文學系,2014.12,513—523頁。

趙貞《敦煌具注曆日中的漏刻標注探研》,《漢化、胡化、洋化·第五届：傳統社會的挑戰與回應國際學術研討會論文集》,中正大學歷史學系,2016.11,81—98頁。

鄭炳林《漢唐敦煌羅布泊間的交通與環境演變》，《2013敦煌、吐魯番國際學術研討會論文集》，成功大學中國文學系，2014.12，645—667頁。

羅仕傑《從敦煌、居延漢簡看漢代邊郡的官、私馬與駱駝》，《止善》22，2017.6，67—83頁。

羅仕傑《從漢簡看邊塞鬥毆與凶殺的三個案例》，《嶺東通識教育研究學刊》7：4，2018.8，101—112頁。

羅彤華《試析僧龍藏牒的家世與財產問題》，《2013敦煌、吐魯番國際學術研討會論文集》，成功大學中國文學系，2014.12，711—721頁。

　　2. 教育、經濟、醫療、法律

朱鳳玉《語文教育視角下的敦煌本〈正名要錄〉》，《敦煌學》34，2018.8，1—22頁。

林桂如《從敦煌本〈文明判集〉論宋朝判例集編纂》，《出土文獻研究視野與方法國際學術研討會會議論文》，政治大學，2016.6，29—39頁。

陳登武《敦煌出土〈唐判集殘卷〉中的法律與社會問題——兼論唐代"判"的傳播》，《法制史研究》31，2017.6，1—30頁。

黃奕炳《敦煌文獻分家契與金門黃氏鬮書之比較研究》，《第四屆麗澤全國中文研究生學術論文集》，中興大學中國文學系，2017，247—267頁。

蘇哲儀《歸義軍時期的敦煌儒學教育考探》，《鳴沙風雅——林聰明教授七十壽慶論文集》，臺北：新文豐出版公司，2016.11，213—272頁。

　　（八）人物

朱玉麒《段永恩與吐魯番文書的收藏研究》，《2013敦煌、吐魯番國際學術研討會論文集》，成功大學中國文學系，2014.12，35—58頁。

潘亮文《華嚴圖像研究與回顧——以殷光明先生研究成果為例》，《華嚴學報》8，2014.12，39—61頁。

　　（九）書評

王覲《見微知著皆史料 鴻爪雪泥覓法迹——評鄭顯文著〈出土文獻與唐代法律史研究〉》，《法制史研究》25，2014.6，273—285頁。

汪正一《〈吐蕃統治時期敦煌密教研究〉簡介》，《國文天地》33：9＝393，2018.2，108—111頁。

李穌書《書評：橫手裕著〈道教の歷史〉（東京：山川出版社 2015）》，《臺大歷史學報》56，2015.12，223—236頁。

許建平《敦煌學與避諱學的互動——評〈敦煌文獻避諱研究〉》，《國文天地》33：11＝395，2018.4，114—117頁。

蔡淵迪《孰謂"經學"，何以"敦煌"——許建平教授新著〈敦煌經學文獻論稿〉

簡介》,《國文天地》33：10＝394,2018.3,96—98頁。

壘謝苗《評 Irina Popova and Liu Yi, eds. "Dunhuang Studies: Prospects and Problems for the Coming Second Century of Research"（敦煌學：第二個百年的研究視角與問題）》,《漢學研究通訊》33：2＝130,2014.5,69—71頁。

三、學位論文

王佳玲《敦煌舞蹈之意涵分析》,南華大學視覺與媒體藝術學系碩士學位論文,2015。

王瓊瑢《敦煌舞蹈表演藝術形式之研究——以〈飛天舞〉及〈絲路花雨〉爲例》,臺灣體育運動大學體育舞蹈學系碩士班碩士學位論文,2015。

王瀚磊《基於深度學習之敦煌壁畫復原之研究》,臺灣大學信息工程學研究所碩士學位論文,2017。

朱劭芸《敦煌美學品牌之設計與規劃》,中原大學文創設計碩士學位學程碩士學位論文,2016。

昌筱晨《敦煌風華——老石窟壁畫中供養人研究》,玄奘大學中國語文學系碩士學位論文,2014。

林秀娟《敦煌本"搜神記"研究》,政治大學國文教學碩士學位論文,2014。

施小青《常書鴻早期繪畫研究》,中央大學藝術學研究所碩士學位論文,2016。

柯欣瑜《"啓顏錄"語言文字研究》,東華大學中國語文學系碩士學位論文,2017。

翁鈺萍《敦煌通俗字書"俗務要名林"與"雜集時用要字"研究》,嘉義大學中國文學系研究所碩士學位論文,2016。

許婉妮《形式的美感——探析敦煌壁畫形式美對油畫創作實踐之影響》,臺灣師範大學美術學系碩士學位論文,2017。

許絹惠《敦煌歸義軍政權與佛教石窟之研究》,銘傳大學應用中國文學系博士學位論文,2017。

許楷慧《佛教敦煌舞的個人、信仰與團體動力之研究——以佛光山道場學員爲例》,東吳大學社會學系碩士學位論文,2017。

粘庭瑜《"秦王破陣樂"今昔研究》,臺灣師範大學民族音樂研究所碩士學位論文,2016。

陳淑萍《敦煌法數類書〈法門名義集〉及相關文獻研究》,成功大學中國文學系博士學位論文,2018。

陳瑞芳《以中西比較文化角度再探唐代敦煌石窟飛天壁畫》,樹德科技大學應用設計所碩士學位論文,2017。

陳禹彤《"六祖壇經"版本及其演變之研究》,華梵大學東方人文思想研究所碩士學位論文,2015。

陳慧涵《董永故事型變研究——以孝道思想爲線索》,華梵大學東方人文思想研究所碩士學位論文,2017。

陳麒安《基於頭戴式顯示器與雙手控制器之虛實互動:以敦煌石窟爲例》,臺灣大學信息工程學研究所碩士學位論文,2015。

張伶芬《"盂蘭盆經"與中元齋醮的融合與實踐研究》,中興大學中國文學所碩士學位論文,2017。

賈蜀瑜《敦煌榆林 25 窟壁畫研究》,淡江大學中國文學系碩士在職專班碩士學位論文,2017。

楊静宜《唐代"和親"主題文學之研究》,嘉義大學中國文學所碩士學位論文,2014。

廖秀芬《唐宋俗文學發展及傳播之研究》,中正大學中國文學研究所博士學位論文,2015。

廖珮如《敦煌文獻中目連變文之孝道研究》,華梵大學東方人文思想研究所碩士學位論文,2015。

劉玉蓮《菩薩的嚴飾——敦煌莫高窟第 57 窟南壁的觀音畫像上的瓔珞的探討》,佛光大學佛教學系碩士學位論文,2016。

蔡依蓁《飛天再現·滿唐采——敦煌飛天創作研究》,臺灣藝術大學視覺傳達設計學系碩士學位論文,2014。

譚惠琳《初、盛唐時期敦煌壁畫中的山水表現》,臺灣師範大學美術學系碩士學位論文,2017。

釋長叡《"杏雨書屋"所藏敦煌寫卷"羽 619"與"阿含部類"的關係研究》,法鼓佛教學院佛教學系碩士學位論文,2014。

附:《2013 年臺灣地區敦煌學研究論著目錄》增補

一、專　　著

方廣錩主編《中央研究院歷史語言研究所傅斯年圖書館藏敦煌遺書》,"中研院"史語所,2013.12。

吴蘊慧《敦煌社會經濟文獻真迹釋録研究》,花木蘭文化出版社,2013.9。

車守同《國立敦煌藝術研究所的時代背景與史事日誌》,擎松圖書,2013.12。

常書鴻《守護敦煌五十年:常書鴻自述》,新鋭文創,2013。

二、期刊論文

汪娟《關於"唱導"的歧義》,《成大中文學報》41,2013.6,47—76頁。

汪時宇《尋常百姓家的故事——敦煌〈燕子賦〉淺論》,《第三十屆南區中文系碩博士生論文發表會論文集》,屏東教育大學,2013.12,163—178頁。

林明惠《穿越千年藝術——炫金敦煌》,《建國科技大學美容科學研討會學術論文集》,2013,176—182頁。

殷光明《試論敦煌盧舍那法界像配置反映的佛教思想》,《華嚴學報》6,2013.12,177—21頁。

崔中慧《吐魯番出土北涼且渠安周供養〈佛華嚴經〉研究》,《華嚴學報》6,2013.12,217—262頁。

崔岩《霓裳曳廣帶 飄浮升天行——記敦煌壁畫藝術中的飛天》,《志蓮文化集刊》9,2013.7,269—280頁。

陳俊吉《五代敦煌新樣文殊中善財童子的繪畫探究》,《史物論壇》16,2013.6,103—136頁。

楊佳蓉《敦煌莫高窟之元代石窟藝術探析》,《"國立歷史博物館"館刊：歷史文物》23：6=239,2013.6,73—83頁。

劉鑒毅《敦煌寫卷 P.2704 及其相關寫卷研究》,《北市大語文學報》11,2013.12,65—95頁。

蔡忠霖《論隸變與俗字》,《第二十三屆中國文字學國際學術研討會論文集》,聖環圖書公司出版,2013.11,355—378頁。

鄭阿財《從敦煌本〈詩格〉殘卷論唐代詩學對偶理論的實踐》,《文學新鑰》17,2013.6,55—84頁。

盧柏勳《論潘重規先生之治學方法與特色》,《有鳳初鳴年刊》9,2013.7,621—644頁。

羅德瑞克·韋陀撰,林保堯編譯《五代的〈觀世音菩薩〉與〈地藏菩薩像〉》,《藝術家》460,2013.9,316—321頁。

羅德瑞克·韋陀撰,林保堯編譯《唐代 7 至 8 世紀〈釋迦瑞像圖〉》,《藝術家》462,2013.11,476—483頁。

羅德瑞克·韋陀撰,林保堯編譯《唐代 9 世紀末與五代 10 世紀初的〈引路菩薩圖〉》,《藝術家》461,2013.10,368—375頁。

羅德瑞克·韋陀撰,林保堯編譯《唐代 9 世紀後半期兩幅〈觀世音菩薩像〉》,《藝術家》457,2013.6,446—449頁。

羅德瑞克·韋陀撰,林保堯編譯《唐代末期至五代初期〈彌勒下生經變相圖〉》,《藝術家》463,2013.12,406—417 頁。

羅德瑞克·韋陀撰,林保堯編譯《唐代的〈如意輪觀音菩薩像〉與〈千手千眼觀世音菩薩像〉》,《藝術家》459,2013.8,312—319 頁。

蘇哲儀《敦煌文書所見唐五代佛教活動與文化表現》,《2013 佛學與人生學術研討會論文集》,逢甲大學,2013.11,197—216 頁。

三、學位論文

李靚彤《唐代敦煌藻井裝飾研究》,臺灣藝術大學視覺傳達設計學系碩士學位論文,2013。

林穎欣《敦煌歸義軍時期時事文藝的"空間"與"英雄"概念研究》,中興大學中國文學所碩士學位論文,2013。

莊富盛《敦煌藻井圖案探討及其在印染設計之應用》,輔仁大學織品服裝研究所碩士學位論文,2013。

郭彧岑《敦煌俗文學故事之類型與叙事研究》,"中國文化大學"中國文學系博士學位論文,2013。

蘇哲儀《唐代敦煌教育文化研究》,逢甲大學中國文學系博士學位論文,2013。

釋見歡《敦煌飛天之探討:以法華經供養爲主》,圓光佛學研究所碩士學位論文,2013。

釋慧謹《佛教孝道的義理與實踐:以大足、敦煌石窟爲重點》,"清華大學"中國文學研究所博士學位論文,2013。

近十年來敦煌漢簡研究論著目錄

張勇健　范英傑（蘭州大學）

　　敦煌漢簡自20世紀以來備受學界關注，研究論著大量湧現，成果斐然。甘肅省文物考古研究所、甘肅省簡牘研究保護中心編著的《甘肅簡牘百年論著目錄》匯集了2007年以前包括敦煌漢簡在內的研究成果。近十年來，敦煌漢簡的研究又有諸多新的收穫，筆者在前人論述基礎上，謹對2008年以來大陸學界的研究成果進行梳理，整理目錄並分類如下，僅供學界參考。筆者學識淺陋，難免錯漏，祈請方家不吝賜教，以期補正和完善。

一、專著與文集

王子今《郵傳萬里——驛站與郵遞》，長春：長春出版社，2008年1月。
白於藍《簡牘帛書通假字字典》，福州：福建人民出版社，2008年1月。
李零《簡帛古書與學術源流》，北京：生活·讀書·新知三聯書店，2008年1月。
黃文傑《秦至漢初簡帛文字研究》，北京：商務印書館，2008年2月。
侯丕勳、劉再聰主編《西北邊疆歷史地理概論》，蘭州：甘肅人民出版社，2008年2月。
胡之主編《甘肅敦煌漢簡（一）》，重慶：重慶出版社，2008年6月。
胡之主編《甘肅敦煌漢簡（二）》，重慶：重慶出版社，2008年6月。
胡之主編《甘肅敦煌漢簡（三）》，重慶：重慶出版社，2008年6月。
胡之主編《甘肅敦煌漢簡（四）》，重慶：重慶出版社，2008年6月。
中國社會科學院科研局組織編選《夏鼐集》，北京：中國社會科學出版社，2008年7月。
張顯成《簡帛文獻論集》，成都：巴蜀書社，2008年8月。
高恒《秦漢簡牘中法制文書輯考》，北京：社會科學文獻出版社，2008年9月。
李正宇《敦煌學導論》，蘭州：甘肅人民出版社，2008年10月。
鄭有國《簡牘學綜論》，上海：華東師範大學出版社，2008年10月。
王國維《王國維考古學文輯》，南京：鳳凰出版社，2008年11月。
田旭東《周秦漢唐歷史文化十八講》，西安：陝西人民出版社，2008年11月。
楊詠中主編《甘肅交通史話》，蘭州：甘肅文化出版社，2008年12月。
甘肅省文物考古研究所、甘肅簡牘保護研究中心編著《甘肅簡牘百年論著目錄》,蘭州:甘肅文化出版社,2008年12月。

李均明《秦漢簡牘文書分類輯解》,北京:文物出版社,2009年2月。

樊中岳、陳大英、陳石《簡牘帛書書法字典》,武漢:湖北美術出版社,2009年3月。

陳高潮《中國簡牘墨迹選》,北京:北京工藝美術出版社,2009年8月。

郝樹聲、張德芳《懸泉漢簡研究》,蘭州:甘肅文化出版社,2009年8月。

孫瑞《金文簡牘帛書中文書研究》,長春:吉林文史出版社,2009年11月。

田澍、何玉紅主編《西北邊疆社會研究》,北京:中國社會科學出版社,2009年12月。

汪桂海《秦漢簡牘探研》,北京:文津出版社有限公司,2009年12月。

楊振紅《出土簡牘與秦漢社會》,桂林:廣西師範大學出版社,2009年12月。

胡同慶、羅華慶《解密敦煌》,蘭州:甘肅人民美術出版社,2010年1月。

王曉玲《走近瓜州》,蘭州:甘肅人民出版社,2010年2月。

胡之主編《中國簡牘書法系列·甘肅敦煌漢簡》,北京:文物出版社,2010年4月。

鄢衛東、李順保《甘肅古代醫學》,北京:學苑出版社,2010年5月。

晏昌貴《簡帛數術與歷史地理論集》,北京:商務印書館,2010年8月。

謝維揚、房鑫亮主編《王國維全集·第4卷》,杭州:浙江教育出版社,2010年9月。

謝維揚、房鑫亮主編《王國維全集·第8卷》,杭州:浙江教育出版社,2010年9月。

劉樂賢《戰國秦漢簡帛叢考》,北京:文物出版社,2010年11月。

羅振玉著,羅繼祖主編《羅振玉學術論著集·10集下》,上海:上海古籍出版社,2010年12月。

邢義田《地不愛寶:漢代的簡牘》,北京:中華書局,2011年1月。

邢義田《治國安邦:法制、行政與軍事》,北京:中華書局,2011年1月。

李均明《簡牘法制論稿》,桂林:廣西師範大學出版社,2011年4月。

王子今《秦漢邊疆與民族問題》,北京:中國人民大學出版社,2011年4月。

孔慶典《10世紀前中國紀曆文化源流——以簡帛爲中心》,上海:上海人民出版社,2011年6月。

李寶通《簡牘學教程》,蘭州:甘肅人民出版社,2011年7月。

殷晴《探索與求真:西域史地理論》,烏魯木齊:新疆人民出版社,2011年7月。

陳英、高宏《甘肅歷史文化》,蘭州:甘肅文化出版社,2011年8月。

朱乃誠《考古學史話》，北京：社會科學文獻出版社，2011年8月。
李明曉、趙久湘《散見戰國秦漢簡帛法律文獻整理與研究》，重慶：西南師範大學出版社，2011年10月。
鄭有國《臺灣簡牘研究六十年》，福州：福建人民出版社，2011年10月。
李明曉、胡波、張國艷《戰國秦漢簡牘虛詞研究》，成都：四川大學出版社，2011年10月。
孫占鼇主編《酒泉通史·第1卷》，蘭州：甘肅文化出版社，2011年11月。
鄔文玲等著《當代中國簡帛學研究》，北京：中國社會科學出版社，2011年12月。
殷晴《絲綢之路經濟史研究（上）》，蘭州：蘭州大學出版社，2012年1月。
李孝林《基於簡牘的經濟、管理史料比較研究》，北京：社會科學文獻出版社，2012年3月。
王子今、趙寵亮《簡牘史話》，北京：社會科學文獻出版社，2012年3月。
于振波《簡牘與秦漢社會》，長沙：湖南大學出版社，2012年3月。
徐蘋芳《中國歷史考古學論集》，上海：上海古籍出版社，2012年5月。
王振璞《中國古代書法史稿》，北京：人民日報出版社，2012年8月。
裘錫圭《裘錫圭學術文集·簡牘帛書卷》，上海：復旦大學出版社，2012年10月。
胡平生《胡平生簡牘文物論稿》，上海：中西書局，2012年12月。
吳榮曾、汪桂海《簡牘與古代史研究》，北京：北京大學出版社，2012年12月。
張德芳、孫家洲編《居延敦煌漢簡出土遺址實地考察論文集》，上海：上海古籍出版社，2012年12月。
張德芳主編《甘肅省第二屆簡牘學國際學術研討會論文集》，上海：上海古籍出版社，2012年12月。
曹寅蓬《中國書法字典·簡牘編》，濟南：山東美術出版社，2013年1月。
楊永生《酒泉文化遺產保護利用研究文集》，蘭州：甘肅人民出版社，2013年4月。
王國維、羅振玉撰，何立民點校《流沙墜簡》，杭州：浙江古籍出版社，2013年7月。
王欣《文本解讀與田野實踐——新疆歷史與民族研究》，北京：中國社會科學出版社，2013年7月。
劉玉環《秦漢簡帛訛字研究》，北京：中國書籍出版社，2013年8月。
張正峰、劉醒初《中國地域文化通覽·甘肅卷》，北京：中華書局，2013年9月。

［日］冨谷至著，劉恒武、孔李波譯《文書行政的漢帝國》，南京：江蘇人民出版社，2013年9月。

羅振玉著，羅繼祖主編《羅振玉學術論著集：流沙墜簡（外七種）》，上海：上海古籍出版社，2013年10月。

孫占鰲主編《敦煌文化與敦煌學》，蘭州：蘭州大學出版社，2013年11月。

王曉光《新出漢晉簡牘及書刻研究》，北京：榮寶齋出版社，2013年11月。

黃儒宣《〈日書〉圖像研究》，上海：中西書局，2013年12月。

蔡先金、張兵主編《出土文獻與中國文學研究：第三屆出土文獻與中國文學研究學術研討會（國際）論文集》，濟南：齊魯書社，2013年12月。

張德芳《敦煌馬圈灣漢簡集釋》，蘭州：甘肅文化出版社，2013年12月。

潘文海、張陸一主編《首屆朝聖敦煌全國書法大展暨敦煌書法論壇作品集》，北京：大衆文藝出版社，2014年1月。

董珊《簡帛文獻考釋論叢》，上海：上海古籍出版社，2014年1月。

孫占鰲、張宏偉《酒泉華夏文明概論》，蘭州：甘肅人民出版社，2014年3月。

王子今《秦漢稱謂研究》，北京：中國社會科學出版社，2014年4月。

張俊民《簡牘學論稿——聚沙篇》，蘭州：甘肅教育出版社，2014年4月。

王國維《王國維手定觀堂集林》，杭州：浙江教育出版社，2014年4月。

方麟選編《王國維文存》，南京：江蘇人民出版社，2014年4月。

曹小雲《漢語歷史詞彙研究》，合肥：安徽大學出版社，2014年4月。

周祖亮、方懿林《簡帛醫藥文獻校釋》，北京：學苑出版社，2014年5月。

謝桂華《漢晉簡牘論叢》，桂林：廣西師範大學出版社，2014年10月。

戴逸主編《中國近代思想家文庫·王國維卷》，北京：中國人民大學出版社，2014年11月。

陽颾《竹簡的驚世表情》，蘭州：甘肅人民出版社，2014年12月。

陽颾《古遺址裏的文明》，蘭州：甘肅人民出版社，2014年12月。

榮新江、朱玉麒主編《西域考古·史地·語言研究新視野：黃文弼與中瑞西北科學考查團國際學術研討會論文集》，北京：科學出版社，2014年12月。

中共金塔縣委、金塔縣人民政府、酒泉市文物管理局編《金塔居延遺址與絲綢之路歷史文化研究》，蘭州：甘肅教育出版社，2014年12月。

鄭曉華主編《簡帛書實用字典》，上海：上海辭書出版社，2015年5月。

袁仁智、潘文《敦煌醫藥文獻真迹釋錄》，北京：中醫古籍出版社，2015年6月。

陳松長編著《中國簡帛書法藝術編年與研究》，上海：上海書畫出版社，2015年7月。

趙莉《古塞奇珍：甘肅古代簡牘暨漢簡書法》，蘭州：甘肅人民美術出版社，2015年8月。

本書編委會《中國碑帖名品19·秦漢簡帛名品（上）》，上海：上海書畫社，2015年8月。

胡楊《中國河西走廊》，蘭州：甘肅人民美術出版社，2015年8月。

李均明《耕耘録——簡牘研究叢稿》，北京：人民美術出版社，2015年8月。

張志和《中國古代書法藝術史》，北京：中國社會科學出版社，2015年9月。

范鵬總主編，初世賓著，李勇鋒編選《隴上學人文存：初世賓卷》，蘭州：甘肅人民出版社，2015年9月。

特日格樂《簡牘所見漢匈關係史料整理與研究》，北京：北京交通大學出版社，2015年11月。

張俊民《敦煌懸泉置出土文書研究》，蘭州：甘肅教育出版社，2015年11月。

梁静《出土〈蒼頡篇〉研究》，北京：科學出版社，2015年11月。

楊振紅《出土簡牘與秦漢社會（續編）》，桂林：廣西師範大學出版社，2015年12月。

李忠林《秦至漢初曆法研究》，北京：中華書局，2016年1月。

王子今《秦漢名物叢考》，北京：東方出版社，2016年1月。

孫占鰲、尹偉先主編《河西簡牘綜論》，北京：甘肅人民出版社，2016年3月。

廖群《中國古代小説發生研究》，濟南：山東教育出版社，2016年4月。

王曉光《秦漢簡牘具名與書手研究》，北京：榮寶齋出版社，2016年4月。

張顯成、王玉蛟《秦漢簡帛異體字研究》，北京：人民出版社，2016年6月。

潘文、袁仁智主編《敦煌醫學文獻研究集成》，北京：中醫古籍出版社，2016年7月。

羅振玉、王國維《流沙墜簡》，北京：中華書局，2017年1月。

［日］横田恭三著，張建平譯《中國古代簡牘綜覽》，北京：北京聯合出版公司，2017年1月。

程同根《漢簡隸書大字典》，南昌：江西美術出版社，2017年1月。

王子今《漢簡河西社會史料研究》，北京：商務印書館，2017年2月。

曹寅蓬《簡牘書法字典》，濟南：山東美術出版社，2017年3月。

蔡先金《簡帛文學研究》，北京：學習出版社，2017年3月。

張顯成、李建平《簡帛量詞研究》，北京：中華書局，2017年4月。

張德芳、王立翔主編《敦煌馬圈灣漢簡書法（壹）》，上海：上海書畫出版社，2017年7月。

張德芳、王立翔主編《敦煌馬圈灣漢簡書法（貳）》，上海：上海書畫出版社，

2017年7月。

張德芳、王立翔主編《敦煌馬圈灣漢簡書法(叁)》,上海:上海書畫出版社,2017年7月。

趙久湘《秦漢簡牘法律用語研究》,北京:人民出版社,2017年7月。

胡永鵬《西北邊塞漢簡編年》,福州:福建人民出版社,2017年10月。

張德芳、林濤主編《敦煌馬圈灣漢簡墨迹精選(上)》,蘭州:甘肅文化出版社,2017年11月。

張德芳、林濤主編《敦煌馬圈灣漢簡墨迹精選(中)》,蘭州:甘肅文化出版社,2017年11月。

張德芳、林濤主編《敦煌馬圈灣漢簡墨迹精選(下)》,蘭州:甘肅文化出版社,2017年11月。

張德芳主編《甘肅省第三届簡牘學國際學術研討會論文集》,上海:上海辭書出版社,2017年12月。

王子今、孫家洲主編《出土文獻與中國古代文明研究論文集》,北京:中國社會科學出版社,2017年12月。

蔡淵迪《〈流沙墜簡〉考論》,上海:中西書局,2017年12月。

敦煌市博物館編《敦煌市博物館館藏珍貴文物圖録》,瀋陽:萬卷出版公司,2017年12月。

程鵬萬《簡牘帛書格式研究》,上海:上海古籍出版社,2017年12月。

羅振玉、王國維編著《流沙墜簡》,北京:朝華出版社,2017年12月。

白軍鵬《敦煌漢簡校釋》,上海:上海古籍出版社,2018年3月。

孫曉主編《中國民間書法全集6·簡牘書法卷》,天津:天津人民美術出版社,2018年4月。

周嬋娟《秦漢簡帛所見婦女史資料考校》,成都:四川大學出版社,2018年5月。

袁延勝《漢簡牘户籍資料研究》,北京:人民出版社,2018年7月。

[日]冨谷至著,張西艷譯《漢簡語彙考證》,上海:中西書局,2018年9月。

張國艷《簡牘日書文獻語言研究》,北京:中國社會科學出版社,2018年11月。

張德芳、石明秀主編《玉門關漢簡》,上海:中西書局,2018年12月。

二、論　文

(一) 概説

章宏偉《百年來出土的兩漢簡牘》,《濟南大學學報》2008年第5期,第62—68+92頁。

李岩雲《1998年敦煌小方盤城出土的一批簡牘涉及的相關問題》,《敦煌學輯刊》2009年第2期,第132—138頁。

易栗《無出其右的甘肅漢簡》,《檔案》2009年第3期,第29—33頁。

于凱《敦煌懸泉置遺址保護規劃與設計研究》,西安建築科技大學碩士學位論文,2009年。

王裕昌《敦煌懸泉置遺址F13出土簡牘文書研究》,《考古與文物》2011年第4期,第77—80頁。

汪桂海《漢代官府簡牘的加工、供應》,《簡帛研究2009》,桂林:廣西師範大學出版社,2011年11月,第142—148頁。

趙彥昌、陳聰《流失海外簡帛文書的具體分佈及其編纂研究》,《檔案學通訊》2012年第6期,第16—19頁。

周峰《甘肅發掘的重要簡牘及其主要內容》,《絲綢之路》2012年第16期,第39—40頁。

王昱《懸泉置遺址:大漠深處的古文獻寶庫》,《酒泉日報20年文集·人文地理卷》,蘭州:甘肅文化出版社,2012年9月,第1396—1398頁。

郝樹聲《甘肅出土漢簡在歷史文化中的價值》,《甘肅省第二屆簡牘學國際學術研討會論文集》,上海:上海古籍出版社,2012年12月,第679—681頁。

霍志軍《隴右簡牘的文化、文學價值》,《天水行政學院學報》2013年第4期,第124—128頁。

吳浩軍《河西文獻形態、內容及價值述論》,《甘肅社會科學》2013年第6期,第88—93頁。

張德芳《西北漢簡一百年》,《中國書法》2013年第6期,第209—210頁。

徐清《西北考古發掘的漢代帛書》,《中國書法》2013年第7期,第66—83頁。

張志傑《王國維簡牘研究述略》,《金田》2013年第8期,第144頁。

張德芳《簡論懸泉漢簡的學術價值》,《酒泉文化遺產保護利用研究文集》,蘭州:甘肅人民出版社,2013年4月,第113頁。

王文元《偉大發現:敦煌懸泉置遺址發掘往事》,《檔案》2014年第12期,第29—34頁。

陳聰《簡牘文書編纂成果研究》,遼寧大學碩士學位論文,2014年。

白軍鵬《"敦煌漢簡"整理與研究》,吉林大學博士學位論文,2014年。

李逸峰《敦煌漢簡相關問題略說》,《中國書畫》2015年第1期,第15—19頁。

岳亞斌《簡紙並行——中國文字書寫史上的特殊時代》,《絲綢之路》2015年第8期,第19—20頁。

胡楊《驚世漢簡:懸泉置的奉獻》,《檔案》2015年第11期,第39—41頁。

胡平生《中國簡帛學理論的構建》,《中國史研究動態》2016 年第 2 期,第 33—37 頁。

高國祥《甘肅出土文獻統計與分析》,《社科縱橫》2016 年第 3 期,第 134—139 頁。

王雲慶、孫嘉睿《近三十年來我國歷史簡牘文獻的重大發現》,《文史雜志》2016 年第 4 期,第 91—97 頁。

康麗真《羅振玉與〈流沙墜簡〉》,《雲南檔案》2016 年第 4 期,第 54—56 頁。

趙彥昌、陳聰《簡牘文書編纂沿革考》,《遼寧大學學報》2016 年第 4 期,第 138—146+177 頁。

袁延勝、時軍軍《斯坦因考察活動與中國學術的拓展》,《中原文化研究》2016 年第 5 期,第 48—55 頁。

張存良、巨虹《英國國家圖書館藏斯坦因所獲漢文簡牘未刊部分》,《文物》2016 年第 6 期,第 75—79 頁。

焦天然《新莽簡判斷標準補説——以居延新簡爲中心》,《中國國家博物館館刊》2016 年第 11 期,第 101—113 頁。

王秀峰《漢代簡牘概述》,《哈爾濱學院學報》2016 年第 12 期,第 102—104 頁。

單育辰《1900 年以來出土簡帛一覽(續)》,《簡帛研究 2016 春夏卷》,桂林:廣西師範大學出版社,2016 年 6 月,第 345—369 頁。

孫占鼇《河西漢簡命名芻議》,《簡牘學研究》第 6 輯,蘭州:甘肅人民出版社,2016 年 6 月,第 248—258 頁。

張德芳《敦煌學研究應該把河西漢簡的研究包括進來》,《敦煌研究》2017 年第 1 期,第 12 頁。

張德芳《西北漢簡整理的歷史回顧及啓示》,《鄭州大學學報》2017 年第 5 期,第 94—98+159 頁。

馬智全《敦煌漢簡:漢代絲綢之路暢通的歷史見證》,《紅旗文摘》2017 年第 5 期,第 148 頁。

張嘯東《張鳳編〈漢晉西陲木簡彙編〉——中國出版史上第二個由中國人獨立編纂的西北出土簡牘圖録及其作者的初步研究》,《榮寶齋》2017 年第 7 期,第 170—177 頁。

陳雨菡、謝芷君、馬曉歡、潘文嵐《甘肅出土散見簡牘發掘情況匯輯》,《山西青年》2017 年第 9 期,第 10—12 頁。

陳文豪《簡牘目録學芻議》,《長沙簡帛研究國際學術研討會論文集》,上海:中西書局,2017 年 10 月,第 433—421 頁。

張德芳《懸泉漢簡整理研究的若干問題》,《出土文獻與中國古代文明研究論文集》,北京:中國社會科學出版社,2017年12月,第111—129頁。

王冀青《金紹城與中國簡牘學的起源》,《敦煌學輯刊》2018第2期,第135—151頁。

孫海芳、歷娜《懸泉漢簡——基於"三功能説"的傳播學解析》,《蘭州文理學院學報》2018第5期,第1—5頁。

(二) 考釋

羅見今《敦煌馬圈灣漢簡年代考釋》,《敦煌研究》2008年第1期,第77—82頁。

劉飛飛《〈敦煌漢簡〉所見西漢日曆簡釋讀訂誤》,《語文學刊(基教版)》2009年第12期,第27+89頁。

劉飛飛《〈敦煌漢簡〉(1—1217)選釋》,西南大學2010年碩士學位論文。

初世賓《懸泉漢簡拾遺(二)》,《出土文獻研究》第9輯,北京:中華書局,2010年1月,第181—209頁。

鄔文玲《"合檄"試探》,《簡帛研究2008》,桂林:廣西師範大學出版社,2010年9月,第152—173頁。

張俊民《懸泉漢簡所見文書格式簡》,《簡帛研究2009》,桂林:廣西師範大學出版社,2011年11月,第120—132頁。

袁瑩《"芮薪"考辨》,《考古與文物》2012年第1期,第58—61頁。

鄧天珍、張俊民《敦煌漢簡札記》,《敦煌研究》2012年第2期,第118—124頁。

王偉《懸泉漢簡札記一則》,《敦煌研究》2012年第3期,第26頁。

石明秀《敦煌一棵樹烽燧新獲簡牘釋考》,《中國國家博物館館刊》2012年第6期,第50—57頁。

張冬冬《20世紀以來出土簡牘(含帛書)年代學暨簡牘書署制度研究》,吉林大學博士學位論文,2012年。

聶丹《〈河西簡牘〉校勘記》,《簡帛語言文字研究》第6輯,成都:巴蜀書社,2012年5月,第73—86頁。

程博麗、戎静侃、吕静《精讀王國維先生〈流沙墜簡〉(上)》,《文化遺産研究集刊5》,上海:復旦大學出版社,2012年8月,第223—244頁。

張俊民《懸泉置出土刻齒簡牘概説》,《簡帛》第7輯,上海:上海古籍出版社,2012年10月,第235—256+435頁。

初昉、世賓《懸泉漢簡拾遺(四)——〈敦煌懸泉置漢簡釋粹〉例七七至一〇三之考釋補》,《出土文獻研究》第11輯,上海:中西書局,2012年12月,第223—228頁。

牛慕青、俞繁莉、戎静侃《精讀王國維先生〈流沙墜簡〉(中)》,《文化遺産研究集刊6》,上海:復旦大學出版社,2012年8月,第271—308頁。

李正宇《敦煌一棵樹烽隧新獲漢簡初識》,《甘肅省第二届簡牘學國際學術研討會論文集》,上海:上海古籍出版社,2012年12月,第157—161頁。

伊强《漢簡名物詞考釋二則》,《簡帛》第8輯,上海:上海古籍出版社,2013年10月,第433—438頁。

初昉、世賓《懸泉漢簡拾遺(五)》,《出土文獻研究》第12輯,上海:中西書局,2013年12月,第234—252頁。

何晋《淺議簡册制度中的"序連"——以出土戰國秦漢簡爲例》,《田餘慶先生九十華誕頌壽論文集》,北京:中華書局,2014年2月,第96—112頁。

吕志峰《讀漢簡札記三則》,《中國文字研究》第19輯,上海:上海書店出版社,2014年2月,第177—180頁。

秦鳳鶴《敦煌馬圈灣漢簡釋文校訂》,《中國文字研究》第20輯,上海:上海書店出版社,2014年10月,第98—100頁。

初昉、世賓《懸泉漢簡拾遺(六)》,《出土文獻研究》第13輯,上海:中西書局,2014年12月,第403—414頁。

秦鳳鶴《敦煌馬圈灣漢簡釋文校讀舉例》,《簡帛研究2014》,桂林:廣西師範大學出版社,2014年12月,第237—247頁。

劉玉環《〈流沙墜簡〉釋文商酌》,《寧夏大學學報》2015年第5期,第16—20頁。

陳明輝、厲櫻姿、曹媛《精讀王國維先生〈流沙墜簡〉(下)》,《文化遺產研究集刊7》,上海:復旦大學出版社,2015年8月,第229—273頁。

白軍鵬《"敦煌漢簡"釋文校訂(二十則)》,《中國文字研究》第22輯,上海:上海書店出版社,2015年12月,第161—167頁。

張麗萍、侯建科《集成本〈敦煌漢簡〉釋讀補正九則》,《貴州工程應用技術學院學報》2016年第1期,第122—125頁。

張麗萍、王丹《〈敦煌馬圈灣漢簡集釋〉未釋疑難字考》,《古籍整理研究學刊》2016年第3期,第95—98頁。

李洪財《秦漢簡文字考釋二則》,《湖南大學學報》2016年第4期,第23—26頁。

初昉、世賓《懸泉漢簡拾遺(七)》,《出土文獻研究》第15輯,上海:中西書局,2016年7月,第330—357頁。

林獻忠《〈敦煌馬圈灣漢簡集釋〉辨誤十二則》,《敦煌研究》2017年第4期,第115—118頁。

初昉、世賓《懸泉漢簡拾遺(八)》,《出土文獻研究》第16輯,上海:中西書局,

2017年9月,第243—257頁。

張麗萍、張顯成《〈敦煌馬圈灣漢簡集釋〉釋讀訂誤》,《簡帛》第15輯,上海:上海古籍出版社,2017年11月,第175—184+279頁。

韓華《試論西北簡牘殘簡綴合——以簡牘材質和考古學方法爲中心》,《石家莊學院學報》2018年第1期,第82—87頁。

秦鳳鶴《敦煌馬圈灣漢簡釋文校讀記》,《中國文字研究》第27輯,上海:上海書店,2018年5月,第94—97頁。

王貴元《漢簡字詞考釋二則》,《語言研究》2018第3期,第85—91頁。

尉侯凱《敦煌一棵樹烽燧漢簡09dh—2"田博一姓王氏"試解》,《許昌學院學報》2018第5期,第44—46頁。

白軍鵬、汪雲龍《敦煌馬圈灣漢簡釋文訂補(六則)》,《簡帛研究2017秋冬卷》,桂林:廣西師範大學出版社,2018年1月,第166—171頁。

(三) 政治法律

賈叢江《西漢伊循職官考疑》,《西域研究》2008年第4期,第11—15+115頁。

陳玲《漢代邊塞刑徒的組成及來源考察》,《萍鄉高等專科學校學報》2008年第5期,第117—120頁。

楊芬《西北漢簡中所見的"記"》,《學習月刊》2008年第20期,第29—30頁。

狄曉霞《試論漢代郡縣的人事管理制度》,西北師範大學碩士學位論文,2008年。

王玉璘《西漢官文書的運行制度》,東北師範大學碩士學位論文,2008年。

張俊民《敦煌懸泉漢簡所見人名綜述(三)——以敦煌郡太守人名爲中心的考察》,《簡帛研究2005》,桂林:廣西師範大學出版社,2008年9月,第116—144頁。

林永强《"葆塞蠻夷"相關問題考論:以"葆爲行政機構説"等問題的探討爲中心》,《西北民族大學學報》2009年第1期,第11—16頁。

林永强《漢代"葆部"的社會治安功能考論》,《青海民族研究》2009年第1期,第81—85頁。

黎虎《説"真吏":從長沙走馬樓吳簡談起》,《史學月刊》2009年第5期,第50—61頁。

張俊民《敦煌懸泉漢簡所見"適"與"適"令》,《蘭州學刊》2009年第11期,第14—19+26頁。

王旺祥《西北出土漢簡中漢代律令佚文分類整理研究》,西北師範大學博士學位論文,2009年。

陳玲、寇鳳梅《漢代弛刑徒略論》,《河西學院學報》2010年第1期,第60—

63頁。

李岩雲《敦煌漢簡相關問題補遺》,《敦煌研究》2010年第3期,第96—91+131—132頁。

陳玲、張紅岩《漢代髡鉗城旦刑考略》,《青海民族大學學報》2010年第3期,第85—88頁。

陳玲《簡牘所見漢代邊塞刑徒的管理》,《南都學壇》2010年第5期,第22—23頁。

張偉《從敦煌漢簡看漢代河西地區的職官體系》,《安康學院學報》2010年第6期,第93—95頁。

袁延勝《懸泉漢簡所見辛武賢事迹考略》,《秦漢研究》第4輯,西安：陝西人民出版社,2010年8月,第122—125頁。

謝紹鶠《秦漢西北邊地治理研究》,西北大學碩士學位論文,2010年。

張涵静《出土資料所見王莽時代若干問題研究》,鄭州大學碩士學位論文,2010年。

楊二斌《西漢官文書運行書體研究》,山西師範大學碩士學位論文,2010年。

張俊民《敦煌懸泉漢簡所見人名綜述（四）——以中央機構職官爲中心的考察》,《簡帛研究2007》,桂林：廣西師範大學出版社,2010年4月,第99—128頁。

李欣《漢簡所見"葆"宮考釋》,《秦漢研究》第4輯,西安：陝西人民出版社,2010年8月,第255—259頁。

侯宗輝《漢簡所見西北邊塞的流動人口及社會管理》,《中國邊疆史地研究》2011年第1期,第22—33+48頁。

袁延勝《懸泉漢簡"户籍民"探析》,《西域研究》2011年第4期,第8—17頁。

李孝林、楊興龍《漢、唐内部控制的發展——基於敦煌文獻的初步研究》,《中國會計學會2011學術年會論文集》,重慶,2011年7月,第1207—1216頁。

張俊民《懸泉漢簡所見律令文與張家山〈二年律令〉》,《秦漢研究》第5輯,西安：陝西人民出版社,2011年9月,第57—68頁。

張德芳、樊錦詩《從政治稱文化的角度看敦煌學視野下的漢簡研究》,《敦煌文獻・考古・藝術綜合研究：紀念向達先生誕辰110周年國際學術研討會論文集》,北京：中華書局,2011年12月,第146—156頁。

侯宗輝《漢簡所見河西邊郡"盜賊"考論》,《敦煌研究》2012年第4期,第117—124頁。

郭俊然《"千人類職官"探析》,《安康學院學報》2012年第5期,第74—76頁。

孟建昇《西北出土漢簡中所見的"養"及其相關問題的研究》,廣西師範大學碩士學位論文,2012年。

南玉泉《論秦漢式的性質與種類》,《中國法律史學會2012年學術年會論文集》,海口,2012年11月,第527—538頁。

南玉泉《秦漢式的種類與性質》,《中國古代法律文獻研究》第6輯,北京:社會科學文獻出版社,2012年12月,第194—209頁。

邢義田《敦煌懸泉〈失亡傳信册〉的構成》,《甘肅省第二届簡牘學國際學術研討會論文集》,上海:上海古籍出版社,2012年12月,第5—15頁。

[日]藤田勝久《漢代檄的傳達方法及其功能》,《甘肅省第二届簡牘學國際學術研討會論文集》,上海:上海古籍出版社,2012年12月,第45—66頁。

張俊民《西漢效穀縣基層組織"鄉"的幾個問題》,《魯東大學學報》2013年第1期,第70—74頁。

徐燕斌《漢簡扁書輯考——兼論漢代法律傳播的路徑》,《華東政法大學學報》2013年第2期,第50—62頁。

侯宗輝《漢代"私從"的身份與政府管理探論》,《五邑大學學報》2013年第4期,第54—58+92頁。

任攀《敦煌漢簡中有關漢代秩級"真二千石"的新發現》,《史學月刊》2013年第5期,第38—45頁。

郭琳琳、杜鵬姣《出土漢簡中的"傳"與出入名籍》,《克拉瑪依學刊》2013年第6期,第59—63頁。

杜鵬姣《試論漢簡中的"致"和"致籍"》,《牡丹江大學學報》2013年第9期,第51—53頁。

郭俊然《漢官叢考——以實物資料爲中心》,華中師範大學博士學位論文,2013年。

張俊民《對出土文物資料中"節"的考察》,《湖南省博物館館刊》第9輯,長沙:岳麓書社,2013年4月,第171—181頁。

張俊民《懸泉漢簡所見赦令文書初探》,《簡帛研究2011》,桂林:廣西師範大學出版社,2013年6月,第107—123頁。

郭俊然《漢代郵驛職官考——以出土資料爲中心》,《五邑大學學報》2014年第1期,第65—68+94頁。

劉希慶《敦煌懸泉置壁書中所見西漢官文書制度》,《檔案學通訊》2014年第2期,第39—42頁。

郭俊然《出土資料所見的地方農官考論》,《邯鄲學院學報》2014年第3期,第107—111頁。

賈麗英《西北漢簡"葆"及其身份釋論》,《魯東大學學報》2014年第5期,第

69—74 頁。

張德芳《兩漢時期敦煌太守及其任職時間》,《簡牘學研究》第 5 輯,蘭州：甘肅人民出版社,2014 年 8 月,第 156—179 頁。

周銀霞、李永平《敦煌一棵樹烽燧遺址新獲"捕亡"簡及相關問題》,《秦始皇帝陵博物院 2014》總 4 輯,西安：陝西人民出版社,2014 年 9 月,第 318—324 頁。

杜鵬姣《漢代通關文書研究》,蘭州大學碩士學位論文,2014 年。

郭俊然《出土資料所見漢代地方農官考論》,《昭通學院學報》2015 年第 1 期,第 29—34 頁。

張俊民《西北漢簡所見"施刑"探微》,《石河子大學學報》2015 年第 2 期,第 31—39 頁。

于洪濤《論敦煌懸泉漢簡中的"厩令"——兼談漢代"詔"、"令"、"律"的轉化》,《華東政法大學學報》2015 年第 4 期,第 141—150 頁；又收入《出土文獻與法律史研究》第 4 輯,上海：上海人民出版社,2015 年 11 月,第 134—156 頁。

張俊民《懸泉漢簡新見的兩例漢代職官制度》,《敦煌研究》2015 年第 6 期,第 96—103 頁。

丁義娟、于淑紅《從出土簡看漢初律中贖刑種類及其發展》,《蘭臺世界》2015 年第 12 期,第 44—45 頁。

張俊民《漢代敦煌郡縣置名目考——以懸泉漢簡資料爲中心的考察》,《秦漢研究》第 11 輯,西安：陝西人民出版社,2015 年 8 月,第 73—86 頁。

李楠《兩漢戊己校尉職數再考證》,《內蒙古大學學報》2016 年第 3 期,第 68—73 頁。

鄔文玲《漢代"使主客"略考》,《中國史研究》2016 年第 3 期,第 49—56 頁。

張瑛《河西漢簡所見〈漢律〉散簡輯證》,《西北師大學報》2016 年第 4 期,第 66—72 頁。

樂游、譚若麗《敦煌一棵樹烽燧西晉符信補釋——兼説漢簡中"符"的形態演變》,《中國國家博物館館刊》2016 年第 5 期,第 62—71 頁。

李曉偉《秦漢通行憑證研究》,河南大學碩士學位論文,2016 年。

李俊芳《漢"科"獻疑——從出土漢簡談起》,《歷史進程中的中國與世界：中國歷史學博士後論壇 2012（上卷·中國古代史）》,北京：社會科學文獻出版社,2016 年 3 月,第 87—98 頁。

劉寒青《釋漢簡中的"記"》,《烟臺大學學報》2017 年第 3 期,第 116—124 頁。

代國璽《從懸泉置壁書看新莽義和、納言的職掌及相關問題》,《敦煌研究》

2017年第6期,第147—152頁。

代國璽《説"制詔御史"》,《史學月刊》2017年第7期,第32—46頁。

董保家《從漢簡看漢代敦煌鄉里設置》,《絲綢之路》2017年第22期,第9—22頁。

賈麗英《西北漢簡所見民爵分佈與變遷》,《簡帛研究2017春夏卷》,桂林:廣西師範大學出版社,2017年6月,第257—269頁。

李銀良《漢代"過所"考辨》,《簡帛研究2017春夏卷》,桂林:廣西師範大學出版社,2017年6月,第227—236頁。

張俊民《西漢簡牘文書所見職官長史識小》,《國學學刊》2015年第4期,第68—73頁;後收入《出土文獻與中國古代文明研究論文集》,北京:中國社會科學出版社,2017年12月,第130—141頁。

趙蘭香《從出土文獻看漢代河西邊塞官吏的出行活動》,《甘肅省第三屆簡牘學國際學術研討會論文集》,上海:上海辭書出版社,2017年12月,第111—119頁。

侯旭東《漢代西北邊塞他官兼行候事如何工作?》,《甘肅省第三屆簡牘學國際學術研討會論文集》,上海:上海辭書出版社,2017年12月,第158—179頁。

[韓]金慶浩《秦漢簡牘〈行書律〉及里程簡所反映的地域統治》,《甘肅省第二屆簡牘學國際學術研討會論文集》,上海:上海古籍出版社,2012年12月,第29—44頁。

肖從禮《西北漢簡所見"偃檢"蠡測》,《甘肅省第二屆簡牘學國際學術研討會論文集》,上海:上海古籍出版社,2012年12月,第289—294頁。

袁延勝《懸泉漢簡"户籍民"探析——兼論西域諸國之人的户籍問題》,《甘肅省第二屆簡牘學國際學術研討會論文集》,上海:上海古籍出版社,2012年12月,第201—214頁。

羅仕傑《從漢簡看邊塞鬥毆與凶殺的三個案例》,《嶺東通識教育研究學刊》2018年第4期,第101—112頁。

崔建華《西漢三河地區對邊地事務的參與及其内部差異——基於西北簡牘資料的統計與分析》,《敦煌研究》2018第5期,第101—107頁。

張文瀚《出土文獻視野下的漢代候官探究》,《鄭州大學學報》2018第1期,第99—105+159頁。

何静苗《漢代河西治理研究》,蘭州大學碩士學位論文,2018年。

(四) 歷史地理

李永平《敦煌懸泉置遺址F13出土部分簡牘文書性質及反映的東漢早期歷史》,《敦煌研究》2010年第5期,第105—109頁。

韓華《兩漢時期河西陰郡自然災害探析——以懸泉漢簡爲中心》,《絲綢之路》2010年第20期,第5—8頁。

王海《河西漢簡所見"辟"及相關問題》,《簡帛研究2008》,桂林:廣西師範大學出版社,2010年9月,第145—151頁。

李并成《漢代河西走廊東段交通路綫考》,《敦煌學輯刊》2011年第1期,第58—65頁。

李并成《漢敦煌郡境内置、騎置、驛等位置考》,《敦煌研究》2011年第3期,第70—77頁。

李正宇《敦煌郡各縣建立的特殊過程》,《西北成人教育學報》2011年第6期,第23—29頁。

賈文麗《漢代河西軍事地理研究》,首都師範大學博士學位論文,2011年。

張俊民《懸泉漢簡所見西漢效穀縣的"里"名》,《敦煌研究》2012年第6期,第98—107頁。

[日]冨谷至《漢代邊境關所考——圍繞玉門關所在地》,《簡帛研究2010》,桂林:廣西師範大學出版社,2012年3月,第226—252頁。

晏昌貴《增補漢簡所見縣名與里名》,《歷史地理》第26輯,上海:上海人民出版社,2012年5月,第249—255頁。

李岩雲《論敦煌西湖漢長城沿綫烽燧的設置原則》,《敦煌學輯刊》2013年第2期,第98—113頁。

吕志峰《敦煌懸泉置考論——以敦煌懸泉漢簡爲中心》,《敦煌研究》2013年第4期,第66—72頁。

張俊民《有關漢代廣至縣的幾個問題:以懸泉置出土文書爲中心的考察》,《秦漢研究》第7輯,西安:陝西人民出版社,2013年8月,第55—71頁。

李并成《漢酒泉郡十一置考》,《敦煌研究》2014年第1期,第115—120頁。

謝璞、張俊民《對敦煌漢簡一條簡文兩個問題的理解》,《考古與文物》2014年第2期,第82—85頁。

張德芳《西北漢簡中的絲綢之路》,《中原文化研究》2014年第5期,第26—35頁。

張德芳《西北漢簡與絲綢之路》,《絲綢之路》,北京:文物出版社,2014年11月,第51—61頁。

[日]日比野丈夫撰,王蕾譯《漢代的西方經略和兩關設置年代考》,《西夏研究》2015年第1期,第92—104頁。

張德芳《漢帝國在政治軍事上對絲綢之路交通體系的支撐》,《甘肅社會科學》2015年第2期,第17—24頁。

張俊民《懸泉漢簡所見絲綢之路》,《檔案》2015 年第 6 期,第 35—40 頁。

馬孟龍《〈新舊漢簡所見縣名和里名〉訂補》,《歷史地理》第 30 輯,上海:上海人民出版社,2015 年 1 月,第 151—160 頁。

張俊民《有關西漢淵泉縣的幾個問題》,《簡帛研究 2015 春夏卷》,桂林:廣西師範大學出版社,2015 年 6 月,第 127—143 頁。

李碩《漢長城西端新發現城址與敦煌漢簡中的大煎都侯障》,《敦煌研究》2016 年第 5 期,第 125—131 頁。

馬智全《漢代絲綢之路上的安定道》,《豳風論叢》第 2 號,北京:中國社會科學出版社,2016 年 11 月,第 232—240 頁。

葛承雍《敦煌懸泉漢簡反映的絲綢之路再認識》,《西域研究》2017 年第 2 期,第 107—113+142 頁。

郝樹聲《河西漢簡與絲綢之路》,《中國政協》2017 年第 9 期,第 74—76 頁。

葛承雍《敦煌懸泉漢簡反映的絲綢之路再認識》,《甘肅省第三屆簡牘學國際學術研討會論文集》,上海:上海辭書出版社,2017 年 12 月,第 6—13 頁。

達吾力江·葉爾哈力克《漢武邊塞與西域屯田——輪臺、渠犁屯田考古發現初論》,《歷史研究》2018 年第 6 期,第 154—166 頁。

張俊民《漢代西域漕運之渠"海廉渠"再議》,《簡牘學研究》第 7 輯,蘭州:甘肅人民出版社,2018 年 9 月,第 74—86 頁。

(五)軍事

楊芳《漢簡所見河西邊塞軍屯人口來源考》,《中國邊疆史地研究》2009 年第 1 期,第 57—66 頁。

趙岩《也論簡牘所見漢代河西屯戍系統的倉》,《中國農史》2009 年第 3 期,第 47—56 頁。

張偉《從敦煌漢簡看漢代戍卒的武器裝備》,《和田師範專科學校學報》2010 年第 4 期,第 96—97 頁。

李明曉《西北漢簡中的烽火信號"表"》,《簡帛語言文字研究》第 5 輯,成都:巴蜀書社,2010 年 6 月,第 441—455 頁。

趙寵亮《秦漢戍卒赴邊問題初探》,《秦漢研究》第 5 輯,西安:陝西人民出版社,2011 年 9 月,第 192—203 頁。

陳功《新莽伐焉耆之戰中的軍隊組成及統帥》,《成功》2011 年第 5 期,第 217—218 頁。

張偉《敦煌漢簡中的兵器》,西北師範大學碩士學位論文,2011 年。

費仙梅《從敦煌漢簡看王莽伐西域後勤補給問題》,《文博》2012 年第 2 期,第 23—25 頁。

安忠義《漢代烽火制度再考》,《甘肅省第二屆簡牘學國際學術研討會論文集》,上海:上海古籍出版社,2012年12月,第87—97頁。

江娜《漢代邊防體系研究》,華中師範大學博士學位論文,2013年。

杜亞輝《秦漢時期的兵器管理》,西北師範大學碩士學位論文,2013年。

于小秦、張志剛《從漢簡看漢代西北邊塞戍卒兵器裝備及管理》,《蘭州教育學院報》2014年第6期,第7—10頁。

聶丹《西北屯戍漢簡中的"育"和"萆"》,《敦煌研究》2015年第2期,第106—110頁。

樂游《漢簡"折傷兵物楬"試探——兼論漢邊塞折傷兵器的管理》,《簡帛》第11輯,2015年12月,第207—216+282頁。

馬智全《姑臧庫與漢代河西兵物管理》,《魯東大學學報》2016第1期,第62—64+96頁。

尹亮《從河西簡牘看漢代對匈奴的軍事防禦體系》,蘭州大學碩士學位論文,2016年。

后曉榮、苗潤潔《關於敦煌馬圈灣漢簡涉及西域戰爭的幾個問題》,《河北大學學報》2016年第3期,第105—111頁。

張瑛《從出土簡牘看漢王朝的河西軍事防禦》,《甘肅社會科學》2016年第6期,第94—99頁。

王錦城《西北漢簡所見"強落"考論》,《中國文字研究》第26輯,2017年第2期,第78—84頁。

范香立《漢簡所見河西戍邊軍費相關問題考》,《隴東學院學報》2017年第4期,第36—41頁。

張珂《漢代西北邊塞戍卒境遇淺析——以考古遺迹與簡牘爲中心》,山東大學碩士學位論文,2017年。

(六)郵驛

張經久、張俊民《敦煌漢代懸泉置遺址出土的"騎置"簡》,《敦煌學輯刊》2008年第2期,第59—73頁。

朱慈恩《漢代傳舍考述》,《南都學壇》2008年第3期,第6—9頁。

歐陽正宇《懸泉置——中國最早的郵驛遺址》,《發展》2008年第6期,第156頁。

高榮《漢代"傳驛馬名籍"簡若干問題考述》,《魯東大學學報》2008年第6期,第34—38頁。

初世賓《漢簡長安至河西的驛道》,《簡帛研究2005》,桂林:廣西師範大學出版社,2008年9月,第88—115頁。

侯旭東《傳舍使用與漢帝國的日常統治》,《中國史研究》2008 年第 1 期,第 61—83 頁。

侯旭東《西北漢簡所見"傳信"與"傳"——兼論漢代君臣日常政務的分工與詔書、律令的作用》,《文史》2008 年第 3 輯,北京:中華書局,2008 年 8 月,第 1—5 頁。

張俊民《懸泉漢簡傳馬病死爰書及其他》,《簡帛》第 3 輯,上海:上海古籍出版社,2008 年 10 月,第 287—298 頁。

張德芳《懸泉漢簡中的"懸泉置"》,《簡帛研究 2006》,桂林:廣西師範大學出版社,2008 年 11 月,第 169—182 頁。

趙岩《論漢代邊地傳食的供給——以敦煌懸泉置漢簡爲考察中心》,《敦煌學輯刊》2009 年第 2 期,第 139—147 頁。

高榮《秦漢驛的職能考述》,《河西學院學報》2009 年第 4 期,第 1—5 頁。

張俊民《敦煌懸泉漢簡所見的"亭"》,《南都學壇》2010 年第 1 期,第 10—21 頁。

王裕昌《漢代傳食制度及相關問題研究補述》,《圖書與情報》2010 年第 4 期,第 149—151 頁。

張俊民《懸泉漢簡所見傳舍及傳舍制度》,《魯東大學學報》2010 年第 6 期,第 83—88 頁。

侯旭東《漢代律令與傳舍管理》,《簡帛研究 2007》,桂林:廣西師範大學出版社,2010 年 4 月,第 151—164 頁。

伊傳寧《由漢簡所見西漢馬政》,《和田師範專科學校學報》2011 年第 1 期,第 33—34 頁。

侯旭東《從朝宿之舍到商鋪:漢代郡國邸與六朝邸店考論》,《清華大學學報》2011 年第 5 期,第 32—43+159 頁。

況臘生《論中國古代驛站的起源及其法律制度的形成》,《法律文化研究》第 6 輯,北京:中國人民大學出版社,2011 年 10 月,第 129—139 頁。

李均明《通道厩考——與敦煌懸泉厩的比較研究》,《出土文獻》第 2 輯,上海:中西書局,2011 年 11 月,第 255—266 頁。

石維娜《漢代敦煌諸置研究》,《秦漢研究》第 5 輯,西安:陝西人民出版社,2011 年 9 月,第 223—229 頁。

高榮《論秦漢的置(上)》,《魯東大學學報》2012 年第 5 期,第 60—65 頁。

高榮《論秦漢的置(下)》,《魯東大學學報》2012 年第 6 期,第 59—65 頁。

趙莉《懸泉漢簡中的馬、馬政文書及相關問題》,《發展》2012 年第 9 期,第 50—51 頁。

張俊民《懸泉漢簡所見郵驛制度初探——以律令、制度簡爲中心的考察》,《漢帝國的制度與社會秩序》,香港:牛津大學出版社,2012 年,第 317—340 頁。

胡平生《評"傳置與行書無關"説》,《簡帛研究 2010》,桂林:廣西師範大學出版社,2012 年 3 月,第 59—65 頁。

高榮《秦漢的傳信——兼論傳的演變》,《甘肅省第二屆簡牘學國際學術研討會論文集》,上海:上海古籍出版社,2012 年 12 月,第 129—139 頁。

張俊民《懸泉漢簡廄嗇夫廄佐名綜述》,《甘肅省第二屆簡牘學國際學術研討會論文集》,上海:上海古籍出版社,2012 年 12 月,第 175—199 頁。

何端中《從懸泉置遺址和〈驛使圖〉談古代河西郵傳》,《檔案》2013 年第 2 期,第 34—36 頁。

張國藩《居延、懸泉漢簡〈傳置道里簿〉》,《檔案》2014 年第 5 期,第 27—28 頁。

覃曉嵐《秦漢傳車考略》,湖南大學碩士學位論文,2014 年。

石明秀《漢代驛站懸泉置》,《尋根》2015 年第 1 期,第 4—5 頁。

陽颺《我國最早的漢代郵驛機構》,《檔案》2015 年第 9 期,第 28—32 頁。

侯旭東《皇帝的無奈:西漢末年的傳置開支與制度變遷》,《文史》2015 年第 2 輯,北京:中華書局,2015 年 5 月,第 5—66 頁。

李銀良《傳遞機構"驛"出現時間考辨》,《殷都學刊》2016 年第 2 期,第 39—45 頁。

孫秋鳴《簡牘所見秦漢郵傳制度探析》,鄭州大學碩士學位論文,2016 年。

蒲朝府《秦漢郵驛制度研究》,山東大學碩士學位論文,2016 年。

王錦城《西北漢簡所見郵書的類別及相關問題考略》,《古代文明》2017 年第 3 期,第 87—96+127 頁。

王文濤、苑苑《漢代西北傳置的傳馬》,《甘肅省第三屆簡牘學國際學術研討會論文集》,上海:上海辭書出版社,2017 年 12 月,第 68—76 頁。

王文濤、苑苑《漢代西北地區傳置的幾個問題》,《甘肅省第三屆簡牘學國際學術研討會論文集》,上海:上海辭書出版社,2017 年 12 月,第 77—86 頁。

[日]畑野吉則《秦漢時代的郵書記錄所見記錄格式的統一和變化》,《甘肅省第三屆簡牘學國際學術研討會論文集》,上海:上海辭書出版社,2017 年 12 月,第 342—348 頁。

王志勇《漢簡所見"柱馬"新解》,《南京師範大學文學院學報》2018 第 3 期,第 146—148 頁。

（七）經濟

劉金華《漢代西北邊地物價考（一）——以漢簡爲中心》，《隴右文博》2008 年第 1 期，第 39—45+52 頁。

劉金華《漢代物價考（二）——以漢簡爲中心》，《文博》2008 年第 2 期，第 27—32 頁。

劉金華《漢代西北邊地物價述略：以漢簡爲中心》，《中國農史》2008 年第 3 期，第 45—57 頁。

劉金華《漢代西北邊地物價考：以漢簡爲中心》，《中國社會經濟史研究》2008 年第 4 期，第 6—18 頁。

丁邦友《從漢簡管窺河西地區部分産品的比價》，《文博》2008 年第 6 期，第 63—68 頁。

朱文《漢代涼州地區的糧價》，《内江師範學院學報》2008 年第 9 期，第 39—42+64 頁。

高榮《漢代河西的水利建設與管理》，《敦煌學輯刊》2008 年第 2 期，第 74—82 頁。

趙岩《由出土簡牘看漢代的馬食》，《農業考古》2009 年第 1 期，第 285—290 頁。

蔡青藍、黃燕妮《中國複式簿記産生於漢代——基於敦煌懸泉漢簡的新證》，《會計之友》2009 年第 3 期，第 108—109 頁。

汪受寬《兩漢涼州畜牧業述論》，《敦煌學輯刊》2009 年第 4 期，第 17—32 頁。

楊光育《漢代買賣之債研究》，鄭州大學碩士學位論文，2009 年。

孟凡慧《漢代西北邊地貿易研究》，東北師範大學碩士學位論文，2009 年。

李建平《漢代"希"之制度補正》，《農業考古》2010 年第 1 期，第 221—222 頁。

侯宗輝《從西北漢簡中的物價看河西地區的商品經濟》，《焦作師範高等專科學校學報》2010 年第 2 期，第 32—36 頁。

侯宗輝《從敦煌漢簡所記物價的變動看河西地區經濟的起伏》，《甘肅社會科學》2010 年第 4 期，第 203—209 頁。

伊傳寧《由敦煌漢簡穀物簿所見》，《蘭州工業高等專科學校學報》2010 年第 6 期，第 65—69 頁。

丁邦友《試探王莽時期的河西物價》，《社會科學戰綫》2011 年第 11 期，第 11—117 頁。

魏芳、孫占宇《從西北漢簡看兩漢河西邊郡地區物價》，《絲綢之路》2011 年第 20 期，第 12—14 頁。

趙岩《漢簡所見河西四郡市場的幾個問題》，《西北地區城鄉市場結構演變的歷史進程與環境基礎》,西安:三秦出版社,2011年7月,第24—31頁。

陳功《敦煌漢簡中的農業》,西北師範大學碩士學位論文,2012年。

張東《漢代河西酒價略考》,《甘肅省第二屆簡牘學國際學術研討會論文集》,上海:上海古籍出版社,2012年12月,第298—299頁。

葉飛《從敦煌漢簡所記物價的變動看河西地區經濟的起伏》,《黑龍江史志》2013年第19期,第26—27頁。

劉金華《漢代西北邊地物價考:以漢簡爲中心》,《華中國學》第1卷,武漢:華中科技大學出版社,2013年1月,第123—139頁。

高榮《漢代河西糧食作物考》,《中國農史》2014年第1期,第21—29頁。

郭浩《西漢地方郵政"財助"問題芻議》,《中國社會經濟史研究》2014年第4期,第1—8頁。

劉太祥《簡牘所見秦漢國有財物管理制度》,《南都學壇》2015年第3期,第1—9頁。

韓華《由西北簡看兩漢河西地區的手工業》,《魯東大學學報》2015年第4期,第73—77頁。

王子今《漢代河西市場的織品——出土漢簡資料與遺址發掘收穫相結合的絲綢之路考察》,《中國人民大學學報》2015年第5期,第31—40頁。

胡一楠《由絲路漢簡看古代的會計核算制度》,《寶雞文理學院學報》2016年第4期,第155—158頁。

屈波、乜小紅《對絲綢之路上居延、敦煌漢簡中的雇傭券之探討》,《江漢考古》2016年第5期,第118—121+128頁。

孟艷霞《漢簡所及敦煌地區水利建設與管理》,《敦煌研究》2016年第2期,第73—78頁。

馬智全《漢簡反映的漢代敦煌水利芻論》,《敦煌研究》2016年第3期,第103—109頁。

王世紅、衣保中《論簡牘中所見秦漢時期馬的飼料與飼養考察》,《中國農史》2016年第4期,第91—103+114頁。

高一致《漢簡帛農事資料分類匯釋及相關問題研究》,武漢大學博士學位論文,2017年。

徐定懿、王思明《從西漢邊關漢簡看麥作在當地的推廣情況》,《中國農史》2018第6期,第11—22頁。

王錦城《西北漢簡所見"司御錢"考》,《敦煌研究》2018第6期,第134—139頁。

劉金華《簡牘所見漢代織品價格略考》,《華中國學2017秋之卷》,武漢:華中科技大學出版社,2018年4月,第51—61頁。

王子今《河西簡文所見漢代紡織品的地方品牌》,《簡帛》第17輯,上海:上海古籍出版社,2018年11月,第245—256+349頁。

馬智全《漢代西北邊塞的"市藥"》,《簡牘學研究》第7輯,蘭州:甘肅人民出版社,2018年9月,第87—95頁。

(八)西域與民族

李鋒敏、孫占宇《與狐蘭支亡降匈奴事件有關的三枚漢簡新探》,《青海民族研究第》2008年第1期,第107—109頁。

汪桂海《漢簡所見匈奴對邊塞的寇掠》,《簡帛》第3輯,上海:上海古籍出版社,2008年10月,第299—306頁。

王素《懸泉漢簡所見康居史實考釋》,《新疆歷史研究論文選編·兩漢卷》,烏魯木齊:新疆人民出版社,2008年12月,第123—138頁。

王旺祥《敦煌懸泉置漢簡所記永光五年西域史事考論》,《西北師大學報》2009年第1期,第63—67頁。

郝樹聲《簡論敦煌懸泉漢簡〈康居王使者册〉及西漢與康居的關係》,《敦煌研究》2009年第1期,第53—58頁。

袁延勝《懸泉漢簡所見康居與西漢的關係》,《西域研究》2009年第2期,第9—15+136頁。

張德芳《從懸泉漢簡看樓蘭(鄯善)同漢朝的關係》,《西域研究》2009年第4期,第7—16+133頁。

李正周《從懸泉簡看西漢護羌校尉的兩個問題》,《魯東大學學報》2009年第5期,第50—53頁。

張德芳《懸泉漢簡中有關西域精絶國的材料》,《絲綢之路》2009年第24期,第5—7頁。

汪桂海《從出土資料談漢代羌族史的兩個問題》,《西域研究》2010年第2期,第1—7+122頁。

閻盛國《再論"擊匈奴降者賞令"及其頒布時間》,《寧夏大學學報》2010年第3期,第87—91頁。

劉國防《西漢護羌校尉考述》,《中國邊疆史地研究》2010年第3期,第9—17+148頁。

高榮《敦煌懸泉漢簡所見河西的羌人》,《社會科學戰綫》2010年第10期,第100—106頁。

周建《西漢時期的西域都護研究》,西北師範大學碩士學位論文,2010年。

張德芳《敦煌懸泉漢簡中的"大宛"簡以及漢朝與大宛關係考述》,《出土文獻研究》第9輯,北京:中華書局,2010年1月,第140—147頁。

馬智全《從出土漢簡看漢代羌族部族》,《絲綢之路》2011年第6期,第5—8頁。

馬智全《漢簡所見漢代河西羌人的生活狀態》,《西北民族大學學報》2011年第6期,第38—43頁。

羅帥《懸泉漢簡所見折垣與祭越二國考》,《西域研究》2012年第2期,第38—45+142—143頁。

馬智全《論漢簡所見漢代西域歸義現象》,《中國邊疆史地研究》2012年第4期,第13—18+148頁。

張德芳《從懸泉漢簡看西漢武昭時期和宣元時期經營西域的不同戰略》,《漢帝國的制度與社會秩序》,香港:牛津大學出版社,2012年,第277—316頁。

宋超《"降奴"與"恭奴"——略論新莽時期匈奴稱謂的變化》,《甘肅省第二屆簡牘學國際學術研討會論文集》,上海:上海古籍出版社,2012年12月,第75—86頁。

畢波《考古新發現所見康居與粟特》,《甘肅省第二屆簡牘學國際學術研討會論文集》,上海:上海古籍出版社,2012年12月,第99—109頁。

李炳泉《甘延壽任西域使職年代考:兼及馮嫽在冊封烏孫兩昆彌事件中的活動》,《西域研究》2013年第3期,第17—22+154頁。

張俊民《西漢樓蘭、鄯善簡牘資料鉤沉》,《魯東大學學報》2013年第4期,第63—69頁。

劉春雨《從懸泉漢簡中的使者看西域與內地的關係》,《中州學刊》2013年第6期,第122—127頁。

張德芳《懸泉漢簡與西域都護》,《國學的傳承與創新:馮其庸先生從事教學與科研六十周年賀學術文集(下)》,上海:上海古籍出版社,2013年4月,第1017—1025頁。

高榮《敦煌懸泉漢簡所見河西的羌人》,《2010絲綢之路與西北歷史文化學術討論會論文集》,蘭州:甘肅人民出版社,2013年9月,第195—210頁。

侯宗輝《敦煌漢簡所見烏孫歸義侯質子新莽朝及"車師之戰"考辨》,《簡帛研究2013》,桂林:廣西師範大學出版社,2014年7月,第168—131頁。

張德芳《漢簡中的絲綢之路:大宛和康居》,《絲綢之路》2015年第1期,第13—18頁。

郝樹聲《漢簡中的大宛和康居——絲綢之路與中西交往研究的新資料》,《中原文化研究》2015年第2期,第59—69頁。

陳曉露《扜彌國都考》,《考古與文物》2016 年第 3 期,第 93—105 頁。

侯宗輝《敦煌漢簡中的"卑爰寴"簡及其相關問題》,《簡牘學研究》第 6 輯,蘭州:甘肅人民出版社,2016 年 6 月,第 178—186 頁。

張德芳《懸泉漢簡中的烏孫資料考證》,《出土文獻研究》第 15 輯,上海:中西書局,2016 年 7 月,第 358—368 頁。

李方《漢唐西域民族與絲綢之路和邊疆社會》,《吐魯番學研究》2017 年第 2 期,第 46—58 頁。

陳曉露《也說"伊循"》,《出土文獻與中國古代文明研究論文集》,北京:中國社会科學出版社,2017 年 12 月,第 260—268 頁。

唐相龍、曹雪《關於驪靬歷史的動態考察》,《城市學刊》2018 年第 1 期,第 1—7 頁。

裴永亮《懸泉漢簡中的長羅侯經略西域》,《青海民族大學學報》2018 年第 4 期,第 70—74 頁。

(九)社會與文化

劉戈、郭平梁《"大宛汗血天馬"揭秘:兼說中國家畜家禽閹割傳統》,《敦煌學輯刊》2008 年第 2 期,第 83—92 頁。

宋艷萍《先秦秦漢喪葬習俗中的數術行爲》,《管子學刊》2008 年第 2 期,第 71—77 頁。

謝繼忠《從敦煌懸泉置〈四時月令五十條〉看漢代的生態保護思想》,《衡陽師範學院學報》2008 年第 5 期,第 114—117 頁。

黃儒宣《阜陽漢簡〈周易〉卜辭試探》,《周易研究》2008 年第 5 期,第 13—17 頁。

劉樂賢《懸泉漢簡中的建除占"失"殘文》,《文物》2008 年第 12 期,第 81—85 頁。

牛路軍、張俊民《懸泉漢簡所見鼓與鼓令》,《敦煌研究》2009 年第 2 期,第 50—54+122 頁。

劉再聰《說河西的墼:以敦煌吐魯番出土材料爲中心》,《華夏考古》2009 年第 2 期,第 130—140 頁。

楊芳《漢簡所見漢代河西邊郡人口來源考》,《敦煌研究》2010 年第 3 期,第 78—85 頁。

魏曉明《漢代河西地區的飲食消費初探》,《農業考古》2010 年第 4 期,第 249—253 頁。

楊芬《出土秦漢書信匯校集注》,武漢大學博士學位論文,2010 年。

趙寵亮《漢簡所見邊地戍所的肉食消費》,《社會·經濟·觀念史視野中的古代中國——國際青年學術會議暨第二屆清華青年史學論壇論文集(中)》，北京，2010年1月，第66—83頁；又收入《爲往聖繼絕學——中國人民大學國學院學生優秀學術論文集》，長沙：岳麓書社，2010年10月，第95—118頁。

董珊《敦煌漢簡風雨詩新探》，《出土文獻與傳世典籍的詮釋——紀念譚樸森先生逝世兩周年國際學術研討會論文集》，上海：上海古籍出版社，2010年10月，第417—422頁。

許雲和《敦煌漢簡〈風雨詩〉試論》，《首都師範大學學報》2011年第2期，第84—92頁。

肖從禮《秦漢簡牘"質日"考》，《魯東大學學報》2011年第3期，第70—72+82頁。

趙寵亮《"懸泉浮屠簡"辨正》，《南方文物》2011年第4期，第33—36頁。

馬智全《敦煌懸泉置F13〈列女傳〉簡考論》，《魯東大學學報》2011年第6期，第26—29+65頁。

郭海燕《漢代平民教育研究》，山東大學博士學位論文，2011年。

趙寵亮《河西漢塞吏卒生活研究》，中國人民大學博士學位論文，2011年。

張德芳《懸泉漢簡編年輯證之一——漢武帝時期》，《敦煌吐魯番研究》第12卷，上海：上海古籍出版社，2011年7月，第191—195頁。

孫文博《〈急就篇〉用字新證》，《簡帛研究2009》，桂林：廣西師範大學出版社，2011年11月，第149—161頁。

郝樹聲《從西北漢簡和朝鮮半島出土〈論語〉簡看漢代儒家文化的流布》，《敦煌研究》2012年第3期，第63—68頁。

韋雙龍《敦煌漢簡所見幾種農作物及相關問題研究》，《金陵科技學院學報》2012年第4期，第69—74頁。

王子今《漢代西北邊塞吏卒的"寒苦"體驗》，《簡帛研究2010》，桂林：廣西師範大學出版社，2012年3月，第99—111頁。

曾磊《西北漢簡所見人種膚色再探討》，《簡帛研究2010》，桂林：廣西師範大學出版社，2012年3月，第112—128頁。

趙寵亮《漢簡所見邊塞戍所吏卒死亡探析》，《簡帛研究2010》，桂林：廣西師範大學出版社，2012年3月，第129—138頁。

高安《漢魏河西飲食三題——以河西漢簡飲食資料爲主》，《甘肅省第二屆簡牘學國際學術研討會論文集》，上海：上海古籍出版社，2012年12月，第141—156頁。

鄔文玲《敦煌漢簡〈侯普致左子淵書〉校讀》，《甘肅省第二屆簡牘學國際學術研討會論文集》,上海:上海古籍出版社,2012年12月,第229—237頁。

楊芬《讀敦煌漢簡〈兒尚與楊掾書〉》,《甘肅省第二屆簡牘學國際學術研討會論文集》,上海:上海古籍出版社,2012年12月,第239—247頁。

[韓]尹在碩《中國西北地區出土〈論語〉木簡一考》,《甘肅省第二屆簡牘學國際學術研討會論文集》,上海:上海古籍出版社,2012年12月,第447—454頁。

晏昌貴《懸泉漢簡日書〈死吉凶〉研究》,《中國史研究》2013年第2期,第13—31頁。

石明秀《敦煌漢簡所見漢賦考》,《社會科學戰綫》2013年第3期,第151—154頁。

劉希慶《從敦煌懸泉置〈四時月令詔條〉看西漢生態環境保護的國家意志》,《北京城市學院學報》2013年第4期,第50—54頁。

肖從禮《敦煌漢簡易筮類文獻輯考》,《魯東大學學報》2013年第5期,第68—70頁。

周峰《西北漢簡中的馬》,西北師範大學碩士學位論文,2013年。

魏紅友《兩漢時期河西地區外來人口構成類型分析》,西北師範大學碩士學位論文,2013年。

梁静《出土〈蒼頡篇〉"姓名簡"研究》,《簡帛》第8輯,2013年10月,第409—416頁。

王子今《漢代西北邊塞軍事生活中的未成年人》,《南都學壇》2014年第1期,第1—5頁。

余欣《出土文獻所見漢唐相馬術考》,《學術月刊》2014年第2期,第135—143頁。

肖從禮《河西數術類漢簡札記二則》,《魯東大學學報》2014年第3期,第78—80+83頁。

孫占鰲、劉生平《從出土簡牘看漢代河西飲食》,《甘肅社會科學》2014年第6期,第90—94頁。

龍文玲《論漢代烽燧簡牘的文學史料價值》,《學術論壇》2014年第11期,第86—92頁。

張志傑《敦煌漢簡書籍類文獻整理研究》,蘭州大學碩士學位論文,2014年。

孫淑霞《漢簡〈蒼頡篇〉輯校》,西南大學碩士學位論文,2014年。

梁静《〈倉頡篇〉首章的發現與研究》,《簡帛研究2013》,桂林:廣西師範大學出版社,2014年7月,第201—206頁。

肖從禮《由敦煌漢簡中的候風簡談八卦與八風相配諸問題》,《簡牘學研究》第

5輯,蘭州:甘肅人民出版社,2014年8月,第233—241頁。

姚崇新《佛教海道傳入說、滇緬道傳入說辨正——兼論懸泉東漢浮屠簡發現的意義》,《西域考古·史地·語言研究新視野:黄文弼與中瑞西北科學考查團國際學術研討會論文集》,北京:科學出版社,2014年12月,第459—496頁。

張存良《〈蒼頡篇〉的版本、流傳、亡佚和再發現》,《甘肅社會科學》2015年第1期,第89—94頁。

裴永亮《韓朋故事的文學傳承》,《語文教學通訊》2015年第2期,第58—59頁。

謝繼忠《敦煌懸泉置〈四時月令五十條〉的生態環境保護思想淵源探析》,《農業考古》2015年第6期,第122—125頁。

謝繼忠《對敦煌懸泉置詔書〈四時月令五十條〉的解讀:兼與馮卓慧先生商榷》,《邊疆經濟與文化》2015年第8期,第39—40頁。

楊吉寧《考古學視域下的漢晋河西地區飲食文化研究》,西北師範大學碩士學位論文,2015年。

王子今《馬圈灣漢簡"膏餅"淺識》,《出土文獻》第6輯,上海:中西書局,2015年4月,第285—292頁。

梁静《出土文獻與〈蒼頡篇〉研究》,《簡帛》第10輯,上海:上海古籍出版社,2015年5月,第263—276頁。

孫聞博《河西漢塞軍人的生活時間表》,《簡帛研究2015春夏卷》,桂林:廣西師範大學出版社,2015年6月,第152—183頁。

李亞軍《河西漢塞出土"人面形木牌"研究》,西北師範大學碩士學位論文,2016年。

孫春葉《西北書信漢簡研究》,鄭州大學碩士學位論文,2016年。

胡永鵬《西北邊塞漢簡編年及相關問題研究》,吉林大學博士學位論文,2016年。

張存良、巨虹《〈蒼頡篇〉研究的新進展》,《出土文獻研究》第14輯,上海:中西書局,2016年1月,第232—258頁。

周飛《出土〈倉頡篇〉版本探討》,《出土文獻》第8輯,上海:中西書局,2016年4月,第190—200頁。

王子今《說敦煌馬圈灣簡文"驅驢士""之蜀"》,《簡帛》第12輯,上海:上海古籍出版社,2016年5月,第197—210頁。

楊芳《漢簡所見漢代河西邊塞流動人口來源分析》,《簡牘學研究》第6輯,蘭州:甘肅人民出版社,2016年6月,第187—198頁。

金慶浩、戴衛紅《出土文獻〈論語〉在古代東亞社會中的傳播和接受》,《史學集刊》2017年第3期,第51—64頁。

黃瀟瀟《出土簡牘文獻〈蒼頡篇〉與〈説文〉對比研究》,《蘭臺世界》2017年第6期,第25—28頁。

周珩幫《漢代掾史藝術創作研究》,東南大學博士學位論文,2017年。

董濤《擇日術的起源——以〈日書〉爲中心的考察》,《簡帛研究2017春夏卷》,桂林:廣西師範大學出版社,2017年6月,第215—226頁。

鍾良燦《西北漢簡所見吏卒家屬研究》,《簡帛研究2017春夏卷》,桂林:廣西師範大學出版社,2017年6月,第237—256頁。

白軍鵬《"田章簡"談田章故事的演變》,《甘肅省第三屆簡牘學國際學術研討會論文集》,上海:上海辭書出版社,2017年12月,第100—106頁。

魏德勝《西北屯戍簡牘中身高表達法》,《甘肅省第三屆簡牘學國際學術研討會論文集》,上海:上海辭書出版社,2017年12月,第107—110頁。

葛承雍《天馬與駱駝——漢代絲綢之路識别字號的新釋》,《故宫博物院院刊》2018年第1期,第55—64+159—160頁。

張玉潔《漢簡中的廉政故事》,《農民文摘》2018第6期,第55頁。

高偉《敦煌懸泉置〈四時月令五十條〉的思想史坐標》,《史學月刊》2018第6期,第132—136頁。

(十)科技

任傑《秦漢時制探析》,《自然科學史研究》2009年第4期,第454—464頁。

康麗娜《秦漢農學文獻研究》,河南大學碩士學位論文,2009年。

周祖亮《漢簡獸醫資料及其價值述略》,《學行堂文史集刊》2011年第1期,2011年5月,第16—19頁。

周祖亮《漢簡獸醫資料及其價值考論》,《農業考古》2011年第4期,第457—460頁。

周祖亮《漢簡法醫檢驗文獻及其價值研究》,《廣西社會科學》2011年第7期,第130—133頁。

李天虹《秦漢時分紀時制綜論》,《考古學報》2012年第3期,第289—314頁。

吕世浩《漢代時制初探——以懸泉置出土時稱木牘爲中心的考察》,《甘肅省第二屆簡牘學國際學術研討會論文集》,上海:上海古籍出版社,2012年12月,第111—118頁。

楊耀文《甘肅河西出土醫藥簡牘整理與研究》,西北師範大學碩士學位論文,2013年。

孫其斌、袁仁智《敦煌漢簡中的醫藥簡探討》,《西部中醫藥》2014年第11期,第 42—45 頁。

孫其斌、吕有强《從〈敦煌漢簡〉與〈武威漢代醫簡〉看兩漢時期西北醫學》，《西部中醫藥》2015 年第 9 期,第 33—37 頁。

袁仁智《敦煌及武威醫簡中有關消化類疾病的文獻探討》，《西部中醫藥》2015 年第 9 期,第 30—32 頁。

孫其斌、吕有强、謝永明《針灸之"針"在敦煌漢簡中的記載》，《第三届全國穴位埋綫療法經驗交流會暨甘肅省針灸學會 2015 年度學術年會論文集》,蘭州,2015 年 6 月,第 313—315 頁。

許名瑲《敦煌漢簡 2263〈永始四年曆日〉復原試擬》，《出土文獻》第 7 輯,上海:中西書局,2015 年 10 月,第 227—236 頁。

孫其斌、何雙全《〈敦煌漢簡〉中的醫藥醫務制度》，《西部中醫藥》2016 年第 11 期,第 33—36 頁。

高凱、西振岩《從漢簡所見蠡測兩漢時期傷寒病的地理變遷》，《第七届中日學者中國古代史論壇文集》,北京:中國社會科學出版社,2016 年 4 月,第 129—152 頁。

孫其斌《〈敦煌漢簡〉與〈居延漢簡〉醫藥簡中的醫務制度》，《中醫文獻雜志》2017 年第 2 期,第 1—6 頁。

孫其斌《〈敦煌漢簡〉與〈居延漢簡〉醫藥簡中的藥物制度》，《西部中醫藥》2017 年第 3 期,第 42—45 頁。

陳雨菡《敦煌馬圈灣出土醫簡及"白檀帶"再釋讀》，《絲綢之路》2017 年第 6 期,第 16—18 頁。

張雷、劉志梅《秦漢簡牘藥名釋叢》，《通化師範學院學報》2017 年第 7 期,第 61—64 頁。

劉樂賢《敦煌馬圈灣出土藥方簡補釋——爲紀念謝桂華先生而作》，《簡帛研究 2016 秋冬卷》,桂林:廣西師範大學出版社,2017 年 1 月,第 206—213 頁。

孫其斌、何雙全、張德紅《敦煌、居延簡牘中的絲路漢代戍邊醫學》，《敦煌研究》2017 年第 6 期,第 140—146 頁。

胡永鵬《西北邊塞漢簡中曆日的整理與研究》，《甘肅省第三届簡牘學國際學術研討會論文集》,上海:上海辭書出版社,2017 年 12 月,第 50—67 頁。

謝坤《算術與行政:從西北漢簡看算術在西北地區的實際應用》，《甘肅省第三届簡牘學國際學術研討會論文集》,上海:上海辭書出版社,2017 年 12 月,第 374—383 頁。

〔日〕廣瀨薰雄《敦煌漢簡中所見韓安國受賜醫藥方的故事》，《中醫藥文化》

2018 第 1 期,第 47—51 頁。

沈澍農《敦煌西域出土漢文醫藥文獻綜合研究》,《南京中醫藥大學學報》2018 第 2 期,第 71—79 頁。

周祖亮《簡帛醫書在醫古文文選教學中的價值探析》,《廣西中醫藥大學學報》2018 年第 3 期,第 102—105 頁。

（十一）語言文字

曹小雲《試論敦煌懸泉漢簡在漢代詞彙史研究上的語料價值》,《漢語史學報》2008 年第 1 期,第 262—271 頁。

范董平《〈敦煌漢簡〉謙敬詞的修辭特點》,《蘭州學刊》2008 年第 3 期,第 205—208 頁。

吉仕梅《王莽改制在居延敦煌漢簡詞彙中的反映》,《學術交流》2008 年第 4 期,第 129—132 頁。

肖從禮《從漢簡看兩漢時期量詞的發展》,《敦煌研究》2008 年第 4 期,第 98—103 頁。

左良燕《西北屯戍簡牘中服飾詞語研究》,北京語言大學碩士學位論文,2008 年。

范董平《〈敦煌漢簡〉詞語通釋》,華東師範大學博士學位論文,2008 年。

楊艷輝《新莽之前"七"與"十"字形相似探緣》,《簡帛語言文字研究》第 3 輯,成都:巴蜀書社,2008 年 5 月,第 382—391 頁。

胡偉、張玉金《出土西漢文獻語料研究》,《殷都學刊》2009 年第 4 期,第 102—107 頁。

劉曉紅《敦煌懸泉漢簡虛詞研究》,吉林大學碩士學位論文,2009 年。

馬秋紅《〈敦煌漢簡〉中的助動詞》,《四川職業技術學院學報》2010 年第 3 期,第 84—86 頁。

郭炳潔《漢代書信的稱謂》,《蘭臺世界》2010 年第 21 期,第 62 頁。

喬鑫《懸泉漢簡虛詞整理》,《簡帛語言文字研究》第 4 輯,成都:巴蜀書社,2010 年 5 月,第 162—229 頁。

馬秋紅《〈敦煌漢簡〉中的虛詞》,《簡帛語言文字研究》第 4 輯,成都:巴蜀書社,2010 年 5 月,第 267—234 頁。

郭炳潔《漢代簡牘書信中的"無恙"》,《史學月刊》2011 年第 12 期,第 125—128 頁。

楊琳《簡帛文獻的俗文學研究》,濟南大學碩士學位論文,2011 年。

吳菲菲《西域漢簡字頻統計與變異研究》,北京師範大學碩士學位論文,2011 年。

馬瑞《西北屯戍漢簡文字研究》,西南大學博士學位論文,2011年。

張俊民《懸泉漢簡所見敬稱與謙稱》,《秦漢研究》第5輯,西安:陝西人民出版社,2011年9月,第78—91頁。

張顯成《簡帛動量詞研究》,《簡帛研究2009》,桂林:廣西師範大學出版社,2011年11月,第249—259頁。

謝飛《基於〈漢語大詞典〉的漢簡新詞新義研究》,安徽大學碩士學位論文,2012年。

楊艷輝《通假的語音關係初探——以〈敦煌漢簡〉爲主要研究材料》,《簡帛語言文字研究》第6輯,成都:巴蜀書社,2012年5月,第141—155頁。

張國艷《以西北邊塞漢簡爲主的上古出土文獻"並""并"考辨——兼談異體字"並"恢復的必要性》,《第三屆中日韓CJK漢字文化國際論壇論文集》,上海:上海人民出版社,2012年12月,第85—98頁。

吳菲菲《西北漢簡文字的變異闡釋》,《勵耘學刊(語言卷)》2013年第1期,第115—121頁。

張曉芳《〈敦煌縣泉漢簡釋粹〉虛詞整理》,《學行堂文史集刊》2013年第2期,第35—45頁。

劉玉環《淺析〈流沙墜簡〉的文字學價值》,《西南學刊》2013年第2期,第283—290頁。

張俊民《懸泉漢簡與班固〈漢書〉所引詔書文字的異同》,《文獻》2013年第2期,第55—61頁。

曹小雲、李陽《漢簡察看、承受概念場詞彙系統分析》,《皖西學院學報》2013年第4期,第84—88頁。

曹小雲、邢會娟《敦煌漢簡中的偏正式複音詞》,《池州學院學報》2013年第4期,第85—88+114頁。

曹小雲、邢會娟《敦煌漢簡中的聯合式複音詞》,《阜陽師範學院學報》2013年第6期,第44—47頁。

曹小雲、邢會娟《敦煌漢簡詞義札記》,《現代語文(語言研究)》2013年第9期,第33—35頁。

王姣《敦煌漢簡通假字文字學初探》,《文藝生活(藝術中國)》2013年第12期,第119—121頁。

李陽《漢簡概念場詞彙系統研究》,安徽大學碩士學位論文,2013年。

段熙《懸泉漢簡語法專題研究》,華東師範大學碩士學位論文,2013年。

朱娟紅《疏勒河流域出土敦煌漢簡幾個語法問題的研究》,華東師範大學碩士學位論文,2013年。

劉甜甜《西北漢簡衣物類、建築類、器具類輯釋》，中國人民大學碩士學位論文，2013年。

張璇《西北漢簡中飲食、運輸、武備類詞彙集釋》，中國人民大學碩士學位論文，2013年。

田佳鷺《西北屯戍漢簡虛詞研究》，西南大學碩士學位論文，2013年。

王玉蛟《兩漢簡帛異體字研究》，西南大學碩士學位論文，2013年。

聶丹《西北屯戍漢簡名物詞語研究——以衣飾、器用、植物類詞語爲主要研究對象》，西南大學博士學位論文，2013年。

王姣《敦煌漢簡用字研究》，西北師範大學碩士學位論文，2014年。

楊二斌《敦煌漢簡涉"書"語詞研究》，《首屆朝聖敦煌全國書法大展暨敦煌書法論壇作品集》，北京：大眾文藝出版社，2014年1月，第128—139頁。

張東東《西北屯戍漢簡四種所見詞語與〈漢語大詞典〉訂補——僅以少量"增補詞條"爲例》，《唐山師範學院學報》2015年第1期，第16—22+49頁。

申硯歌《懸泉漢簡的文字流變研究》，蘭州大學碩士學位論文，2015年。

張顯成《〈敦煌漢簡〉中〈說文〉未收之秦漢字》，《許慎文化研究（二）：第二屆許慎文化國際研討會論文集（下）》，北京：中國社會科學出版社，2015年2月，第489—497頁。

田佳鷺《西北屯戍漢簡副詞連用考察》，《簡帛語言文字研究》第7輯，成都：巴蜀書社，2015年3月，第265—283頁。

葉愛國《古漢語常用名詞的省字用例》，《吐魯番學研究》2016年第1期，第25—32頁。

雷黎明《敦煌馬圈灣漢簡簡化字及其漢字學價值考》，《勵耘語言學刊》2017年第2期，第288—299頁。

雷黎明《敦煌馬圈灣漢簡新見通假字通釋》，《西部學刊》2017年第7期，第32—37頁。

黃艷萍《新莽簡在語言文字上的時代特徵補議》，《上海交通大學學報》2018年第5期，第112—118頁。

劉艷娟《秦漢簡帛文獻用字習慣考察二則》，《語言科學》2018第6期，第663—669頁。

鄭雯《敦煌地區所見漢簡詞彙研究》，華東師範大學碩士學位論文，2018年。

（十二）書法藝術

張嘯東《20世紀新出簡帛書與書法史重構的可能性》，《東方藝術》2008年第12期，第6—63+2—3頁。

石明秀《秦漢文字書體源流考述》,西北師範大學碩士學位論文,2008年。

馬國俊、馬爭朝《重釋:敦煌書法在書法創作中的現代意義》,《甘肅聯合大學學報》2010年第3期,第93—95頁。

史忠平、馬國俊《從漢代書論窺探敦煌漢簡的"民間性"》,《山西師大學報》2010年第3期,第77—79頁。

楊艷《隸書的產生及其審美價值研究》,曲阜師範大學碩士學位論文,2010年。

金美蘭《從西漢馬圈灣簡牘看早期草書的發展》,中央美術學院碩士學位論文,2010年。

毛峰《論敦煌馬圈灣木簡書法的當代性》,《書法》2011年第11期,第36—39頁。

張明亮《漢簡書法藝術創作百年回顧》,《敦煌研究》2012年5期,第110—112頁。

李丹《甘肅漢簡書法風格研究》,西北師範大學碩士學位論文,2012年。

李逸峰《河西簡牘在漢代書法史上的歷史地位》,《中國書法》2013年第7期,第63—65頁。

董文強《漢簡書藝略論》,《名作欣賞》2013年第26期,第131—133頁。

張亞玲《敦煌書法理論研究》,蘭州大學碩士學位論文,2013年。

金美蘭《漢代簡牘草書藝術研究》,中國藝術研究院碩士學位論文,2013年。

李逸峰《敦煌漢簡草書略論》,《簡牘學研究》第5輯,蘭州:甘肅人民出版社,2014年8月,第253—262頁。

溫全祿《關於敦煌書法的幾點思考》,《中國民族博覽》2015年第5期,第101—103+112頁。

周穎穎《西漢簡牘書的淵源與流變》,曲阜師範大學碩士學位論文,2015年。

張林《甘肅簡牘及其書法之特徵》,《藝術評論》2016年第1期,第135—138頁。

董文強《漢簡書法藝術及其價值概述》,《書法》2016年第1期,第64—68頁。

米華翔《豈可淺嘗輒止:論敦煌漢簡書法藝術的當代價值發掘》,《書法賞評》2016年第1期,第45—51頁。

魏晶《敦煌漢簡字體特點研究》,《今傳媒》2016年第8期,第170—171頁。

米文佐《敦煌簡牘遺書中的漢唐書法教育》,《中國書法》2016年第9期,第195—197頁。

李逸峰《從敦煌漢簡看早期草書形成的主要特徵》,《書法研究》2017年第2期,第140—156頁。

楊豪良《作爲民間書法的敦煌書與簡牘盟帛書》,《書法賞評》2017年第3期,第 46—49 頁。

劉超《試論敦煌漢簡折射的書法藝術》,《絲綢之路》2017 年第 6 期,第 14—15 頁。

李逸峰《敦煌漢簡中的書法文化問題》,《甘肅社會科學》2017 第 6 期,第 99—106 頁。

楊春林《漢簡藝術及其價值概述》,《大眾文藝》2017 年第 12 期,第 122 頁。

孫強《漢隸書風研究》,西南大學碩士學位論文,2017 年。

馬國俊、馬隴平《簡牘對漢字書寫與書法藝術的歷史意義》,《甘肅省第三屆簡牘學國際學術研討會論文集》,上海:上海辭書出版社,2017 年 12 月,第 41—49 頁。

裴永亮《漢簡習字簡與漢代書法發展相關問題》,《邵陽學院學報》2018 年第 4 期,第 88—92 頁。

張彥榮《簡牘帛書的書法意義探析》,《蘭州文理學院學報》2018 年第 5 期,第 120—124 頁。

羅朝璨《漢簡中的橫畫起筆分析》,《中國書法》2018 第 12 期,第 82—85 頁。

成剛剛《敦煌漢簡的審美分析》,《大眾文藝》2018 第 16 期,第 235 頁。

黃艷萍《從西北屯戍漢簡看漢代書法的自覺意識》,《中國書法》2018 年第 24 期,第 26—29 頁。

王寧《敦煌漢簡草書研究》,西北師範大學碩士學位論文,2018 年。

(十三) 書評與學術動態

王萬盈《漢簡研究的視角轉換——評冨谷至著〈木簡竹簡述説的古代中國——書寫材料的文化史〉(中譯本)》,《周秦漢唐文化研究》第 6 輯,西安:三秦出版社,2008 年 4 月,第 333—344 頁。

何立民《簡帛學研究的開山之作——讀〈流沙墜簡〉並論王國維先生簡帛文書研究的貢獻》,《南方文物》2010 年第 3 期,第 29—39+43 頁。

秦鳳鶴《〈敦煌馬圈灣漢簡集釋〉評介》,《中國史研究動態》2014 年第 6 期,第 88—89 頁。

胡平生《渥洼天馬西北來,漢簡研究新飛躍——讀〈敦煌馬圈灣漢簡集釋〉》,《出土文獻與古文字研究》第 6 輯(上),上海:上海古籍出版社,2015 年 2 月,第 467—476 頁。

陳文豪《簡帛目錄學芻議——兼評〈甘肅簡牘百年論著目錄〉》,《甘肅省第三屆簡牘學國際學術研討會論文集》,上海:上海辭書出版社,2017 年 12 月,第 324—332 頁。

孫占宇《漢代河西社會生活的精細畫卷——讀〈漢代河西屯戍吏卒衣食住行

研究〉》,《甘肅高師學報》2018 第 4 期,第 141—142 頁。

張樂《簡帛文獻異體字整理研究的力作——〈秦漢簡帛異體字研究〉評介》,《貴州工程應用技術學院學報》2018 年第 5 期,第 127—131 頁。

侯旭東《籾山明著〈秦漢出土文字史料の研究——形態・制度・社會〉評介》,《簡帛研究 2017 秋冬卷》,桂林:廣西師範大學出版社,2018 年 1 月,第 334—342 頁。

張如青、丁媛《出土簡帛涉醫文獻概述》,《中華中醫藥學會全國第十七屆醫古文學術研討會論文集》,西安,2008 年 8 月,第 198—205 頁。

丁媛、張如青《百年來出土簡帛涉醫文獻概述》,《上海中醫藥大學學報》2009 年第 2 期,第 23—27 頁。

李炳泉《十年來大陸兩漢與西域關係史研究綜述》,《西域研究》2009 年第 4 期,第 114—126 頁。

趙岩《漢代簡帛詞彙研究的回顧與展望》,《樂山師範學院學報》2010 年第 8 期,第 55—59 頁。

馬增榮、郭文德、李敬坤《"漢帝國的制度與社會秩序"國際學術會議綜述》,《中國史研究動態》2010 年第 11 期,第 22—25 頁。

蔡萬進《新世紀初我國簡牘重要發現概述》,《簡帛研究 2008》,桂林:廣西師範大學出版社,2010 年 9 月,第 330—348 頁。

安忠義《甘肅省第二屆簡牘學國際學術研討會綜述》,《魯東大學學報》2011 年第 5 期,第 86—94 頁。

馬智全《懸泉漢簡二十年研究綜述》,《中國史研究動態》2011 年第 5 期,第 39—48 頁。

馬智全《近 20 年敦煌懸泉漢簡研究綜述》,《絲綢之路》2011 年第 16 期,第 49—57 頁。

魯家亮《2010 年秦漢魏晋簡牘研究概述》,《簡帛》第 6 輯,上海:上海古籍出版社,2011 年 11 月,第 514—597 頁。

[韓]金慶浩、[韓]李瑾華《韓國的戰國秦漢簡帛研究論著目錄(1975—2010.10)》,《簡帛研究 2010》,桂林:廣西師範大學出版社,2012 年 3 月,第 253—271 頁。

[美]金鵬程、[韓]徐誠彬《簡帛研究西文論著目錄》,《簡帛研究 2010》,桂林:廣西師範大學出版社,2012 年 3 月,第 272—290 頁。

魯家亮《2011 年秦漢魏晋簡牘研究概述》,《簡帛》第 7 輯,上海:上海古籍出版社,2012 年 10 月,第 395—434 頁。

馬智全、肖從禮《甘肅省第二屆簡牘學國際學術研討會會議綜述》,《甘肅省第二届簡牘學國際學術研討會論文集》,上海:上海古籍出版社,2012 年 12 月,第 683—692 頁。

孫淑霞《〈倉頡篇〉研究綜述》,《綿陽師範學院學報》2013 年第 4 期,第 36—39 頁。

閻盛國《近三十年來有關出土簡牘與民族問題研究綜述》,《中國史研究動態》2013 年第 3 期,第 34—42 頁。

張英梅《居延遺址與絲綢之路歷史文化國際學術研討會會議論文綜述》,《敦煌學輯刊》2013 年第 3 期,第 17—184 頁。

田芸、楊吉寧《甘肅漢簡研究綜述》,《絲綢之路》2013 年第 16 期,第 9—10 頁。

[日] 柿沼陽平《日本的中國出土簡帛研究論著目録(一)(1910—2011 年)》,《簡帛研究 2011》,桂林:廣西師範大學出版社,2013 年 6 月,第 232—257 頁。

韓華《2006 年以來敦煌懸泉漢簡研究述評》,《簡帛研究 2012》,桂林:廣西師範大學出版社,2013 年 10 月,第 206—212 頁。

張顯成《簡帛文字編編纂的現狀與展望》,《簡帛研究 2012》,桂林:廣西師範大學出版社,2013 年 10 月,第 213—222 頁。

[日] 柿沼陽平《日本的中國出土簡帛研究論著目録(二)(1910—2011 年)》,《簡帛研究 2012》,桂林:廣西師範大學出版社,2013 年 10 月,第 223—315 頁。

魯家亮《2012 年秦漢魏晉簡牘研究概述》,《簡帛》第 8 輯,上海:上海古籍出版社,2013 年 12 月,第 515—553 頁。

齊銀生、賈富強《西北漢簡所見邊塞防禦組織中"部"的研究現狀及分析》,《黑龍江史志》2014 年第 13 期,第 61、63 頁。

張英梅、李迎春《西北師大簡牘學科發展現狀及近年碩博士學位論文綜述》,《簡牘學研究》第 5 輯,蘭州:甘肅人民出版社,2014 年 8 月,第 289—299 頁。

魏德勝《初讀浙江古籍版〈流沙墜簡〉》,《簡帛》第 9 輯,上海:上海古籍出版社,2014 年 10 月,第 365—368 頁。

魯家亮《2013 年秦漢魏晉簡牘研究概述》,《簡帛》第 9 輯,上海:上海古籍出版社,2014 年 10 月,第 491—530 頁。

劉志梅、張雷《出土秦漢醫方文獻研究綜述》,《遼寧醫學院學報》2015 年第 2 期,第 55—59 頁。

裴永亮《近二十年來敦煌漢簡研究綜述》,《管子學刊》2015 年第 2 期,第 121—126 頁。

林獻忠《百年來漢代戍卒研究綜述:以漢簡爲中心》,《西域研究》2015年第2期,第117—123頁。

孫占鼇《河西簡牘學百年發展述論》,《絲綢之路》2015年第4期,第15—20頁。

[日]森谷一樹、汪華龍、孔令傑《日本研究西北邊境出土簡牘之新動態》,《國學學刊》2015年第4期,第125—134頁。

潘芳《近20年來敦煌漢簡研究綜述》,《西安文理學院學報》2015年第5期,第35—40頁。

王奇賢、張顯成《出土散見涉醫簡牘研究綜述》,《古籍整理研究學刊》2015年第6期,第197—185頁。

王丹鳳《秦漢簡帛曆譜研究綜述》,西南大學碩士學位論文,2015年。

閻盛國《近三十年來有關簡牘與歷史地理問題研究綜述》,《歷史地理》第30輯,上海:上海人民出版社,2015年1月,第407—416頁。

李洪財《漢簡草書與書法研究綜述》,《簡帛研究2015春夏卷》,桂林:廣西師範大學出版社,2015年6月,第243—254頁。

陳文豪《臺灣簡帛研究論著目錄(2000—2006年)》,《簡帛研究2015春夏卷》,桂林:廣西師範大學出版社,2015年6月,第255—334頁。

陳文豪《臺灣簡帛研究論著目錄(2007—2013年)》,《簡帛研究2015秋冬卷》,桂林:廣西師範大學出版社,2015年10月,第260—318頁。

魯家亮《2014年秦漢魏晉簡牘研究概述》,《簡帛》第11輯,上海:上海古籍出版社,2015年12月,第243—282頁。

王雲慶、孫嘉睿《盛世出國寶——近三十年來我國古代檔案文獻的重大發現綜述》,《檔案學研究》2016年第2期,第118—124頁。

黃艷萍《西北漢簡文字研究綜述》,《簡牘學研究》第6輯,蘭州:甘肅人民出版社,2016年6月,第217—230頁。

魯家亮、李靜《2015年秦漢魏晉簡牘研究概述》,《簡帛》第13輯,上海:上海古籍出版社,2016年11月,第249—286頁。

袁雅潔《"首屆絲綢之路(敦煌)國際文化博覽會系列活動:簡牘學國際學術研討會"綜述》,《簡帛研究2016秋冬卷》,桂林:廣西師範大學出版社,2017年1月,第273—284頁;又收入《甘肅省第三屆簡牘學國際學術研討會論文集》,上海:上海辭書出版社,2017年12月,第658—669頁。

魯家亮《2016年中國大陸秦漢魏晉簡牘研究概述》,《簡帛》第15輯,上海:上海古籍出版社,2017年11月,第241—265+275頁。

[日]草野友子、[日]中村未來、[日]海老根量介《2016—2017年日本學界中

國出土簡帛研究概述》,《簡帛》第 15 輯,上海:上海古籍出版社,2017 年 11 月,第 307—323 頁。

鍾量《2016 年英文簡帛研究概要》,《簡帛》第 15 輯,上海:上海古籍出版社,2017 年 11 月,第 281—305 頁。

趙玉龍《近十年來甘肅簡牘研究概述與展望》,《三峽論壇》2018 第 3 期,第 76—82 頁。

劉全波、李若愚《敦煌懸泉漢簡研究綜述》,《甘肅廣播電視大學學報》2018 年第 4 期,第 6—12 頁。

張文瀚《漢代候官研究述論》,《史學月刊》2018 第 8 期,第 113—123 頁。

于弘洋《陳槃簡牘研究述評》,東北師範大學碩士學位論文,2018 年。

敦煌飲食文化研究論著目録

劉艷燕（敦煌研究院）

敦煌飲食文化經過近半個世紀的探索研究歷程，取得了豐碩的研究成果。截止 2018 年度，據不完全統計中國大陸地區共出版敦煌飲食文化及相關研究專著 10 餘部，公開發表相關論文 110 餘篇。現將研究論著目録按出版發表時間順序，分爲專著和論文兩部分彙編整理。

一、專　著

高國藩《敦煌民俗學》，上海：上海人民出版社，1989 年 11 月。
黎虎《漢唐飲食文化史》，北京：北京師範大學出版社，1997 年 10 月。
黄正建《唐代衣食住行研究》，北京：首都師範大學出版社，1998 年 2 月。
郝春文《唐後期五代宋初敦煌僧尼的社會生活》，北京：中國社會科學出版社，1998 年 12 月。
姚偉鈞《中國傳統飲食禮俗研究》，武漢：華中師範大學出版社，1999 年 1 月。
譚蟬雪《敦煌石窟全集 25：敦煌民俗畫卷》，香港：香港商務印書館，2000 年 12 月。
高啓安《敦煌飲食探秘》，北京：民族出版社，2004 年 3 月。
高啓安《唐五代敦煌飲食文化研究》，北京：民族出版社，2004 年 12 月。
胡同慶《敦煌古代衣食住行》，蘭州：甘肅人民美術出版社，2012 年 8 月。
胡同慶《敦煌壁畫中的養生》，蘭州：甘肅人民美術出版社，2015 年 8 月。

二、論　文

施萍婷《本所藏〈酒賬〉研究》，《敦煌研究》1983 年創刊號。
王進玉《敦煌壁畫中的糧食加工工具》，《農業考古》1988 年 2 期。
邱龐同《中國麵條源流考述》，《中國烹飪》1988 年 7 期。
洪光住《我國掛麵源流小考》，《中國烹飪》1990 年 1 期。
王賽時《唐代的寒食風俗》，《民俗研究》1990 年 3 期。
黄正建《敦煌文書與唐五代北方地區的飲食生活（主食部分）》，《魏晉南北朝隋唐史資料》第 11 輯，武漢：武漢大學出版社，1991 年 2 月。
譚真《敦煌古藥方〈神仙粥〉剖析》，《敦煌研究》1991 年 2 期。

暨遠志《唐代茶文化的階段性》,《敦煌研究》1991年2期。

高國藩《敦煌醋俗》,《人民日報》(海外版)1992年9月30日。

陳紹軍《胡餅來源探釋》,《農業考古》1995年1期。

鄭炳林《唐五代敦煌釀酒業研究》,《敦煌吐魯番文獻研究》,蘭州:蘭州大學出版社,1995年。

盛朝暉《"細供"考》,《敦煌學輯刊》1996年2期。

孫林《鍋·飲食·王權——對〈敦煌本吐蕃歷史文書〉一段文字的文化學解讀》,《青海民族學院學報》1996年4期。

王韓繼《敦煌民間飲食風俗》,《敦煌文史資料選輯·第四輯》,政協甘肅省敦煌市委員會編印,1997年。

張友仁《敦煌民間食俗淺談》,《敦煌文史資料選輯·第四輯》,政協甘肅省敦煌市委員會編印,1997年。

高啟安《釋敦煌文獻中的梧桐餅》,《敦煌學輯刊》1998年1期。

梁貴林《〈茶經〉〈茶酒論〉與法門寺茶道研究》,《敦煌研究》1998年1期。

高啟安、索黛《敦煌古代僧人官齋飲食檢閱:敦煌文獻P.3231卷内容研究》,《敦煌研究》1998年3期。

高啟安、索黛《唐五代敦煌飲食中的餅淺探——敦煌飲食文化研究之二》,《敦煌研究》1998年4期。

高啟安《唐五代至宋敦煌的量器及量制》,《敦煌學輯刊》1999年1期。

高啟安、索黛《古代敦煌人的飲食》,《絲綢之路》1999年1期。

王進玉《敦煌壁畫中的賣肉鋪》,《中國食品》1999年2期。

高啟安、王璽玉《唐五代敦煌人的飲食品種研究——敦煌飲食文化研究之三》,《敦煌研究》1999年2期。

高啟安《唐五代敦煌僧人飲食的幾個名詞解釋》,《敦煌研究》1999年4期。

黃正建《唐代的"胡食"》,《文史知識》1999年6期。

王進玉《從敦煌文物談古代饅頭》,《中國食品》1999年9期。

姚偉鈞《漢唐飲食制度考論》,《中國文化研究》1999年總23期。

高啟安《古代敦煌人的飲酒方式和酒量》,《中國西部風采叢書·隴原酒業風采》,蘭州:甘肅人民出版社,2000年。

高啟安《唐五代敦煌人的宴飲活動述論》,《西北民族學院學報》2000年3期。

高啟安《唐五代敦煌人的飲酒習俗述論》,《敦煌研究》2000年3期。

李并成《敦煌酒文化撫珍》,《絲綢之路》2000年3期。

高啟安《敦煌人的飲食胡風》,《尋根》2000年4期。

高啟安《唐五代敦煌人的喪葬飲食》,《中國飲食文化·創刊號》2001年1期。

馮培紅《唐五代敦煌的酒行、酒户和酒司》,《青海社會科學》2001年3期。
高啓安《從莫高窟壁畫看唐五代敦煌人的坐具和飲食坐姿(上)》,《敦煌研究》2001年3期。
高啓安《從莫高窟壁畫看唐五代敦煌人的坐具和飲食坐姿(下)》,《敦煌研究》2001年4期。
高啓安《敦煌文獻中的"草子"爲"沙米"考》,《敦煌學輯刊》2002年2期。
高啓安《晚唐五代敦煌僧人飲食戒律初探——以不食肉戒爲中心》,《普門學報》2002年2期。
高啓安《唐五代敦煌的飲食胡風》,《民族研究》2002年3期。
高啓安《淺議敦煌飲食的開發》,《敦煌研究》2002年6期。
蔡秀敏《唐代敦煌飲食文化的研究》,中正大學中文所碩士學位論文,2002年。
高啓安《莫高窟第61窟"五臺山靈口之店推磨圖"之我見》,《敦煌學輯刊》2002年1期。
李正宇《敦煌飲食文化研究開發的若干思考》,《敦煌研究》2002年6期。
高啓安《唐五代敦煌僧人飲食戒律初探——以"不食肉戒"爲中心》,《敦煌佛教藝術文化國際學術研討會論文集》,蘭州:蘭州大學出版社,2002年8月。
高啓安《唐五代敦煌飲食生活研究》,蘭州大學博士學位論文,2003年。
高啓安《敦煌文獻中的"鬚麵"——我國最早的掛麵》,《揚州大學烹飪學報》2003年1期。
高啓安《敦煌飲食研究札記三題》,《蘭州商學院學報》2003年2期。
高啓安《唐五代敦煌的宴飲坐向和座次研究》,《蘭州大學學報》2003年2期。
唐黎標《轟動世界的敦煌食文化》,《烹調知識》2004年1期。
高啓安《敦煌文化資源的利用和產業開發》,《甘肅理論學刊》2004年4期。
趙紅、高啓安《唐五代時期敦煌僧人飲食概述》,《麥積山石窟藝術文化論文集(下)》,蘭州:蘭州大學出版社,2004年6月。
高啓安《"敦煌飲食文化"開發的思考——兼論古代飲食文化的推陳出新》,《飲食文化研究》2005年3期。
高啓安《"餅"源"胡"説——兼論數種麵食名稱的起源》,中國民族古文字研究會等編《絲綢之路民族古文字與文化學術討論會會議論文集》,2005年3月。
黄正建《敦煌資料與唐五代的衣食住行》,《敦煌與絲路文化學術講座·2》,北京:北京圖書館出版社,2005年6月。
高啓安《從敦煌飲食文化開發看中國傳統飲食文化的創新》,《中國食文化研讨会会议论文集》2005年4月。

夏雷鸣《西域薄饟的考古遗存及其文化意义——兼谈波斯饮食文化对我国食俗的影响》,《新疆大学学报》2005年1期。

汪受宽《河西古酒考论》,《敦煌学辑刊》2005年2期。

杭东《轰动世界的敦煌食文化》,《食品与生活》2005年3期。

李正宇《晚唐至北宋敦煌僧尼普听饮酒——敦煌世俗佛教系列研究之二》,《敦煌研究》2005年3期。

安忠义《从汉简等资料看汉代的食品加工技术》,《鲁东大学学报》2006年3期。

高启安《西北人与辛辣之味——兼议辣椒产业的发展问题》,《饮食文化研究》2007年3期。

安忠义、强生斌《河西汉简中的谷物考》,《鲁东大学学报》2007年4期。

刘晶《古代敦煌的饮食——和尚尼姑能喝酒》,《科学大观园》2007年8期。

安忠义《敦煌文献中的酒器考》,《敦煌学辑刊》2008年2期。

高启安《甘肃古代饮食名品拾遗》,《敦煌研究》2008年5期。

徐成文《轰动世界的敦煌饮食文化》,《东方食疗与保健》2008年6期。

扬之水《晚唐金银酒器的名称与样式》,《中国历史文物》2008年6期。

吴家阔《敦煌遗书〈茶酒论〉与茶文化内涵的探索》,《农业考古》2009年2期。

高启安《裕固族早期饮食文化研究——以〈肃镇华夷志〉为主》,《敦煌研究》2010年1期。

赵小明《敦煌饮食文化中的道教色彩》,《南宁职业技术学院学报》2011年2期。

高启安《丝路名馔"驼蹄羹"杂考》,《西域研究》2011年3期。

高国藩《敦煌唐宋时代酒文化考述》,《西夏研究》2011年4期。

高启安《唐五代时期敦煌的宴饮"赌射"——敦煌文献P.3272卷"射杀羊"一词小解》,《甘肃社会科学》2011年6期。

解梅《唐五代敦煌的胡酒》,《兰台世界》2011年24期。

高启安《唐人宴饮程式概观——以〈游仙窟〉为中心》,《形象史学研究》2012年1期。

僧海霞《唐宋时期敦煌地区药酒文化探析》,《中医药文化》2012年1期。

俞晓红《敦煌变文〈茶酒论〉校注商补》,《广东技术师范学院学报》2012年1期。

高启安《甘肃古代饮食名品补遗》,《兰州商学院学报》2012年1期。

高国藩《唐宋时期敦煌地区商业酒文化考述》,《艺术百家》2012年3期。

高啓安《"殺羊"及敦煌羊隻飼牧方式論考》,《西北民族大學學報》2013年2期。

僧海霞《唐宋時期敦煌地區藥酒基酒考》,《中醫雜誌》2013年2期。

高啓安《裕固族"以背爲敬"食俗研究》,《河西學院學報》2013年3期。

高啓安《"伏羲"與華夏飲食文明》,《天水師範學院學報》2013年4期。

僧海霞《唐宋時期敦煌地區藥用醋考》,《中醫雜誌》2013年14期。

高啓安《吐魯番出土"草編粽子"名實辨考》,《吐魯番學研究》2014年1期。

僧海霞《唐宋時期敦煌醫用粥探析》,《中醫雜志》2014年12期。

陳静《敦煌寫本〈茶酒論〉新考》,《敦煌研究》2015年6期。

高啓安《中國古代的水煮方便食品:棋子麵與掛麵》,《楚雄師範學院學報》2015年1期。

李穎俠、孟峰年《敦煌古代傳統養生文化研究》,《綿陽師範學院學報》2015年2期。

葉俊士、高啓安《餃子其實最早是一種外來食品——專訪蘭州財經大學高啓安教授》,《南寧職業技術學院學報》2015年3期。

高啓安《中國古代的方便食品:棋子麵》,《南寧職業技術學院學報》2015年3期。

王祥偉《高啓安先生與敦煌學研究》,《南寧職業技術學院學報》2015年3期。

何宏《高啓安與〈唐五代敦煌飲食文化研究〉》,《南寧職業技術學院學報》2015年3期。

馮培紅《高啓安與絲綢之路飲食文化研究》,《南寧職業技術學院學報》2015年3期。

解梅《唐五代敦煌酒具考略》,《蘭台世界》2015年33期。

高啓安《嘉峪關魏晉墓壁畫四炊具圖像名物研究》,《第二屆中國古村鎮保護與利用研討會論文集》,成都:四川大學出版社,2016年11月。

高啓安《漢魏"鬼竈"上一器名物考索》,《形象史學研究》2016年1期。

安忠義《敦煌文獻中幾種食器考辨》,《中國文物科學研究》2016年3期。

穆瑞明、曾維加《佛教和道教的"厨經"研究》,《宗教學研究》2017年2期。

高啓安《"髓餅"來歷及流變》,《吐魯番學研究》2017年2期。

高啓安《胡瓶傳入和唐人注酒方式的改變》,《絲綢之路研究集刊》(第1輯),北京:商務印書館,2017年。

周鴻承《中國飲食文化研究歷程回顧與歷史檢視》,《美食研究》2018年1期。

李碩《唐代煎餅新探》,《農業考古》2018年4期。

高啓安《絲綢之路上傳來的酒中奇葩——"羊羔酒"再申》,《晋陽學刊》2018年6期。

余力《轟動世界的敦煌飲食文化》,《甘肅農業》2018年18期。

新中國成立以來榆林窟研究論著目錄

宋若谷（蘭州大學）

榆林窟作爲敦煌石窟群的重要組成部分，在壁畫內容和藝術上均獨樹一幟，與莫高窟藝術交相輝映。新中國成立後，關於榆林窟研究論著開始出現；改革開放以來，榆林窟的研究和保護不斷深化，相關著述日豐；21世紀以來，關於榆林窟的研究達到了又一個高峰，各個領域都有了明顯進步，研究工作進一步細化，出版了很多著作、論文，這也從側面體現出敦煌學旺盛的學術生命力。故筆者擬對建國以來國內榆林窟研究著作和論文等學術成果整理目錄如下，編排次序爲：一、專著部分；二、論文部分。論文部分又分爲總論、石窟藝術、壁畫研究、代表性石窟研究、石窟保護、民族語言文字、歷史文化和科技八個專題，以全面展示幾十年來我國在榆林窟科學研究、文物保護方面的水平，並供學界參考。

一、專　著

敦煌文物研究所《榆林窟・敦煌藝术畫庫（4）》，北京：中國古典藝術出版社，1957年10月。

敦煌研究院、江蘇美術出版社編《敦煌石窟藝術・榆林窟第25窟附第15窟（中唐）》，南京：江蘇美術出版社，1993年7月。

張伯元《安西榆林窟》，成都：四川教育出版社，1995年10月。

敦煌研究院編《敦煌石窟內容總錄》，北京：文物出版社，1996年12月。

敦煌研究院編《中國石窟・安西榆林窟》，北京：文物出版社，1997年5月。

胡開儒《安西榆林窟》，烏魯木齊：新疆人民出版社，1997年5月。

張寶璽編《甘肅石窟藝術・壁畫編》，蘭州：甘肅人民美術出版社，1997年4月。

樊錦詩《安西榆林窟》，蘭州：甘肅民族出版社，1999年3月。

李書敏總主編、袁融編《甘肅安西榆林窟壁畫》，重慶：重慶出版社，1999年12月。

張建山《安西榆林窟》，蘭州：甘肅人民美術出版社，2000年12月。

彭金章編《敦煌石窟全集10・密教畫卷》，香港：商務印書館（香港）有限公司，2003年12月。

敦煌研究院編《榆林窟研究論文集》，上海：上海古籍出版社，2011年9月。

敦煌研究院、甘肅省文物局編《甘肅石窟志》，蘭州：甘肅教育出版社，2011年12月。

敦煌研究院主編、樊錦詩編《榆林窟》，南京：江蘇美術出版社，2014年7月。

敦煌研究院主編、樊錦詩編《榆林窟藝術》，南京：江蘇美術出版社，2014年8月。

沙武田《榆林窟第25窟——敦煌壁畫中的唐蕃關係》，北京：商務印書館，2016年7月。

楊富學《敦煌民族史探幽》，蘭州：甘肅文化出版社，2016年12月。

沙武田《歸義軍時期敦煌石窟考古研究》，蘭州：甘肅教育出版社，2017年9月。

趙曉星《莫高窟以外的敦煌石窟》，蘭州：甘肅人民美術出版社，2018年1月。

二、論　　文

（一）總論

敦煌文物研究所《安西榆林窟勘查簡報》，《文物參考資料》1956年第10期。

甘肅省博物館《安西榆林窟》，《甘肅日報》1961年4月29日。

羅寄梅《安西榆林窟的壁畫》，《中國東亞學術研究計畫委員會年報》1964年。

張伯元《安西榆林窟》，《甘肅日報》1979年11月4日。

白濱、史金波《莫高窟、榆林窟西夏資料概述》，《敦煌學輯刊》1980年第1期。

閻守誠《安西榆林窟》，絲綢之路考察隊編著《絲路訪古》，蘭州：甘肅人民出版社，1983年4月。

馬世長《榆林窟》，《中國大百科全書·考古卷》，北京：中國大百科全書出版社，1986年8月。

劉玉權《瓜、沙西夏石窟概論》，《中國石窟·敦煌莫高窟》第5卷，北京：文物出版社，1987年9月。

向達《安西榆林窟記錄》，《考古學研究（一）》，北京：文物出版社，1992年。

胡同慶《敦煌石窟藝術概述》，《敦煌研究》1993年第3期。

趙聲良《安西榆林窟》，《文史知識》1994年第2期。

趙聲良《榆林窟藝術概述》，《絲綢之路》1996年第6期。

霍熙亮《榆林窟、西千佛洞內容總錄》，敦煌研究院編《中國石窟·安西榆林窟》，北京：文物出版社，1997年5月。

夸父《榆林窟峽谷佛影》，《新一代》1997年第10期。

敦煌文物研究所《安西榆林窟內容記錄與題記》（刻本），李國編《中國敦煌學百年文庫·論著目錄卷》，蘭州：甘肅文化出版社，1999年。

霍熙亮《榆林窟題記》（打印稿），李國編《中國敦煌學百年文庫·論著目錄卷》，蘭州：甘肅文化出版社，1999年。

黃征《敦煌榆林窟石窟追述》，《文化交流》2000年第1期。

趙光《河西走廊萬佛峽》，《文史知識》2000年第10期。

蔣季成《榆林窟三絕》，《絲綢之路》2002年第4期。

黃河《神秘瑰寶榆林窟》，《西部大開發》2007年第11期。

（二）石窟藝術

向達《莫高、榆林二窟雜考》，《文物參考資料》1951年第5期。

楊烈《炳靈寺、莫高窟、榆林窟的洞窟形制》，《古建築通訊》1957年第3期。

律鴻年《敦煌莫高窟、榆林窟幾處彩畫拾遺》，《古建築通訊》1957年第4期。

胡開儒《榆林窟與象牙佛》，《飛天》1980年第2期。

王靜如《敦煌莫高窟和安西榆林窟中的西夏壁畫》，《文物》1980年第9期。

萬庚育《莫高窟、榆林窟的西夏藝術》，敦煌文物研究所編《敦煌研究文集》，蘭州：甘肅人民出版社，1982年3月。

劉玉權《敦煌莫高窟、安西榆林窟西夏洞窟分期》，敦煌文物研究所編《敦煌研究文集》，蘭州：甘肅人民出版社，1982年3月。

史葦湘《燦爛的敦煌壁畫——莫高窟榆林窟唐五代宋西夏元的壁畫藝術》，中國美術全集編委會編《中國美術全集·繪畫編·敦煌壁畫（下）》，北京：人民美術出版社，1985年。

蘇瑩輝《從飛天·伎樂天看莫高、榆林二窟的繪塑藝術》，《佛教藝術》1987年第2期。

段文傑《榆林窟藝術探討》，《國際敦煌吐魯番學術會議論文》，香港：商務印書館，1987年。

劉玉權《關於沙州回鶻洞窟的劃分》，《敦煌研究》1988年第2期。

段文傑《榆林窟党項、蒙古政權時期的壁畫藝術》，《敦煌研究》1989年第4期。

宿白《敦煌莫高窟密教遺迹札記（下）》，《文物》1989年第10期。

楊雄《敦煌藏傳密教藝術的珍貴遺存——莫高窟第465窟附榆林窟第4窟的內容和形式》，楊雄編著《敦煌石窟藝術·莫高窟第465窟（元）》，南京：江蘇美術出版社，1996年2月。

宿白《榆林、莫高兩窟的藏傳佛教遺迹》，氏著《藏傳佛教寺院考古》，北京：文物出版社，1996年10月。

梁豐《"牙雕佛傳造像"的釋讀及其它》，《中國歷史文物》1999年第1期。

［美］葛霧蓮著、楊富學譯《榆林窟回鶻畫像及回鶻蕭氏對遼朝佛教藝術的影

響》,《1994年敦煌學國際研討會文集·石窟考古卷》,蘭州:甘肅民族出版社,2000年6月。

張亞莎《印度·衛藏·敦煌的波羅——中亞藝術風格論》,《敦煌研究》2002年第3期。

金申《榆林窟象牙龕佛像及相關攜帶式龕像》,敦煌研究院編《2000年敦煌學國際學術討論會文集——紀念敦煌藏經洞發現暨敦煌學百年·石窟藝術卷》,蘭州:甘肅民族出版社,2003年9月。

陳佩妏(釋見徹)《唐宋時期地藏菩薩像研究》,四川大學碩士學位論文,2006年。

王曉玲《西夏晚期壁畫藝術特色探析——以榆林窟二窟、三窟、二十九窟、東千佛洞二窟爲例》,西北師範大學碩士學位論文,2007年。

李路珂《甘肅安西榆林窟西夏後期石窟裝飾及其與宋〈營造法式〉之關係初探(上)》,《敦煌研究》2008年第3期。

李路珂《甘肅安西榆林窟西夏後期石窟裝飾及其與宋〈營造法式〉之關係初探(下)》,《敦煌研究》2008年第4期。

黎大祥《中印文化交流的歷史見證——象牙造像》,《發展》2008年第5期。

張景峰《敦煌石窟的中心佛壇窟》,《敦煌研究》2009年第5期。

沙武田《敦煌西夏石窟分期研究之思考》,《西夏研究》2011年第2期。

周維娜《西夏晚期石窟壁畫風格探析》,《蘭臺世界》2015年第6期。

何卯平、寧强《敦煌與瓜州西夏時期石窟藝術的比較研究》,《敦煌研究》2016年第6期。

王勝澤《西夏藝術圖像中的絲路印記》,《西夏研究》2017年第4期。

林鴒、胡珍合撰《榆林窟壁畫對現代岩彩畫的啓示》,《藝術大觀》2017年第6期。

沙武田《敦煌西夏石窟營建史構建》,《西夏研究》2018年第1期。

彭明浩《榆林窟原始崖面初探》,《美術研究》2018年第6期。

陳思博《淺論西夏晚期石窟壁畫藝術特點》,《大衆文藝》2018年第12期。

沙武田《讀圖的厚背景和被表像誤導的歷史圖像——重新認識敦煌西夏石窟藝術史之面貌及其内涵》,敦煌研究院、陝西師範大學絲綢之路歷史文化中心編《觀念·技術·視野·視角——敦煌石窟研究方法國際學術討論會論文集》2018年10月。

趙曉星《榆林窟第2窟正壁文殊圖像解析——西夏石窟考古與藝術研究之三》,《敦煌研究》2018年第5期。

(三)壁畫研究

莊壯《榆林窟壁畫中的音樂形象》,《中國音樂》1985年第3期。

王惠民《敦煌水月觀音像》,《敦煌研究》1987 年第 1 期。

霍熙亮《安西榆林窟第 32 窟〈梵網經變〉》,《敦煌研究》1987 年第 3 期。

莊壯《榆林窟壁畫伎樂》,《交響——西安音樂學院學報》1988 年第 2 期。

蔡鐵鷹《取經詩話的成書及故事系統》,《淮陰師專學報》1989 年第 3 期。

蔡鐵鷹《猴行者與佛教密典中的猴形神將——孫悟空形象探源之六》,《淮陰師專學報》1989 年第 4 期。

霍熙亮《敦煌石窟的〈梵網經變〉》,《1987 敦煌石窟研究國際討論會文集·石窟考古編》,沈陽:遼寧美術出版社,1990 年 10 月。

李刈《敦煌壁畫中的天請問經變相》,《敦煌研究》1991 年第 1 期。

楊森《敦煌石窟藝術中的箜篌樂器形態簡析》,《敦煌研究》1991 年第 1 期。

楊森《敦煌壁畫中的"角"研究》,《敦煌研究》1991 年第 4 期。

謝生保《敦煌壁畫與〈西遊記〉創作》,《敦煌學輯刊》1994 年第 1 期。

王惠民《敦煌千手千眼觀音像》,《敦煌學輯刊》1994 年第 1 期。

段文傑《玄奘取經圖研究》,敦煌研究院編《1990 敦煌學國際研討會文集·石窟藝術編》,沈陽:遼寧美術出版社,1995 年 7 月。

彭金章《千眼照見 千手護持——敦煌密教經變研究之三》,《敦煌研究》1996 年第 1 期。

王惠民《論〈孔雀明王經〉及其在敦煌、大足的流傳》,《敦煌研究》1996 年第 4 期。

樊錦詩、梅林《榆林窟第 19 窟目連變相考釋》,敦煌研究院編《段文傑敦煌研究五十年紀念文集》,北京:世界圖書出版公司北京公司,1996 年 8 月。

王克芬《元代敦煌壁畫舞蹈形象的考察與研究》,《舞蹈》1996 年 12 月。

王澤慶、王茵《敦煌壁畫中的唐僧取經圖》,《運城高專學報》1997 年第 2 期。

莊壯《西夏的胡琴和花盆鼓》,《敦煌研究》1997 年第 4 期。

[日]上島亮《敦煌的猴子》,《敦煌研究》1997 年第 4 期。

楊國學《河西走廊三處取經圖畫與〈西遊記〉演變關係》,《西北師大學報》2000 年第 4 期。

楊國學《安西東千佛洞取經壁畫新探》,《南亞研究》2002 年第 2 期。

莊壯《榆林窟、東千佛洞壁畫上的拉弦樂器》,《交響——西安音樂學院學報》2004 年第 2 期。

莊壯《榆林窟、東千佛洞壁畫上的彈撥樂器》,《敦煌研究》2004 年第 2 期。

李其瓊《回眸敦煌美術工作》,《敦煌研究》2004 年第 3 期。

于向東《榆林窟第 19 窟目連變相與〈目連變文〉》,《敦煌學輯刊》2005 年第 1 期。

謝生保《敦煌藝術中的千手觀音》,《尋根》2005年第4期。

孫曉崗《榆林窟的新樣文殊圖》,氏著《文殊菩薩圖像學研究》,蘭州:甘肅人民美術出版社,2007年1月。

郭祐孟《敦煌石窟盧舍那並八大菩薩曼荼羅初探》,《敦煌學輯刊》2007年第1期。

王艷雲《河西石窟西夏壁畫中的涅槃經變》,《敦煌學輯刊》2007年第1期。

關友惠《敦煌壁畫臨摹工作的領路人》,《敦煌研究》2007年第4期。

王艷雲《西夏黑水城與安西石窟壁畫間的若干聯繫》,《寧夏社會科學》2008年第1期。

馬強《敦煌壁畫臨摹中礦物顏料應用的技法初探——以榆林窟西夏第29窟整理性客觀臨摹爲中心》,《美術》2008年第4期。

謝繼勝《榆林窟15窟天王像與吐蕃天王圖像演變分析》,《裝飾》2008年第6期。

李開福《談敦煌壁畫的整理臨摹——以榆林窟第29窟(水月觀音)整理臨摹爲例》,敦煌研究院編《敦煌壁畫藝術繼承與創新國際學術研討會論文集》,上海:上海古籍出版社,2008年12月。

婁婕《敦煌壁畫臨摹的新探索——以榆林窟第29窟整窟搶救性整理臨摹爲例》,敦煌研究院編《敦煌壁畫藝術繼承與創新國際學術研討會論文集》,上海:上海古籍出版社,2008年12月。

沈淑萍《談敦煌壁畫臨摹過程中的幾個重要問題——以榆林窟第29窟臨摹爲例》,敦煌研究院編《敦煌壁畫藝術繼承與創新國際學術研討會論文集》,上海:上海古籍出版社,2008年12月。

李月伯《談安西榆林窟東千佛洞西夏晚期的藏密圖像——以榆林窟第3、29窟爲中心》,敦煌研究院編《敦煌壁畫藝術繼承與創新國際學術研討會論文集》,上海:上海古籍出版社,2008年12月。

劉玉權《敦煌西夏石窟研究瑣言》,《敦煌研究》2009年第4期。

劉永增《敦煌石窟八大菩薩曼荼羅圖像解說》,《敦煌研究》2009年第4—5期。

鄭怡楠《瓜州石窟群唐玄奘取經圖研究》,《敦煌學輯刊》2009年第4期。

田俐力、包銘新、曾昭瓏《古代壁畫臨摹與歷史服飾圖像解讀——關於榆林窟第16窟回鶻天公主供養像的案例分析》,《東華大學學報》2010年第1期。

于碩《山西青龍寺取經壁畫與榆林窟取經圖像關係的初步分析》,《藝術設計研究》2010年第3期。

李開福《水月觀音造像研究》,中央美術學院碩士學位論文,2010年。

梁紅、沙武田《關於羅寄梅拍攝敦煌石窟圖像資料》,《文物研究》2010年第6期。

鄭怡楠《俄藏黑城出土西夏水月觀音圖像研究》,《敦煌學輯刊》2011年第2期。

孫儒僴《艱苦歲月忍辱負重 敦煌事業的帶頭人》,《敦煌研究》2011年第3期。

史偉《西夏河西石窟壁畫中的緑度母探源》,《西夏學》2011年第7輯。

李其瓊《再談敦煌壁畫臨摹》,《敦煌研究》2013年第3期。

劉永增《敦煌石窟摩利支天曼荼羅圖像解説》,《敦煌研究》2013年第5期。

鄭炳林、朱曉峰《榆林窟和東千佛洞壁畫上的拉弦樂器研究》,《敦煌學輯刊》2014年第2期。

趙聲良《羅寄梅拍攝敦煌石窟照片的意義》,《敦煌研究》2014年第3期。

鄭炳林、朱曉峰《壁畫音樂圖像與社會文化變遷——榆林窟和東千佛洞壁畫上的拉弦樂器再研究》,《東北師大學報》2016年第1期。

張小剛、郭俊葉《文殊山石窟西夏〈水月觀音圖〉與〈摩利支天圖〉考釋》,《敦煌研究》2016年第2期。

高國藩《西夏水月觀音畫像與敦煌文書觀音崇拜及其傳承》,《西夏研究》2016年第3期。

于碩《瓜州東千佛洞、榆林窟中的唐僧取經圖》,《北京畫院專題資料彙編》2016年。

李婷婷、馮光、洛毛措合撰《舞蹈的民族性研究——以西夏党項羌族爲例》,《戲劇之家》2016年19期。

[法]金絲燕、李國《文化轉場:敦煌普賢變與佛經漢譯》,《佛學研究》2018年第1期。

郝稷《新見美國伍斯特藝術博物館所藏宋代雕像及其與西遊取經故事關係考》,《明清小説研究》2018年第2期。

何劍平《維摩詰變相與講經文及通俗佛經注疏之關係新證——以莫高窟第9號窟的阿難乞乳圖的榜題爲中心》,《寶雞文理學院學報》2018年第3期。

唐浩、唐麗青《敦煌樂舞壁畫的展覽解讀及多媒體創作——以榆林窟第25窟觀無量壽經變爲例》,《上海工藝美術》2018年第3期。

陳菊霞、汪悦進《敦煌石窟首例〈大般若經變〉——榆林窟第19窟前甬道南壁圖像新解》,《故宫博物院院刊》2018年第4期。

羅明、李徽、羅丹舒《"水月觀音+玄奘取經"圖式與形象考辨》,《美術學報》

2018 年第 6 期。

（四）代表性石窟研究

段文傑《榆林窟第 25 窟壁畫藝術探討》，《敦煌研究》1987 年第 4 期。

劉玉權《榆林窟第 3 窟〈千手經變〉研究》，《敦煌研究》1987 年第 4 期。

鄭汝中《榆林窟第 3 窟千手觀音經變樂器圖》，敦煌研究院編《1990 敦煌學國際研討會文集·石窟藝術編》，沈陽：遼寧美術出版社，1995 年 7 月。

馮力《對榆林窟第 25 窟壁畫的幾點認識》，《南通師範學院學報》1996 年第 3 期。

劉玉權《榆林窟第 29 窟窟主及其營建年代考論》，敦煌研究院編《段文傑敦煌研究五十年紀念文集》，北京：世界圖書出版公司北京公司，1996 年 8 月。

馮力《榆林窟第 25 窟壁畫研究》，《齊魯藝苑》1998 年第 4 期。

趙聲良《榆林窟第 3 窟山水畫初探》，《藝術史研究》1999 年第 1 輯。

賴文英《唐代安西榆林 25 窟之盧舍那佛》，《圓光佛學學報》1999 年第 4 期。

史葦湘《地方因素是研究佛教藝術的起點和基礎——兼論榆林窟 25 窟壁畫》，氏著《敦煌歷史與莫高窟藝術研究》，蘭州：甘肅教育出版社，2002 年 12 月。

李月白《從榆林窟第 3 窟文殊變普賢變看中原文人畫對敦煌壁畫的影響》，敦煌研究院編《2000 年敦煌學國際學術討論會文集——紀念敦煌藏經洞發現暨敦煌學百年·石窟藝術卷》，蘭州：甘肅民族出版社，2003 年 9 月。

吳榮鑒《榆林窟第 29 窟普賢經變畫現狀考略》，王亨通、顏廷亮主編《炳靈寺石窟學術研討會論文集》，蘭州：甘肅人民出版社，2003 年 10 月。

趙聲良《榆林窟第 3 窟壁畫中的亭、草堂、園石》，《敦煌研究》2004 年第 1 期。

［美］馬修·卡普斯坦《德噶玉采的會盟寺：確認和圖像闡釋》，霍巍、李永憲主編《西藏考古與藝術國際學術討論會論文集》，成都：四川人民出版社，2004 年 5 月。

張子開《敦煌普賢信仰考論》，《山東大學學報》2006 年第 4 期。

卯芳《情感與理想的寄託——榆林窟第 3 窟〈文殊變〉、〈普賢變〉壁畫藝術探析》，西北師範大學碩士學位論文，2006 年。

賴鵬舉《中唐榆林 25 窟密法"毗盧遮那"與佛頂尊勝系造像的形成》，《中國藏學》2007 年第 4 期。

謝繼勝《川青藏交界地區藏傳摩崖石刻造像與題記分析——兼論吐蕃時期大日如來與八大菩薩造像淵源》，《中國藏學》2009 年第 1 輯。

劉玉權《榆林窟第 29 窟水月觀音圖部分內容新析》，《敦煌研究》2009 年第 2 期。

黄維忠《德噶玉采會盟寺考——再論該寺非榆林窟》,《敦煌研究》2009年第3期。

沙武田《關於榆林窟第25窟營建的時代問題》,《藏學學刊》2009年第5輯。

沙武田《榆林窟第25窟八大菩薩曼荼羅圖像補遺》,《敦煌研究》2009年第5期。

陳粟裕《榆林25窟一佛八菩薩圖研究》,《故宫博物院院刊》2009年第5期。

陳粟裕《榆林25窟一佛八菩薩圖像研究》,中央美術學院碩士學位論文,2009年。

劉玉權《榆林窟第29窟考察與研究》,敦煌研究院編《榆林窟研究論文集》,上海:上海古籍出版社,2011年9月。

賴文英《榆林25窟藥師佛及其相關問題——兼論正壁的盧舍那佛與八菩薩》,敦煌研究院編《2010敦煌論壇:吐蕃時期敦煌石窟藝術國際研討會論文集》2010年7月。

賴文英《具有密法性質的藥師佛——由榆林25窟藥師佛説起》,《中國社會科學報》2011年5月26日。

卯芳《榆林窟〈文殊變〉、〈普賢變〉繪畫藝術探賾》,《西北美術》2011年第3期。

李翎《毗沙門圖像辨識——以榆林25窟前室毗沙門天組合圖像的認識爲中心》,《故宫學刊》2011年。

沙武田《一座反映唐蕃關係的"紀念碑"式洞窟(上)——榆林窟第25窟營建的動機、思想及功德主試析》,《藝術設計研究》2012年第4期。

羅延焱《安西榆林窟第3窟壁畫的淵源與形成》,《大舞臺》2012年第5期。

沙武田《一座反映唐蕃關係的"紀念碑"式洞窟(下)——榆林窟第25窟營建的動機、思想及功德主試析》,《藝術設計研究》2013年第1期。

卯芳《榆林窟第三窟〈文殊變〉〈普賢變〉綫描藝術啓示》,《大舞臺》2014年第2期。

卯芳《藝術表現的承接性——以榆林窟第三窟〈文殊變〉〈普賢變〉爲例》,《西夏研究》2014年第4期。

賈維維《榆林窟第3窟壁畫研究》,首都師範大學博士學位論文,2014年。

賈維維《榆林窟第3窟頂髻尊勝佛母曼荼羅研究》,《故宫博物院院刊》2014年第2期。

王學麗《敦煌榆林窟第29窟北壁西側〈水月觀音〉臨摹研究》,《美術學報》2014年第3期。

劉永增《瓜州榆林窟第3窟的年代問題》,《藝術設計研究》2014年第4期。

劉永增《瓜州榆林窟第 3 窟釋迦八相圖圖像解説》,《敦煌研究》2014 年第 4 期。

孫達《榆林窟第 29 窟壁畫之審美特徵及宗教觀念初探——〈以藥師經變圖〉、〈阿彌陀經變圖〉爲側重點》,《西夏學》2014 年第 9 輯。

劉永增《瓜州榆林窟第 3 窟五守護佛母曼荼羅圖像解説》,《敦煌研究》2015 年第 1 期。

馬俊鋒《瓜州榆林窟第 25 窟相關問題研究》,西北師範大學碩士學位論文,2015 年。

馬俊鋒、沙武田《唐蕃清水會盟在敦煌石窟中的歷史遺迹——瓜州榆林窟第 25 窟功德主新解》,《西藏研究》2015 年第 3 期。

馬俊鋒、沙武田《唐蕃清水會盟在敦煌石窟中的圖像遺存——瓜州榆林窟第 25 窟婚嫁圖繪製年代再探》,《石河子大學學報》2015 年第 5 期。

賈維維《榆林窟第 3 窟五護佛母圖像研究》,《敦煌研究》2015 年第 4 期。

盧素文、達哇彭措合撰《藏東地區大日如來與八大菩薩圖像研究》,《藏學學刊》2015 年第 13 輯。

王雨、沙武田《吐蕃統治下一位唐人畫師的民族情結——以瓜州榆林窟第 25 窟婚嫁圖和老人入墓圖爲例》,《藝術設計研究》2016 年第 1 期。

賈維維《榆林窟第 3 窟不空羂索五尊組像研究》,《中國藏學》2016 年第 2 期。

宁强、何卯平《西夏佛教藝術中的"家窟"與"公共窟"——瓜州榆林窟第 29 窟供養人的構成再探》,《敦煌學輯刊》2017 年第 3 期。

公維章《瓜州榆林窟第 29 窟營建年代新探》,敦煌研究院編《回鶻・西夏・元代敦煌石窟與民族文化研討會論文集》,2017 年 10 月。

周文娟《榆林窟第 3 窟〈文殊、普賢菩薩赴會圖〉及相關表現技法的分析與研究》,陝西師範大學碩士學位論文,2018 年。

朱生雲《榆林窟 29 窟壁畫研究》,陝西師範大學碩士學位論文,2018 年。

郭静《石窟與墓葬圖像在功能上的關聯——榆林窟第 3 窟窟頂邊飾樣祥禽瑞獸圖像探析》,敦煌研究院、陝西師範大學絲綢之路歷史文化中心編《觀念・技術・視野・視角——敦煌石窟研究方法國際學術討論會論文集》,2018 年 10 月。

邢耀龍、沙武田《瓜州榆林窟第 3 窟二鋪净土變考釋——數字敦煌對石窟圖像研究意義之一例》,敦煌研究院、陝西師範大學絲綢之路歷史文化中心編《觀念・技術・視野・視角——敦煌石窟研究方法國際學術討論會論文集》,2018 年 10 月。

郭子睿《一所石窟中的密教灌頂道場——瓜州榆林窟第 29 窟洞窟功能再

探》，敦煌研究院、陝西師範大學絲綢之路歷史文化中心編《觀念・技術・視野・視角——敦煌石窟研究方法國際學術討論會論文集》，2018年10月。

（五）石窟保護

孫儒僴《榆林窟病害及保護》，《敦煌研究》1990年第3期。

李最雄、王旭東《榆林窟東崖的岩體裂隙灌漿及其效果的人工地震檢測》，《敦煌研究》1994年第2期。

李最雄、王旭東《安西榆林窟的岩土工程問題及防治對策》，《敦煌研究》2000年第1期。

李最雄《敦煌石窟的保護現狀和面臨的任務》，《敦煌研究》2000年第1期。

樊錦詩、李傳珠合撰《錨索新技術在榆林窟岩體加固工程上的應用》，《敦煌研究》2000年第1期。

李樹若《榆林窟第六窟整修報告》，《敦煌研究》2000年第1期。

岳國才《榆林河水土及環境資源綜合開發利用》，《甘肅科技》2000年第6期。

郭青林、薛平等《安西榆林窟環境特徵》，《敦煌研究》2002年第4期。

石玉成、秋仁東《預應力錨索加固石窟圍岩的地震回應的數值模擬分析研究》，《防災減災工程學報》2007年第4期。

杜建君、劉洪麗等《瓜州榆林窟微環境特徵及其對壁畫病害影響的初步分析》，《敦煌研究》2009年第6期。

李春元《清末安西州知州侯葆文保護文物追述及其他》，《文博》2010年第2期。

劉洪麗、張正模、郭青林合撰《文物價值定量評估方法研究——以榆林窟爲例》，《敦煌研究》2011年第6期。

趙莎莎《瓜州榆林窟景區旅遊環境容量研究》，蘭州大學博士學位論文，2011年。

周納《榆林窟中唐第25窟〈彌勒經變相〉殘損修復研究》，中國美術學院碩士學位論文，2012年。

吳冠仲等《PS漿液加固西北地方砂礫岩石窟施工工藝研究》，《四川文物》2014年第1期。

張春庭、王麟琨等《榆林石窟自動保護門的設計》，《測控技術》2016年第8期。

楊善龍等《瓜州榆林窟崖體礫岩中水鹽分佈特徵研究》，《敦煌研究》2018年第1期。

馬玲《明清時期鎖陽城地區歷史環境的若干問題研究》，蘭州大學博士學位論文,2018年。

馬玲《甘肅瓜州榆林窟歷史洪水及其重現期研究》,《乾旱區研究》2018年第2期。

(六) 民族語言文字

敦煌文物研究所《莫高窟、榆林窟西夏題記翻譯》(實爲史金波、白濱二位先生所作,複寫本,豎排繁體),作於1965年,原稿現存於敦煌研究院。

蘇瑩輝《榆林窟壁畫供養者題名考略——瓜沙史事叢考之四》,《書目季刊》1980年第4期。

史金波、白濱《莫高窟榆林窟西夏文題記研究》,《考古學報》1982年第3期。

蘇瑩輝《莫高窟C.245窟及榆林窟C.6窟慕容氏題名考——瓜沙史事叢考之五》,《敦煌學》第5輯,1982年。

哈斯額爾敦、巴音巴特爾、戛日迪《安西榆林窟12窟前室甬道北壁回鶻蒙文題記釋讀》,《敦煌研究》1990年第3期。

楊富學《榆林窟的回鶻文題記》,《新疆日報》1990年9月10日。

楊富學《榆林窟發現大量回鶻文題記》,《敦煌研究》1990年第4期。

楊富學、牛汝極《安西榆林窟25窟前室東壁回鶻文題記譯釋》,中國民族古文字研究會編《中國民族古文字研究》(第3輯),天津:天津古籍出版社,1991年12月。

哈斯額爾敦、巴音巴特爾、戛日迪《榆林窟第12窟道爾吉題記釋讀》,《敦煌研究》1992年第2期。

敦煌研究院考古研究所、内蒙古師範大學蒙文系《敦煌石窟回鶻蒙文題記考察報告》,《敦煌研究》1994年第4期。

楊富學、[法]哈密頓、牛汝極《榆林窟回鶻文題記譯釋》,《敦煌研究》1998年第2期。

牛汝極《敦煌榆林窟佛教回鶻文題記》,《回鶻佛教文獻——佛典總論及巴黎所藏敦煌回鶻文佛教文獻》,新疆大學出版社,2000年9月。

牛汝極《敦煌榆林千佛洞第12窟回鶻文題記》,《新疆大學學報》2002年第1期。

施萍婷《敦煌學雜談之二——向達(莫高、榆林二窟雜考)榆林窟題記校正》,敦煌研究院編《2004年石窟研究國際學術會議論文集(下)》,上海:上海古籍出版社,2006年11月。

史金波、白濱《莫高窟、榆林窟西夏文題記研究》,《西夏學》2007年第2輯。

謝繼勝、黃維忠《榆林窟第25窟壁畫藏文題記釋讀》,《文物》2007年第4期。

陸離《關於榆林窟第25窟壁畫藏文題記釋讀的兩個問題》,《西北民族大學學報》2010年第4期。

［法］今枝由郎著、張長虹譯《敦煌莫高窟和榆林窟中的T形題記框》,《藏學學刊》2010年第5輯。

陸離《安西榆林窟第19窟大禮平定四年題記考》,《敦煌研究》2011年第1期。

沙武田《榆林窟第25窟T形榜子再探》,《敦煌研究》2011年第5期。

牟成娟《回鶻佛教功德思想管窺——以榆林窟回鶻文爲例》,《西南民族大學學報》2011年第11期。

顏廷亮《榆林窟題記中的文學作品及其意義略説》,《絲綢之路》2011年第18期。

［日］松井太《榆林石窟回鶻文題記重考》,張公瑾編《民族古籍研究》(第一輯),北京：中國社會科學出版社,2012年6月。

陳光文、鄭炳林《莫高窟、榆林窟明代遊人題記研究》,《蘭州大學學報》2015年第5期。

楊富學《榆林窟第12窟回鶻文題記所見威武西寧王考釋》,氏著《從蒙古豳王到裕固族大頭目》,甘肅文化出版社,2017年5月。

陳光文《莫高窟、榆林窟元代漢文遊人題記史料價值述論》,《内蒙古社會科學》2017年第3期。

張玉海《莫高窟榆林窟西夏文題記所見人名姓氏淺析》,《寧夏社會科學》2017年第6期。

楊富學《榆林窟回鶻文威武西寧王題記研究》,氏著《回鶻文佛教文獻研究》,上海古籍出版社,2018年4月。

［日］松井太、王平先《榆林窟第16窟叙利亞字回鶻文景教徒題記》,《敦煌研究》2018年第2期。

陳瑋《瓜州榆林窟題記所見大理國與西夏關係研究》,陝西師範大學歷史文化學院、陝西省博物館編《絲綢之路研究集刊》(第2輯),北京：商務印書館,2018年2月。

楊富學、張艷《裕固族先民的文殊信仰及其心目中的文殊道場——以莫高窟、榆林窟回鶻文題記爲中心》,《河西學院學報》2019年第1期。

(七) 歷史文化

蘇瑩輝《莫高、榆林二窟供養人題名之有裨考史》,《敦煌學》1984年1期。

蘇瑩輝《從莫高、榆林二窟供養者像看瓜、沙曹氏的聯姻外族》,《"國立歷史博物館"館刊》1984年第3期。

郭峰《慕容歸盈與瓜沙曹氏》,《敦煌學輯刊》1989年第1期。

蘇瑩輝《巴黎藏石室本歸義軍節度使曹議金四疏箋證》,《敦煌研究》1989年第 4 期。

張伯元《試論敦煌壁畫〈龍王禮佛圖〉的創作思想》,《敦煌學輯刊》1990 年第 2 期。

孫修身《西夏佔據沙州時間之我見》,《敦煌學輯刊》1991 年第 2 期。

劉玉權《再論西夏據瓜沙的時間及其相關問題》,《敦煌研究》1993 年第 4 期。

譚蟬雪《西域鼠國與鼠神撫談》,《敦煌研究》1994 年第 2 期。

梁全録、梁娟《敦煌古代體育史畫録》,《體育文史》1994 年第 2 期。

孫修身《試論甘州回鶻和北宋王朝的交通》,《敦煌研究》1994 年第 4 期。

董念清《華爾納與兩次福格中國考察述論》,《西北史地》1995 年第 4 期。

蘇瑩輝《見於莫高窟榆林窟少數民族服飾簡介》,《美育》1995 年第 55 期。

趙建雄、蘇彥玲《敦煌壁畫"自行詣塚"與安樂死》,《甘肅中醫》1997 年第 4 期。

馬德《10 世紀敦煌寺曆所記三窟活動》,《敦煌研究》1998 年第 2 期。

張伯元《安西榆林窟"六道輪回圖"考釋》,《敦煌研究》1998 年第 1 期。

孫儒僩《我曾經參加過的幾次石窟考察》,《敦煌研究》2000 年第 2 期。

盧秀文《中國古代婦女眉妝與敦煌婦女眉妝——妝飾文化研究之一》,《敦煌研究》2000 年第 3 期。

史金波《西夏的藏傳佛教》,《中國藏學》2002 年第 1 期。

羅瑶《榆林窟第 20 窟新發現"供養人像"考》,《敦煌研究》2004 年第 2 期。

沙武田《敦煌石窟于闐國王"天子窟"考》,《西域研究》2004 年第 2 期。

党燕妮《晚唐五代敦煌地區的十王信仰》,鄭炳林主編《敦煌歸義軍史專題研究三編》,蘭州:甘肅文化出版社,2005 年 5 月。

沙武田《敦煌石窟于闐國王畫像的幾個問題》,鄭炳林、樊錦詩、楊富學主編《絲綢之路民族古文字與文化學術討論會會議論文集》,西安:三秦出版社,2005 年 8 月。

史金波《西夏的佛教(下)》,《法音》2005 年第 9 期。

陳明《慕容家族與慕容氏出行圖》,《敦煌研究》2006 年第 4 期。

沙武田《敦煌石窟于闐國王畫像研究》,《新疆師範大學學報》2006 年第 4 期。

董曉榮、齊玉華《榆林窟第 6 窟蒙古族供養人坐具》,《敦煌研究》2007 年第 3 期。

謝静《敦煌石窟中西夏供養人服飾研究》,《敦煌研究》2007 年第 3 期。

楊森《漫談西夏家具》,鄭炳林、樊錦詩、楊富學主編《絲綢之路民族古文字與文化學術討論會會議論文集》,西安:三秦出版社,2007 年 7 月。

謝静、謝生保《敦煌石窟中回鶻、西夏供養人服飾辨析》,《敦煌研究》2007 年第 4 期。

謝静《敦煌石窟中蒙古族供養人服飾研究》,《敦煌研究》2008 年第 5 期。

孔令梅《敦煌大族與佛教》,蘭州大學博士學位論文,2011 年。

曲小萌《榆林窟第 29 窟西夏武官服飾考》,《敦煌研究》2011 年第 3 期。

陳育寧、湯曉芳《西夏官式建築再探》,《西夏學》2011 年第 7 輯。

陳于柱、張福慧《榆林窟第 25 窟"藏漢婚禮圖"的再研究》,《民族研究》2014 年第 2 期。

王勝澤《西夏佛教藝術中的童子形象》,《敦煌學輯刊》2015 年第 4 期。

陳菊霞《榆林窟第 20 窟是一水陸道場》,敦煌研究院編《2015 敦煌論壇:敦煌與中外關係學術討論會論文集》,2015 年 8 月。

任懷晟、魏雅麗合撰《西夏武職服飾再議》,《北方文物》2016 年第 2 期。

陳菊霞《榆林窟第 35 窟營建年代與功德主辨析》,《敦煌研究》2016 年第 3 期。

沙武田《瓜州榆林窟第 15 窟吐蕃裝唐裝組合供養伎樂考》,《藏學學刊》2018 年第 1 期。

張小剛《再論敦煌石窟中的于闐國王與皇后公主畫像——從莫高窟第 4 窟于闐供養人像談起》,《敦煌研究》2018 年第 1 期。

王勝澤《西夏佛教圖像中的皇權意識》,《敦煌學輯刊》2018 年第 1 期。

張玉丹、劉振宇《新發現張大千榆林窟考察筆記初探》,《中國國家博物館館刊》2018 年第 2 期。

湯曉芳《對敦煌 409 窟壁畫人物"回鶻國王"的質疑》,《西夏研究》2018 年第 3 期。

郭静《榆林窟第 3 窟五十一面千手觀音經變中的西夏物質文化影像》,《寧夏師範大學學報》2018 年第 2 期。

沙武田、李玭玭《敦煌石窟彌勒經變剃度圖所見出家儀式復原研究》,《中國美術研究》2018 年第 1 期。

謝繼勝《上師的帽子:西夏元時期敦煌石窟年代問題的探討》,敦煌研究院、陝西師範大學絲綢之路歷史文化中心編《觀念·技術·視野·視角——敦煌石窟研究方法國際學術討論會論文集》,2018 年 10 月。

(八) 科技

金毓黻《從榆林窟壁畫耕作圖談到唐代寺院經濟》,《考古學報》1957 年第 2 期。

于豪亮《"從榆林窟壁畫耕作圖談到唐代寺院經濟"讀後》,《考古通訊》1958 年第 5 期。

闐川《榆林窟·鍛鐵圖·瘊子甲》,《金屬世界》1994 年第 6 期。

王進玉《敦煌壁畫中的糧食脱粒及揚場工具》,《農業考古》1994年第1期。
王進玉《敦煌文物中的舟船史料及研究》,《中國科技史料》1994年第3期。
王進玉《敦煌石窟西夏壁畫"釀酒圖"新解》,《廣西民族大學學報》(自然科學版)2010年第3期。
王進玉《再論敦煌石窟西夏壁畫"釀酒圖"》,《廣西民族大學學報》(自然科學版)2010年第4期。
徐莊《西夏雙木扇式風箱在古代鼓風器發展中的地位》,《寧夏社會科學》2008第1期。
于宗江等《榆林窟元代壁畫黄色顔料初步研究》,《敦煌研究》2008年第6期。
于宗江《敦煌石窟元代壁畫製作材料及工藝分析研究》,蘭州大學碩士學位論文,2009年。

2018年度敦煌學相關學術會議發表論文目録

胡耀飛（陝西師範大學）

　　題記：本目録延續本刊去年揭載的 2017 年度目録，旨在收集 2018 年度中國兩岸三地乃至部分海外召開的各類學術會議上所發表的敦煌學（包括吐魯番學）論文目録，借以補充一般年度論著目録在收集正式發表的文章之外，無法涉及的會議論文目録。雖然説這些會議論文大多是未定稿的文章，但畢竟代表了各位學者這一階段的思考，頗值得參考。

2017 年度陝西師範大學歷史文化學院研究生學術年會
2018 年 1 月 13 日，陝西師範大學
楊冰華：《敦煌莫高窟皇慶寺營建時代再探》
劉人銘：《莫高窟第 310 窟供養像闡釋》
郭静：《榆林窟第 3 窟五十一面千手觀音經變的圖像選擇》

"從曹溪到敦煌：多重資料和不同視角下的跨學科禪宗研究和敦煌寶藏研究"學術研討會
2018 年 1 月 13—15 日，法鼓文理學院
Mario Poceski（伯理奧）："The Dunhuang Version of Guishan's Admonitions and the Development of late‐Tang Chan"
Marcus Bingenheimer（馬德偉）："Four Early Chan Texts from Dunhuang: Exploring best practices for high-end digital edition of Buddhist Manuscripts with TEI"
趙燕林：《莫高窟第 220 窟〈維摩詰經變〉帝王圖研究》
朱曉峰：《莫高窟唐代經變畫音樂圖像述略》
牛宏：《敦煌藏文禪宗文書〈無所得一法論〉的内容和性質探析》
董大學：《般若與禪：敦煌寫本〈金剛經〉注疏研究》
James Robson（羅柏松）："Reassessing the *Baolin Zhuan* and its Place in Medieval Chan"
曹凌：《〈達摩胎息論〉初探》
鄧星亮：《大正藏本〈諸經要抄〉（敦煌#2819）之正名》

敦煌研究院莫高講堂第十七講
2018年1月16—17日,敦煌研究院
陳菊霞:《莫高窟第220窟甬道南壁圖像新解》
勘措吉:《再談敦煌文獻中的"熱貢"》
王慧慧:《莫高窟464窟研究——主室及甬道壁畫內容補遺及其反映的年代問題初探》
楊赫赫:《敦煌石窟建築形制演化與特徵問題探討》
劉永增:《關於西夏研究的幾個問題》
楊富學:《元代西夏遺民重修莫高窟第61窟甬道考辨》
王惠民:《大神變,或大方等陀羅尼經變?——敦煌莫高窟第320窟南壁壁畫新解讀》

中亞考察學術報告會
2018年1月18日,敦煌研究院
楊富學:《異質文化關切與敦煌學之發展》

2017—2018年度佛教與東亞文化青年論壇
2018年1月18—19日,法鼓文理學院
朱義德:《從P.2041尾題看道宣律學在長安、敦煌和吐魯番三地的傳播》
趙洪娟:《從晚唐五代敦煌"賽祆"探祆教習俗與中國節慶風俗的融合》
肖浪:《初唐時期敦煌石窟群分期及現有研究問題探討》

2017年度陝西師範大學歷史文化學院學術年會
2018年1月20日,陝西師範大學
翁彪:《唐五代菩薩戒除儀與梵網經的文本變異》
沙武田:《佛教花供養在唐五代敦煌地區的表現》

第2回日本洛陽學國際研討會
2018年3月16—17日,京都大學
片山章雄:《唐西州初期の墓誌中の二暦と長安史料、洛陽史料への期待》

第四屆西夏學博士後論壇
2018年3月16—18日,寧夏大學
羅海山:《〈俄藏敦煌文獻〉Дх19076Я號契約文書研究》

王勝澤、王艷：《莫高窟第95窟水月觀音圖爲西夏考》
方爭利：《敦煌西夏石窟壁畫中的飛天形象探析》

絲路文明論壇第五期
2018年3月29日，浙江大學
趙曉星：《敦煌莫高窟第361窟研究》

"觀念史與社會史視閾下的漢傳佛教研究"學術研討會
2018年3月30—31日，清華大學
馬德：《從敦煌石窟的營造看佛教與社會的互動》
王祥偉：《吐蕃歸義軍時期敦煌僧尼的勞作活動》

"寫本及其物質性"國際學術研討會
2018年4月6—7日，中國人民大學
余欣：《物質性—儀式性—藝術表現：中古佛教"藉經具"的博物學解讀》
許建平：《P.2643〈尚書〉寫本的特點及相關問題的思考》
李孟濤：《早期中國寫本書迹研究》
倪健：《敦煌蒙書中的層累知識》
高奕睿：《標記中古中國寫本中的複音詞》
榮新江：《從簡牘貝葉到紙本寫卷——早期絲綢之路上的典籍傳播》
陸揚：《文本性與物質性交錯的中古中國研究》

文明交往的意義：以"一帶一路"爲中心的歷史與現實思考高層論壇
2018年4月21—22日，浙江大學
秦樺林：《斯文並傳——敦煌學視野下的"章黃學派"與"羅王之學"》
宋翔：《〈敦煌掇瑣〉出版事考略》

海上絲綢之路石刻文獻研究高端論壇
2018年4月22日，廣西師範大學
楊富學、王慶昱：《新見唐瓜州刺史魏遠望墓志考屑》

敦煌研究院第41期敦煌讀書班
2018年4月27日，敦煌研究院
趙曉星：《敦煌莫高窟第361窟研究》

第三屆中古宗教史青年學者工作坊
2018 年 4 月 28—29 日,陝西師範大學

董大學:《論唐代敦煌地區僧人的佛典學習——以北敦 8263 號〈金剛經注〉爲中心》

楊效俊:《王權、佛法、家族與敦煌的宗教空間——以莫高窟李氏家族所供養的第 332、148 窟爲中心》

第十三屆唐代文化國際學術研討會
2018 年 5 月 4—5 日,臺灣師範大學

王三慶:《敦煌文獻中的程式工具箱初探》

林仁昱:《敦煌 P.3216、P.2483 等卷〈阿彌陀讚文〉樣貌與應用探究》

敦煌與絲綢之路多元宗教學術研討會
2018 年 5 月 6—7 日,敦煌研究院

譚大衛:《景教敦煌文獻〈一神論〉之白話釋譯考證》

楊學勇:《敦煌本與金藏廣勝寺本〈中論〉的比較研究》

習罡華:《敦煌文獻 S.2165 號〈坐禪銘〉論衡》

武玉秀:《敦煌金銀泥經幡研究芻議》

趙改萍:《敦煌佛傳壁畫與山西佛傳壁畫之比較研究》

文志勇:《沙俄敗兵對敦煌莫高窟壁畫的破壞和對新疆社會的衝擊》

米海萍:《試析敦煌文獻〈韓朋賦〉中的幾個"幻化物"民俗意象》

王祥偉:《吐蕃歸義軍時期敦煌僧尼的勞作活動》

彭措扎西:《略論敦煌吐蕃兵書之〈勇士與懦夫〉的軍法思想及其社會影響》

勘措吉:《中國三峽博物館藏敦煌藏文寫經》

陳粟裕:《吐蕃統治敦煌時期的觀音圖像與信仰》

殷博:《莫高窟回鶻時期第 207 窟初唐說法圖考》

買小英:《由敦煌本"二十四孝"看儒釋倫理的融通與合璧》

聶清:《敦煌〈篆書千字文〉風格溯源》

張亞寧、韓鋒:《中古時期儒家文明在敦煌地區傳播和發展——以敦煌遺書爲中心》

楊寶玉:《兩件度牒相關敦煌文書復原整理與再研究》

崔紅芬:《〈觀音經〉與〈觀音經變〉——以敦煌黑水城遺存爲主》

張小剛:《古代敦煌龍王信仰及其圖像研究》

形象史學與絲路文化國際學術研討會

5月12—13日,南京大學

菊地淑子:《敦煌莫高窟第217窟供養人題記、供養者畫像再論》

范鵬:《敦煌哲學的探索及其文化意義》

李國:《元以後瓜沙地區佛道交融現象——以敦煌石窟道教遊人題記爲中心》

張書彬:《榆林窟第3窟普賢變下方壁畫的圖像學新釋》

楊寶玉:《流散至印度的敦煌文物文獻》

陳麗萍:《新見四件散藏敦煌契約文書》

中國古代邊疆開發與文化建設高層論壇

2018年5月12日,雲南師範大學

鄭炳林:《新見〈唐米欽道墓志〉考釋——敦煌相關金石整理研究之一》

第63回國際東方學者會議

2018年5月19日,東方學會

易丹韻:《初唐における法界仏像の「世界図」に関する一考察——莫高窟第332窟の法界仏像をめぐって》

"中國中古藝術專題"博士講壇第三場

2018年5月29日,廣州大學

李銀廣:《莫高窟第285窟造型再考》

中華炎黃文化研究會童蒙文化委員會第四屆國際學術研討會

2018年6月9—10日,合肥

楊寶玉:《〈敦煌廿詠〉與晚唐敦煌童蒙讀物》

高天霞:《敦煌寫本〈太公家教〉異攝或異調混押現象探析》

楊秀清:《"童子拜佛"的圖像來源——以敦煌石窟爲例》

邰惠莉:《離開寺學後的敦煌寺僧——以誦經記錄爲例》

任占鵬:《敦煌寫本"上士由山水"詩與識字學習》

劉全波、楊園甲:《法藏敦煌藏文文獻所見漢文學郎雜寫輯考》

鄭阿財:《敦煌寫本家教別裁〈辯才家教〉校釋及綜論》

高啓安:《唐宋時期敦煌學校建築樣式及學生課業方式初探——以敦煌壁畫爲主》

中國古代湘楚地區的視覺文化與思想觀念論壇
2018年6月11—12日,湖南大學
張書彬:《中古法華信仰新圖像類型之考釋——以榆林窟第3窟〈曇翼感普賢菩薩化現女身圖〉(擬)爲中心》

中國民族史學會2018年學術年會
2018年6月16—17日,蘭州大學
楊銘:《從文本釋讀到歷史重構——近年來敦煌本吐蕃歷史文書研究成果評析》

長安與世界對話:唐都長安1400年國際學術研討會
2018年6月18—19日,陝西師範大學
趙青山:《唐代宮廷抄經制度研究——以敦煌藏經洞所出武后發願抄經爲中心》
陸離:《日本杏雨書屋藏七三七號吐蕃天下都僧統願文研究》

"古代史研究新視野"第六期"西域敦煌"
2018年6月23日,上海師範大學
余欣:《瑩澈心水:敦煌西域佛教儀禮與藝術中的琉璃》

"長安中國中古史沙龍"第十三期"中古中國的政治與地理"
2018年6月23日,陝西師範大學
王晶:《P.2005〈沙州都督府圖經〉卷三及敦煌地志類文書再考》

"巴基斯坦——犍陀羅佛教文化與中國新疆的佛寺"工作坊
2018年6月28日,北京大學
張小剛:《敦煌壁畫中兩種于闐歷史傳說故事畫新考》

敦煌研究院第42期敦煌讀書班
2018年6月29日,敦煌研究院
王祥偉:《吐蕃時期敦煌僧尼的名籍制度》

第七屆漢傳佛教與聖嚴思想國際學術研討會
2018年6月28—29日,臺北

張梅雅：《詩情無別怨：晚唐五代敦煌文獻中僧人詩偈的書寫特徵與自我形象之描寫》
郭磊：《敦煌文獻中的"新羅"元素》
黃韻如：《敦煌北涼石窟再探——由禪觀的角度切入》

"漢傳佛教寺院與亞洲社會生活空間"國際學術研討會
2018年6月30日—7月1日，新加坡國立大學
張重洲：《五至七世紀的吐魯番漢人家族與佛寺管理》
馬德：《敦煌僧團社會教育》

第十一屆中古漢語國際學術研討會
2018年6月30日—7月1日，安徽大學
徐朝東：《敦煌世俗文書中所見語音現象之研究》
李偉大：《敦煌變文〈下女夫詞〉"渣"字考》

2018 Dunhuang – Berkeley Seminar
2018年7月2日，敦煌研究院
張元林：A Complex of the Wind Gods: the Image of Mahesvara in Cave 285 of the Mogao Grottoes
Sanjyot Mehendale："The Iranic Elements in Dunhuang Art: Meaning and Transmission"
楊富學："Yishu (Jesu) Worship in Xiapu Manichaean Manuscripts"
沙武田："Sogdian Merchants Meeting Robbers at Dunhuang: Research on the Images of Transport and Exchange along the Silk Road"
Osmund Bopearachchi："The Diffusion of Gandharan Motifs to Dunhuang via Bamiyan and Kizil"
Mary Lewine："The Stamps on Certificates of Ordination (jiedie 戒牒) at Dunhuang"
Jon Soriano："Repetition as a Visual Phenomenon in Dunhuang Cave Painting"
Neil Schmid："Mogao Grottoes as Wunderkammern and the Mirabilia of Salvation"
孔令梅："A Study on the Donor Figures in the Front Chamber of Mogao Cave 12"
Anne Feng："Water, Ice, Lapis Lazuli: The Making of a Buddhist Paradise through the Sixteen Meditations"
趙曉星："Cultural Exchanges along the Silk Road during Tang and Song Dynasties

from the images of Mount Wutai in Dunhuang"
陳粟裕："Mixing and Spreading: Various Factors in the Images of the Buddhist Patron Deities of Khotan"
Zachary Beer:"The Living Sarvatathāgatattavasaṃgraha Community at Dunhuang: Evidence from the Library Cave"
Khenpo Yeshi:"A Rare Image of Tārā with a Meditation-Band in Yulin Cave 4"

第四屆五臺山信仰國際學術研討會
2018年7月3—5日,五臺山
張書彬:《中古法華信仰新圖像類型之考釋——以榆林窟第3窟〈曇翼感普賢菩薩化現女身圖〉(擬)爲中心》
陳大爲:《敦煌首寺——龍興寺與諸寺關係考論》
董大學:《互助與崇佛——論唐五代敦煌社邑團體之身份認同與網絡建構》

中國童蒙文化與東亞國際學術研討會
2018年7月5—6日,廣島大學
高田時雄:《〈直音匯韻〉初探》
楊秀清:《敦煌童蒙教育文獻及其思想史意義》
任占鵬:《〈敦煌百家姓〉寫本的整理與姓氏學習》

第四屆中國民族史研究生論壇
2018年7月7—8日,中央民族大學
楊冰華:《莫高窟第38窟新發現東夏題記探析》

"漢傳佛教與亞洲物質文明"未來學者論壇
2018年7月11—12日,清華大學
楊童舒:《甘肅十六國時期石窟寺空間形制與洞窟圖像佈局研究》
張婉瑩:《北朝時期敦煌石窟佛教服飾探析》
武紹衛:《從社會經濟角度看唐後期五代宋初敦煌寺衆居家原因》
劉人銘:《敦煌回鶻石窟供養人研究》

寫本學國際學術研討會暨中國敦煌吐魯番學會2018年理事會
2018年7月14—15日,西華師範大學
蕭旭:《敦煌寫本字詞札記》

楊小平:《敦煌寫本疑難俗語詞校考》
周尚兵:《P.3644店鋪徠客叫賣詞與唐五代宋初敦煌日常飲食生活》
劉進寶:《讀徐文堪先生書札記》
黃正建:《敦煌本〈勵忠節鈔〉性質淺議》
方新蓉:《敦煌僧人邈真贊中禪律結合問題初探》
武漢强:《敦煌寫本"咒願文"研究》
何劍平:《俄藏符盧格編三六五號的問題再議》
楊寶玉、吳麗娱:《法藏敦煌文書P.4997所存書狀考釋》
張勇:《敦煌佛教寺院史料類説》
趙家棟:《法藏敦煌寫本P.2269〈盂蘭盆經贊述〉校讀與研究》
朱瑶:《敦煌漢文文獻題記源流述略》
包朗:《"帖静"考釋》
汪娟、陸穗璉:《漢唐李陵相關文本中的生命抉擇——從〈李陵變文〉談起》
周於飛:《敦煌曲子詞與花間詞的女性形象比較》
王志鵬:《簡論敦煌變文的結構形式和套語》
劉屹:《敦煌道經寫本對道教史研究的貢獻》
游自勇:《敦煌寫本〈百怪圖〉續綴》
陳于柱:《敦煌古藏文寫本P.3288V(1)〈沐浴洗頭擇吉日法〉題解與釋録》
李軍:《〈蒙求〉作者李瀚事迹考實》
劉安志:《吐魯番出土文書所見唐代解文雜考》
楊銘:《兩件敦煌古藏文寺院帳簿研究》
趙貞:《吐魯番文書所見唐代"身死"芻議》
杜海:《敦煌曹氏歸義軍時期的"瓜、沙之争"》
李旭東:《敦煌"武周時期歌謡""祥瑞"的宣傳效應稽考》
趙青山:《疑僞經清净法行經再研究》
趙曉星:《敦煌古藏文文獻P.T.248〈如來藥師琉璃光王供養法〉研究》
李并成:《敦煌遺書中所見絲綢路上的外來藥物考》
秦凱:《爲祖母則强：寡婦阿龍財産訴訟案再探》
楊富學、路虹:《敦煌文獻所見回鶻政權的商品貿易》
董華鋒:《四川博物院藏石刻佛教經咒及其與敦煌寫本的比較》
董永强:《敦煌吐魯番寫本所見唐人的藏鈎》
侯沖:《敦煌不孤——以〈金剛經纂〉爲例》
吳浩軍:《另類寫本：流傳的限定性和空間的封閉性——以敦煌吐魯番出土喪葬文書爲中心》

陸慶夫：《讀敦煌寫本札記二則》
朱利華：《論敦煌道教寫本的再利用》
楊明璋：《萬里尋親傳説與敦煌聖僧萬回信仰》
游世强：《〈英藏敦煌社會歷史文獻釋録〉點校獻疑》
張磊：《寫本文獻中的借筆字》
聶志軍：《敦煌本〈故圓鑒大師二十四孝押座文〉及相關文書再探》
鍾書林：《敦煌遺書 S.4654〈贈悟真等法師詩抄〉探賾——兼論光復後的敦煌與大唐中央政權的微妙關係》
趙鑫曄：《伯二七〇四"一七""二七"之釋讀及相關問題》
伏俊璉：《敦煌文學編年史相關問題討論》
喻忠傑：《戲劇學視野下的敦煌話本》
張小艷：《敦煌祭文疑難字詞校考》
湯君、王倩：《敦煌文獻〈降魔變文〉的性質和叙事演化》
徐浩：《敦煌本漢文〈大般若經〉同紙兑廢稿綴合七例》
劉傳啓、冷江山：《敦煌寫本異文詞語甄選例釋》
賈智：《敦煌出土唐代字樣書的文字觀》
張存良：《斯坦因所獲漢文殘紙未刊部分》

"克孜爾石窟與絲綢之路研究"學術研討會

2018 年 7 月 18—19 日，北京

夏生平：《數字敦煌——古代絲綢之路上數字文化遺産"跨界、融合、分享"模式探討》
徐永明：《從犍陀羅到龜兹再到敦煌——佛教藝術中國本土化發展歷程》
陳愛峰：《沙州回鶻洞窟供養人像的歷史學研究之一》

少林寺與隋唐佛教國際學術研討會

2018 年 7 月 20 日，少林寺

王祥偉：《中晚唐時期敦煌地區的僧兵》
馬德：《敦煌曇猷禪龕與少林達摩洞的佛教史意義》

第六届"漢化·胡化·洋化：多元文化的碰撞與交融"國際學術研討會

2018 年 7 月 22—23 日，首都師範大學

趙貞：《國圖藏 BD16365〈具注曆日〉研究》
游自勇：《"沙州龍神力亡兄墓田争訟案卷"再探——兼論敦煌文獻中的

"墓田"》

"梵文貝葉經研究與絲路藏學"學術討論會
2018年7月24日,蘭州大學
黄維忠:《關於敦煌藏文文獻研究的幾點思考》

第六屆中國中古史前沿論壇暨全球史視野下的嶺南研究國際學術研討會
2018年7月28—29日,廣西師範大學
劉安志:《唐代解文初探——以敦煌吐魯番出土文書爲中心》
李軍:《控制、自稱與法定:張氏歸義軍轄區變遷的多維度考察》

敦煌研究院第43期敦煌讀書班
2018年8月13日,敦煌研究院
楊富學、劉源:《出土簡牘所見漢代敦煌民族及其活動》
邰惠莉:《俄藏敦煌文獻中的轉帖》
王東:《出土文獻所見吐蕃民衆社會財富觀念考索》
黄京:《唐代的告身文書與敦煌的僧官授予——以〈洪䛒碑〉與P.3720號文獻爲中心》
王志鵬:《敦煌願文的文學表現述略》
趙曉星:《西夏時期敦煌涅槃變中的"撫足者"》

首屆玄奘與絲路文化國際研討會
2018年8月17—18日,西安
George Keyworth(紀強):"On Xuanzang and Manuscripts of the MahāPrajñāPāRamitā-SūTra at Dunhuang and in Early Japanese Buddhism"

十至十三世紀西北史地國際學術研討會暨中國宋史研究會第十八屆年會
2018年8月16—17日,西北師範大學
徐秀玲:《矜放與實效:唐宋之際歸義軍政權矜放淺析——兼論敦煌寺院的矜放》
紀雪娟:《絲路梵影——北宋時期絲綢之路上的僧侶往來芻論》

敦煌與東西方文化的交融學術研討會
2018年8月19—20日,敦煌研究院

萬明：《西來之樂箜篌的古今傳承：從壁畫到民間音樂會》
Imre Hamar（郝清新）："The Indian and Central Asian Influence on the Image of Samantabhadra Riding on a Six-Tusked Elephant in Dunhuang"
馬麗蓉：《敦煌與全球絲路學的百年變遷》
楊寶玉：《達外國之梯航——曹氏歸義軍與于闐首次入貢五代中原王朝之關係再議》
鍾書林：《敦煌遺書 P.2555 陷蕃組詩研究與唐代開元盛世的邊疆格局及唐蕃關係》
八木春生：《敦煌莫高窟唐前期第一期諸窟的特徵》
陳菊霞、馬兆民：《莫高窟觀音菩薩與諸神衆組合圖像考》
張澤洪：《論敦煌文書中的道教寫經》
武海龍：《吐魯番出土印本佛典研究——以吐魯番博物館館藏爲中心》
劉英華：《從敦煌本藏文星占文書看中外科技文化交流》
王明強：《文化交融與醫學融通——敦煌醫學文明的文化審視》
王鵬：《胡漢之間——以敦煌文書中的"鎖"爲中心》
葛繼勇：《敦煌本〈兔園策府·征東夷〉與唐伐遼東——兼與日本〈經國集·三韓用武〉比較》
樊雪崧：《敦煌西千佛洞第 8 窟涅槃圖新探》
毛銘：《佛足下的拜占庭王子：敦煌壁畫的歐亞使臣圖像補遺》
楊潔：《論敦煌寺院中的佛教"供養具"》
張乾元：《絲綢之路上的拜占庭壁畫與敦煌壁畫之比較》
趙曉星：《西夏時期敦煌涅槃變中的"撫足者"》
周永衛：《從西北籍僧人的弘法足迹看東晋南朝敦煌與嶺南的交通》
朱安女：《雲南阿吒力教科儀與敦煌懺儀的對比研究》
秦丙坤：《敦煌佛教觀念倫常化的經典文本：以〈父母恩重經講經文〉爲中心》
祁曉慶：《張議潮出行圖研究——兼論晚唐敦煌壁畫供養人新樣式》
方争利：《東千佛洞西夏中心柱窟圖像佈局及形制問題芻議》
陳琳琳：《20 世紀初期中、日、歐學者間敦煌文獻的交流——以敦煌藏唐刻本〈切韻〉爲例》
山本孝子：《淺談書儀中的牓子》
王巨新：《敦煌長史武斑碑研究》
修斌：《大谷光瑞與日本敦煌學》
孔令梅：《簡述唐宋時期敦煌大族與佛教》
黄京：《唐代的告身文書與敦煌的僧官授予》

王志鵬：《敦煌願文的文學表現述略》
高建新：《敦煌陽關：絲路上巨大的文化符號——從王維〈送元二使安西〉說到〈陽關三疊〉〈陽關圖〉》
周方：《莫高窟西魏第288窟男窟主的裝束及身份再探》
姚瑶：《龍門石窟與敦煌莫高窟唐代造像的比較》
徐弛、朱蕭静：《敦煌畫商人遇盜圖新探》
張捷：《試論西漢時期敦煌的水利與漕運》
項一峰：《絲綢之路石窟寺文化蠡議》
邵天松：《寫本文獻學視野下的敦煌文獻與黑水城文獻》

法藏與東亞佛教研究國際研討會
2018年8月17—18日，大唐西市博物館
昌如：《"地論"到華嚴：法界緣起溯源——以敦煌文獻S.3441爲中心》

"寫本時代的絲綢之路"国際工作坊
2018年8月22日，龍谷大學
榮新江：《写本の路としてのシルクロード》
王振芬：《旅順博物館と大谷文庫》
朱玉麒：《トゥルファン文書中の北館厨牒流伝史》
孟憲實：《敦煌・トゥルファン出土の「王言」について》
劉子凡：《シルクロードにおける弓月城と弓月道》
三谷真澄：《中央アジア出土漢字仏典断片目録について》
宋成春：《旅順博物館所蔵仏典断片に関する調査と分析》
史睿：《シルクロード出土写経の書体による年代判定の研究》
游自勇：《シルクロードにおける〈百怪圖〉》
段真子：《中国国家図書館蔵写本〈八相變〉三点の関係について》
岸田悠里：《敦煌莫高窟と「仏母下天」》

"宋遼金元時期社會思想、教育思想的書寫與童蒙文化研究"學術研討會
2018年8月23日，中國社會科學院
金瀅坤：《唐五代敦煌蒙書編撰與孝道啓蒙教育》

第一屆出土文獻與古代文明青年學者研討會
2018年8月25日，清華大學

吕博:《唐西州前庭府衛士左憧憙的一生》
王慶衛:《陝西文物單位藏卷所見敦煌文書的早期流散》

歷史文獻與考古遺存的互證:絲綢之路國際學術研討會
2018 年 8 月 26—27 日,甘肅博物館
沈睿文:《敦煌白畫 P.4518(24)圖像考》
沙武田、楊婕:《敦煌壁畫中的罽賓人形象考》
史瀚文:《從拜占庭到敦煌和奈良——漢唐歐亞絲路上的互動》
趙曉星:《盛唐時期敦煌的五臺山圖像——敦煌五臺山信仰研究之四》
陳于柱、張福慧:《敦煌藏文寫本 S.6878V〈金龜擇吉占走失法〉整理研究》
楊寶玉:《〈敦煌廿詠〉校考》
賈小軍:《漢代敦煌郡驛置及道路交通考述》
脱少華:《從敦煌會展看開放式文物展館的安全防範》
賈小軍:《漢代敦煌郡驛置及道路交通考述》
伏俊璉:《寫本時代的中國文學寫本研究概況》
徐曉卉:《古代敦煌婦女的妝飾習俗概論》
毛銘:《佛足下的拜占庭王子——敦煌與中亞壁畫裏的歐亞使臣圖像補遺》
宋焰朋、毛銘:《敦煌鳥頭十字架爲拜占庭文物考》
楊冰華、李國:《瓜州東千佛洞初創年代補説》
張景峰:《敦煌莫高窟第 31 窟金剛經變考釋》
趙燕林:《莫高窟北周洞窟中新發現的隱秘圖案及文字——兼議圖讖瑞應思想與欄牆隱秘圖案之關係》
邰惠莉:《俄藏敦煌文獻中的轉帖》
彭傑:《日本書道博物館所藏吐魯番出土的〈大唐内典録〉殘卷述考》
劉志華:《唐朝在西州的軍事存在——以折衝府爲中心》
王科社:《隴東新見唐敦煌令狐氏墓誌——唐襄樂縣丞李從遠夫人令狐氏墓誌及相關問題》
王玉、田鴻飛:《從願文看唐五代時期敦煌女德》
胡耀飛、謝宇榮:《從金統到金山:啓運與德運視角下的唐末敦煌政局》
范英傑:《瓜沙曹氏所置會稽鎮地理位置再探》
李亞棟、仵婷:《1949 年以後新疆吐魯番鄯善縣考古發掘及其編號整理》
仵婷、李亞棟:《吐魯番市第一次全國可移動文物普查所見部分文物編號訂正》
楊富學、劉源:《出土簡牘所見漢代敦煌民族及其活動》

袁頔:《法度衆生,絲路記憶——莫高窟行腳僧壁畫主題思想與繪製原因探析》

楊寶玉:《〈敦煌廿詠〉校考》

2018年中國經濟史學會年會
2018年8月25—26日,山西大學

周明帥:《"田地零散化"視域下官府與農户的應對機制探究——以中古時期敦煌、吐魯番地區爲中心》

佛教寫本文化國際會議:中亞、東亞佛教寫本的製作與保存
2018年8月30—31日,劍橋大學

T. H. Barrett: "Liu Yan's 劉宴(716—780) Essay on 'Three religions': Its Manuscripts Found in Dunhuang and Japan"

Mark Denis: "An Investigation of the Relationship between Prince Shōtoku's Shōmangyō-gisho and Two Dunhuang Buddhist Manuscripts: A Debate over Originality and Canonical Value-Part II"

George Keyworth(紀強): "On Manuscript editions of the Suvarṇaprabhāsottama-sūtra 金光明最勝王經 from Dunhuang and Ancient Japan"

馮婧:《Continuity and Discontinuity: Some Reflections on the Layout of the Dunhuang Manuscripts》

Imre Galambos: "Hyphenation-type marks in Chinese manuscripts from Dunhuang and Khara-khoto"

聖凱:《〈大乘義章〉的組織結構與思想框架——以敦煌遺書〈菩薩藏衆經要〉比較爲中心》

陳瑞峰:《A Survey of the Dunhuang Chinese Manuscripts of the Youposai jie jing 優婆塞戒經(Sūtra on Upāsaka Precepts)and a Study of Their Colophons》

Costantino Moretti: "Philological and Codicological Notes on a Buddhist Cosmological Chart in the Dunhuang Manuscript Collection"

Henrik H. Sørensen(索仁森): "Donations and the Production of Buddhist Scriptures in Dunhuang during the 10th Century"

第二屆中國佛教史論壇
2018年9月1—2日,北京大學

武紹衛:《中古時期敦煌僧團的宗派意識試論》

王傳龍:《佛教早期在中國的傳播策略——兼論〈老子化胡經〉的初本形態》

第二屆中國與中亞人文交流與合作國際論壇
2018年9月8—9日,敦煌
賈小軍:《漢代酒泉郡驛置道里新考》
毛銘:《敦煌和中亞壁畫上的大夏白匈奴使臣》
楊秀清:《論敦煌石窟歷代遊人題記的歷史文獻價值》
李萍:《絲路遺產的保護和傳承——莫高窟旅遊開放新模式的探索與實踐》
張建:《敦煌莫高窟佛教故事主題文化產業園構建方案研究》

全球化時代的中國文學文獻研究:第四屆漢文寫本研究學術論壇
2018年9月15—16日,天津師範大學
邵小龍:《文學寫本的整理範式與研究新途徑》
楊寶玉:《敦煌寫本〈方角書一首〉創作時間與撰作者推考》

"生活與制度:中國社會史新探索"國際學術研討會
2018年9月11—12日,南開大學
周尚兵:《P.3644店鋪徠客叫賣詞與唐五代宋初敦煌日常飲食生活》

第七屆中國古文書學國際學術研討會:文書文本解讀與古代社會
2018年9月15—16日,河北師範大學
劉安志:《公文程式與吐魯番出土文書整理》
黃正建:《唐代制敕文書起草者署名淺析》
劉子凡:《〈唐西州高昌縣上安西都護府牒稿爲録上訊問曹禄山訴李紹謹兩造辯辭事〉新釋》
谷更有:《唐代村民經濟身份的變遷——以敦煌吐魯番出土文獻爲中心》

中日敦煌寫本文獻學術研討會
2018年9月16日,浙江大學
竇懷永:《寫本視角的版本思維觀察——以敦煌寫本爲例》
岩尾一史、坂尻彰宏:《歸義軍期のチベット語公文書 Pelliot tibetain 1171 とその歷史的背景》
王丁:《胡名釋例:音譯名、義譯名、音義合璧名與純漢名》
荒見泰史、桂弘:《浄土念佛法事與變文》

高井龍:《須大拏故事の傳承と受容——大谷文書 5791A〈須大拏太子讚（擬）〉を中心に》
秦樺林:《P.2159V〈妙法蓮花經玄贊科文〉寫卷重探——兼論遼國通往西域的"書籍之路"》
大西磨希子:《武則天與佛教》
林生海:《敦煌本〈十王經變〉與北斗信仰》
赤木崇敏:《曹氏歸義軍節度使時代の敦煌石窟と供養人像（二）》
朱艷桐:《北涼高昌郡縣僚屬補考——以吐魯番文書爲中心》
梁辰雪:《日本具注曆中的朱書曆注》
高啓安:《中國古代血食風俗抉隱》
山本孝子:《書儀に見られる"牓子"》
龔麗坤:《紅藍與猩猩：中古時期的紅色染料》
道坂昭廣:《正倉院藏〈王勃詩序〉所傳文字有根據嗎?》

第四屆東亞文獻與文學中的佛教世界國際學術研討會
2018 年 9 月 22—23 日,浙江工商大學
玄幸子:《阿難乞乳故事的傳播研究——以吐魯番文書與敦煌壁畫爲例》

首屆絲路藏學學術研討會
2018 年 9 月 25—26 日,蘭州大學
才讓:《敦煌藏文本〈聖净治一切惡趣頂髻尊胜陀羅尼咒〉研究》
劉英華:《法藏敦煌藏文文獻 P.t.1050 釋讀》
江瓊·索朗次仁:《從敦煌古藏文文獻看〈賢者喜宴〉載贊普達日年悉統治小邦史料真僞》
夏吾拉旦:《白央所寫敦煌本〈佛典名錄〉漢藏對照及其相關問題探討》
德吉卓瑪:《莫高窟藏經洞之考》

首屆中國宗教學青年論壇
2018 年 9 月 27—28 日,中山大學
武紹衛:《佛教爲體,儒學爲用：敦煌寺學性質的再檢討》

"密教圖像學"工作坊
2018 年 9 月 28 日,法國高等實踐研究院
Jia Weiwei:"Image, Text and Connotation of Tangut Murals in Yulin Cave 3 in

Gansu Guazhou"

"旁觀者：歷史、文學、考古等視野中的圖像"學術研討會
2018年9月29—30日，浙江大學
宋翔：《圖文互釋、還原於地：基於敦煌住宅圖像的考察》

"The Silk Road and Cultural Exchange between China and Europe"工作坊
2018年10月3—5日，斯德哥爾摩
Nicolas Sims Williams：" Sacred language, sacred script? Syriac and its competitors in the Christian and Manichaean texts from Turfan"

全國絲路文明與宗教美術學術研討會
2018年10月12—13日，陝西師範大學
沙武田：《敦煌石窟于闐系圖像所表達的區域歷史與信仰需求》
文化：《敦煌佛教寫經與士人書法的審美意識》
陳振旺：《唐代莫高窟藻井寶相花的形成及演變探析》
龔静：《中國敦煌舞姿淵源覓蹤》
張玉平：《吐魯番阿斯坦納墓》

絲綢之路民族古文字文獻與文化學術研討會
2018年10月13日，敦煌研究院
恰噶·旦正：《試論敦煌古藏文文獻〈人之威儀説〉》
嘎日迪：《柏林收藏吐魯番出土蒙古文獻〈普賢行願品〉的有關問題》
楊富學：《敦煌出土裕固族古代文學作品及其特點》
才讓：《P.T.528號〈多聞子獻供儀軌密咒等〉第一部分之譯解》
陳于柱：《敦煌藏文寫本〈沐浴洗頭擇吉日法〉與唐宋敦煌吐蕃移民日常生活研究》
阿旺嘉措：《略談敦煌文獻中苯教術語的翻譯問題》
李本加：《敦煌文獻P.T.99中的〈能斷金剛經〉與其諸藏漢譯文比較研究》
萬瑪項傑：《漢藏敦煌本〈六門陀羅尼經〉翻譯關係研究》
王惠民：《西夏文草書〈瓜州審案記錄〉叙錄》
包烏雲：《敦煌石窟回鶻式蒙古文題記的語言特徵》
王志鵬：《王梵志詩歌的藝術形式探析》
張勇：《〈高昌館雜字〉拾零》

李剛：《吐魯番博物館藏三件回鶻文〈慈悲道場懺法〉殘葉研究》
朱麗雙：《歷史與記憶：P.T.1287 第 15 節新探》
貢巴扎西：《略論敦煌吐蕃文獻中的兩首古藏文音韻詩》
周毛先：《敦煌古藏文寫卷 P.T.1288（43—62）中的 sho tshigs 考》

佛教美術源流國際學術研討會
2018 年 10 月 13—14 日，華東師範大學
趙聲良：《敦煌隋朝石窟的印度影響》
李銀廣：《莫高窟第 285 窟西壁日天與月天像之源流新考兼論西壁構圖的宗教思想與世界觀》
仲星明：《論莫高窟壁畫中的"能量波紋"佛像背光》
周方：《莫高窟壁畫中男子"袍服"與"襦裙"辨析》

絲綢之路與文明記憶：絲綢之路對中華文明演進與傳播的影響學術研討會
2018 年 10 月 13—14 日，蘭州大學
張景峰：《敦煌莫高窟北大像（第 96 窟）營建及外貌變遷》
周曉萍：《敦煌莫高窟陰氏供養人畫像與其碑銘贊互證研究》
朱國立：《敦煌本〈唐太宗入冥記〉的編寫及抄寫緣由》
曹丹：《從敦煌書儀看唐代婚姻六禮的轉變》

北京大學絲綢之路文明高峰論壇
2018 年 10 月 13—14 日，無錫馮其庸學術館
李燦：《鳩摩羅什失傳〈賢劫經〉譯本的新發現——比定自書道博物館和國家圖書館吐魯番藏品》
范晶晶：《吐峪溝新出粟特語〈金剛頂經〉入金剛界曼荼羅之梵語真言解析》
汪娟：《從敦煌禮懺到霞浦科冊〈摩尼光佛〉的儀節分析》
孟憲實：《唐五代敦煌的交通問題》
劉子凡：《絲綢之路上的弓月城與弓月道》
武海龍：《吐峪溝新出漢文佛典過眼錄》
余欣：《符應圖書的知識譜系：敦煌文獻與日本寫本的綜合考察》
沈睿文：《吐峪溝所見納骨器的宗教屬性》
游自勇：《唐寫本〈列子·楊朱〉（張湛注）的文獻價值——從旅順博物館藏殘片談起》

西夏建都興慶府 980 周年學術研討會
2018 年 10 月 20—21 日,寧夏大學
孫飛鵬:《吐魯番博物館藏西夏文殘件考》
岳鍵:《藏經洞封閉原因試解析》

第二屆中國考古學大會
2018 年 10 月 22—23 日,成都
楊效俊:《武周時期從長安到敦煌的佛舍利崇拜——以莫高窟第 332 窟爲中心》
張小剛:《敦煌新樣文殊造像中的于闐國王像研究》

"敦煌壁畫:形式與風格"學術研討會
2018 年 10 月 24 日,敦煌研究院
八木春生:《從敦煌莫高窟唐前期造像看唐代諸窟的編年問題》
張春佳:《莫高窟隋及前期裝飾風格源流研究》
末森薰:《敦煌莫高窟富有規律性的千佛圖像視覺特徵》
丁得天:《番禾瑞像及相關問題考察》

觀念·技術、視野·視角:敦煌石窟研究方法論國際學術研討會
2018 年 10 月 27—28 日,敦煌研究院
謝繼勝:《上師的帽子——西夏元時期敦煌石窟年代問題的探討》
張先堂:《敦煌寫本學與圖像學研究方法的結合與互補——以供養人研究爲例》
山部能宜:《對敦煌石窟研究應用多光譜拍攝和電腦處理的可能性》
張元林:《從"定論"到"新論"——敦煌圖像研習心得》
劉中玉:《敦煌學理論建構的形象史學視角》
下野玲子:《關於尊勝經變考釋的心得體會與方法》
濱田瑞美:《敦煌石窟壁畫的窟内配置與圖像研究》
朱天舒:《研究佛教圖像兩個誤區——如何定位圖像及石窟的功能與如何聯繫佛經》
熊文彬:《關於敦煌、河西、内地藏傳佛教藝術與西藏本土繪畫中的波羅風格傳播的思考》
于向東:《敦煌石窟經變組合與佛教體相用觀念的關聯——以莫高窟第 76 窟南、北壁的觀音題材經變爲中心》

李銀廣:《敦煌莫高窟第 285 窟造型再考——以曾經安置的中心佛塔及其宗教機能爲中心》

李國:《敦煌石窟研究的新視角——以莫高窟儒、釋、道遊人題記爲中心的考察》

梁曉鵬:《敦煌石窟藝術叙事中的向量初探》

簡佩琦:《敦煌維摩詰經變之研究進程與方法》

易丹韻:《如何解讀法界佛像？——以初唐時期作品爲一例》

大西磨希子:《初唐時期的西方淨土變與〈觀無量壽經〉》

馮安寧:《重讀敦煌莫高窟 209 窟山水與未生怨圖像》

張善慶:《莫高窟第 72 窟設計理念研究——以敦煌石窟研究方法爲緣起》

趙蓉:《"傳法授戒圖"——莫高窟第 275 窟東壁内容辨疑》

常紅紅:《敦煌西夏玄奘取經圖像研究——以東千佛洞第二窟爲主》

沙武田:《讀圖的厚背景和被表象誤導的歷史圖像——重新認識敦煌西夏石窟藝術史之面貌及其内涵》

張小剛:《〈送子天王圖〉内容考辨》

張長虹:《意匠慘澹經營中——敦煌畫工創作空間的初步研究》

徐濤:《交流與中斷——從吴家樣看中晚唐時期長安敦煌間的圖樣傳播》

魏健鵬:《敦煌莫高窟第 38 窟淨土圖像及相關問題的探討》

Hwang Yoonah（黄閏雅）:"Artistic Laborand Materials of Stein Painting 52 from Cave 17, Mogao Caves of Dunhuang, China"

萩原哉:《仏教工芸史研究における敦煌壁畫の意義》

朱曉峰:《解讀敦煌樂舞——敦煌樂舞研究方法之討論》

王勝澤:《敦煌西夏石窟中的花鳥圖像初探》

張光偉:《敦煌石窟與歷史學虚擬仿真實驗教學》

房子超:《從語文學走向圖像學——以敦煌莫高窟第 465 窟八十四大成就者黑行師爲中心》

楊冰華:《敦煌西夏石窟分期研究小議》

吴雪梅:《涼州瑞像的"新時代"——涼州瑞像在西夏的流傳特點分析》

劉人銘:《敦煌藥師圖像的重構——以沙州回鶻洞窟藥師立像研究爲中心》

郭静:《石窟與墓葬圖像在功能上的關聯——榆林窟第 3 窟窟頂邊飾祥禽瑞獸圖像探析》

趙沈亭:《回歸圖像本來面目——莫高窟西夏洞窟淨土變圖像分類與定名試探》

袁頔:《莫高窟沙州回鶻石窟個案研究——以莫高窟第 363 窟爲例》

郭子睿：《一所石窟中的密教灌頂道場——瓜州榆林窟第 29 窟洞窟功能再探》

石建剛：《宋金西夏時期陝北與敦煌布袋和尚圖像比較研究——兼談陝北宋金石窟對敦煌西夏石窟研究的價值和意義》

于春：《佛教考古研究中的"中心環節缺失"現象——以四川和敦煌唐代造像的關係爲例》

董華鋒：《新材料與敦煌石窟的比較研究——再論吐蕃八大菩薩像的圖像與經典》

"出土文獻與漢唐間地方社會"學術研討會

2018 年 10 月 26—28 日，華東師範大學

宋雪春：《碎片化的歷史：英藏敦煌寫本斯 3330 號背諸文獻研究》

"東部歐亞史工作坊"第二次結集"中古中國的'内'與'外'"

2018 年 10 月 29 日，陝西師範大學

李軍：《控制、自稱與法定：唐宋之際歸義軍轄區變遷的多維度考察》

第一屆國際宗教藝術與文化學術研討會

2018 年 11 月 3—4 日，四川大學

常青：《唐代長安、洛陽寺院與敦煌莫高窟壁畫的關係》

第五屆世界佛教論壇

2018 年 10 月 30 日，莆田

馬德：《敦煌爲中國大乘佛教發祥地淺議》

敦煌研究院第 44 期敦煌讀書班

2018 年 11 月 2 日，敦煌研究院

李正宇：《敦煌佛教研究的得與失》

趙天英：《西夏借貸契約芻議》

韓樹偉：《絲綢之路沿綫出土契約文書之格式比較研究》

絲綢之路與敦煌歷史文化研討會

2018 年 11 月 3—4 日，敦煌市博物館

戴衛紅：《魏晉南北朝時期縣級地方主官加領校：以敦煌地區出土簡牘和墓

券爲中心》
張德芳:《從出土漢簡看敦煌太守在兩漢絲綢之路上的特殊作用》
楊富學:《出土簡牘所見漢代敦煌民族及其活動》
李旭東:《略論"張大千與敦煌"研究之補遺》
王進玉:《國立敦煌藝術研究所籌備委員會成立紀實》
楊小平:《敦煌變文斷代考定》
唐樹梅:《敦煌變文佛教外來詞略考》
劉振剛:《敦煌文書〈文儀集並序〉的撰寫者和抄寫者考》
張琦:《文殊與普賢信仰之交錯——英藏敦煌菩薩像中的信仰誤讀探析》
戴淑芳:《〈妙法蓮花經・觀世音菩薩普門品〉敦煌繪本插圖分析》
張正春:《敦煌彩塑的藝術價值與文化內涵》
張志勇:《敦煌邈真贊的文學言說》
吳園:《〈敦煌張氏家傳〉小考》
黃京:《躁於州門,守將驚走——張議潮起義時期敦煌吐蕃軍事力量》
魏健鵬:《唐前期敦煌維摩詰經變的結構性演變芻議》
趙培:《西極天馬與漢敦煌郡》
田永衍:《敦煌本張仲景〈五藏論〉源流考》
李洪財:《談談敦煌遺書中的習字》
楊俊:《敦煌小方盤遺址維修加固試掘簡報》
王屹:《哲學視域中的敦煌樂舞——以莫高窟 148 窟爲例》
袁德領:《清代敦煌與新疆南疆地區軍事交往舉略》
王新春:《"斯文・赫定暫借古物運往瑞典研究案"研究》
蔣超:《民國旅行者的敦煌印象——以〈旅行雜志〉爲中心的考察》

歷史典籍與兩浙文化學術研討會暨中國歷史文獻研究會第 39 屆年會

2018 年 11 月 3—4 日,杭州師範大學
劉顯:《敦煌寫本〈大智度論〉殘卷綴合五則》
王于飛:《從寫卷題名看敦煌佛教變文的文體類別》

2018 年"一帶一路"西安歷史文化國際學術研討會

2018 年 11 月 9—10 日,西安文理學院
陳曉紅:《敦煌願文研究的蠡測》
胡耀飛:《從金統到金山:啓運與德運視角下的唐末敦煌政局》
李翔德:《倫理美學視野中的絲路長安與敦煌》

第五屆佛教文獻與文學國際學術研討會
2018年11月10—11日,四川大學
朱慶之:《王梵志詩"飲酒是癡報"獻疑》
劉郝霞:《敦煌佛經殘卷綴合與"縫綴(續)裝"考論》
李幸玲:《敦煌寫本〈攝大乘論抄〉之研究》

中國宗教研究青年學者國際論壇
2018年11月14日,香港理工大學
曹凌:《敦煌本〈元陽經〉研究:佛道經典比勘研究之一例》
Tom Mazanec: "Poetry, Style, and Community in Pelliot chinois 3409"

絲綢之路沿綫新發現的漢唐時期的法律文書研究學術研討會
2018年11月17日,上海師範大學
王斐弘:《晚唐敦煌疑難土地糾紛解決的法律智慧——以索懷義土地返還糾紛案爲例》
張雨:《吐魯番文書所見唐前期贓贖錢物管理中的地方政務運行——以府州法曹與功曹、倉曹爲中心》

中國唐史學會年會第十三屆年會暨"唐代中國與世界"國際學術研討會
2018年11月17—18日,浙江大學
劉益民:《往生淨土的象徵——試論晚唐五代宋初敦煌引路菩薩像的起源》
趙大旺:《唐五代敦煌社邑的經濟互助——以借貸活動爲中心》
吳麗娛:《關於唐五代書儀傳播的一些思考——以中原書儀的西行及傳播爲中心》

法國西夏學研討會
2018年11月23—24日,巴黎
金絲燕:"Cultural Transfert: Translating and representing the bodhisattva Samantabhadra in Dunhuang during the 6th century"

第八屆西安史學新潮論壇
2018年12月8日,西北大學
魯怡含:《莫高窟供養人畫像與唐代佛教信仰觀念》

第二屆絲綢之路樂舞藝術高端學術論壇

2018年12月8—9日,浙江音樂學院

常嘉煌:《絲綢之路飛天與音樂——試論常書鴻李承仙飛天舞樂四條屏》

李宏鋒:《〈敦煌樂譜〉的俗樂宮調屬性》

謝成水:《樂舞在敦煌壁畫中的空間和表現》

高金榮:《敦煌壁畫舞姿中含有"高麗樂"印迹——兼述敦煌舞的多元化風格》

溫和:《從吐魯番壁畫看早期琵琶的孤柱現象》

芮櫻:《敦煌樂舞伎妝飾藝術探析》

金亮:《從古典美學的興味蘊藉透視敦煌舞的本土美質》

孟凡玉:《敦煌卷子P.2569V驅儺詞的幾個音樂問題》

第一屆"中國西北區域史研究"論壇

2018年12月15—16日,蘭州大學

張鐵山:《敦煌研究院舊藏兩葉回鶻文〈增壹阿含經〉殘片研究》

曾柏亮:《敦煌吐魯番文獻寺院賤民資料及所見問題散考》

何志文:《吐蕃統治時期西北地方的荒地開發與土地糾紛問題——以敦煌地區出土的古藏文文書為中心》

張新國:《唐前期"同籍共居"現象再探——以敦煌吐魯番文書為中心》

楊潔:《唐代敦煌信衆的佈施物品考論——以P.2567V蓮台寺施入文書為中心》

江小夏:《唐律的西進:入唐前後吐魯番契約文書習語的演變》

"東アジア身分制・支配秩序研究の新発展"工作坊

2018年12月22日,金澤大學

吉永匡史:《唐代奴婢売買法制考——唐関市令と吐魯番文書》

陝西師範大學歷史文化學院2018年度研究生學術年會

2018年12月27日,陝西師範大學

郭子睿:《一所石窟中的密教灌頂道場——瓜州榆林窟第29窟洞窟功能再探》

孫宜孔:《英藏敦煌寫本S.6030R殘卷考釋及相關問題》

中國敦煌吐魯番學會新入會成員名單

經中國敦煌吐魯番學會 2017 年度理事會（7 月 14 日，陝西西安）、2018 年度理事會（7 月 15 日，四川南充）、2019 年度理事會（5 月 11 日，浙江杭州）討論，決定接收以下人員爲新進會員，名單如下：

朱利華　西華師範大學
郭紅衛　鄭州大學
王杏林　浙江師範大學
徐　錚　中國絲綢博物館
周　暘　中國絲綢博物館
郭懿儀　四川大學
夏　炎　南開大學
鍾書林　武漢大學
楊小平　西華師範大學
史忠平　西北師範大學
徐　暢　北京師範大學
張建宇　中國人民大學
姚瀟鶇　上海師範大學
秦丙坤　西北師範大學
冷江山　貴州師範大學
劉傳啓　樂山師範學院
邵天松　江蘇第二師範學院
張存良　西華師範大學
邵小龍　西華師範大學
喻忠傑　九江學院
趙家棟　南京師範大學
蔡淵迪　浙江大學城市學院
金少華　浙江大學
李　剛　吐魯番研究院
武海龍　吐魯番研究院
高天霞　河西學院文學院

翟旻昊　普林斯頓大學
陳朝陽　龍門石窟
鄧　强　昆明學院
劉子凡　中國社會科學院
陳振旺　深圳大學
武紹衛　浙江師範大學
黄　樓　武漢大學
伍小劼　上海師範大學

《敦煌學國際聯絡委員會通訊》稿約

一、本刊由"敦煌學國際聯絡委員會""中國敦煌吐魯番學會"和"首都師範大學古文獻研究中心"共同主辦,策劃:高田時雄、柴劍虹;主編:郝春文。本刊的内容以國際敦煌學學術信息爲主,刊發的文章的文種包括中文(規範繁體字)、日文和英文,每年出版一期。截稿日期爲當年3月底。

二、本刊的主要欄目有:每年的各國敦煌學研究綜述、歷年敦煌學研究的專題綜述、新書訊、各國召開敦煌學學術會議的有關信息、書評或新書出版信息、項目動態及熱點問題爭鳴、對國際敦煌學發展的建議、重要的學術論文提要等,歡迎就以上内容投稿。來稿請寄:北京西三環北路83號;首都師範大學歷史學院郝春文,郵政編碼:100089,電子郵箱:haochunw@cnu.edu.cn。

三、來稿請附作者姓名、性别、工作單位和職稱、詳細位址和郵政編碼以及電子郵箱,歡迎通過電子郵件用電子文本投稿。

圖書在版編目(CIP)數據

2019敦煌學國際聯絡委員會通訊/郝春文主編.—上海：上海古籍出版社，2019.9
ISBN 978-7-5325-9340-8

Ⅰ.①2… Ⅱ.①郝… Ⅲ.①敦煌學—叢刊 Ⅳ.①K870.6-55

中國版本圖書館CIP數據核字(2019)第201411號

2019敦煌學國際聯絡委員會通訊
郝春文　主編
上海古籍出版社出版發行
（上海瑞金二路272號　郵政編碼200020）
（1）網址：www.guji.com.cn
（2）E-mail：guji1@guji.com.cn
（3）易文網網址：www.ewen.co
上海惠敦印務科技有限公司印刷
開本787×1092　1/16　印張24.25　插頁4　字數423,000
2019年9月第1版　2019年9月第1次印刷
ISBN 978-7-5325-9340-8
K·2700　定價：98.00元
如有質量問題，請與承印公司聯繫